浙　江　省　统　计　局
国家统计局浙江调查总队
ZHEJIANG PROVINCIAL BUREAU OF STATISTICS
SURVEY OFFICE OF THE NATIONAL BUREAU OF STATISTICS IN ZHEJIANG

2024
浙江统计年鉴
ZHEJIANG STATISTICAL YEARBOOK

中国统计出版社
China Statistics Press

图书在版编目 (CIP) 数据

浙江统计年鉴 . 2024 = Zhejiang Statistical Yearbook 2024 : 汉英对照 / 浙江省统计局 , 国家统计局浙江调查总队编 . -- 北京 : 中国统计出版社 , 2024. 10. -- ISBN 978-7-5230-0502-6

Ⅰ . C832.55-54

中国国家版本馆 CIP 数据核字第 2024PC4956 号

浙江统计年鉴 2024

作　　者 / 浙江省统计局 国家统计局浙江调查总队
责任编辑 / 高媛媛
出版发行 / 中国统计出版社有限公司
地　　址 / 北京市丰台区西三环南路甲 6 号
邮政编码 / 100073
电　　话 / 邮购（010）63376909 书店（010）68783171
网　　址 / http://www.zgtjcbs.com
印　　刷 / 杭州建德市乾江彩印有限公司
经　　销 / 新华书店
开　　本 / 890mm×1240mm 1/16
字　　数 / 1320 千字
印　　张 / 43
版　　别 / 2024 年 10 月第 1 版
版　　次 / 2024 年 10 月第 1 次印刷
定　　价 / 588.00 元 Price:588.00 yuan(RMB)

本书附同版本 CD-ROM 一张，光盘内容以书面文字为准。
如有印装差错，由本社发行部调换。

《浙江统计年鉴2024》编辑委员会和编辑部

Editorial Board and Editorial Department of Zhejiang Statistical Yearbook 2024

·编辑说明·

一、《浙江统计年鉴2024》是一部全面反映浙江国民经济和社会发展情况的资料性年刊，本年鉴收录了浙江及各市、县2023年经济和社会各方面大量的统计数据，以及改革开放以来浙江主要统计数据。

二、全书内容分为18部分，即：1.综合；2.人口、就业人员和工资；3.固定资产投资；4.价格；5.人民生活；6.农业；7.工业和能源；8.建筑业；9.交通运输和邮电通信业；10.批发、零售和住宿餐饮业；11.对外经济贸易和旅游；12.财政、金融和保险；13.城市建设和生态环境；14.教育、科技、专利、测绘和标准计量；15.文化、体育和卫生；16.档案、司法、社会福利和工会组织；17.各市、县国民经济主要指标；18.附录（信心指数、投入产出表）。为便于读者使用，部分统计表下作了简要注释，每篇章后附有《主要统计指标解释》

三、本年鉴对过去发表的统计资料重新予以核实，凡与本年鉴数据有出入的，以本年鉴为准。

四、本年鉴凡带续表的资料，如有注解均注在最后一张续表的下方。

五、本年鉴中符号使用说明："…"表示数据不足本表最小单位数；"#"表示其中主要项；"空格"表示该项统计指标数据不详或无该项数据。

《浙江统计年鉴》自公开出版以来，受到了社会各界的关心和支持，对年鉴编辑工作提出了许多宝贵意见，对此我们深表谢意。为进一步提高统计年鉴的编辑水平，欢迎读者继续对年鉴的不足之处给予批评和指正。

· Preface ·

Zhejiang Statistical Yearbook 2024 is an annual statistics publication,which contains very comprehensive statistics of Zhejiang’ s social and economic development in 2023 and selected data since China adopted the policy of reforming and opening to the outside world.

The yearbook is composed of 18 parts.1.General Survey 2.Population , Employment and Wages 3.Investment in Fixed Assets 4.Prices 5.People’ s Livelihood 6.Agriculture 7.Industry and Energy 8.Construction 9.Transportation,Posts and Telecommunications 10.Wholesale,Retail and Accommodation Catering Trade 11.Foreign Economy and Trade, Tourism 12.Public Finance,Banking and Insurance 13.City Construction and Environment 14.Education,Science, Patent,Surveying and Mapping and Standard Calculating 15.Culture,Sports and Public Health 16.Archives,Judicature,Social Welfare and Labour Union 17.Major Indicators of National Economy by City and County 18.Appendix（Confidence Index,Input Output table）.In addition,brief notes are placed at lower part of some tables and explanatory notes on main indicators are provided at end of each part.

The statistics in former statistical yearbook have already been checked. The data in this yearbook shall be regarded as authentic ones.The footnotes are placed at the last page,if the table is a continued one.

Notations used in this yearbook:

“…” indicates that the figure is not large enough to be measured with the smallest unit in the table. “#” indicates the major items of the total. “blank” indicates that the data is unavailable.

Since published openly ,previous editions of Zhejiang Statistics Yearbook have enjoyed wide concern and support,all circles have made many valuable suggestions, and we express heartfelt thanks.In order to improve yearbook editorial level,we welcome all candid comments and criticism from our readers.

目录
CONTENTS

一、综合
Chapter 1 GENERAL SURVEY

二、人口、就业人员和工资
Chapter 2 POPULATION,EMPLOYMENT AND WAGES

三、固定资产投资
Chapter 3 INVESTMENT IN FIXED ASSETS

四、价格
Chapter 4 PRICE

五、人民生活
Chapter 5 PEOPLE'S LIVELIHOOD

六、农业
Chapter 6 AGRICULTURE

七、工业和能源
Chapter 7 INDUSTRY AND ENERGY

八、建筑业
Chapter 8 CONSTRUCTION

九、交通运输和邮电通信业
Chapter 9 TRANSPORT, POSTS AND TELECOMMUNICATIONS

十、批发、零售和住宿餐饮业
Chapter 10 WHOLESALE, RETAIL AND ACCOMMODATION CATERING TRADE

十一、对外经济贸易和旅游
Chapter 11 FOREIGN ECONOMY AND TRADE, TOURISM

十二、财政、金融和保险
Chapter 12 PUBLIC FINANCE,BANKING AND INSURANCE

十三、城市建设和环境保护
Chapter 13 CITY CONSTRUCTION AND ENVIRONMENT

十四、教育、科技、专利、测绘和标准计量
Chapter 14 EDUCATION, SCIENCE, PATENT, SURVEYING AND MAPPING AND STANDARD CALCULATING

十五、文化、体育和卫生
Chapter 15 CULTURE, SPORTS AND PUBLIC HEALTH

十六、档案、司法、社会福利和工会组织
Chapter 16 ARCHIVES, JUDICATURE, SOCIAL WELFARE AND LABOUR UNION

十七、各市、县国民经济主要经济指标
Chapter 17 MAJOR INDICATORS OF NATIONAL ECONOMY BY CITY, PREFECTURE AND COUNTY

十八、附录
Chapter 18 Appendix

2024

浙江统计年鉴

ZHEJIANG STATISTICAL YEARBOOK

CHAPTER 1

综 合

General Survey

1-1 国民经济和社会发展总量与速度
Main Aggregate Indicators of National Economic and Social Development and Their Related Indices

指标		Item		1978	2014	2015	2016	2017
人口		**Population**						
年末常住人口	(万人)	Total Population with Permanent Residence	(10000 persons)		5890	5985	6072	6170
年末就业人员数	**(万人)**	**Year-end Employment**	**(10000 persons)**	**1795**	**3459**	**3505**	**3552**	**3613**
全省生产总值	**(亿元)**	**Gross Domestic Product**	**(100 million yuan)**	**123.72**	**40023.48**	**43507.72**	**47254.04**	**52403.13**
第一产业		Primary Industry		47.09	1726.57	1771.36	1890.43	1933.92
第二产业		Secondary Industry		53.52	19580.72	20606.55	21571.25	23246.72
第三产业		Tertiary Industry		23.11	18716.19	21129.81	23792.36	27222.48
人均生产总值	**(元)**	**Per Capita GDP**	**(yuan)**	**332**	**68569**	**73276**	**78384**	**85612**
交通运输		**Transportation**						
旅客周转量	(亿人公里)	Turnover Volume of Passenger Traffic	(100 million passenger-km)	66.68	1056.99	1092.53	1074.99	1096.04
货物周转量	(亿吨公里)	Turnover Volume of Freight Traffic	(100 million ton-kil)	164.19	9548.09	9868.98	9788.76	10105.81
固定资产投资总额	**(亿元)**	**Investment in Fixed Assets**	**(100 million yuan)**		**23554.76**	**26664.72**	**29571.00**	**31125.99**
财政收支		**Finance**						
财政总收入	(亿元)	Financial Revenue	(100 million yuan)	27.45	7521.70	8549.47	9225.07	10301.16
#地方财政收入	(亿元)	Local Financial Revenue	(100 million yuan)	27.45	4122.02	4809.94	5301.98	5804.38
财政支出	(亿元)	Financial Expenditure	(100 million yuan)	17.43	5159.57	6645.98	6974.25	7530.32

2018	2019	2020	2021	2022	2023	指数Indices (2023年为以下各年%) (2023 as Percentage of the Following Years)			1979-2023 年平均增长 (%) 1979-2023 Average Annual Growth Rate (%)	2019-2023 年平均增长 (%) 2019-2023 Average Annual Growth Rate (%)
						1978	2018	2022		
6273	6375	6468	6540	6577	6627		105.6	100.8		1.1
3691	**3771**	**3857**	**3897**	**3885**	**3921**	**218.4**	**106.2**	**100.9**	**1.8**	**1.2**
58002.84	**62462.00**	**64689.06**	**74040.78**	**78060.63**	**82553.21**	**11897.2**	**131.5**	**106.0**	**11.2**	**5.6**
1975.89	2086.70	2166.26	2211.70	2185.23	2331.97	438.1	113.1	104.2	3.3	2.5
25308.13	26299.51	26361.50	31173.99	32973.81	33952.67	23201.1	129.2	105.0	12.9	5.3
30718.83	34075.77	36161.30	40655.09	42901.59	46268.57	16653.4	134.8	106.7	12.0	6.2
93230	**98770**	**100738**	**113839**	**119022**	**125043**	**6741.7**	**123.9**	**105.3**	**9.8**	**4.4**
1103.66	1128.60	674.09	713.62	490.73	923.10	1384.4	83.6	188.1	6.0	-3.5
11537.91	12391.21	12323.41	12936.22	13543.77	15060.77	9172.8	130.5	111.2	10.6	5.5
							148.8	**106.1**		**8.3**
11705.95	12268.24	12421.49	14516.96	14421.25	15275.78	55649.5	130.5	105.9	15.1	5.5
6598.21	7048.58	7248.24	8262.57	8039.38	8600.02	31329.8	130.3	107.0	13.6	5.4
8629.53	10053.03	10082.01	11016.87	12017.70	12353.09	70872.6	143.1	102.8	15.7	7.4

续表 Continued

指标		Item		1978	2014	2015	2016	2017
贸易		**Trade**						
社会消费品零售总额	(亿元)	Total Retail Sales of Consumer Goods	(100 million yuan)	46.86	17078.11	18910.74	20916.73	23121.32
进出口总额	(亿美元)	Total Imports and Exports Value	(USD100 million)	0.70	3550.49	3467.84	3365.76	3779.07
#出口总额	(亿美元)	Total Exports Value	(USD100 million)	0.52	2733.29	2763.32	2678.64	2867.93
价格指数		**Price Indices**						
居民消费价格指数(上年=100)		General Consumer Price Index			102.1	101.4	101.9	102.1
城乡居民收入		**Living Standard**						
城镇居民人均可支配收入	(元)	Per Capita Disposable Income of Urban Households	(yuan)	332	40393	43714	47237	51261
农村居民人均可支配收入	(元)	Per Capita Disposable Income of Rural Households	(yuan)	165	19373	21125	22866	24956
教育和文化		**Education and Culture**						
高等学校在校学生数	(万人)	Students Enrollment in Institutions of Higher Education	(10000 persons)	2.4	103.9	105.5	106.3	107.7
普通中学在校学生数	(万人)	Student Enrollment in Regular Secondary Schools	(10000 persons)	214.7	229.0	225.3	226.9	233.2
小学在校学生数	(万人)	Students Enrollment in Primary Schools	(10000 persons)	501.4	354.5	357.0	355.0	354.0
报纸出版数量	(万份)	Number of Newspapers Published	(10000 copies)	24080	337367	283634	261658	230830
杂志出版数量	(万份)	Number of Magazines Published	(10000 copies)	393	7765	7719	7690	7534
图书出版数量	(万份)	Number of Magazines Published	(10000 copies)	12033	36971	36663	39894	39919

注: 1.本表价值量指标按当年价格计算，发展速度按可比价格计算。
2.城镇居民人均可支配收入，农村居民人均可支配收入发展速度均已扣除价格变动因素。
3.2013年起交通运输指标按新口径统计。
4.从2013年起，国家统计局开展了城乡一体化住户收支与生活状况调查，与2013年前的分城镇和农村住户调查的调查范围、调查方法、指标口径有所不同(以后各表同)。农村居民人均可支配收入2013年前为农村居民人均纯收入。
5.2017年起固定资产投资总额增长按可比口径计算。
6.1993年起社会消费品零售总额已与第四次经济普查数据衔接。
7.2001年起常住人口按第七次人口普查口径调整 。

2018	2019	2020	2021	2022	2023	指数Indices (2023年为以下各年%) (2023 as Percentage of the Following Years) 1978	2018	2022	1979-2023年平均增长(%) 1979-2023 Average Annual Growth Rate (%)	2019-2023年平均增长(%) 2019-2023 Average Annual Growth Rate (%)
25162.01	27343.81	26629.81	29210.54	30467.20	32550.19	69462.6	129.4	106.8	15.7	5.3
4323.60	4472.25	4885.43	6407.30	7033.00	6967.80	995400.0	161.2	99.1	22.7	10.0
3210.39	3346.05	3631.10	4659.11	5159.10	5073.00	975576.9	158.0	98.3	22.6	9.6
102.3	102.9	102.3	101.5	102.2	100.3		109.4	100.3		1.8
55574	60182	62699	68487	71268	74997	2567.9	123.8	104.9	7.5	4.4
27302	29876	31930	35247	37565	40311	3318.0	134.0	107.0	8.1	6.0
110.2	116.7	125.9	134.0	140.4	145.6	6009.8	132.1	103.7	9.5	5.7
238.4	242.1	244.5	250.1	255.7	262.2	122.2	110.0	102.6	0.4	1.9
360.6	367.1	372.7	383.4	393.1	411.4	82.0	114.1	104.6	-0.4	2.7
211181	200192	181008	168076	164095	155561	646.0	73.7	94.8	4.2	-5.9
7366	7010	6430	6342	6176	6077	1546.3	82.5	98.4	6.3	-3.8
41810	44892	41513	51000	50803	55887	464.4	133.7	110.0	3.5	6.0

1.Figures in value terms are calculated at current price,while the indices and growth rates are calculated at comparable price.
2.Urban per capita disposable income and rural per capita disposable income growth factors have been deducted price change.
3.The data of transportation are adjusted since 2013.
4.National Bureau of Statistics of China started an integrated households income and expenditure survey,including both urban and rural households since 2013.The coverage, the methodology and definitions used in the survey has been changed compared with before.The same applies to the relevant tables following.The data of per capita disposable income of rural households refer to the per capita net income of rural households before 2013.
5.The growth of investment in fixed assets has been calculated on a comparable basis since 2017.
6.The total retail sales of consumer goods have been linked up with the data of the fourth economic census since 1993.
7.The resident population has been adjusted according to the seventh population census since 2011.

1-2 国民经济社会发展结构指标 Structural Indicators on National Economic and Social Development

单位：%（%）

指标	Item	1978	2014	2015	2016	2017	2018	2019	2020	2021	2022	2023
人口	**Population**											
城乡结构	Urban and Rural Structure											
城镇	Urban	14.5	64.9	65.8	67.7	68.0	68.9	71.6	72.2	72.7	73.4	74.2
乡村	Rural	85.5	35.0	34.2	33.0	31.1	30.0	28.4	27.8	27.3	26.6	25.8
性别结构	Sexual											
男	Male	51.9	51.3	51.2	51.3	51.2	51.2	51.4	52.2	52.3	52.2	52.2
女	Female	48.1	48.7	48.8	48.7	48.8	48.8	48.6	47.8	47.7	47.8	47.8
就业	**Employment**											
产业结构	Industrial Structure											
第一产业	Primary Industry		12.3	11.1	9.9	8.8	7.5	6.5	5.4	5.3	5.2	5.0
第二产业	Secondary Industry		45.4	45.3	45.3	45.1	44.7	44.4	43.9	44.3	44.4	44.5
第三产业	Tertiary Industry		42.3	43.6	44.8	46.1	47.8	49.1	50.7	50.4	50.4	50.5
国民经济核算	**National Accounting**											
生产总值产业结构	Industrial Structure of GDP											
第一产业	Primary Industry	38.1	4.3	4.1	4.0	3.7	3.4	3.3	3.3	3.0	2.8	2.8
第二产业	Secondary Industry	43.3	48.9	47.4	45.6	44.4	43.6	42.1	40.8	42.1	42.2	41.1
第三产业	Tertiary Industry	18.7	46.8	48.6	50.3	51.9	53.0	54.6	55.9	54.9	55.0	56.1
财政	**Government Finance**											
财政收入结构	Structure of Government Revenue											
中央	Central Enterprises		45.2	43.7	42.8	43.7	43.6	42.5	41.6	43.1	44.3	43.7
地方	Local Governments		54.8	56.3	57.2	56.3	56.4	57.5	58.4	56.9	55.7	56.3

续表1 Continued

单位：%（%）

指标	Item	1978	2014	2015	2016	2017	2018	2019	2020	2021	2022	2023
产业	**Industrial**											
农业	**Agriculture**											
农林牧副渔业产值结构	Structure of Gross Output Value of Agriculture											
农业	Farming	77.4	48.7	48.9	47.9	48.3	48.1	47.5	45.6	47.4	47.2	47.1
林业	Forestry	3.0	5.2	5.2	5.2	5.5	5.6	5.5	5.4	4.7	4.9	5.0
牧业	Animal Husbandry	14.3	16.6	14.5	15.0	12.0	10.5	11.8	13.5	11.3	10.8	9.9
渔业	Fishery	5.3	27.4	29.2	29.6	31.7	33.0	32.2	32.3	33.2	33.6	34.6
农林牧渔专业及辅助性活动产值	The Output Value of Professional and Support Activities in Agriculture, Forestry, Animal Husbandry and Fishery		2.1	2.2	2.3	2.5	2.8	3.0	3.2	3.4	3.5	3.5
工业	**Industry**											
规模以上工业总产值结构	Structure of Gross Output Value of Industry Above Designated Size											
轻工业	Light Industry	60.2	38.8	39.6	39.0	37.8	35.5	35.3	33.7	32.1	30.3	30.3
重工业	Heavy Industry	39.8	61.2	60.4	61.0	62.2	64.5	64.7	66.3	67.9	69.7	69.7
建筑业	**Construction**											
建筑业总产值结构	Structure of Gross Output Value of Construction											
国有企业	State-owned Enterprises		0.4	0.3	0.3	0.2	0.3	0.3	0.3	0.2	0.5	
集体企业	Collective Owned Enterprises		0.8	0.9	0.9	0.9	1.0	0.5	0.4	0.4	0.5	
其他	Others		98.8	98.8	98.8	98.9	98.7	99.2	99.3	99.4	99.0	
交通运输业	**Transportation**											
货运量结构	Structure of Freight Traffic											
按运输方式分	By Means of Transportation											
铁路	Railways	16.7	1.8	1.7	1.5	1.5	1.4	1.4	1.4	1.4	1.4	1.4
公路	Highways	31.8	60.1	61.1	62.3	62.8	62.0	61.6	63.2	65.3	64.2	64.8
水运	Waterways	51.5	38.1	37.3	36.2	35.7	36.6	37.0	35.4	33.3	34.4	33.9

续表2 Continued 单位：%（%）

指标	Item	1978	2014	2015	2016	2017	2018	2019	2020	2021	2022	2023
国内商业	**Domestic Trade**											
社会消费品零售总额构成	Composition of Retail Sales of Consumer Goods											
城镇	Urban		85.4	85.2	84.9	84.7	84.2	84.0	83.9	83.8	85.1	85.3
乡村	Rural		14.6	14.8	15.1	15.3	15.8	16.0	16.1	16.2	14.9	14.7
对外经济贸易	**Foreign Trade**											
出口商品结构	Structure of Exports											
初级产品	Primary Goods		3.4	3.0	2.9	2.9	3.2	2.9	2.6	3.3	4.1	3.6
工业制成品	Manufactured Goods		96.6	97.0	97.1	97.1	96.8	97.1	97.4	96.7	95.9	96.4
进口商品结构	Structure of Imports											
初级产品	Primary Goods		34.1	33.9	36.3	37.2	36.4	39.1	42.4	42.8	46.5	46.2
工业制成品	Manufactured Goods		65.9	66.1	63.7	62.8	63.6	60.9	57.6	57.2	53.5	53.8
国际旅游	**International Tourism**											
来华旅游人数结构	Structure of Tourists											
外国人	Foreigners		66.0	66.4	65.3	66.1	70.8	70.6	72.2	76.4	74.4	75.3
港澳台同胞	Hong Kong and Macao Compatriots Taiwan Compatriots		34.0	33.6	34.7	33.9	29.2	29.4	27.8	23.6	25.6	24.7
教育、科技、文化	**Education，Science and Culture**											
在校学生结构	Structure of Student Enrollment											
大学生	College and University Students		15.1	14.1	15.4	14.2	15.5	14.7	15.4	15.9	16.3	16.4
中学生	Secondary School Students		38.9	32.8	33.0	39.3	39.3	39.1	38.9	38.5	38.1	37.4
小学生	Primary School Students		47.3	47.6	51.6	46.6	50.8	46.2	45.7	45.6	45.6	46.2
专任教师结构	Full-time Teachers By Type											
大学	University	1.9	13.4	12.4	13.4	13.5	13.4	13.7	14.1	14.4	14.9	15.3
中学	Secondary School	36.3	42.6	47.1	42.2	42.1	42.0	41.7	41.4	48.0	40.9	40.5
小学	Primary School	61.8	44.0	40.5	44.4	44.4	44.6	44.5	44.5	37.6	44.2	44.2

续表3 Continued 单位：%（%）

指标	Item	1978	2014	2015	2016	2017	2018	2019	2020	2021	2022	2023
生活	**People's Livelihood**											
城镇居民消费结构	Consumption Structure of Urban Residents											
食品	Food		28.3	28.2	28.2	27.9	27.1	27.1	27.4	26.7	27.2	27.0
衣着	Clothing		7.3	7.1	6.3	6.0	6.4	6.0	5.6	5.8	5.5	5.5
家庭设备用品及服务	Household Facilities, Articles and Service		4.9	4.8	4.7	5.1	5.7	5.5	5.7	5.7	6.0	6.0
医疗保健	Medical Services		5.6	5.4	5.6	5.9	6.6	6.1	6.0	6.8	6.4	6.8
交通和通信	Transportation and Communications		16.5	16.6	17.0	15.5	14.5	14.3	13.8	14.5	15.3	15.8
娱乐教育、文化	Recreation, Education and Culture		9.7	10.3	11.5	11.0	10.6	11.6	9.5	10.8	9.5	11.1
居住	Residence		25.3	25.2	24.6	26.4	26.5	26.6	29.5	26.8	26.7	24.2
其他商品和服务	Others		2.3	2.4	2.1	2.2	2.6	2.7	2.5	2.9	3.3	3.6
农村居民消费结构	Consumption Structure of Rural Residents											
食品	Food		31.9	31.1	31.8	31.0	30.3	30.6	32.3	31.0	30.9	30.6
衣着	Clothing		6.1	5.9	5.5	5.3	5.2	5.3	4.8	5.0	4.9	4.8
家庭设备用品及服务	Household Facilities, Articles and Services		5.1	5.1	5.0	4.7	5.3	4.8	5.7	5.4	5.6	5.5
医疗保健	Medical Services		7.4	7.7	6.8	7.6	8.3	8.3	7.2	6.9	6.7	7.5
交通和通信	Transportation and Communications		15.6	15.9	17.7	17.1	15.0	13.9	13.6	13.2	13.9	13.9
娱乐教育、文化	Recreation, Education and Culture		9.3	9.2	9.3	8.8	9.1	10.4	8.2	8.6	7.7	8.8
居住	Residence		22.8	23.2	22.3	24.1	25.3	25.0	26.5	28.2	28.4	26.8
其他商品和服务	Others		1.8	1.9	1.6	1.5	1.6	1.7	1.6	1.7	1.9	2.0

注：工业总产值1978年为乡及乡以上独立核算工业企业。
The gross industrial output value is calculated by industrial enterprises at township level and above in 1978.

1-3 人均主要工农业产品产量（1978-2023年）
Per Capita Output of Major Industrial and Agricultural Products(1978-2023)

年份 Year	粮食 (公斤) Grain (kg)	棉花 (公斤) Cotton (kg)	油料 (公斤) Oil-bearing Crops (kg)	糖料 (公斤) Sugar Crops (kg)	茶叶 (公斤) Tea (kg)	水果 (公斤) Fruit (kg)	猪牛羊肉 (公斤) Pork,Beef and Mutton (kg)	水产品 (公斤) Aquatic Products (kg)
1978	393.44	1.95	5.92	17.20	1.57	3.92	11.33	23.47
1980	376.81	2.18	7.58	15.43	1.98	5.91	18.52	21.46
1985	404.18	2.03	11.02	27.43	2.32	11.12	19.10	26.13
1986	396.34	1.87	10.60	32.63	2.58	12.85	20.03	28.94
1987	387.97	1.60	9.68	26.56	2.83	17.32	18.60	30.52
1988	374.78	1.05	10.39	20.01	3.09	12.45	19.56	30.92
1989	371.01	1.00	9.14	16.74	2.81	23.57	19.67	30.84
1990	375.68	1.52	11.45	14.87	2.77	25.35	20.28	32.92
1991	386.05	1.77	10.72	16.19	2.69	31.66	20.13	35.57
1992	363.51	1.39	11.72	17.55	2.79	23.95	22.73	39.72
1993	334.03	1.35	8.97	18.43	2.84	34.63	22.74	44.02
1994	324.46	1.28	7.99	16.21	2.47	40.64	22.68	59.62
1995	328.53	1.43	11.48	15.11	2.34	49.28	23.61	73.03
1996	345.91	1.56	11.88	14.57	2.26	51.91	16.85	78.03
1997	338.58	1.08	11.08	13.61	2.31	61.07	18.44	90.61
1998	323.64	1.46	8.02	13.97	2.55	46.55	19.05	95.33
1999	312.52	0.91	12.14	15.94	2.64	62.64	19.27	99.33
2000	266.91	0.65	12.91	21.97	2.60	84.89	22.65	104.70
2001	228.64	0.67	12.38	22.53	2.56	109.82	23.65	100.51
2002	201.87	0.47	9.88	23.87	2.91	105.39	25.12	101.14
2003	168.01	0.44	9.09	25.73	2.76	118.00	25.37	100.24
2004	173.82	0.47	9.97	21.73	2.84	129.23	26.93	100.91
2005	167.49	0.44	10.11	18.15	2.91	116.57	26.31	97.57
2006	156.12	0.47	7.08	17.39	3.03	128.00	21.65	83.08
2007	140.35	0.46	6.44	17.01	3.13	135.00	22.39	81.19
2008	140.35	0.47	7.96	16.48	3.13	144.28	25.02	76.89
2009	137.06	0.43	8.25	15.52	3.19	135.85	24.97	81.92
2010	126.00	0.41	7.36	13.86	3.04	130.82	25.17	89.15
2011	121.44	0.41	7.15	12.77	3.05	127.89	24.92	92.61
2012	114.02	0.35	6.74	12.34	3.07	123.81	25.07	94.91
2013	103.94	0.30	6.53	11.05	2.91	123.73	26.26	95.23
2014	102.48	0.24	5.21	10.64	2.81	121.37	23.71	97.63
2015	97.57	0.18	5.24	10.39	2.88	123.79	18.62	100.58
2016	93.02	0.14	4.28	6.75	2.84	119.29	15.75	96.24
2017	94.03	0.10	4.36	6.08	2.89	121.76	14.10	96.35
2018	95.51	0.13	4.69	6.47	2.79	118.54	12.35	94.96
2019	92.89	0.13	5.01	7.01	2.78	116.72	10.00	94.18
2020	93.65	0.11	4.96	7.17	2.74	116.77	8.93	95.15
2021	94.94	0.09	4.85	6.48	2.77	110.48	10.59	95.71
2022	94.42	0.07	5.01	5.96	2.76	107.11	11.46	98.16
2023	97.12	0.05	5.37	5.68	2.86	110.66	12.89	101.64

续表 Continued

年份 Year	布 （米） Cloth (m)	纱 （公斤） Yarn (kg)	原煤 （公斤） Coal (kg)	发电量 （千瓦小时） Electricity (kw.h)	成品钢材 （公斤） Steel (kg)	水泥 （公斤） Cement (kg)
1978	9.28	1.95	42.71	135.66	8.58	48.54
1980	12.81	2.47	37.56	213.83	15.14	59.85
1985	21.79	3.93	37.55	329.14	15.80	199.44
1986	27.73	4.31	36.46	365.89	17.01	246.43
1987	27.64	4.89	35.23	422.43	18.70	296.90
1988	30.85	5.46	34.51	458.95	17.41	316.97
1989	29.91	5.15	34.30	478.23	18.36	307.44
1990	37.09	4.77	32.45	494.23	19.27	317.39
1991	31.85	4.78	32.76	570.41	21.80	381.81
1992	30.96	5.77	33.67	674.23	27.94	460.03
1993	41.03	5.53	32.24	717.55	32.15	517.72
1994	41.92	5.44	29.88	767.05	38.53	623.49
1995	74.55	6.51	28.76	921.77	61.13	749.64
1996	36.38	6.42	27.97	1022.52	53.47	808.92
1997	84.67	7.47	26.07	1101.22	61.53	777.57
1998	23.66	6.73	20.63	1109.71	57.33	771.21
1999	27.87	7.10	18.57	1185.80	59.92	851.53
2000	36.10	7.62	16.27	1393.36	65.15	944.64
2001	49.74	8.37	15.30	1516.66	78.78	1017.63
2002	67.21	10.14	15.47	1637.42	85.18	1208.35
2003	88.80	11.90	14.41	2060.89	109.42	1479.69
2004	178.84	18.76	11.51	2461.52	170.42	1788.19
2005	168.70	19.45	8.33	2728.81	144.61	1780.82
2006	193.73	23.02	2.68	3302.51	227.29	1977.02
2007	224.67	28.64	2.41	3688.68	310.70	2062.35
2008	263.29	32.44	2.53	3590.96	375.44	1960.54
2009	265.49	37.30	2.52	4182.48	449.93	2058.85
2010	296.57	40.08	2.81	4656.20	528.37	2103.21
2011	265.29	36.09	2.73	5036.40	570.24	2200.75
2012	254.50	41.09	2.67	4828.65	597.30	2050.57
2013	267.63	41.70		5028.51	666.74	2173.31
2014	267.69	39.40		4835.34	714.58	2118.81
2015	257.28	37.06		4893.07	681.72	1900.89
2016	247.49	35.80		5124.18	623.85	1790.92
2017	224.54	31.11		5324.29	514.33	1834.86
2018	128.75	25.71		5390.40	490.02	1968.70
2019	120.75	23.58		5298.89	548.43	2118.90
2020	101.21	21.33		5241.77	592.80	2061.22
2021	103.92	23.52		6177.74	530.72	2091.80
2022	103.29	21.77		6274.30	447.49	1972.12
2023	108.94	25.41		6593.61	505.18	1927.88

注: 2003年起按常住人口计算。农产品产量已与三农普数据衔接。
Data in this table is calculated at permanent residence since 2003.The output of agricultural products has been linked to the three agricultural census data.

1-4 平均每天主要社会经济活动
Indicators of Average Daily Social and Economic Activities

指标	Item		1978	2015	2016	2017	2018
平均每天创造财富	**Daily Production**						
生产总值	(亿元) Gross Domestic Product	(100 million yuan)	0.34	119.20	129.46	143.57	158.91
第一产业	Primary Industry		0.13	4.85	5.18	5.30	5.41
第二产业	Secondary Industry		0.15	56.46	59.10	63.69	69.34
第三产业	Tertiary Industry		0.06	57.89	65.18	74.58	84.16
工业	Industry		0.13	48.78	51.13	54.90	59.24
财政收入	(亿元) Financial Revenue	(100 million yuan)	0.08	23.42	25.27	28.22	32.07
财政支出	(亿元) Total Expenditure	(100 million yuan)	0.05	18.21	19.11	20.63	23.64
粮食	(万吨) Grain	(10000 tons)	4.02	1.60	1.55	1.59	1.64
油料	(万吨) Oil-bearing Crops	(10000 tons)	0.06	0.09	0.07	0.07	0.08
猪牛羊肉产量	(万吨) Meat	(10000 tons)	0.12	0.31	0.26	0.24	0.21
水产品	(万吨) Aquatic Products	(10000 tons)	0.24	1.65	1.60	1.63	1.63
发电量	(亿千瓦小时) Electricity	(100 Million Watt Houses)	0.14	7.96	8.46	8.93	9.19
成品钢材	(万吨) Steel Products	(10000 tons)	0.09	11.09	10.30	8.63	9.23
水泥	(万吨) Cement	(10000 tons)	0.50	30.92	29.58	30.77	33.72
化学药品原药	(吨) Chemical Raw Medicine	(ton)	2.94	766.60	740.28	661.99	624.75
橡胶轮胎外胎	(万条) Rubber Tire	(10000 units)		18.31	20.76	21.83	23.24
汽车	(辆) Motor Vehicle	(unit)	4	1175	1607	2316	3264
摩托车	(万辆) Motorcycles	(10000 units)		0.38	0.30	0.30	0.28
汽油	(万吨) Gasoline	(10000 tons)		0.84	0.96	0.96	0.93
柴油	(万吨) Diesel Oil	(10000 tons)		1.73	1.84	1.84	1.74

续表1 Continued

指标		Item		1978	2015	2016	2017	2018
每天消费量		**Daily National Consumption**						
社会消费品零售总额	(亿元)	Total Retail Sales of Consumer Goods	(100 million yuan)	0.13	51.81	57.31	63.35	68.94
商品市场成交额	(亿元)	Commodity Market Turnover	(100 million yuan)	0.02	56.16	56.16	58.90	60.00
每天其他经济活动								
客运量	(万人)	Passenger Traffic	(10000 persons)	56	346	294	294	278
货运量	(万吨)	Freight Traffic	(10000 tons)	23	550	589	663	736
沿海主要港口货物吞吐量	(万吨)	Cargo Handled at Principal Seaports	(10000 tons)	2	301	313	345	366
邮电业务量	(万元)	Business Volume of Postal and Telecom-munications Services	(10000 yuan)	19	65537	101791	96384	176041
进出口总额	(万美元)	Total Imports and Exports	(USD 10000)		95009	92191	103534	118487
出口总额		Exports			75707	73387	78600	87988
进口总额		Imports			19302	18804	24934	30499
实际利用外资额	(万美元)	Foreign Capital Actually Used	(USD 10000)		4647	4816	4905	5107
每天人口变动和婚姻								
出生	(人)	Births	(person)	1856	1592	1710	1836	1721
死亡	(人)	Deaths	(person)	596	833	841	858	871
结婚	(对)	Marriages	(couple)		1075	1005	944	924
离婚	(对)	Divorces	(couple)		315	337	364	355

续表2 Continued

指标		Item		2019	2020	2021	2022	2023
平均每天创造财富		**Daily Production**						
生产总值	(亿元)	Gross Domestic Product	(100 million yuan)	171.13	177.23	202.85	213.86	226.17
第一产业		Primary Industry		5.72	5.93	6.06	5.99	6.39
第二产业		Secondary Industry		72.05	72.22	85.41	90.34	93.02
第三产业		Tertiary Industry		93.36	99.07	111.38	117.54	126.76
工业		Industry		61.70	61.99	73.96	78.49	80.58
财政收入	(亿元)	Financial Revenue	(100 million yuan)	33.61	34.03	39.77	39.51	41.85
财政支出	(亿元)	Total Expenditure	(100 million yuan)	27.54	27.62	30.18	32.93	33.84
粮食	(万吨)	Grain	(10000 tons)	1.62	1.66	1.70	1.70	1.75
油料	(万吨)	Oil-bearing Crops	(10000 tons)	0.09	0.09	0.09	0.09	0.10
猪牛羊肉产量	(万吨)	Meat	(10000 tons)	0.17	0.16	0.19	0.21	0.23
水产品	(万吨)	Aquatic Products	(10000 tons)	1.64	1.69	1.71	1.77	1.85
发电量	(亿千瓦小时)	Electricity	(100 Million Watt Houses)	9.18	9.22	11.01	11.27	11.93
成品钢材	(万吨)	Steel Products	(10000 tons)	9.50	10.43	9.46	8.04	9.14
水泥	(万吨)	Cement	(10000 tons)	36.71	36.26	37.27	35.44	34.87
化学药品原药	(吨)	Chemical Raw Medicine	(ton)	686.76	670.95	752.19	865.17	857.61
橡胶轮胎外胎	(万条)	Rubber Tire	(10000 units)	24.33	23.50	24.10	22.27	40.65
汽车	(辆)	Motor Vehicle	(unit)	2718	2423	2860	3421	4181
摩托车	(万辆)	Motorcycles	(10000 units)	0.31	0.37	0.40	0.46	0.58
汽油	(万吨)	Gasoline	(10000 tons)	0.96	1.21	2.41	2.47	2.80
柴油	(万吨)	Diesel Oil	(10000 tons)	1.76	1.98	2.86	3.43	4.39

续表3 Continued

指标		Item		2019	2020	2021	2022	2023
每天消费量		**Daily National Consumption**						
社会消费品零售总额	(亿元)	Total Retail Sales of Consumer Goods	(100 million yuan)	74.91	72.96	80.03	83.47	89.18
商品市场成交额	(亿元)	Commodity Market Turnover	(100 million yuan)	63.17	58.19	63.76	58.63	63.15
每天其他经济活动								
客运量	(万人)	Passenger Traffic	(10000 persons)	288	166	134	92	145
货运量	(万吨)	Freight Traffic	(10000 tons)	791	822	897	879	943
沿海主要港口货物吞吐量	(万吨)	Cargo Handled at Principal Seaports	(10000 tons)	371	388	408	422	445
邮电业务量	(万元)	Business Volume of Postal and Telecom-munications Services	(10000 yuan)	271072	345763			
进出口总额	(万美元)	Total Imports and Exports	(USD 10000)	122527	133847	175542	192685	190899
出口总额		Exports		91673	99482	127647	141345	138986
进口总额		Imports		30855	34365	47896	51340	51912
实际利用外资额	(万美元)	Foreign Capital Actually Used	(USD 10000)	3715	4325	5024	5288	5543
每天人口变动和婚姻								
出生	(人)	Births	(person)	1668	1259	1230	1129	1049
死亡	(人)	Deaths	(person)	877	1032	1051	1121	1205
结婚	(对)	Marriages	(couple)	804	761	721	834	824
离婚	(对)	Divorces	(couple)	357	322	207	217	261

注: 1.本表价值量指标按当年价格计算。The data in Value terms in the table are calculated at current price.
2.邮电业务总量1978-2000年按1990年不变价计算，2001-2010年按2000年不变价计算,2011年起按2010年不变价计算。The total business volume of posts and telecommunications from 1978 to 2000 is calculated at 1990 constant prices, from 2001 to 2010 at 2000 constant prices, and from 2011 at 2010 constant prices.
3.2013年起交通运输指标按新口径统计。The data of transportation are adjusted since 2013.

1-5 全省生产总值（1978-2023年）
Gross Domestic Product(1978-2023)

年份 Year	全省生产总值(亿元) Gross Domestic Product	第一产业 Primary Industry	第二产业 Secondary Industry	第三产业 Tertiary Industry	工业 Industry	人均生产总值(元) Per capita GDP (yuan)
1978	123.72	47.09	53.52	23.11	46.97	332
1980	179.92	64.61	84.07	31.24	73.71	472
1983	257.09	82.89	113.12	61.08	102.55	652
1984	323.25	104.40	141.48	77.37	127.91	813
1985	429.16	123.88	198.91	106.37	178.68	1070
1986	502.47	136.29	230.89	135.29	206.63	1241
1987	606.99	159.41	281.47	166.11	249.69	1482
1988	770.25	195.68	354.39	220.18	315.36	1858
1989	849.44	210.95	386.25	252.24	346.50	2028
1990	904.69	225.04	408.18	271.47	363.74	2143
1991	1089.33	245.22	494.11	350.00	438.36	2564
1992	1375.70	262.67	652.26	460.77	581.73	3209
1993	1925.91	315.97	982.19	627.75	876.26	4459
1994	2689.28	438.65	1395.61	855.02	1243.37	6183
1995	3563.90	549.95	1856.32	1157.63	1650.60	8144
1996	4195.76	594.93	2233.98	1366.85	1989.68	9534
1997	4695.93	618.90	2557.87	1519.16	2293.10	10615
1998	5065.50	609.30	2772.28	1683.92	2495.25	11395
1999	5461.27	606.32	2983.27	1871.68	2693.52	12229
2000	6164.79	630.97	3287.10	2246.72	2964.69	13467
2001	6927.70	659.78	3590.07	2677.85	3205.39	14726
2002	8040.66	685.20	4112.87	3242.59	3670.38	16918
2003	9753.37	717.85	5126.27	3909.25	4501.61	20249
2004	11482.11	803.83	6160.40	4517.87	5428.69	23476
2005	13028.33	881.47	6953.67	5193.19	6177.64	26277
2006	15302.68	913.16	8295.66	6093.87	7418.99	30415
2007	18639.95	969.27	10122.74	7547.94	9093.98	36453
2008	21284.58	1073.30	11512.68	8698.60	10317.04	41061
2009	22833.74	1134.68	11882.36	9816.70	10491.27	43543
2010	27399.85	1322.85	14140.90	11936.10	12432.05	51110
2011	31854.80	1535.20	16271.04	14048.56	14277.77	57828
2012	34382.39	1610.81	17040.53	15731.05	14853.27	61097
2013	37334.64	1718.74	18162.78	17453.12	15835.77	65105
2014	40023.48	1726.57	19580.72	18716.19	16955.25	68569
2015	43507.72	1771.36	20606.55	21129.81	17803.30	73276
2016	47254.04	1890.43	21571.25	23792.36	18661.48	78384
2017	52403.13	1933.92	23246.72	27222.48	20038.67	85612
2018	58002.84	1975.89	25308.13	30718.83	21621.19	93230
2019	62462.00	2086.70	26299.51	34075.77	22520.94	98770
2020	64689.06	2166.26	26361.50	36161.30	22627.82	100738
2021	74040.78	2211.70	31173.99	40655.09	26995.99	113839
2022	78060.63	2185.23	32973.81	42901.59	28649.87	119022
2023	82553.21	2331.97	33952.67	46268.57	29412.06	125043

注: 1.本表按当年价格计算。1992年以后人均生产总值均按常住人口计算。
The figures in this table are calculated at current price.The per capita GDP have calculated at permanent residence since 1992.
2.2022年数据为初步统计数，后表同。
The data in 2022 are preliminary statistics. The same applies to the relevant tables following.

1-6 全省生产总值构成（1978-2023年）
Structure of Gross Domestic Product(1978-2023)

单位:%(%)

年份 Year	生产总值 Gross Domestic Product	第一产业 Primary Industry	第二产业 Secondary Industry	第三产业 Tertiary Industry	工业 Industry
1978	100	38.1	43.3	18.7	38.0
1980	100	35.9	46.7	17.4	41.0
1983	100	32.2	44.0	23.8	39.9
1984	100	32.3	43.8	23.9	39.6
1985	100	28.9	46.3	24.8	41.6
1986	100	27.1	46.0	26.9	41.1
1987	100	26.3	46.4	27.4	41.1
1988	100	25.4	46.0	28.6	40.9
1989	100	24.8	45.5	29.7	40.8
1990	100	24.9	45.1	30.0	40.2
1991	100	22.5	45.4	32.1	40.2
1992	100	19.1	47.4	33.5	42.3
1993	100	16.4	51.0	32.6	45.5
1994	100	16.3	51.9	31.8	46.2
1995	100	15.4	52.1	32.5	46.3
1996	100	14.2	53.2	32.6	47.4
1997	100	13.2	54.5	32.4	48.8
1998	100	12.0	54.7	33.2	49.3
1999	100	11.1	54.6	34.3	49.3
2000	100	10.2	53.3	36.4	48.1
2001	100	9.5	51.8	38.7	46.3
2002	100	8.5	51.2	40.3	45.6
2003	100	7.4	52.6	40.1	46.2
2004	100	7.0	53.7	39.3	47.3
2005	100	6.8	53.4	39.9	47.4
2006	100	6.0	54.2	39.8	48.5
2007	100	5.2	54.3	40.5	48.8
2008	100	5.0	54.1	40.9	48.5
2009	100	5.0	52.0	43.0	45.9
2010	100	4.8	51.6	43.6	45.4
2011	100	4.8	51.1	44.1	44.8
2012	100	4.7	49.6	45.8	43.2
2013	100	4.6	48.6	46.7	42.4
2014	100	4.3	48.9	46.8	42.4
2015	100	4.1	47.4	48.6	40.9
2016	100	4.0	45.6	50.3	39.5
2017	100	3.7	44.4	51.9	38.2
2018	100	3.4	43.6	53.0	37.3
2019	100	3.3	42.1	54.6	36.1
2020	100	3.3	40.8	55.9	35.0
2021	100	3.0	42.1	54.9	36.5
2022	100	2.8	42.2	55.0	36.7
2023	100	2.8	41.1	56.1	35.6

注: 本表按当年价格计算。The figures in this table are calculated at current price.

1-7 按行业和构成分的全省生产总值（2017-2022年）
Gross Domestic Product by New Sector and Structure(2017-2022)

单位：亿元(100 million yuan)

指标	Item	2017	2018	2019	2020	2021	2022
全省生产总值	**Gross Domestic Product**	**52403.13**	**58002.84**	**62461.99**	**64689.06**	**74040.78**	**78060.63**
按行业分	By Sector						
农、林、牧、渔业	Farming,Forestry,Animal Husbandry and Fishery	1972.84	2019.32	2135.87	2221.37	2276.98	2253.74
工业	Industry	20038.67	21621.19	22520.94	22627.82	26995.99	28649.87
建筑业	Construction	3262.31	3737.56	3832.11	3783.42	4232.83	4388.05
批发和零售业	Wholesale and Retail Trade	6323.62	6852.98	7360.24	7597.61	8749.52	9578.41
交通运输、仓储和邮政业	Transport,Storage and Post	1742.57	1852.77	1980.11	1915.77	2345.26	2353.59
住宿和餐饮业	Hotels and Catering Services	941.31	991.89	1085.50	986.68	1198.42	1290.64
信息传输、软件和信息技术服务业	Information Transmission Software and Information Technology Services	2599.47	2959.67	3613.82	4098.59	4798.29	4811.75
金融业	Banking	3770.57	4506.32	4903.95	5538.20	6117.59	6631.43
房地产业	Real Estate	3511.73	4117.13	4617.99	5111.22	5414.87	5223.78
租赁和商务服务业	Renting and Business Services	1482.28	1737.82	1941.91	1992.62	2383.30	2888.20
科学研究和技术服务业	Scientific Research and Technic Service	841.86	963.23	1145.24	1231.66	1410.05	1484.15
水利、环境和公共设施管理业	Water Conservancy, Environment and Public Facilities Management	309.28	343.14	378.74	376.42	448.27	407.73
居民服务、修理和其他服务业	Service for the Residents, Repair and Others	546.37	577.76	676.52	636.77	705.83	718.93
教育	Education	1662.18	1889.62	2078.13	2244.24	2386.92	2466.69
卫生和社会工作	Health Care and Social Work	1206.13	1389.50	1503.95	1619.04	1725.01	2031.50
文化、体育和娱乐业	Culture,Sports and Entertainment	405.80	468.79	516.07	422.99	506.64	525.26
公共管理、社会保障和社会组织	Public Administration, Social Security and Social Organization	1786.14	1974.14	2170.91	2284.64	2345.01	2356.91
第一产业	Primary Industry	1933.92	1975.89	2086.70	2166.26	2211.70	2185.23
第二产业	Secondary Industry	23246.72	25308.13	26299.51	26361.50	31173.99	32973.81
第三产业	Tertiary Industry	27222.48	30718.82	34075.77	36161.30	40655.09	42901.59

1-8 全省生产总值指数（1978-2023年）（上年=100）
Indices of Gross Domestic Product (1978-2023)(Preceding year=100)

（上年=100）(preceding year=100)

年份 Year	全省生产总值 Gross Domestic Product	第一产业 Primary Industry	第二产业 Secondary Industry	第三产业 Tertiary Industry	工业 Industry	人均生产总值 Per Capita GDP
1978	121.9	118.7	128.6	113.5	126.5	120.5
1980	116.4	97.3	132.0	112.9	133.3	115.2
1983	108.0	93.9	115.5	116.0	118.5	106.8
1984	121.7	119.3	124.0	120.3	124.4	120.7
1985	121.7	101.9	135.3	119.2	135.0	120.7
1986	112.1	104.0	114.0	116.8	114.2	111.0
1987	111.8	101.0	116.8	110.9	116.4	110.6
1988	111.2	99.0	116.3	109.8	117.5	109.9
1989	99.4	100.2	100.8	94.9	101.7	98.4
1990	103.9	102.7	105.2	101.4	105.4	103.1
1991	117.9	107.9	118.2	125.6	118.4	117.2
1992	118.8	100.6	125.2	122.7	126.6	118.1
1993	122.0	104.8	133.2	116.0	135.3	121.1
1994	120.0	104.4	127.5	115.8	128.0	119.2
1995	117.0	107.5	118.7	118.4	118.2	116.3
1996	112.7	104.4	115.5	111.1	115.8	112.0
1997	111.1	104.5	112.9	110.6	113.4	110.6
1998	110.2	103.2	110.8	111.7	111.2	109.7
1999	110.1	103.3	111.4	109.9	111.9	109.6
2000	111.1	104.5	111.8	111.9	112.1	108.4
2001	110.7	104.8	111.1	111.7	111.0	107.7
2002	112.7	104.5	113.4	113.7	113.7	111.5
2003	114.7	103.6	116.8	114.4	115.8	113.2
2004	113.1	103.8	114.9	112.4	115.5	111.4
2005	112.9	101.4	112.9	115.3	113.4	111.4
2006	114.0	103.2	114.6	115.0	114.9	112.3
2007	114.5	98.1	115.7	115.4	116.5	112.7
2008	110.1	104.7	109.4	111.7	110.1	108.6
2009	109.0	102.3	107.0	112.4	105.8	107.8
2010	111.9	103.1	112.4	112.1	112.2	109.4
2011	109.0	103.5	109.1	109.4	109.8	106.1
2012	108.1	101.7	107.3	109.7	106.9	105.8
2013	108.3	100.5	108.2	109.3	108.1	106.3
2014	107.7	101.3	107.8	108.1	107.5	105.8
2015	108.0	101.2	105.9	111.0	105.3	106.2
2016	107.5	102.3	105.9	109.6	106.1	105.9
2017	107.8	102.7	106.3	109.5	107.2	106.1
2018	107.1	101.8	106.3	108.3	107.0	105.4
2019	106.8	101.8	105.5	108.2	106.4	105.0
2020	103.6	101.2	103.0	104.2	103.4	102.0
2021	108.7	102.3	109.7	108.4	111.1	107.4
2022	103.2	103.0	103.2	103.3	103.2	102.4
2023	106.0	104.2	105.0	106.7	104.9	105.3

注: 本表按可比价格计算。The figures in this table are calculated at comparable price.

1-9 全省生产总值指数（1978-2023年）（1978年=100）
Indices of Gross Domestic Product(1978-2023)(1978=100)

（1978年=100）(1978=100)

年份 Year	全省生产总值 Gross Domestic Product	第一产业 Primary Industry	第二产业 Secondary Industry	第三产业 Tertiary Industry	工业 Industry	人均生产总值 Per Capita GDP
1978	100.0	100.0	100.0	100.0	100.0	100.0
1980	132.2	107.9	155.7	122.1	156.0	129.4
1983	177.4	123.6	210.3	211.0	219.2	167.8
1984	216.0	147.5	260.8	253.8	272.6	202.5
1985	262.9	150.3	352.9	302.6	367.9	244.4
1986	294.6	156.2	402.1	353.4	420.2	271.3
1987	329.4	157.8	469.9	392.1	489.2	300.0
1988	366.4	156.3	546.6	430.6	574.9	329.6
1989	364.3	156.7	551.2	408.5	584.8	324.2
1990	378.6	160.9	579.9	414.1	616.7	334.4
1991	446.3	173.6	685.8	520.3	730.1	391.8
1992	530.3	174.7	858.8	638.5	924.3	462.8
1993	647.1	183.1	1143.8	740.8	1250.7	560.4
1994	776.4	191.1	1457.9	857.9	1601.1	667.8
1995	908.3	205.6	1730.2	1015.7	1891.8	776.4
1996	1023.5	214.7	1998.1	1128.7	2190.4	869.9
1997	1137.5	224.3	2255.4	1247.8	2483.0	961.9
1998	1253.8	231.5	2499.6	1394.3	2761.4	1055.0
1999	1380.5	239.1	2785.6	1533.1	3089.3	1156.4
2000	1533.9	249.9	3115.2	1715.4	3461.7	1253.5
2001	1697.8	261.9	3461.3	1916.7	3843.2	1350.1
2002	1913.1	273.6	3926.5	2179.8	4368.0	1505.8
2003	2195.1	283.5	4587.6	2493.5	5056.5	1704.8
2004	2482.8	294.4	5272.6	2803.6	5840.5	1899.0
2005	2804.0	298.5	5953.7	3232.5	6621.9	2115.6
2006	3195.3	308.0	6821.0	3716.2	7608.7	2375.7
2007	3658.3	302.2	7891.1	4288.0	8867.1	2676.3
2008	4026.9	316.3	8631.2	4790.1	9761.6	2906.0
2009	4389.7	323.6	9238.6	5384.4	10325.9	3131.4
2010	4910.1	333.5	10387.2	6036.1	11585.6	3426.2
2011	5350.2	345.1	11330.4	6605.6	12715.7	3633.7
2012	5781.9	351.0	12153.1	7245.6	13592.6	3843.8
2013	6263.8	352.8	13144.9	7918.8	14690.7	4086.4
2014	6744.6	357.5	14169.3	8561.0	15786.1	4322.8
2015	7286.6	361.8	15009.4	9503.7	16629.3	4591.2
2016	7834.8	370.1	15889.6	10414.0	17647.3	4862.1
2017	8444.0	380.2	16896.2	11406.2	18911.8	5160.9
2018	9047.2	387.2	17960.5	12353.7	20229.4	5440.3
2019	9658.0	394.1	18956.4	13363.8	21517.3	5713.5
2020	10000.9	399.0	19518.7	13926.6	22253.4	5826.5
2021	10875.8	408.2	21416.2	15099.7	24732.7	6255.8
2022	11228.7	420.5	22094.4	15600.4	25536.1	6405.1
2023	11897.2	438.1	23201.1	16653.4	26774.8	6741.7

注: 本表按可比价格计算。The figures in this table are calculated at comparable price.

1-10 总产出（2018-2022年）
Total Output(2018-2022)

单位：亿元（100 million yuan）

指标	Item	2018	2019	2020	2021	2022
总产出	**Total Output**	**168319.34**	**180681.13**	**190179.33**	**224351.36**	**229206.40**
第一产业	Primary Industry	3070.04	3256.53	3387.34	3457.73	3630.84
第二产业	Secondary Industry	103357.45	108417.45	112769.81	137437.79	142428.48
第三产业	Tertiary Industry	61891.85	69007.15	74022.19	83455.84	83147.08
工业	Industry	87124.65	92095.00	96027.65	119982.18	127171.69

注: 本表按当年价格计算。The figures in this table are calculated at current price.

1-11 按行业分的第三产业增加值指数（上年=100）
Indices of Value-added of the Tertiary Industry by Sector(Preceding year =100)

（上年=100）(preceding year=100)

行业	Sector	2017	2018	2019	2020	2021	2022
总计	**Total**	**109.5**	**108.3**	**108.2**	**104.2**	**108.4**	**103.3**
批发和零售业	Wholesale and Retail Trade	106.6	104.7	105.0	102.1	111.8	104.6
交通运输、仓储和邮政业	Transport,Storage and Post	106.6	105.0	107.0	100.2	112.6	99.2
住宿和餐饮业	Hotels and Catering Services	102.7	102.4	105.5	90.4	119.5	101.9
信息传输、软件和信息技术服务业	Information Transmission Software and Information Technology Services	120.6	112.4	117.6	115.3	110.3	106.7
金融业	Banking	111.3	112.5	108.0	110.4	107.3	106.4
房地产业	Real Estate	112.6	110.3	109.2	105.3	103.8	94.6
租赁和商务服务业	Renting and Business Services	106.1	111.5	109.7	98.1	115.5	109.5
科学研究和技术服务业	Scientific Research and Technic Service	110.6	110.5	115.3	102.9	107.4	101.2
水利、环境和公共设施管理业	Water Conservancy，Environment and Public Utility	94.3	108.0	107.6	100.2	112.4	96.8
居民服务、修理和其他服务业	Service for the Residents and Others	97.7	102.8	112.8	92.9	104.0	101.6
教育	Education	111.6	109.0	107.2	103.5	106.6	102.4
卫生和社会工作	Health Care and Social Work	115.5	109.1	104.8	102.8	104.9	110.6
文化、体育和娱乐业	Culture,Sports and Entertainment	106.8	113.5	110.2	84.5	111.0	96.7
公共管理、社会保障和社会组织	Public Security,Social Security and Social Organization	107.8	105.6	102.8	104.6	97.2	101.7

1-12 按机构类型和登记注册类型分组的法人单位数
Number Of Corporation Units by Types of Organization and Registration

单位：个(unit)

指标名称	Item	法人单位数 Number Of Corporation Units		单产业法人 Containing Single Industrial Activity		多产业法人 Containing Multiple Industrial Activity	
		2021	2022	2021	2022	2021	2022
总计	**Total**	**2493035**	**2690600**	**2452130**	**2650142**	**40905**	**40458**
按机构类型分组	**by Type of Organization**						
企业	Enterprise	2310212	2501821	2269954	2461927	40258	39894
事业单位	Public Institution	27272	26954	27163	26863	109	91
机关	Office	7586	8158	7353	7950	233	208
社会团体	Social Group	22857	25619	22849	25611	8	8
民办非企业单位	Private Non-enterprise Unit	35763	39574	35760	39570	3	4
基金会	Foundation	673	898	673	898		
居委会	Neighborhood Committees	4736	5137	4704	5112	32	25
村委会	Villagers Committee	20690	19606	20572	19509	118	97
农民专业合作社	Farmer specialized cooperative	36612	35171	36503	35072	109	99
农村集体经济组织	Rural collective economic organization	15792	16792	15771	16774	21	18
其他组织机构	Others	10842	10870	10828	10856	14	14
按登记注册类型分组	**by Registered Type**						
内资	Domestic Funded Enterprises	2465501	2662129	2425931	2622985	39570	39144
国有	State-owned Enterprises	40179	40423	39616	39901	563	522
集体	Collective Owned Enterprises	26551	28290	26216	27981	335	309
股份合作	Cooperative Enterprises	8097	7586	7892	7398	205	188
联营	Joint Ownership Enterprises	539	532	537	531	2	1
国有联营	State Joint Ownership Enterprises	38	47	38	47		
集体联营	Collective Joint Ownership Enterprises	117	128	116	128	1	
国有与集体联营	State-collective Joint Enterprises	64	45	64	45		
其他联营	Other Joint Ownership Enterprises	320	312	319	311	1	1
有限责任公司	Limited Liability Corporations	62101	74568	58231	70404	3870	4164
国有独资公司	State Sole Funded Corporations	4845	4808	4360	4343	485	465

续表 Continued　　单位：个(unit)

指标名称	Item	法人单位数 Number Of Corporation Units		单产业法人 Containing Single Industrial Activity		多产业法人 Containing Multiple Industrial Activity	
		2021	2022	2021	2022	2021	2022
其他有限责任公司	Other Limited Liability Corporations	57256	69760	53871	66061	3385	3699
股份有限公司	Share-holding Corporations Ltd.	3495	3664	2491	2628	1004	1036
私营	Private Enterprises	2209454	2386913	2176140	2354229	33314	32684
私营独资	Private Funded Enterprises	150965	139290	149884	138313	1081	977
私营合伙	Private Partnership Corporations	64183	67627	64001	67456	182	171
私营有限责任公司	Private Limited Liability Corporations	1984122	2169740	1952842	2138937	31280	30803
私营股份有限公司	Private Share-holding Corporations Ltd.	10184	10256	9413	9523	771	733
其他内资	Others	115085	120153	114808	119913	277	240
港、澳、台商投资企业	Funded by Enterprises From Hong Kong Macao and Taiwan	9597	9700	9096	9215	501	485
与港澳台商合资经营	Joint-venture Enterprises	3190	3106	3030	2950	160	156
与港澳台商合作经营	Cooperation Enterprises From Hong Kong,Macao and Taiwan	85	86	83	85	2	1
港澳台商独资	Enterprises with Sole Hong Kong, Macao and Taiwan	6065	6224	5772	5947	293	277
港澳台商投资股份有限公司	Share-holding Corporations Ltd. with Funds From Hong Kong,Macao and Taiwan	194	203	152	158	42	45
其他港澳台商投资	Others	63	81	59	75	4	6
外商投资	Foreign Funded Enterprises	17937	18771	17103	17942	834	829
中外合资经营	Joint-venture Enterprises	4734	4713	4495	4476	239	237
中外合作经营	Cooperation Enterprises	139	156	130	145	9	11
外资企业	Enterprises With Sole Foreign Investment	11472	12203	10926	11656	546	547
外商投资股份有限公司	Foreign Investment Share-holding Corporations Ltd.	207	212	172	185	35	27
其他外商投资	Others	1385	1487	1380	1480	5	7

1-13 按地区和主要行业分法人单位数
Number of Legal Entities by Region and Sector

单位：个(unit)

年份 地区 Year Region	合计 Total	农、林、牧、渔业 Agriculture, Forestry, Animal, Husbandry and Fishery	采矿业 Mining	制造业 Manufacturing	电力、热力、燃气及水生产和供应业 Electricity, Heating Power,Gas and Water Production and Supply	建筑业 Construction	批发和零售业 Wholesale and Retail, Trades	交通运输、仓储和邮政业 Transport, Storage, and Post	住宿和餐饮业 Hotels and Catering Services	信息传输、软件和信息技术服务业 Information Transmission, Software and Information Technology Services
2010	685506	21037	1526	276982	3944	17922	133479	12629	7548	14966
2011	778194	28996	1503	304763	4032	21087	165076	14217	8300	17386
2012	865154	38109	1508	323464	4058	24066	196799	15481	9072	13814
2013	1014357	49331	1279	365286	4336	23709	253573	16896	13879	16411
2014	1235664	62483	1387	417132	4633	32727	335289	20161	17271	25388
2015	1346364	64569	1339	423208	4856	37698	374159	22591	19122	36444
2016	1497168	67211	1257	434322	5208	44310	430889	25962	20961	51124
2017	1792469	71386	1308	473283	6483	57305	536211	31988	24856	76660
2018	1610874	68543	841	424775	5240	51730	465896	32135	24951	55067
2019	1905546	48825	856	454679	5678	68107	613474	39002	27954	80749
2020	2277238	52432	944	501768	6281	87745	754359	48213	33787	112541
2021	2493035	52654	946	537941	6784	102962	832441	54296	38151	129496
2022	2690600	53653	980	564339	7760	118066	907259	58524	41276	147366
杭州市	643244	6996	135	57074	902	30812	196806	11859	14309	83735
宁波市	441515	5814	87	110751	1193	21000	131161	14190	5636	17817
温州市	337461	10529	108	108406	989	12597	96704	5473	4991	10201
嘉兴市	179197	2567	1	47162	659	9307	57826	4298	2525	5056
湖州市	122696	2854	104	26914	411	7625	30981	3030	2779	5925
绍兴市	218705	3260	88	56407	609	10453	81607	3607	2799	5971
金华市	370383	4683	94	70022	547	10197	196015	7044	2871	8580
衢州市	58394	3920	81	7392	472	3486	17436	1872	766	1954
舟山市	44577	670	33	4899	169	2217	15562	2376	726	2099
台州市	212985	8429	78	64783	822	8036	67343	3754	2883	3712
丽水市	61443	3931	171	10529	987	2336	15818	1021	991	2316

续表 Continued

单位：个（unit）

金融业 Financial Intermediation	房地产业 Real Estate	租赁和商务服务业 Leasing and Business Services	科学研究和技术服务业 Scientific Research and Technical Services	水利、环境和公共设施管理业 Management of Water Conservancy, Environment and Public Facilities	居民服务、修理和其他服务业 Service to Households, Repair and Other Services	教　育 Education	卫生和社会工作 Health and Social Service	文化、体育和娱乐业 Culture, Sports and Entertainment	公共管理、社会保障和社会组织 Public Management, Social Security and Social Organization
2484	16748	50299	16518	4024	7194	16018	6921	5274	69993
2607	19196	59494	19067	4476	8345	16742	6920	6044	69943
3492	20423	67680	22771	4968	10392	17827	6822	13077	71331
5478	25149	73363	25659	5497	12231	21277	7586	14669	78748
5498	28067	98892	35096	6565	15590	22464	8041	17680	81300
8005	29343	120968	43731	7155	17458	23549	8873	21071	82225
8853	32749	152078	53401	8191	18739	24772	9787	25203	82151
10786	41415	206463	67949	9869	23451	27584	11551	30861	83060
16946	46052	157725	61583	8556	26474	37929	12391	36470	77570
15771	54133	190751	78934	10103	33452	46239	14637	42741	79461
16626	63792	237068	103928	12567	41526	54244	16690	52742	79985
16174	67062	265042	119555	13922	47171	55101	18336	57839	77162
16133	67589	286215	133915	15204	52717	54115	21468	63849	80172
3812	19612	96184	50983	3186	15653	11405	5057	22024	12700
7311	10160	53392	22004	2140	8369	8102	3557	10232	8599
1599	7911	26178	12924	1847	5706	9026	2788	6200	13284
583	6848	15882	7756	1153	3578	3553	1658	3607	5178
426	3705	16308	7316	1238	2210	2187	1206	3610	3867
660	5543	16996	10606	1214	3759	3371	1643	3880	6232
473	5914	24208	9166	1334	5129	6736	1666	7688	8016
203	1282	6763	2753	628	1252	1816	758	1288	4272
239	878	6898	2442	331	724	615	435	850	2414
540	4439	16020	5711	1457	5225	5301	1893	3033	9526
287	1297	7386	2254	676	1112	2003	807	1437	6084

注：2013年和2018年为经普年份，调查口径与非普查年份不同，后表同。2013 and 2018 are economic census years, and the survey caliber is different from that of non census years, the same as in the following table.

1-14 按地区和控股情况分企业法人单位数
Number of Corporate Enterprises by Region and the Status of Holdings

单位：个（unit）

年 份 地 区	Year Region	企业单位数 Numbers of Enterprises	国有控股 State-holding	集体控股 Collective-holding	私人控股 Private-holding	港、澳、台商控股 Hong Kong, Macao and Taiwan-holding	外商控股 Foreign-holding	其 他 Others
2010		570270	10192	19401	521951	7108	7943	3675
2011		659003	10538	19434	609010	7545	8509	3967
2012		739040	10950	19496	685171	7893	9910	5620
2013		865990	11279	20096	806800	6745	8220	12850
2014		1080452	11759	22088	1018207	7661	9178	11559
2015		1189601	12025	22328	1125279	8088	9592	12289
2016		1307847	12158	20802	1249190	8054	8896	8747
2017		1599314	12991	23365	1533690	8843	11026	9399
2018		1383840	12488	11986	1332943	5662	8181	12580
2019		1719819	12981	14759	1667626	7169	11704	5580
2020		2087886	14145	14125	2032689	7669	12876	6382
2021		2310212	15230	14153	2253940	7784	13803	5302
2022		2501821	16541	13860	2441224	8015	14641	7540
杭州市	Hangzhou	615142	3801	1735	600857	2237	3279	3233
宁波市	Ningbo	419704	2396	2095	409029	2104	3169	911
温州市	Wenzhou	307096	1488	3658	300897	287	318	448
嘉兴市	Jiaxing	167431	1690	922	161473	1331	1760	255
湖州市	Huzhou	114442	1204	507	110792	571	523	845
绍兴市	Shaoxing	203731	1040	1150	199008	676	1133	724
金华市	Jinhua	350028	1169	538	343556	357	3888	520
衢州市	Quzhou	48724	776	204	47535	52	90	67
舟山市	Zhoushan	40263	822	346	38733	159	149	54
台州市	Taizhou	187389	1243	2379	182943	179	213	432
丽水市	Lishui	47871	912	326	46401	62	119	51

1-15 按行业分的法人单位数（2022年）
Number Of Corporation Units by Sector(2022)

单位:个(unit)

行业	Sector	法人单位数 Number Of Corporation Units	单产业法人 Containing Single Industrial Activity	多产业法人 Containing Multiple Industrial Activity
总计	**Total**	**2690600**	**2650142**	**40458**
按国民经济行业分组	**By Sector**			
农、林、牧、渔业	Farming,Forestry,Animal Husbandry and Fishery	53653	53403	250
农业	Farming	32203	32093	110
林业	Forestry	5334	5313	21
畜牧业	Animal Husbandry	5906	5857	49
渔业	Fishery	5386	5348	38
农、林、牧、渔专业及辅助性活动	Services	4824	4792	32
采矿业	Ming and Quarrying	980	967	13
煤炭开采和洗选业	Coal Mining and Dressing	14	13	1
石油和天然气开采业	Petroleum and Natural Gas Extraction	1	1	
黑色金属矿采选业	Ferrous Metals Mining and Dressing	40	40	
有色金属矿采选业	Nonferrous Metals Mining and Dressing	53	52	1
非金属矿采选业	Nonmetal Minerals Mining and Dressing	848	838	10
开采专业及辅助性活动	Supplementary Activities for Mining	6	5	1
其他采矿业	Other Minerals Mining and Dressing	18	18	
制造业	Manufacturing	564339	558636	5703
农副食品加工业	Non-staple Food Processing	5480	5312	168
食品制造业	Food Manufacturing	4153	4001	152
酒、饮料和精制茶制造业	Wine, Soft Drinks and Refined Tea Manufacturing	3209	3116	93
烟草制品业	Tobacco Processing	2	1	1

续表1 Continued

单位:个(unit)

行业	Sector	法人单位数 Number Of Corporation Units	单产业法人 Containing Single Industrial Activity	多产业法人 Containing Multiple Industrial Activity
纺织业	Textile Industry	41841	41521	320
纺织服装、服饰业	Garments,Shoes and Hats Manufacturing	39152	38824	328
皮革、毛皮、羽毛及其制品和制鞋业	Leather, Furs, Down and Related Production,Shoes Manufacturing	22234	22036	198
木材加工和木、竹、藤、棕、草制品业	Timber Processing,Bamboo, Cane Palm Fiber and Straw Production	8868	8812	56
家具制造业	Furniture Manufacturing	10627	10514	113
造纸和纸制品业	Papermaking and Paper Products	18209	18127	82
印刷和记录媒介复制业	Printing and Record Medium Reproduction	12895	12763	132
文教、工美、体育和娱乐用品制造业	Cultural,Educational and Sports Goods	31393	31175	218
石油、煤炭及其他燃料加工业	Petroleum Processing,Cooking and Nuclear Fuel Processing	575	567	8
化学原料和化学制品制造业	Raw Chemical Materials and Chemical Production	10470	10276	194
医药制造业	Medical and Pharmaceutical Products	2332	2264	68
化学纤维制造业	Chemical Fiber	2375	2357	18
橡胶和塑料制品业	Rubber and Plastic Production	46195	45938	257
非金属矿物制品业	Nonmetal Mineral Production	17417	17187	230
黑色金属冶炼和压延加工业	Smelting and Pressing of Ferrous Metals	2647	2614	33
有色金属冶炼和压延加工业	Smelting and Pressing of Nonferrous Metals	3693	3660	33
金属制品业	Metal Products	54131	53734	397
通用设备制造业	Ordinary Machinery	70373	69669	704
专用设备制造业	For Special Purpose Equipment Manufacturing	38351	37996	355

续表2 Continued

单位:个(unit)

行业	Sector	法人单位数 Number Of Corporation Units	单产业法人 Containing Single Industrial Activity	多产业法人 Containing Multiple Industrial Activity
汽车制造业	Automotive Manufacturing	21368	21142	226
铁路、船舶、航空航天和其他运输设备制造业	Railway, Shipbuilding, Aerospace, and Other Transportation Equipment Manufacturing Industry	5413	5334	79
电气机械和器材制造业	Electric Equipment and Machinery	53787	53149	638
计算机、通信和其他电子设备制造业	Telecommunications Equipment, Computer and Other Electronic Equipment Manufacturing	15186	14911	275
仪器仪表制造业	Instruments Manufacturing	8388	8229	159
其他制造业	Other Manufacturing	8738	8680	58
废弃资源综合利用业	Comprehensive Utilization of Waste Resources	1281	1257	24
金属制品、机械和设备修理业	Metal Products,Machinery and Equipment Repair Industry	3556	3470	86
电力、热力、燃气及水生产和供应业	Electricity,Heating Power,Gas and Water Production and Supply	7760	7566	194
电力、热力生产和供应业	Production and Supply of Electricity and Heating Power	5830	5751	79
燃气生产和供应业	Production and Supply of Gas	397	351	46
水的生产和供应业	Production and Supply of Water	1533	1464	69
建筑业	Construction	118066	113887	4179
房屋建筑业	Housing	20931	19429	1502
土木工程建筑业	Civil Engineering	24046	22575	1471
建筑安装业	Installation	11648	11245	403
建筑装饰、装修和其他建筑业	Building Decoration and Others	61441	60638	803
批发和零售业	Wholesale and Retail Trade	907259	897879	9380
批发业	Wholesale	528893	524531	4362
零售业	Retail Sale	378366	373348	5018
交通运输、仓储和邮政业	Transportation,Storage and Post	58524	56755	1769
铁路运输业	Railway Transport	64	59	5
道路运输业	Highway Transport	35677	34926	751
水上运输业	Waterway Transport	2066	1955	111

续表3 Continued

单位:个(unit)

行业	Sector	法人单位数 Number Of Corporation Units	单产业法人 Containing Single Industrial Activity	多产业法人 Containing Multiple Industrial Activity
航空运输业	Air Transport	240	234	6
管道运输业	Pipeline Transport	15	15	
多式联运和运输代理业	Multimodal Transport and Transport Agent Industry	13467	13117	350
装卸搬运和仓储业	Handling and Warehousing Industry	5006	4902	104
邮政业	Postal Services	1989	1547	442
住宿和餐饮业	Hotels and Catering Services	41276	39570	1706
住宿业	Hotels	12838	12444	394
餐饮业	Catering Services	28438	27126	1312
信息传输、软件和信息技术服务业	Information Transmission,Software and Information Technology Services	147366	145529	1837
电信、广播电视和卫星传输服务	Telecommunication,Radio and Television , Satellite Transmission Services	1649	1505	144
互联网和相关服务	Internet and Related Services	16084	15866	218
软件和信息技术服务业	Software and Information Technology Services	129633	128158	1475
金融业	Banking	16133	15156	977
货币金融服务	Monetary and Financial Services	2017	1544	473
资本市场服务	Capital Market Services	11370	11314	56
保险业	Insurance	845	429	416
其他金融业	Others	1901	1869	32

续表4 Continued　　单位:个(unit)

行业	Sector	法人单位数 Number Of Corporation Units	单产业法人 Containing Single Industrial Activity	多产业法人 Containing Multiple Industrial Activity
房地产业	Real Estate	67589	65323	2266
房地产业	Real Estate	67589	65323	2266
租赁和商务服务业	Renting and Business Services	286215	281074	5141
租赁业	Leasing	22880	22620	260
商务服务业	Commercial Services	263335	258454	4881
科学研究和技术服务业	Scientific Research, Technic Service and Geological Prospecting	133915	131370	2545
研究和试验发展	Research and Experiment Development	19470	19303	167
专业技术服务业	Technical Services	57522	55638	1884
科技推广和应用服务业	Promotion and Application of Science and Technology Services	56923	56429	494
水利、环境和公共设施管理业	Water Conservancy, Environment and Public Utility	15204	14865	339
水利管理业	Water Conservancy	984	969	15
生态保护和环境治理业	Ecological Protection and Environmental Management	2837	2764	73
公共设施管理业	Public Facilities	10161	9931	230
土地管理业	Land management industry	1222	1201	21
居民服务、修理和其他服务业	Service for the Residents,Repair and Others	52717	51605	1112
居民服务业	Resident Services	28849	28178	671
机动车、电子产品和日用产品修理业	Motor Vehicles,Electronics and Household Goods Repair Industry	15482	15205	277
其他服务业	Other Services	8386	8222	164
教育	Education	54115	52993	1122
教育	Education	54115	52993	1122

续表5 Continued 单位:个(unit)

行业	Sector	法人单位数 Number Of Corporation Units	单产业法人 Containing Single Industrial Activity	多产业法人 Containing Multiple Industrial Activity
卫生和社会工作	Health Care,Sports and Social Welfare	21468	20816	652
卫生	Health Care	10466	9917	549
社会工作	Social work	11002	10899	103
文化、体育和娱乐业	Culture,Sports and Entertainment	63849	62917	932
新闻和出版业	News and Publishing	390	378	12
广播、电视、电影和影视录音制作业	Television,Radio,Film and Television Sound Recording Production	12547	12349	198
文化艺术业	Culture and Arts	16703	16582	121
体育	Sports	7593	7310	283
娱乐业	Recreation	26616	26298	318
公共管理、社会保障和社会组织	Public Administration,Social Security and Social Organization	80172	79831	341
中国共产党机关	Communist Party Agencies	926	923	3
国家机构	Government Agencies	15390	15183	207
人民政协、民主党派	The CPPCC,Democratic Parties	272	272	
社会保障	Social Security	354	354	
群众团体、社会团体和其他成员组织	Mass Organizations,Social Groups and Other Members of the Organization	35279	35270	9
基层群众自治组织	Mass Grassroots Organizations	27951	27829	122

1-16 按地区分组的法人单位数（2022年）
Number Of Corporation Units by Region(2022)

单位：个(unit)

地区	Region	法人单位数 Number Of Corporation Units	单产业法人 Containing Single Industrial Activity	多产业法人 Containing Multiple Industrial Activity
杭州市	Hangzhou	643244	630467	12777
上城区	Shangcheng	59917	57959	1958
拱墅区	Gongshu	84579	82387	2192
西湖区	Xihu	61167	59323	1844
滨江区	Bingjiang	50436	49516	920
萧山区	Xiaoshan	96351	94960	1391
余杭区	Yuhang	70696	69600	1096
富阳区	Fuyang	36965	36456	509
临安区	Linan	22469	22143	326
临平区	Linping	52242	51317	925
钱塘区	Qiantang	58827	57992	835
桐庐县	Tonglu	21978	21730	248
淳安县	Chunan	14420	14128	292
建德市	Jiande	13196	12955	241
宁波市	Ningbo	441515	435037	6478
海曙区	Haishu	58281	57316	965
江北区	Jiangbei	34645	34073	572
北仑区	Beilun	61256	60295	961
镇海区	Zhenhai	24656	24364	292
鄞州区	Yinzhou	96071	94218	1853
奉化区	Fenghua	22452	22195	257
象山县	Xiangshan	24025	23716	309
宁海县	Ninghai	21508	21220	288
余姚市	Yuyao	42947	42506	441
慈溪市	Cixi	55674	55134	540
温州市	Wenzhou	337461	332006	5455
鹿城区	Lucheng	42910	41825	1085
龙湾区	Longwan	33975	33287	688
瓯海区	Ouhai	24333	23759	574
洞头区	Dongtou	5526	5420	106
永嘉县	Yongjia	28660	28322	338
平阳县	Pingyang	29289	28972	317
苍南县	Cangnan	28310	28027	283

续表1 Continued

单位：个(unit)

地区	Region	法人单位数 Number Of Corporation Units	单产业法人 Containing Single Industrial Activity	多产业法人 Containing Multiple Industrial Activity
文成县	Wencheng	5182	5097	85
泰顺县	Taishun	7042	6924	118
瑞安市	Ruian	46941	46103	838
乐清市	Yueqing	63578	62791	787
龙港市	Longgang	21715	21479	236
嘉兴市	Jiaxing	179197	176266	2931
南湖区	Nanhu	32811	32009	802
秀洲区	Xiuzhou	22252	21777	475
嘉善县	Jiashan	22008	21748	260
海盐县	Haiyan	14600	14359	241
海宁市	Haining	33431	32886	545
平湖市	Pinghu	21002	20684	318
桐乡市	Tongxiang	33093	32803	290
湖州市	Huzhou	122696	121054	1642
吴兴区	Wuxing	36903	36255	648
南浔区	Nanxun	17626	17454	172
德清县	Deqing	18438	18110	328
长兴县	Changxing	28344	28050	294
安吉县	Anji	21385	21185	200
绍兴市	Shaoxing	218705	216483	2222
越城区	Yuecheng	41534	40950	584
柯桥区	Keqiao	62202	61855	347
上虞区	Shangyu	33693	33340	353
新昌县	Xinchang	13064	12845	219
诸暨市	Zhuji	48552	48103	449
嵊州市	Shengzhou	19660	19390	270
金华市	Jinhua	370383	367248	3135
婺城区	Wucheng	32150	31434	716
金东区	Jindong	23561	23244	317
武义县	Wuyi	13351	13189	162
浦江县	Pujiang	18056	17951	105
磐安县	Panan	5755	5669	86
兰溪市	Lanxi	13244	13093	151

续表2 Continued

单位：个(unit)

地区	Region	法人单位数 Number Of Corporation Units	单产业法人 Containing Single Industrial Activity	多产业法人 Containing Multiple Industrial Activity
义乌市	Yiwu	188915	187911	1004
东阳市	Dongyang	34087	33713	374
永康市	Yongkang	41263	41043	220
衢州市	Quzhou	58394	57320	1074
柯城区	Kecheng	18296	17805	491
衢江区	Qujiang	7924	7785	139
常山县	Changshan	6733	6650	83
开化县	Kaihua	5304	5216	88
龙游县	Longyou	8983	8880	103
江山市	Jiangshan	11154	10984	170
舟山市	Zhoushan	44577	43355	1222
定海区	Dinghai	29370	28666	704
普陀区	Putuo	8550	8197	353
岱山县	Daishan	3979	3888	91
嵊泗县	Shengsi	2678	2604	74
台州市	Taizhou	212985	210643	2342
椒江区	Jiaojiang	30287	29737	550
黄岩区	Huangyan	21752	21544	208
路桥区	Luqiao	23534	23272	262
三门县	Sanmen	11322	11194	128
天台县	Tiantai	22285	22137	148
仙居县	Xianju	12390	12271	119
温岭市	Wenling	37587	37141	446
临海市	Linhai	29354	29063	291
玉环市	Yuhuan	24474	24284	190
丽水市	Lishui	61443	60263	1180
莲都区	Liandu	16210	15776	434
青田县	Qingtian	8284	8161	123
缙云县	Jinyun	9158	9027	131
遂昌县	Suichang	5275	5178	97
松阳县	Songyang	4464	4385	79
云和县	Yunhe	4140	4107	33
庆元县	Qingyuan	3925	3857	68
景宁县	Jingning	3727	3622	105
龙泉市	Longquan	6260	6150	110

浙/江/统/计/年/鉴

主要统计指标解释

■ 生产总值

是按市场价格计算的国内生产总值的简称。它是一个国家（地区）所有常住单位在一定时期内生产活动的最终成果。生产总值有三种表现形态，即价值形态收入形态和产品形态。从价值形态看，它是所有常住单位在一定时期内所生产的全部货物和服务价值超过同期投入的全部非固定资产货物和服务价值的差额，即所有常住单位增加值之和；从收入形态看，它是所有常住单位在一定时期内所创造并分配给常住单位和非常住单位的初次分配收入之和；从产品形态看，它是最终使用的货物和服务减去进口货物和服务。在实际核算中，国内生产总值的三种表现形态表现为三种计算方法，即生产法、收入法和支出法。三种方法分别从不同的方面反映国内生产总值及其构成。

■ 三次产业

根据社会生产活动历史发展的顺序对产业结构的划分，产品直接取自自然界的部门称为第一产业，对初级产品进行再加工的部门称为第二产业，为生产和消费提供各种服务的部门称为第三产业。它是世界上通用的产业结构分类，但各国的划分不尽一致。我国的三次产业划分是：

第一产业：农林牧渔业（不含农、林、牧、渔专业及辅助性活动）。

第二产业：包括采矿业、制造业、电力、燃气、及水的生产和供应业、建筑业。

第三产业：除第一、第二产业以外的其他各业。

■ 支出法国内生产总值

指一个国家（或地区）所有常住单位在一定时期内用于最终消费、资本形成总额，以及货物和服务的净出口总额，它反映本期生产的国内生产总值的使用构成。

■ 最终消费

指常住单位在一定时期内对于货物和服务的全部消费支出，也就是常住单位为满足物质文化和精神生活的需要，从本国经济领土和国外购买的货物和服务的支出；不包括非常住单位在本国经济领土内的消费支出。最终消费分为居民消费和政府消费。

■ 居民消费

指常住住户对货物和服务的全部最终消费支出。居民消费按市场价格计算，既按居民支付的购买者价格计算。购买者价格是购买者取得货物所支付的价格包括购买者支付的运输和商业费用。居民消费除了直接以货币形式购买货物和服务的消费之外，还包括以其他方式获得的货物和服务的消费支出既所谓的虚拟消费支出。居民虚拟消费支出包括以下几种类型：单位以实物报酬及实物转移的形式提供给劳动者的货物和服务；住户生产并由本住户消费了的货物和服务，其中的服务仅指住户的自有住房服务；金融机构提供的金融媒介服务；保险公司提供的保险服务。

■ 政府消费

指政府部门为全社会提供公共服务的消费支出和免费或以较低价格向住户提供的货物和服务的净支出前者等于政府服务的产出价值减去政府单位所获得的经营收入的价值，政府服务的产出价值等于它的经常性业务支出加上固定资产折旧；后者等于政府部门免费或以较低价格向住户提供的货物和服务的市场减去向住户收取的价值。

■ 资本形成总额

指常住单位在一定时期内获得的减去处置的固定资产加存货的变动，包括固定资本形成总额和存货增加。

■ 固定资本形成总额

指常住单位购置、转入和自产自用的固定资产，扣除固定资产的销售和转让，分有形固定资产形成总额和无形固定资产形成总额。有形固定资产形成总额包括一定时期内完成的建筑工程、安装工程和设备工器具（减处置）价值，以及土地改良、新增役种奶毛娱乐用牲畜和新增林木价值。无形固定资产总额包括矿藏的勘探、计算机软件、娱乐和文学艺术品原件等获得减处置。

主要统计指标解释

存货增加

指常住单位存货实物量变动的市场价值，即期末价值减期初价值的差额。存货量增加可以是正值，也可以是负值；正值表示存货上升，负值表示存货下降。它包括生产单位购进的原材料燃料和储备物资等存货，以及生产单位生产的产成品在制品等存货等。

货物和服务净出口

指货物和服务出口减货物和服务进口的差额。出口包括常住单位从非常住单位出售或无偿转让的各种货物和服务的价值；进口包括常住单位从非常住单位购买或无偿得到的各种货物和服务的价值。由于服务活动的提供与使用同时发生，因此服务的进出口业务并不发生出入境现象，一般把常住单位从国外得到的服务作为进口，非常住单位从本国得到的服务作为出口。货物的进口和出口都按离岸价格计算。

劳动者报酬

指劳动者因从事生产活动所获得的全部报酬。包括劳动者获得的各种形式的工资，奖金和津贴，既包括货币形式的，也包括实物形式的；还包括劳动者所享受的公费医疗和医药卫生费上下班交通补贴和单位支付的社会保险费等。对于个体经济来说其所有者所获得的劳动报酬和经营利润不易区分，这两部分统一作为劳动者报酬处理。

生产税净额

指生产税减生产补贴后的余额。生产税指政府对生产单位生产销售和从事经营活动以及因从事生产活动使用某些生产要素（如固定资产土地劳动力）所征收的各种税、附加费和规费。生产补贴和生产税相反，指政府对生产单位的单方面收入转移，因此视为负生产税，包括政策亏损补贴、粮食系统价格补贴、外贸企业出口退税收入等。

固定资产折旧

在一定时期内为弥补固定资产损耗按照核定的固 定资产损耗率提取的固定资产折旧，或按国民经济核算 统一规定的折旧率虚拟计算的固定资产折旧。它反映了固定资产在当期生产中的转移价值。各类企业和企业化管理的事业单位的固定资产折旧是指实际计提并计入成本费中的折旧费；不计提折旧的政府机关非企业化管理的事业单位和居民住房的固定资产折旧是按照统一规定的折旧率和固定资产原值计算的虚拟折旧。原则上，固定资产折旧应按固定资产的重置价值计算， 但是目前我国尚不具备对全社会固定资产进行重估价的基础，所以暂时只能采用上述方法。

营业盈余

指常住单位创造的增加值扣除劳动者报酬生产税净额和固定资产折旧后的余额。它相当于企业的营业利润加上生产补贴，但要扣除从利润中开支的工资和福利等。

ZHEJIANG STATISTICAL YEARBOOK

Explanatory Notes on Main Statistical Indicators

□ Gross Domestic Product（GDP）

refers to gross domestic product calculated at market prices,which is the final products of all resident units in a country(or region)during a certain period of time. Gross domestic product is expressed in three different forms, i.e. value added, income, and products respectively. The form of value added refers to the total value of all products and services produced by all resident units during a certain period of time minus total value of input of materials and services of the nature of non-fixed assets or the summation of the value added of all resident units; the form of income includes all the income created by all resident units and distributed primarily to all resident and non-resident units; the form of products refers to all final goods and services minus imports of goods and services. In the practice of national accounting, gross domestic product is calculated with three approaches, i.e. product approach, income approach, and expenditure approach respectively to reflect gross domestic product and its composition from different aspects.

□ Three Industries

Industry structure has been classified according to the historical sequence of development. Primary industry refers to extraction of natural resources; secondary industry involves processing of primary products; and tertiary industry provides services of various kinds for production and consumption. The above classification is universal although it varies to some extent from country to country. Industry in China comprises:

Primary industry： agriculture, forestry,animal husbandry and fishery, (not including services in support of agriculture, forestry, animal husbandry and fishery industries).

Secondary industry： mining,manufacturing, power、steam and water production and supply, construction.

Tertiary industry： all other industries not included in primary or secondary industry.

□ GDP Calculated by Expenditure Approach

refers to total expenditure on final consumption, total capital formation and net export of goods and services by resident units of a country in a certain period of time. It reflects the composition of GDP by its use.

□ Final Consumption

refers to the total expenditure of resident units on final consumption of goods and services in a certain period, namely the expenditure of the resident units for perchases of good and services from domestic economic territory and abroad to meet the requirements of meterial, cultural and spritual life. It excludes the expenditure of non-resident units on consumption in the economic territory of the country. The final consumption is classified into household consumption and government consumption.

□ Households Consumption

refers to the total expenditure of resident households on the final consumption of goods and services. The households consumption is calculated at market prices, namely the purchaser's prices which the households pay; the purchaser's prices of goods are the prices the households pay when they obtain the goods including the transport and commercial expenses paid by the households. In addition to the consumption of goods and services bought by the households directly with money, the expenditure on goods and services obtained by the households in other ways, i.e. the so-called imputed expenditure on consumption, is also included in the households consumption. The imputation expenditure of the households on consumption includes the following types: (a) the goods and services privided to the households by the units in the form of payment in kind and transfer in

EXPLANATORY NOTES ON MAIN STATISTICAL INDICATORS

kind; (b) the goods and services produced and consumed by the households themselves, in which the services refer only to the services provided by the residential buildings owned by the households; (c) the services of financial intermediary provided by the financial institution; (d) the insurance services provided by the insurance companies.

□ Government Consumption

refers to the expenditure on the consumption of the public services provided by the government to the whole society and the net expenditure on the goods and services provided by the government to the households at free charge or lower prices. The former equals to the output value of the government services minus the value of operating income obtained by the government departments. (The output value of the government services equals to its current operating expenditure plus depreciation of fixed assets). The latter equals to the market value of the goods and services provided by the government free of charge or at low prices to the households minus the value received by the government from the households.

□ Total Capital Formation

refers to the fixed assets acquired minus those disposed and the change in inventory including the total fixed assets formation and the increase in inventory.

□ Total Fixed Capital Formation

refers to the value of fixed assets purchased, transferred in by the resident units and those produced and used by themselves deducting the value of fixed assets sold and transferred out. It can be classfied into total tangible assets formation and total intangible asset formation. The total tangible assets formation and total intangible assets formation. The total tangible assets formation include the value of construction projects, installation projects completed and the equipment apparatus and instruments purchasedas well as the value of land improved, the value of draught animals, breeding stock, milk, wool and recreational animals and the newly increased economic forest in a certain period. The total ingangible assets formation includesthe prospecting of minerals, the acquisition of computer software, the orginals of recreational works and works of literature and arts minus the disposal of them.

□ Increase in Inventory

refers to the market value of the change in inventory, i.e. the difference of value between the beginning and the end of the period. The increase in inventory can be positive or negative. A positive value indicates the increase in inventory while a negative value indicates the decrease in stock. The inventory includes the raw materials, fuels, and reserve materials purchased by the production units as well as the inventory of finished products, semifinished products work-in-progress, ect.

□ Net Export of Goods and Services

refers to the difference of the exports of goods and services minus the imports of goods and services. The imports include the value of various goods and services sold or gratuitously transferred by the resident units to the non-resident units. The imports include the value of various goods and services purchased or gratuitously acquired by the resident units from the non-resident units. Because the provision of services and the use of them happen simultaneously, the import and export of services do not appear to have the phenomena of crossing the border of the country. The acquisition of services by the resident units from abroad is uaually treated as import while the acquisition of services by non-resident units in this country is uaually treated as export. The export and import of goods are calculated at FOB.

□ Labourer's Remuneration

refers to the whole payment of various forms earned by the labourers from the productive activities they are engaged in. It includes wages, bonuses and allowances the labourers earned in monetary form and in kind. It also includes the free medical services provided to the labourers and the medicine expenses, traffic subsidies and social insurance free paid by the labourers' working units for them. As the individual economy is concerned, since the labourers' remuneration is not easily distingushed from the operating profit, both are treated as labourers remuneration.

EXPLANATORY NOTES ON MAIN STATISTICAL INDICATORS

□ Net Taxes on Production

refers to the residual of the taxes on production minus the subsidies on production. The taxes on production refer to the various taxes, extra charges and fees levied on the production units on their production, sail and business activities as well as on some factors of production, such as fixed assets, land and labour force, used in the production activities they are engaged in. In contrast to the taxes on production, the subsidies on production refer to the unilateral transfer of part of the government's revenue to the production units and is therefore regarded as negative taxes on production. They include sunsidies on the loss due to implementation of government policies, price subsidies to the grain institutions, foreign trade corporations' receipts from drawback, ect.

□ Depreciation of Fixed Assets

refers to the depreciation of fixed assets of a given period, drawn in accordance with the stipulated depreciation rate for purpose of compensating the wear loss of the fixed assets of the depreciation of fixed assets calculated in a fictitious way in accordance with the stipulated unified depreciation rate in the national economic accounting system. It reflects the value of transfer of the fixed assets in the production of the current period. The depreciation of fixed assets in various enterprises and institutions managed as enterprises refers to the depreciation expenses actually drawnand calculated as part of the cost. In government agencies and institutions not managed as enterprises which do not draw the depreciation expenses, as well as for the house of residents, the depreciation of fixed assets is the imputed depreciation, which is calculated in accordance with the stipulated unified depreciation rate. In principle,the depreciation of fixed assets should bs calculated on the basis of the repurchased value of the fixed assets.However, there is no actual condition to reevaluated all the fixed assets in China. Therefore, the abovementioned methods are temporarily adopted at present.

□ Operating Surplus

refers to the balance of the value added created by the resident units deducting the laboures' remuneration, net taxes on production and the depreciation of fixed assets. It is equivalent to the business profit of the enterprises plus subsidies on production, but the wages and welfare expenses paid from the profits should be deducted.

2024
浙江统计年鉴
ZHEJIANG STATISTICAL YEARBOOK

CHAPTER 2

人口、就业人员和工资
Population,Employment and Wages

2-1 历年总户数和总人口数(年底数)
Total Population and Households(year-end)

年份	总户数（万户） Total Households （10000households）	总人口数（万人） Total Population （10000households）	按性别分 (By Sex)	
			男性 Male	女性 Female
1978	897.62	3750.96	1948.29	1802.67
1980	923.58	3826.58	1985.59	1840.99
1983	1014.03	3963.10	2056.06	1907.04
1984	1038.85	3993.09	2071.46	1921.63
1985	1081.20	4029.56	2090.69	1938.87
1986	1122.09	4070.07	2112.05	1958.02
1987	1167.30	4121.19	2137.38	1983.81
1988	1211.08	4169.85	2161.26	2008.59
1989	1240.41	4208.88	2180.83	2028.05
1990	1259.49	4234.91	2193.71	2041.20
1991	1276.80	4261.37	2206.65	2054.72
1992	1297.81	4285.91	2218.72	2067.19
1993	1311.07	4313.30	2232.72	2080.58
1994	1321.54	4341.20	2246.57	2094.63
1995	1339.82	4369.63	2259.54	2110.09
1996	1353.99	4400.09	2273.54	2126.55
1997	1369.79	4422.28	2282.85	2139.43
1998	1389.44	4446.86	2293.29	2153.57
1999	1410.25	4467.46	2302.64	2164.82
2000	1440.40	4501.22	2316.54	2184.68
2001	1447.67	4519.84	2323.87	2195.97
2002	1466.19	4535.98	2330.30	2205.68
2003	1485.72	4551.58	2335.61	2215.97
2004	1509.29	4577.22	2345.26	2231.96
2005	1534.16	4602.11	2354.19	2247.91
2006	1556.53	4629.43	2364.97	2264.46
2007	1578.85	4659.34	2377.12	2282.22
2008	1595.70	4687.85	2388.98	2298.87
2009	1604.17	4716.18	2400.16	2316.02
2010	1607.86	4747.95	2413.13	2334.83
2011	1618.04	4781.31	2426.93	2354.38
2012	1616.25	4799.34	2433.68	2365.66
2013	1622.44	4826.89	2445.04	2381.86
2014	1630.49	4859.18	2458.69	2400.49
2015	1642.42	4873.34	2462.76	2410.58
2016	1652.99	4910.85	2479.23	2431.62
2017	1672.00	4957.63	2499.50	2458.13
2018	1694.80	4999.84	2517.95	2481.89
2019	1715.29	5038.91	2535.05	2503.87
2020	1741.09	5069.00	2547.06	2521.94
2021	1764.71	5095.78	2556.86	2538.91
2022	1778.02	5110.51	2561.04	2549.47
2023	1790.58	5120.45	2561.25	2559.20

注: 本表资料为公安年报数。
Data in this table refers to the data from the annual reports fo the Bureau of Public Security.

2-2 各市、县总户数和总人口数（2023年底数）
Total Households and Population by City and County(End of 2023)

地区	Region	总户数（户）Total Households (households)	总人口数（人）Total Population (person)	按性别分 By Sex	
				男性 Male	女性 Female
合计	**Zhejiang**	**17905779**	**51204493**	**25612514**	**25591979**
杭州市	Hangzhou	2717909	8606036	4233038	4372998
市辖区	District	2242468	7238308	3546546	3691762
上城区	Shangcheng	298544	903085	439872	463213
拱墅区	Gongshu	294863	894743	433386	461357
西湖区	Xihu	234525	834048	411481	422567
滨江区	Bingjiang	88537	334063	166522	167541
萧山区	Xiaoshan	382085	1288605	630234	658371
余杭区	Yuhang	236641	759189	370666	388523
富阳区	Fuyang	225516	701432	350566	350866
临安区	Linan	194035	545440	269726	275714
临平区	Linping	190486	626191	300593	325598
钱塘区	Qiantang	97236	351512	173500	178012
桐庐县	Tonglu	149959	418326	207047	211279
淳安县	Chunan	146822	446881	225717	221164
建德市	Jiande	178660	502521	253728	248793
宁波市	Ningbo	2464818	6221708	3050507	3171201
市辖区	District	1277633	3160847	1531743	1629104
海曙区	Haishu	262346	643270	310544	332726
江北区	Jiangbei	121299	287374	138336	149038
北仑区	Beilun	183380	452757	216559	236198
镇海区	Zhenhai	126377	307622	148554	159068
鄞州区	Yinzhou	399400	994796	480977	513819
奉化区	Fenghua	184831	475028	236773	238255
象山县	Xiangshan	183640	535687	270048	265639
宁海县	Ninghai	244920	627620	322573	305047
余姚市	Yuyao	330913	827143	404889	422254
慈溪市	Cixi	427712	1070411	521254	549157
温州市	Wenzhou	2507906	8300005	4286449	4013556
市辖区	District	564830	1786845	888563	898282
鹿城区	Lucheng	281717	805101	391437	413664
龙湾区	Longwan	89384	345224	177797	167427
瓯海区	Ohai	140854	483330	241289	242041
洞头区	Dongtou	52875	153190	78040	75150
永嘉县	Yongjia	304178	979853	521890	457963
平阳县	Pingyang	251599	871997	451807	420190
苍南县	Cangnan	243610	948512	497386	451126
文成县	Wencheng	146204	402626	213502	189124
泰顺县	Taishun	134373	365304	189736	175568
瑞安市	Ruian	352805	1251275	640003	611272

续表1 Continued

地区	Region	总户数（户）Total Households (households)	总人口数（人）Total Population (person)	按性别分 By Sex	
				男性 Male	女性 Female
乐清市	Yueqing	405255	1311298	683559	627739
龙港市	Longgang	105052	382295	200003	182292
嘉兴市	Jiaxing	1245565	3767644	1820153	1947491
市辖区	District	357118	1001244	482244	519000
南湖区	Nanhu	212659	561168	270811	290357
秀洲区	Xiuzhou	144459	440076	211433	228643
嘉善县	Jiashan	144650	425214	204340	220874
海盐县	Haiyan	133561	383782	187016	196766
海宁市	Haining	217444	721595	348347	373248
平湖市	Pinghu	181987	517885	249104	268781
桐乡市	Tongxiang	210805	717924	349102	368822
湖州市	Huzhou	897779	2686472	1316896	1369576
市辖区	District	372110	1133084	550882	582202
吴兴区	Wuxing	228430	652059	316441	335618
南浔区	NanXun	143680	481025	234441	246584
德清县	Deqing	136592	442446	216237	226209
长兴县	Changxing	229842	635488	316113	319375
安吉县	Anji	159235	475454	233664	241790
绍兴市	Shaoxing	1658937	4439407	2199403	2240004
市辖区	District	805267	2238490	1090968	1147522
越城区	Yuecheng	299989	824317	400437	423880
柯桥区	Keqiao	238869	703731	341659	362072
上虞区	Shangyu	266409	710442	348872	361570
新昌县	Xinchang	177528	426490	216816	209674
诸暨市	Zhuji	422409	1070693	533373	537320
嵊州市	Shengzhou	253733	703734	358246	345488
金华市	Jinhua	2004454	4979686	2506030	2473656
市辖区	District	428134	1009736	498935	510801
婺城区	Wucheng	273480	658287	324918	333369
金东区	JIndong	154654	351449	174017	177432
武义县	Wuyi	141805	341638	172445	169193
浦江县	Pujiang	144755	396670	205482	191188
磐安县	Panan	85809	206803	106614	100189
兰溪市	Lanxi	211112	641454	330598	310856
义乌市	Yiwu	394679	911520	448941	462579
东阳市	Dongyang	352370	849390	427524	421866
永康市	Yongkang	245790	622475	315491	306984
衢州市	Quzhou	977619	2539224	1291078	1248146
市辖区	District	354530	851463	428091	423372
柯城区	Kecheng	184170	441264	219185	222079

续表2 Continued

地区	Region	总户数（户）Total Households (households)	总人口数（人）Total Population (person)	按性别分 By Sex	
				男性 Male	女性 Female
衢江区	Qujiang	170360	410199	208906	201293
常山县	Changshan	124586	336266	174077	162189
开化县	Kaihua	122581	354900	182941	171959
龙游县	Longyou	170093	392217	197367	194850
江山市	Jiangshan	205829	604378	308602	295776
舟山市	Zhoushan	380308	946117	464091	482026
市辖区	District	276175	710571	348379	362192
定海区	Dinghai	164493	404677	197805	206872
普陀区	Putuo	111682	305894	150574	155320
岱山县	Daishan	74624	165094	81445	83649
嵊泗县	Shengsi	29509	70452	34267	36185
台州市	Taizhou	1952719	6029517	3068931	2960586
市辖区	District	509791	1643562	817817	825745
椒江区	Jiaojiang	182003	574169	284960	289209
黄岩区	Huangyan	195993	609851	303815	306036
路桥区	Luqiao	131795	459542	229042	230500
三门县	Sanmen	155129	441101	230685	210416
天台县	Tiantai	191303	593587	308856	284731
仙居县	Xianju	142072	518553	267360	251193
温岭市	Wenling	437798	1205718	608935	596783
临海市	Linhai	371707	1190498	615975	574523
玉环市	Yuhuan	144919	436498	219303	217195
丽水市	Lishui	1097765	2688677	1375938	1312739
市辖区	District	198066	428308	212569	215739
莲都区	Liandu	198066	428308	212569	215739
青田县	Qingtian	207776	572669	296026	276643
缙云县	Jinyun	209380	464580	238515	226065
遂昌县	Suichang	84123	224830	115667	109163
松阳县	Songyang	97755	236807	121834	114973
云和县	Yunhe	44315	112090	57398	54692
庆元县	Qingyuan	88378	198195	102445	95750
景宁自治县	Jingning	68132	166174	86745	79429
龙泉市	Longquan	99840	285024	144739	140285

注：本表资料为公安年报数。
Data in this table refers to the data from the annual reports fo the Bureau of Public Security.

2-3 各市、县户籍人口年龄构成（2023年底数）
Population by Age, City and County (End of 2023)

单位:人(person)

地区	Region	17岁以下 Age -17		18－34岁 Age 18-34		35－59岁 Age 35-59		60岁及以上 Age 60 and over	
		人数 Population	占总人口% Percentage to Total	人数 Population	占总人口% Percentage to Total	人数 Population	占总人口% Percentage to Total	人数 Population	占总人口% Percentage to Total
浙江省	**Zhejiang**	**8447663**	**16.50**	**9319203**	**18.20**	**20073365**	**39.20**	**13364262**	**26.10**
杭州市	Hangzhou	1558846	18.11	1688183	19.62	3193514	37.11	2165493	25.16
杭州市区	District	1366525	18.88	1443106	19.94	2656689	36.70	1771988	24.48
上城区	Shangcheng	167603	18.56	157209	17.41	329310	36.47	248963	27.57
拱墅区	Gongshu	147658	16.50	175564	19.62	321752	35.96	249769	27.92
西湖区	Xihu	169712	20.35	174266	20.89	320564	38.43	169506	20.32
滨江区	Bingjiang	75979	22.74	84340	25.25	122035	36.53	51709	15.48
萧山区	Xiaoshan	222413	17.26	262349	20.36	453050	35.16	350793	27.22
余杭区	Yuhang	165809	21.84	158697	20.90	275041	36.23	159642	21.03
富阳区	Fuyang	109520	15.61	129582	18.47	275236	39.24	187094	26.67
临安区	Linan	78887	14.46	93010	17.05	210369	38.57	163174	29.92
临平区	Linping	150692	24.06	121383	19.38	225313	35.98	128803	20.57
钱塘区	Qiantang	78252	22.26	86706	24.67	124019	35.28	62535	17.79
桐庐县	Tonglu	62328	14.90	74695	17.86	162012	38.73	119291	28.52
淳安县	Chunan	59980	13.42	80195	17.95	181239	40.56	125467	28.08
建德市	Jiande	70013	13.93	90187	17.95	193574	38.52	148747	29.60
宁波市	Ningbo	944149	15.18	1032801	16.60	2447796	39.34	1796962	28.88
宁波市区	District	537649	17.01	512724	16.22	1238716	39.19	871758	27.58
海曙区	Haishu	97810	15.21	103826	16.14	250751	38.98	190883	29.67
江北区	Jiangbei	51060	17.77	45722	15.91	111736	38.88	78856	27.44
北仑区	Beilun	83486	18.44	73403	16.21	175996	38.87	119872	26.48
镇海区	Zhenhai	65275	21.22	48482	15.76	117013	38.04	76852	24.98
鄞州区	Yinzhou	187201	18.82	161025	16.19	394243	39.63	252327	25.36
奉化区	Fenghua	52817	11.12	80266	16.90	188977	39.78	152968	32.20
象山县	Xiangshan	70402	13.14	83172	15.53	223518	41.73	158595	29.61
宁海县	Ninghai	98006	15.62	108496	17.29	261641	41.69	159477	25.41
余姚市	Yuyao	98006	11.85	139679	16.89	318073	38.45	271385	32.81
慈溪市	Cixi	140086	13.09	188730	17.63	405848	37.92	335747	31.37
温州市	Wenzhou	1508385	18.17	1617721	19.49	3374173	40.65	1799726	21.68
温州市区	District	333898	18.69	307362	17.20	717676	40.16	427909	23.95
鹿城区	Lucheng	156791	19.47	123995	15.40	314125	39.02	210190	26.11
龙湾区	Longwan	63721	18.46	66919	19.38	141119	40.88	73465	21.28
瓯海区	Ohai	89206	18.46	89601	18.54	195363	40.42	109160	22.58
洞头区	Dongtou	24180	15.78	26847	17.53	67069	43.78	35094	22.91
永嘉县	Yongjia	174484	17.81	219629	22.41	384944	39.29	200796	20.49
平阳县	Pingyang	148930	17.08	163104	18.70	362481	41.57	197482	22.65
苍南县	Cangnan	175933	18.55	188951	19.92	393144	41.45	190484	20.08
文成县	Wencheng	73567	18.27	77800	19.32	166682	41.40	84577	21.01
泰顺县	Taishun	69082	18.91	74736	20.46	150426	41.18	71060	19.45
瑞安市	Ruian	212653	16.99	238234	19.04	517541	41.36	282847	22.60

续表1 Continued 单位:人(person)

地区	Region	17岁以下 Age -17		18－34岁 Age 18-34		35－59岁 Age 35-59		60岁及以上 Age 60 and over	
		人数 Population	占总人口% Percentage to Total	人数 Population	占总人口% Percentage to Total	人数 Population	占总人口% Percentage to Total	人数 Population	占总人口% Percentage to Total
乐清市	Yueqing	245830	18.75	269652	20.56	522307	39.83	273509	20.86
龙港市	Longgang	74008	19.36	78253	20.47	158972	41.58	71062	18.59
嘉兴市	Jiaxing	600328	15.93	654839	17.38	1399396	37.14	1113081	29.54
嘉兴市区	District	185025	18.48	172083	17.19	371927	37.15	272209	27.19
南湖区	Nanhu	104727	18.66	93273	16.62	208067	37.08	155101	27.64
秀洲区	Xiuzhou	80298	18.25	78810	17.91	163860	37.23	117108	26.61
嘉善县	Jiashan	63519	14.94	74150	17.44	156406	36.78	131139	30.84
海盐县	Haiyan	52151	13.59	64158	16.72	146888	38.27	120585	31.42
海宁市	Haining	115865	16.06	122832	17.02	262054	36.32	220844	30.60
平湖市	Pinghu	74107	14.31	89524	17.29	194005	37.46	160249	30.94
桐乡市	Tongxiang	109661	15.27	132092	18.40	268116	37.35	208055	28.98
湖州市	Huzhou	382711	14.25	469383	17.47	1031997	38.41	802381	29.87
湖州市区	District	162090	14.31	195535	17.26	416326	36.74	359133	31.70
吴兴区	Wuxing	108345	16.62	113576	17.42	243790	37.39	186348	28.58
南浔区	NanXun	53745	11.17	81959	17.04	172536	35.87	172785	35.92
德清县	Deqing	61088	13.81	76185	17.22	166983	37.74	138190	31.23
长兴县	Changxing	88383	13.91	116615	18.35	255306	40.17	175184	27.57
安吉县	Anji	71150	14.96	81048	17.05	193382	40.67	129874	27.32
绍兴市	Shaoxing	596644	13.44	789811	17.79	1713948	38.61	1339004	30.16
绍兴市区	District	312355	13.95	411306	18.37	849705	37.96	665124	29.71
越城区	Yuecheng	115323	13.99	147350	17.88	313594	38.04	248050	30.09
柯桥区	Keqiao	112726	16.02	137753	19.57	259864	36.93	193388	27.48
上虞区	Shangyu	84306	11.87	126203	17.76	276247	38.88	223686	31.49
新昌县	Xinchang	57806	13.55	70366	16.50	172952	40.55	125366	29.39
诸暨市	Zhuji	144642	13.51	188966	17.65	414805	38.74	322280	30.10
嵊州市	Shengzhou	81841	11.63	119173	16.93	276486	39.29	226234	32.15
金华市	Jinhua	882123	17.71	900850	18.09	1956970	39.30	1239743	24.90
金华市区	District	176291	17.46	164873	16.33	408939	40.50	259633	25.71
婺城区	Wucheng	116653	17.72	105795	16.07	267118	40.58	168721	25.63
金东区	JIndong	59638	16.97	59078	16.81	141821	40.35	90912	25.87
武义县	Wuyi	56196	16.45	57828	16.93	135419	39.64	92195	26.99
浦江县	Pujiang	59286	14.95	77717	19.59	158816	40.04	100851	25.42
磐安县	Panan	32107	15.53	37643	18.20	85596	41.39	51457	24.88
兰溪市	Lanxi	90923	14.17	115905	18.07	251808	39.26	182818	28.50
义乌市	Yiwu	206022	22.60	175694	19.27	338225	37.11	191579	21.02
东阳市	Dongyang	138099	16.26	154300	18.17	335090	39.45	221901	26.12
永康市	Yongkang	123199	19.79	116890	18.78	243077	39.05	139309	22.38
衢州市	Quzhou	399717	15.74	451911	17.80	1010143	39.78	677453	26.68
衢州市区	District	137496	16.15	146999	17.26	334804	39.32	232164	27.27
柯城区	Kecheng	74582	16.90	73705	16.70	174591	39.57	118386	26.83

续表2 Continued

单位:人(person)

地区	Region	17岁以下 Age -17		18－34岁 Age 18-34		35－59岁 Age 35-59		60岁及以上 Age 60 and over	
		人数 Population	占总人口% Percentage to Total	人数 Population	占总人口% Percentage to Total	人数 Population	占总人口% Percentage to Total	人数 Population	占总人口% Percentage to Total
衢江区	Qujiang	62914	15.34	73294	17.87	160213	39.06	113778	27.74
常山县	Changshan	55076	16.38	60301	17.93	137161	40.79	83728	24.90
开化县	Kaihua	56231	15.84	62838	17.71	143486	40.43	92345	26.02
龙游县	Longyou	53213	13.57	68767	17.53	157176	40.07	113061	28.83
江山市	Jiangshan	97701	16.17	113006	18.70	237516	39.30	156155	25.84
舟山市	Zhoushan	104288	11.02	128644	13.60	388970	41.11	324215	34.27
舟山市区	District	89343	12.57	97514	13.72	295067	41.53	228647	32.18
定海区	Dinghai	58208	14.38	57242	14.15	167800	41.47	121427	30.01
普陀区	Putuo	31135	10.18	40272	13.17	127267	41.60	107220	35.05
岱山县	Daishan	10280	6.23	21050	12.75	65049	39.40	68715	41.62
嵊泗县	Shengsi	4665	6.62	10080	14.31	28854	40.96	26853	38.12
台州市	Taizhou	1003557	16.64	1089871	18.08	2449553	40.63	1486536	24.65
台州市区	District	277292	16.87	283726	17.26	670714	40.81	411830	25.06
椒江区	Jiaojiang	108363	18.87	101174	17.62	234259	40.80	130373	22.71
黄岩区	Huangyan	94857	15.55	100129	16.42	246502	40.42	168363	27.61
路桥区	Luqiao	74072	16.12	82423	17.94	189953	41.34	113094	24.61
三门县	Yuhuan	77108	17.48	75774	17.18	185624	42.08	102595	23.26
天台县	Sanmen	100956	17.01	122405	20.62	234262	39.47	135964	22.91
仙居县	Tiantai	92404	17.82	115681	22.31	192513	37.13	117955	22.75
温岭市	Xianju	182327	15.12	206928	17.16	497198	41.24	319265	26.48
临海市	Wenling	197482	16.59	216497	18.19	485436	40.78	291083	24.45
玉环市	Linhai	75988	17.41	68860	15.78	183806	42.11	107844	24.71
丽水市	Lishui	466915	17.37	495189	18.42	1106905	41.17	619668	23.05
丽水市区	District	85574	19.98	74069	17.29	168085	39.24	100580	23.48
莲都区	Liandu	85574	19.98	74069	17.29	168085	39.24	100580	23.48
青田县	Qingtian	104424	18.23	122992	21.48	228286	39.86	116967	20.42
缙云县	Jinyun	80438	17.31	82356	17.73	189492	40.79	112294	24.17
遂昌县	Suichang	31639	14.07	37964	16.89	94182	41.89	61045	27.15
松阳县	Songyang	38655	16.32	41839	17.67	100096	42.27	56217	23.74
云和县	Yunhe	18376	16.39	18731	16.71	47694	42.55	27289	24.35
庆元县	Qingyuan	32712	16.50	36954	18.65	86251	43.52	42278	21.33
景宁自治县	Jingning	28826	17.35	28123	16.92	72336	43.53	36889	22.20
龙泉市	Longquan	46271	16.23	52161	18.30	120483	42.27	66109	23.19

注: 本表资料为公安年报数。
Data in this table refers to the data from the annual reports fo the Bureau of Public Security.

2-4 人口自然变动情况（1978-2023年）
Natural Population Changes(1978-2023)

年份 Year	年末常住人口（万人）Total Population with Permanent Residence (10000 persons)	出生率（‰）Birth Rate (‰)	死亡率（‰）Death Rate（‰）	自然增长率（‰）Natural Growth（‰）
1978		18.17	5.83	12.34
1980		15.59	6.29	9.30
1983		15.89	6.37	9.52
1984		12.52	5.99	6.53
1985		12.61	6.05	6.56
1986		15.96	5.94	10.02
1987		17.01	6.92	10.09
1988		15.54	6.35	9.19
1989		15.20	6.41	8.79
1990	4238.0	15.33	6.31	9.02
1991	4269.5	14.48	6.39	8.09
1992	4304.4	14.72	6.57	8.15
1993	4334.8	13.61	6.58	7.03
1994	4363.7	13.24	6.64	6.60
1995	4389.0	12.66	6.75	5.91
1996	4413.0	12.09	6.58	5.51
1997	4434.8	11.41	6.48	4.93
1998	4456.2	11.15	6.33	4.82
1999	4475.4	10.64	6.35	4.29
2000	4679.9	10.30	6.13	4.17
2001	4728.8	10.02	6.25	3.77
2002	4776.4	9.98	6.19	3.79
2003	4856.8	9.66	6.38	3.28
2004	4925.2	10.71	5.76	4.95
2005	4990.9	11.10	6.08	5.02
2006	5071.8	10.29	5.42	4.87
2007	5154.9	10.38	5.57	4.81
2008	5212.4	10.20	5.62	4.58
2009	5275.5	10.22	5.59	4.63
2010	5446.5	10.27	5.54	4.73
2011	5570.0	9.47	5.40	4.07
2012	5685.0	10.12	5.52	4.60
2013	5784.0	10.01	5.45	4.56
2014	5890.0	10.51	5.51	5.00
2015	5985.0	10.52	5.50	5.02
2016	6072.0	11.22	5.52	5.70
2017	6170.0	11.92	5.56	6.36
2018	6273.0	11.02	5.58	5.44
2019	6375.0	10.51	5.52	4.99
2020	6468.0	7.13	5.84	1.29
2021	6540.0	6.90	5.90	1.00
2022	6577.0	6.28	6.24	0.04
2023	6627.0	5.80	6.66	-0.86

注：1.本表为人口抽样调查数据。
Data in this table are obtained from the sample survey on population changes.
2.2001年至2009年末常住人口数据，根据2010年第六次全国人口普查数据进行了修正；2011年起年末常住人口数据，根据2020年第七次全国人口普查数据进行了修正。
The permanent resident population data from 2001 to the end of 2009 were revised according to the data of the sixth national census in 2010; The data of permanent resident population at the end of 2011 has been revised according to the data of the seventh national census in 2020.

2-5 各市人口自然变动情况
Population Natural Changes by City

单位:‰(‰)

地区	Region	年末常住人口(万人) Population with Permanent Residence (10000 persons)									
		2010	2011	2012	2013	2014	2015	2016	2017	2018	2019
全省	**Zhejiang**	**5447.0**	**5570.0**	**5685.0**	**5784.0**	**5890.0**	**5985.0**	**6072.0**	**6170.0**	**6273.0**	**6375.0**
杭州市	Hangzhou	870.5	909.7	947.1	980.4	1013.5	1038.0	1061.0	1092.1	1125.4	1161.3
宁波市	Ningbo	761.1	785.1	804.1	821.6	841.6	858.2	872.8	890.3	911.5	929.4
温州市	Wenzhou	913.5	916.3	921.6	925.7	932.0	938.3	943.8	947.9	952.2	956.1
嘉兴市	Jiaxing	450.5	463.9	473.5	480.2	486.5	493.6	501.4	512.6	523.1	533.5
湖州市	Huzhou	289.4	293.9	297.1	300.9	304.7	308.3	314.1	320.0	325.9	332.7
绍兴市	Shaoxing	491.3	495.0	498.9	502.2	505.8	510.0	515.4	518.8	522.3	526.0
金华市	Jinhua	536.6	562.2	584.2	603.2	624.5	642.3	653.2	665.5	678.0	691.1
衢州市	Quzhou	212.3	212.7	213.2	213.7	214.6	216.9	219.5	222.3	224.2	226.3
舟山市	Zhoushan	112.1	113.9	114.1	114.5	115.0	115.6	116.4	117.1	117.3	116.5
台州市	Taizhou	597.4	603.1	611.5	617.8	624.0	631.8	637.6	642.8	648.8	654.8
丽水市	Lishui	211.8	215.5	219.7	223.9	228.0	232.2	236.8	240.4	244.4	247.5

续表 Continued 1

单位:‰(‰)

地区	Region					自然增长率 Natural Growth Rate		出生率 Birth Rate		死亡率 Death Rate	
		2020	2021	2022	2023	2022	2023	2022	2023	2022	2023
全省	**Zhejiang**	**6468.0**	**6540.0**	**6577.0**	**6627.0**	**0.1**	**−0.9**	**6.3**	**5.8**	**6.2**	**6.7**
杭州市	Hangzhou	1196.5	1220.4	1237.6	1252.2	2.2	1.3	7.2	6.7	5.0	5.4
宁波市	Ningbo	942.0	954.4	961.8	969.7	0.0	−1.0	6.3	5.7	6.3	6.7
温州市	Wenzhou	958.7	964.5	967.9	976.1	0.0	−1.0	6.0	5.4	6.0	6.4
嘉兴市	Jiaxing	541.1	551.6	555.1	558.4	0.2	−0.9	6.6	5.9	6.4	6.8
湖州市	Huzhou	337.2	340.7	341.3	343.9	−1.4	−2.2	5.5	5.2	6.9	7.4
绍兴市	Shaoxing	529.1	533.7	535.3	539.4	−1.8	−2.5	5.1	4.8	6.9	7.3
金华市	Jinhua	706.2	712.0	712.7	716.3	1.2	0.5	7.0	6.6	5.8	6.1
衢州市	Quzhou	227.8	228.7	229.0	229.7	−2.5	−3.3	5.5	5.3	8.0	8.6
舟山市	Zhoushan	115.9	116.5	117.0	117.3	−3.3	−4.5	3.8	3.5	7.1	8.0
台州市	Taizhou	662.7	666.1	667.8	671.2	−0.9	−2.1	6.1	5.5	7.0	7.6
丽水市	Lishui	250.8	251.4	251.5	252.8	−1.4	−1.9	5.8	5.7	7.2	7.6

续表 Continued 2

单位:‰(‰)

地区	Region	城镇人口比重(%) Percentage the urban population(%)													
		2010	2011	2012	2013	2014	2015	2016	2017	2018	2019	2020	2021	2022	2023
全省	**Zhejiang**	**61.6**	**62.3**	**62.9**	**63.9**	**65.0**	**66.3**	**67.7**	**68.9**	**70.0**	**71.6**	**72.2**	**72.7**	**73.4**	**74.2**
杭州市	Hangzhou	73.3	73.9	74.3	75.3	75.9	76.9	78.2	79.3	80.4	82.6	83.3	83.6	84.0	84.2
宁波市	Ningbo	68.3	68.7	69.1	70.2	71.0	72.5	73.7	74.7	75.7	77.5	78.0	78.4	78.9	79.9
温州市	Wenzhou	66.0	66.2	66.4	66.7	66.9	68.0	69.3	70.2	70.7	71.7	72.2	72.8	73.7	74.7
嘉兴市	Jiaxing	53.3	54.4	55.3	57.4	59.8	62.1	64.5	66.5	68.5	70.7	71.3	71.9	72.4	73.2
湖州市	Huzhou	52.9	54.0	54.4	56.0	57.8	59.6	61.3	62.8	64.1	65.1	65.6	66.0	66.4	67.5
绍兴市	Shaoxing	58.6	59.2	59.9	61.0	62.2	63.8	65.2	66.6	68.0	70.1	71.0	71.5	72.1	73.1
金华市	Jinhua	59.0	59.6	60.6	61.3	62.3	63.7	64.8	65.7	66.7	67.6	68.2	68.7	69.4	70.4
衢州市	Quzhou	44.1	44.8	45.7	46.6	47.7	49.1	52.0	53.7	55.6	57.0	57.6	58.1	59.3	60.6
舟山市	Zhoushan	63.6	64.3	65.2	65.9	66.7	67.8	68.8	69.5	70.1	71.2	71.9	72.2	73.2	74.0
台州市	Taizhou	55.5	55.7	56.1	57.0	58.1	58.9	59.7	60.5	61.1	61.7	62.0	62.6	63.9	64.8
丽水市	Lishui	48.4	50.1	51.7	52.9	54.1	55.4	56.8	58.4	60.0	61.2	61.8	62.5	63.5	64.6

2-6 七次人口普查基本情况
Basic Statistics on National Population Census

项目	Item	第一次 The First Time	第二次 The Second Time	第三次 The Third Time	第四次 The Fourth Time	第五次 The Fifth Time	第六次 The Sixth Time	第七次 The Seventh Time
总户数(万户)	**Total Family Households (10000 Households)**	**579.16**	**656.63**	**960.36**	**1176.77**	**1444.97**	**1885.37**	**2688.09**
平均每户人数(人)	Average Size of Family Households	3.87	4.31	3.96	3.46	2.99	2.62	2.41
总人口(万人)	**Total Population (10000 persons)**	**2241.57**	**2831.86**	**3888.46**	**4144.59**	**4676.98**	**5442.69**	**6456.76**
按性别分	By Gender							
男	Male	1178.00	1479.06	2016.70	2136.48	2401.86	2796.57	3368.00
女	Female	1063.00	1352.80	1871.76	2008.11	2275.12	2646.12	3088.76
按城乡分	By Residence							
市镇人口	Urban	289.27	306.86	999.69	1516.57	2276.51	3354.06	4659.85
乡村人口	Rural	1925.30	2525.00	2888.77	2628.02	2400.47	2088.63	1796.91
按民族分	By Nationality							
汉族	The Han Nationality	2233.22	2821.19	3872.30	4123.45	4637.01	5321.22	6234.99
少数民族	Minority Nationality	8.35	10.67	16.16	21.14	39.97	121.47	221.77
畲族	The She Nationality	5.27	10.06	14.83	17.27	17.10	16.63	18.25
苗族	The Miao Nationality	2.84	0.04	0.05	0.32	5.34	30.91	56.94
回族	The Hui Nationality	0.19	0.38	0.94	1.72	1.96	3.82	8.49
满族	The Man Nationality	0.04	0.09	0.12	0.27	0.51	1.13	3.22
蒙古族	The MengGu Nationality		0.02	0.02	0.06	0.36	0.69	2.01
壮族	The Zhuang Nationality		0.03	0.11	0.77	1.90	7.28	12.28
按文化程度分	By Educational Level							
大学	University		8.05	18.21	48.50	149.16	507.78	1097.03
高中	Senior Secondary School		31.86	202.19	290.37	503.15	738.12	939.76
初中	Junior Secondary School		120.27	691.55	983.98	1559.12	1996.41	2111.73
小学	Primary School		809.63	1531.44	1643.92	1712.79	1568.54	1703.57
文盲、半文盲(15岁及15岁以上)	Illiterate and Semiliterate (15 years old and over)			930.67	723.64	330.22	306.10	175.44

2-7 分地区户数、人口数、性别比和户规模（2020年）
Household,Population,Sex Ratio and Household Size by Region(2020)

地 区	Region	户数(户) Number of Households (household)	家庭户 Family Households	集体户 Collective Households	人口数(人) Population (person)	男 Male	女 Female	性别比(女=100) Sex Ratio (Female=100)
全省	**Total**	**26880850**	**25008606**	**1872244**	**64567588**	**33680008**	**30887580**	**109**
杭州市	Hangzhou	4955002	4435927	519075	11936010	6215953	5720057	109
上城区	Shangcheng	144685	130550	14135	357657	179195	178462	100
下城区	Xiacheng	205203	185118	20085	485849	237311	248538	95
江干区	Jianggan	616455	501905	114550	1487787	774118	713669	108
拱墅区	Gongshu	269672	243511	26161	635136	318031	317105	100
西湖区	Xihu	451877	371991	79886	1112992	572932	540060	106
滨江区	Bingjiang	198659	165654	33005	503859	260336	243523	107
萧山区	Xiaoshan	934601	842362	92239	2258872	1202639	1056233	114
余杭区	Yuhang	1034689	952450	82239	2402514	1285001	1117513	115
富阳区	Fuyang	323956	301415	22541	832017	436190	395827	110
临安区	Linan	257091	244625	12466	634555	330785	303770	109
桐庐县	Tonglu	189944	177731	12213	453106	231206	221900	104
淳安县	Chunan	150457	146646	3811	328957	163856	165101	99
建德市	Jiande	177713	171969	5744	442709	224353	218356	103
宁波市	Ningbo	4194034	3932712	261322	9404283	4905769	4498514	109
海曙区	Haishu	456554	429765	26789	1041285	535155	506130	106
江北区	Jiangbei	217705	200572	17133	488885	256286	232599	110
北仑区	Beilun	388713	356755	31958	829448	450595	378853	119
镇海区	Zhenhai	235834	217598	18236	531830	283021	248809	114
鄞州区	Yinzhou	707201	656977	50224	1588187	807665	780522	103
奉化区	Fenghua	256585	243392	13193	577505	300761	276744	109
象山县	Xiangshan	257471	248090	9381	567665	287779	279886	103
宁海县	Ninghai	314625	304001	10624	695958	361292	334666	108
余姚市	Yuyao	539510	512274	27236	1254032	654380	599652	109
慈溪市	Cixi	819836	763288	56548	1829488	968835	860653	113
温州市	Wenzhou	3936721	3662213	274508	9572903	5075707	4497196	113
鹿城区	Lucheng	493357	445227	48130	1167165	607651	559514	109
龙湾区	Longwan	304558	260653	43905	725036	408785	316251	129
瓯海区	Ohai	408463	353336	55127	963238	520541	442697	118
洞头区	Dongtou	59659	52359	7300	148807	79295	69512	114
永嘉县	Yongjia	346931	324380	22551	869624	464828	404796	115
平阳县	Pingyang	351143	335523	15620	863088	449919	413169	109
苍南县	Cangnan	325721	312559	13162	843962	438781	405181	108

续表1 Continued

地 区	Region	户数(户) Number of Households (household)	家庭户 Family Households	集体户 Collective Households	人口数(人) Population (person)	男 Male	女 Female	性别比(女=100) Sex Ratio (Female=100)
文成县	Wencheng	118156	115523	2633	288178	151517	136661	111
泰顺县	Taishun	113686	111839	1847	265980	138488	127492	109
瑞安市	Ruian	616325	583733	32592	1520386	802213	718173	112
乐清市	Yueqing	625811	603363	22448	1452707	766951	685756	112
龙港市	Longgang	172911	163718	9193	464732	246738	217994	113
嘉兴市	Jiaxing	2167650	2029982	137668	5400868	2814061	2586807	109
南湖区	Nanhu	347252	319065	28187	839433	432591	406842	106
秀洲区	Xiuzhou	268242	253962	14280	679221	355568	323653	110
嘉善县	Jiashan	273814	256527	17287	648160	345596	302564	114
海盐县	Haiyan	175320	166916	8404	456775	235649	221126	107
海宁市	Haining	434966	402359	32607	1076199	566704	509495	111
平湖市	Pinghu	271417	256354	15063	671326	348233	323093	108
桐乡市	Tongxiang	396639	374799	21840	1029754	529720	500034	106
湖州市	Huzhou	1286318	1197973	88345	3367579	1746438	1621141	108
吴兴区	Wuxing	378703	335671	43032	1015937	524436	491501	107
南浔区	Nanxun	216349	209372	6977	542889	282430	260459	108
德清县	Deqing	200556	185013	15543	548568	287294	261274	110
长兴县	Changxing	259583	250093	9490	673776	344964	328812	105
安吉县	Anji	231127	217824	13303	586409	307314	279095	110
绍兴市	Shaoxing	2140538	2005360	135178	5270977	2696152	2574825	105
越城区	Yuecheng	407810	373968	33842	1020037	511806	508231	101
柯桥区	Keqiao	452009	414436	37573	1098859	581936	516923	113
上虞区	Shangyu	348490	327020	21470	839747	421208	418539	101
新昌县	Xinchang	178309	172387	5922	419036	215185	203851	106
诸暨市	Zhuji	468806	439757	29049	1218072	619590	598482	104
嵊州市	Shengzhou	285114	277792	7322	675226	346427	328799	105
金华市	Jinhua	3053600	2830918	222682	7050683	3716342	3334341	111
婺城区	Wucheng	409597	377314	32283	957055	492226	464829	106
金东区	Jindong	217165	195230	21935	506935	271492	235443	115
武义县	Wuyi	208902	200628	8274	462462	245677	216785	113
浦江县	Pujiang	190394	182596	7798	460726	240373	220353	109
磐安县	Panan	81406	79138	2268	177161	90275	86886	104
兰溪市	Lanxi	234263	224501	9762	574801	292973	281828	104
义乌市	Yiwu	835530	748257	87273	1859390	1002838	856552	117

续表2 Continued

地 区	Region	户数(户) Number of Households (household)	家庭户 Family Households	集体户 Collective Households	人口数(人) Population (person)	男 Male	女 Female	性别比(女=100) Sex Ratio (Female=100)
东阳市	Dongyang	462220	435653	26567	1087950	560471	527479	106
永康市	Yongkang	414123	387601	26522	964203	520017	444186	117
衢州市	Quzhou	950753	916430	34323	2276184	1161813	1114371	104
柯城区	Kecheng	209540	197414	12126	528847	266480	262367	102
衢江区	Qujiang	149808	144671	5137	373920	199782	174138	115
常山县	Changshan	112580	109104	3476	259966	133100	126866	105
开化县	Kaihua	112361	109504	2857	258810	127837	130973	98
龙游县	Longyou	163392	157781	5611	360229	186734	173495	108
江山市	Jiangshan	203072	197956	5116	494412	247880	246532	101
舟山市	Zhoushan	522829	489082	33747	1157817	611522	546295	112
定海区	Dinghai	222767	208734	14033	500030	256435	243595	105
普陀区	Putuo	175364	166776	8588	382902	197014	185888	106
岱山县	Daishan	92471	82444	10027	207982	123467	84515	146
嵊泗县	Shengsi	32227	31128	1099	66903	34606	32297	107
台州市	Taizhou	2636236	2510062	126174	6622888	3443061	3179827	108
椒江区	Jiaojiang	316048	287887	28161	826074	431919	394155	110
黄岩区	Huangyan	274456	260913	13543	707453	365744	341709	107
路桥区	Luqiao	245431	231778	13653	628934	330938	297996	111
三门县	Sanmen	154996	149711	5285	379469	195866	183603	107
天台县	Tiantai	183443	178608	4835	474711	242816	231895	105
仙居县	Xianju	159478	154647	4831	431888	221407	210481	105
温岭市	Wenling	604283	575879	28404	1416199	740335	675864	110
临海市	Linhai	423184	404502	18682	1114146	572295	541851	106
玉环市	Yuhuan	274917	266137	8780	644014	341741	302273	113
丽水市	Lishui	1037169	997947	39222	2507396	1293190	1214206	107
莲都区	Liandu	224383	207310	17073	562116	292498	269618	108
青田县	Qingtian	208903	203422	5481	509053	263277	245776	107
缙云县	Jinyun	176511	171575	4936	405318	207826	197492	105
遂昌县	Suichang	79893	78203	1690	194385	99820	94565	106
松阳县	Songyang	83966	81817	2149	204880	105192	99688	106
云和县	Yunhe	54360	52929	1431	129216	67647	61569	110
庆元县	Qingyuan	60353	58774	1579	142551	72676	69875	104
景宁畲族自治县	Jingning	48713	47298	1415	111011	57257	53754	107
龙泉市	Longquan	100087	96619	3468	248866	126997	121869	104

续表3 Continued

地 区	Region	家庭户人口数(人) Family Household Population (person)	男 Male	女 Female	集体户人口数(人) Collective Household Population (person)	男 Male	女 Female	平均家庭户规模(人/户) Average Family Size (person/household)
全省	**Total**	**58830838**	**30143079**	**28687759**	**5736750**	**3536929**	**2199821**	**2.35**
杭州市	Hangzhou	10469588	5310634	5158954	1466422	905319	561103	2.36
上城区	Shangcheng	311890	150120	161770	45767	29075	16692	2.39
下城区	Xiacheng	432227	206589	225638	53622	30722	22900	2.33
江干区	Jianggan	1165016	585516	579500	322771	188602	134169	2.32
拱墅区	Gongshu	566174	277993	288181	68962	40038	28924	2.33
西湖区	Xihu	887001	443064	443937	225991	129868	96123	2.38
滨江区	Bingjiang	395911	197620	198291	107948	62716	45232	2.39
萧山区	Xiaoshan	2029525	1044972	984553	229347	157667	71680	2.41
余杭区	Yuhang	2196558	1145951	1050607	205956	139050	66906	2.31
富阳区	Fuyang	759604	389602	370002	72413	46588	25825	2.52
临安区	Linan	571832	292009	279823	62723	38776	23947	2.34
桐庐县	Tonglu	419671	211473	208198	33435	19733	13702	2.36
淳安县	Chunan	313983	155364	158619	14974	8492	6482	2.14
建德市	Jiande	420196	210361	209835	22513	13992	8521	2.44
宁波市	Ningbo	8696308	4463177	4233131	707975	442592	265383	2.21
海曙区	Haishu	952998	483696	469302	88287	51459	36828	2.22
江北区	Jiangbei	440725	225407	215318	48160	30879	17281	2.20
北仑区	Beilun	751737	397830	353907	77711	52765	24946	2.11
镇海区	Zhenhai	482886	252231	230655	48944	30790	18154	2.22
鄞州区	Yinzhou	1455282	731984	723298	132905	75681	57224	2.22
奉化区	Fenghua	540706	276800	263906	36799	23961	12838	2.22
象山县	Xiangshan	545530	273773	271757	22135	14006	8129	2.20
宁海县	Ninghai	666020	342251	323769	29938	19041	10897	2.19
余姚市	Yuyao	1173731	603723	570008	80301	50657	29644	2.29
慈溪市	Cixi	1686693	875482	811211	142795	93353	49442	2.21
温州市	Wenzhou	8684741	4528020	4156721	888162	547687	340475	2.37
鹿城区	Lucheng	1012694	513846	498848	154471	93805	60666	2.27
龙湾区	Longwan	595676	323684	271992	129360	85101	44259	2.29
瓯海区	Ohai	793394	421382	372012	169844	99159	70685	2.25
洞头区	Dongtou	123996	62545	61451	24811	16750	8061	2.37
永嘉县	Yongjia	771954	406012	365942	97670	58816	38854	2.38
平阳县	Pingyang	814560	419739	394821	48528	30180	18348	2.43
苍南县	Cangnan	795492	409624	385868	48470	29157	19313	2.55

续表4 Continued

地 区	Region	家庭户人口数(人) Family Household Population (person)	男 Male	女 Female	集体户人口数(人) Collective Household Population (person)	男 Male	女 Female	平均家庭户规模(人/户) Average Family Size (person/household)
文成县	Wencheng	279408	146147	133261	8770	5370	3400	2.42
泰顺县	Taishun	257753	133648	124105	8227	4840	3387	2.30
瑞安市	Ruian	1417788	737338	680450	102598	64875	37723	2.43
乐清市	Yueqing	1388095	726792	661303	64612	40159	24453	2.30
龙港市	Longgang	433931	227263	206668	30801	19475	11326	2.65
嘉兴市	Jiaxing	5049734	2590813	2458921	351134	223248	127886	2.49
南湖区	Nanhu	759316	385115	374201	80117	47476	32641	2.38
秀洲区	Xiuzhou	643366	331460	311906	35855	24108	11747	2.53
嘉善县	Jiashan	603168	314530	288638	44992	31066	13926	2.35
海盐县	Haiyan	436702	221613	215089	20073	14036	6037	2.62
海宁市	Haining	998497	516090	482407	77702	50614	27088	2.48
平湖市	Pinghu	637180	325092	312088	34146	23141	11005	2.49
桐乡市	Tongxiang	971505	496913	474592	58249	32807	25442	2.59
湖州市	Huzhou	3031273	1539748	1491525	336306	206690	129616	2.53
吴兴区	Wuxing	848103	426231	421872	167834	98205	69629	2.53
南浔区	Nanxun	522995	268658	254337	19894	13772	6122	2.50
德清县	Deqing	492240	250718	241522	56328	36576	19752	2.66
长兴县	Changxing	636268	321924	314344	37508	23040	14468	2.54
安吉县	Anji	531667	272217	259450	54742	35097	19645	2.44
绍兴市	Shaoxing	4770493	2403140	2367353	500484	293012	207472	2.38
越城区	Yuecheng	909619	450901	458718	110418	60905	49513	2.43
柯桥区	Keqiao	1005129	519817	485312	93730	62119	31611	2.43
上虞区	Shangyu	780925	385141	395784	58822	36067	22755	2.39
新昌县	Xinchang	389411	198077	191334	29625	17108	12517	2.26
诸暨市	Zhuji	1035541	517857	517684	182531	101733	80798	2.35
嵊州市	Shengzhou	649868	331347	318521	25358	15080	10278	2.34
金华市	Jinhua	6382068	3315398	3066670	668615	400944	267671	2.25
婺城区	Wucheng	847351	429995	417356	109704	62231	47473	2.25
金东区	Jindong	440119	230182	209937	66816	41310	25506	2.25
武义县	Wuyi	440948	231895	209053	21514	13782	7732	2.20
浦江县	Pujiang	431382	223377	208005	29344	16996	12348	2.36
磐安县	Panan	169100	85213	83887	8061	5062	2999	2.14
兰溪市	Lanxi	543537	276111	267426	31264	16862	14402	2.42
义乌市	Yiwu	1629372	860775	768597	230018	142063	87955	2.18

续表5 Continued

地 区	Region	家庭户人口数(人) Family Household Population (person)	男 Male	女 Female	集体户人口数(人) Collective Household Population (person)	男 Male	女 Female	平均家庭户规模(人/户) Average Family Size (person/household)
东阳市	Dongyang	1004788	511585	493203	83162	48886	34276	2.31
永康市	Yongkang	875471	466265	409206	88732	53752	34980	2.26
衢州市	Quzhou	2131407	1071233	1060174	144777	90580	54197	2.33
柯城区	Kecheng	484829	241138	243691	44018	25342	18676	2.46
衢江区	Qujiang	344965	178398	166567	28955	21384	7571	2.38
常山县	Changshan	245546	123930	121616	14420	9170	5250	2.25
开化县	Kaihua	247700	121289	126411	11110	6548	4562	2.26
龙游县	Longyou	336741	170519	166222	23488	16215	7273	2.13
江山市	Jiangshan	471626	235959	235667	22786	11921	10865	2.38
舟山市	Zhoushan	1052588	530342	522246	105229	81180	24049	2.15
定海区	Dinghai	462256	231904	230352	37774	24531	13243	2.21
普陀区	Putuo	363387	183334	180053	19515	13680	5835	2.18
岱山县	Daishan	163226	82940	80286	44756	40527	4229	1.98
嵊泗县	Shengsi	63719	32164	31555	3184	2442	742	2.05
台州市	Taizhou	6217580	3192273	3025307	405308	250788	154520	2.48
椒江区	Jiaojiang	737991	376061	361930	88083	55858	32225	2.56
黄岩区	Huangyan	662973	339595	323378	44480	26149	18331	2.54
路桥区	Luqiao	587506	304657	282849	41428	26281	15147	2.53
三门县	Sanmen	362669	185604	177065	16800	10262	6538	2.42
天台县	Tiantai	449533	227928	221605	25178	14888	10290	2.52
仙居县	Xianju	407643	207656	199987	24245	13751	10494	2.64
温岭市	Wenling	1337266	689910	647356	78933	50425	28508	2.32
临海市	Linhai	1050638	534057	516581	63508	38238	25270	2.60
玉环市	Yuhuan	621361	326805	294556	22653	14936	7717	2.33
丽水市	Lishui	2345058	1198301	1146757	162338	94889	67449	2.35
莲都区	Liandu	498343	254294	244049	63773	38204	25569	2.40
青田县	Qingtian	486670	250194	236476	22383	13083	9300	2.39
缙云县	Jinyun	386483	196822	189661	18835	11004	7831	2.25
遂昌县	Suichang	185106	94310	90796	9279	5510	3769	2.37
松阳县	Songyang	196822	100724	96098	8058	4468	3590	2.41
云和县	Yunhe	124881	65049	59832	4335	2598	1737	2.36
庆元县	Qingyuan	134584	68275	66309	7967	4401	3566	2.29
景宁畲族自治县	Jingning	104817	53384	51433	6194	3873	2321	2.22
龙泉市	Longquan	227352	115249	112103	21514	11748	9766	2.35

2-8 分地区分性别、户口登记状况的人口（2020年）
Population by Gender, Household Registration Status and Region (2020)

单位：人(person)

地区	Region	人口数 Population			居住本乡、镇、街道，户口在本乡、镇、街道 Residing in the Townships, Towns and Street Communities with Permanent Household Registration There		
		合计 Total	男 Male	女 Female	小计 Sub-total	男 Male	女 Female
全省	**Total**	**64567588**	**33680008**	**30887580**	**33789547**	**16907513**	**16882034**
杭州市	Hangzhou	11936010	6215953	5720057	5657829	2794199	2863630
上城区	Shangcheng	357657	179195	178462	176334	84845	91489
下城区	Xiacheng	485849	237311	248538	244765	117834	126931
江干区	Jianggan	1487787	774118	713669	509417	255538	253879
拱墅区	Gongshu	635136	318031	317105	292303	142569	149734
西湖区	Xihu	1112992	572932	540060	526370	257289	269081
滨江区	Bingjiang	503859	260336	243523	215306	105523	109783
萧山区	Xiaoshan	2258872	1202639	1056233	1024969	505235	519734
余杭区	Yuhang	2402514	1285001	1117513	1005787	495006	510781
富阳区	Fuyang	832017	436190	395827	448095	224716	223379
临安区	Linan	634555	330785	303770	365110	181427	183683
桐庐县	Tonglu	453106	231206	221900	275588	137018	138570
淳安县	Chunan	328957	163856	165101	236068	117274	118794
建德市	Jiande	442709	224353	218356	337717	169925	167792
宁波市	Ningbo	9404283	4905769	4498514	4321854	2141223	2180631
海曙区	Haishu	1041285	535155	506130	421957	207362	214595
江北区	Jiangbei	488885	256286	232599	189161	92228	96933
北仑区	Beilun	829448	450595	378853	324506	158803	165703
镇海区	Zhenhai	531830	283021	248809	206947	100862	106085
鄞州区	Yinzhou	1588187	807665	780522	672027	327822	344205
奉化区	Fenghua	577505	300761	276744	325393	164199	161194
象山县	Xiangshan	567665	287779	279886	332162	164705	167457
宁海县	Ninghai	695958	361292	334666	384605	194964	189641
余姚市	Yuyao	1254032	654380	599652	630249	315190	315059
慈溪市	Cixi	1829488	968835	860653	834847	415088	419759
温州市	Wenzhou	9572903	5075707	4497196	4876815	2481776	2395039
鹿城区	Lucheng	1167165	607651	559514	424432	206236	218196
龙湾区	Longwan	725036	408785	316251	213153	108793	104360
瓯海区	Ohai	963238	520541	442697	271522	135476	136046
洞头区	Dongtou	148807	79295	69512	92730	45489	47241
永嘉县	Yongjia	869624	464828	404796	560462	291626	268836
平阳县	Pingyang	863088	449919	413169	559691	285641	274050
苍南县	Cangnan	843962	438781	405181	588662	302651	286011

续表1 Continued

单位：人(person)

地区	Region	人口数 Population			居住本乡、镇、街道，户口在本乡、镇、街道 Residing in the Townships, Towns and Street Communities with Permanent Household Registration There		
		合计 Total	男 Male	女 Female	小计 Sub-total	男 Male	女 Female
文成县	Wencheng	288178	151517	136661	189941	99105	90836
泰顺县	Taishun	265980	138488	127492	213539	111811	101728
瑞安市	Ruian	1520386	802213	718173	763753	383669	380084
乐清市	Yueqing	1452707	766951	685756	829764	423438	406326
龙港市	Longgang	464732	246738	217994	169166	87841	81325
嘉兴市	Jiaxing	5400868	2814061	2586807	2800940	1384037	1416903
南湖区	Nanhu	839433	432591	406842	377863	185708	192155
秀洲区	Xiuzhou	679221	355568	323653	320134	157308	162826
嘉善县	Jiashan	648160	345596	302564	298340	147756	150584
海盐县	Haiyan	456775	235649	221126	298091	147603	150488
海宁市	Haining	1076199	566704	509495	554531	273090	281441
平湖市	Pinghu	671326	348233	323093	385669	190704	194965
桐乡市	Tongxiang	1029754	529720	500034	566312	281868	284444
湖州市	Huzhou	3367579	1746438	1621141	1967308	983307	984001
吴兴区	Wuxing	1015937	524436	491501	447595	221505	226090
南浔区	Nanxun	542889	282430	260459	367734	182713	185021
德清县	Deqing	548568	287294	261274	333864	166281	167583
长兴县	Changxing	673776	344964	328812	462159	232922	229237
安吉县	Anji	586409	307314	279095	355956	179886	176070
绍兴市	Shaoxing	5270977	2696152	2574825	3045728	1504592	1541136
越城区	Yuecheng	1020037	511806	508231	524332	254511	269821
柯桥区	Keqiao	1098859	581936	516923	511148	249832	261316
上虞区	Shangyu	839747	421208	418539	557360	269402	287958
新昌县	Xinchang	419036	215185	203851	252825	128060	124765
诸暨市	Zhuji	1218072	619590	598482	711341	353663	357678
嵊州市	Shengzhou	675226	346427	328799	488722	249124	239598
金华市	Jinhua	7050683	3716342	3334341	3416653	1719034	1697619
婺城区	Wucheng	957055	492226	464829	462626	232651	229975
金东区	Jindong	506935	271492	235443	252438	127150	125288
武义县	Wuyi	462462	245677	216785	217870	110199	107671
浦江县	Pujiang	460726	240373	220353	272891	140404	132487
磐安县	Panan	177161	90275	86886	133579	67015	66564
兰溪市	Lanxi	574801	292973	281828	454062	230935	223127
义乌市	Yiwu	1859390	1002838	856552	604826	305513	299313

续表2 Continued

单位：人(person)

地区	Region	人口数 Population			居住本乡、镇、街道，户口在本乡、镇、街道 Residing in the Townships, Towns and Street Communities with Permanent Household Registration There		
		合计 Total	男 Male	女 Female	小计 Sub-total	男 Male	女 Female
东阳市	Dongyang	1087950	560471	527479	563267	274318	288949
永康市	Yongkang	964203	520017	444186	455094	230849	224245
衢州市	Quzhou	2276184	1161813	1114371	1579556	808714	770842
柯城区	Kecheng	528847	266480	262367	283893	143092	140801
衢江区	Qujiang	373920	199782	174138	263896	141480	122416
常山县	Changshan	259966	133100	126866	202780	104697	98083
开化县	Kaihua	258810	127837	130973	201447	100167	101280
龙游县	Longyou	360229	186734	173495	260337	134647	125690
江山市	Jiangshan	494412	247880	246532	367203	184631	182572
舟山市	Zhoushan	1157817	611522	546295	623412	310036	313376
定海区	Dinghai	500030	256435	243595	263085	130505	132580
普陀区	Putuo	382902	197014	185888	197830	98626	99204
岱山县	Daishan	207982	123467	84515	114885	57202	57683
嵊泗县	Shengsi	66903	34606	32297	47612	23703	23909
台州市	Taizhou	6622888	3443061	3179827	4127996	2078328	2049668
椒江区	Jiaojiang	826074	431919	394155	414293	206402	207891
黄岩区	Huangyan	707453	365744	341709	429613	213562	216051
路桥区	Luqiao	628934	330938	297996	332397	165914	166483
三门县	Sanmen	379469	195866	183603	279462	142406	137056
天台县	Tiantai	474711	242816	231895	356046	181737	174309
仙居县	Xianju	431888	221407	210481	297218	152004	145214
温岭市	Wenling	1416199	740335	675864	858292	428289	430003
临海市	Linhai	1114146	572295	541851	816938	414892	402046
玉环市	Yuhuan	644014	341741	302273	343737	173122	170615
丽水市	Lishui	2507396	1293190	1214206	1371456	702267	669189
莲都区	Liandu	562116	292498	269618	230656	117077	113579
青田县	Qingtian	509053	263277	245776	232686	119311	113375
缙云县	Jinyun	405318	207826	197492	303492	154209	149283
遂昌县	Suichang	194385	99820	94565	141429	72609	68820
松阳县	Songyang	204880	105192	99688	144781	74612	70169
云和县	Yunhe	129216	67647	61569	57129	29620	27509
庆元县	Qingyuan	142551	72676	69875	76945	39392	37553
景宁畲族自治县	Jingning	111011	57257	53754	56354	29765	26589
龙泉市	Longquan	248866	126997	121869	127984	65672	62312

续表3 Continued 单位：人(person)

地区	Region	住本乡、镇、街道，户口在外乡、镇、街道，离开户口登记地半年以上 Residing in Townships, Towns and Street Communities, with Permanent Household Registration Elsewhere and Away from Registration Place For More Than 6 Months			居住本乡、镇、街道，户口待定 Residing in Townships, Towns and Street Communities, with Place of Permanent Household Registration Unsettled			原住本乡、镇、街道，现在港澳台或国外工作学习 Residing in Hong Kong SAR, Macao SAR and Taiwan or abroad, with Permanent Household Registration in Townships, Towns and Street Communities		
		小计 Sub-total	男 Male	女 Female	小计 Sub-total	男 Male	女 Female	小计 Sub-total	男 Male	女 Female
全省	**Total**	**30107815**	**16424000**	**13683815**	**180655**	**93801**	**86854**	**489571**	**254694**	**234877**
杭州市	Hangzhou	6220973	3393497	2827476	28288	14685	13603	28920	13572	15348
上城区	Shangcheng	177688	92699	84989	561	281	280	3074	1370	1704
下城区	Xiacheng	235382	116793	118589	1292	689	603	4410	1995	2415
江干区	Jianggan	972638	515809	456829	2613	1305	1308	3119	1466	1653
拱墅区	Gongshu	339370	173767	165603	1622	865	757	1841	830	1011
西湖区	Xihu	575795	310232	265563	3565	2078	1487	7262	3333	3929
滨江区	Bingjiang	285902	153474	132428	1773	916	857	878	423	455
萧山区	Xiaoshan	1225505	693142	532363	6151	3099	3052	2247	1163	1084
余杭区	Yuhang	1389268	786240	603028	5897	3028	2869	1562	727	835
富阳区	Fuyang	380904	209986	170918	1653	801	852	1365	687	678
临安区	Linan	267515	148389	119126	1284	642	642	646	327	319
桐庐县	Tonglu	176129	93478	82651	803	439	364	586	271	315
淳安县	Chunan	91797	46040	45757	273	157	116	819	385	434
建德市	Jiande	103080	53448	49632	801	385	416	1111	595	516
宁波市	Ningbo	5038559	2742149	2296410	24382	12701	11681	19488	9696	9792
海曙区	Haishu	613007	324660	288347	2984	1594	1390	3337	1539	1798
江北区	Jiangbei	297419	162938	134481	1165	590	575	1140	530	610
北仑区	Beilun	500987	289606	211381	2936	1682	1254	1019	504	515
镇海区	Zhenhai	322474	180937	141537	1286	659	627	1123	563	560
鄞州区	Yinzhou	908026	475779	432247	4055	2105	1950	4079	1959	2120
奉化区	Fenghua	249184	135081	114103	1325	671	654	1603	810	793
象山县	Xiangshan	233293	121833	111460	911	469	442	1299	772	527
宁海县	Ninghai	308223	164728	143495	1858	930	928	1272	670	602
余姚市	Yuyao	619007	336794	282213	3038	1548	1490	1738	848	890
慈溪市	Cixi	986939	549793	437146	4824	2453	2371	2878	1501	1377
温州市	Wenzhou	4417751	2447975	1969776	42863	22229	20634	235474	123727	111747
鹿城区	Lucheng	700859	380113	320746	5028	2635	2393	36846	18667	18179
龙湾区	Longwan	504238	295991	208247	4572	2424	2148	3073	1577	1496
瓯海区	Ohai	633943	355179	278764	4809	2538	2271	52964	27348	25616
洞头区	Dongtou	54577	33036	21541	411	205	206	1089	565	524
永嘉县	Yongjia	291352	163808	127544	5496	2916	2580	12314	6478	5836
平阳县	Pingyang	298163	161387	136776	3149	1678	1471	2085	1213	872
苍南县	Cangnan	251750	134150	117600	2340	1153	1187	1210	827	383

续表4 Continued 单位：人(person)

地区	Region	住本乡、镇、街道，户口在外乡、镇、街道，离开户口登记地半年以上 Residing in Townships, Towns and Street Communities, with Permanent Household Registration Elsewhere and Away from Registration Place For More Than 6 Months			居住本乡、镇、街道，户口待定 Residing in Townships, Towns and Street Communities, with Place of Permanent Household Registration Unsettled			原住本乡、镇、街道，现在港澳台或国外工作学习 Residing in Hong Kong SAR, Macao SAR and Taiwan or abroad, with Permanent Household Registration in Townships, Towns and Street Communities		
		小计 Sub-total	男 Male	女 Female	小计 Sub-total	男 Male	女 Female	小计 Sub-total	男 Male	女 Female
文成县	Wencheng	33178	17660	15518	1230	572	658	63829	34180	29649
泰顺县	Taishun	51164	26014	25150	741	359	382	536	304	232
瑞安市	Ruian	695836	386671	309165	6676	3388	3288	54121	28485	25636
乐清市	Yueqing	610443	336868	273575	5813	2975	2838	6687	3670	3017
龙港市	Longgang	292248	157098	135150	2598	1386	1212	720	413	307
嘉兴市	Jiaxing	2575153	1417461	1157692	14089	7367	6722	10686	5196	5490
南湖区	Nanhu	457278	244770	212508	1801	934	867	2491	1179	1312
秀洲区	Xiuzhou	355538	196424	159114	2264	1183	1081	1285	653	632
嘉善县	Jiashan	346722	196243	150479	2064	1085	979	1034	512	522
海盐县	Haiyan	156559	86884	69675	1138	675	463	987	487	500
海宁市	Haining	517275	291341	225934	2624	1351	1273	1769	922	847
平湖市	Pinghu	283029	156295	126734	1208	621	587	1420	613	807
桐乡市	Tongxiang	458752	245504	213248	2990	1518	1472	1700	830	870
湖州市	Huzhou	1386855	756142	630713	9088	4889	4199	4328	2100	2228
吴兴区	Wuxing	563890	300667	263223	2692	1450	1242	1760	814	946
南浔区	Nanxun	173219	98748	74471	1425	712	713	511	257	254
德清县	Deqing	212109	119634	92475	1649	914	735	946	465	481
长兴县	Changxing	209374	110831	98543	1612	894	718	631	317	314
安吉县	Anji	228263	126262	102001	1710	919	791	480	247	233
绍兴市	Shaoxing	2209933	1183650	1026283	8308	4293	4015	7008	3617	3391
越城区	Yuecheng	492866	255788	237078	1361	765	596	1478	742	736
柯桥区	Keqiao	584354	330342	254012	2418	1255	1163	939	507	432
上虞区	Shangyu	280056	150613	129443	1111	577	534	1220	616	604
新昌县	Xinchang	165193	86609	78584	537	258	279	481	258	223
诸暨市	Zhuji	502715	263870	238845	1922	964	958	2094	1093	1001
嵊州市	Shengzhou	184749	96428	88321	959	474	485	796	401	395
金华市	Jinhua	3599609	1978888	1620721	24585	12899	11686	9836	5521	4315
婺城区	Wucheng	490850	257754	233096	2128	1113	1015	1451	708	743
金东区	Jindong	252875	143505	109370	1099	566	533	523	271	252
武义县	Wuyi	241060	133670	107390	3055	1600	1455	477	208	269
浦江县	Pujiang	185891	98886	87005	967	474	493	977	609	368
磐安县	Panan	42730	22748	19982	513	317	196	339	195	144
兰溪市	Lanxi	119145	61182	57963	446	184	262	1148	672	476
义乌市	Yiwu	1242891	691055	551836	10100	5351	4749	1573	919	654

续表5 Continued 单位：人(person)

地区	Region	住本乡、镇、街道，户口在外乡、镇、街道，离开户口登记地半年以上 Residing in Townships, Towns and Street Communities, with Permanent Household Registration Elsewhere and Away from Registration Place For More Than 6 Months			居住本乡、镇、街道，户口待定 Residing in Townships, Towns and Street Communities, with Place of Permanent Household Registration Unsettled			原住本乡、镇、街道，现在港澳台或国外工作学习 Residing in Hong Kong SAR, Macao SAR and Taiwan or abroad, with Permanent Household Registration in Townships, Towns and Street Communities		
		小计 Sub-total	男 Male	女 Female	小计 Sub-total	男 Male	女 Female	小计 Sub-total	男 Male	女 Female
东阳市	Dongyang	518885	282970	235915	3081	1592	1489	2717	1591	1126
永康市	Yongkang	505282	287118	218164	3196	1702	1494	631	348	283
衢州市	Quzhou	687948	348572	339376	3868	1924	1944	4812	2603	2209
柯城区	Kecheng	242824	122294	120530	848	492	356	1282	602	680
衢江区	Qujiang	108872	57718	51154	698	328	370	454	256	198
常山县	Changshan	56428	28015	28413	399	194	205	359	194	165
开化县	Kaihua	56728	27336	29392	318	161	157	317	173	144
龙游县	Longyou	98826	51525	47301	499	242	257	567	320	247
江山市	Jiangshan	124270	61684	62586	1106	507	599	1833	1058	775
舟山市	Zhoushan	528031	298455	229576	2144	1200	944	4230	1831	2399
定海区	Dinghai	233323	124198	109125	1059	617	442	2563	1115	1448
普陀区	Putuo	182937	97389	85548	831	438	393	1304	561	743
岱山县	Daishan	92680	66069	26611	173	83	90	244	113	131
嵊泗县	Shengsi	19091	10799	8292	81	62	19	119	42	77
台州市	Taizhou	2468723	1350369	1118354	15966	8175	7791	10203	6189	4014
椒江区	Jiaojiang	407749	223355	184394	3155	1688	1467	877	474	403
黄岩区	Huangyan	274872	150587	124285	2010	1008	1002	958	587	371
路桥区	Luqiao	293579	163341	130238	1854	954	900	1104	729	375
三门县	Sanmen	98956	52897	46059	710	369	341	341	194	147
天台县	Tiantai	116911	60156	56755	970	477	493	784	446	338
仙居县	Xianju	133210	68657	64553	900	400	500	560	346	214
温岭市	Wenling	551663	308443	243220	3029	1547	1482	3215	2056	1159
临海市	Linhai	294298	155815	138483	1234	613	621	1676	975	701
玉环市	Yuhuan	297485	167118	130367	2104	1119	985	688	382	306
丽水市	Lishui	974280	506842	467438	7074	3439	3635	154586	80642	73944
莲都区	Liandu	325648	172524	153124	1806	946	860	4006	1951	2055
青田县	Qingtian	127882	66414	61468	2377	1155	1222	146108	76397	69711
缙云县	Jinyun	99974	52689	47285	941	475	466	911	453	458
遂昌县	Suichang	52135	26808	25327	274	102	172	547	301	246
松阳县	Songyang	59097	30100	28997	368	150	218	634	330	304
云和县	Yunhe	71390	37670	33720	379	184	195	318	173	145
庆元县	Qingyuan	64934	32922	32012	258	140	118	414	222	192
景宁畲族自治县	Jingning	53733	27057	26676	236	101	135	688	334	354
龙泉市	Longquan	119487	60658	58829	435	186	249	960	481	479

2-9 按年龄和性别分人口数（2020年）
Population by Age and Gender(2020)

年　龄 Age	人口数(人) Population (person)	男 Male	女 Female	占总人口比重(%) Percentage to Total Population (%)	男 Male	女 Female	性别比(女=100) Sex Ratio (Female=100)
总计 Total	**64567588**	**33680008**	**30887580**	**100.00**	**52.16**	**47.84**	**109.04**
0-4	2951489	1550391	1401098	4.57	2.40	2.17	110.66
5-9	3025007	1612841	1412166	4.69	2.50	2.19	114.21
10-14	2705285	1446894	1258391	4.19	2.24	1.95	114.98
15-19	2809150	1519440	1289710	4.35	2.35	2.00	117.81
20-24	3689026	2023475	1665551	5.71	3.13	2.58	121.49
25-29	4842431	2628336	2214095	7.50	4.07	3.43	118.71
30-34	6138589	3271221	2867368	9.51	5.07	4.44	114.08
35-39	5108402	2689753	2418649	7.91	4.17	3.75	111.21
40-44	4886328	2548248	2338080	7.57	3.95	3.62	108.99
45-49	5669138	2930421	2738717	8.78	4.54	4.24	107.00
50-54	5809583	3006857	2802726	9.00	4.66	4.34	107.28
55-59	4860476	2503105	2357371	7.53	3.88	3.65	106.18
60-64	3506335	1794345	1711990	5.43	2.78	2.65	104.81
65-69	3249015	1615125	1633890	5.03	2.50	2.53	98.85
70-74	2283757	1125829	1157928	3.54	1.74	1.79	97.23
75-79	1280523	627673	652850	1.98	0.97	1.01	96.14
80-84	920175	435724	484451	1.43	0.67	0.75	89.94
85-89	596246	258878	337368	0.92	0.40	0.52	76.73
90-94	195271	77190	118081	0.30	0.12	0.18	65.37
95+	41362	14262	27100	0.06	0.02	0.04	52.63

2-10 分地区人口年龄和性别构成（2020年）
Age and Gender Composition of Population by Region (2020)

单位：人(person)

地区	Region	人口数 Population			0-14岁 Aged 0-14		
		合计 Total	男 Male	女 Female	小计 Sub-total	男 Male	女 Female
全省	**Total**	**64567588**	**33680008**	**30887580**	**8681781**	**4610126**	**4071655**
杭州市	Hangzhou	11936010	6215953	5720057	1553544	813384	740160
上城区	Shangcheng	357657	179195	178462	43200	22818	20382
下城区	Xiacheng	485849	237311	248538	57475	30008	27467
江干区	Jianggan	1487787	774118	713669	192123	101386	90737
拱墅区	Gongshu	635136	318031	317105	88694	46218	42476
西湖区	Xihu	1112992	572932	540060	151476	79430	72046
滨江区	Bingjiang	503859	260336	243523	69032	36099	32933
萧山区	Xiaoshan	2258872	1202639	1056233	280888	147499	133389
余杭区	Yuhang	2402514	1285001	1117513	324154	170104	154050
富阳区	Fuyang	832017	436190	395827	110286	57868	52418
临安区	Linan	634555	330785	303770	75290	38940	36350
桐庐县	Tonglu	453106	231206	221900	61077	31792	29285
淳安县	Chunan	328957	163856	165101	42394	21692	20702
建德市	Jiande	442709	224353	218356	57455	29530	27925
宁波市	Ningbo	9404283	4905769	4498514	1153372	611989	541383
海曙区	Haishu	1041285	535155	506130	126701	66881	59820
江北区	Jiangbei	488885	256286	232599	63462	33540	29922
北仑区	Beilun	829448	450595	378853	99204	52579	46625
镇海区	Zhenhai	531830	283021	248809	69211	36838	32373
鄞州区	Yinzhou	1588187	807665	780522	212865	112551	100314
奉化区	Fenghua	577505	300761	276744	62622	32778	29844
象山县	Xiangshan	567665	287779	279886	73721	38753	34968
宁海县	Ninghai	695958	361292	334666	103059	55920	47139
余姚市	Yuyao	1254032	654380	599652	145281	77507	67774
慈溪市	Cixi	1829488	968835	860653	197246	104642	92604
温州市	Wenzhou	9572903	5075707	4497196	1462497	798579	663918
鹿城区	Lucheng	1167165	607651	559514	150135	80156	69979
龙湾区	Longwan	725036	408785	316251	96173	53420	42753
瓯海区	Ouhai	963238	520541	442697	115877	62294	53583
洞头区	Dongtou	148807	79295	69512	19179	10235	8944
永嘉县	Yongjia	869624	464828	404796	142557	78928	63629
平阳县	Pingyang	863088	449919	413169	139327	75020	64307
苍南县	Cangnan	843962	438781	405181	149723	82451	67272

续表1 Continued

单位：人(person)

地区	Region	人口数 Population			0-14岁 Aged 0-14		
		合计 Total	男 Male	女 Female	小计 Sub-total	男 Male	女 Female
文成县	Wencheng	288178	151517	136661	49822	26370	23452
泰顺县	Taishun	265980	138488	127492	50660	26692	23968
瑞安市	Ruian	1520386	802213	718173	220743	120160	100583
乐清市	Yueqing	1452707	766951	685756	243321	134479	108842
龙港市	Longgang	464732	246738	217994	84980	48374	36606
嘉兴市	Jiaxing	5400868	2814061	2586807	652445	341842	310603
南湖区	Nanhu	839433	432591	406842	108618	57009	51609
秀洲区	Xiuzhou	679221	355568	323653	89316	47124	42192
嘉善县	Jiashan	648160	345596	302564	76191	40032	36159
海盐县	Haiyan	456775	235649	221126	56870	29895	26975
海宁市	Haining	1076199	566704	509495	120611	62792	57819
平湖市	Pinghu	671326	348233	323093	76761	40076	36685
桐乡市	Tongxiang	1029754	529720	500034	124078	64914	59164
湖州市	Huzhou	3367579	1746438	1621141	402018	208946	193072
吴兴区	Wuxing	1015937	524436	491501	119028	61833	57195
南浔区	Nanxun	542889	282430	260459	59956	31414	28542
德清县	Deqing	548568	287294	261274	63624	32976	30648
长兴县	Changxing	673776	344964	328812	85297	44312	40985
安吉县	Anji	586409	307314	279095	74113	38411	35702
绍兴市	Shaoxing	5270977	2696152	2574825	626699	327447	299252
越城区	Yuecheng	1020037	511806	508231	125154	65301	59853
柯桥区	Keqiao	1098859	581936	516923	130973	69337	61636
上虞区	Shangyu	839747	421208	418539	93523	48342	45181
新昌县	Xinchang	419036	215185	203851	52930	27404	25526
诸暨市	Zhuji	1218072	619590	598482	148324	77918	70406
嵊州市	Shengzhou	675226	346427	328799	75795	39145	36650
金华市	Jinhua	7050683	3716342	3334341	1008570	544811	463759
婺城区	Wucheng	957055	492226	464829	136610	71978	64632
金东区	Jindong	506935	271492	235443	66560	35192	31368
武义县	Wuyi	462462	245677	216785	68766	36203	32563
浦江县	Pujiang	460726	240373	220353	65522	36466	29056
磐安县	Panan	177161	90275	86886	26303	13788	12515
兰溪市	Lanxi	574801	292973	281828	76261	40363	35898
义乌市	Yiwu	1859390	1002838	856552	257838	142458	115380
东阳市	Dongyang	1087950	560471	527479	162113	87018	75095

续表2 Continued　　　　单位：人(person)

地区	Region	人口数 Population			0-14岁 Aged 0-14		
		合计 Total	男 Male	女 Female	小计 Sub-total	男 Male	女 Female
永康市	Yongkang	964203	520017	444186	148597	81345	67252
衢州市	Quzhou	2276184	1161813	1114371	335773	172969	162804
柯城区	Kecheng	528847	266480	262367	77845	40278	37567
衢江区	Qujiang	373920	199782	174138	52412	27009	25403
常山县	Changshan	259966	133100	126866	41549	21423	20126
开化县	Kaihua	258810	127837	130973	41480	21605	19875
龙游县	Longyou	360229	186734	173495	45322	23206	22116
江山市	Jiangshan	494412	247880	246532	77165	39448	37717
舟山市	Zhoushan	1157817	611522	546295	113597	58928	54669
定海区	Dinghai	500030	256435	243595	57911	30258	27653
普陀区	Putuo	382902	197014	185888	37759	19555	18204
岱山县	Daishan	207982	123467	84515	12911	6569	6342
嵊泗县	Shengsi	66903	34606	32297	5016	2546	2470
台州市	Taizhou	6622888	3443061	3179827	972849	523777	449072
椒江区	Jiaojiang	826074	431919	394155	122267	65391	56876
黄岩区	Huangyan	707453	365744	341709	97960	51243	46717
路桥区	Luqiao	628934	330938	297996	88483	47394	41089
三门县	Sanmen	379469	195866	183603	64284	35155	29129
天台县	Tiantai	474711	242816	231895	77936	42104	35832
仙居县	Xianju	431888	221407	210481	75553	40824	34729
温岭市	Wenling	1416199	740335	675864	181628	97443	84185
临海市	Linhai	1114146	572295	541851	172853	95004	77849
玉环市	Yuhuan	644014	341741	302273	91885	49219	42666
丽水市	Lishui	2507396	1293190	1214206	400417	207454	192963
莲都区	Liandu	562116	292498	269618	88511	46012	42499
青田县	Qingtian	509053	263277	245776	86734	45282	41452
缙云县	Jinyun	405318	207826	197492	68386	35564	32822
遂昌县	Suichang	194385	99820	94565	25597	13142	12455
松阳县	Songyang	204880	105192	99688	31240	16117	15123
云和县	Yunhe	129216	67647	61569	19566	10141	9425
庆元县	Qingyuan	142551	72676	69875	22993	11874	11119
景宁畲族自治县	Jingning	111011	57257	53754	19050	9701	9349
龙泉市	Longquan	248866	126997	121869	38340	19621	18719

续表3 Continued 单位：人(person)

地区	Region	15-64岁 Aged 15-64			65岁及以上 Aged 65 and Over		
		小计 Sub-total	男 Male	女 Female	小计 Sub-total	男 Male	女 Female
全省	**Total**	**47319458**	**24915201**	**22404257**	**8566349**	**4154681**	**4411668**
杭州市	Hangzhou	8991062	4735173	4255889	1391404	667396	724008
上城区	Shangcheng	252704	127228	125476	61753	29149	32604
下城区	Xiacheng	344822	168336	176486	83552	38967	44585
江干区	Jianggan	1187354	620889	566465	108310	51843	56467
拱墅区	Gongshu	468809	235165	233644	77633	36648	40985
西湖区	Xihu	849957	440556	409401	111559	52946	58613
滨江区	Bingjiang	399854	207620	192234	34973	16617	18356
萧山区	Xiaoshan	1718073	929903	788170	259911	125237	134674
余杭区	Yuhang	1876943	1018059	858884	201417	96838	104579
富阳区	Fuyang	604732	321264	283468	116999	57058	59941
临安区	Linan	462469	245217	217252	96796	46628	50168
桐庐县	Tonglu	316523	163152	153371	75506	36262	39244
淳安县	Chunan	213885	107060	106825	72678	35104	37574
建德市	Jiande	294937	150724	144213	90317	44099	46218
宁波市	Ningbo	7066722	3724919	3341803	1184189	568861	615328
海曙区	Haishu	783383	404974	378409	131201	63300	67901
江北区	Jiangbei	368040	195141	172899	57383	27605	29778
北仑区	Beilun	646875	357361	289514	83369	40655	42714
镇海区	Zhenhai	407063	219588	187475	55556	26595	28961
鄞州区	Yinzhou	1199865	610903	588962	175457	84211	91246
奉化区	Fenghua	417935	220728	197207	96948	47255	49693
象山县	Xiangshan	399749	203997	195752	94195	45029	49166
宁海县	Ninghai	495079	257966	237113	97820	47406	50414
余姚市	Yuyao	933489	493665	439824	175262	83208	92054
慈溪市	Cixi	1415244	760596	654648	216998	103597	113401
温州市	Wenzhou	6989321	3722504	3266817	1121085	554624	566461
鹿城区	Lucheng	887673	467032	420641	129357	60463	68894
龙湾区	Longwan	579372	330911	248461	49491	24454	25037
瓯海区	Ouhai	768746	419499	349247	78615	38748	39867
洞头区	Dongtou	109986	60120	49866	19642	8940	10702
永嘉县	Yongjia	605573	325300	280273	121494	60600	60894
平阳县	Pingyang	601938	313404	288534	121823	61495	60328
苍南县	Cangnan	578846	297736	281110	115393	58594	56799

续表4 Continued

单位：人(person)

地区	Region	15-64岁 Aged 15-64			65岁及以上 Aged 65 and Over		
		小计 Sub-total	男 Male	女 Female	小计 Sub-total	男 Male	女 Female
文成县	Wencheng	187244	97865	89379	51112	27282	23830
泰顺县	Taishun	171693	88153	83540	43627	23643	19984
瑞安市	Ruian	1126498	597430	529068	173145	84623	88522
乐清市	Yueqing	1038070	549719	488351	171316	82753	88563
龙港市	Longgang	333682	175335	158347	46070	23029	23041
嘉兴市	Jiaxing	3989839	2111710	1878129	758584	360509	398075
南湖区	Nanhu	621866	323587	298279	108949	51995	56954
秀洲区	Xiuzhou	506606	268672	237934	83299	39772	43527
嘉善县	Jiashan	480063	261166	218897	91906	44398	47508
海盐县	Haiyan	322189	169734	152455	77716	36020	41696
海宁市	Haining	809041	434032	375009	146547	69880	76667
平湖市	Pinghu	485839	257012	228827	108726	51145	57581
桐乡市	Tongxiang	764235	397507	366728	141441	67299	74142
湖州市	Huzhou	2443021	1287325	1155696	522540	250167	272373
吴兴区	Wuxing	768287	400765	367522	128622	61838	66784
南浔区	Nanxun	372671	197691	174980	110262	53325	56937
德清县	Deqing	397124	212375	184749	87820	41943	45877
长兴县	Changxing	474940	246880	228060	113539	53772	59767
安吉县	Anji	429999	229614	200385	82297	39289	43008
绍兴市	Shaoxing	3790100	1950540	1839560	854178	418165	436013
越城区	Yuecheng	742116	371175	370941	152767	75330	77437
柯桥区	Keqiao	839042	448749	390293	128844	63850	64994
上虞区	Shangyu	592872	300182	292690	153352	72684	80668
新昌县	Xinchang	291069	150085	140984	75037	37696	37341
诸暨市	Zhuji	865154	441353	423801	204594	100319	104275
嵊州市	Shengzhou	459847	238996	220851	139584	68286	71298
金华市	Jinhua	5225016	2772883	2452133	817097	398648	418449
婺城区	Wucheng	707391	366496	340895	113054	53752	59302
金东区	Jindong	380014	207124	172890	60361	29176	31185
武义县	Wuyi	334964	180438	154526	58732	29036	29696
浦江县	Pujiang	330411	172753	157658	64793	31154	33639
磐安县	Panan	118700	60499	58201	32158	15988	16170
兰溪市	Lanxi	384516	196491	188025	114024	56119	57905
义乌市	Yiwu	1466804	792611	674193	134748	67769	66979
东阳市	Dongyang	781521	404053	377468	144316	69400	74916

续表5 Continued 单位：人(person)

地区	Region	15-64岁 Aged 15-64			65岁及以上 Aged 65 and Over		
		小计 Sub-total	男 Male	女 Female	小计 Sub-total	男 Male	女 Female
永康市	Yongkang	720695	392418	328277	94911	46254	48657
衢州市	Quzhou	1520273	779211	741062	420138	209633	210505
柯城区	Kecheng	373399	188464	184935	77603	37738	39865
衢江区	Qujiang	250786	136574	114212	70722	36199	34523
常山县	Changshan	168320	86416	81904	50097	25261	24836
开化县	Kaihua	164924	80577	84347	52406	25655	26751
龙游县	Longyou	242527	127451	115076	72380	36077	36303
江山市	Jiangshan	320317	159729	160588	96930	48703	48227
舟山市	Zhoushan	846372	461454	384918	197848	91140	106708
定海区	Dinghai	363292	188984	174308	78827	37193	41634
普陀区	Putuo	280324	147880	132444	64819	29579	35240
岱山县	Daishan	155254	98912	56342	39817	17986	21831
嵊泗县	Shengsi	47502	25678	21824	14385	6382	8003
台州市	Taizhou	4736097	2480427	2255670	913942	438857	475085
椒江区	Jiaojiang	614926	323428	291498	88881	43100	45781
黄岩区	Huangyan	502944	263606	239338	106549	50895	55654
路桥区	Luqiao	465452	246734	218718	74999	36810	38189
三门县	Sanmen	256932	132929	124003	58253	27782	30471
天台县	Tiantai	317469	162435	155034	79306	38277	41029
仙居县	Xianju	286077	146070	140007	70258	34513	35745
温岭市	Wenling	1038157	549202	488955	196414	93690	102724
临海市	Linhai	768489	394498	373991	172804	82793	90011
玉环市	Yuhuan	485651	261525	224126	66478	30997	35481
丽水市	Lishui	1721635	889055	832580	385344	196681	188663
莲都区	Liandu	404645	211798	192847	68960	34688	34272
青田县	Qingtian	354249	183580	170669	68070	34415	33655
缙云县	Jinyun	266170	136955	129215	70762	35307	35455
遂昌县	Suichang	130868	67285	63583	37920	19393	18527
松阳县	Songyang	139159	71479	67680	34481	17596	16885
云和县	Yunhe	90670	47501	43169	18980	10005	8975
庆元县	Qingyuan	95246	48034	47212	24312	12768	11544
景宁畲族自治县	Jingning	72121	36834	35287	19840	10722	9118
龙泉市	Longquan	168507	85589	82918	42019	21787	20232

2-11 分地区按性别分的户口登记地在外乡镇街道的人口（2020年）

Population with Permanent Household Registration Elsewhere by Current Residence, Household Registration Status, Region and Gender(2020)

单位：人(person)

现住地	Current Residences	户口登记地在外乡镇街道的人口数 Population with Permanent Household Registration Elsewhere			省内 Inside Province		
		合计 Total	男 Male	女 Female	合计 Total	男 Male	女 Female
浙江省	**Zhejiang**	**30107815**	**16424000**	**13683815**	**13921361**	**6954151**	**6967210**
杭州市	Hangzhou	6220973	3393497	2827476	3015992	1506255	1509737
上城区	Shangcheng	177688	92699	84989	89320	41783	47537
下城区	Xiacheng	235382	116793	118589	146766	69098	77668
江干区	Jianggan	972638	515809	456829	506392	250881	255511
拱墅区	Gongshu	339370	173767	165603	211971	102548	109423
西湖区	Xihu	575795	310232	265563	305864	153363	152501
滨江区	Bingjiang	285902	153474	132428	157258	78910	78348
萧山区	Xiaoshan	1225505	693142	532363	443696	222264	221432
余杭区	Yuhang	1389268	786240	603028	508635	264325	244310
富阳区	Fuyang	380904	209986	170918	225589	113418	112171
临安区	Linan	267515	148389	119126	158905	81384	77521
桐庐县	Tonglu	176129	93478	82651	104618	51460	53158
淳安县	Chunan	91797	46040	45757	81510	39950	41560
建德市	Jiande	103080	53448	49632	75468	36871	38597
宁波市	Ningbo	5038559	2742149	2296410	1905829	938783	967046
海曙区	Haishu	613007	324660	288347	294862	145553	149309
江北区	Jiangbei	297419	162938	134481	129715	64204	65511
北仑区	Beilun	500987	289606	211381	128142	67038	61104
镇海区	Zhenhai	322474	180937	141537	113243	57030	56213
鄞州区	Yinzhou	908026	475779	432247	446822	216620	230202
奉化区	Fenghua	249184	135081	114103	113204	55828	57376
象山县	Xiangshan	233293	121833	111460	133138	64738	68400
宁海县	Ninghai	308223	164728	143495	168989	85571	83418
余姚市	Yuyao	619007	336794	282213	169062	81832	87230
慈溪市	Cixi	986939	549793	437146	208652	100369	108283
温州市	Wenzhou	4417751	2447975	1969776	2123431	1089838	1033593
鹿城区	Lucheng	700859	380113	320746	351733	173426	178307
龙湾区	Longwan	504238	295991	208247	151604	81650	69954
瓯海区	Ouhai	633943	355179	278764	295990	150576	145414
洞头区	Dongtou	54577	33036	21541	24425	13488	10937
永嘉县	Yongjia	291352	163808	127544	160873	84554	76319
平阳县	Pingyang	298163	161387	136776	188067	96425	91642
苍南县	Cangnan	251750	134150	117600	180590	92784	87806

续表1 Continued

单位：人(person)

现住地	Current Residences	户口登记地在外乡镇街道的人口数 Population with Permanent Household Registration Elsewhere			省内 Inside Province		
		合计 Total	男 Male	女 Female	合计 Total	男 Male	女 Female
文成县	Wencheng	33178	17660	15518	26440	13077	13363
泰顺县	Taishun	51164	26014	25150	45532	22695	22837
瑞安市	Ruian	695836	386671	309165	275568	142678	132890
乐清市	Yueqing	610443	336868	273575	205013	105004	100009
龙港市	Longgang	292248	157098	135150	217596	113481	104115
嘉兴市	Jiaxing	2575153	1417461	1157692	850813	413225	437588
南湖区	Nanhu	457278	244770	212508	202886	96422	106464
秀洲区	Xiuzhou	355538	196424	159114	99782	49102	50680
嘉善县	Jiashan	346722	196243	150479	89378	43704	45674
海盐县	Haiyan	156559	86884	69675	53663	26209	27454
海宁市	Haining	517275	291341	225934	162797	80781	82016
平湖市	Pinghu	283029	156295	126734	100685	48818	51867
桐乡市	Tongxiang	458752	245504	213248	141622	68189	73433
湖州市	Huzhou	1386855	756142	630713	624570	306241	318329
吴兴区	Wuxing	563890	300667	263223	257560	124296	133264
南浔区	Nanxun	173219	98748	74471	42118	21536	20582
德清县	Deqing	212109	119634	92475	96700	48674	48026
长兴县	Changxing	209374	110831	98543	129458	62871	66587
安吉县	Anji	228263	126262	102001	98734	48864	49870
绍兴市	Shaoxing	2209933	1183650	1026283	1151194	566809	584385
越城区	Yuecheng	492866	255788	237078	284507	136336	148171
柯桥区	Keqiao	584354	330342	254012	178171	89189	88982
上虞区	Shangyu	280056	150613	129443	137928	67660	70268
新昌县	Xinchang	165193	86609	78584	141226	72405	68821
诸暨市	Zhuji	502715	263870	238845	277617	135399	142218
嵊州市	Shengzhou	184749	96428	88321	131745	65820	65925
金华市	Jinhua	3599609	1978888	1620721	1413939	718892	695047
婺城区	Wucheng	490850	257754	233096	310179	154479	155700
金东区	Jindong	252875	143505	109370	95463	49721	45742
武义县	Wuyi	241060	133670	107390	96040	49097	46943
浦江县	Pujiang	185891	98886	87005	85336	42963	42373
磐安县	Panan	42730	22748	19982	30699	15314	15385
兰溪市	Lanxi	119145	61182	57963	80522	38663	41859
义乌市	Yiwu	1242891	691055	551836	362667	189050	173617

续表2 Continued

单位：人(person)

现住地	Current Residences	户口登记地在外乡镇街道的人口数 Population with Permanent Household Registration Elsewhere			省内 Inside Province		
		合计 Total	男 Male	女 Female	合计 Total	男 Male	女 Female
东阳市	Dongyang	518885	282970	235915	210589	106002	104587
永康市	Yongkang	505282	287118	218164	142444	73603	68841
衢州市	Quzhou	687948	348572	339376	583484	286536	296948
柯城区	Kecheng	242824	122294	120530	208123	101445	106678
衢江区	Qujiang	108872	57718	51154	89317	45993	43324
常山县	Changshan	56428	28015	28413	48284	23280	25004
开化县	Kaihua	56728	27336	29392	51435	24181	27254
龙游县	Longyou	98826	51525	47301	77319	38474	38845
江山市	Jiangshan	124270	61684	62586	109006	53163	55843
舟山市	Zhoushan	528031	298455	229576	296055	146136	149919
定海区	Dinghai	233323	124198	109125	145516	70906	74610
普陀区	Putuo	182937	97389	85548	107766	52514	55252
岱山县	Daishan	92680	66069	26611	31445	16911	14534
嵊泗县	Shengsi	19091	10799	8292	11328	5805	5523
台州市	Taizhou	2468723	1350369	1118354	1151421	577492	573929
椒江区	Jiaojiang	407749	223355	184394	210641	106625	104016
黄岩区	Huangyan	274872	150587	124285	125536	62967	62569
路桥区	Luqiao	293579	163341	130238	109266	55225	54041
三门县	Sanmen	98956	52897	46059	70728	36090	34638
天台县	Tiantai	116911	60156	56755	97093	48324	48769
仙居县	Xianju	133210	68657	64553	114964	57844	57120
温岭市	Wenling	551663	308443	243220	173050	86482	86568
临海市	Linhai	294298	155815	138483	182230	90320	91910
玉环市	Yuhuan	297485	167118	130367	67913	33615	34298
丽水市	Lishui	974280	506842	467438	804633	403944	400689
莲都区	Liandu	325648	172524	153124	252844	127828	125016
青田县	Qingtian	127882	66414	61468	97594	48466	49128
缙云县	Jinyun	99974	52689	47285	75147	37588	37559
遂昌县	Suichang	52135	26808	25327	47452	23890	23562
松阳县	Songyang	59097	30100	28997	47969	23456	24513
云和县	Yunhe	71390	37670	33720	60247	31014	29233
庆元县	Qingyuan	64934	32922	32012	61476	31008	30468
景宁畲族自治县	Jingning	53733	27057	26676	50701	25132	25569
龙泉市	Longquan	119487	60658	58829	111203	55562	55641

续表3 Continued

单位：人(person)

现住地	Current Residences	市区内人户分离 Population Who Live in Places Other Than Their Household Registration but still in the Same City			省内流动人口 Migrant Population of Inside Province			省外 Between Province		
		合计 Total	男 Male	女 Female	合计 Total	男 Male	女 Female	合计 Total	男 Male	女 Female
浙江省	**Zhejiang**	**4550365**	**2203266**	**2347099**	**9370996**	**4750885**	**4620111**	**16186454**	**9469849**	**6716605**
杭州市	Hangzhou	1480138	721499	758639	1535854	784756	751098	3204981	1887242	1317739
上城区	Shangcheng	53352	24969	28383	35968	16814	19154	88368	50916	37452
下城区	Xiacheng	84274	39592	44682	62492	29506	32986	88616	47695	40921
江干区	Jianggan	189091	92372	96719	317301	158509	158792	466246	264928	201318
拱墅区	Gongshu	110301	53062	57239	101670	49486	52184	127399	71219	56180
西湖区	Xihu	135637	66370	69267	170227	86993	83234	269931	156869	113062
滨江区	Bingjiang	60442	29963	30479	96816	48947	47869	128644	74564	54080
萧山区	Xiaoshan	289947	138744	151203	153749	83520	70229	781809	470878	310931
余杭区	Yuhang	246305	121957	124348	262330	142368	119962	880633	521915	358718
富阳区	Fuyang	188526	93163	95363	37063	20255	16808	155315	96568	58747
临安区	Linan	122263	61307	60956	36642	20077	16565	108610	67005	41605
桐庐县	Tonglu				104618	51460	53158	71511	42018	29493
淳安县	Chunan				81510	39950	41560	10287	6090	4197
建德市	Jiande				75468	36871	38597	27612	16577	11035
宁波市	Ningbo	728907	349814	379093	1176922	588969	587953	3132730	1803366	1329364
海曙区	Haishu	157564	75345	82219	137298	70208	67090	318145	179107	139038
江北区	Jiangbei	79332	38616	40716	50383	25588	24795	167704	98734	68970
北仑区	Beilun	79026	38781	40245	49116	28257	20859	372845	222568	150277
镇海区	Zhenhai	60751	29094	31657	52492	27936	24556	209231	123907	85324
鄞州区	Yinzhou	257999	122498	135501	188823	94122	94701	461204	259159	202045
奉化区	Fenghua	94235	45480	48755	18969	10348	8621	135980	79253	56727
象山县	Xiangshan				133138	64738	68400	100155	57095	43060
宁海县	Ninghai				168989	85571	83418	139234	79157	60077
余姚市	Yuyao				169062	81832	87230	449945	254962	194983
慈溪市	Cixi				208652	100369	108283	778287	449424	328863
温州市	Wenzhou	460653	226754	233899	1662778	863084	799694	2294320	1358137	936183
鹿城区	Lucheng	226784	109601	117183	124949	63825	61124	349126	206687	142439
龙湾区	Longwan	77665	39458	38207	73939	42192	31747	352634	214341	138293
瓯海区	Ouhai	143729	71637	72092	152261	78939	73322	337953	204603	133350
洞头区	Dongtou	12475	6058	6417	11950	7430	4520	30152	19548	10604
永嘉县	Yongjia				160873	84554	76319	130479	79254	51225
平阳县	Pingyang				188067	96425	91642	110096	64962	45134
苍南县	Cangnan				180590	92784	87806	71160	41366	29794

续表4 Continued　　　　单位：人(person)

现住地	Current Residences	市区内人户分离 Population Who Live in Places Other Than Their Household Registration but still in the Same City			省内流动人口 Migrant Population of Inside Province			省外 Between Province		
		合计 Total	男 Male	女 Female	合计 Total	男 Male	女 Female	合计 Total	男 Male	女 Female
文成县	Wencheng				26440	13077	13363	6738	4583	2155
泰顺县	Taishun				45532	22695	22837	5632	3319	2313
瑞安市	Ruian				275568	142678	132890	420268	243993	176275
乐清市	Yueqing				205013	105004	100009	405430	231864	173566
龙港市	Longgang				217596	113481	104115	74652	43617	31035
嘉兴市	Jiaxing	189476	88979	100497	661337	324246	337091	1724340	1004236	720104
南湖区	Nanhu	124704	58294	66410	78182	38128	40054	254392	148348	106044
秀洲区	Xiuzhou	64772	30685	34087	35010	18417	16593	255756	147322	108434
嘉善县	Jiashan				89378	43704	45674	257344	152539	104805
海盐县	Haiyan				53663	26209	27454	102896	60675	42221
海宁市	Haining				162797	80781	82016	354478	210560	143918
平湖市	Pinghu				100685	48818	51867	182344	107477	74867
桐乡市	Tongxiang				141622	68189	73433	317130	177315	139815
湖州市	Huzhou	222636	105951	116685	401934	200290	201644	762285	449901	312384
吴兴区	Wuxing	193108	91606	101502	64452	32690	31762	306330	176371	129959
南浔区	Nanxun	29528	14345	15183	12590	7191	5399	131101	77212	53889
德清县	Deqing				96700	48674	48026	115409	70960	44449
长兴县	Changxing				129458	62871	66587	79916	47960	31956
安吉县	Anji				98734	48864	49870	129529	77398	52131
绍兴市	Shaoxing	419012	198777	220235	732182	368032	364150	1058739	616841	441898
越城区	Yuecheng	206524	98108	108416	77983	38228	39755	208359	119452	88907
柯桥区	Keqiao	105977	50357	55620	72194	38832	33362	406183	241153	165030
上虞区	Shangyu	106511	50312	56199	31417	17348	14069	142128	82953	59175
新昌县	Xinchang				141226	72405	68821	23967	14204	9763
诸暨市	Zhuji				277617	135399	142218	225098	128471	96627
嵊州市	Shengzhou				131745	65820	65925	53004	30608	22396
金华市	Jinhua	227985	112436	115549	1185954	606456	579498	2185670	1259996	925674
婺城区	Wucheng	179314	88369	90945	130865	66110	64755	180671	103275	77396
金东区	Jindong	48671	24067	24604	46792	25654	21138	157412	93784	63628
武义县	Wuyi				96040	49097	46943	145020	84573	60447
浦江县	Pujiang				85336	42963	42373	100555	55923	44632
磐安县	Panan				30699	15314	15385	12031	7434	4597
兰溪市	Lanxi				80522	38663	41859	38623	22519	16104
义乌市	Yiwu				362667	189050	173617	880224	502005	378219

续表5 Continued

单位：人(person)

现住地	Current Residences	市区内人户分离 Population Who Live in Places Other Than Their Household Registration but still in the Same City			省内流动人口 Migrant Population of Inside Province			省外 Between Province		
		合计 Total	男 Male	女 Female	合计 Total	男 Male	女 Female	合计 Total	男 Male	女 Female
东阳市	Dongyang				210589	106002	104587	308296	176968	131328
永康市	Yongkang				142444	73603	68841	362838	213515	149323
衢州市	Quzhou	209626	102173	107453	373858	184363	189495	104464	62036	42428
柯城区	Kecheng	142068	68008	74060	66055	33437	32618	34701	20849	13852
衢江区	Qujiang	67558	34165	33393	21759	11828	9931	19555	11725	7830
常山县	Changshan				48284	23280	25004	8144	4735	3409
开化县	Kaihua				51435	24181	27254	5293	3155	2138
龙游县	Longyou				77319	38474	38845	21507	13051	8456
江山市	Jiangshan				109006	53163	55843	15264	8521	6743
舟山市	Zhoushan	191152	91419	99733	104903	54717	50186	231976	152319	79657
定海区	Dinghai	102858	48745	54113	42658	22161	20497	87807	53292	34515
普陀区	Putuo	88294	42674	45620	19472	9840	9632	75171	44875	30296
岱山县	Daishan				31445	16911	14534	61235	49158	12077
嵊泗县	Shengsi				11328	5805	5523	7763	4994	2769
台州市	Taizhou	286112	139000	147112	865309	438492	426817	1317302	772877	544425
椒江区	Jiaojiang	111155	53831	57324	99486	52794	46692	197108	116730	80378
黄岩区	Huangyan	98658	48015	50643	26878	14952	11926	149336	87620	61716
路桥区	Luqiao	76299	37154	39145	32967	18071	14896	184313	108116	76197
三门县	Sanmen				70728	36090	34638	28228	16807	11421
天台县	Tiantai				97093	48324	48769	19818	11832	7986
仙居县	Xianju				114964	57844	57120	18246	10813	7433
温岭市	Wenling				173050	86482	86568	378613	221961	156652
临海市	Linhai				182230	90320	91910	112068	65495	46573
玉环市	Yuhuan				67913	33615	34298	229572	133503	96069
丽水市	Lishui	134668	66464	68204	669965	337480	332485	169647	102898	66749
莲都区	Liandu	134668	66464	68204	118176	61364	56812	72804	44696	28108
青田县	Qingtian				97594	48466	49128	30288	17948	12340
缙云县	Jinyun				75147	37588	37559	24827	15101	9726
遂昌县	Suichang				47452	23890	23562	4683	2918	1765
松阳县	Songyang				47969	23456	24513	11128	6644	4484
云和县	Yunhe				60247	31014	29233	11143	6656	4487
庆元县	Qingyuan				61476	31008	30468	3458	1914	1544
景宁畲族自治县	Jingning				50701	25132	25569	3032	1925	1107
龙泉市	Longquan				111203	55562	55641	8284	5096	3188

2-12 分地区按性别、受教育程度分的3岁及以上人口（2020年）
Population Aged 3 and Over by Gender, Educational Attainment and Region(2020)

单位：人（person）

地 区	Region	3岁及以上人口 Population Aged 3 and Over			未上过学 No Schooling		
		合计 Total	男 Male	女 Female	小计 Subtotal	男 Male	女 Female
全 省	**Total**	**62972305**	**32843540**	**30128765**	**2466512**	**721329**	**1745183**
杭州市	Hangzhou	11615497	6049795	5565702	314083	87791	226292
宁波市	Ningbo	9193382	4795479	4397903	224014	69340	154674
温州市	Wenzhou	9330971	4946534	4384437	574020	178001	396019
嘉兴市	Jiaxing	5271934	2747169	2524765	174142	46436	127706
湖州市	Huzhou	3289703	1706065	1583638	91654	27769	63885
绍兴市	Shaoxing	5155348	2635617	2519731	130933	40011	90922
金华市	Jinhua	6857866	3614453	3243413	271321	74881	196440
衢州市	Quzhou	2216035	1130453	1085582	150179	39193	110986
舟山市	Zhoushan	1138204	601356	536848	32835	9141	23694
台州市	Taizhou	6460201	3356982	3103219	388129	112514	275615
丽水市	Lishui	2443164	1259637	1183527	115202	36252	78950

续表1 Continued 单位：人（person）

地 区	Region	学前 Preschool			小学 Primary Schools		
		小计 Subtotal	男 Male	女 Female	小计 Subtotal	男 Male	女 Female
全 省	**Total**	**1984851**	**1025744**	**959107**	**17035698**	**8229110**	**8806588**
杭州市	Hangzhou	373790	193152	180638	2463875	1179557	1284318
宁波市	Ningbo	265914	137252	128662	2444451	1158676	1285775
温州市	Wenzhou	315586	167064	148522	2805724	1418161	1387563
嘉兴市	Jiaxing	160937	81725	79212	1505839	708170	797669
湖州市	Huzhou	95149	48071	47078	1022002	484124	537878
绍兴市	Shaoxing	141503	71551	69952	1358921	619904	739017
金华市	Jinhua	238877	126180	112697	1637838	803317	834521
衢州市	Quzhou	80540	40068	40472	644997	310559	334438
舟山市	Zhoushan	28078	13804	14274	341190	168103	173087
台州市	Taizhou	200310	104436	95874	2041228	997408	1043820
丽水市	Lishui	84167	42441	41726	769633	381131	388502

续表2 Continued 单位：人（person)

地 区	Region	初中 Junior Secondary Schools			普通高中 Regular Senior Secondary Schools		
		小计 Subtotal	男 Male	女 Female	小计 Subtotal	男 Male	女 Female
全 省	**Total**	**21117295**	**11865837**	**9251458**	**9397637**	**5366119**	**4031518**
杭州市	Hangzhou	3130437	1763259	1367178	1834077	1033600	800477
宁波市	Ningbo	3283968	1829544	1454424	1297540	743494	554046
温州市	Wenzhou	3044455	1753136	1291319	1381490	799269	582221
嘉兴市	Jiaxing	1897890	1067785	830105	709506	416494	293012
湖州市	Huzhou	1148011	643117	504894	472567	269302	203265
绍兴市	Shaoxing	1916959	1040197	876762	803302	455087	348215
金华市	Jinhua	2662777	1488818	1173959	1102524	634022	468502
衢州市	Quzhou	717388	398878	318510	341444	192974	148470
舟山市	Zhoushan	379104	219329	159775	147293	78975	68318
台州市	Taizhou	2116025	1208229	907796	948583	544112	404471
丽水市	Lishui	820281	453545	366736	359311	198790	160521

续表3 Continued

单位：人（person）

地 区	Region	大学专科 College Students			大学本科 Undergraduates			研究生 Postgraduates		
		小计 Subtotal	男 Male	女 Female	小计 Subtotal	男 Male	女 Female	小计 Subtotal	男 Male	女 Female
全 省	**Total**	**5475328**	**2877746**	**2597582**	**4951134**	**2467073**	**2484061**	**543850**	**290582**	**253268**
杭州市	Hangzhou	1449316	755456	693860	1735551	868450	867101	314368	168530	145838
宁波市	Ningbo	832085	432263	399822	776482	387669	388813	68928	37241	31687
温州市	Wenzhou	707872	377918	329954	466329	234333	231996	35495	18652	16843
嘉兴市	Jiaxing	429471	232141	197330	370272	181430	188842	23877	12988	10889
湖州市	Huzhou	240942	126694	114248	205478	99547	105931	13900	7441	6459
绍兴市	Shaoxing	401635	211616	190019	379756	185285	194471	22339	11966	10373
金华市	Jinhua	564445	295700	268745	355713	179391	176322	24371	12144	12227
衢州市	Quzhou	148357	78815	69542	125663	65959	59704	7467	4007	3460
舟山市	Zhoushan	101572	56800	44772	100050	50987	49063	8082	4217	3865
台州市	Taizhou	442240	229979	212261	305269	150326	154943	18417	9978	8439
丽水市	Lishui	157393	80364	77029	130571	63696	66875	6606	3418	3188

2-13 分地区家庭户规模（2020年）
Family Households by Size and Region (2020)

单位：户(household)

地 区	Region	家庭户户数 Number of Family Households	一人户 One Person	二人户 Two Persons	三人户 Three Persons	四人户 Four Persons	五人户 Five Persons
全省	**Zhejiang**	**25008606**	**7713848**	**8098038**	**4783169**	**2484481**	**1203164**
杭州市	Hangzhou	4435927	1466354	1310293	832205	436725	241644
上城区	Shangcheng	130550	32951	44936	32255	12594	5619
下城区	Xiacheng	185118	53086	59206	44757	17524	7642
江干区	Jianggan	501905	174016	139552	97408	52093	24726
拱墅区	Gongshu	243511	78402	69115	55660	24691	10971
西湖区	Xihu	371991	128837	93314	76657	39878	21042
滨江区	Bingjiang	165654	60970	38286	31837	18437	9970
萧山区	Xiaoshan	842362	278229	247466	143748	82813	54718
余杭区	Yuhang	952450	359978	267109	143920	86945	54003
富阳区	Fuyang	301415	80091	94860	62724	32717	19047
临安区	Linan	244625	73104	83413	47505	22409	11791
桐庐县	Tonglu	177731	52967	58685	34685	18015	8561
淳安县	Chunan	146646	49172	54340	25697	10814	4503
建德市	Jiande	171969	44551	60011	35352	17795	9051
宁波市	Ningbo	3932712	1235292	1404369	783264	317238	136356
海曙区	Haishu	429765	127109	156493	95088	34073	12082
江北区	Jiangbei	200572	62355	69940	44518	16250	5569
北仑区	Beilun	356755	128475	123666	63580	25310	11342
镇海区	Zhenhai	217598	67444	76094	46248	18007	7005
鄞州区	Yinzhou	656977	205828	222627	147057	54116	19467
奉化区	Fenghua	243392	68787	94213	51852	18480	7200
象山县	Xiangshan	248090	80190	88948	46344	19756	8740
宁海县	Ninghai	304001	102792	103582	55517	27360	9719
余姚市	Yuyao	512274	150667	184627	98982	45409	23212
慈溪市	Cixi	763288	241645	284179	134078	58477	32020
温州市	Wenzhou	3662213	1153746	1130806	688302	414421	161224
鹿城区	Lucheng	445227	145050	142961	87220	44981	15693
龙湾区	Longwan	260653	91197	82308	41776	25690	10839
瓯海区	Ohai	353336	134407	101079	57693	34730	14182
洞头区	Dongtou	52359	15506	16983	10727	5537	2130
永嘉县	Yongjia	324380	103490	95722	62149	39367	14406
平阳县	Pingyang	335523	95476	106447	69184	38150	15688
苍南县	Cangnan	312559	83923	93960	62928	42253	16648

续表1 Continued　　单位：户(household)

地　区	Region	家庭户户数 Number of Family Households	一人户 One Person	二人户 Two Persons	三人户 Three Persons	四人户 Four Persons	五人户 Five Persons
文成县	Wencheng	115523	39646	31879	20400	13069	5516
泰顺县	Taishun	111839	36885	34807	20618	12096	4681
瑞安市	Ruian	583733	174585	183960	110195	63867	29066
乐清市	Yueqing	603363	193957	193520	109967	70110	22822
龙港市	Longgang	163718	39624	47180	35445	24571	9553
嘉兴市	Jiaxing	2029982	579948	640965	372089	218978	136710
南湖区	Nanhu	319065	92562	102694	67264	32406	16524
秀洲区	Xiuzhou	253962	67168	80469	50088	29143	17104
嘉善县	Jiashan	256527	81226	82209	46173	25187	14425
海盐县	Haiyan	166916	38885	53827	34499	20379	12636
海宁市	Haining	402359	124977	127455	59788	39617	29308
平湖市	Pinghu	256354	70883	81682	48972	28744	17457
桐乡市	Tongxiang	374799	104247	112629	65305	43502	29256
湖州市	Huzhou	1197973	312084	384131	244309	132001	79492
吴兴区	Wuxing	335671	85211	109055	71531	36116	21195
南浔区	Nanxun	209372	56984	69231	38238	22538	14096
德清县	Deqing	185013	46259	53861	37838	22844	15133
长兴县	Changxing	250093	59901	82518	55124	28629	15481
安吉县	Anji	217824	63729	69466	41578	21874	13587
绍兴市	Shaoxing	2005360	550889	695075	418299	194607	97432
越城区	Yuecheng	373968	95564	124257	88827	38376	18254
柯桥区	Keqiao	414436	118218	138472	77225	42311	23866
上虞区	Shangyu	327020	87205	115744	67449	32123	17325
新昌县	Xinchang	172387	49220	64089	36603	13846	5823
诸暨市	Zhuji	439757	121146	156216	90561	42800	19137
嵊州市	Shengzhou	277792	79536	96297	57634	25151	13027
金华市	Jinhua	2830918	970227	920905	481023	272714	112562
婺城区	Wucheng	377314	127439	118067	74210	36514	13780
金东区	Jindong	195230	64902	65114	35045	18190	7419
武义县	Wuyi	200628	70939	67833	31723	17920	7384
浦江县	Pujiang	182596	54518	60510	35792	18369	8066
磐安县	Panan	79138	26302	29572	13615	6712	1970
兰溪市	Lanxi	224501	61843	75415	45416	23520	11454
义乌市	Yiwu	748257	282332	241814	109635	66692	27920

续表2 Continued

单位：户(household)

地 区	Region	家庭户户数 Number of Family Households	一人户 One Person	二人户 Two Persons	三人户 Three Persons	四人户 Four Persons	五人户 Five Persons
东阳市	Dongyang	435653	146814	139141	72258	43409	20432
永康市	Yongkang	387601	135138	123439	63329	41388	14137
衢州市	Quzhou	916430	263789	323377	181252	89683	37651
柯城区	Kecheng	197414	51218	64274	44767	21902	9770
衢江区	Qujiang	144671	40671	49378	28752	15351	6612
常山县	Changshan	109104	32030	40974	20388	10380	3621
开化县	Kaihua	109504	32174	40961	20422	9829	4090
龙游县	Longyou	157781	49307	62649	28512	12077	3675
江山市	Jiangshan	197956	58389	65141	38411	20144	9883
舟山市	Zhoushan	489082	150105	186440	104073	30431	13674
定海区	Dinghai	208734	61838	75114	48430	14590	6573
普陀区	Putuo	166776	50826	62248	35820	10883	5309
岱山县	Daishan	82444	27726	35561	14226	3440	1162
嵊泗县	Shengsi	31128	9715	13517	5597	1518	630
台州市	Taizhou	2510062	719045	783715	487909	271357	144305
椒江区	Jiaojiang	287887	78744	82424	61365	33843	18570
黄岩区	Huangyan	260913	70208	80446	53066	29033	16371
路桥区	Luqiao	231778	64385	70309	45572	25713	15274
三门县	Sanmen	149711	40973	50020	29989	17742	6551
天台县	Tiantai	178608	51840	51900	35737	21487	9625
仙居县	Xianju	154647	39893	44018	32677	20062	9879
温岭市	Wenling	575879	180775	197883	100048	49788	29282
临海市	Linhai	404502	105579	119897	83067	49296	26736
玉环市	Yuhuan	266137	86648	86818	46388	24393	12017
丽水市	Lishui	997947	312369	317962	190444	106326	42114
莲都区	Liandu	207310	65546	61965	39292	22713	10136
青田县	Qingtian	203422	71897	53998	35919	24382	9871
缙云县	Jinyun	171575	56078	57377	31841	17043	5408
遂昌县	Suichang	78203	21033	28386	15899	7592	3358
松阳县	Songyang	81817	21920	28705	16555	8564	3740
云和县	Yunhe	52929	15266	17442	11125	5694	2200
庆元县	Qingyuan	58774	17013	21362	11441	5874	1947
景宁畲族自治县	Jingning	47298	16419	15600	8324	4232	1620
龙泉市	Longquan	96619	27197	33127	20048	10232	3834

续表3 Continued 单位：户(household)

地 区	Region	六人户 Six Persons	七人户 Seven Persons	八人户 Eight Persons	九人户 Nine Persons	十人及以上户 Ten Persons and Over
全省	**Zhejiang**	**563053**	**110538**	**30637**	**11563**	**10115**
杭州市	Hangzhou	121304	20667	4574	1258	903
上城区	Shangcheng	1778	293	75	19	30
下城区	Xiacheng	2408	354	101	21	19
江干区	Jianggan	11849	1771	348	98	44
拱墅区	Gongshu	4006	503	114	29	20
西湖区	Xihu	9979	1696	401	107	80
滨江区	Bingjiang	4896	831	209	99	119
萧山区	Xiaoshan	29261	4827	965	223	112
余杭区	Yuhang	32770	6194	1198	219	114
富阳区	Fuyang	9611	1643	442	145	135
临安区	Linan	5002	937	276	101	87
桐庐县	Tonglu	3863	643	167	93	52
淳安县	Chunan	1799	228	55	11	27
建德市	Jiande	4082	747	223	93	64
宁波市	Ningbo	46307	7208	1687	556	435
海曙区	Haishu	4015	648	154	60	43
江北区	Jiangbei	1629	226	54	15	16
北仑区	Beilun	3718	509	96	31	28
镇海区	Zhenhai	2363	315	75	27	20
鄞州区	Yinzhou	6554	951	242	83	52
奉化区	Fenghua	2346	356	87	43	28
象山县	Xiangshan	3428	479	137	35	33
宁海县	Ninghai	4162	613	159	60	37
余姚市	Yuyao	7495	1346	317	102	117
慈溪市	Cixi	10597	1765	366	100	61
温州市	Wenzhou	80442	20215	7051	3199	2807
鹿城区	Lucheng	6507	1544	625	292	354
龙湾区	Longwan	6242	1535	583	278	205
瓯海区	Ohai	7544	2207	793	383	318
洞头区	Dongtou	1072	260	80	35	29
永嘉县	Yongjia	6182	1784	696	300	284
平阳县	Pingyang	7970	1701	525	247	135
苍南县	Cangnan	9343	2264	731	318	191

续表4 Continued 单位：户(household)

地 区	Region	六人户 Six Persons	七人户 Seven Persons	八人户 Eight Persons	九人户 Nine Persons	十人及以上户 Ten Persons and Over
文成县	Wencheng	2727	1164	505	274	343
泰顺县	Taishun	2062	457	134	54	45
瑞安市	Ruian	15648	3818	1361	647	586
乐清市	Yueqing	9792	2229	638	199	129
龙港市	Longgang	5353	1252	380	172	188
嘉兴市	Jiaxing	62780	14328	3205	625	354
南湖区	Nanhu	6349	990	207	46	23
秀洲区	Xiuzhou	7819	1631	392	85	63
嘉善县	Jiashan	5690	1224	269	58	66
海盐县	Haiyan	5343	1032	225	55	35
海宁市	Haining	15763	4264	969	163	55
平湖市	Pinghu	6932	1386	241	39	18
桐乡市	Tongxiang	14884	3801	902	179	94
湖州市	Huzhou	35592	7296	1869	561	638
吴兴区	Wuxing	9698	2033	539	139	154
南浔区	Nanxun	6402	1440	341	71	31
德清县	Deqing	7018	1549	331	73	107
长兴县	Changxing	6626	1250	302	103	159
安吉县	Anji	5848	1024	356	175	187
绍兴市	Shaoxing	40304	5975	1561	570	648
越城区	Yuecheng	7261	1039	233	91	66
柯桥区	Keqiao	11807	1871	431	134	101
上虞区	Shangyu	5995	846	222	68	43
新昌县	Xinchang	2376	275	81	24	50
诸暨市	Zhuji	7940	1193	345	156	263
嵊州市	Shengzhou	4925	751	249	97	125
金华市	Jinhua	55188	11421	3576	1734	1568
婺城区	Wucheng	5963	866	237	123	115
金东区	Jindong	3311	677	246	154	172
武义县	Wuyi	3812	680	190	92	55
浦江县	Pujiang	3958	857	258	118	150
磐安县	Panan	783	114	47	11	12
兰溪市	Lanxi	5460	998	224	90	81
义乌市	Yiwu	14678	3261	1039	473	413

续表5 Continued

单位：户(household)

地 区	Region	六人户 Six Persons	七人户 Seven Persons	八人户 Eight Persons	九人户 Nine Persons	十人及以上户 Ten Persons and Over
东阳市	Dongyang	10352	2060	681	289	217
永康市	Yongkang	6871	1908	654	384	353
衢州市	Quzhou	17104	2523	581	215	255
柯城区	Kecheng	4510	702	175	56	40
衢江区	Qujiang	3150	535	111	59	52
常山县	Changshan	1411	210	53	14	23
开化县	Kaihua	1763	194	38	18	15
龙游县	Longyou	1294	164	46	18	39
江山市	Jiangshan	4976	718	158	50	86
舟山市	Zhoushan	3592	560	126	49	32
定海区	Dinghai	1814	275	65	23	12
普陀区	Putuo	1398	230	40	14	8
岱山县	Daishan	257	35	18	10	9
嵊泗县	Shengsi	123	20	3	2	3
台州市	Taizhou	80167	15575	4574	1970	1445
椒江区	Jiaojiang	10102	1886	563	247	143
黄岩区	Huangyan	9402	1572	467	184	164
路桥区	Luqiao	8392	1417	433	155	128
三门县	Sanmen	3545	664	123	56	48
天台县	Tiantai	5628	1466	480	215	230
仙居县	Xianju	5947	1511	373	161	126
温岭市	Wenling	14179	2533	814	345	232
临海市	Linhai	16070	2786	653	239	179
玉环市	Yuhuan	6902	1740	668	368	195
丽水市	Lishui	20273	4770	1833	826	1030
莲都区	Liandu	5652	1188	458	198	162
青田县	Qingtian	4022	1663	719	368	583
缙云县	Jinyun	2786	591	245	103	103
遂昌县	Suichang	1497	258	89	40	51
松阳县	Songyang	1816	333	105	38	41
云和县	Yunhe	966	160	49	16	11
庆元县	Qingyuan	849	186	61	24	17
景宁畲族自治县	Jingning	823	177	55	15	33
龙泉市	Longquan	1862	214	52	24	29

2-14 按三次产业分的就业人员总数（年底数）
Number of Employed Persons by Type of Industry(Year-end)

年份	就业人员总数（万人）Employed Persons (10000 persons)				构成（以合计为100）Composition(Total=100)		
		第一产业 Primary Industry	第二产业 Secondary Industry	第三产业 Tertiary Industry	第一产业 Primary Industry	第二产业 Secondary Industry	第三产业 Tertiary Industry
1985	2318.56	1273.25	735.22	310.09	54.9	31.7	13.4
1986	2386.42	1275.22	765.13	346.07	53.4	32.1	14.5
1987	2444.73	1272.01	802.04	370.68	52.0	32.8	15.2
1988	2502.73	1282.16	803.67	416.90	51.2	32.1	16.7
1989	2522.86	1330.74	770.12	422.00	52.7	30.5	16.7
1990	2554.46	1358.28	762.48	433.70	53.2	29.8	17.0
1991	2579.36	1366.99	770.86	441.51	53.0	29.9	17.1
1992	2600.38	1359.49	770.81	470.08	52.3	29.6	18.1
1993	2615.89	1248.22	886.90	480.77	47.7	33.9	18.4
1994	2640.51	1193.56	917.87	529.08	45.2	34.8	20.0
1995	2621.47	1152.15	882.82	586.50	44.0	33.7	22.3
1996	2625.06	1129.34	886.02	609.70	43.0	33.8	23.2
1997	2619.66	1113.27	881.42	624.97	42.5	33.6	23.9
1998	2612.54	1108.81	854.14	649.59	42.4	32.7	24.9
1999	2625.17	1078.16	784.29	762.73	41.0	29.9	29.1
2000	2726.09	969.97	966.30	789.82	35.6	35.5	29.0
2001	2796.65	935.24	1009.55	851.86	33.4	36.1	30.5
2002	2858.56	885.29	1070.13	903.14	31.0	37.4	31.6
2003	2918.74	826.03	1201.30	891.41	28.3	41.2	30.5
2004	2991.95	779.65	1304.94	907.36	26.1	43.6	30.3
2005	3100.76	759.53	1397.69	943.54	24.5	45.1	30.4
2006	3172.38	717.81	1452.29	1002.28	22.6	45.8	31.6
2007	3220.29	680.23	1465.91	1074.15	21.1	45.5	33.4
2008	3252.35	645.02	1480.50	1126.83	19.8	45.5	34.7
2009	3288.29	610.32	1492.13	1185.84	18.6	45.4	36.1
2010	3352.00	573.83	1508.77	1269.40	17.1	45.0	37.9
2011	3385.00	535.77	1523.40	1325.83	15.8	45.0	39.2
2012	3407.00	498.99	1539.02	1368.99	14.7	45.2	40.2
2013	3436.00	460.98	1553.63	1421.39	13.4	45.2	41.4
2014	3459.00	425.50	1569.26	1464.24	12.3	45.4	42.3
2015	3505.00	387.66	1588.73	1528.61	11.1	45.3	43.6
2016	3552.00	351.64	1609.18	1591.18	9.9	45.3	44.8
2017	3613.00	319.22	1629.66	1664.12	8.8	45.1	46.1
2018	3691.00	278.13	1649.05	1763.82	7.5	44.7	47.8
2019	3771.00	244.41	1673.08	1853.51	6.5	44.4	49.2
2020	3857.00	208.00	1692.00	1957.00	5.4	43.9	50.7
2021	3897.00	206.00	1727.00	1964.00	5.3	44.3	50.4
2022	3885.00	203.00	1726.00	1956.00	5.2	44.4	50.3
2023	3921.00	197.00	1744.00	1980.00	5.0	44.5	50.5

注：2011年起就业人口数据按照人口普查和住户失业率调查数据测算。
Since 2011, the employed population data have been calculated according to the census and household unemployment rate survey data.

2-15 各市就业人员数（2008-2023年）
Number of Employed Persons by City(2008-2023)

单位：万人(10000 persons)

城市	City	就业人员总数 Number of Employed Persons							
		2008	2009	2010	2011	2012	2013	2014	2015
全省	**Total**	**3252.35**	**3288.29**	**3352.00**	**3385.00**	**3407.00**	**3436.00**	**3459.00**	**3505.00**
杭州市	Hangzhou	564.74	578.08	591.90	599.03	600.97	606.89	613.64	627.70
宁波市	Ningbo	440.02	447.65	452.31	463.83	467.75	473.60	484.26	495.35
温州市	Wenzhou	513.72	516.36	528.14	536.91	537.41	535.46	535.80	542.40
嘉兴市	Jiaxing	287.81	293.86	300.14	302.87	309.01	318.26	311.35	311.39
湖州市	Huzhou	168.87	169.11	170.03	169.20	168.16	168.77	171.44	174.65
绍兴市	Shaoxing	312.84	315.61	323.02	322.43	321.71	321.29	322.48	323.32
金华市	Jinhua	316.78	315.84	323.98	321.79	321.29	322.13	324.73	330.57
衢州市	Quzhou	119.40	120.47	122.09	123.32	124.36	124.64	125.70	126.31
舟山市	Zhoushan	60.52	62.26	63.49	64.80	67.98	67.78	69.64	70.53
台州市	Taizhou	345.45	346.40	347.35	348.29	355.01	363.51	366.82	368.93
丽水市	Lishui	122.20	122.65	129.55	132.53	133.35	133.67	133.14	133.85

续表 Continued

单位：万人(10000 persons)

城市	City	2016	2017	2018	2019	2020	2021	2022	2023
全省	**Total**	**3552.00**	**3613.00**	**3691.00**	**3771.00**	**3857.00**	**3897.00**	**3885.00**	**3921**
杭州市	Hangzhou	641.45	658.37	685.86	726.57	748.39	759.68	758.64	770.02
宁波市	Ningbo	513.27	529.21	555.39	569.45	589.43	600.10	599.02	607.38
温州市	Wenzhou	542.59	542.08	541.02	542.46	545.01	549.24	548.05	555.36
嘉兴市	Jiaxing	313.41	314.94	316.05	321.31	325.95	330.04	328.58	330.58
湖州市	Huzhou	176.85	185.25	188.93	191.62	198.35	199.49	198.21	199.84
绍兴市	Shaoxing	322.54	322.68	321.52	325.03	328.38	330.00	328.66	330.32
金华市	Jinhua	340.12	354.13	376.47	384.03	398.70	400.95	398.79	399.89
衢州市	Quzhou	125.49	126.98	126.91	126.29	127.46	127.57	126.99	127.31
舟山市	Zhoushan	71.00	71.25	71.36	71.57	72.14	72.52	72.38	72.87
台州市	Taizhou	369.35	372.42	372.38	374.81	382.61	385.39	384.07	385.02
丽水市	Lishui	135.93	135.69	135.11	137.86	140.58	142.02	141.61	142.41

2-16 各市分三次产业就业人员数（2022-2023年）
Number of Employed Persons by Type of Industry and City(2022-2023)

单位：万人(10000 persons)

城市	City	就业人员总数 Number of Employed Persons		第一产业 Primary Industry		第二产业 Secondary Industry		第三产业 Tertiary Industry	
		2022	2023	2022	2023	2022	2023	2022	2023
全省	**Total**	**3885.00**	**3921.00**	**203.00**	**197.00**	**1726.00**	**1744.00**	**1956.00**	**1980.00**
杭州市	Hangzhou	758.64	770.02	29.81	29.08	263.64	266.21	465.19	474.73
宁波市	Ningbo	599.02	607.38	19.70	19.28	305.56	310.32	273.76	277.78
温州市	Wenzhou	548.05	555.36	22.22	21.34	255.08	258.15	270.75	275.87
嘉兴市	Jiaxing	328.58	330.58	10.48	9.94	173.33	174.85	144.77	145.79
湖州市	Huzhou	198.21	199.84	10.08	9.60	100.19	101.76	87.94	88.48
绍兴市	Shaoxing	328.66	330.32	17.52	16.71	161.01	162.32	150.13	151.29
金华市	Jinhua	398.79	399.89	29.02	28.38	162.40	163.89	207.37	207.62
衢州市	Quzhou	126.99	127.31	17.85	17.39	51.01	51.45	58.13	58.47
舟山市	Zhoushan	72.38	72.87	7.35	7.99	33.09	33.29	31.94	31.59
台州市	Taizhou	384.07	385.02	24.55	23.81	169.89	169.96	189.63	191.25
丽水市	Lishui	141.61	142.41	14.42	13.48	50.80	51.80	76.39	77.13

2-17 按行业和经济类型分的非私营单位就业人员总数(2023年底数)

Number of Employed Persons in Non Private Units by Sector and Type of Ownership (End of 2023)

单位：万人(10000 persons)

行业	Sector	合计 Total	国有单位 State-owned Units	其他内资单位 Other Domestic-Funded Units	港、澳、台商投资单位 Units with Funds from Hong Kong, Macao and Taiwan	外商投资单位 Foreign Funded Units
总计	**Total**	**1064.77**	**226.27**	**683.35**	**80.08**	**75.06**
农、林、牧、渔业	Farming,Forestry,Animal Husbandry and Fishery	0.93	0.12	0.76	0.02	0.03
采矿业	Ming and Quarrying	0.45		0.42		0.02
制造业	Manufacturing	336.37	0.51	222.03	55.57	58.26
电力、热力、燃气及水生产和供应业	Electricity,Heat,Gas and Water Production and Supply	13.68	0.16	12.51	0.69	0.31
建筑业	Construction	143.46	0.40	141.58	1.29	0.19
批发和零售业	Wholesale and Retail Trade	47.37	1.07	36.83	4.72	4.76
交通运输、仓储及邮政业	Transport,Storage and Post	37.92	3.16	32.19	2.00	0.57
住宿和餐饮业	Hotels and Catering Services	16.92	0.30	11.67	2.48	2.46
信息传输、软件和信息技术服务业	Information Transmission Software and Information Technology Services	34.73	0.53	25.79	5.50	2.91
金融业	Banking	43.26	0.59	39.63	0.13	2.92
房地产业	Real Estate	33.13	0.36	29.80	2.51	0.45
租赁与商务服务业	Leasing and Commercial Services	81.23	1.94	74.52	3.93	0.84
科学研究和技术服务业	Scientific Research and Technic Service	24.72	5.12	18.03	0.69	0.87
水利、环境和公共设施管理业	Water Conservancy, Environment and Public Facilities Management	11.33	2.76	8.51	0.03	0.03
居民服务、修理和其他服务业	Resident Services,Repair and Other Services	4.84	0.31	4.32	0.13	0.08
教育	Education	89.66	76.66	12.94	0.03	0.04
卫生和社会工作	Health Care and Social Work	58.63	49.77	8.42	0.19	0.25
文化、体育与娱乐业	Culture,Sports and Recreation	7.19	3.71	3.24	0.16	0.09
公共管理、社会保障和社会组织	Public Security,Social Security and Social Organization	78.94	78.80	0.14		

2-18 分行业非私营单位就业人员总数（2023年底数）
Number of Employed Persons in Non Private Units by Sector (End of 2023)

单位：万人(10000 persons)

行业	Sector	单位就业人员 Employed Persons	#女性 Female	在岗职工合计 Fully employed Staff and Workers	其他就业人员 Others
总计	**Total**	**1064.77**	**414.88**	**1017.65**	**47.12**
农、林、牧、渔业	Farming,Forestry,Animal Husbandry and Fishery	0.93	0.26	0.86	0.07
采矿业	Ming and Quarrying	0.45	0.09	0.44	0.01
制造业	Manufacturing	336.37	123.79	332.16	4.21
电力、热力、燃气及水生产和供应业	Electricity,Heat,Gas and Water Production and Supply	13.68	3.14	13.53	0.15
建筑业	Construction	143.46	15.63	136.06	7.39
批发和零售业	Wholesale and Retail Trade	47.37	23.30	45.84	1.53
交通运输、仓储及邮政业	Transport,Storage and Post	37.92	9.07	37.31	0.62
住宿和餐饮业	Hotels and Catering Services	16.92	9.55	14.51	2.40
信息传输、软件和信息技术服务业	Information Transmission Software and Information Technology Services	34.73	12.96	34.51	0.22
金融业	Banking	43.26	25.81	32.45	10.80
房地产业	Real Estate	33.13	14.86	30.72	2.41
租赁与商务服务业	Leasing and Commercial Services	81.23	26.13	74.62	6.61
科学研究和技术服务业	Scientific Research and Technic Service	24.72	8.33	24.03	0.70
水利、环境和公共设施管理业	Water Conservancy, Environment and Public Facilities Management	11.33	4.57	10.29	1.04
居民服务、修理和其他服务业	Resident Services,Repair and Other Services	4.84	2.71	4.67	0.17
教育	Education	89.66	62.71	85.65	4.01
卫生和社会工作	Health Care and Social Work	58.63	41.17	56.51	2.12
文化、体育与娱乐业	Culture,Sports and Recreation	7.19	3.88	6.89	0.30
公共管理、社会保障和社会组织	Public Security,Social Security and Social Organization	78.94	26.92	76.59	2.35

注：在岗职工人数包含劳务派遣人数，以后各表同。
The number of employed staff workers include the labor dispatch staff,The same applies to the relevant tables following.

2-19 分行业国有单位就业人员总数（2023年底数）
Number of Employed Persons in State-owned Units by Sector(End of 2023)

单位：万人(10000 persons)

行业	Sector	单位就业人员 Employed Persons	#女性 Female	在岗职工合计 Fully employed Staff and Workers	其他就业人员 Others
总计	**Total**	**226.27**	**122.74**	**218.13**	**8.15**
农、林、牧、渔业	Farming,Forestry,Animal Husbandry and Fishery	0.12	0.03	0.11	0.01
采矿业	Ming and Quarrying				
制造业	Manufacturing	0.51	0.12	0.49	0.02
电力、热力、燃气及水生产和供应业	Electricity,Heat,Gas and Water Production and Supply	0.16	0.04	0.16	
建筑业	Construction	0.40	0.07	0.35	0.05
批发和零售业	Wholesale and Retail Trade	1.07	0.30	1.06	0.01
交通运输、仓储及邮政业	Transport,Storage and Post	3.16	0.73	3.14	0.02
住宿和餐饮业	Hotels and Catering Services	0.30	0.15	0.30	0.01
信息传输、软件和信息技术服务业	Information Transmission Software and Information Technology Services	0.53	0.22	0.52	0.02
金融业	Banking	0.59	0.30	0.52	0.06
房地产业	Real Estate	0.36	0.15	0.34	0.02
租赁与商务服务业	Leasing and Commercial Services	1.94	0.86	1.88	0.06
科学研究和技术服务业	Scientific Research and Technic Service	5.12	1.98	4.78	0.34
水利、环境和公共设施管理业	Water Conservancy, Environment and Public Facilities Management	2.76	1.00	2.67	0.10
居民服务、修理和其他服务业	Resident Services,Repair and Other Services	0.31	0.09	0.29	0.01
教育	Education	76.66	52.86	73.24	3.41
卫生和社会工作	Health Care and Social Work	49.77	34.97	48.30	1.47
文化、体育与娱乐业	Culture,Sports and Recreation	3.71	2.00	3.53	0.18
公共管理、社会保障和社会组织	Public Security,Social Security and Social Organization	78.80	26.88	76.45	2.35

2-20 分行业其他内资单位就业人员总数（2023年底数）
Number of Employed Persons in Other Domestic Funded Units by Sector(End of 2023)

单位：万人(10000 persons)

行业	Sector	单位就业人员 Employed Persons	#女性 Female	在岗职工合计 Fully employed Staff and Workers	其他就业人员 Others
总计	**Total**	**683.35**	**226.60**	**649.34**	**34.01**
农、林、牧、渔业	Farming,Forestry,Animal Husbandry and Fishery	0.76	0.21	0.70	0.06
采矿业	Ming and Quarrying	0.43	0.08	0.41	0.01
制造业	Manufacturing	222.03	77.45	219.69	2.35
电力、热力、燃气及水生产和供应业	Electricity,Heat,Gas and Water Production and Supply	12.51	2.86	12.38	0.13
建筑业	Construction	141.58	15.12	134.39	7.19
批发和零售业	Wholesale and Retail Trade	36.83	18.20	35.62	1.21
交通运输、仓储及邮政业	Transport,Storage and Post	32.19	7.56	31.64	0.55
住宿和餐饮业	Hotels and Catering Services	11.67	6.27	10.84	0.83
信息传输、软件和信息技术服务业	Information Transmission Software and Information Technology Services	25.79	9.24	25.62	0.17
金融业	Banking	39.63	23.76	29.34	10.28
房地产业	Real Estate	29.80	13.36	27.71	2.10
租赁与商务服务业	Leasing and Commercial Services	74.52	23.30	68.15	6.37
科学研究和技术服务业	Scientific Research and Technic Service	18.03	5.59	17.70	0.33
水利、环境和公共设施管理业	Water Conservancy, Environment and Public Facilities Management	8.52	3.56	7.58	0.94
居民服务、修理和其他服务业	Resident Services,Repair and Other Services	4.32	2.53	4.16	0.16
教育	Education	12.94	9.80	12.34	0.59
卫生和社会工作	Health Care and Social Work	8.42	5.89	7.79	0.63
文化、体育与娱乐业	Culture,Sports and Recreation	3.24	1.76	3.12	0.12
公共管理、社会保障和社会组织	Public Security,Social Security and Social Organization	0.14	0.05	0.14	

2-21 分行业港、澳、台商投资单位就业人员总数（2023年底数）
Number of Employed Persons in Units with Funds from Hong Kong, Macao and Taiwan by Sector(End of 2023)

单位：万人(10000 persons)

行业	Region	单位就业人员 Employed Persons	#女性 Female	在岗职工合计 Fully employed Staff and Workers	其他就业人员 Others
总计	**Total**	**80.08**	**33.83**	**77.44**	**2.64**
农、林、牧、渔业	Farming,Forestry,Animal Husbandry and Fishery	0.02	0.01	0.01	0.01
采矿业	Ming and Quarrying				
制造业	Manufacturing	55.57	23.09	54.77	0.80
电力、热力、燃气及水生产和供应业	Electricity,Heat,Gas and Water Production and Supply	0.69	0.17	0.68	0.01
建筑业	Construction	1.29	0.39	1.14	0.16
批发和零售业	Wholesale and Retail Trade	4.72	2.40	4.64	0.08
交通运输、仓储及邮政业	Transport,Storage and Post	2.00	0.63	1.95	0.05
住宿和餐饮业	Hotels and Catering Services	2.48	1.44	1.44	1.04
信息传输、软件和信息技术服务业	Information Transmission Software and Information Technology Services	5.50	2.17	5.47	0.02
金融业	Banking	0.13	0.08	0.10	0.03
房地产业	Real Estate	2.51	1.14	2.25	0.27
租赁与商务服务业	Leasing and Commercial Services	3.93	1.74	3.76	0.18
科学研究和技术服务业	Scientific Research and Technic Service	0.69	0.26	0.69	0.01
水利、环境和公共设施管理业	Water Conservancy, Environment and Public Facilities Management	0.03	0.01	0.03	
居民服务、修理和其他服务业	Resident Services,Repair and Other Services	0.13	0.07	0.13	
教育	Education	0.03	0.02	0.03	
卫生和社会工作	Health Care and Social Work	0.19	0.14	0.19	
文化、体育与娱乐业	Culture,Sports and Recreation	0.16	0.08	0.15	
公共管理、社会保障和社会组织	Public Security,Social Security and Social Organization				

2-22　分行业外商投资就业人员总数（2023年底数）
Number of Employed Persons in Foreign Funded Units by Sector(End of 2023)

单位：万人(10000 persons)

行业	Region	单位就业人员 Employed Persons	#女性 Female	在岗职工合计 Fully employed Staff and Workers	其他就业人员 Others
总计	**Total**	**75.06**	**31.71**	**72.74**	**2.32**
农、林、牧、渔业	Farming,Forestry,Animal Husbandry and Fishery	0.03	0.01	0.03	
采矿业	Ming and Quarrying	0.02		0.02	
制造业	Manufacturing	58.26	23.14	57.22	1.04
电力、热力、燃气及水生产和供应业	Electricity,Heat,Gas and Water Production and Supply	0.31	0.06	0.31	0.01
建筑业	Construction	0.19	0.05	0.18	
批发和零售业	Wholesale and Retail Trade	4.76	2.40	4.53	0.23
交通运输、仓储及邮政业	Transport,Storage and Post	0.57	0.15	0.57	
住宿和餐饮业	Hotels and Catering Services	2.46	1.68	1.93	0.53
信息传输、软件和信息技术服务业	Information Transmission Software and Information Technology Services	2.91	1.32	2.90	0.01
金融业	Banking	2.92	1.67	2.49	0.43
房地产业	Real Estate	0.45	0.21	0.42	0.02
租赁与商务服务业	Leasing and Commercial Services	0.84	0.23	0.83	0.01
科学研究和技术服务业	Scientific Research and Technic Service	0.87	0.49	0.86	0.02
水利、环境和公共设施管理业	Water Conservancy, Environment and Public Facilities Management	0.03	0.01	0.02	
居民服务、修理和其他服务业	Resident Services,Repair and Other Services	0.08	0.03	0.08	
教育	Education	0.04	0.03	0.04	
卫生和社会工作	Health Care and Social Work	0.25	0.17	0.24	0.02
文化、体育与娱乐业	Culture,Sports and Recreation	0.09	0.04	0.08	
公共管理、社会保障和社会组织	Public Security,Social Security and Social Organization				

2-23 分行业非私营单位女性就业人员（2023年底数）
Number of Female Employed Persons in Non Private Units by Sector(End of 2023)

单位：万人(10000 persons)

行业	Sector	合计 Total	国有单位 State-owned Units	其他内资单位 Other Domestic-Funded Units	港、澳、台商投资单位 Units with Funds from Hong Kong, Macao and Taiwan	外商投资单位 Foreign Funded Units
总计	**Total**	**414.88**	**122.74**	**226.60**	**33.83**	**31.71**
农、林、牧、渔业	Farming,Forestry,Animal Husbandry and Fishery	0.26	0.03	0.21	0.01	0.01
采矿业	Ming and Quarrying	0.09		0.08		
制造业	Manufacturing	123.79	0.12	77.45	23.09	23.14
电力、热力、燃气及水生产和供应业	Electricity,Heat,Gas and Water Production and Supply	3.14	0.04	2.86	0.17	0.06
建筑业	Construction	15.63	0.07	15.12	0.39	0.05
批发和零售业	Wholesale and Retail Trade	23.30	0.30	18.20	2.40	2.40
交通运输、仓储及邮政业	Transport,Storage and Post	9.07	0.73	7.56	0.63	0.15
住宿和餐饮业	Hotels and Catering Services	9.55	0.15	6.27	1.44	1.68
信息传输、软件和信息技术服务业	Information Transmission Software and Information Technology Services	12.96	0.22	9.24	2.17	1.32
金融业	Banking	25.81	0.30	23.76	0.08	1.67
房地产业	Real Estate	14.86	0.15	13.36	1.14	0.21
租赁与商务服务业	Leasing and Commercial Services	26.13	0.86	23.30	1.74	0.23
科学研究和技术服务业	Scientific Research and Technic Service	8.33	1.98	5.59	0.26	0.49
水利、环境和公共设施管理业	Water Conservancy, Environment and Public Facilities Management	4.57	1.00	3.56	0.01	0.01
居民服务、修理和其他服务业	Resident Services,Repair and Other Services	2.71	0.09	2.53	0.07	0.03
教育	Education	62.71	52.86	9.80	0.02	0.03
卫生和社会工作	Health Care and Social Work	41.17	34.97	5.89	0.14	0.17
文化、体育与娱乐业	Culture,Sports and Recreation	3.88	2.00	1.76	0.08	0.04
公共管理、社会保障和社会组织	Public Security,Social Security and Social Organization	26.92	26.88	0.05		

2-24 按行业分的非私营单位工业、建筑业企业就业人员人数（年底数）
Number of Currently Employed Persons in Non private Industry and Construction Enterprises by Sector(Year-end)

单位：万人(10000 persons)

分类	Category	2021	2022	2023
总 计	**Total**	**515.23**	**493.40**	**493.96**
采矿业	**Ming and Quarrying**	**0.40**	**0.45**	**0.45**
按行业分组	**By Sector**			
煤炭开采和洗选业	Coal Mining and Dressing			
石油和天然气开采业	Petroleum and Natural Gas Extraction			
黑色金属矿采选业	Ferrous Metals Mining and Dressing			0.01
有色金属矿采选业	Nonferrous Metals Mining and Dressing	0.03	0.03	0.03
非金属矿采选业	Nonmetal Minerals Mining and Dressing	0.36	0.41	0.40
开采辅助活动	Supplementary Activies for Mining			
其他采矿业	Other Minerals Mining and Dressing			
制造业	**Manufacturing**	**322.26**	**320.66**	**336.37**
按行业分组	**By Sector**			
农副食品加工业	Non-staple Food Processing	3.47	3.44	3.26
食品制造业	Food Manufacturing	4.84	4.54	4.68
酒、饮料和精制茶制造业	Wine,Soft Drinks and Refined Tea Manufacturing	2.42	2.41	2.83
烟草制品业	Tobacco Processing	0.35	0.34	0.36
纺织业	Textile Industry	19.38	18.02	18.09
纺织服装、服饰业	Garments and Apparel Industry	17.07	16.26	14.88
皮革、毛皮、羽毛及其制品和制鞋业	Leather,Fur,Down and Related Production,Shoes Manufacturing	5.06	5.04	5.12
木材加工及木、竹、藤、棕、草制品业	Timber Processing,Bamboo,Cane Palm Fiber and Straw Products	1.56	1.35	1.39
家具制造业	Furniture Manufacturing	8.96	7.63	7.75
造纸及纸制品业	Papermaking and Paper Products	4.13	4.04	4.04
印刷和记录媒介复制业	Printing and Record Medium Reproduction	3.23	3.16	3.10
文教、工美、体育和娱乐用品制造业	Cultural and Educational,Arts and Crafts, Sports and Entertainment Goods	8.16	7.36	7.57
石油加工、炼焦及核燃料加工业	Petroleum Processing,Cooking and Nuclear Fuel Processing	2.30	1.13	2.08

续表 Continued 单位：万人（10000 persons）

分类	Category	2021	2022	2023
化学原料及化学制品制造业	Raw Chemical Materials and Chemical Products	12.37	13.94	13.50
医药制造业	Medical and Pharmaceutical Products	12.19	13.03	13.29
化学纤维制造业	Chemical Fiber	6.84	6.73	7.18
橡胶和塑料制品业	Rubber and plastic products	14.42	13.76	14.63
非金属矿物制品业	Nonmetal Mineral Products	8.97	9.07	9.25
黑色金属冶炼及压延加工业	Smelting and Pressing of Ferrous Metals	2.06	1.99	2.68
有色金属冶炼及压延加工业	Smelting and Pressing of Nonferrous Metals	2.63	2.62	2.57
金属制品业	Metal Products	14.73	14.46	14.16
通用设备制造	Equipment in Common Use	34.53	34.45	37.14
专用设备制造业	Special Purpose Equipment	15.24	15.66	16.47
汽车制造业	Automotive Manufacturing	23.53	24.45	28.24
铁路、船舶、航空航天和其他运输设备制造业	Railway,Shipbuilding,Aerospace and other Transport Equipment	3.68	3.82	4.09
电气机械及器材制造业	Electric Equipment and Machinery	38.16	38.85	41.62
计算机、通信和其他电子设备制造业	Computers,Communications and Other Electronic Equipment Manufacturing	38.25	38.64	41.61
仪器仪表制造业	Instruments Manufacturing	10.07	10.78	10.71
其他制造业	Other Manufacturing	2.01	2.01	2.12
废弃资源综合利用业	Comprehensive Utilization of Waste Resources	0.74	0.75	0.82
金属制品、机械和设备修理业	Metal Products,Machinery and Equipment Repair Industry	0.91	0.96	1.16
电力、热力、燃气及水生产和供应业	**Electricity,Heating Power,Gas and Water Production and Supply**	**13.36**	**13.22**	**13.68**
按行业分组	**By Sector**			
电力、热力生产和供应业	Production and Supply of Electricity and Heating Power	8.67	8.41	8.63
燃气生产和供应业	Production and Supply of Gas		1.19	1.30
水的生产和供应业	Production and Supply of Water	3.51	3.62	3.74
建筑业	Construction	179.22	159.07	143.46

2-25 分行业规上单位就业人员人数（年底数）
Employed Persons in Units Above Designated Size by Sector(Year-end)

单位：万人(10000 persons)

行业	Sector	规上单位 Units Above Designated Size			
		2020	2021	2022	2023
总 计	**Total**	**1555.97**	**1601.19**	**1599.56**	**1571.59**
农、林、牧、渔业	Farming,Forestry,Animal Husbandry and Fishery				
采矿业	Ming and Quarrying	1.02	0.91	0.89	0.87
制造业	Manufacturing	683.26	734.53	731.08	742.84
电力、热力、燃气及水生产和供应业	Electricity,Heat,Gas and Water Production and Supply	12.24	12.36	12.45	12.39
建筑业	Construction	455.41	414.56	377.37	308.90
批发和零售业	Wholesale and Retail Trade	84.57	91.80	93.75	94.74
交通运输、仓储及邮政业	Transport,Storage and Post	51.08	43.79	38.51	42.25
住宿和餐饮	Hotels and Catering Services	30.07	30.96	31.46	35.58
信息传输、软件和信息技术服务业	Information Transmission Software and Information Technology Services	37.43	43.48	47.81	47.61
金融业	Banking				
房地产业	Real Estate	44.32	45.54	44.11	41.23
租赁与商务服务业	Leasing and Commercial Services	102.97	124.38	161.29	181.82
科学研究和技术服务业	Scientific Research and Technic Service	20.89	24.85	26.73	28.41
水利、环境和公共设施管理业	Water Conservancy, Environment and Public Facilities Management	10.07	10.44	10.13	9.73
居民服务、修理和其他服务业	Resident Services,Repair and Other Services	8.11	9.10	9.48	10.13
教育	Education	3.14	2.42	1.97	1.99
卫生和社会工作	Health Care and Social Work	6.89	7.59	8.25	8.72
文化、体育与娱乐业	Culture,Sports and Recreation	4.50	4.46	4.28	4.38
公共管理、社会保障和社会组织	Public Security,Social Security and Social Organization				

2-26 分行业规上非私营单位就业人员人数（年底数）
Employed Persons in Non Private Owned Units Above Designated Size by Sector(Year-end)

单位：万人(10000 persons)

行业	Sector	规上非私 Non Private Owned Units Above Designated Size			
		2020	2021	2022	2023
总　计	**Total**	**681.43**	**692.17**	**703.57**	**553.60**
农、林、牧、渔业	Farming,Forestry,Animal Husbandry and Fishery				
采矿业	Ming and Quarrying	0.36	0.34	0.38	0.32
制造业	Manufacturing	294.22	308.34	308.34	246.99
电力、热力、燃气及水生产和供应业	Electricity,Heat,Gas and Water Production and Supply	11.47	11.53	11.68	11.39
建筑业	Construction	187.31	169.5	150.05	67.87
批发和零售业	Wholesale and Retail Trade	37.99	40.74	41.09	36.32
交通运输、仓储及邮政业	Transport,Storage and Post	28.19	29.79	25.50	28.76
住宿和餐饮	Hotels and Catering Services	14.03	13.77	13.70	14.39
信息传输、软件和信息技术服务业	Information Transmission Software and Information Technology Services	25.04	29.18	31.26	30.28
金融业	Banking				
房地产业	Real Estate	26.27	26.55	26.30	26.03
租赁与商务服务业	Leasing and Commercial Services	28.19	31.91	63.14	62.22
科学研究和技术服务业	Scientific Research and Technic Service	12.53	14.19	15.33	13.90
水利、环境和公共设施管理业	Water Conservancy, Environment and Public Facilities Management	5.33	5.17	5.41	5.26
居民服务、修理和其他服务业	Resident Services,Repair and Other Services	2.78	3.19	3.25	3.05
教育	Education	1.51	1.37	1.13	0.91
卫生和社会工作	Health Care and Social Work	3.33	3.55	4.03	3.13
文化、体育与娱乐业	Culture,Sports and Recreation	2.88	3.04	2.99	2.78
公共管理、社会保障和社会组织	Public Security,Social Security and Social Organization				

2-27 分行业规上私营单位就业人员人数（年底数）
Employed Persons in Private Owned Units Above Designated Size by Sector(Year-end)

单位：万人(10000 persons)

行业	Sector	规上私营 Private Owned Units Above Designated Size		
		2021	2022	2023
总　计	Total	**909.01**	**895.99**	**1017.98**
农、林、牧、渔业	Farming,Forestry,Animal Husbandry and Fishery			
采矿业	Ming and Quarrying	0.57	0.52	0.55
制造业	Manufacturing	426.19	422.74	495.86
电力、热力、燃气及水生产和供应业	Electricity,Heat,Gas and Water Production and Supply	0.82	0.77	1.00
建筑业	Construction	245.06	227.32	241.03
批发和零售业	Wholesale and Retail Trade	51.06	52.66	58.42
交通运输、仓储及邮政业	Transport,Storage and Post	14.00	13.01	13.49
住宿和餐饮	Hotels and Catering Services	17.20	17.76	21.19
信息传输、软件和信息技术服务业	Information Transmission Software and Information Technology Services	14.29	16.55	17.34
金融业	Banking			
房地产业	Real Estate	18.99	17.81	15.20
租赁与商务服务业	Leasing and Commercial Services	92.47	98.15	119.60
科学研究和技术服务业	Scientific Research and Technic Service	10.66	11.40	14.50
水利、环境和公共设施管理业	Water Conservancy, Environment and Public Facilities Management	5.27	4.72	4.47
居民服务、修理和其他服务业	Resident Services,Repair and Other Services	5.91	6.23	7.08
教育	Education	1.05	0.84	1.08
卫生和社会工作	Health Care and Social Work	4.04	4.22	5.58
文化、体育与娱乐业	Culture,Sports and Recreation	1.42	1.29	1.60
公共管理、社会保障和社会组织	Public Security,Social Security and Social Organization			

2-28 各市规模以上单位按规模分单位就业人员人数（2023年底数）
Employed Persons in Units Above Designated Size by City and Size(End of 2023)

单位：万人 (10000 persons)

城市	city	规模以上单位 Employed Persons in Units Above Designated Size	大型 Large-sized	中型 Medium-sized	小型 Small-sized	微型 Micro
全省	**Zhejiang**	**1571.59**	**384.72**	**526.47**	**627.99**	**29.58**
杭州市	hangzhou	329.04	123.24	109.93	89.41	5.09
宁波市	ningbo	353.85	71.61	124.02	153.55	4.23
温州市	wenzhou	158.87	24.75	54.33	75.06	4.47
嘉兴市	jiaxing	157.78	29.81	52.52	73.59	1.76
湖州市	huzhou	71.85	13.08	21.78	35.69	1.22
绍兴市	shaoxing	169.14	61.02	55.84	46.40	5.71
金华市	jinhua	114.47	21.96	36.21	53.63	2.56
衢州市	quzhou	37.75	4.52	14.29	17.62	1.21
舟山市	zhoushan	22.12	3.53	8.79	9.14	0.65
台州市	taizhou	119.16	23.40	37.94	56.18	1.52
丽水市	lishui	33.41	3.64	10.83	17.73	1.15

2-29 各市规模以上单位按控股情况分单位就业人员人数（2023年底）
Employed Persons in Units Above Designated Size by City and Holding(End of 2023)

单位：万人(10000 persons)

城市	city	规模以上单位 Employed Persons in Units Above Designated Size	国有控股 State Holding	集体控股 Collective Holding	私人控股 Private Holding	港澳台商控股 Hong Kong, Macao and Taiwan Holding	外商控股 Foreign Holding	其他 Others
全省	**Zhejiang**	**1571.59**	**116.79**	**19.67**	**1313.53**	**63.31**	**57.85**	**0.30**
杭州市	hangzhou	329.04	44.02	5.62	237.12	22.87	19.25	0.11
宁波市	ningbo	353.85	18.16	2.23	300.69	19.76	12.93	0.06
温州市	wenzhou	158.87	8.67	2.44	144.93	0.89	1.92	0.02
嘉兴市	jiaxing	157.78	8.61	0.79	124.29	9.63	14.45	0.01
湖州市	huzhou	71.85	4.00	0.66	61.71	2.33	3.13	0.01
绍兴市	shaoxing	169.14	5.68	1.26	155.79	3.80	2.54	0.07
金华市	jinhua	114.47	6.94	3.70	101.00	2.02	0.79	0.02
衢州市	quzhou	37.75	3.15	0.43	32.92	0.44	0.81	
舟山市	zhoushan	22.12	4.13	0.46	16.99	0.15	0.38	
台州市	taizhou	119.16	6.98	1.92	107.48	1.28	1.49	
丽水市	lishui	33.41	2.30	0.16	30.62	0.13	0.15	0.01

2-30 分行业规模以上单位职工素质情况（2023年底数）
The Education Level of the Staff and Workers in Units Above Designated Sized by Sector(2023,Year-end)

单位：万人(10000 persons)

行业	Sector	单位就业人员文化程度 The Education Level of the Employed Persons in Units					单位就业人员中专业技术人员 Professional and Technical Personnel
		研究生及以上 Graduate or Above	大学本科 Bachelor Degree	大专 College Degree	中专及高中 Technical Secondary School and High School	初中及以下 Junior High School and Below	
总　计	**Total**	**26.99**	**219.46**	**264.15**	**412.76**	**648.23**	**270.29**
农、林、牧、渔业	Farming,Forestry,Animal Husbandry and Fishery						
采矿业	Ming and Quarrying	0.01	0.09	0.12	0.19	0.46	0.10
制造业	Manufacturing	8.95	76.54	102.38	182.69	372.28	107.16
电力、热力、燃气及水生产和供应业	Electricity,Heat,Gas and Water Production and Supply	0.80	5.83	3.19	1.76	0.81	2.54
建筑业	Construction	1.28	29.63	49.43	99.73	128.83	68.43
批发和零售业	Wholesale and Retail Trade	2.08	25.00	29.21	23.60	14.84	11.30
交通运输、仓储及邮政业	Transport,Storage and Post	0.82	7.36	11.29	9.73	13.05	4.86
住宿和餐饮业	Hotels and Catering Services	0.07	2.16	5.42	9.88	18.05	2.08
信息传输、软件和信息技术服务业	Information Transmission Software and Information Technology Services	6.81	25.45	11.62	3.16	0.57	23.54
金融业	Banking						
房地产业	Real Estate	0.51	7.12	7.58	8.64	17.37	4.47
租赁和商务服务业	Leasing and Commercial Services	1.73	18.19	29.35	65.37	67.18	18.65
科学研究和技术服务业	Scientific Research and Technic Service	2.93	15.12	7.38	2.18	0.80	18.98
水利、环境和公共设施管理业	Water Conservancy, Environment and Public Facilities Management	0.07	0.70	0.83	1.45	6.68	0.66
居民服务、修理和其他服务业	Resident Services,Repair and Other Services	0.05	0.61	1.27	2.13	6.07	0.67
教育	Education	0.25	1.16	0.30	0.21	0.07	0.74
卫生和社会工作	Health Care and Social Work	0.29	2.70	3.78	1.31	0.64	4.89
文化、体育和娱乐业	Culture,Sports and Recreation	0.34	1.79	1.01	0.73	0.51	1.22
公共管理、社会保障和社会组织	Public Security,Social Security and Social Organization						

2-31 非私营单位就业人员工资总额（1985-2023年）
Total Wages of Employed Persons in Non Private Units(1985-2023)

单位：亿元（100 million yuan）

年份 Year	工资总额 Total Wages of Staff and Worker	国有单位 State-owned Units	其他内资单位 Other Domestic-Funded Units	港、澳、台商投资单位 Units with Funds from Hong Kong, Macao and Taiwan	外商投资单位 Foreign Funded Units
1985	47.85	28.69			
1986	58.01	35.45			
1987	66.62	40.68			
1988	85.04	52.71			
1989	94.46	59.08			
1990	102.76	66.10			
1991	115.98	74.42			
1992	138.04	90.82			
1993	192.98	123.08			
1994	274.27	175.09			
1995	324.25	201.67			
1996	361.84	222.18			
1997	402.01	251.85			
1998	422.51	257.01			
1999	456.04	273.77			
2000	501.07	293.83			
2001	589.48	351.40			
2002	664.01	397.69			
2003	797.54	469.63			
2004	1016.42	573.10			
2005	1311.93	676.28			
2006	1591.84	762.03			
2007	1937.41	886.50			
2008	2359.05	990.08			
2009	2752.31	1128.21			
2010	3305.34	1269.78			
2011	4039.88	1398.77			
2012	5138.49	1590.88			
2013	5985.13	1715.04			
2014	6666.84	1874.46			
2015	7110.25	2116.96			
2016	7673.11	2371.38			
2017	8319.08	2670.84			
2018	8938.52	2826.47			
2019	9719.41	3216.42			
2020	10923.92	3690.57			
2021	12449.32	3913.77			
2022	13350.07	4092.44			
2023	14042.11	4128.05	7728.59	1234.35	951.12

注：本表1985-2012年为单位在岗职工工资总额。
The data of this table refers to wages of currently employed staff and workers in units between 1985 and 2012.

2-32 非私营单位就业人员平均工资（1985-2023年）
Average Wage of Employed Persons in Non Private Units(1985-2023)

单位:元（yuan）

年份 Year	平均工资 Average Wage	国有单位 State-owned Units	其他内资单位 Other Domestic-Funded Units	港、澳、台商投资单位 Units with Funds from Hong Kong, Macao and Taiwan	外商投资单位 Foreign Funded Units
1985	1159	1226			
1986	1346	1442			
1987	1493	1584			
1988	1841	1961			
1989	2031	2158			
1990	2220	2383			
1991	2422	2583			
1992	2884	3088			
1993	3932	4168			
1994	5597	6034			
1995	6619	6952			
1996	7413	7734			
1997	8386	8847			
1998	9259	10012			
1999	10632	11684			
2000	12414	13775			
2001	15770	18926			
2002	18227	22195			
2003	20853	26651			
2004	23101	32736			
2005	25572	38313			
2006	27567	42258			
2007	30854	48130			
2008	34146	53476			
2009	37395	59550			
2010	41505	65440			
2011	46660	72383			
2012	50813	76150			
2013	56571	81157			
2014	61572	87609			
2015	66668	96633			
2016	73326	109064			
2017	80750	122415			
2018	88883	134000			
2019	99654	144495			
2020	108645	160069			
2021	122309	171582			
2022	128825	179926			
2023	133045	184226	114384	153616	126240

注: 本表1985-2012年为单位在岗职工平均工资。
The data of this table refers to the average wage of currently employed staff and workers between 1985 and 2012.

2-33 分行业非私营单位就业人员工资总额
Total Wages of Employed Persons in Non Private Units by Sector

单位：亿元(100 million yuan)

行业	Sector	单位就业人员工资总额 The Total Wages		在岗职工工资总额 Wages of Staff and Workers at Work		其他就业人员工资总额 Wages of Other Employed Persons	
		2022	2023	2022	2023	2022	2023
总计	**Total**	**13350.07**	**14042.11**	**12985.19**	**13676.64**	**364.87**	**365.46**
农、林、牧、渔业	Farming,Forestry,Animal Husbandry and Fishery	5.90	8.94	5.72	8.48	0.19	0.46
采矿业	Ming and Quarrying	4.89	4.75	4.82	4.68	0.06	0.07
制造业	Manufacturing	3325.69	3637.83	3288.76	3599.04	36.93	38.78
电力、燃气及水的生产和供应业	Electricity,Heat,Gas and Water Production and Supply	229.02	244.31	227.81	243.47	1.22	0.83
建筑业	Construction	1158.83	1086.59	1108.69	1043.50	50.14	43.08
批发和零售业	Wholesale and Retail Trade	591.81	669.16	582.39	658.86	9.42	10.29
交通运输、仓储和邮政业	Transport,Storage and Post	427.75	492.33	423.99	488.18	3.76	4.15
住宿和餐饮业	Hotels and Catering Services	88.18	108.59	83.69	102.19	4.49	6.40
信息传输、软件和信息技术服务业	Information Transmission Software and Information Technology Services	993.32	1055.75	988.61	1053.43	4.71	2.33
金融业	Banking	891.62	945.53	783.64	818.44	107.98	127.09
房地产业	Real Estate	327.55	347.21	318.42	335.62	9.13	11.59
租赁和商务服务业	Renting and Business Services	697.64	723.82	646.62	688.37	51.02	35.45
科学研究和技术服务业	Scientific Research and Technic Service	411.04	452.36	404.93	445.46	6.11	6.90
水利、环境和公共设施管理业	Water Conservancy，Environment and Public Utility	101.62	105.89	96.36	101.15	5.25	4.74
居民服务、修理和其他服务业	Resident Services,Repair and Other Services	33.73	34.43	32.20	33.59	1.54	0.84
教育	Education	1423.60	1470.60	1398.13	1443.18	25.47	27.42
卫生和社会工作	Health Care and Social Work	1101.21	1146.34	1073.97	1120.60	27.24	25.73
文化、体育和娱乐业	Culture,Sports and Recreation	100.78	109.14	99.03	106.42	1.75	2.72
公共管理、社会保障和社会组织	Public Security, Social Security and Social Organization	1435.87	1398.56	1417.41	1381.97	18.46	16.59

注：在岗职工工资总额包含劳务派遣人员工资总额。
Wages of Staff and workers at work include wages of dispatched workers.

2-34 分行业非私营单位就业人员平均工资（2023年）
Average Wages of Employed Persons in Non Private Units by Sector(2023)

单位：元(yuan)

行业	Sector	平均工资 Average Wages	国有单位 State-owned Units	其他内资单位 Other Domestic-Funded Units	港、澳、台商投资单位 Units with Funds from Hong Kong, Macao and Taiwan	外商投资单位 Foreign Funded Units
总计	**Total**	**133045**	**184226**	**114384**	**153616**	**126240**
农、林、牧、渔业	Farming,Forestry,Animal Husbandry and Fishery	95044	149937	86742	87991	98086
采矿业	Ming and Quarrying	107327		108912	88000	81419
制造业	Manufacturing	108026	121732	104363	118897	111433
电力、热力、燃气及水生产和供应业	Electricity,Heat,Gas and Water Production and Supply	178209	128222	182453	139211	120422
建筑业	Construction	79719	84814	79278	121857	101441
批发和零售业	Wholesale and Retail Trade	139543	284249	132475	157699	143932
交通运输、仓储及邮政业	Transport,Storage and Post	130065	137497	125410	186693	144801
住宿和餐饮业	Hotels and Catering Services	65371	85532	70017	51240	54777
信息传输、软件和信息技术服务业	Information Transmission Software and Information Technology Services	296276	175457	246315	539685	259847
金融业	Banking	219310	219111	214416	303341	283391
房地产业	Real Estate	101291	117444	100555	97910	157304
租赁与商务服务业	Leasing and Commercial Services	91790	149515	88358	113980	169063
科学研究和技术服务业	Scientific Research and Technic Service	186407	210258	176706	244414	201297
水利、环境和公共设施管理业	Water Conservancy, Environment and Public Facilities Management	91039	131513	78051	132313	124557
居民服务、修理和其他服务业	Resident Services,Repair and Other Services	75730	142768	67559	150423	109513
教育	Education	166068	176397	106243	222025	219516
卫生和社会工作	Health Care and Social Work	198037	213255	110992	157548	150461
文化、体育与娱乐业	Culture,Sports and Recreation	150143	172698	127935	114472	72031
公共管理、社会保障和社会组织	Public Security,Social Security and Social Organization	177400	177400	177552		

2-35 分行业国有单位就业人员工资总额
Total Wages of Employed Persons in State-owned Units by Sector

单位：亿元(100 million yuan)

行业	Sector	单位就业人员工资总额 The Total Wages		在岗职工工资总额 Wages of Staff and Workers at Work		其他就业人员工资总额 Wages of Other Employed Persons	
		2022	2023	2022	2023	2022	2023
总计	**Total**	**4092.44**	**4128.05**	**4023.15**	**4062.80**	**69.29**	**65.25**
农、林、牧、渔业	Farming,Forestry,Animal Husbandry and Fishery	2.32	1.77	2.28	1.73	0.04	0.04
采矿业	Ming and Quarrying	0.10		0.10			
制造业	Manufacturing	13.73	6.19	13.50	6.04	0.23	0.15
电力、燃气及水的生产和供应业	Electricity,Heat,Gas and Water Production and Supply	3.48	2.06	3.44	2.04	0.05	0.02
建筑业	Construction	7.68	3.02	7.58	2.85	0.10	0.16
批发和零售业	Wholesale and Retail Trade	31.44	30.16	31.36	30.13	0.08	0.03
交通运输、仓储和邮政业	Transport,Storage and Post	20.30	42.96	20.09	42.82	0.21	0.14
住宿和餐饮业	Hotels and Catering Services	5.16	2.61	4.97	2.57	0.19	0.04
信息传输、软件和信息技术服务业	Information Transmission Software and Information Technology Services	12.75	9.26	12.52	9.13	0.23	0.13
金融业	Banking	12.10	12.76	11.55	12.15	0.55	0.61
房地产业	Real Estate	8.26	4.32	8.04	4.23	0.22	0.09
租赁和商务服务业	Renting and Business Services	38.36	28.77	37.15	28.50	1.21	0.27
科学研究和技术服务业	Scientific Research and Technic Service	100.68	105.48	98.72	102.73	1.96	2.75
水利、环境和公共设施管理业	Water Conservancy，Environment and Public Utility	40.41	36.50	39.76	35.94	0.66	0.55
居民服务、修理和其他服务业	Resident Services,Repair and Other Services	5.08	4.38	4.91	4.25	0.18	0.14
教育	Education	1277.52	1329.96	1256.42	1307.98	21.10	21.98
卫生和社会工作	Health Care and Social Work	1014.92	1046.88	991.79	1026.21	23.13	20.68
文化、体育和娱乐业	Culture,Sports and Recreation	63.59	64.94	62.88	64.03	0.71	0.91
公共管理、社会保障和社会组织	Public Security, Social Security and Social Organization	1434.56	1396.04	1416.11	1379.45	18.45	16.59

注: 在岗职工工资总额包含劳务派遣人员工资总额。
Wages of Staff and Workers at work include wages of dispatched workers.

2-36 分行业其他内资单位就业人员工资总额（2023年）
Total Wages of Employed Persons in Other Domestic-Funded Units by Sector (2023)

单位：亿元(100 million yuan)

行业	Sector	单位就业人员工资总额 The Total Wages	在岗职工工资总额 Wages of Staff and Workers at Work	其他就业人员工资总额 Wages of Other Employed Persons
总计	**Total**	**7728.59**	**7464.38**	**264.21**
农、林、牧、渔业	Farming,Forestry,Animal Husbandry and Fishery	6.70	6.32	0.39
采矿业	Ming and Quarrying	4.55	4.47	0.07
制造业	Manufacturing	2316.34	2298.15	18.19
电力、燃气及水的生产和供应业	Electricity,Heat,Gas and Water Production and Supply	228.83	228.17	0.66
建筑业	Construction	1065.86	1024.30	41.56
批发和零售业	Wholesale and Retail Trade	492.77	484.40	8.36
交通运输、仓储和邮政业	Transport,Storage and Post	402.33	398.70	3.63
住宿和餐饮业	Hotels and Catering Services	80.41	76.47	3.95
信息传输、软件和信息技术服务业	Information Transmission Software and Information Technology Services	643.90	642.24	1.66
金融业	Banking	847.98	726.54	121.44
房地产业	Real Estate	311.70	301.65	10.05
租赁和商务服务业	Renting and Business Services	642.38	608.23	34.15
科学研究和技术服务业	Scientific Research and Technic Service	312.82	309.49	3.33
水利、环境和公共设施管理业	Water Conservancy，Environment and Public Utility	68.71	64.55	4.16
居民服务、修理和其他服务业	Resident Services,Repair and Other Services	27.23	26.54	0.69
教育	Education	139.02	133.59	5.43
卫生和社会工作	Health Care and Social Work	92.79	88.06	4.73
文化、体育和娱乐业	Culture,Sports and Recreation	41.75	40.00	1.75
公共管理、社会保障和社会组织	Public Security, Social Security and Social Organization	2.52	2.51	

注：在岗职工工资总额包含劳务派遣人员工资总额。Wages of Staff and Workers at work include wages of dispatched workers.

2-37 分行业港、澳、台商投资单位就业人员工资总额（2023年）
Total Wages of Employed Persons in Units with Funds from Hong Kong, Macao and Taiwan by Sector(2023)

单位：亿元(100 million yuan)

行业	Sector	单位就业人员工资总额 The Total Wages	在岗职工工资总额 Wages of Staff and Workers at Work	其他就业人员工资总额 Wages of Other Employed Persons
总计	**Total**	**1234.35**	**1219.93**	**14.42**
农、林、牧、渔业	Farming,Forestry,Animal Husbandry and Fishery	0.19	0.16	0.03
采矿业	Ming and Quarrying			
制造业	Manufacturing	663.69	656.95	6.74
电力、燃气及水的生产和供应业	Electricity,Heat,Gas and Water Production and Supply	9.61	9.49	0.12
建筑业	Construction	14.86	13.50	1.35
批发和零售业	Wholesale and Retail Trade	76.54	75.77	0.77
交通运输、仓储和邮政业	Transport,Storage and Post	38.82	38.47	0.35
住宿和餐饮业	Hotels and Catering Services	12.21	10.82	1.39
信息传输、软件和信息技术服务业	Information Transmission Software and Information Technology Services	327.16	326.87	0.29
金融业	Banking	3.84	2.94	0.90
房地产业	Real Estate	24.10	22.84	1.26
租赁和商务服务业	Renting and Business Services	39.00	38.13	0.87
科学研究和技术服务业	Scientific Research and Technic Service	16.46	16.23	0.23
水利、环境和公共设施管理业	Water Conservancy, Environment and Public Utility	0.40	0.38	0.02
居民服务、修理和其他服务业	Resident Services,Repair and Other Services	1.95	1.94	0.01
教育	Education	0.75	0.75	
卫生和社会工作	Health Care and Social Work	2.95	2.89	0.06
文化、体育和娱乐业	Culture,Sports and Recreation	1.83	1.80	0.03
公共管理、社会保障和社会组织	Public Security, Social Security and Social Organization			

注：在岗职工工资总额包含劳务派遣人员工资总额。Wages of Staff and Workers at work include wages of dispatched workers.

2-38 分行业外商投资单位就业人员工资总额（2023年）
Total Wages of Employed Persons in Foreign Funded Units by Sector(2023)

单位：亿元(100 million yuan)

行业	Sector	单位就业人员工资总额 The Total Wages	在岗职工工资总额 Wages of Staff and Workers at Work	其他就业人员工资总额 Wages of Other Employed Persons
总计	**Total**	**951.12**	**929.53**	**21.59**
农、林、牧、渔业	Farming,Forestry,Animal Husbandry and Fishery	0.28	0.28	
采矿业	Ming and Quarrying	0.21	0.21	
制造业	Manufacturing	651.60	637.91	13.70
电力、燃气及水的生产和供应业	Electricity,Heat,Gas and Water Production and Supply	3.81	3.77	0.04
建筑业	Construction	2.86	2.85	0.01
批发和零售业	Wholesale and Retail Trade	69.69	68.56	1.13
交通运输、仓储和邮政业	Transport,Storage and Post	8.22	8.19	0.03
住宿和餐饮业	Hotels and Catering Services	13.36	12.34	1.02
信息传输、软件和信息技术服务业	Information Transmission Software and Information Technology Services	75.43	75.18	0.25
金融业	Banking	80.95	76.81	4.14
房地产业	Real Estate	7.08	6.89	0.19
租赁和商务服务业	Renting and Business Services	13.68	13.51	0.17
科学研究和技术服务业	Scientific Research and Technic Service	17.61	17.00	0.60
水利、环境和公共设施管理业	Water Conservancy, Environment and Public Utility	0.29	0.28	0.01
居民服务、修理和其他服务业	Resident Services,Repair and Other Services	0.86	0.86	
教育	Education	0.88	0.86	0.01
卫生和社会工作	Health Care and Social Work	3.72	3.45	0.26
文化、体育和娱乐业	Culture,Sports and Recreation	0.61	0.58	0.03
公共管理、社会保障和社会组织	Public Security, Social Security and Social Organization			

注：在岗职工工资总额包含劳务派遣人员工资总额。Wages of Staff and Workers at work include wages of dispatched workers.

2-39 分行业规模以上单位就业人员工资总额
Total Wages of Employed Persons in Units Above Designated Size by Sector

单位：亿元(100 million yuan)

行业	Sector	规模以上单位就业人员工资总额 Total Wages of Employed Persons in Units Above Designated Size		在岗职工工资总额 Total Wages of Staff and Workers at Work		其他就业人员工资总额 Total Wages of Other Employed Persons	
		2022	2023	2022	2023	2022	2023
总计	**Total**	**14573.37**	**14998.12**	**14183.82**	**14610.77**	**389.55**	**387.35**
农、林、牧、渔业	Farming,Forestry,Animal Husbandry and Fishery						
采矿业	Ming and Quarrying	8.47	8.13	8.32	7.99	0.15	0.14
制造业	Manufacturing	6508.89	6837.79	6445.57	6767.49	63.32	70.29
电力、燃气及水的生产和供应业	Electricity,Heat,Gas and Water Production and Supply	223.58	231.21	222.46	230.52	1.13	0.69
建筑业	Construction	2522.5	2139.93	2379.93	2009.14	142.57	130.79
批发和零售业	Wholesale and Retail Trade	1047.84	1109.88	1032.84	1094.10	15	15.78
交通运输、仓储和邮政业	Transport,Storage and Post	461.73	504.83	456.91	498.16	4.82	6.66
住宿和餐饮业	Hotels and Catering Services	188.14	221.89	180.4	211.38	7.75	10.51
信息传输、软件和信息技术服务业	Information Transmission Software and Information Technology Services	1220.55	1273.20	1216.04	1269.95	4.51	3.25
金融业	Banking						
房地产业	Real Estate	426.55	400.84	411.86	386.64	14.68	14.20
租赁和商务服务业	Renting and Business Services	1225.79	1479.98	1110.41	1369.00	115.38	110.98
科学研究和技术服务业	Scientific Research and Technic Service	430.54	462.33	425.16	456.26	5.38	6.08
水利、环境和公共设施管理业	Water Conservancy，Environment and Public Utility	65.32	66.40	59.22	60.05	6.1	6.35
居民服务、修理和其他服务业	Resident Services,Repair and Other Services	59.07	61.37	56.15	56.80	2.92	4.58
教育	Education	27.85	29.87	27.22	28.90	0.63	0.97
卫生和社会工作	Health Care and Social Work	98.97	110.19	95.02	105.99	3.96	4.20
文化、体育和娱乐业	Culture,Sports and Recreation	57.57	60.28	56.31	58.41	1.26	1.88
公共管理、社会保障和社会组织	Public Security, Social Security and Social Organization						

注: 在岗职工工资总额包含劳务派遣人员工资总额。
Total wages of staff and workers at work include wages of dispatched workers.

2-40 分行业规模以上单位就业人员平均工资
Average Wage of Employed Persons in Units Above Designated Size by Sector

单位：元(yuan)

行业	Sector	规模以上单位就业人员平均工资 Average Wage of Employed Persons in Units Above Designated Size		在岗职工平均工资 Average Wage of Staff and Workers at Work		其他就业人员平均工资 Average Wage of Other Employed Persons	
		2022	2023	2022	2023	2022	2023
总计	**Total**	**91560**	**96492**	**92854**	**97912**	**60748**	**62369**
农、林、牧、渔业	Farming,Forestry,Animal Husbandry and Fishery						
采矿业	Ming and Quarrying	93337	92937	93921	93385	69498	72969
制造业	Manufacturing	87789	92318	87925	92495	75900	77976
电力、燃气及水的生产和供应业	Electricity,Heat,Gas and Water Production and Supply	180941	186025	181985	186881	84950	73531
建筑业	Construction	70124	72248	70807	73112	60395	61152
批发和零售业	Wholesale and Retail Trade	110626	115995	112133	117307	57453	65323
交通运输、仓储和邮政业	Transport,Storage and Post	117070	119044	118246	120098	60277	71876
住宿和餐饮业	Hotels and Catering Services	59550	62837	62448	66526	28626	29713
信息传输、软件和信息技术服务业	Information Transmission Software and Information Technology Services	250046	263624	251032	264317	121444	130297
金融业	Banking						
房地产业	Real Estate	94746	93650	98056	96785	48667	49751
租赁和商务服务业	Renting and Business Services	78329	84077	80814	86492	60443	62543
科学研究和技术服务业	Scientific Research and Technic Service	163997	165090	165427	166126	97397	112473
水利、环境和公共设施管理业	Water Conservancy, Environment and Public Utility	60724	63454	64350	67332	39255	41072
居民服务、修理和其他服务业	Resident Services,Repair and Other Services	61622	62154	62604	64081	47339	45254
教育	Education	135692	143221	139300	148644	64192	68800
卫生和社会工作	Health Care and Social Work	122276	126394	124498	128046	85588	95336
文化、体育和娱乐业	Culture,Sports and Recreation	129632	134305	131058	135641	87199	102773
公共管理、社会保障和社会组织	Public Security, Social Security and Social Organization						

注: 在岗职工平均工资包含劳务派遣人员平均工资。
Average wage of Staff and Workers at work include average wage of dispatched workers.

2-41 分行业规模以上非私营单位就业人员工资总额
Total Wages of Employed Persons in Non Private Units Above Designated Size by Sector

单位：亿元(100 million yuan)

行业	Sector	规模以上非私营单位就业人员工资总额 Total Wages of Employed Persons in Non Private Units Above Designated Size		在岗职工工资总额 Total Wages of Staff and Workers at Work		其他就业人员工资总额 Total Wages of Other Employed Persons	
		2022	2023	2022	2023	2022	2023
总计	**Total**	**7690.84**	**6929.32**	**7530.41**	**6813.23**	**160.44**	**116.09**
农、林、牧、渔业	Farming,Forestry,Animal Husbandry and Fishery						
采矿业	Ming and Quarrying	4.32	3.55	4.27	3.51	0.05	0.04
制造业	Manufacturing	3236.06	2839.32	3202.89	2810.63	33.18	28.69
电力、燃气及水的生产和供应业	Electricity,Heat,Gas and Water Production and Supply	215.93	220.60	214.86	220.01	1.08	0.59
建筑业	Construction	1096.2	604.04	1059.04	582.35	37.16	21.69
批发和零售业	Wholesale and Retail Trade	561.48	540.73	552.45	532.69	9.03	8.04
交通运输、仓储和邮政业	Transport,Storage and Post	329.66	368.80	327.03	366.45	2.63	2.35
住宿和餐饮业	Hotels and Catering Services	84.69	93.90	80.40	88.46	4.29	5.44
信息传输、软件和信息技术服务业	Information Transmission Software and Information Technology Services	932.92	1007.54	929.00	1005.11	3.92	2.43
金融业	Banking						
房地产业	Real Estate	279.64	279.96	271.75	270.85	7.89	9.11
租赁和商务服务业	Renting and Business Services	483.38	520.79	433.65	492.91	49.73	27.88
科学研究和技术服务业	Scientific Research and Technic Service	293.28	289.23	289.84	285.86	3.44	3.37
水利、环境和公共设施管理业	Water Conservancy，Environment and Public Utility	38.23	38.79	34.91	36.01	3.32	2.77
居民服务、修理和其他服务业	Resident Services,Repair and Other Services	21.42	20.97	20.32	20.59	1.10	0.38
教育	Education	16.83	14.77	16.53	14.48	0.31	0.29
卫生和社会工作	Health Care and Social Work	52.10	41.25	49.59	39.49	2.51	1.76
文化、体育和娱乐业	Culture,Sports and Recreation	44.69	45.07	43.89	43.83	0.80	1.24
公共管理、社会保障和社会组织	Public Security, Social Security and Social Organization						

注: 在岗职工工资总额包含劳务派遣人员工资总额。
Wages of staff and workers at work include wages of dispatched workers.

2-42 分行业规模以上非私营单位就业人员平均工资
Average Wage of Employed Persons in Non Private Units Above Designated Size by Sector

单位：元(yuan)

行业	Sector	规模以上非私营单位就业人员平均工资 Average Wage of Employed Persons in Non Private Units Above Designated Size		在岗职工平均工资 Average Wage of Staff and Workers at Work		其他就业人员平均工资 Average Wage of Other Employed Persons	
		2022	2023	2022	2023	2022	2023
总计	**Total**	**109826**	**125647**	**111797**	**127887**	**60089**	**61953**
农、林、牧、渔业	Farming,Forestry,Animal Husbandry and Fishery						
采矿业	Ming and Quarrying	113478	112185	114874	113051	57677	66661
制造业	Manufacturing	103276	114698	103383	114860	93881	100733
电力、燃气及水的生产和供应业	Electricity,Heat,Gas and Water Production and Supply	186179	192955	187242	193788	87315	74284
建筑业	Construction	77061	92492	77867	93597	59508	70233
批发和零售业	Wholesale and Retail Trade	134688	147172	137968	149952	54867	66051
交通运输、仓储和邮政业	Transport,Storage and Post	125912	128622	127278	129596	53979	59271
住宿和餐饮业	Hotels and Catering Services	61587	66504	66960	73780	24615	25541
信息传输、软件和信息技术服务业	Information Transmission Software and Information Technology Services	296525	325747	298010	326652	135899	151713
金融业	Banking						
房地产业	Real Estate	104539	102794	107764	106360	51490	51481
租赁和商务服务业	Renting and Business Services	79266	86208	84024	90146	53064	48646
科学研究和技术服务业	Scientific Research and Technic Service	194912	213663	196495	214913	116082	143024
水利、环境和公共设施管理业	Water Conservancy, Environment and Public Utility	70295	72412	75387	76853	41084	41360
居民服务、修理和其他服务业	Resident Services,Repair and Other Services	66966	70251	67684	71077	55969	43228
教育	Education	141010	157784	143758	162325	69550	65930
卫生和社会工作	Health Care and Social Work	131852	131386	135239	133999	88225	91370
文化、体育和娱乐业	Culture,Sports and Recreation	145977	159754	147671	159809	89591	157838
公共管理、社会保障和社会组织	Public Security, Social Security and Social Organization						

注：在岗职工平均工资包含劳务派遣人员平均工资。
Average wages of staff and workers at work include average wages of dispatched workers.

2-43 分行业规模以上私营单位就业人员工资总额
Total Wages of Employed Persons in Private Units Above Designated Size by Sector

单位：亿元(100 million yuan)

行业	Sector	规模以上私营单位就业人员工资总额 Total Wages of Employed Persons in Private Units Above Designated Size		在岗职工工资总额 Total Wages of Staff and Workers at Work		其他就业人员工资总额 Total Wages of Other Employed Persons	
		2022	2023	2022	2023	2022	2023
总计	**Total**	**6882.45**	**7340.02**	**6653.34**	**7797.54**	**229.11**	**271.27**
农、林、牧、渔业	Farming,Forestry,Animal Husbandry and Fishery						
采矿业	Ming and Quarrying	4.14	4.32	4.05	4.48	0.10	0.10
制造业	Manufacturing	3272.82	3874.03	3242.69	3956.86	30.14	41.60
电力、燃气及水的生产和供应业	Electricity,Heat,Gas and Water Production and Supply	7.65	10.39	7.60	10.51	0.05	0.10
建筑业	Construction	1426.29	1142.82	1320.89	1426.79	105.41	109.10
批发和零售业	Wholesale and Retail Trade	486.36	551.30	480.39	561.41	5.97	7.74
交通运输、仓储和邮政业	Transport,Storage and Post	131.99	121.05	129.80	131.72	2.19	4.31
住宿和餐饮业	Hotels and Catering Services	103.45	117.30	100.00	122.91	3.45	5.07
信息传输、软件和信息技术服务业	Information Transmission Software and Information Technology Services	287.63	262.50	287.04	264.84	0.59	0.83
金融业	Banking						
房地产业	Real Estate	146.90	107.76	140.11	115.79	6.79	5.08
租赁和商务服务业	Renting and Business Services	742.41	830.79	676.76	876.09	65.65	83.10
科学研究和技术服务业	Scientific Research and Technic Service	137.26	169.34	135.33	170.39	1.94	2.71
水利、环境和公共设施管理业	Water Conservancy，Environment and Public Utility	27.10	21.87	24.31	24.04	2.79	3.58
居民服务、修理和其他服务业	Resident Services,Repair and Other Services	37.64	32.64	35.82	36.21	1.82	4.19
教育	Education	11.02	14.26	10.69	14.42	0.33	0.68
卫生和社会工作	Health Care and Social Work	46.87	65.69	45.43	66.49	1.44	2.44
文化、体育和娱乐业	Culture,Sports and Recreation	12.88	13.96	12.42	14.58	0.46	0.63
公共管理、社会保障和社会组织	Public Security, Social Security and Social Organization						

注: 在岗职工工资总额包含劳务派遣人员工资总额。
Wages of Staff and Workers at work include wages of dispatched workers.

2-44 分行业规模以上私营单位就业人员平均工资
Average Wage of Employed Persons in Private Units Above Designated Size by Sector

单位：元(yuan)

行业	Sector	规模以上私营单位就业人员平均工资 Average Wage of Employed Persons in Private Units Above Designated Size		在岗职工平均工资 Average Wage of Staff and Workers at Work		其他就业人员平均工资 Average Wage of Other Employed Persons	
		2022	2023	2022	2023	2022	2023
总计	**Total**	**77210**	**80459**	**77911**	**81269**	**61218**	**62549**
农、林、牧、渔业	Farming,Forestry,Animal Husbandry and Fishery						
采矿业	Ming and Quarrying	78752	82050	78762	82203	78363	75767
制造业	Manufacturing	76454	81083	76610	81256	62682	67464
电力、燃气及水的生产和供应业	Electricity,Heat,Gas and Water Production and Supply	100861	106474	101456	107011	54887	69310
建筑业	Construction	65587	66522	66009	67116	60714	59619
批发和零售业	Wholesale and Retail Trade	91712	96560	92265	97223	61866	64584
交通运输、仓储和邮政业	Transport,Storage and Post	99569	99046	100280	99759	70118	81307
住宿和餐饮业	Hotels and Catering Services	57980	60394	59238	62130	35900	36019
信息传输、软件和信息技术服务业	Information Transmission Software and Information Technology Services	165770	152980	166225	153296	71251	92075
金融业	Banking						
房地产业	Real Estate	80407	77651	83472	79950	45751	46926
租赁和商务服务业	Renting and Business Services	77731	82964	78883	84563	67559	69174
科学研究和技术服务业	Scientific Research and Technic Service	122487	119644	123579	120307	75760	88883
水利、环境和公共设施管理业	Water Conservancy, Environment and Public Utility	50940	54060	53172	56791	37280	40852
居民服务、修理和其他服务业	Resident Services,Repair and Other Services	58946	58644	60047	60685	43309	45449
教育	Education	128300	131364	132930	137047	59838	70097
卫生和社会工作	Health Care and Social Work	113142	123584	114565	124754	81359	98417
文化、体育和娱乐业	Culture,Sports and Recreation	93368	91248	93786	93251	83321	61115
公共管理、社会保障和社会组织	Public Security, Social Security and Social Organization						

注：在岗职工平均工资包含劳务派遣人员平均工资。
Average wages of staff and workers at work include average wages of dispatched workers.

2-45 各市规模以上单位就业人员工资总额和平均工资（2019-2023年）
Total Wages and Average Wage of Employed Persons in Units Above Designated Sized by City(2019-2023)

地区	Region	2019	2020	2021	2022	2023
工资总额(亿元)	**Total Wages(100 million yuan)**	**9719.41**	**11434.46**	**13696.73**	**14573.37**	**14998.12**
杭州市	Hangzhou	3298.52	3230.38	3886.89	4243.72	4489.27
宁波市	Ningbo	1625.21	2376.34	2992.77	3244.90	3353.00
温州市	Wenzhou	871.92	940.56	1066.51	1125.75	1186.01
嘉兴市	Jiaxing	714.21	1004.74	1254.45	1364.70	1397.90
湖州市	Huzhou	419.83	461.88	545.00	587.54	606.42
绍兴市	Shaoxing	818.04	1301.61	1431.37	1402.63	1306.19
金华市	Jinhua	610.17	731.11	864.88	870.19	869.11
衢州市	Quzhou	219.20	201.59	236.98	268.03	293.49
舟山市	Zhoushan	187.94	166.65	192.72	208.40	215.80
台州市	Taizhou	737.25	750.04	894.32	921.84	923.25
丽水市	Lishui	204.67	191.90	231.91	234.92	250.06
平均工资(元)	**Average Wage(yuan)**	**99654**	**76959**	**87732**	**91560**	**96492**
杭州市	Hangzhou	117339	103596	118835	128032	135765
宁波市	Ningbo	104146	77758	89454	90765	95017
温州市	Wenzhou	89134	63836	70758	73355	76617
嘉兴市	Jiaxing	96680	74691	83185	86059	89422
湖州市	Huzhou	86545	69568	77303	81238	85418
绍兴市	Shaoxing	80020	61751	72509	75187	80402
金华市	Jinhua	88212	64784	72358	74348	76592
衢州市	Quzhou	106509	62469	70872	75787	79203
舟山市	Zhoushan	101486	79895	89391	94220	98108
台州市	Taizhou	83975	67408	74233	75690	78465
丽水市	Lishui	106361	66382	74283	74402	78453

注：2020年度以前为各市全部非私营单位数据，从2020年度开始调整为各市规模以上单位数据。Before 2020, it is the data of all non private units, which will be adjusted to the data of units above Designated Size from 2020.

2-46 各市规模以上单位按规模分就业人员年平均工资（2023年）
Average Wage of Employed Persons in Units Above Designated Size by City and Size(2023)

单位：元(yuan)

城市	city	规模以上单位 Average Wage of Employed Persons in Units Above Designated Size	大型 Large-sized	中型 Medium-sized	小型 Small-sized	微型 Micro
全省	**Zhejiang**	**96492**	**122777**	**96165**	**81011**	**83424**
杭州市	hangzhou	135765	170335	126806	100414	112062
宁波市	ningbo	95017	111228	96720	85647	94374
温州市	wenzhou	76617	89440	79266	70730	70942
嘉兴市	jiaxing	89422	105502	93864	79795	85303
湖州市	huzhou	85418	94851	89481	79256	86127
绍兴市	shaoxing	80402	85830	80572	75026	64474
金华市	jinhua	76592	89231	80117	69081	72703
衢州市	quzhou	79203	103142	81329	71483	65113
舟山市	zhoushan	98108	121459	94432	94129	78075
台州市	taizhou	78465	85207	82416	72578	87461
丽水市	lishui	78453	99148	81589	72663	67071

2-47 各市规模以上单位按控股情况分就业人员平均工资（2023年）
Average Wage of Employed Persons in Units Above Designated Size by City and Holding(2023)

单位：元(yuan)

城市	city	规模以上单位 Average Wage of Employed Persons in Units Above Designated Size	国有控股 State Holding	集体控股 Collective Holding	私人控股 Private Holding	港澳台商控股 Hong Kong, Macao and Taiwan Holding	外商控股 Foreign Holding	其他 Others
全省	**Zhejiang**	**96492**	**139446**	**108069**	**87974**	**157513**	**129146**	**151398**
杭州市	hangzhou	135765	156809	123567	117666	250885	173615	154648
宁波市	ningbo	95017	143027	123386	90302	111254	108336	125793
温州市	wenzhou	76617	109526	83483	74056	93321	100896	153855
嘉兴市	jiaxing	89422	116539	89027	85110	94402	106602	82538
湖州市	huzhou	85418	120683	121696	80861	101329	108401	283607
绍兴市	shaoxing	80402	113035	125307	78083	88303	106496	175130
金华市	jinhua	76592	101857	90627	73973	88732	92659	114964
衢州市	quzhou	79203	124376	120551	73196	108301	106693	42000
舟山市	zhoushan	98108	124082	137155	89477	127705	141388	
台州市	taizhou	78465	105661	86049	75715	100568	113692	
丽水市	lishui	78453	117856	160169	74716	100896	102303	122918

浙/江/统/计/年/鉴

主要统计指标解释

人口数

指一定时点、一定地区范围内的有生命的个人的总和。

年度统计的年末人口数是指每年 12 月 31 日 24 时的人口数。

出生率（又称粗出生率）

指一定时期内（通常为一年）平均每千人所出生的人数的比率，一般用千分率表示。计算公式：

$$出生率=\frac{年出生人数}{年平均人数}\times 1000‰$$

出生人数是指活产婴儿，即胎儿脱离母体时（不管怀孕月数），有过呼吸或其他生命现象。

年平均人数是年初、年底人口数的平均数，也可用年中人口数代替。

死亡率（又称粗死亡率）

指一定时期内（通常为一年）一定地区的死亡人数与同期平均人数（或期中人数）之比，一般用千分率表示。计算公式：

$$死亡率=\frac{年死亡人数}{年平均人数}\times 1000‰$$

人口自然增长率

指一定时期内（通常为一年）人口自然增加数（出生人数减死亡人数）与该时期内平均人数（或期中人数）之比，一般用千分率表示。计算公式：

$$人口自然增长率=\frac{本年出生人数-本年死亡人数}{年平均人数}\times 1000‰$$

$$人口自然增长率=人口出生率-人口死亡率$$

就业人员

指从事一定社会劳动并取得劳动报酬或经营收入的人员。包括：

（1）在岗职工

（2）再就业的离退休人员

（3）私营业主

（4）个体户主

（5）私营和个体就业人员

（6）乡镇企业就业人员

（7）农村就业人员

（8）其他就业人员（包括民办教师、宗教职业者等）。

这一指标反映了一定时期内全部劳动力资源的实际利用情况，是研究我省基本省情省力的重要指标。

各单位就业人员

指在各级国家机关、政党机关、社会团体及企业、事业单位中工作，并取得工资或其他劳动报酬的全部人员。包括：在岗职工、再就业的离退休人员、民办教师以及在各单位中工作的外方人员和港澳台方人员、兼职人员、借用的外单位人员和第二职业者。不包括离开本单位仍保留劳动关系的职工。各单位的就业人员反映了各单位实际参加生产或工作的全部劳动力。

从业人员平均工资

指本单位从业人员在报告期内平均每人所得的工资额。计算公式：

$$从业人员平均工资=\frac{从业人员工资总额}{从业人员平均人数}$$

城镇登记失业人员

指有非农业户口，在一定的劳动年龄内，有劳动能力，无业而要求就业，并在当地就业服务机构进行求职登记的人员。

城镇登记失业率

指城镇登记失业人数同城镇单位从业人数、城镇私营企业及个体从业人数和城镇登记失业人数之和的比。计算公式为：

$$城镇登记失业率=\frac{城镇登记失业人数}{城镇单位从业人数+城镇私营企业及个体从业人员+城镇登记失业人数}\times 100\%$$

主要统计指标解释

职工

指在国有经济、城镇集体经济、联营经济、股份制经济、外商和港、澳、台投资经济、其他经济单位及其附属机构工作，并由其支付工资的各类人员，不包括返聘的离退休人员、民办教师、在国有经济单位工作的外方人员和港、澳、台人员（1998 年以后的数据均为在岗职工数据，其他相关指标如职工工资总额，职工平均工资等指标也从 1998 年按此口径进行了相应的调整）。

国有单位职工

指在国有经济单位及其附属机构工作，并由其支付工资的各类人员。

城镇集体单位职工

指在城镇集体经济单位及其管理部门工作，并由其支付工资的各类人员。

其他单位职工

指在联营经济、股份制经济、外商投资经济、港、澳、台投资经济单位工作，并由其支付工资的各类人员。

在岗职工

指在本单位工作并由单位支付工资的人员，以及有工作岗位，但由于学习、病伤、产假等原因暂未工作，仍由单位支付工资的人员。

ZHEJIANG STATISTICAL YEARBOOK

Explanatory Notes on Main Statistical Indicators

□ Total Population

refers to the total number of people alive at a certain point of time within a given area.

The annual statistics on total population is taken at midnight, the 31st of December.

□ Birth Rate (or Crude Birth Rate)

refers to the ratio of the number of births to the average population during a certain period of time (usually a year), which is often expressed in ‰. The following formula is used:

$$\text{Birth Rate}=\frac{\text{Number of Births}}{\text{Average Number of Population}}\times 1000‰$$

Number of Births refers to live births ,i.e. the births when babies had showed any vital phenomena regardless of the length of pregnancy.

Annual Average Number of Population is the average of the number of population at the beginning of the year and that at the end of the year. Sometimes it is substituted for with the mid-year population.

□ Death Rate (or Crude Death Rate)

refers to the ratio of the number of deaths to the average population (or mid-year population) during a certain period of time (usually a year), which is often expressed in ‰. The following formula is uesd:

$$\text{Death Rate}=\frac{\text{Number of Deaths}}{\text{Annual Average Number of Population}}\times 1000‰$$

□ Natural Growth Rate of Population

refers to the ratio of natural increase in population (number of births minus number of deaths) in a certain period of time (usually a year) to the average population (or mid-year population) of the same period, which is often expressed in ‰. The following formulas are applied:

$$\text{Natural Growth of Population}=\frac{\text{Number of Births-Number of Deaths}}{\text{Average Number of Population}}\times 1000‰$$

Natural Growth of Population =Birth Rate-Death Rate

□ Employed Persons

refers to the persons who are engaged in social labour and receive remuneration payment or earn business income, including :

(1) total staff and workers,

(2) re-employed retirees,

(3) employers of private enterprises,

(4) self-employed workers,

(5) employees in private enterprises and individual economy,

(6) employees in town enterprises,

(7) employed persons in the rural areas,

(8) other employed persons (including teachers in the schools run by the local people, people engaged in religious profession, etc.).

This indicator reflacts the actual utilization of total labour force during a certain period of time and is often used for the research on provincial economic situation and power.

□ Persons Employed in Various Units

refer to all the persons working in government agencies of various levels, political and party organizations, social organizations, enteprises and institutions, and receiving wages or other forms of payment. they include fully-employed staff and workers, reemployed retirees, teachers in schools run by local people, foreigners and Chinese compatriots from Hong Kong, Macao, Taiwan working in various units, parttime employees, employees of other units working temporarily at current posts, and employees holding the second job, but exclude staff and workers who have left their working units while keeping their labour contract(employment relation)unchanged. This indicator reflacts the total number of laborers actually engaged in production or other operations in various units.

EXPLANATORY NOTES ON MAIN STATISTICAL INDICATORS

□ Average Salary of Employees

refers to the average salary per employee of the unit during the reporting period. The following formula is used:

$$\text{Average Salary of Employees}=\frac{\text{Total Wages of Employees}}{\text{Average Number of Employees}}$$

□ Registered Urban Unemployed Persons

The registered unemployed persons in urban areas refer to persons who are registered as permanent residents in urban areas engaged in nonagricultural activities, aged within the range of working age, capable to labour, unemployed but desirous to be employed and have been registered at the local government service agencies to apply for a job.

□ Registered Urban Unemployment Rate

Registered unemployment rate in urban areas refers to the ratio of the number of the registered unemployed persons to the sum of the number of the person employed in various units and in private enterprises in urban areas,urban selfemployed individuals and the registered urban unemployed persons.The formula is as follows:

Registered urban unemployment rate=100%×(number of registered urban unemployed persons)/(number of persons employed in urban units+number of persons employed in urban private enterprises+and selfemployed individual in urban Areas+number of registered urban unemployed persons)

□ Staff and Workers

refer to the persons who work in (and receive payment therefrom) enterprises and institutions of state ownership, collective ownership, joint ownership, share holding, foreign ownership, and ownership by entrepreneurs from Hong Kong, Macao, and Taiwan, and other types of ownership and their affiliated units, excluding the retired persons invited to work in the units again, teachers in the schools run by the local people and foreigners and persons coming from Hong Kong, Macao and Taiwan and working in the state-owned economic units. (Number of staff and workers in this yearbook include only fully employed staff and worker, excluding those who have left their working units while keeping their labour contract employment relation unchanged).

□ Staff and Workers in State-owned Economic Units

refer to the person who work in the state-owned economic units or their attached units and are listed in their payrolls.

□ Staff and Workers in Collective Owned Units

refer to the persons who work in collective owned units in urban areas and their administration departments and recieve payment therefrom.

□ Staff and Workers in Units of Other types of Ownership

refer to those who work in(and receive payment therefrom) enterprises and institutions of joint ownership,share holding, foreign ownership, and ownership by enterpreneurs from Hong Kong, Macao and Taiwan.

□ Fully Employed Staff and Workers

refers to persons who work in, and receive wages from their working units, as well.

2024 浙江统计年鉴

ZHEJIANG STATISTICAL YEARBOOK

CHAPTER 3

固定资产投资

Investment in Fixed Assets

3-1 固定资产投资（1978-2023 年）
Investment in Fixed Assets(1978-2023)

单位：亿元、%(100 million yuan、%)

年份 Year	全社会投资 Total Investment	固定资产投资 Investment in Fixed Assets	投资项目投资 Investment In projects
1978	23.23		
1980	33.25		
1985	102.20		
1986	127.39		
1987	156.20		
1988	188.95		
1989	179.49		
1990	186.96		
1991	239.75		
1992	361.18		
1993	683.83		
1994	1006.39		
1995	1357.90		
1996	1617.53		
1997	1694.57		
1998	1847.93		
1999	1886.04		
2000	2267.22		
2001	2776.69		
2002	3596.31		
2003	4993.57	4180.38	3200.33
2004	6059.78	5384.38	4031.31
2005	6696.25	6138.39	4681.90
2006	7593.66	6964.28	5390.01
2007	8420.43	7704.90	5883.23
2008	9323.00	8550.71	6527.59
2009	10742.32	9906.46	7652.19
2010	12376.04	11451.98	8426.55
2011		14077.25	9602.90
2012		17095.96	11869.69
2013		20194.07	13977.82
2014		23554.76	16292.38
2015		26664.72	19552.79
2016		29571.00	22101.63
2017		31125.99	22899.21
2018比上年增长 Increased over the previous year in 2018		7.1	-1.7
2019比上年增长 Increased over the previous year in 2019		10.1	12.2
2020比上年增长 Increased over the previous year in 2020		5.4	4.4
2021比上年增长 Increased over the previous year in 2021		10.8	12.4
2022比上年增长 Increased over the previous year in 2022		9.1	12.6
2023比上年增长 Increased over the previous year in 2023		6.1	8.9

注：固定资产投资口径范围为计划总投资500万元及以上的投资项目和全部房地产开发投资；2018年比上年增长按可比口径计算，以后各表同。
Investment in Fixed Assets are those with planned investment from investment in projects over 5 million yuan and total real estate development investment.Increased over the previous year in 2018 is calculated at comparable price . The same applies to the relevant tables following.

3-2 固定资产投资按产业划分及重点领域投资（2019-2023年）
Investment in Fixed Assets by Industrial Division and Investment in Key Areas(2019-2023)

单位：%(%)

指标	Item	2019比上年增长 Increased over the Previous Year in 2019	2020比上年增长 Increased over the Previous Year in 2020	2021比上年增长 Increased over the Previous Year in 2021	2022比上年增长 Increased over the Previous Year in 2022	2023比上年增长 Increased over the Previous Year in 2023
固定资产投资	**Investment in Fixed Assets**	**10.1**	**5.4**	**10.8**	**9.1**	**6.1**
按投资主体划分	**By Ownership**					
国有投资	State-owned	17.2	8.7	14.8	15.9	16.3
非国有投资	Non-state-owned	6.8	3.7	8.6	5.2	-0.4
民间投资	Nongovernmental	7.2	2.6	8.9	4.7	-0.2
按项目划分	**By Project**					
项目投资	Project	12.2	4.4	12.4	12.6	8.9
基础设施投资	Infrastucture	7.8	5.3	2.0	7.6	3.9
按产业划分	**By Industrial Division**					
农业投资	Primary Industry Investment	-5.3	60.1	5.4	-19.8	34.2
工业投资	Industry Investment	9.7	6.7	17.8	19.0	14.2
工业企业技术改造投资	Industrial Investment, Technical	6.3	2.6	13.9	16.3	7.4
制造业投资	Manufacturing Investment	12.9	3.4	19.8	17.0	14.1
装备制造业投资	High Technology Industry Investment	13.2	0.1	21.3	32.2	28.1
服务业投资	Investment in the Equipment Manufacturing Industry	10.4	5.0	9.0	6.6	3.5
信息传输、软件和信息技术服务业	Strategic Emerging Industry Investment	11.4	10.5	6.3	5.8	-2.3
重点领域投资	**Investment in Service Industry**					
水利、环境和公共设施管理业	Major Infrastructure Investment	4.1	-2.0	1.0	16.8	-0.8
生态保护和环境治理业	Investment in Major Industrial Projects	19.5	-1.1	-18.0	22.1	-30.0
高新技术产业投资	Water, Environmental and Public Facilities Management	21.8	7.4	20.5	22.9	21.1
高新技术产业（制造业）投资	Ecological Protection and Environmental Governance	18.3	7.6	24.8	23.9	23.8
高技术服务业投资	Investment in High and New Technology Industry	34.4	6.7	6.8	18.9	10.3

注：1. 2018年起基础设施投资口径有调整，教育、卫生等公共服务领域投资不包含在内。
Infrastructure investment has been adjusted, and investment in public services such as education and health is not included since 2018.
2. 2018年起工业企业技术改造投资口径变化。以后各表同。
he caliber of investment indicators for technological -webkit-transformation of industrial enterprises has changed since 2018.The same applies applies to the relevant tables following.

3-3 固定资产投资完成情况（2019-2023年）
Investment In Fixed Assets(2019-2023)

单位：%(%)

指标	Item	2019比上年增长 Increased over the Previous Year in 2019	2020比上年增长 Increased over the Previous Year in 2020	2021比上年增长 Increased over the Previous Year in 2021	2022比上年增长 Increased over the Previous Year in 2022	2023比上年增长 Increased over the Previous Year in 2023
投资额	**Total Investment**	**10.1**	**5.4**	**10.8**	**9.1**	**6.1**
投资项目	Projects	12.2	4.4	12.4	12.6	8.9
按登记注册类型分	**by Registered Type**					
内资	Domestic Funds	10.2	4.8	11.3	9.4	6.3
港澳台商投资	Investment from HongKong,Macao and Taiwan	11.3	-1.1	11.6	-7.1	-4.3
外商投资	Investment from Foreign	6.0	45.7	-7.1	21.8	9.4
按国有及非国有情况分	**by State and Non-state Owned**					
国有及国有控股企业投资	State-owned and State-holding	17.2	8.7	14.8	15.9	16.3
非国有投资	Non-state-owned	6.8	3.7	8.6	5.2	-0.4
#民间投资	Nongovernmental	7.2	2.6	8.9	4.7	-0.2
按构成分	**by Structure**					
建筑安装工程	Construction and Installation	20.9	5.7	13.2	4.4	1.9
设备工器具购置	Purchase of Equipment and Tools	-7.3	21.0	9.6	12.3	10.4
购置旧设备	Purchase of Old Equipment	-11.9	-41.1	79.2	-87.5	93.5
其他费用	Others	1.1	1.4	7.2	16.1	11.1
旧建筑物购置费	Purchase of Old Equipment	-19.6	30.4	-86.3	-6.7	-42.8
建筑用地费	Construction land fee	-0.2	-6.9	6.7	19.3	14.4
资金来源合计	**Source of Funds**					
上年末结余资金	Surplus Funds Last Year	18.5	6.3	5.4	15.8	107.6
本年资金来源小计	Funds This Year	7.4	20.7	7.7	-3.8	-5.7
#国家预算内资金	State Budgetary Appropriations	-11.4	7.0	-8.4	26.3	50.7
国内贷款	Domestic Loans	9.7	22.0	0.0	-8.9	-13.6
债券	Debenture	17.6	31.9	127.9	-35.1	5.5
利用外资	Foreign Investment	39.4	-0.3	-34.3	-2.1	34.3
自筹资金	Fundraising	3.2	17.3	7.6	5.3	5.5
其他资金	Others	14.8	26.1	12.9	-14.3	-25.6

3-4 分行业固定资产投资（2021-2023年）
Investment in Fixed Assets by Sector(2021-2023)

指标	Item	固定资产投资 Investment and Fixed Assets		
		2021比上年增长(%) Increased over the Previous Year in 2021 (%)	2022比上年增长(%) Increased over the Previous Year in 2022 (%)	2023比上年增长(%) Increased over the Previous Year in 2023 (%)
总计	**Total**	**10.8**	**9.1**	**6.1**
第一产业	Primary Industry	2.7	-33.8	44.8
第二产业	Secondary Industry	17.8	18.9	14.2
#工业企业技术改造投资	Investment in Technological Renovation of Industrial Enterprises	13.9	16.3	7.4
#装备制造业投资	Investment in the equipment manufacturing industry	21.3	32.2	28.1
高新技术产业投资	High-tech industry investment	24.8	23.9	21.1
第三产业	Tertiary Industry	9.0	6.6	3.5
#高技术服务业投资	High technology service industry investment	6.8	18.9	10.3
按国民经济行业分组	**By Sector**			
农林牧渔业	**Farming,Forestry,Animal Husbandry and Fishery**	**5.4**	**-19.8**	**34.2**
农业	Farming	-30.5	13.2	127.0
林业	Forestry	18.7	141.3	11.2
畜牧业	Animal Husbandry	21.3	-54.3	-28.7
渔业	Fishery	-4.2	18.1	117.3
农林牧渔专业及辅助性活动	Agriculture, Forestry, Animal Husbandry and Fisheries Professional and Supplementary Activities	17.4	34.8	13.8
采矿业	**Ming and Quarrying**	**5.5**	**53.6**	**-8.9**
煤炭开采和洗选业	Coal Mining and Dressing			
石油和天然气开采业	Petroleum and Natural Gas Extraction			
黑色金属矿采选业	Ferrous Metals Mining and Dressing	45.2	227.0	74.2
有色金属矿采选业	Nonferrous Metals Mining and Dressing	-100.0		
非金属矿采选业	Nonmetal Minerals Mining and Dressing	14.3	52.7	-11.6
开采专业及辅助活动	Mining Professional and Auxiliary Activities	-100.0		-100.0
其他采矿业	Other Minerals Mining and Dressing	-93.6	376.6	360.6

续表1 Continued

指标	Item	固定资产投资 Investment and Fixed Assets 2021比上年增长(%) Increased over the Previous Year in 2021 (%)	2022比上年增长(%) Increased over the Previous Year in 2022 (%)	2023比上年增长(%) Increased over the Previous Year in 2023 (%)
制造业	**Manufacturing**	**19.8**	**17.0**	**14.1**
农副食品加工业	Non-staple Food Processing	19.5	32.5	1.0
食品制造业	Food Manufacturing	36.5	18.1	11.8
酒、饮料和精制茶制造业	Wine,Soft Drinks and Refined Tea Manufacturing	8.8	21.1	3.6
烟草制品业	Tobacco Processing	-35.9	18.5	49.6
纺织业	Textile Industry	9.5	2.5	-23.2
纺织服装、服饰业	Garments,Shoes and Hats Manufacturing	12.7	-0.2	-5.9
皮革、毛皮、羽毛及其制品和制鞋业	Leather,Furs,Down and Related Products	2.7	-2.5	7.9
木材加工及木、竹、藤、棕、草制品业	Timber Processing,Bamboo,Cane Palm Fiber and Straw Products	-9.8	20.4	3.2
家具制造业	Furniture Manufacturing	1.8	14.4	-1.1
造纸及纸制品业	Papermaking and Paper Products	33.1	5.5	-8.9
印刷和记录媒介复制业	Printing and Record Medium Reproduction	-12.9	-8.0	-23.2
文教、工美、体育和娱乐用品制造业	Cultural and Educational,Arts and Crafts, Sports and Entertainment Goods	8.0	20.6	-16.4
石油、煤炭及其他燃料加工业	Petroleum, Coal and Other Fuel Processing Industry	17.7	-41.7	7.9
化学原料及化学制品制造业	Raw Chemical Materials and Chemical Products	29.9	-2.8	-7.5
医药制造业	Medical and Pharmaceutical Products	32.5	30.5	-2.8
化学纤维制造业	Chemical Fiber	2.6	-32.8	0.0
橡胶和塑料制品业	Rubber and plastic products	22.8	19.8	-9.0
非金属矿物制品业	Nonmetal Mineral Products	11.4	-5.2	12.9
黑色金属冶炼及压延加工业	Smelting and Pressing of Ferrous Metals	7.2	5.5	-2.2
有色金属冶炼及压延加工业	Smelting and Pressing of Nonferrous Metals	32.0	-6.6	34.5
金属制品业	Metal Products	26.1	29.0	-8.8
通用设备制造业	Ordinary Machinery	9.3	31.4	8.5
专用设备制造业	For Special Purpose Equipment Manufacturing	20.4	28.1	22.9
汽车制造业	Automobile manufacturing industry	1.2	13.7	17.4

续表2 Continued

指标	Item	固定资产投资 Investment and Fixed Assets		
		2021比上年增长(%) Increased over the Previous Year in 2021 (%)	2022比上年增长(%) Increased over the Previous Year in 2022 (%)	2023比上年增长(%) Increased over the Previous Year in 2023 (%)
铁路、船舶、航空航天和其他运输设备制造业	Railway, shipbuilding, aerospace, and other transportation equipment manufacturing industry	29.5	10.8	34.4
电气机械及器材制造业	Electric Equipment and Machinery	16.5	54.8	54.1
计算机、通信和其他电子设备制造业	Telecommunications Equipment, Computer and Other Electronic Equipment Manufacturing	59.2	35.7	39.5
仪器仪表制造业	Instruments Manufacturing	35.7	20.6	6.6
其他制造业	Other Manufacturing	-33.2	25.1	13.0
废弃资源综合利用业	Comprehensive Utilization of Waste Resources	9.2	8.1	78.3
金属制品、机械和设备修理业	Metal products, machinery and equipment repair	-17.9	27.3	96.9
电力、热力、燃气及水生产和供应业	**Electricity,Gas and Water Production and Supply**	**7.3**	**29.7**	**16.4**
电力、热力生产和供应业	Production and Supply of Electricity and HeatingPower	10.7	35.8	11.2
燃气生产和供应业	Production and Supply of Gas	-30.7	8.4	173.3
水的生产和供应业	Production and Supply of Water	2.0	5.0	19.7
建筑业	**Construction**	**29.8**	**-52.5**	**184.7**
房屋建筑业	Housing industry	45.4	47.8	29.6
土木工程建筑业	Civil engineering construction	37.8	-80.7	511.6
建筑安装业	Installation			113.6
建筑装饰、装修和其他建筑业	Architectural Decoration, Decoration and Other Construction Industries	-68.4	-28.6	-54.0
批发和零售业	**Wholesale and Retail Trade**	**-30.8**	**-14.8**	**-3.4**
批发业	Wholesale	-9.1	-21.7	48.0
零售业	Retail Sale	-34.8	-13.1	-15.3
交通运输、仓储和邮政业	**Transport,Storage and Post**	**3.8**	**-3.9**	**3.9**
铁路运输业	Railway Transport	2.8	-23.9	20.8
道路运输业	Highway Transport	2.9	-3.0	-3.1
水上运输业	Waterway Transport	-4.0	60.3	30.8

续表3 Continued

指标	Item	固定资产投资 Investment and Fixed Assets		
		2021比上年增长(%) Increased over the Previous Year in 2021 (%)	2022比上年增长(%) Increased over the Previous Year in 2022 (%)	2023比上年增长(%) Increased over the Previous Year in 2023 (%)
航空运输业	Air Transport	−2.2	−34.9	−14.1
管道运输业	Pipeline Transport	26.4	82.8	−47.4
多式联运和运输代理业	Multimodal Transport and Transport Agent Industry	−29.2	108.6	52.4
装卸搬运和仓储业	Handling and Warehousing Industry	34.5	0.4	41.8
邮政业	Postal Services	107.7	−52.1	−40.4
住宿和餐饮业	**Hotels and Catering Services**	**11.7**	**−7.4**	**−3.8**
住宿业	Hotels	10.7	−9.3	−1.2
餐饮业	Catering Services	41.3	41.2	−46.6
信息传输、软件和信息技术服务业	**Information Transmission Software and Information Technology Services**	**6.3**	**5.8**	**−2.3**
电信、广播电视和卫星传输服务	Telecommunication,Radio and Television, Satellite Transmission Services	−0.8	4.1	2.6
互联网和相关服务	The Internet and related services	−18.3	−16.3	4.5
软件和信息技术服务业	Software and Information Technology Services	66.7	28.6	−10.6
金融业	**Banking**	**13.0**	**29.3**	**8.0**
货币金融服务	Monetary and financial services	−3.2	23.8	15.2
资本市场服务	Capital market services	−100.0		
保险业	Insurance	−55.0	−56.7	194.0
其他金融业	Other financial sector	746.1	67.8	−19.9
房地产业	**Real Estate**	**10.2**	**5.7**	**2.4**
房地产业	Real Estate	10.2	5.7	2.4
租赁和商务服务业	**Renting and Business Services**	**27.6**	**8.4**	**9.7**
租赁业	Leasing	37.1	−23.0	149.5
商务服务业	Commercial Services	27.5	8.7	8.6
科学研究和技术服务业	**Scientific Research and Technic Service**	**19.2**	**36.9**	**42.5**
研究与试验发展	Research and Experiment Development	−7.9	69.0	38.9
专业技术服务业	Technical Services	25.1	6.4	50.1
科技推广和应用服务业	Promotion and Application of Science and Technology Services	43.9	24.8	43.8

续表4 Continued

指标	Item	固定资产投资 Investment and Fixed Assets		
		2021比上年增长(%) Increased over the Previous Year in 2021 (%)	2022比上年增长(%) Increased over the Previous Year in 2022 (%)	2023比上年增长(%) Increased over the Previous Year in 2023 (%)
水利、环境和公共设施管理业	**Water Conservancy，Environment and Public Facilities Management**	**1.0**	**16.8**	**-0.8**
水利管理业	Water Conservancy	-6.4	27.2	33.3
生态保护和环境治理业	Ecological protection and environmental governance industry	-18.0	22.1	-30.0
公共设施管理业	Public Facilities	4.6	14.4	-5.7
居民服务、修理和其他服务业	**Service for the Residents and Others**	**6.3**	**80.0**	**1.5**
居民服务业	Resident Services	-11.8	138.0	7.9
机动车、电子产品和日用产品修理业	Motor Vehicle,Electronic and Household Goods Repair Industry	97.9	70.2	-51.7
其他服务业	Other Services	37.8	-5.1	-6.3
教育	**Education**	**32.6**	**8.7**	**15.9**
教育	Education	32.6	8.7	15.9
卫生和社会工作	**Culture,Sports and Recreation**	**37.0**	**54.3**	**3.7**
卫生	Health Care	47.2	61.9	4.9
社会工作	Social work	1.6	15.9	-4.3
文化、体育和娱乐业	**Culture,Sports and Entertainment**	**14.5**	**2.3**	**13.3**
新闻和出版业	News and Publishing			
广播、电视、电影和影视录音制作业	Television,Radion,Film and Television Sound Recording Production	20.4	-21.6	5.3
文化艺术业	Culture and Arts	22.7	22.8	8.7
体育	Sports	-3.7	-18.7	19.0
娱乐业	Recreation	28.6	-10.2	22.6
公共管理、社会保障和社会组织	**Public Administration,Social Security and Social Organization**	**15.6**	**21.8**	**0.6**
中国共产党机关	Communist Party Agencies	4.9	-72.1	313.5
国家机构	Government Agencies	26.8	22.8	-9.1
人民政协、民主党派	The CPPSS,democratic Parties			
社会保障	Social security	-82.4	-100.0	
群众团体、社会团体和其他成员组织	Mass Organizations,Social Groups and Other Members of the Organization	-55.3	52.8	73.2
基层群众自治组织	Mass Grassroots Organizations	87.3	-8.1	27.1

3-5 国有及国有控股经济分行业投资和资金来源
Investment and Sources of Funds in State-owned and State-holding Units by Sector

单位：%(%)

指标	Item	2020年比上年增长 Increased over the Previous Year in 2020	2021年比上年增长 Increased over the Previous Year in 2021	2022年比上年增长 Increased over the Previous Year in 2022	2023年比上年增长 Increased over the Previous Year in 2023
投资总计	**Total Investment**	**8.7**	**14.8**	**15.9**	**16.3**
第一产业	Primary Industry	88.0	-14.6	54.4	142.2
第二产业	Secondary Industry	26.2	20.4	26.8	36.7
第三产业	Tertiary Industry	6.8	14.2	14.5	13.3
按国民经济行业分组	**By Sector**				
农林牧渔业	**Farming,Forestry,Animal Husbandry and Fishery**	**35.1**	**0.3**	**24.7**	**72.9**
农业	Farming	135.9	-41.9	87.9	182.8
林业	Forestry	4218.2	213.0	138.1	18.6
牧业	Animal Husbandry	4829.1	105.7	-61.9	62.5
渔业	Fishery	-99.8	8550.0	396.2	74.3
农林牧渔专业及辅助性活动	Agriculture, Forestry, Animal Husbandry and Fisheries Professional and Supplementary Activities	14.1	10.1	9.5	23.1
采矿业	**Ming and Quarrying**	**42.8**	**-27.2**	**54.1**	**29.4**
煤炭开采和洗选业	Coal Mining and Dressing				
石油和天然气开采业	Petroleum and Natural Gas Extraction				
黑色金属矿采选业	Ferrous Metals Mining and Dressing				
有色金属矿采选业	Nonferrous Metals Mining and Dressing				
非金属矿采选业	Nonmetal Minerals Mining and Dressing	33.8	-22.3	52.0	23.0
开采专业及辅助活动	Mining Professional and Auxiliary Activities				
其他采矿业	Other Minerals Mining and Dressing		-99.4	4201.1	467.9
制造业	**Manufacturing**	**15.1**	**34.0**	**25.5**	**69.6**
农副食品加工业	Non-staple Food Processing	-74.5	120.9	69.7	3.2
食品制造业	Food Manufacturing	145.5	75.0	-46.6	51.5
酒、饮料和精制茶制造业	Wine,Soft Drinks and Refined Tea Manufacturing	325.6	203.6	-7.6	77.1
烟草制品业	Tobacco Processing	-4.8	-36.5	20.1	46.7
纺织业	Textile Industry	-95.5	1182.0	20.3	8.6
纺织服装、服饰业	Garments,Shoes and Hats Manufacturing	-55.5	24.2	-40.1	47.6
皮革、毛皮、羽毛(绒)及其制品业	Leather,Furs,Down and Related Products	153.7	9.0	-62.0	-72.3
木材加工及木、竹、藤、棕、草制品业	Timber Processing,Bamboo,Cane Palm Fiber and Straw Products	24.5	193.0	1.2	-60.3
家具制造业	Furniture Manufacturing		27.6	32.7	92.7
造纸及纸制品业	Papermaking and Paper Products	237.1	120.2	-51.7	122.1
印刷业和记录媒介的复制	Printing and Record Medium Reproduction	25.6	-8.1	-26.5	-28.0
文教、工美、体育和娱乐用品制造业	Cultural,Educational and Sports Goods	55.9	-74.3	-15.6	552.9

续表1 Continued

单位：%(%)

指标	Item	2020年比上年增长 Increased over the Previous Year in 2020	2021年比上年增长 Increased over the Previous Year in 2021	2022年比上年增长 Increased over the Previous Year in 2022	2023年比上年增长 Increased over the Previous Year in 2023
石油、煤炭及其他燃料加工业	Petroleum, Coal and Other Fuel Processing Industry	-43.7	90.2	12.8	51.6
化学原料及化学制品制造业	Raw Chemical Materials and Chemical Products	109.1	57.7	11.2	12.3
医药制造业	Medical and Pharmaceutical Products	11.5	-4.9	54.6	68.9
化学纤维制造业	Chemical Fiber		-58.4	9.9	866.6
橡胶和塑料制品业	Rubber and plastic products	-24.8	15.5	-13.3	260.2
非金属矿物制品业	Nonmetal Mineral Products	25.2	8.9	5.2	48.1
黑色金属冶炼及压延加工业	Smelting and Pressing of Ferrous Metals	-57.9	255.4	-45.8	62.4
有色金属冶炼及压延加工业	Smelting and Pressing of Nonferrous Metals	-42.6	115.3	-49.5	497.5
金属制品业	Metal Products	-59.5	-2.5	126.1	46.7
通用设备制造业	Ordinary Machinery	54.2	13.1	17.9	59.9
专用设备制造业	For Special Purpose Equipment Manufacturing	19.9	16.1	133.1	62.3
汽车制造业	Automobile manufacturing industry	-22.9	0.6	16.3	111.9
铁路、船舶、航空航天和其他运输设备制造业	Railway, shipbuilding, aerospace, and other transportation equipment manufacturing industry	-27.6	68.2	51.4	52.1
电气机械及器材制造业	Electric Equipment and Machinery	4.1	-50.6	329.2	183.9
计算机、通信和其他电子设备制造业	Telecommunications Equipment, Computer and Other Electronic Equipment Manufacturing	46.7	54.4	27.4	142.7
仪器仪表制造业	Instruments,Meters,Cultural and Office Machinery	-12.7	-30.2	-37.9	66.7
其他制造业	Handicraft Article and Other Manufacturing Industry	-85.8	-45.1	58.6	498.6
废弃资源综合利用业	Comprehensive Utilization of Waste Resources	40.4	48.7	15.1	347.3
金属制品、机械和设备修理业	Metal products, machinery and equipment repair	-78.7	-49.5	1106.8	-39.9
电力、燃气及水的生产和供应业	**Electricity,Gas and Water Production and Supply**	**31.9**	**15.2**	**27.0**	**16.5**
电力、热力的生产和供应业	Production and Supply of Electricity and Heating Power	35.6	21.4	31.6	11.0
燃气生产和供应业	Production and Supply of Gas	33.9	-40.1	33.5	257.8
水的生产和供应业	Production and Supply of Water	19.6	1.0	6.1	18.9
建筑业	**Construction**	**248.0**	**-72.0**	**279.4**	**195.6**
房屋建筑业	Housing industry				-41.1
土木工程建筑业	Civil engineering construction	248.0	-72.0	-100.0	
建筑安装业	Installation				
建筑装饰、装修和其他建筑业	Architectural Decoration, Decoration and Other Construction Industries				-70.0
批发和零售业	**Wholesale and Retail Trade**	**602.7**	**-58.2**	**-14.1**	**33.5**
批发业	Wholesale	-5.2	32.5	-34.2	178.3
零售业	Retail Sale	1194.7	-64.7	-8.8	5.6
交通运输、仓储和邮政业	**Transport,Storage and Post**	**8.2**	**5.3**	**-1.7**	**3.1**

续表2 Continued

单位：%(%)

指标	Item	2020年比上年增长 Increased over the Previous Year in 2020	2021年比上年增长 Increased over the Previous Year in 2021	2022年比上年增长 Increased over the Previous Year in 2022	2023年比上年增长 Increased over the Previous Year in 2023
铁路运输业	Railway Transport	71.0	9.2	−14.5	15.3
道路运输业	Highway Transport	1.3	3.9	−1.2	−2.6
水上运输业	Waterway Transport	−5.5	−1.7	39.9	34.0
航空运输业	Air Transport	17.7	3.6	−41.3	−22.2
管道运输业	Pipeline Transport	127.5	110.9	119.5	−52.4
多式联运和运输代理业	Multimodal Transport and Transport Agent Industry	8.3	−35.3	24.3	118.0
装卸搬运和仓储业	Handling and Warehousing Industry	28.2	61.1	28.3	95.6
邮政业	Postal Services	56.2	33.5	−66.4	−6.9
住宿和餐饮业	**Hotels and Catering Services**	**33.3**	**102.6**	**6.9**	**6.5**
住宿业	Hotels	33.0	103.1	1.3	15.5
餐饮业	Catering Services	40.4	93.2	116.5	−77.6
信息传输、软件和信息技术服务业	**Information Transmission Software and Information Technology Services**	**−7.8**	**50.6**	**46.2**	**15.7**
电信、广播电视和卫星传输服务	Telecommunication,Radio and Television, Satellite Transmission Services	−17.8	54.8	35.8	26.9
互联网和相关服务	The Internet and related services	51.8	16.9	−5.3	56.3
软件和信息技术服务业	Software and Information Technology Services	−43.5	124.3	138.1	−19.7
金融业	**Banking**	**−13.7**	**46.1**	**34.8**	**−39.0**
货币金融服务	Monetary and financial services	−38.1	38.7	75.9	−47.9
资本市场服务	Capital market services				
保险业	Insurance	51.1	−87.6	65.0	195.2
其他金融业	Other financial sector	−100.0		−6.3	−61.6
房地产业	**Real Estate**	**6.8**	**25.9**	**19.3**	**28.0**
房地产业	Real Estate	6.8	25.9	19.3	28.0
租赁和商务服务业	**Renting and Business Services**	**12.4**	**112.9**	**21.7**	**12.7**
租赁业	Leasing	−48.3	−100.0		
商务服务业	Commercial Services	13.0	113.8	21.7	12.2
科学研究和技术服务业	**Scientific Research and Technic Service**	**24.8**	**9.4**	**72.7**	**65.5**
研究与试验发展	Research and Experiment Development	33.9	−42.7	173.9	61.5
专业技术服务业	Technical Services	9.5	60.8	16.0	47.4
科技推广和应用服务业	Promotion and Application of Science and Technology Services	19.5	56.5	44.3	72.2
水利、环境和公共设施管理业	**Water Conservancy，Environment and Public Utility**	**1.8**	**3.7**	**20.4**	**0.4**
水利管理业	Water Conservancy	−7.5	−0.9	28.9	32.6
生态保护和环境治理业	Ecological protection and environmental governance industry	−8.8	−5.8	19.1	−22.2
公共设施管理业	Public Facilities	4.9	5.3	18.7	−5.4

续表3 Continued

单位：%(%)

指标	Item	2020年比上年增长 Increased over the Previous Year in 2020	2021年比上年增长 Increased over the Previous Year in 2021	2022年比上年增长 Increased over the Previous Year in 2022	2023年比上年增长 Increased over the Previous Year in 2023
居民服务、修理和其他服务业	**Service for the Residents and Others**	**38.6**	**10.7**	**76.8**	**0.7**
居民服务业	Resident Services	51.5	-6.3	113.3	15.7
机动车、电子产品和日用产品修理业	Motor vehicle repair industry, electronic products and daily products				
其他服务业	Other Services	5.5	72.8	4.0	-61.4
教育	**Education**	**-7.3**	**35.7**	**12.5**	**16.2**
教育	Education	-7.3	35.7	12.5	16.2
卫生和社会工作	**Culture,Sports and Recreation**	**28.2**	**52.3**	**70.2**	**6.3**
卫生	Health Care	29.2	58.6	72.7	5.6
社会工作	Social work	21.5	7.8	44.4	15.3
文化、体育和娱乐业	**Culture,Sports and Entertainment**		**10.2**	**8.9**	**27.4**
新闻和出版业	News and Publishing	-100.0			
广播、电视、电影和影视录音制作业	Television,Radion,Film and Television Sound Recording Production	15.8	19.1	-15.0	17.8
文化艺术业	Culture and Arts	-1.9	37.6	30.4	19.5
体育	Sports	3.2	-13.5	-22.9	26.2
娱乐业	Recreation	-29.6	18.7	116.7	132.5
公共管理、社会保障和社会组织	**Public Administration,Social Security and Social Organization**	**-0.7**	**29.8**	**19.7**	**-9.1**
中国共产党机关	Communist Party Agencies	-75.3	4.9	-72.1	313.5
国家机构	Government Agencies	4.0	27.1	21.9	-10.0
人民政协、民主党派	The CPPSS,democratic Parties				
社会保障	Social security	-82.9	227.6	-100.0	
群众团体、社会团体和其他成员组织	Mass Organizations,Social Groups and Other Members of the Organization	-76.8	607.8	-38.9	45.2
基层群众自治组织	Mass Grassroots Organizations	-61.9	97.0	-21.1	3.6
自年初累计资金来源合计	**Source of Funds**				
上年末结余资金	Surplus Funds Last Year	-6.8	13.0	27.1	22.0
本年资金来源小计	Funds This Year	19.3	17.6	7.3	15.3
#国家预算内资金	State Budgetary Appropriations	9.9	-10.3	16.7	47.2
国内贷款	Domestic Loans	5.4	20.1	-6.4	14.3
债券	Debenture	34.0	124.6	-46.0	1.2
利用外资	Foreign Investment	-34.7	-19.0	-19.0	209.9
自筹资金	Fundraising	27.0	21.9	14.1	16.7
其他资金	Others	31.4	24.0	5.6	-8.7

3-6 港澳台经济分行业投资和资金来源
Investment and Sources of Funds in HongKong,Macao and Taiwan Units by Sector

单位：%(%)

指标	Item	2020年比上年增长 Increased over the Previous Year in 2020	2021年比上年增长 Increased over the Previous Year in 2021	2022年比上年增长 Increased over the Previous Year in 2022	2023年比上年增长 Increased over the Previous Year in 2023
投资总计	**Total Investment**	**-1.1**	**11.6**	**-7.1**	**-4.3**
第一产业	Primary Industry	-64.2	416.4	-64.4	28.0
第二产业	Secondary Industry	8.9	22.4	9.3	-6.5
第三产业	Tertiary Industry	-6.4	4.6	-18.9	-2.2
按国民经济行业分组	**By Sector**				
农林牧渔业	**Farming,Forestry,Animal Husbandry and Fishery**	**-64.2**	**416.4**	**-64.4**	**28.0**
农业	Farming	-60.6	303.9	-61.0	40.4
林业	Forestry				
牧业	Animal Husbandry			-76.7	-46.7
渔业	Fishery	-100.0			
农林牧渔专业及辅助性活动	Agriculture, Forestry, Animal Husbandry and Fisheries Professional and Supplementary Activities				
采矿业	**Ming and Quarrying**				
煤炭开采和洗选业	Coal Mining and Dressing				
石油和天然气开采业	Petroleum and Natural Gas Extraction				
黑色金属矿采选业	Ferrous Metals Mining and Dressing				
有色金属矿采选业	Nonferrous Metals Mining and Dressing				
非金属矿采选业	Nonmetal Minerals Mining and Dressing				
开采专业及辅助活动	Mining Professional and Auxiliary Activities				
其他采矿业	Other Minerals Mining and Dressing				
制造业	**Manufacturing**	**4.8**	**26.8**	**2.6**	**-12.6**
农副食品加工业	Non-staple Food Processing	9.3	188.6	29.3	-29.1
食品制造业	Food Manufacturing	-7.6	157.6	-29.1	63.4
酒、饮料和精制茶制造业	Wine,Soft Drinks and Refined Tea Manufacturing	-48.2	186.6	451.2	-16.5
烟草制品业	Tobacco Processing			-34.1	95.7
纺织业	Textile Industry	-11.7	-14.0	2.5	-36.0
纺织服装、服饰业	Garments,Shoes and Hats Manufacturing	4.3	5.3	15.3	-9.5
皮革、毛皮、羽毛(绒)及其制品业	Leather,Furs,Down and Related Products	-45.3	99.1	148.7	45.0
木材加工及木、竹、藤、棕、草制品业	Timber Processing,Bamboo,Cane Palm Fiber and Straw Products	243.0	1.0	-31.4	-100.0
家具制造业	Furniture Manufacturing	39.2	-2.2	-23.1	114.1
造纸及纸制品业	Papermaking and Paper Products	104.0	109.0	-29.9	11.2
印刷业和记录媒介的复制	Printing and Record Medium Reproduction	-52.5	21.7	18.5	89.1
文教、工美、体育和娱乐用品制造业	Cultural,Educational and Sports Goods	-44.4	37.3	76.1	4.9

续表1 Continued

单位：%(%)

指标	Item	2020年比上年增长 Increased over the Previous Year in 2020	2021年比上年增长 Increased over the Previous Year in 2021	2022年比上年增长 Increased over the Previous Year in 2022	2023年比上年增长 Increased over the Previous Year in 2023
石油、煤炭及其他燃料加工业	Petroleum, Coal and Other Fuel Processing Industry	70.5	73.2	59.5	32.7
化学原料及化学制品制造业	Raw Chemical Materials and Chemical Products	9.8	43.1	−7.9	−39.0
医药制造业	Medical and Pharmaceutical Products	149.4	104.8	40.0	−0.6
化学纤维制造业	Chemical Fiber	73.1	−26.1	−43.9	−32.1
橡胶和塑料制品业	Rubber and plastic products	−19.3	16.5	2.2	−38.8
非金属矿物制品业	Nonmetal Mineral Products	207.0	140.2	49.6	−39.6
黑色金属冶炼及压延加工业	Smelting and Pressing of Ferrous Metals	−96.6	67.4	107.6	−23.9
有色金属冶炼及压延加工业	Smelting and Pressing of Nonferrous Metals	152.9	12.4	−54.2	−32.1
金属制品业	Metal Products	−5.0	−8.1	5.3	−35.4
通用设备制造业	Ordinary Machinery	−4.6	23.1	16.1	−30.4
专用设备制造业	For Special Purpose Equipment Manufacturing	9.5	15.5	43.6	−6.3
汽车制造业	Automobile manufacturing industry	1.7	42.2	−9.2	−35.9
铁路、船舶、航空航天和其他运输设备制造业	Railway, shipbuilding, aerospace, and other transportation equipment manufacturing industry	−15.0	233.0	27.1	76.4
电气机械及器材制造业	Electric Equipment and Machinery	−43.8	−6.7	−23.5	25.1
计算机、通信和其他电子设备制造业	Telecommunications Equipment, Computer and Other Electronic Equipment Manufacturing	−25.2	15.5	8.9	54.4
仪器仪表制造业	Instruments,Meters,Cultural and Office Machinery	1067.5	193.2	54.3	14.7
其他制造业	Handicraft Article and Other Manufacturing Industry	−79.7	35.8	−32.1	102.4
废弃资源综合利用业	Comprehensive Utilization of Waste Resources	−47.9	112.3	−21.1	−63.1
金属制品、机械和设备修理业	Metal products, machinery and equipment repair	90.2	−43.7	−39.4	122.9
电力、燃气及水的生产和供应业	**Electricity,Gas and Water Production and Supply**	**213.5**	**−50.5**	**288.2**	**61.3**
电力、热力的生产和供应业	Production and Supply of Electricity and Heating Power	332.6	−50.9	339.4	61.7
燃气生产和供应业	Production and Supply of Gas	47.7	−26.6	−10.9	58.2
水的生产和供应业	Production and Supply of Water	−17.6	−90.9	10.6	−55.8
建筑业	**Construction**				
房屋建筑业	Housing industry				
土木工程建筑业	Civil engineering construction				
建筑安装业	Installation				
建筑装饰、装修和其他建筑业	Architectural Decoration, Decoration and Other Construction Industries				
批发和零售业	**Wholesale and Retail Trade**	**0.3**	**41.6**	**33.5**	**7.2**
批发业	Wholesale	1953.2	38.2	316.2	−12.0
零售业	Retail Sale	−23.6	42.7	−56.7	65.9
交通运输、仓储和邮政业	**Transport,Storage and Post**	**32.1**	**2.3**	**−41.9**	**−16.2**

续表2 Continued

单位：%(%)

指标	Item	2020年比上年增长 Increased over the Previous Year in 2020	2021年比上年增长 Increased over the Previous Year in 2021	2022年比上年增长 Increased over the Previous Year in 2022	2023年比上年增长 Increased over the Previous Year in 2023
铁路运输业	Railway Transport				
道路运输业	Highway Transport	45.6	−38.5	0.3	−11.3
水上运输业	Waterway Transport	−13.1	−71.0	−37.4	151.2
航空运输业	Air Transport	62.5	−2.4	−68.3	−62.6
管道运输业	Pipeline Transport				52.3
多式联运和运输代理业	Multimodal Transport and Transport Agent Industry				76.6
装卸搬运和仓储业	Handling and Warehousing Industry	−16.2	90.0	−20.7	−10.0
邮政业	Postal Services			−100.0	
住宿和餐饮业	**Hotels and Catering Services**	**−24.1**	**42.4**	**−31.6**	**76.4**
住宿业	Hotels	−38.7	76.3	−38.2	77.1
餐饮业	Catering Services		−100.0		69.8
信息传输、软件和信息技术服务业	**Information Transmission Software and Information Technology Services**	**−39.3**	**−12.7**	**−23.4**	**−19.6**
电信、广播电视和卫星传输服务	Telecommunication,Radio and Television, Satellite Transmission Services	−98.1	95.9	−26.3	3.3
互联网和相关服务	The Internet and related services	−2.8	−28.3	−26.5	−11.7
软件和信息技术服务业	Software and Information Technology Services	32.8	52.1	−16.2	−36.8
金融业	**Banking**				
货币金融服务	Monetary and financial services				
资本市场服务	Capital market services				
保险业	Insurance				
其他金融业	Other financial sector				
房地产业	**Real Estate**	**10.1**	**16.4**	**−9.7**	**7.1**
房地产业	Real Estate	10.1	16.4	−9.7	7.1
租赁和商务服务业	**Renting and Business Services**	**−21.5**	**−26.6**	**26.3**	**−1.0**
租赁业	Leasing	32.2	−100.0		
商务服务业	Commercial Services	−21.8	−25.9	26.3	−1.0
科学研究和技术服务业	**Scientific Research and Technic Service**	**17.6**	**118.8**	**−6.2**	**8.5**
研究与试验发展	Research and Experiment Development	61.7	159.3	−4.3	−0.3
专业技术服务业	Technical Services	−45.5	136.2	17.9	196.7
科技推广和应用服务业	Promotion and Application of Science and Technology Services	−28.3	10.4	−21.6	31.4
水利、环境和公共设施管理业	**Water Conservancy，Environment and Public Utility**	**0.6**	**−42.1**	**−61.8**	**−6.6**
水利管理业	Water Conservancy	6.1	2061.1	−62.4	−74.8
生态保护和环境治理业	Ecological protection and environmental governance industry	129.1	−42.4	−62.3	−16.0
公共设施管理业	Public Facilities	−19.9	−58.6	−61.2	26.5

续表3 Continued

单位：%(%)

指标	Item	2020年比上年增长 Increased over the Previous Year in 2020	2021年比上年增长 Increased over the Previous Year in 2021	2022年比上年增长 Increased over the Previous Year in 2022	2023年比上年增长 Increased over the Previous Year in 2023
居民服务、修理和其他服务业	**Service for the Residents and Others**	**-12.9**	**612.2**	**63.9**	**-56.0**
居民服务业	Resident Services	-12.9	-10.9	-13.9	-28.8
机动车、电子产品和日用产品修理业	Motor vehicle repair industry, electronic products and daily products			75.0	-57.9
其他服务业	Other Services				
教育	**Education**	**107.8**	**-48.5**	**16.8**	**-43.9**
教育	Education	107.8	-48.5	16.8	-43.9
卫生和社会工作	**Culture,Sports and Recreation**	**-22.1**	**-41.3**	**-36.4**	**-91.1**
卫生	Health Care	-22.1	-41.3	-36.4	-91.1
社会工作	Social work				
文化、体育和娱乐业	**Culture,Sports and Entertainment**	**-17.4**	**-4.3**	**28.8**	**-17.3**
新闻和出版业	News and Publishing				
广播、电视、电影和影视录音制作业	Television,Radion,Film and Television Sound Recording Production	-86.5	78.7	-100.0	
文化艺术业	Culture and Arts	-35.0	-100.0		62.0
体育	Sports	86.0	-10.6	-32.4	-89.5
娱乐业	Recreation	-71.8	46.6	10.0	-54.4
公共管理、社会保障和社会组织	**Public Administration,Social Security and Social Organization**				
中国共产党机关	Communist Party Agencies				
国家机构	Government Agencies				
人民政协、民主党派	The CPPSS,democratic Parties				
社会保障	Social security				
群众团体、社会团体和其他成员组织	Mass Organizations,Social Groups and Other Members of the Organization				
基层群众自治组织	Mass Grassroots Organizations				
自年初累计资金来源合计	**Source of Funds**				
上年末结余资金	Surplus Funds Last Year	57.6	44.7	-18.7	2212.0
本年资金来源小计	Funds This Year	3.9	-0.1	-5.5	-13.5
#国家预算内资金	State Budgetary Appropriations	159.2	-97.6	559.1	-54.4
国内贷款	Domestic Loans	26.4	20.1	12.2	-15.2
债券	Debenture				
利用外资	Foreign Investment	190.8	-53.0	-13.9	103.3
自筹资金	Fundraising	-4.0	-10.8	-12.8	-20.6
其他资金	Others	2.5	34.0	1.6	-8.0

3-7 外商经济分行业投资和资金来源
Investment and Sources of Funds in Foreign-owned Units by Sector

单位：%(%)

指标	Item	2020年比上年增长 Increased over the Previous Year in 2020	2021年比上年增长 Increased over the Previous Year in 2021	2022年比上年增长 Increased over the Previous Year in 2022	2023年比上年增长 Increased over the Previous Year in 2023
投资总计	**Total Investment**	**45.7**	**-7.1**	**21.8**	**9.4**
第一产业	Primary Industry	1291.1	54.7	-31.3	3.4
第二产业	Secondary Industry	10.0	11.9	22.2	5.7
第三产业	Tertiary Industry	110.1	-26.2	22.3	14.8
按国民经济行业分组	**By Sector**				
农林牧渔业	**Farming,Forestry,Animal Husbandry and Fishery**	**1291.1**	**56.4**	**-31.6**	**4.7**
农业	Farming	-100.0		935.5	-72.1
林业	Forestry	-100.0			
牧业	Animal Husbandry		51.7	-50.3	-29.9
渔业	Fishery				
农林牧渔专业及辅助性活动	Agriculture, Forestry, Animal Husbandry and Fisheries Professional and Supplementary Activities			-54.5	184.4
采矿业	**Ming and Quarrying**				
煤炭开采和洗选业	Coal Mining and Dressing				
石油和天然气开采业	Petroleum and Natural Gas Extraction				
黑色金属矿采选业	Ferrous Metals Mining and Dressing				
有色金属矿采选业	Nonferrous Metals Mining and Dressing				
非金属矿采选业	Nonmetal Minerals Mining and Dressing				
开采专业及辅助活动	Mining Professional and Auxiliary Activities				
其他采矿业	Other Minerals Mining and Dressing				
制造业	**Manufacturing**	**6.8**	**10.7**	**19.8**	**3.7**
农副食品加工业	Non-staple Food Processing	49.0	-24.2	-31.9	47.6
食品制造业	Food Manufacturing	-17.7	33.7	13.5	-38.7
酒、饮料和精制茶制造业	Wine,Soft Drinks and Refined Tea Manufacturing	276.5	-26.1	-17.0	-38.2
烟草制品业	Tobacco Processing				
纺织业	Textile Industry	21.9	-29.6	9.8	-48.4
纺织服装、服饰业	Garments,Shoes and Hats Manufacturing	29.9	83.3	-45.7	-50.0
皮革、毛皮、羽毛及其制品和制鞋业	Leather,Furs,Down and Related Products	200.5	-19.5	7.5	-90.5
木材加工及木、竹、藤、棕、草制品业	Timber Processing,Bamboo,Cane Palm Fiber and Straw Products	-28.5	-28.5	-52.3	-48.6
家具制造业	Furniture Manufacturing	-2.1	30.9	-3.9	-45.7
造纸及纸制品业	Papermaking and Paper Products	-11.0	4.0	-18.8	49.1
印刷和记录媒介复制业	Printing and Record Medium Reproduction	113.6	-33.7	-11.5	-54.5
文教、工美、体育和娱乐用品制造业	Cultural,Educational and Sports Goods	-24.5	52.2	18.4	15.6

续表1 Continued 单位：%(%)

指标	Item	2020年比上年增长 Increased over the Previous Year in 2020	2021年比上年增长 Increased over the Previous Year in 2021	2022年比上年增长 Increased over the Previous Year in 2022	2023年比上年增长 Increased over the Previous Year in 2023
石油、煤炭及其他燃料加工业	Petroleum, Coal and Other Fuel Processing Industry				
化学原料及化学制品制造业	Raw Chemical Materials and Chemical Products	34.1	76.3	4.0	-11.5
医药制造业	Medical and Pharmaceutical Products	26.7	14.6	65.2	-23.7
化学纤维制造业	Chemical Fiber	-57.5	-77.7	-59.3	-1.5
橡胶和塑料制品业	Rubber and plastic products	15.8	20.6	-13.0	55.3
非金属矿物制品业	Nonmetal Mineral Products	24.6	-16.2	22.4	-16.7
黑色金属冶炼及压延加工业	Smelting and Pressing of Ferrous Metals	-96.6	2976.8	233.9	-4.2
有色金属冶炼及压延加工业	Smelting and Pressing of Nonferrous Metals	114.7	290.1	-45.2	666.7
金属制品业	Metal Products	-20.6	55.5	-6.6	-24.1
通用设备制造业	Ordinary Machinery	-21.2	-17.2	41.8	-3.7
专用设备制造业	For Special Purpose Equipment Manufacturing	62.2	21.3	-0.8	43.0
汽车制造业	Automobile manufacturing industry	-5.3	-11.2	6.5	10.5
铁路、船舶、航空航天和其他运输设备制造业	Railway, shipbuilding, aerospace, and other transportation equipment manufacturing industry	712.8	-5.8	47.8	-14.8
电气机械及器材制造业	Electric Equipment and Machinery	-22.9	3.5	57.1	35.6
计算机、通信和其他电子设备制造业	Telecommunications Equipment, Computer and Other Electronic Equipment Manufacturing	13.9	28.4	41.9	-6.2
仪器仪表制造业	Instruments,Meters,Cultural and Office Machinery	164.8	-16.2	-11.6	-35.7
其他制造业	Handicraft Article and Other Manufacturing Industry	51.7	-83.4	29.8	-42.0
废弃资源综合利用业	Comprehensive Utilization of Waste Resources		-100.0		-47.2
金属制品、机械和设备修理业	Metal products, machinery and equipment repair	-5.4	11.1	247.7	-5.3
电力、热力、燃气及水生产和供应业	**Electricity,Gas and Water Production and Supply**	**193.1**	**38.2**	**66.6**	**30.7**
电力、热力生产和供应业	Production and Supply of Electricity and Heating Power	270.4	40.8	65.8	7.9
燃气生产和供应业	Production and Supply of Gas	-50.4	12.2	342.9	232.6
水的生产和供应业	Production and Supply of Water	390.2	25.3	-45.0	57.4
建筑业	**Construction**				
房屋建筑业	Housing industry				
土木工程建筑业	Civil engineering construction				
建筑安装业	Installation				
建筑装饰、装修和其他建筑业	Architectural Decoration, Decoration and Other Construction Industries				
批发和零售业	**Wholesale and Retail Trade**	**9.2**	**27.1**	**60.3**	**-73.3**
批发业	Wholesale	139.3	4.7	-65.9	-90.9
零售业	Retail Sale	-12.6	37.5	104.5	-72.2
交通运输、仓储和邮政业	**Transport,Storage and Post**	**98.1**	**-23.5**	**11.4**	**-25.6**

续表2 Continued

单位：%(%)

指标	Item	2020年比上年增长 Increased over the Previous Year in 2020	2021年比上年增长 Increased over the Previous Year in 2021	2022年比上年增长 Increased over the Previous Year in 2022	2023年比上年增长 Increased over the Previous Year in 2023
铁路运输业	Railway Transport				
道路运输业	Highway Transport	743.5	-64.4	-79.3	104.8
水上运输业	Waterway Transport	48.3	-18.7	41.9	-34.5
航空运输业	Air Transport				
管道运输业	Pipeline Transport	15.8	435.5	-80.7	522.4
多式联运和运输代理业	Multimodal Transport and Transport Agent Industry				
装卸搬运和仓储业	Handling and Warehousing Industry	41.2	-1.3	29.9	-32.3
邮政业	Postal Services				
住宿和餐饮业	**Hotels and Catering Services**	**70.3**	**-3.8**	**-54.6**	**-84.6**
住宿业	Hotels	70.3	-3.8	-54.6	-84.6
餐饮业	Catering Services				
信息传输、软件和信息技术服务业	**Information Transmission Software and Information Technology Services**	**4048.3**	**-97.1**	**-59.4**	**6350.4**
电信、广播电视和卫星传输服务	Telecommunication,Radio and Television, Satellite Transmission Services	32874.7	-99.1	-91.0	95764.8
互联网和相关服务	The Internet and related services	-52.8	-100.0		
软件和信息技术服务业	Software and Information Technology Services	515.6	52.4	-45.9	23.2
金融业	**Banking**		**66.5**	**22.0**	**44.2**
货币金融服务	Monetary and financial services		66.5	22.0	44.2
资本市场服务	Capital market services				
保险业	Insurance				
其他金融业	Other financial sector				
房地产业	**Real Estate**	**64.8**	**16.0**	**23.6**	**-9.1**
房地产业	Real Estate	64.8	16.0	23.6	-9.1
租赁和商务服务业	**Renting and Business Services**	**250.2**	**16.1**	**-55.6**	**190.0**
租赁业	Leasing				
商务服务业	Commercial Services	250.2	16.1	-55.6	173.7
科学研究和技术服务业	**Scientific Research and Technic Service**	**-51.5**	**-61.4**	**478.8**	**46.3**
研究与试验发展	Research and Experiment Development	-31.8	-91.8	1450.1	118.6
专业技术服务业	Technical Services	2.0	75.7	188.8	-50.7
科技推广和应用服务业	Promotion and Application of Science and Technology Services	-87.3	-90.6	3981.3	103.1
水利、环境和公共设施管理业	**Water Conservancy, Environment and Public Utility**	**-47.7**	**-63.5**	**151.2**	**-20.9**
水利管理业	Water Conservancy	-61.2	-100.0		
生态保护和环境治理业	Ecological protection and environmental governance industry	-11.5	-63.4	112.9	-27.2
公共设施管理业	Public Facilities	-90.7	-53.4	499.6	-0.5

续表3 Continued

单位：%(%)

指标	Item	2020年比上年增长 Increased over the Previous Year in 2020	2021年比上年增长 Increased over the Previous Year in 2021	2022年比上年增长 Increased over the Previous Year in 2022	2023年比上年增长 Increased over the Previous Year in 2023
居民服务、修理和其他服务业	**Service for the Residents and Others**	**3.5**	**-100.0**		**-53.5**
居民服务业	Resident Services				-53.5
机动车、电子产品和日用产品修理业	Motor vehicle repair industry, electronic products and daily products				
其他服务业	Other Services	3.5	-100.0		
教育	**Education**	**124.2**	**15.8**	**-36.8**	**-56.1**
教育	Education	124.2	15.8	-36.8	-56.1
卫生和社会工作	**Culture,Sports and Recreation**	**-15.3**	**-66.9**	**268.3**	**0.3**
卫生	Health Care	-31.4	-72.2	238.2	21.4
社会工作	Social work	2336.5	-45.0	330.9	-34.0
文化、体育和娱乐业	**Culture,Sports and Entertainment**	**-17.7**	**-83.2**	**55.2**	**18.3**
新闻和出版业	News and Publishing				
广播、电视、电影和影视录音制作业	Television,Radion,Film and Television Sound Recording Production				
文化艺术业	Culture and Arts	-100.0			
体育	Sports	-20.0	-88.7	6.4	20.1
娱乐业	Recreation		-18.0	133.8	17.0
公共管理、社会保障和社会组织	**Public Administration,Social Security and Social Organization**				
中国共产党机关	Communist Party Agencies				
国家机构	Government Agencies				
人民政协、民主党派	The CPPSS,democratic Parties				
社会保障	Social security				
群众团体、社会团体和其他成员组织	Mass Organizations,Social Groups and Other Members of the Organization				
基层群众自治组织	Mass Grassroots Organizations				
自年初累计资金来源合计	**Source of Funds**				
上年末结余资金	Surplus Funds Last Year	61.3	6.5	-30.6	6.8
本年资金来源小计	Funds This Year	48.6	-3.8	-5.4	8.0
#国家预算内资金	State Budgetary Appropriations	-94.6	394.1	8.5	774.0
国内贷款	Domestic Loans	1.2	3.5	77.9	-30.6
债券	Debenture	338.8	-77.5	-83.2	-15.0
利用外资	Foreign Investment	-37.1	-31.2	-16.3	-15.3
自筹资金	Fundraising	69.6	-14.5	-2.1	26.8
其他资金	Others	74.2	25.7	-33.9	-11.3

3-8 房地产开发投资主要指标（2018-2023年）
Main Indicators of Investment in Real Estate Development(2018-2023)

单位：亿元(100 million yuan)

指标	Item	2018	2019	2020	2021	2022	2023
开发投资额	**Development**	**9944.93**	**10682.97**	**11413.66**	**12389.10**	**12939.50**	**13319.18**
按登记注册类型分	**By Registered**						
内资	Domestic Funded Enterprises	9553.22	10322.36	10952.24	11865.90	12399.80	12804.88
港澳台商投资	Funded by Enterpreneurs From Hong Kong Macao and Taiwan	265.76	240.84	267.05	309.30	268.70	359.55
外商投资企业	Foreign Funded Enterprises	125.96	119.77	194.36	213.90	271.00	154.74
按构成分	**By Structure**						
建筑工程	Construction	3327.23	4245.86	4887.83	5482.40	5229.10	5135.45
安装工程	Installation	314.91	225.38	185.88	139.80	125.50	104.16
设备工器具购置	Purchase of Equipment and Instruments	73.68	76.95	56.00	48.80	43.20	43.00
其他费用	Others	6229.12	6134.78	6283.94	6718.10	7541.70	8036.56
旧建筑物购置费	Purchase of Old Buildings	9.15	6.40	16.35	3.40	4.80	2.58
土地购置费	Purchase of Land	5597.85	5364.02	5192.07	5614.70	6627.10	7226.55
按用途分	**By Purpose**						
住宅	Residential Buildings	7156.45	7727.11	8089.57	8801.50	9086.60	9273.88
办公楼	Office Buildings	382.66	419.87	479.74	457.40	529.90	571.76
商业营业用房	Commercial Buildings	788.19	783.79	802.22	890.40	888.40	845.55
其他	Others	1617.63	1752.19	2042.12	2239.80	2434.60	2627.98

续表 Continued 单位：亿元(100 million yuan)

指标	Item	2018	2019	2020	2021	2022	2023
新增固定资产	Newly Increased Fixed Assets	2937.19	3290.07	4013.88	4159.30	4175.60	6312.89
施工面积(万平方米)	Floor Space Under Construction (10000sq.m)	44537.06	49604.61	56725.08	58818.90	55955.10	55986.18
#住宅	Residential Building	27437.16	31175.94	36070.35	36911.50	34773.40	34016.12
竣工面积(万平方米)	Floor Space Completed(10000 sq.m)	5189.67	5738.82	6692.70	6387.10	6130.30	10094.63
#住宅	Residential Building	3047.84	3551.11	4266.78	4015.50	4064.20	6434.56
销售面积(万平方米)	Floor Space of Selling House (10000sq.m)	9755.49	9378.31	10250.30	9990.60	6815.30	6107.04
#住宅	Residential Building	7936.17	7803.99	8832.38	8423.70	5467.00	5113.32
资金来源情况	Source of Funds						
上年末结余资金	Surplus Funds Last Year	5261.79	6234.72	7012.65	7077.20	8228.50	8618.65
本年实际到位资金	Actual Funds in Place This Year	14248.78	15343.55	19658.89	20544.50	16670.10	13383.71
#国内贷款	Domestic Loans	2279.24	2586.11	3428.99	2893.30	2555.20	1901.99
利用外资	Foreign Investment	3.64	1.77	39.68	7.50	17.40	4.23
自筹资金	Fundraising	4503.43	4273.43	5489.69	5412.50	4245.30	4267.24
定金及预收款	Deposit and Advance	5064.16	5984.85	7857.52	8677.30	6861.90	4787.51
个人按揭贷款	Personal Mortgage Loan	1904.43	2075.65	2421.88	3113.90	2503.40	1999.40
其他到位资金	Other Funds in Place	493.87	421.75	421.13	440.00	487.00	423.34

3-9 各市固定资产投资完成情况
Investment In Fixed Assets by City

城市	City	投资额比上年增长(%) The Amount of Investment Increased over the Previous Year(%)		#投资项目比上年增长(%) The Amount of Projects Increased over the Previous Year(%)	
		2022	2023	2022	2023
合计	**Total**	**9.1**	**6.1**	**12.6**	**8.9**
杭州市	Hangzhou	6.0	2.8	4.9	-5.3
宁波市	Ningbo	10.4	7.5	17.6	10.6
温州市	Wenzhou	7.8	7.4	8.4	11.9
嘉兴市	Jiaxing	7.2	7.4	13.0	14.5
湖州市	Huzhou	9.1	10.4	13.1	25.1
绍兴市	Shaoxing	11.0	10.0	16.0	16.9
金华市	Jinhua	13.5	18.5	16.4	20.4
衢州市	Quzhou	17.7	11.4	23.1	12.8
舟山市	Zhoushan	4.0	8.1	5.9	16.5
台州市	Taizhou	6.5	-7.4	10.8	1.8
丽水市	Lishui	16.0	15.6	25.1	28.3

3-10　按资质等级分的房地产开发投资（2023年）
Investment in Real Estate Development by Classification(2023)

单位：亿元(100 million yuan)

指标	Item	投资额 Investment	一级 The First Grade	二级 The Second Grade	三级 The Third Grade
开发投资额	**Development**	**13319.18**	**186.75**	**3772.79**	**491.15**
按登记注册类型分	**By Registered**				
内资	Domestic Funded Enterprises	12804.88	165.08	3640.80	477.60
港澳台商投资	Funded by Enterpreneurs From Hong Kong Macao and Taiwan	359.55	2.63	56.96	12.09
外商投资	Foreign Funded Enterprises	154.74	19.04	75.03	1.46
按构成分	**By Structure**				
建筑工程	Construction	5135.45	73.34	1389.00	256.36
安装工程	Installation	104.16	0.65	23.69	5.41
设备工器具购置	Purchase of Equipment and Instruments	43.00	1.31	10.29	2.82
其他费用	Others	8036.56	111.45	2349.81	226.56
旧建筑物购置费	Purchase of Old Buildings	2.58		0.42	
土地购置费	Purchase of Land	7226.55	100.95	2108.14	188.43
按用途分	**By Purpose**				
住宅	Residential Buildings	9273.88	138.57	2680.36	337.85
办公楼	Office Buildings	571.76	1.47	111.83	17.68
商业营业用房	Commercial Buildings	845.55	9.16	202.82	42.76
其他	Others	2627.98	37.55	777.77	92.86

续表 Continued 单位：亿元(100 million yuan)

指标	Item	投资额 Investment	一级 The First Grade	二级 The Second Grade	三级 The Third Grade
新增固定资产	Newly Increased Fixed Assets	6312.89	95.11	1103.82	532.15
施工面积（万平方米）	Floor Space Under Construction (10000sq.m)	55986.18	748.41	13809.32	3662.59
#住宅	Residential Buildings	34016.12	504.44	8667.35	2110.45
竣工面积（万平方米）	Floor Space Completed(10000sq.m)	10094.63	146.48	1962.26	1094.67
#住宅	Residential Buildings	6434.56	95.61	1264.76	630.57
销售面积（万平方米）	Floor Space of Selling House (10000sq.m)	6107.04	131.65	1689.21	293.80
#住宅	Residential Buildings	5113.32	106.53	1476.69	209.57
资金来源情况	**Source of Funds**				
上年末结余资金	Surplus Funds Last Year	8618.65	86.70	2486.81	249.17
本年实际到位资金	Actual Funds in Place This Year	13383.71	167.26	4290.20	482.80
#国内贷款	Domestic Loans	1901.99	14.88	737.81	91.13
利用外资	Foreign Investment	4.23		4.23	
自筹资金	Fundraising	4267.24	42.14	1343.15	147.54
其他到位资金	Other Funds in Place	423.34	1.11	116.00	24.52

3-11 各市按资质等级分的房地产开发企业个数
Number of Enterprises for Real Estate Development by Classification and by City

单位：个(unit)

城市	City	合计 Total		一级企业 The First Enterprises		二级企业 The Second Enterprises		三级企业 The Third Enterprises		四级企业 The Fourth Enterprises		暂定 Undefined Enterprises		其他 Others	
		2022	2023	2022	2023	2022	2023	2022	2023	2022	2023	2022	2023	2022	2023
合 计	**Total**	**6469**	**6142**	**95**	**76**	**370**	**1354**	**812**	**508**	**419**	**281**	**2807**	**2114**	**1966**	**1809**
杭州市	Hangzhou	1306	1595	21	34	70	283	72	55	15	16	628	671	500	536
宁波市	Ningbo	1195	952	24	8	64	219	384	212	40	27	342	216	341	270
温州市	Wenzhou	643	624	3	4	27	146	31	34	6	7	426	287	150	146
嘉兴市	Jiaxing	652	518	4	1	43	112	28	12	46	31	230	140	301	222
湖州市	Huzhou	552	473	3	2	25	100	32	21	153	94	193	119	146	137
绍兴市	Shaoxing	596	473	9	8	32	103	52	33	51	22	300	178	152	129
金华市	Jinhua	370	410	10	6	23	122	36	20	29	20	164	131	108	111
衢州市	Quzhou	195	183	7	3	7	40	24	13	42	37	65	43	50	47
舟山市	Zhoushan	158	129	2	2	15	20	51	41	6	6	52	30	32	30
台州市	Taizhou	533	539	8	5	46	132	71	47	11	14	293	223	104	118
丽水市	Lishui	269	246	4	3	18	77	31	20	20	7	114	76	82	63

3-12 各市按登记注册类型分的房地产开发企业个数
Number of Enterprises for Real Estate Development by Registered Type and by City

单位：个(unit)

城市	City	合计 Total			内资 Domestic Funded Enterprises		
		2021	2022	2023	2021	2022	2023
合　计	**Total**	**7030**	**6469**	**6142**	**6707**	**6194**	**5957**
杭州市	Hangzhou	1304	1306	1595	1217	1233	1520
宁波市	Ningbo	1270	1195	952	1143	1093	911
温州市	Wenzhou	679	643	624	669	634	613
嘉兴市	Jiaxing	767	652	518	728	618	497
湖州市	Huzhou	563	552	473	540	529	457
绍兴市	Shaoxing	719	596	473	701	582	467
金华市	Jinhua	490	370	410	483	361	407
衢州市	Quzhou	249	195	183	249	195	183
舟山市	Zhoushan	174	158	129	170	154	126
台州市	Taizhou	550	533	539	544	527	530
丽水市	Lishui	265	269	246	263	268	246

续表 Continued　单位：个(unit)

城市	City	港澳台商投资 Investment from Hong Kong, Macao and Taiwan			外商投资 Investment from Foreign		
		2021	2022	2023	2021	2022	2023
合　计	**Total**	**151**	**132**	**126**	**172**	**143**	**59**
杭州市	Hangzhou	53	45	56	34	28	19
宁波市	Ningbo	45	41	27	82	61	14
温州市	Wenzhou	8	5	10	2	4	1
嘉兴市	Jiaxing	21	18	15	18	16	6
湖州市	Huzhou	12	12	10	11	11	6
绍兴市	Shaoxing	6	6	1	12	8	5
金华市	Jinhua	3	2	1	4	7	2
衢州市	Quzhou						
舟山市	Zhoushan	2	2	1	2	2	2
台州市	Taizhou	1	1	5	5	5	4
丽水市	Lishui				2	1	

3-13 各市按资质等级分的房地产开发就业人员数
Number of Employed Persons In Real Estate Development by Classification Type and by City

单位：人(person)

城市	City	合计 Total		一级企业 The First Enterprises		二级企业 The Second Enterprises		三级企业 The Third Enterprises		四级企业 The Fourth Enterprises		暂定 Undefined Enterprises		其他 Others	
		2022	2023	2022	2023	2022	2023	2022	2023	2022	2023	2022	2023	2022	2023
合 计	**Total**	**141304**	**122315**	**9844**	**7156**	**10984**	**33237**	**20992**	**12065**	**8915**	**4604**	**59573**	**39908**	**30996**	**25345**
杭州市	Hangzhou	29488	25901	1606	1438	1871	5544	1838	1134	128	207	14630	9136	9415	8442
宁波市	Ningbo	29502	20079	4894	2930	2095	5346	10423	5706	551	229	6257	3080	5282	2788
温州市	Wenzhou	14440	14246	33	38	447	4343	629	426	97	104	10755	6016	2479	3319
嘉兴市	Jiaxing	13065	15815	239	135	2288	3079	1057	194	876	601	4821	9041	3784	2765
湖州市	Huzhou	11021	6909	96	24	272	2170	1007	335	4619	1941	2940	1108	2087	1331
绍兴市	Shaoxing	10109	7878	347	239	456	2031	871	594	790	320	5597	2978	2048	1716
金华市	Jinhua	8808	10054	1005	1139	606	3302	1001	837	645	529	3678	2825	1873	1422
衢州市	Quzhou	2891	2462	189	92	72	604	245	167	633	388	732	443	1020	768
舟山市	Zhoushan	4104	3201	319	388	746	676	1219	1140	56	51	1249	616	515	330
台州市	Taizhou	12667	10700	882	546	1993	4687	1868	964	134	35	6326	2861	1464	1607
丽水市	Lishui	5209	5070	234	187	138	1455	834	568	386	199	2588	1804	1029	857

3-14 各市按登记注册类型分的房地产开发就业人员数
Number of Employed Persons In Real Estate Development by Registered Type and by City

单位：人(person)

城市	City	合计 Total			内资 Domestic Funded Enterprises		
		2021	2022	2023	2021	2022	2023
合 计	**Total**	**162384**	**141304**	**122315**	**151061**	**131966**	**116780**
杭州市	Hangzhou	30757	29488	25901	28139	26421	23422
宁波市	Ningbo	34157	29502	20079	28272	25651	18984
温州市	Wenzhou	18093	14440	14246	17932	14165	13982
嘉兴市	Jiaxing	16944	13065	15815	16135	12567	15499
湖州市	Huzhou	11932	11021	6909	10829	10009	6046
绍兴市	Shaoxing	11774	10109	7878	11484	9853	7740
金华市	Jinhua	11642	8808	10054	11522	8672	9984
衢州市	Quzhou	3418	2891	2462	3418	2891	2462
舟山市	Zhoushan	4249	4104	3201	4079	3984	3089
台州市	Taizhou	13609	12667	10700	13466	12549	10502
丽水市	Lishui	5809	5209	5070	5785	5204	5070

续表 Continued

单位：人(person)

城市	City	港澳台商投资 Investment from Hong Kong, Macao and Taiwan			外商投资 Investment from Foreign		
		2021	2022	2023	2021	2022	2023
合 计	**Total**	**5169**	**4175**	**3761**	**6154**	**5163**	**1774**
杭州市	Hangzhou	1754	1327	1495	864	1740	984
宁波市	Ningbo	1482	1392	880	4403	2459	215
温州市	Wenzhou	161	159	261		116	3
嘉兴市	Jiaxing	602	298	154	207	200	162
湖州市	Huzhou	846	780	745	257	232	118
绍兴市	Shaoxing	154	130	62	136	126	76
金华市	Jinhua	41	6	6	79	130	64
衢州市	Quzhou						
舟山市	Zhoushan	104	60	52	66	60	60
台州市	Taizhou	25	23	106	118	95	92
丽水市	Lishui				24	5	

3-15 各市按资质等级分的房地产开发投资额
Investment In Real Estate Development by Classification and by City

单位：亿元(100 million yuan)

城市	City	合计 Total		一级企业 The First Enterprises		二级企业 The Second Enterprises	
		2022	2023	2022	2023	2022	2023
合 计	**Total**	**12939.50**	**13319.18**	**188.80**	**186.75**	**634.80**	**3772.79**
杭州市	Hangzhou	3889.10	4400.69	62.50	61.00	144.00	1105.26
宁波市	Ningbo	2131.60	2218.61	39.50	28.31	97.50	689.10
温州市	Wenzhou	1540.60	1550.85	3.40	4.21	23.40	332.28
嘉兴市	Jiaxing	1038.60	981.91	7.00	4.64	111.40	334.38
湖州市	Huzhou	704.00	601.77	7.40	5.61	51.00	212.69
绍兴市	Shaoxing	1067.80	1057.60	19.70	29.94	44.40	261.62
金华市	Jinhua	788.40	973.29	9.30	10.24	22.70	335.70
衢州市	Quzhou	265.70	284.71	15.00	12.16	5.00	67.15
舟山市	Zhoushan	197.80	146.40	6.60	10.34	18.40	11.48
台州市	Taizhou	972.30	779.41	17.50	19.70	104.50	310.78
丽水市	Lishui	343.20	323.93	0.80	0.61	12.50	112.35

续表 Continued 单位：亿元(100 million yuan)

城市	City	三级企业 The Third Enterprises		四级企业 The Fourth Enterprises		暂定 Undefined Enterprises		其他 Others	
		2022	2023	2022	2023	2022	2023	2022	2023
合 计	**Total**	**715.10**	**491.15**	**197.90**	**102.02**	**5954.70**	**4202.52**	**5248.20**	**4563.97**
杭州市	Hangzhou	64.30	62.46	2.30	2.71	1894.80	1483.42	1721.20	1685.84
宁波市	Ningbo	432.80	264.31	11.10	6.83	759.20	576.32	791.50	653.74
温州市	Wenzhou	15.70	5.80	0.90	0.22	1016.60	753.05	480.60	455.29
嘉兴市	Jiaxing	24.50	8.04	20.10	17.80	298.70	176.94	576.90	440.11
湖州市	Huzhou	15.70	4.06	95.60	33.08	270.80	145.07	263.50	201.26
绍兴市	Shaoxing	26.00	45.45	20.40	7.72	629.00	385.02	328.30	327.85
金华市	Jinhua	31.20	27.03	32.20	21.18	368.30	328.82	324.70	250.33
衢州市	Quzhou	3.70	2.91	10.00	8.21	68.40	35.26	163.60	159.02
舟山市	Zhoushan	29.00	23.93	2.10	0.05	68.90	41.65	72.80	58.95
台州市	Taizhou	54.30	41.29	1.00	0.31	389.60	163.29	405.40	244.04
丽水市	Lishui	17.80	5.86	2.20	3.90	190.30	113.68	119.60	87.54

3-16 各市按登记注册类型分的房地产开发投资额
Investment In Real Estate Development by Registered Type and by City

单位：人(person)

城市	City	合计 Total			内资 Domestic Funded Enterprises		
		2021	2022	2023	2021	2022	2023
合 计	**Total**	**12389.1**	**12939.5**	**13319.2**	**11865.9**	**12399.8**	**12804.9**
杭州市	Hangzhou	3628.3	3889.1	4400.7	3354.0	3630.6	4132.1
宁波市	Ningbo	2075.6	2131.7	2218.6	1978.1	2028.8	2157.8
温州市	Wenzhou	1441.2	1540.7	1550.8	1422.4	1520.1	1466.2
嘉兴市	Jiaxing	1059.5	1038.7	981.9	1014.6	982.4	932.7
湖州市	Huzhou	683.2	704.1	601.8	648.8	684.4	597.1
绍兴市	Shaoxing	1026.8	1067.9	1057.6	1018.5	1042.9	1036.5
金华市	Jinhua	723.3	788.4	973.3	714.5	751.7	964.8
衢州市	Quzhou	254.4	265.6	284.7	254.4	265.6	284.7
舟山市	Zhoushan	203.8	197.9	146.4	187.3	189.2	142.3
台州市	Taizhou	961.4	972.4	779.4	942.8	961.3	766.7
丽水市	Lishui	331.6	343.3	323.9	330.6	343.3	323.9

续表 Continued

单位：人(person)

城市	City	港澳台商投资 Investment from Hong Kong, Macao and Taiwan			外商投资 Investment from Foreign		
		2021	2022	2023	2021	2022	2023
合 计	**Total**	**309.3**	**268.7**	**359.5**	**213.9**	**271.0**	**154.7**
杭州市	Hangzhou	203.8	179.4	191.0	70.5	79.1	77.7
宁波市	Ningbo	32.6	43.4	46.0	64.9	59.5	14.8
温州市	Wenzhou	17.9	4.0	80.8	0.9	16.6	3.9
嘉兴市	Jiaxing	26.6	25.4	28.4	18.3	30.9	20.8
湖州市	Huzhou	20.0	13.0	2.5	14.4	6.7	2.1
绍兴市	Shaoxing	3.6	1.1	2.5	4.7	23.9	18.6
金华市	Jinhua	0.2			8.6	36.7	8.5
衢州市	Quzhou						
舟山市	Zhoushan	1.9	1.4	0.5	14.6	7.3	3.6
台州市	Taizhou	2.6	0.9	7.9	16.0	10.2	4.8
丽水市	Lishui				1.0		

3-17　各市房地产开发企业建造的商品房屋面积和价格
Floor Space and Price of Building for Real Estate Development by City

城市	City	施工面积(万平方米) Floor Space of Buildings Under Construction (10000 sq.m)		竣工面积(万平方米) Floor Space of Buildings Completed (10000 sq.m)		房屋面积竣工率(%) Rate of Floor Space of Buildings Completed(%)		竣工房屋价值(万元) Value of Buildings Completed (10000 yuan)		竣工房屋造价(元/平方米) Cost of Buildings Completed (yuan/sq.m)	
		2022	2023	2022	2023	2022	2023	2022	2023	2022	2023
合　计	**Total**	**55955.1**	**55986.2**	**6130.3**	**10094.6**	**11.0**	**18.0**	**34817264**	**52943529**	**5680**	**5245**
杭州市	Hangzhou	13281.3	14362.9	1028.2	1662.2	7.7	11.6	6695237	7742834	6512	4658
宁波市	Ningbo	9660.8	9569.3	1628.4	2972.1	16.9	31.1	9905874	13448321	6083	4525
温州市	Wenzhou	6346.7	6314.4	524.2	1667.3	8.3	26.4	2370655	9427003	4522	5654
嘉兴市	Jiaxing	5132.3	4386.9	437.3	593.8	8.5	13.5	2404574	3306787	5499	5568
湖州市	Huzhou	4251.3	3949.8	266.0	291.3	6.3	7.4	1363101	1899344	5124	6520
绍兴市	Shaoxing	4819.5	4176.3	1006.4	828.3	20.9	19.8	5984503	5154342	5946	6223
金华市	Jinhua	3238.9	4111.3	201.3	605.2	6.2	14.7	1751184	3382460	8699	5589
衢州市	Quzhou	1151.1	1388.3	76.5	273.1	6.6	19.7	401745	1526322	5252	5589
舟山市	Zhoushan	965.5	843.6	52.0	185.0	5.4	21.9	412140	1118053	7926	6045
台州市	Taizhou	4835.4	4617.4	534.7	715.2	11.1	15.5	2619313	4415380	4899	6174
丽水市	Lishui	2272.3	2266.0	375.4	301.1	16.5	13.3	908938	1522683	2421	5056

3-18　各市房地产开发企业建造的住宅面积和价格
Floor Space and Price of Residential Buildings for Real Estate Development by City

城市	City	施工面积(万平方米) Floor Space of Buildings Under Construction (10000 sq.m)		竣工面积(万平方米) Floor Space of Buildings Completed (10000 sq.m)		房屋面积竣工率(%) Rate of Floor Space of Buildings Completed(%)		竣工房屋价值(万元) Value of Buildings Completed (10000 yuan)		竣工房屋造价(元/平方米) Cost of Buildings Completed (yuan/sq.m)	
		2022	2023	2022	2023	2022	2023	2022	2023	2022	2023
合　计	**Total**	**34773.4**	**34016.1**	**4064.2**	**6434.6**	**11.7**	**18.9**	**25832677**	**38582543**	**6356**	**5996**
杭州市	Hangzhou	6886.6	7376.4	596.8	939.1	8.7	12.7	4292230	4766368	7192	5075
宁波市	Ningbo	5635.5	5422.9	1078.2	1814.9	19.1	33.5	7186888	9294181	6666	5121
温州市	Wenzhou	4302.3	4141.4	377.7	1123.0	8.8	27.1	1903365	7169500	5039	6384
嘉兴市	Jiaxing	3623.4	3022.0	309.6	447.0	8.5	14.8	1910827	2740178	6172	6130
湖州市	Huzhou	3032.6	2745.0	194.6	222.8	6.4	8.1	1075692	1626668	5528	7302
绍兴市	Shaoxing	3140.2	2645.6	674.5	533.0	21.5	20.1	4713962	3946891	6989	7405
金华市	Jinhua	2171.3	2777.1	154.3	411.7	7.1	14.8	1535877	2672403	9954	6492
衢州市	Quzhou	783.0	918.1	56.5	156.9	7.2	17.1	347102	1060031	6143	6757
舟山市	Zhoushan	675.1	590.4	42.4	137.2	6.3	23.2	320774	845009	7565	6158
台州市	Taizhou	3062.0	2926.7	348.8	440.3	11.4	15.0	1927025	3274213	5525	7436
丽水市	Lishui	1461.4	1450.5	230.8	208.6	15.8	14.4	618935	1187101	2682	5690

3-19 各市房地产开发企业商品房屋销售面积和销售额
Floor Space and Total Sales of Commercial for Real Estate Development Enterprises by City

城市	City	销售面积 (万平方米) Floor Space Sold of Commercial House (10000 sq.m)				销售额 (万元) Total Sales of Commerical Houses (10000 yuan)			
		2020	2021	2022	2023	2020	2021	2022	2023
合 计	**Total**	**10250.3**	**9990.6**	**6815.3**	**6107.0**	**171450135**	**190522360**	**126601375**	**115096898**
杭州市	Hangzhou	1699.3	2236.2	1393.7	1447.3	45954860	65891110	45324070	45643694
宁波市	Ningbo	1858.2	1606.2	1128.8	901.6	30495157	30168863	19375751	16250450
温州市	Wenzhou	1204.7	886.3	673.3	703.4	19055260	16587692	10565597	10623500
嘉兴市	Jiaxing	1184.4	932.3	542.4	434.0	16675780	14040793	8237442	6304879
湖州市	Huzhou	896.2	879.8	568.9	376.7	11000865	11156862	6774461	4292472
绍兴市	Shaoxing	1248.4	1121.5	783.9	715.6	18158803	17335650	11637474	11587022
金华市	Jinhua	660.4	724.4	460.3	512.8	10441822	12367315	8412141	8132595
衢州市	Quzhou	214.7	205.0	146.2	93.6	2644275	3215147	1852255	1319242
舟山市	Zhoushan	129.7	112.2	105.0	84.7	1805884	1664087	1366516	1085301
台州市	Taizhou	858.4	954.7	765.5	576.7	11222340	13111386	10195763	7425533
丽水市	Lishui	296.0	332.1	247.4	260.6	3995089	4983455	2859905	2432210

3-20 各市房地产开发企业住宅销售面积和销售额
Floor Space and Total Sales of Residential Buildings for Real Estate Development Enterprises by City

城市	City	销售面积 (万平方米) Floor Space Sold of Commercial House (10000 sq.m)				销售额 (万元) Total Sales of Commerical Houses (10000 yuan)			
		2020	2021	2022	2023	2020	2021	2022	2023
合 计	**Total**	**8832.4**	**8423.7**	**5467.0**	**5113.3**	**155848192**	**171727920**	**110613587**	**101527846**
杭州市	Hangzhou	1471.6	1954.3	1168.2	1202.2	40392669	58200093	39332154	39727783
宁波市	Ningbo	1571.4	1280.8	835.2	730.5	27746630	27091257	15981551	14277139
温州市	Wenzhou	1045.0	768.3	570.3	626.2	17849368	15463259	9613082	9761621
嘉兴市	Jiaxing	1068.9	854.1	483.4	398.1	15514434	13331774	7798110	5984823
湖州市	Huzhou	820.2	785.0	475.0	308.4	10323003	10265911	6010007	3775218
绍兴市	Shaoxing	1012.3	827.5	513.3	532.5	16298150	14970886	9394467	9689739
金华市	Jinhua	605.6	631.1	399.0	476.6	9812544	11443856	7789229	7613755
衢州市	Quzhou	179.3	180.6	121.7	80.8	2433719	3061408	1730632	1185330
舟山市	Zhoushan	116.8	97.3	89.1	71.3	1692236	1534476	1239224	954671
台州市	Taizhou	668.1	750.6	589.2	456.7	9989725	11657828	9069659	6380910
丽水市	Lishui	273.2	294.2	222.6	230.2	3795714	4707172	2655472	2176857

3-21 主要年份基础设施和公共服务领域投资
Investment in Infrastructure and Public Services

单位：亿元、%(100 million yuan、%)

年份 Year	主要基础设施和公共服务领域投资合计 Investment in Infrastructure and Public Services	#水利、环境和公共设施 Water, Environment and Public Facilities	#电力、燃气及水的生产供应业 Production and Supply of Electricity Gas and Water	#交通运输 Transportation	#邮电通信 Post & Telecommunications	#教育设施 Education Facilities	#卫生设施 Sanitary Facilities
1990	37.58		15.67	10.18	2.96		
1995	1360.40	558.85	72.03	295.54	88.09	114.66	26.76
2000	876.33	816.69	501.74	740.80	127.53	101.54	49.38
2003	3359.09	558.85	620.38	1102.93	88.09	150.06	79.19
2004	1724.69	1383.57	429.63	1330.30	102.98	199.83	30.34
2005	1981.97	518.81	845.89	641.36	62.35	253.33	118.52
2006	5741.56	608.49	1012.27	777.44	97.64	95.82	125.42
2007	2215.00	643.73	568.29	673.05	119.25	400.91	167.00
2008	2373.06	4361.45	1216.37	2577.43	164.27	101.54	49.38
2009	10173.25	4702.54	579.61	979.63	131.32	517.47	63.17
2010	3038.58	1020.94	585.25	1040.68	144.58	123.00	72.48
2011	3359.09	1193.45	620.38	1102.93	123.31	150.06	79.19
2012	3963.35	1383.57	727.92	1330.30	58.22	199.83	102.52
2013	4718.09	1759.15	845.89	1450.34	62.35	253.33	118.52
2014	5741.56	2229.35	1012.27	1729.24	83.52	340.63	125.42
2015	7417.75	3092.03	1108.87	2311.40	93.20	400.91	167.00
2016	9365.48	4361.45	1216.37	2577.43	164.27	506.79	207.25
2017	10173.25	4702.54	1280.68	2966.00	131.32	517.47	204.65
2018年比上年增长 Increased over the Previous Year in 2018	6.2	4.8	−24.5	25.8	9.2	12.4	−7.6
2019年比上年增长 Increased over the Previous Year in 2019	8.3	4.0	−10.4	16.3	7.3	11.5	−6.1
2020年比上年增长 Increased over the Previous Year in 2020	4.4	−2.1	28.2	6.1	9.5	−5.8	17.7
2021年比上年增长 Increased over the Previous Year in 2021	5.4	1.1	7.3	2.4	−10.1	32.6	47.2
2022年比上年增长 Increased over the Previous Year in 2022	9.4	16.8	29.7	−3.7	−5.7	8.7	61.9
2023年比上年增长 Increased over the Previous Year in 2023	5.1	−0.9	16.4	3.8	3.4	15.9	4.9

注: 2003年以前为城镇以上范围，2003年（含）以后为限额以上（2011年起更名为固定资产投资）范围，2018年起采用新的行业标准。
The figures in this table refer to the investment at town level and above before 2003, while above designated size since 2003 (as those refer to investment in fixed assets since 2011). New industry standards have been adopted since 2018.

浙/江/统/计/年/鉴

主要统计指标解释

全社会固定资产投资额

固定资产投资额是以货币表现的建造和购置固定资产活动的工作量，它是反映固定资产投资规模、速度、比例关系和使用方向的综合性指标。全社会固定资产投资包括国有经济单位投资、城乡集体经济单位投资、其他各种经济类型的单位投资和城乡居民个人投资。按照我国现行计划管理体制，全社会固定资产投资总额分为基本建设、更新改造、房地产开发投资和其他固定资产投资四个部分；城乡集体经济单位投资包括城镇集体所有制单位投资和农村集体所有制单位投资；其他各种经济类型单位投资包括联营经济、股份制经济、中外合资经营、中外合作经营、外资、与大陆合资经营、与大陆合作经营、港澳台独资及其他经济的单位投资。城乡居民个人投资包括城市、县城、镇、工矿区所辖范围内的个人建房和农村个人建房及购买生产性固定资产的投资。

房地产开发投资

包括各种经济类型的房地产开发公司、商品房建设公司及其他房地产开发单位统一开发的包括统代建、拆迁还建的住宅、厂房、仓库、饭店、宾馆、度假村、写字楼、办公楼等房屋建筑物和配套的服务设施、土地开发工程，如道路、给水、排水、供电、供热、通讯、平整场地等基础设施工程的投资。包括非房地产企业实际从事房地产开发或经营活动，不包括单纯的土地交易活动。

施工项目

指报告期内曾进行建筑或安装工程施工活动的建设项目。包括报告期内新开工项目、报告期以前开工跨入报告期继续施工的项目以及报告期施工过并在报告期内全部建设投产或停缓建的项目。

全部建成投产项目

工业项目是指设计文件规定形成生产能力的主体工程及其相应配套的辅助设施全部建成，经负荷试运转，证明具备生产设计规定合格产品的条件，并经过验收鉴定合格或达到竣工验收标准，与生产性工程配套的生产福利设施可以满足近期正常生产的需要，正式移交生产的建设项目。非工业项目是指设计文件规定的主体工程和相应的配套工程全部建成，能够发挥设计规定的全部效益，经验收鉴定合格或达到竣工验收标准，正式移交使用的建设项目。

施工和竣工房屋建筑面积

房屋建筑面积是从房屋外墙线算起的各层平面面积的总和，包括房屋结构（如柱、墙）占用的面积和地下室面积。多层建筑按各自然层面积总和计算，包括房屋内的楼隔层，突出墙面的眺望间、门斗、有柱雨罩的面积。不包括突出墙面结构的构件、艺术装饰等所占的面积，如台阶等。凹阳台、挑阳台按其水平投影面积一半计算建筑面积。

新增固定资产

指通过投资活动所形成的新的固定资产价值。包括已经建成投入生产或交付使用的工程价值和达到固定资产标准的设备、工具、器具的价值及有关应摊入的费用。它是以价值形式表示的固定资产投资成果的综合性指标，可以综合反映不同时期、不同部门、不同地区的固定资产投资成果。

ZHEJIANG STATISTICAL YEARBOOK

Explanatory Notes on Main Statistical Indicators

□ Total Investmentin in Fixed Assets

Amount of investment in fixed assets refers to the volume of activities in construction and purchases of fixed assets in monetary terms. It is a comprehensive indicator which shows the size, pace, proportional relations and use orientation of the investment in fixed assets.Total investment in fixed assets in the whole country includes the investment by the state-owned units, the investment by the urban and rural collective units, the investment by the units of other types of ownership and the investment by the individuals in the urban and rural areas. According to China's current planning management system, the investment in fixed assets in the whole country is classified into the following four parts: investment in capital construction, investment in innovation, investment in real estates development and other investment in fixed assets. The investment by the urban and rural collective units includes the investment by the urban collective units and the investment by the rural collective units. The investment by the units of other types of ownership includes the investment by the units of joint-owned economy,share-holding economy, Sino-foreign joint economy, Sino-foreign cooperative economy, economy exclusively with foreign investment, Mainland-Hong kong or Mainland-Macao or Mainland-Taiwan joint economy, Mainland-Hong kong or Mainland-Macao or Mainland-Taiwan coope rative economy, and economy exclusively with investment of Hong Kong or Macao or Taiwan. The investment by the individuals in the urban and rural areas includes the investment in personal house building in the areas under the jurisdiction of city, county, town and special industrial and mining areas as well as the investment in personal house building and purchase of productive fixed assets in the rural areas.

□ Investment in Real Estate Development

It includes the investment by the real estate development companies, commercial buildings construction companies and other real estate development units of various types of ownership in the construction of house buildings, such as residential buildings, factory buildings, warehouses, hotels, guesthouses, holiday villages, office buildings, and the complementary service facilities and land development projects, such as roads, watersupply, water drainage, power supply, heating, telecommunications, land levelling and other projects of infrastructure. It covers the activities of the non-real estate companies in real estate development or management, but excludes the activities in simple land transactions.

□ Projects Under Construction

refer to projects having construction and installation activities undertaken in the reference period, including projects started in the reference period, or continued from the previous period, or completed and put into production or suspended in the reference period.

□ Projects Completed and Put into Use

Industrial projects refer to the major projects and accessory facilities completed which result in forming production capacity and have been checked and accepted while the living and welfare facilities have been completed and can ensure normal production and formally put into production. Non-industrial projects refer to the major projects and accessory facilities completed which possess the disigned capacity and have been checked, accepted and formally put into production.

□ Floor Space of Buildings Under Construction and Completed

refers to total floor space in each story of buildings calculated from the outside line of building walls, including the space occupied by constructions like pillars or walls and basements. The floor space of multi-story building includes the total floor space of each story, including area

EXPLANATORY NOTES ON MAIN STATISTICAL INDICATORS

occupied by separating walls, watching rooms, doorways, and pillars, but excluding protruding wall structures, artistic decoration, etc.(for example, flight of steps).The space of recessed verand and tantilevered balcony is counted by half of the projection area.

□ Newly Increased Fixed Assets

refer to the newly increased value of fixed assets through investment, including the value of projects completed and put into production, the value of equipment, tools, and vessels considered as fixed assets, as well as the relevant expenses as investment in fixed assets. This is a comprehensive indicator of investment in fixed assets, reflecting the achievements of investment in fixed assets in different periods, different sectors, and different regions.

2024 浙江统计年鉴
ZHEJIANG STATISTICAL YEARBOOK

CHAPTER 4

价 格
Prices

4-1 各种价格总指数（1978-2023年）（上年=100）
General Price Indices(1978-2023)(Preceding year =100)

（上年=100）(preceding year=100)

年份 Year	居民消费价格指数 General Consumer Price Index	商品零售价格指数 General Retail Price Index of Commodities	农业生产资料价格指数 Price Indices of Agricultural Means of Production	农产品生产者价格指数 Producer Price Indices for Agriculture Products	工业生产者出厂价格指数 Producer Price Indices for Manufactured Goods	工业生产者购进价格指数 Producer Purchasing Price Indices
1978		100.1		103.6		
1980		108.0		106.9		
1981		101.5		99.8		
1982		100.9		103.9		
1983		102.0	103.2	103.9		
1984	103.0	103.4	108.5	108.1		
1985	114.8	114.0	108.7	110.8		
1986	106.2	106.0	105.3	100.6		
1987	108.8	109.5	111.1	119.1		
1988	121.5	122.1	121.0	133.1		
1989	118.2	117.8	117.4	113.6		
1990	102.1	101.6	104.0	98.7	100.4	104.7
1991	103.5	103.0	103.1	101.0	101.8	102.7
1992	107.5	106.6	103.7	106.4	104.8	106.3
1993	119.8	116.7	113.3	117.8	117.3	126.3
1994	124.8	121.7	126.5	136.8	117.5	124.8
1995	116.6	113.5	129.8	112.4	112.3	119.2
1996	107.9	105.8	106.7	104.2	99.5	98.2
1997	102.8	100.3	99.7	96.2	99.2	96.5
1998	99.7	98.4	92.4	94.0	95.6	92.6
1999	98.8	97.7	95.8	88.2	96.8	96.2
2000	101.0	99.0	100.4	100.8	101.1	107.2
2001	99.8	98.1	99.7		98.3	99.6
2002	99.1	98.7	99.5	101.7	96.9	97.5
2003	101.9	99.6	102.9	101.5	100.6	105.8
2004	103.9	102.7	113.2	119.0	105.0	113.4
2005	101.3	100.9	105.8	105.9	102.3	105.4
2006	101.1	100.8	99.6	102.7	103.8	105.6
2007	104.2	103.8	107.3	108.6	102.4	105.3
2008	105.0	106.3	118.9	112.9	104.3	110.6
2009	98.5	98.8	95.9	100.3	94.9	92.6
2010	103.8	103.9	102.9	114.8	106.2	112.0
2011	105.4	105.5	110.8	113.6	105.0	108.3
2012	102.2	101.9	104.2	104.3	97.3	96.7
2013	102.3	101.0	102.8	103.0	98.2	97.7
2014	102.1	100.9	99.8	99.5	98.8	98.2
2015	101.4	99.9	100.9	102.0	96.4	94.5
2016	101.9	101.0	99.5	104.5	98.3	97.8
2017	102.1	101.4	101.8	99.1	104.8	109.6
2018	102.3	102.1	101.8	100.8	103.4	105.1
2019	102.9	102.5	102.9	109.9	98.9	97.1
2020	102.3	101.2	106.1	107.3	96.9	95.9
2021	101.5	102.2		99.3	106.3	114.5
2022	102.2	103.2		101.5	104.0	106.1
2023	100.3			101.2	97.3	94.8

注：农产品生产者价格指数2000年前称农副产品收购价格指数，口径有所不同。
The producer price index of agricultural products, which was called the purchasing price index of agricultural by-products before 2000, has different caliber.

4-2 居民消费和商品零售价格指数（1986-2023年）（1985年=100）
General Consumer Price Index and General Retail(1986-2023)(1985=100)

（1985年=100）(1985=100)

年份	居民消费价格指数 General Consumer Price Index			商品零售价格指数 General Retail Price Index of Commodities
	全省 Total	城市 Urban Areas	农村 Rural Areas	
1986	106.2	106.3	106.1	106.0
1987	115.5	117.9	112.9	116.1
1988	140.4	145.5	135.2	141.7
1989	165.9	169.9	161.8	166.9
1990	169.4	173.5	165.0	169.6
1991	175.4	183.2	167.5	174.7
1992	188.5	200.0	175.5	186.2
1993	225.8	242.9	206.0	217.3
1994	281.8	302.8	257.3	264.5
1995	328.6	354.3	299.5	300.2
1996	354.6	389.1	320.5	317.6
1997	364.5	405.0	327.2	318.6
1998	363.4	407.0	324.9	313.5
1999	359.1	405.0	320.1	306.3
2000	362.6	408.6	323.6	303.2
2001	361.9	407.0	323.6	297.4
2002	358.6	402.1	321.3	293.5
2003	365.4	404.1	330.6	292.3
2004	379.7	415.4	345.8	300.2
2005	384.6	421.6	349.9	302.9
2006	388.8	426.2	353.4	305.3
2007	405.1	442.8	368.9	316.9
2008	425.4	464.1	388.5	336.9
2009	419.0	458.1	381.5	332.9
2010	434.9	476.4	395.6	345.9
2011	458.4	501.6	417.8	364.9
2012	468.4	512.4	427.2	371.7
2013	479.2	524.0	437.4	375.4
2014	489.0	534.6	447.0	378.8
2015	495.9	542.1	453.4	378.5
2016	505.6	552.9	461.6	382.3
2017	516.3	564.7	471.1	387.7
2018	528.1	577.7	481.3	395.9
2019	543.3	593.9	496.6	406.0
2020	555.6	606.4	510.7	410.8
2021	563.9	615.6	518.1	419.9
2022	576.1	628.9	529.4	433.6
2023	577.8	630.6	531.2	

4-3 居民消费定基价格指数（2023年）
Fixed Base Price Index for Consumer Price of Commodities(2023)

年份	居民消费价格指数 General Consumer Price Index		
	全省 Total	城市 Urban Areas	农村 Rural Areas
1978=100		895.9	
1980=100		802.3	
1985=100		630.6	
1990=100	341.1	364.0	321.8
1991=100	329.3	344.7	317.2
1992=100	306.4	315.7	302.6
1993=100	255.8	260.1	257.8
1994=100	205.0	208.5	206.3
1995=100	175.7	178.2	177.3
1996=100	163.0	162.1	165.8
1997=100	158.9	155.7	162.3
1998=100	159.2	154.9	163.8
1999=100	161.0	155.7	166.0
2000=100	159.5	154.3	164.4
2001=100	159.8	154.9	164.4
2002=100	161.2	156.9	165.3
2003=100	158.3	156.0	160.9
2004=100	152.2	151.9	153.5
2005=100	150.3	149.6	151.7
2006=100	148.6	148.0	150.5
2007=100	142.6	142.3	143.9
2008=100	135.8	135.8	136.7
2009=100	137.9	137.8	139.3
2010=100	132.8	132.5	134.3
2011=100	126.0	125.8	127.2
2012=100	123.3	123.0	124.3
2013=100	120.5	120.3	121.4
2014=100	118.1	117.9	118.8
2015=100	116.5	116.3	117.1
2016=100	114.3	114.1	115.0
2017=100	111.9	111.7	112.7
2018=100	109.4	109.2	110.3
2019=100	106.4	106.2	106.9
2020=100	104.0	104.0	104.0
2021=100	103.5	103.5	103.6
2022=100	100.3	100.3	100.3

4-4 城乡居民消费价格分类指数（2023年）
Consumer Price Indices by Urban and Rural Areas(2023)

（上年=100）(preceding year=100)

项目	Item	全省 Total	城市 Urban Areas	农村 Rural Areas
居民消费价格总指数	**General Consumer Price Index**	**100.3**	**100.3**	**100.3**
服务价格指数	**Price Index of Services**	**100.9**	**100.9**	**100.9**
消费品价格指数	**Price Index of Consumer Goods**	**99.9**	**99.8**	**100.0**
食品烟酒	**Food,Tobacco and Liquor**	**100.6**	**100.5**	**100.9**
1.食品	Food	100.3	100.3	100.3
(1)粮食	Grain	101.2	101.6	100.3
(2)薯类	Tubers	103.9	104.2	102.7
(3)豆类	Beans	101.7	101.9	101.4
(4)食用油	Edible Oil	101.0	101.4	99.6
(5)菜及食用菌	Vegetables and Edible Fungi	99.1	98.9	99.8
#鲜菜	Fresh Vegetables	98.8	98.6	99.5
(6)畜肉类	Livestock Meat	93.8	94.2	92.4
#猪肉	Pork	89.6	89.9	88.7
(7)禽肉类	Poultry	104.9	105.0	104.6
(8)水产品	Aquatic Production	100.5	100.2	102.0
(9)蛋类	Eggs	102.0	102.0	102.1
(10)奶类	Dairy	101.6	101.7	101.2
(11)干鲜瓜果类	Dried and Fresh,Melons and Fruits	103.5	103.2	105.0
#鲜果	Fresh Fruits	103.6	103.3	105.1
(12)糖果糕点类	Candy and Pastry	101.4	101.0	103.3
(13)调味品	Condiment	102.4	102.9	101.3
(14)其他食品类	Other Foods and Foods Processing Services	101.5	101.0	103.2
2.茶及饮料	Tea and Beverage	101.5	101.4	101.7
3.烟酒	Tobacco and Liquor	100.5	100.0	101.9
(1)卷烟	Cigarette	100.8	100.2	102.5
(2)酒类	Liquor	99.6	99.4	100.5
4.在外餐饮	Outside Catering	101.5	101.3	102.4
衣着	**Clothing**	**101.0**	**101.1**	**100.5**
1.服装	Garments	100.9	101.0	100.5

续表 Continued （上年=100）(preceding year=100)

项目	Item	全省 Total	城市 Urban Areas	农村 Rural Areas
2.鞋类	Shoes	101.3	101.6	100.2
居住	**Residence**	**99.6**	**99.5**	**99.9**
1.租赁房房租	Rent	99.4	99.3	99.7
2.住房保养维修及管理	Housing Maintenance and Management	100.3	100.2	100.7
3.水电燃料	Water,Electricity and Fuels	100.1	100.1	100.0
4.自有住房	Personal Housing	99.4	99.3	99.7
生活用品及服务	**Articles for Daily Use and Services**	**100.4**	**100.5**	**100.1**
1.家具及室内装饰品	Furniture and Interior Decorations	100.1	99.9	100.5
2.家用器具	Home Appliances	99.7	99.9	99.1
3.家用纺织品	Home Textiles	100.0	99.9	100.6
4.家庭日用杂品	Daily Groceries	100.7	100.9	100.1
5.个人护理用品	Personal Care Pr	101.4	101.3	101.5
6.家庭服务	Home Service	100.8	100.7	101.5
交通通信	**Transportation and Communication**	**97.9**	**97.8**	**98.2**
1.交通	Transportation	97.5	97.5	97.8
2.通信	Communication	99.1	99.0	99.5
教育文化娱乐	**Education,Culture and Recreational Articles**	**102.8**	**103.0**	**101.9**
1.教育	Education	101.8	101.8	101.8
2.文化娱乐	Culture and Recreational Articles	104.6	105.0	102.0
医疗保健	**Health Care**	**101.0**	**100.9**	**101.3**
1.药品及医疗器具	Drugs and Medical Devices	100.9	100.7	101.4
2.医疗服务	Medical Service	101.0	101.0	101.3
其他用品及服务	**Other Supplies and Services**	**103.6**	**103.6**	**103.7**
1.其他用品	Other Supplies	105.6	105.6	106.1
2.其他服务	Other Services	101.7	101.7	101.5

4-5 各市、县居民消费价格指数（2023年）
Residents Consumer Price Indices by City and County(2023)

（上年=100）(preceding year=100)

市（县）名称	City(County)	居民消费价格指数 Consumer Price Index	食品烟酒 Food Or Smoke Wine	食品 Food	粮食 Grain	菜及食用菌 Vegetables and Edible Fungi	畜肉类 Livestock Meat
杭州市	Hangzhou District	100.2	100.0	100.2	102.4	98.6	94.8
宁波市	Ningbo District	100.4	100.9	100.5	101.8	97.3	92.7
温州市	Wenzhou District	100.5	101.4	101.4	101.6	100.2	96.5
嘉兴市	Jiaxing District	100.2	100.8	100.0	100.6	96.5	93.6
湖州市	Huzhou District	100.5	100.8	99.5	99.0	102.9	93.8
绍兴市	Shaoxing District	100.5	100.0	99.6	99.8	98.8	93.2
金华市	Jinhua District	100.4	101.0	100.2	101.5	99.7	91.3
衢州市	Quzhou District	100.6	101.9	101.1	104.3	99.9	91.7
舟山市	Zhoushan District	100.4	101.8	101.6	101.0	100.2	100.2
台州市	Taizhou District	99.7	99.9	99.4	100.5	100.6	93.3
丽水市	Lishui District	100.3	101.3	100.8	101.8	101.3	92.6
萧山区	Xiaoshan	100.5	101.4	101.2	99.4	99.6	95.2
建德市	Jiande	100.1	100.0	99.5	101.8	101.6	91.6
宁海县	Ninghai	100.3	101.2	100.6	98.9	100.6	92.8
瑞安市	Ruian	100.1	100.8	100.3	101.4	96.0	91.8
海宁市	Haining	100.5	100.4	99.9	100.4	100.8	91.5
桐乡市	Tongxiang	99.7	100.1	99.2	99.4	97.8	90.5
安吉县	Anji	100.1	99.8	99.3	100.6	100.0	91.7
新昌县	Xinchang	100.7	99.9	99.3	100.1	98.4	92.0
义乌市	Yiwu	100.9	102.9	102.3	100.4	105.0	95.5
江山市	Jiangshan	100.6	100.9	100.1	101.5	100.2	93.2
临海市	Linhai	100.4	100.6	99.7	100.2	101.0	89.5
龙泉市	Longquan	100.2	101.1	100.0	101.0	100.9	91.8

续表1 Continued （上年=100）(preceding year=100)

市（县）名称	City(County)	禽肉类 Poultry	水产品 Aquatic Production	蛋类 Eggs	奶类 Dairy	衣着 Clothing	居住 Residence
杭州市	Hangzhou District	106.0	98.6	103.7	103.8	102.0	99.5
宁波市	Ningbo District	105.4	101.6	99.7	99.9	101.4	99.8
温州市	Wenzhou District	104.7	100.9	101.1	100.7	100.4	99.6
嘉兴市	Jiaxing District	103.6	102.3	100.6	99.5	97.9	100.2
湖州市	Huzhou District	104.6	96.5	99.4	99.2	99.8	100.2
绍兴市	Shaoxing District	101.9	100.2	102.2	101.3	102.5	99.9
金华市	Jinhua District	106.0	100.6	105.3	104.3	101.9	99.7
衢州市	Quzhou District	107.0	101.4	103.6	102.1	100.9	98.8
舟山市	Zhoushan District	104.9	102.8	101.5	100.4	100.1	98.9
台州市	Taizhou District	102.4	100.8	101.1	98.3	98.6	97.9
丽水市	Lishui District	107.7	102.7	100.4	103.3	99.4	100.2
萧山区	Xiaoshan	104.8	102.4	105.6	104.4	101.0	99.4
建德市	Jiande	103.4	97.3	102.5	98.5	99.3	99.7
宁海县	Ninghai	103.5	103.0	102.9	99.5	97.5	100.5
瑞安市	Ruian	107.8	102.6	102.6	101.2	98.9	99.8
海宁市	Haining	103.6	100.8	100.7	103.9	101.4	100.0
桐乡市	Tongxiang	105.6	103.4	102.0	98.8	101.2	99.1
安吉县	Anji	103.2	98.4	96.1	100.3	102.4	99.4
新昌县	Xinchang	101.1	98.4	99.4	98.8	103.5	100.5
义乌市	Yiwu	104.0	107.4	102.4	97.7	99.4	100.5
江山市	Jiangshan	105.5	98.7	101.8	101.8	101.1	101.0
临海市	Linhai	102.8	102.6	100.2	100.6	101.0	100.1
龙泉市	Longquan	108.7	99.3	99.7	98.0	100.0	99.8

续表2 Continued （上年=100）(preceding year=100)

市（县）名称	City(County)	生活用品及服务 Articles for Daily Use and Services	交通通信 Transportation and Communication	教育文化娱乐 Education, Culture and Recreational Articles	医疗保健 Health Care Articles	其他用品及服务 Other Supplies and Services
杭州市	Hangzhou District	100.4	97.7	103.1	101.5	103.0
宁波市	Ningbo District	100.0	97.6	102.6	100.8	103.9
温州市	Wenzhou District	100.7	97.9	103.0	99.6	103.8
嘉兴市	Jiaxing District	100.8	96.9	103.2	100.3	103.7
湖州市	Huzhou District	100.7	98.2	102.0	102.4	104.4
绍兴市	Shaoxing District	100.7	98.8	102.9	99.9	106.1
金华市	Jinhua District	100.4	97.0	103.1	101.3	102.9
衢州市	Quzhou District	100.2	98.3	103.3	101.4	103.5
舟山市	Zhoushan District	100.5	98.3	102.8	99.8	103.9
台州市	Taizhou District	101.0	97.8	104.1	100.6	102.4
丽水市	Lishui District	100.1	97.0	102.4	100.6	102.3
萧山区	Xiaoshan	100.1	97.9	104.3	100.5	103.4
建德市	Jiande	99.7	99.2	101.4	101.7	103.8
宁海县	Ninghai	99.6	98.6	101.0	100.8	102.8
瑞安市	Ruian	100.9	98.1	100.7	100.6	103.7
海宁市	Haining	101.1	98.8	102.7	100.9	102.8
桐乡市	Tongxiang	99.8	98.1	100.2	101.2	104.7
安吉县	Anji	99.8	97.9	102.9	101.2	105.1
新昌县	Xinchang	100.1	97.1	101.1	108.3	105.5
义乌市	Yiwu	99.1	99.4	99.7	101.1	104.2
江山市	Jiangshan	99.9	98.6	101.5	100.9	103.7
临海市	Linhai	100.4	97.5	102.3	101.9	103.6
龙泉市	Longquan	99.4	97.2	101.1	102.4	102.4

4-6 分月消费价格指数（2023年）
Consumer Price Index of Commodities by Month(2023)

（上年同期=100）(preceding period=100)

项目	Item	1月	2月	3月	4月	5月	6月
居民消费价格指数	**Consumer Price Index**	**102.4**	**101.7**	**101.4**	**101.1**	**100.9**	**100.7**
城市	Urban Areas	102.3	101.6	101.3	101.0	100.8	100.7
农村	Rural Areas	102.8	102.1	101.8	101.5	101.2	101.1
#服务项目价格指数	**Services Price Index**	**100.8**	**100.4**	**100.4**	**100.5**	**100.6**	**100.6**
城市	Urban Areas	100.8	100.4	100.4	100.5	100.5	100.5
农村	Rural Areas	100.8	100.6	100.6	100.7	100.7	100.8

续表 Continued

（上年同期=100）(preceding period=100)

项目	Item	7月	8月	9月	10月	11月	12月
居民消费价格指数	**Consumer Price Index**	**100.6**	**100.5**	**100.4**	**100.4**	**100.3**	**100.3**
城市	Urban Areas	100.5	100.4	100.4	100.4	100.3	100.3
农村	Rural Areas	100.8	100.7	100.6	100.5	100.4	100.3
#服务项目价格指数	**Services Price Index**	**100.6**	**100.7**	**100.8**	**100.8**	**100.9**	**100.9**
城市	Urban Areas	100.6	100.6	100.7	100.8	100.9	100.9
农村	Rural Areas	100.8	100.8	100.8	100.8	100.9	100.9

4-7 工业生产者出厂价格指数（2014-2023年）
Producer Price Indices for Manufactured Goods(2014-2023)

（上年=100）(preceding year=100)

项目	Item	2014	2015	2016	2017	2018	2019	2020	2021	2022	2023
全 省	**Zhejiang**	**98.8**	**96.4**	**98.3**	**104.8**	**103.4**	**98.9**	**96.9**	**106.3**	**104.0**	**97.3**
轻工业	**Light Industry**	**99.4**	**98.2**	**99.1**	**103.5**	**102.3**	**99.5**	**96.6**	**103.1**	**103.3**	**97.9**
以农产品为原料	Using Farm Products as Raw Materials	99.7	99.2	99.6	102.8	102.0	99.9	98.0	101.6	102.5	98.8
以非农产品为原料	Using Non-farm Products as Raw Materials	98.8	96.7	98.4	104.4	102.7	98.9	94.6	104.4	104.0	97.3
重工业	**Heavy Industry**	**98.5**	**95.1**	**97.8**	**105.6**	**104.2**	**98.6**	**97.2**	**107.9**	**104.4**	**97.0**
采掘	Mining and Quarrying Industry	102.8	94.2	97.0	106.5	110.5	109.5	104.6	99.5	100.3	96.9
原料	Raw Material Industry	98.2	92.5	96.3	107.4	106.4	96.7	93.0	113.2	112.5	95.1
加工	Manufacturing Industry	98.6	96.2	98.4	104.9	103.1	99.3	98.9	105.7	100.8	97.8
生产资料	**Means of Production**	**98.5**	**95.2**	**97.6**	**106.2**	**104.2**	**98.3**	**96.2**	**107.9**	**104.5**	**96.4**
采掘	Mining and Quarrying Industry	102.8	94.2	97.0	106.5	110.5	109.5	104.6	99.5	100.3	96.9
原料	Raw Material Industry	97.5	91.9	95.9	109.1	106.2	95.9	91.2	113.5	111.2	95.6
加工	Manufacturing Industry	98.8	96.5	98.3	105.1	103.4	99.2	98.1	105.6	101.7	96.8
生活资料	**Means of Subsistence**	**99.8**	**99.6**	**100.2**	**100.7**	**101.2**	**100.6**	**98.9**	**100.7**	**102.1**	**100.3**
食品	Food	100.3	99.4	100.7	100.6	100.4	102.5	101.2	99.5	102.7	100.5
衣着	Clothing	99.8	100.5	100.6	100.8	101.3	100.6	97.8	100.8	102.7	100.3

续表 Continued （上年=100）(preceding year=100)

项目	Item	2014	2015	2016	2017	2018	2019	2020	2021	2022	2023
一般日用品	Articles for Daily Use	99.5	98.8	100.2	100.7	101.5	99.9	98.8	100.7	101.9	99.1
耐用消费品	Durable Consumer Goods	99.8	99.6	99.3	100.7	100.9	100.5	99.2	101.2	101.7	101.9
分部门	**Subsector**										
冶金工业	Metallurgical Industry	96.1	91.4	99.0	117.4	105.4	97.5	100.2	119.0	100.6	96.1
电力工业	Power Industry	100.6	98.5	97.8	99.5	98.9	99.6	95.6	99.3	112.5	101.9
煤炭及炼焦工业	Coal Industry	85.9	82.5	0.0	0.0	0.0	0.0	0.0	0.0	0.0	0.0
石油工业	Petroleum Industry	96.5	77.1	90.6	109.3	112.3	100.2	85.6	120.7	129.4	93.3
化学工业	Chemical Industry	97.8	93.7	96.4	108.4	106.9	96.0	91.8	113.2	103.7	92.9
机械工业	Machinery Industry	99.0	98.3	98.6	100.6	100.2	99.1	98.3	102.3	102.4	98.8
建筑材料工业	Building Materials Industry	102.6	93.6	98.3	109.6	122.3	105.1	101.9	105.3	95.7	91.6
森林工业	Timber Industry	101.7	99.9	99.8	101.3	101.6	100.5	99.9	101.1	101.4	99.0
食品工业	Food Industry	100.3	99.2	100.4	100.5	100.5	102.6	102.0	100.1	103.2	100.5
纺织工业	Textile Industry	99.7	98.5	98.2	102.9	102.5	99.9	96.2	101.9	102.6	98.2
缝纫工业	Tailoring Industry	99.6	100.6	100.6	100.8	101.9	100.7	97.3	101.0	103.0	100.1
皮革工业	Leather Industry	100.5	100.0	100.2	100.8	99.3	100.0	99.2	99.2	101.4	101.6
造纸工业	Paper Industry	98.2	97.3	99.9	115.5	105.4	91.7	99.1	105.9	100.6	93.2
文教艺术品工业	Cultural,Educational & Handicrafts Articles Industry	100.2	100.4	99.8	101.8	101.1	100.5	99.2	102.5	103.2	100.1
其他工业	Others	98.8	98.8	102.3	102.0	101.9	101.7	99.5	101.3	103.9	100.5

4-8 按行业分的工业生产者出厂价格指数（2020-2023年）
Producer Price Indices for Manufactured Goods by Sector(2020-2023)

（上年=100）(prceding year=100)

项目	Item	2020	2021	2022	2023
总指数	**Zhejiang**	**96.90**	**106.3**	**104.0**	**97.3**
黑色金属矿采选业	Ferrous Metals Mining and Dressing	127.30			
有色金属矿采选业	Nonferrous Metals Mining and Dressing	87.50			
非金属矿采选业	Nonmetal Minerals Mining and Dressing	104.80	99.5	100.3	96.9
农副食品加工业	Non-staple Food Processing	105.70	100.4	106.4	99.0
食品制造业	Food Manufacturing	99.90	100.0	103.3	98.7
酒、饮料及精制茶制造业	Beverage Manufacturing	96.70	99.2	100.9	102.5
烟草制品业	Tobacco Processing	100.70	100.0	100.0	100.0
纺织业	Textile Industry	95.80	102.4	102.7	98.4
纺织服装、服饰业	Garments,Shoes and Hats Manufacturing	99.10	99.8	103.0	100.1
皮革、毛皮、羽毛及其制品和制鞋业	Leather,Furs,Down and Related Products	98.30	100.0	101.8	102.0
木材加工和木、竹、藤、棕、草制品业	Timber Processing,Bamboo,Cane Palm Fiber and Straw Products	99.10	100.7	100.8	98.3
家具制造业	Furniture Manufacturing	100.00	101.2	104.1	100.8
造纸和纸制品业	Papermaking and Paper Products	99.10	105.9	100.6	93.2
印刷和记录媒介复制业	Printing and Record Medium Reproduction	97.90	105.4	102.1	97.8
文教、工美、体育和娱乐用品制造业	Cultural,Educational and Sports Goods	102.00	100.5	102.7	102.2
石油加工、炼焦和核燃料加工业	Petroleum Processing, Coking and Nuclear Fuel Processing	84.4			
石油、煤炭及其他燃料加工业	Petroleum, Coal and Other Fuel Processing		126.7	130.3	92.7
化学原料和化学制品制造业	Raw Chemical Materials and Chemical Products	89.70	119.4	105.1	88.5
医药制造业	Medical and Pharmaceutical Products	99.50	99.6	100.2	96.6
化学纤维制造业	Chemical Fiber	85.30	115.9	104.5	98.5
橡胶和塑料制品业	Rubber Products	96.80	105.0	101.3	96.1

（上年=100）(prceding year=100)

项目	Item	2020	2021	2022	2023
非金属矿物制品业	Nonmetal Mineral Products	101.30	105.5	96.6	91.3
黑色金属冶炼和压延加工业	Smelting and Pressing of Ferrous Metals	98.60	127.4	94.1	91.2
有色金属冶炼和压延加工业	Smelting and Pressing of Nonferrous Metals	102.70	127.4	103.9	96.8
金属制品业	Metal Products	99.20	105.1	102.1	98.7
通用设备制造业	Ordinary Machinery	98.90	102.9	102.4	98.6
专用设备制造业	For Special Purpose Equipment Manufacturing	98.80	100.3	101.3	100.3
汽车制造业	Automotive Manufacturing	99.10	100.9	100.7	99.3
铁路、船舶、航空航天和其他运输设备制造业	Railway,Shipbuilding,Aerospace and other Transport Equipment	99.60	103.3	104.7	101.7
电气机械和器材制造业	Electric Equipment and Machinery	97.60	104.9	104.9	97.7
计算机、通信和其他电子设备制造业	Computers,Communications and Other Electronic Equipment Manufacturing	96.40	100.3	100.6	98.7
仪器仪表制造业	Instruments Manufacturing	99.20	99.6	100.7	99.5
其他制造业	Other Manufacturing	99.50	99.7	102.6	99.7
废弃资源综合利用业	Recovery of Resource Discarded and Useless Material	101.60			
金属制品、机械和设备修理业	Metal Products,Machinery and Equipment Repair Industry	104.10	95.2	110.5	99.9
电力、热力生产和供应业	Production and Supply of Electricity and Heating Power	95.50	99.3	112.5	101.9
燃气生产和供应业	Production and Supply of Gas	91.20	102.9	129.3	95.0
水的生产和供应业	Production and Supply of Water	95.50	105.2	101.1	102.2

注：从2021年起，黑色金属矿采选业、有色金属矿采选业、废弃资源综合利用业不再统计；石油加工、炼焦和核燃料加工业改为石油、煤炭及其他燃料加工业。
From 2021,ferrous metal mining and dressing industry, nonferrous metal mining and dressing industry, and comprehensive utilization of waste resources will no longer be counted.Petroleum processing, coking and nuclear fuel processing industries are changed to Petroleum, coal and other fuel processing industries

4-9 工业生产者购进价格分类指数（2014-2023年）
Producer Purchasing Price Indices by Category(2014-2023)

（上年=100）(prceding year=100)

项目		2014	2015	2016	2017	2018	2019	2020	2021	2022	2023
总指数	**General Purchasing Price Index**	**98.2**	**94.5**	**97.8**	**109.6**	**105.1**	**97.1**	**95.9**	**114.5**	**106.1**	**94.8**
燃料、动力类	Fuels and Motive Power	98.4	91.6	96.4	114.9	108.0	98.6	89.8	117.8	122.0	94.3
黑色金属材料类	Ferrous Metal Material	95.3	89.5	98.6	117.8	106.4	97.9	98.6	123.8	94.4	91.3
有色金属材料及电线类	Nofferrous Metal Materials and Electric Wire	96.4	92.1	97.0	117.5	104.0	95.3	101.6	124.8	105.7	98.6
化工原料类	Chemical Raw Materials	97.7	91.8	96.5	111.9	107.3	91.7	88.6	123.5	103.9	89.7
木材及纸浆类	Logging and Paper Pulp	98.8	99.4	99.8	109.0	105.4	95.3	97.7	106.2	102.7	94.7
建筑材料及非金属类	Building Materials and Non-metallic Materials	100.9	96.3	95.7	117.0	122.1	100.9	98.6	107.9	96.4	90.7
其他工业原材料及半成品类	Other Industrial Raw Materials	98.0	96.4	98.6	104.0	101.6	98.2	98.7	106.2	103.7	97.1
农副产品类	Farm Products	101.1	99.5	98.6	102.6	101.0	100.6	102.5	103.2	104.5	98.3
纺织原料类	Textile Raw Materials	99.9	98.3	98.9	102.6	101.6	98.6	96.4	105.0	105.2	97.4

浙/江/统/计/年/鉴

主要统计指标解释

居民消费价格指数

是反映一定时期内城乡居民所购买的生活消费品和服务项目价格变动趋势和程度的相对数，是对城市居民消费价格指数和农村居民消费价格指数进行综合汇总计算的结果。通过该指数可以观察和分析消费品的零售价格和服务项目价格变动对城乡居民实际生活费支出的影响程度。居民消费价格水平的变动率在一定程度上反映了通货膨胀（或紧缩）的程度。

居民消费价格调查内容主要涉及城乡居民购买并用于日常生活消费的商品和服务项目的价格，按用途划分为食品烟酒、衣着、居住、生活用品及服务、交通通信、教育文化娱乐、医疗保健、其他用品及服务等8个大类的居民消费价格。

商品零售价格指数

是反映一定时期内城乡商品零售价格变动趋势和程度的相对数。商品零售价格的变动与国家的财政收入、市场供需的平衡、消费与积累的比例关系有关。商品零售价格调查内容涉及工业、商业、餐饮业和其他行业的零售商品以及农民对非农业居民出售商品的价格。包括食品、饮料烟酒、服装鞋帽、纺织品、家用电器及音像器材、文化办公用品、日用品、体育娱乐用品、交通通信用品、家具、化妆品、金银饰品、中西药品及医疗保健用品、书报杂志及电子出版物、燃料、建筑材料及五金电料等16个大类，203个基本分类的商品零售价格。

工业生产者出厂价格指数

是反映一定时期内全部工业产品第一次出售时的出厂价格总水平的变动趋势和变动幅度的相对数。工业生产者出厂价格调查涉及34个工业行业大类，涵盖491个基本分类的产品价格。

工业生产者购进价格指数

是反映作为中间投入的原材料、燃料、动力购进价格总水平的变动趋势和变动幅度的相对数。工业生产者购进价格统计调查涵盖405个基本分类的产品价格。

住宅销售价格指数

是综合反映住宅商品价格总体变化趋势和变化幅度的相对数，是通过百分数的形式来反映房价在不同时期的涨跌幅度。

分为新建商品住宅销售价格指数和二手住宅销售价格指数。编制住宅销售价格指数其目的在于全面了解和掌握相关城市新建住宅和二手住宅销售价格及其变动情况，为做好国民经济核算和房地产市场调控工作、满足社会公众需要提供基础统计信息。

新建商品住宅指新建的专供居住用的商品住宅。其价格指进入房地产市场进行交易、第一次进行产权登记时的实际交易价格（合同价格）。

二手住宅指进入房地产市场进行交易，第二次及以上进行产权登记的住宅，包括二手商品房、允许上市交易的已售公房等。其价格指用于居住的进入房地产市场进行交易的房屋，再次进行产权登记时的实际交易价格。

主要统计指标解释

■ 农产品生产者价格

是指农产品生产者第一手（直接）出售其产品时实际获得的单位产品价格。全面收集农产品生产者价格资料，编制农产品生产者价格指数，其目的是客观反映农产品生产者价格水平和结构变动情况，满足农业与国民经济核算需要，为各级政府制定农业保护与农产品流通政策提供决策依据，向社会各界提供优质的农产品价格信息服务。

ZHEJIANG STATISTICAL YEARBOOK

Explanatory Notes on Main Statistical Indicators

□ Consumer Price Indices

Consumer Price Indices are relative figures reflecting the trend and degree of changes in prices of consumer goods and services purchased by urban and rural households during a given period, and are the results of comprehensive summary calculation of urban and rural consumer price indices.Through this index, we can observe and analyze the impact of changes in retail prices of consumer goods and service prices on the actual living expenses of urban and rural residents. The change rate of consumer price level reflects the degree of inflation (or deflation) to a certain extent.

The contents of the consumer price survey mainly involve the prices of goods and services purchased by urban and rural residents and used for daily consumption, which are divided into eight categories of consumer prices according to their uses: food, tobacco and alcohol, clothing, housing, daily necessities and services, transportation and communications, education, culture and entertainment, medical care, and other goods and services.

□ Retail Price Indices of Commodities

Retail Price Indices of Commodities are relative figures reflecting the trend and degree of changes in retail prices of commodities in urban and rural areas during a given period.The change of commodity retail price is related to the state's financial revenue, the balance of market supply and demand, and the proportional relationship between consumption and accumulation.The survey on retail prices of commodities covers the prices of retail commodities in the industrial, commercial, catering and other sectors, as well as the prices of commodities sold by farmers to non-agricultural residents. Including food, beverage, tobacco and alcohol, clothing, shoes and hats, textiles, household appliances and audio-visual equipment, cultural and office supplies, daily necessities, sports and entertainment supplies, transportation and communications supplies, furniture, cosmetics, gold and silver jewelry, Chinese and Western medicines and medical care supplies, books, newspapers, magazines and electronic publications, fuel, building materials and hardware. Retail prices of commodities in 203 basic categories.

□ Producer Price Indices for Industrial Products

Producer Price Indices for Industrial Products are relative figures reflecting the trend and degree of changes in general ex-factory prices of all manufactured goods for first sale during a given period.The ex-factory price survey of industrial producers covers 34 industrial sectors, covering 491 basic categories of product prices.

□ Purchasing Price Indices for Industrial Producers

Purchasing Price Indices for Industrial Producers are relative figures reflecting changes in the level and degree of purchasing prices such as intermediate input such as raw materials, fuels and power.The survey on the purchasing prices of industrial producers covers the prices of 405 basic product categories.

□ Residential Sales Price Index

It is a relative number that comprehensively reflects the overall trend and range of changes in housing commodity prices, and reflects the rise and fall of housing prices in different periods in the form of percentages.

It is divided into newly built commercial housing sales price index and second-hand housing sales price index. the purpose of compiling housing sales price index is to fully understand and grasp the sales prices and their changes

EXPLANATORY NOTES ON MAIN STATISTICAL INDICATORS

of new and second-hand housing in relevant cities, and to provide basic statistical information for national economic accounting, real estate market regulation and control, and meeting the needs of the public.

Newly built commercial residential buildings refer to newly built commercial residential buildings exclusively for residential use. Its price refers to the actual transaction price (contract price) when entering the real estate market and registering property rights for the first time.

Second-hand housing refers to the housing that enters the real estate market for transactions and registers property rights for the second time or more, including second-hand commercial housing, sold public houses that are allowed to be listed and traded, etc. Its price refers to the actual transaction price of the house used for living and entering the real estate market for transaction when the property right is registered again.

□ Producer Price of Agricultural Products

It refers to the actual unit price of a farm product producer who sells the product first hand (directly). The purpose of collecting price data of producers of agricultural products and compiling price index of producers of agricultural products is to objectively reflect the price level and structural changes of producers of agricultural products, to meet the needs of agricultural and national economic accounting, to provide decision-making basis for governments at all levels to formulate policies on agricultural protection and circulation of agricultural products, and to provide decision-making basis for all sectors of society. To provide quality information service for agricultural products.

2024
浙江统计年鉴
ZHEJIANG STATISTICAL YEARBOOK

CHAPTER 5

人民生活
People's Livelihood

5-1 人民物质文化生活
People's Material and Cultural Life

项目		Item		2016	2017	2018	2019	2020	2021	2022	2023
城乡居民收入与支出	**(元)**	**Income and Expenditure of Urban and Rural Residents**	**(yuan)**								
农村居民人均可支配收入		Annual Per Capita Disposable Income of Rural Residents		22866	24956	27302	29876	31930	35247	37565	40311
农村居民人均消费支出		Annual Per Capita Living Expenditure of Rural Residents		17359	18093	19707	21352	21555	25415	27483	30468
城镇居民人均可支配收入		Annual Per Capita Disposable Income of Urban Residents		47237	51261	55574	60182	62699	68487	71268	74997
城镇居民人均消费支出		Annual Per Capita Expenditure of Urban Residents		30068	31924	34598	37508	36197	42193	44511	47762
居民生活质量		**Quality of Living**									
居民人均住房面积	(平方米)	Per Capita Floor Space of Residents Buildings	(sq.m)								
农村居民		Rural Areas		60	60	65	67	67	71	71	
城镇居民		Urban Areas		41	42	45	48	47	48	48	
交通		**Traffic**									
农村每百户拥有家用汽车	(辆)	Number of Household Cars Per 100 Households in Rural Areas	(Suit)	30.17	33.35	28.78	28.90	33.00	35.55	38.10	43.94
城镇每百户拥有家用汽车	(辆)	Number of Household Cars Per 100 Households in Urban Areas	(Suit)	53.29	55.54	52.43	52.80	55.60	62.46	64.40	72.23
储蓄											
城乡居民储蓄存款年末余额	(亿元)	Balance of Savings Deposit of Rural and Urban Residents	(100 million yuan)	38077	40192	45812	53133	60970	66877	81587	96996
平均每人储蓄存款余额	(元)	Per Capita Balance of Savings Deposits	(yuan)	62709	65142	73031	83345	94264	102258	124049	146364
文化、教育及卫生											
农村每百户拥有彩色电视机	(台)	Number of Color Tv Sets Per 100 Households in Rural Areas	(Set)	170	176	176	176	176	180	182	153
城镇每百户拥有彩色电视机	(台)	Number of Color Tv Sets Per 100 Households in Urban Areas	(Set)	174	179	172	175	176	172	171	150
农村每百户拥有家用电脑	(台)	Number of Computer Per 100 Households in Rural Areas	(Set)	49.31	52.24	45.54	46.10	48.20	36.83	37.10	37.01

续表 Continued

项目		Item		2016	2017	2018	2019	2020	2021	2022	2023
城镇每百户拥有家用电脑	(台)	Number of Computer Per 100 Households in Urban Areas	(Set)	93.01	95.60	86.43	85.20	86.00	75.81	75.80	75.41
每百人每天有报纸杂志	(份)	Daily Newspapers and Magazines Per 100 persons	(Copies)	12.2	10.7	9.6	9.0	8.0	7.3	7.1	6.7
学龄儿童入学率	(%)	Enrollment Percentage of School age Children	(%)	99.99	99.99	99.99	99.99	99.99	99.99	99.99	99.99
每千人口拥有在校大学生数	(人)	Students Enrollment in University Per 1000 Persons	(person)	17.51	17.45	17.57	18.31	19.50	20.49	21.35	21.97
每千人口拥有医疗床位数	(张)	Number of Hospital Beds Per 1000 Persons	(Piece)	4.78	5.09	5.29	5.49	5.59	5.65	5.82	6.15
每千人口拥有医生数	(人)	Number of Doctors Per 1000 Persons	(person)	2.77	2.91	3.05	3.22	3.37	3.56	3.75	4.01
就业											
城镇调查失业率	(%)	Survey Unemployment Rate in Urban Areas	(%)	2.87	2.73	2.60	2.52	2.79	2.61	4.70	4.60
农村居民家庭每一劳动力负担人数	(人)	Number of Dependents Per Rural Laborer in Rural Households	(person)	1.57	1.58	1.59	1.62	1.66	1.58	1.62	1.62
城镇每一就业者负担人数	(人)	Number of Dependents Per Urban Employee	(person)	1.79	1.80	1.85	1.86	1.91	1.86	1.90	1.92
邮电通信											
电话普及率	(部/百人)	Telephone Popularization Rate	(pars/hundred person)	153.6	157.5	169.2	175.1	168.4	155.1	155.3	157.5
固定电话	(部/百人)	Fixed Telephones	(pars/hundred person)	23.2	21.7	20.6	22.8	21.6	17.9	17.3	16.2
移动电话	(部/百人)	Mobile Telephones	(pars/hundred person)	130.4	135.8	148.6	152.3	146.8	137.2	138.0	141.3

注：1. 从2013年起，国家统计局开展了城乡一体化住户收支与生活状况调查，与2013年前的分城镇和农村住户调查的调查范围、调查方法、指标口径有所不同(以后各表同)。农村居民人均可支配收入2013年前为农村居民人均纯收入。
National Bureau of Statistics of China started an integrated households income and expenditure survey,including both urban and rural households since 2013.The coverage, the methodology and definitions used in the survey has been changed compared with before.The same applies to the relevant tables following.The data of per capita disposable income of rural households refer to the per capita net income of rural households before 2013.

2. 每百人每天拥有报纸、每千人口拥有医疗床位和拥有医生数均按常住人口计算。
Daily Newspapers and Magazines Per 100 Persons, Number of Hospital Beds and Number of Doctors Per 1000 Persons are calculated at permanent residence.

5-2 城乡居民家庭收入情况（1978-2023年）
Income of Urban and Rural Households (1978-2023)

年份 Year	全体居民家庭 Urban and Rural House		城镇居民家庭 Urban Households		农村居民家庭 Rural Households	
	人均可支配收入(元) Per Capita Disposable Income(yuan)	人均可支配收入指数（上年=100） Growth Rate of Per Capita Disposable Income (Preceding year = 100)	人均可支配收入(元) Per Capita Disposable Income(yuan)	人均可支配收入指数（上年=100） Growth Rate of Per Capita Disposable Income (Preceding year = 100)	人均可支配收入(元) Per Capita Disposable Income(yuan)	人均可支配收入指数（上年=100） Growth Rate of Per Capita Disposable Income (Preceding year = 100)
1978			332		165	
1980			488		219	103.3
1983			551	101.2	359	102.3
1984			669	117.1	446	123.5
1985			904	117.4	549	112.5
1986			1104	114.9	609	105.0
1987			1228	100.3	725	113.6
1988			1589	104.9	902	108.1
1989			1797	96.8	1011	97.4
1990	1359		1932	105.3	1099	102.7
1991			2143	105.0	1211	108.9
1992			2619	111.9	1359	108.8
1993			3626	114.0	1746	110.2
1994			5066	112.0	2225	104.1
1995			6221	105.0	2966	105.3
1996			6956	101.8	3463	106.1
1997			7359	101.6	3684	103.8
1998			7825	105.3	3838	104.7
1999			8402	108.0	3996	105.6
2000	6719		9236	109.1	4332	107.8
2001			10399	113.3	4697	106.9
2002			11624	113.4	5096	108.4
2003			13055	111.9	5594	107.8
2004			14387	107.4	6210	107.4
2005	12093		16089	110.4	7003	106.4
2006	13550		18007	110.9	7763	109.3
2007	15351		20250	108.4	8805	108.2
2008	17073		22334	105.4	9927	106.2
2009	18528		24148	109.7	10798	109.5
2010	21159		26802	106.9	12277	108.6
2011	24195		30340	107.5	14197	109.5
2012	27020		33846	109.2	15806	108.8
2013	29775	107.7	37080	107.1	17494	108.1
2014	32658	107.4	40393	106.8	19373	108.3
2015	35537	107.3	43714	106.7	21125	107.5
2016	38529	106.4	47237	106.0	22866	106.3
2017	42046	106.9	51261	106.3	24956	107.0
2018	45840	106.5	55574	106.0	27302	107.0
2019	49899	105.8	60182	105.4	29876	106.0
2020	52397	102.6	62699	102.1	31930	104.0
2021	57541	108.2	68487	107.6	35247	108.9
2022	60302	102.5	71268	101.9	37565	104.3
2023	63830	105.6	74997	104.9	40311	107.0

注：1. 从2013年起，国家统计局开展了城乡一体化住户收支与生活状况调查，与2013年前的分城镇和农村住户调查的调查范围、调查方法、指标口径有所不同(以后各表同)。National Bureau of Statustics of China started an integrated households income and expenditure survey,including both urban and rural households since 2013.The coverage,the methodology and definitions used in the survey has been changed compared with before.The same applies to the relevant tables following.

2. 人均可支配收入指数扣除价格变动因素。Growth rate of per capita disposable income was excluded price changes.

3. 2012年及以前农村居民人均可支配收入为人均纯收入。The data of per capita disposable income of rural households refer to the per capita net income of rural households before 2013.

5-3 城乡居民家庭人均生活消费支出（1978-2023年）
Per Capita Annual Consumption Expenditures and Floor Space of Urban and Rural Households(1978-2023)

年份	全体居民 Urban and Rural House		城镇居民家庭 Urban Households		农村居民家庭 Rural Households	
	人均消费性支出(元) Per Capita Annual Expenditure (yuan)	比上年增长（%） Increase over the Previous Year(%)	人均消费性支出(元) Per Capita Annual Expenditure (yuan)	比上年增长（%） Increase over the Previous Year(%)	人均消费性支出(元) Per Capita Annual Expenditure (yuan)	比上年增长（%） Increase over the Previous Year(%)
1978			301		157	
1980			428		192	9.7
1983			484	2.8	326	7.9
1984			562	16.1	369	13.2
1985			795	41.5	474	28.5
1986			969	21.9	561	18.4
1987			1101	13.6	659	17.5
1988			1453	32.0	839	27.3
1989			1556	7.1	927	10.5
1990	1151		1604	3.1	946	2.0
1991			1806	12.6	1027	8.6
1992			2154	19.3	1112	8.3
1993			2856	32.6	1263	13.6
1994			4079	42.8	1680	33.0
1995			5263	29.0	2378	41.5
1996			5764	9.5	2702	13.6
1997			6170	7.0	2839	5.1
1998			6255	1.4	2908	2.4
1999			6600	5.5	2840	-2.3
2000	5170		7150	8.3	3292	15.9
2001			8153	14.0	3568	8.4
2002			8990	10.3	3811	6.8
2003			10087	12.2	4453	16.8
2004			11116	10.2	4873	9.4
2005	9740		12894	16.0	5723	17.4
2006	10780	10.7	14135	9.6	6423	12.2
2007	11695	8.5	15014	6.2	7261	13.0
2008	12794	9.4	16252	8.2	8096	11.5
2009	13943	9.0	18003	10.8	8360	3.3
2010	15634	12.1	19391	7.7	9721	16.3
2011	17874	14.3	22192	14.4	10849	11.6
2012	18931	5.9	23395	5.4	11598	6.9
2013	20610	8.9	25254	7.9	12803	10.4
2014	22552	9.4	27242	7.9	14498	13.2
2015	24117	6.9	28661	5.2	16108	11.1
2016	25527	5.8	30068	4.9	17359	7.8
2017	27079	6.1	31924	6.2	18093	4.2
2018	29471	8.8	34598	8.4	19707	8.9
2019	32026	8.7	37508	8.4	21352	8.3
2020	31295	-2.3	36197	-3.5	21555	1.0
2021	36668	17.2	42193	16.6	25415	17.9
2022	38971	6.3	44511	5.5	27483	8.1
2023	42194	8.3	47762	7.3	30468	10.9

5-4 城乡居民家庭基本情况（2021-2023年）
Basic Statistics in Urban and Rural Households(2021-2023)

项目	Item	全体居民 Urban and Rural House			城镇常住居民 Urban Households			农村常住居民 Rural Households		
		2021	2022	2023	2021	2022	2023	2021	2022	2023
基本情况	**Basic Statistics**									
常住人口（人/户）	Average Number of Permanent Residents(person/household)	2.93	2.92	2.70	2.98	2.97	2.71	2.84	2.82	2.70
#在校学生人数（人/户）	The number of students in school(person/household)	0.46	0.48	0.43	0.50	0.52	0.46	0.39	0.39	0.37
常住就业人口（人/户）	Average Employed Persons (person/ household)	1.67	1.63	1.49	1.60	1.57	1.41	1.80	1.74	1.67
常住人口就业面（%）	Percentage of Employed Persons (%)	56.93	55.71	55.25	53.72	52.75	52.20	63.47	61.84	61.68
就业者负担人数(包括就业者本人)（人/户）	Number of Persons Supported by Each Employed Person (person/household)	1.76	1.80	1.81	1.86	1.90	1.92	1.58	1.62	1.62
性别	**Sex**									
男性	Male	49.66	49.72	50.63	49.27	49.42	50.22	50.44	50.34	51.49
女性	Female	50.34	50.28	49.37	50.73	50.58	49.78	49.56	49.66	48.51
6周岁及以上常住成员受教育程度	**Members at the age of 6 and above**									
未上过学	Has not been to school	2.92	2.85	4.10	2.10	2.11	2.72	4.54	4.36	6.98
小学	Primary School	26.13	26.08	25.28	22.30	22.29	21.19	33.77	33.80	33.83
初中	Junior Secondary School	35.18	34.64	29.80	32.75	32.27	27.05	40.04	39.45	35.53
高中	Senior Secondary School	17.93	17.66	16.05	19.99	19.52	17.53	13.82	13.85	12.96
大学专科	University	8.86	9.26	11.63	10.92	11.29	14.08	4.77	5.12	6.51
大学本科	University and College Students	8.29	8.77	12.23	11.02	11.54	16.16	2.86	3.14	4.02
研究生	Postgraduates	0.69	0.74	0.92	0.92	0.97	1.28	0.22	0.27	0.16
常住从业人员就业类型	**Households Employed Persons by Type of Employment**									
雇主	employer	1.72	1.86	3.07	2.11	2.15	3.64	1.04	1.35	2.07
公职人员	public employee	1.27	1.24	1.32	1.91	1.85	1.98	0.17	0.15	0.16
事业单位人员	Public Institution	3.32	3.51	4.84	4.97	5.22	6.96	0.47	0.48	1.07
国有企业雇员	abc	1.57	1.57	2.77	2.37	2.34	4.10	0.19	0.19	0.41
其他雇员	Others	70.72	71.39	68.26	72.36	72.23	68.31	67.89	69.90	68.17
农业自营	Agricultural proprietary	7.05	6.16	5.69	1.19	0.96	0.79	17.15	15.36	14.42
非农自营	Non-agricultural proprietary	14.36	14.28	14.04	15.10	15.24	14.22	13.09	12.57	13.71
常住从业人员从事主要行业	**Households Employed Persons by Sector**									
第一产业	Primary Industry	8.64	7.59	7.36	1.77	1.42	1.71	20.47	18.50	17.43
第二产业	Secondary Industry	41.12	41.81	39.10	37.10	37.65	34.33	48.05	49.16	47.60
第三产业	Tertiary Industry	50.24	50.60	53.54	61.13	60.93	63.96	31.48	32.34	34.97

5-5 城乡居民人均可支配收入情况（2021-2023年）
Per Capita Disposable Income of Urban Households and Rural Households(2021-2023)

单位:元(yuan)

项目	Item	全体居民 Urban and Rural House			城镇常住居民 Urban Households			农村常住居民 Rural Households		
		2021	2022	2023	2021	2022	2023	2021	2022	2023
可支配收入	**Disposable Income**	**57541**	**60302**	**63830**	**68487**	**71268**	**74997**	**35247**	**37565**	**40311**
工资性收入	**Wages Income**	**32821**	**34177**	**35769**	**38412**	**39718**	**41439**	**21434**	**22687**	**23825**
工资	Wage	31506	32683	34254	36735	37800	39511	20856	22072	23180
实物福利	Benefit in Kind	110	119	177	121	128	188	87	99	152
其他	others	1205	1375	1338	1556	1790	1740	491	516	492
经营净收入	**Net Business Income**	**9294**	**9880**	**10664**	**9671**	**10233**	**10833**	**8527**	**9149**	**10307**
第一产业净收入	The First Industry Net Income	1207	1276	1159	448	482	231	2753	2922	3115
第二产业净收入	The Second Industry Net Income	2041	2185	2363	2233	2342	2488	1650	1860	2098
第三产业净收入	The Third Industry Net Income	6047	6419	7142	6991	7409	8114	4124	4367	5095
财产净收入	**Net Property Income**	**6905**	**7397**	**7783**	**9765**	**10397**	**10880**	**1082**	**1177**	**1259**
利息净收入	Net Interest Income	130	136	-2	155	152	-45	80	101	88
红利收入	Dividend Income	939	1027	1090	1265	1377	1399	276	302	440
储蓄性保险净收益	Deposit Sex Net Income Insurance	14	38	25	18	56	37	5		1
转让承包土地经营权租金净收入	The Transfer of Contracted land Management Rights Rent Net Income	147	112	96	112	48	27	217	244	241
出租房屋净收入	Rental Housing Net Income	2224	2513	2532	3105	3498	3478	430	470	538
出租其他资产净收入	Net Income from Other Assets	54	48	74	52	42	94	57	61	32
自有住房折算净租金	Home Ownership Convert Net Rents	3438	3591	4037	5126	5323	5954			
其他财产净收入	Net Income from Other Property	-40	-67	-69	-68	-98	-64	18	-2	-80

续表 Continued 单位:元(yuan)

项目	Item	全体居民 Urban and Rural House			城镇常住居民 Urban Households			农村常住居民 Rural Households		
		2021	2022	2023	2021	2022	2023	2021	2022	2023
转移净收入	**Transfer of Net Income**	**8520**	**8848**	**9615**	**10639**	**10919**	**11844**	**4205**	**4552**	**4920**
转移性收入	**Transfer Income**	**11641**	**12437**	**13155**	**14162**	**15035**	**15877**	**6507**	**7048**	**7420**
养老金或离退休金	Pensions and Retirement Pay	8534	9145	9719	10946	11689	12382	3623	3870	4108
社会救济和补助	Social Relief and Aid	151	153	210	114	114	144	227	234	349
惠农补贴	Corresponding Subsidy	73	91	96	65	35	48	90	205	196
政策性生活补贴	Policy Allowance	157	190	208	159	198	248	153	174	123
报销医疗费	Reimbursement	735	696	723	900	819	843	397	441	470
外出从业人员寄回带回收入	Send Out Practitioners to Income	834	832	852	903	877	907	694	740	735
赡养收入	Maintenance Income	1035	1196	1231	949	1149	1182	1210	1296	1335
其他经常转移收入	Other Often Transfer Income	122	133	117	126	154	123	112	89	105
转移性支出	**Transfer Expenditure**	**3122**	**3589**	**3539**	**3524**	**4116**	**4033**	**2302**	**2496**	**2500**
个人所得税	Income Tax	150	247	242	206	341	329	37	51	58
社会保障支出	Social Security Expenditure	2672	3068	2831	2958	3432	3147	2091	2314	2165
外来从业人员寄给家人的支出	Foreign Employees Sent to Family Spending	13	8	54	14	11	66	11	4	28
赡养支出	Support Spending	170	199	343	211	248	405	85	97	214
其他经常转移支出	Other Often Transfer Spending	117	67	70	135	85	86	79	29	36

5-6 城乡居民人均生活消费支出情况（2021-2023年）
Per Capita Consumption Expenditure of Urban Households and Rural Households(2021-2023)

项目	Item	全体居民 Urban and Rural House			城镇常住居民 Urban Households			农村常住居民 Rural Households		
		2021	2022	2023	2021	2022	2023	2021	2022	2023
居民生活消费支出	**Residents living Consumption Expenditure**	**36668**	**38971**	**42194**	**42193**	**44511**	**47762**	**25415**	**27483**	**30468**
食品烟酒	**Food or Smoke Wine**	**10160**	**10931**	**11757**	**11283**	**12106**	**12909**	**7873**	**8497**	**9331**
食品	Food	6342	6697	6662	6631	7075	7039	5754	5913	5869
烟酒	Liquor & Tobacco	1113	1260	1255	1168	1320	1247	1001	1135	1272
饮料	Beverage	226	281	310	257	306	342	164	231	243
饮食服务	Catering Services	2479	2693	3530	3228	3405	4281	954	1218	1947
衣着	**Clothing**	**2051**	**2098**	**2254**	**2437**	**2466**	**2623**	**1265**	**1336**	**1476**
衣类	Clothes	1662	1703	1877	1998	2019	2204	977	1049	1188
鞋类	Shoes	389	395	377	439	447	419	288	288	288
居住	**Residence**	**9943**	**10558**	**10458**	**11307**	**11890**	**11550**	**7166**	**7795**	**8158**
租赁房房租	Rental Housing Rent	433	458	370	572	618	429	149	127	248
住房维修及管理	Housing Maintenance and Management	1560	1664	1111	1776	1898	605	1122	1177	2178
水电燃料及其他	Water,Electricity and Fuels	1045	1267	1199	1128	1247	1254	878	1308	1082
自有住房折算租金	Home Ownership Reduced Rents	6904	7169	7778	7831	8127	9263	5017	5183	4652
生活用品及服务	**Supplies and Services**	**2073**	**2313**	**2472**	**2418**	**2685**	**2848**	**1370**	**1540**	**1682**
家具及室内装饰品	Furniture and Interior Decoration	385	384	431	439	498	529	274	149	227
家用器具	Household Utensils	525	701	686	591	804	742	391	490	567
家用纺织品	Home Textiles	166	196	195	203	222	212	91	141	159
家庭日用杂品	Articles for Daily Use	389	415	456	417	429	499	330	385	364
个人用品	Personal Items	489	503	531	616	591	641	230	319	299
家庭服务	Domestic Service	119	114	174	151	141	226	54	57	65
交通通信	**Transportation Communication**	**5196**	**5823**	**6484**	**6105**	**6791**	**7558**	**3346**	**3816**	**4223**
交通	Transportation	4121	4710	5345	4937	5611	6329	2458	2840	3273
通信	Communication	1076	1113	1139	1168	1180	1228	888	976	950
教育文化娱乐	**Education Culture And Entertainment**	**3769**	**3549**	**4458**	**4537**	**4238**	**5298**	**2204**	**2121**	**2689**
教育	Education	2810	2573	2795	3368	3090	3296	1674	1501	1741
文化娱乐	Entertainment	959	976	1663	1169	1148	2003	530	620	948
医疗保健	**Medicine and Medical Services**	**2499**	**2534**	**2939**	**2866**	**2865**	**3248**	**1752**	**1847**	**2289**
医疗器具及药品	Medical Equipment and Drugs	694	740	890	744	809	989	593	597	682
医疗服务	Medical Service	1804	1793	2049	2121	2056	2259	1159	1250	1607
其他用品及服务	**Other Goods and Services**	**977**	**1165**	**1371**	**1241**	**1471**	**1728**	**439**	**531**	**620**
其他用品	Other Items	564	756	764	712	964	971	263	324	328
其他服务	Other Services	412	410	607	529	508	757	176	207	291

5-7 城乡居民家庭耐用消费品拥有量（2021-2023年）
Number of Durable Consumer Goods Owned Urban Households and Rural Households(2021-2023)

项目		Item		全体居民 Urban and Rural House			城镇常住居民 Urban Households			农村常住居民 Rural Households		
				2021	2022	2023	2021	2022	2023	2021	2022	2023
每百户耐用消费品拥有量		**Every Hundred Households Durable Consumer Goods Ownership**										
家用汽车	(辆)	Family Car	(unit)	53.3	55.5	64.7	62.5	64.4	72.2	35.5	38.1	43.9
#新能源汽车	(辆)	New Energy Vehicles	(unit)		1.4	4.1		1.6	4.3		1.0	3.6
摩托车	(辆)	Motorcycle	(unit)	8.6	8.8	8.4	5.8	6.5	6.8	13.9	13.5	11.9
电冰箱(柜)	(台)	Refrigerator (Ark)	(unit)	111.7	110.7	105.9	108.1	107.5	103.7	118.7	117.1	110.6
洗衣机	(台)	Wash Machine	(unit)	97.8	97.4	95.8	99.5	99.3	98.0	94.4	93.9	91.0
热水器	(个)	Water Heater	(unit)	106.7	106.7	104.3	108.3	108.6	105.5	103.7	102.9	101.9
空调	(台)	Air Conditioner	(unit)	217.9	218.8	220.2	236.6	236.4	238.5	181.7	184.3	181.8
彩色电视机	(台)	Colour Tv Set	(unit)	175.0	174.5	151.3	172.2	171.0	150.0	180.4	181.5	153.4
照相机	(架)	Camera	(unit)	11.5	11.9	12.3	15.2	15.7	16.4	4.4	4.4	3.7
计算机	(台)	Computer	(unit)	62.5	62.8	63.0	75.8	75.8	75.4	36.8	37.1	37.0
中高档乐器	(架)	High-grade Instruments	(unit)	7.4	7.4	8.7	10.3	10.3	11.3	1.9	1.8	3.2
洗碗机	(台)	Dishwasher	(unit)		4.6	7.3		5.8	9.5		2.2	2.5
健身器材	(台)	Fitness Equipment	(unit)		8.1	9.1		10.7	11.0		3.1	5.1
净化器（空气含新风系统）	(台)	Air Purifier (with fresh air system)	(unit)		8.8	12.1		11.3	15.7		4.0	4.6
地面清洁电器	(台)	Floor Cleaning Appliances	(unit)		17.7	23.0		22.8	29.6		7.8	9.3

5-8 城乡居民住房情况（2021-2023年）
Housing Conditions of Urban and Rural Residents(2021-2023)

项目	Item	全体常住居民 Urban and Rural Households			城镇常住居民 Urban Households			农村常住居民 Rural Households		
		2021	2022	2023	2021	2022	2023	2021	2022	2023
住房情况	**Housing Conditions**									
按居住空间样式分的户数比重（%）	**According To The Style Of Living Space Points and The Number Of Proportion (%)**	100.0	100.0	100.0	100.0	100.0	100.0	100.0	100.0	100.0
单栋楼房	The Pavilions Buildings	56.6	57.0	42.1	38.1	39.1	21.6	92.3	92.2	85.1
单栋平房	Pavilions Bungalow	2.2	2.4	2.7	1.3	1.4	1.0	4.0	4.2	6.4
单元房	Apartment	39.6	39.2	53.9	58.6	57.8	75.9	2.7	2.7	7.7
筒子楼或连片平房	Tube-Shaped Apartment Or Shall Bungalow	1.3	1.1	1.1	1.8	1.5	1.3	0.3	0.3	0.6
其他	Else	0.3	0.3	0.2	0.2	0.1	0.2	0.6	0.6	0.1
按主要建筑材料分的户数比重（%）	**According To The Main Points And The Proportion Of The Number Of Building Materials (%)**	100.0	100.0	100.0	100.0	100.0	100.0	100.0	100.0	100.0
钢筋混凝土	Reinforced Concrete	58.5	59.4	72.3	67.3	68.1	83.2	41.3	42.4	49.4
砖混材料	Brick Material	35.5	34.5	22.6	30.2	29.4	15.6	45.9	44.5	37.1
砖瓦砖木	Brick And Tile Brick	5.8	5.9	4.7	2.4	2.5	0.9	12.4	12.6	12.8
其他	Else	0.2	0.2	0.4		0.1	0.2	0.4	0.4	0.7
按房屋来源分的户数比重（%）	**By Building The Proportion Of The Number Of Source Points (%)**	100.0	100.0	100.0	100.0	100.0	100.0	100.0	100.0	100.0
租赁住房	Rental Housing	11.3	11.4	14.4	15.4	15.6	17.9	3.2	3.1	7.0
自建住房	Aided Private Housing	55.9	55.6	40.7	37.3	37.0	20.6	92.0	92.3	83.0
购买商品房	Buy Commercial Housing	22.0	22.1	30.0	32.7	32.8	42.8	1.2	1.2	3.0
购买房改住房	Purchase Of Housing Reform Housing	3.1	3.1	1.6	4.3	4.3	2.2	0.7	0.7	0.3

续表 Continued

项目	Item	全体常住居民 Urban and Rural Households			城镇常住居民 Urban Households			农村常住居民 Rural Households		
		2021	2022	2023	2021	2022	2023	2021	2022	2023
购买保障性住房	Purchase Of Affordable Housing	0.5	0.4	1.1	0.7	0.6	1.6	0.1	0.1	
拆迁安置房	Dismantling And Settling Building	5.2	5.1	7.2	7.5	7.5	10.1	0.6	0.5	1.1
继承或获赠住房	Inheritance Or Gift Of Housing	0.8	0.8	1.0	0.5	0.5	0.4	1.6	1.5	2.1
其他	Else	1.3	1.3	4.0	1.6	1.7	4.3	0.7	0.7	3.3
生活设施状况	**Living Facilities Condition**									
主要饮用水来源（%）	The Main Source Of Drinking Water (%)	100.0	100.0	100.0	100.0	100.0	100.0	100.0	100.0	100.0
经过净化处理的自来水	After purification treatment of tap water	96.8	96.9	97.0	99.7	99.7	99.2	91.2	91.5	92.3
受保护的井水和泉水	Protected well water and spring water	2.4	2.3	1.8	0.1	0.1	0.1	6.9	6.6	5.3
其他饮用水来源	Other Drinking Water Sources	0.8	0.8	1.2	0.2	0.2	0.7	1.9	1.9	2.4
住宅内厕所状况（%）	**The Toilet Inside The Residence Status (%)**	**100.0**	**100.0**	**100.0**	**100.0**	**100.0**	**100.0**	**100.0**	**100.0**	**100.0**
水冲式卫生厕所	Health Toilet Flush	99.3	99.6	99.6	99.7	99.8	100.0	98.5	99.1	98.9
卫生旱厕	Health Dry	0.1	0.1					0.2	0.2	0.1
普通旱厕	Ordinary Dry	0.5	0.4	0.3	0.2	0.1		1.2	0.8	1.0
其他	Else	0.1			0.1			0.1		
主要炊用能源（%）	**The Main Cook In Energy (%)**	**100.0**	**100.0**	**100.0**	**100.0**	**100.0**	**100.0**	**100.0**	**100.0**	**100.0**
天然气、煤气、液化石油气	Natural Gas、Gas、Liquefied Petroleum Gas	92.7	92.1	84.6	95.1	94.4	85.5	88.0	87.7	82.5
电	Electricity	5.3	5.4	10.4	4.2	4.9	11.8	7.3	6.3	7.5
其他	Else	2.1	2.5	5.0	0.7	0.7	2.7	4.7	6.0	10.0

5-9 城乡居民人均收支情况（2021-2023年）
Per Capita Income and Expenditure of Urban and Rural Residents(2021-2023)

项目	Item	全体居民			城镇常住居民			农村常住居民		
		2021	2022	2023	2021	2022	2023	2021	2022	2023
可支配收入（元）	**Disposable Income (Yuan)**	**57541**	**60302**	**63830**	**68487**	**71268**	**74997**	**35247**	**37565**	**40311**
工资性收入	Income From Wage And Salary	32821	34177	35769	38412	39718	41439	21434	22687	23825
经营净收入	Net Income From Operations	9294	9880	10664	9671	10233	10833	8527	9149	10307
财产净收入	Net Property Income	6905	7397	7783	9765	10397	10880	1082	1177	1259
转移净收入	Transfer Of net Income	8520	8848	9615	10639	10919	11844	4205	4552	4920
生活消费支出（元）	**Life In Consumer Spending (Yuan)**	**36668**	**38971**	**42194**	**42193**	**44511**	**47762**	**25415**	**27483**	**30468**
食品烟酒	Food Or Smoke Wine	10160	10931	11757	11283	12106	12909	7873	8497	9331
衣着	Clothing	2051	2098	2254	2437	2466	2623	1265	1336	1476
居住	Dwell	9943	10558	10458	11307	11890	11550	7166	7795	8158
生活用品及服务	Supplies And Services	2073	2313	2472	2418	2685	2848	1370	1540	1682
交通通信	Transportation Communication	5196	5823	6484	6105	6791	7558	3346	3816	4223
教育文化娱乐	Education Entertainment	3769	3549	4458	4537	4238	5298	2204	2121	2689
医疗保健	Medical Care	2499	2534	2939	2866	2865	3248	1752	1847	2289
其他用品和服务	Other Goods And Services	977	1165	1371	1241	1471	1728	439	531	620

5-10 各市城乡居民人均可支配收入情况（2021-2023年）
Per Capita Disposable Income of Urban and Rural Households by City(2021-2023)

单位：元(yuan)

城市	City	全体居民 Urban and Rural House			城镇常住居民 Urban Households			农村常住居民 Rural Households		
		2021	2022	2023	2021	2022	2023	2021	2022	2023
杭州市	Hangzhou	67709	70281	73797	74700	77043	80587	42692	45183	48180
宁波市	Ningbo	65436	68348	71731	73869	76690	80144	42946	45487	48350
温州市	Wenzhou	59588	63033	67380	69678	73326	77973	35844	38482	41622
嘉兴市	Jiaxing	60048	62626	66353	69839	72096	75909	43598	46276	49643
湖州市	Huzhou	57497	60554	63972	67983	71044	74400	41303	44112	47455
绍兴市	Shaoxing	62509	65760	69707	73101	76199	80392	42636	45709	48825
金华市	Jinhua	55880	58080	61710	67374	69626	73639	33709	35630	38136
衢州市	Quzhou	42658	45276	48237	54577	57465	60592	29266	31468	33993
舟山市	Zhoushan	60848	63848	68110	69103	71965	76435	42945	45924	49379
台州市	Taizhou	55499	58040	61067	68053	70737	73879	35419	37700	40153
丽水市	Lishui	42042	44450	47182	53259	55784	58583	26386	28470	30811

5-11 各市城乡居民人均生活消费支出情况（2021-2023年）
Per Capita Annual Consumption Expenditures of Urban and Rural Households by City(2021-2023)

单位：元(yuan)

城市	City	全体居民 Urban and Rural House			城镇常住居民 Urban Households			农村常住居民 Rural Households		
		2021	2022	2023	2021	2022	2023	2021	2022	2023
杭州市	Hangzhou	44609	46440	50129	48629	50336	54103	30224	31980	35133
宁波市	Ningbo	40478	42997	45503	45362	47916	50347	27451	29514	32039
温州市	Wenzhou	39900	42809	46879	46147	49176	53333	25198	27623	31187
嘉兴市	Jiaxing	37158	39146	42648	42305	44112	47551	28510	30571	34072
湖州市	Huzhou	35874	38322	41580	41532	44040	46788	27134	29359	33330
绍兴市	Shaoxing	37448	40371	43628	42766	45889	49300	27471	29772	32542
金华市	Jinhua	36471	38371	41807	43031	45061	48792	23816	25364	28003
衢州市	Quzhou	25048	26981	29298	31434	33630	35962	17872	19450	21615
舟山市	Zhoushan	37561	39710	43612	42047	44232	48153	27831	29724	33396
台州市	Taizhou	36227	38330	40878	42096	44180	46744	26838	28958	31303
丽水市	Lishui	30390	32586	35331	36678	38975	41541	21613	23577	26413

浙/江/统/计/年/鉴

主要统计指标解释

■ 常住人口

指住户成员中，经常在家居住、或者调查期内居住时间超过一半的人员，以及本住户供养的学生。

■ 可支配收入

指调查户在调查期内获得的、可用于最终消费支出和储蓄的总和，即调查户可以用来自由支配的收入。可支配收入既包括现金，也包括实物收入。按照收入的来源，可支配收入包含四项，分别为：工资性收入、经营净收入、财产净收入和转移净收入。

■ 工资性收入

指就业人员通过各种途径得到的全部劳动报酬和各种福利，包括受雇于单位或个人、从事各种自由职业、兼职和零星劳动得到的全部劳动报酬和福利。

■ 经营净收入

指住户或住户成员从事生产经营活动所获得的净收入，是全部经营收入中扣除经营费用、生产性固定资产折旧和生产税之后得到的净收入。

■ 财产净收入

指住户或住户成员将其所拥有的金融资产、住房等非金融资产和自然资源交由其他机构单位、住户或个人支配而获得的回报并扣除相关的费用之后得到的净收入。财产净收入包括利息净收入、红利收入、储蓄性保险净收益、转让承包土地经营权租金净收入、出租房屋净收入、出租其他资产净收入和自有住房折算净租金等。财产净收入不包括转让资产所有权的溢价所得。

■ 转移净收入

转移净收入 = 转移性收入 - 转移性支出

■ 转移性收入

指国家、单位、社会团体对住户的各种经常性转移支付和住户之间的经常性收入转移。包括养老金或退休金、社会救济和补助、政策性生产补贴、政策性生活补贴、经常性捐赠和赔偿、报销医疗费、住户之间的赡养收入，以及本住户非常住成员寄回带回的收入等。转移性收入不包括住户之间的实物馈赠。

■ 转移性支出

指调查户对国家、单位、住户或个人的经常性或义务性转移支付。包括缴纳的税款、各项社会保障支出、赡养支出、经常性捐赠和赔偿支出以及其他经常转移支出等。

■ 消费支出

指住户用于满足家庭日常生活消费需要的全部支出，包括用于消费品的支出和用于服务性消费的支出。根据用途不同，消费支出可划分为食品烟酒、衣着、居住、生活用品及服务、交通通信、教育文化娱乐、医疗保健、其他用品及服务八大类。根据来源不同，消费支出可划分为现金消费支出、实物消费支出（含自产自用、来自单位、来自政府和其他社会组织）。

■ 城乡一体化住户调查

从 2013 年度起，国家统计局实施了城乡一体化住户调查改革，统一了原分别组织的城镇住户调查和农村住户调查，规范了统计名称、统计分类和统计标准，并据此获得居民有关数据。实行城乡一体化住户调查，是全面、准确、及时了解全国和各地区城乡居民收入和消费及其他生活状况，监测居民收入分配格局和不同收入层次居民的生活质量，更好地满足研究制定城乡统筹政策和民生政策的客观需要，是调整国家收入分配格局，制定收入分配政策，构建和谐社会的必然要求，是提高住户调查数据质量的基本保障。是为国民经济核算和居民消费价格指数权重制定提供基础数据。

ZHEJIANG STATISTICAL YEARBOOK

Explanatory Notes on Main Statistical Indicators

☐ Permanent Resident Population

It refers to members of household , those who often live at home, or more than half of the time spent in the survey period, as well as the students supported by the household.

☐ Disposable Income

It refers to the sum of the final consumption expenditures and savings obtained by the households during the survey period, i.e. the households' discretionary income.disposable income includes both cash and physical income. according to the source of income, disposable income includes four items: wage income, net operating income, net property income and net transfer income.

☐ Wage Income

It refers to the full remuneration and various benefits obtained by the employee through various means, including all the remuneration and benefits obtained by employing the unit or individual, engaging in various freelance occupations, part-time and sporadic work.

☐ Net Operating Income

It refers to the net income of households or household members engaged in production and operation activities. It is the net income of all operating income after deducting operating expenses, depreciation of productive fixed assets and production tax.

☐ Net Income of Property

It refers to the net income obtained by a household or a household member after the financial assets, housing and other non-financial assets and natural resources are transferred to the disposal of other institutional units, households or individuals and the relevant fees are deducted. Net property income includes net interest income, dividends income, net savings insurance income, net rental income from the transfer of contracted land management rights, net income from rental housing, net income from rental other assets and net rental of converted private housing. Net income does not include the premium of transferring assets ownership.

☐ Net Income from Transfer

net income from transfer = transfer income - transfer expenditure

☐ Transfer Income

It refers to various kinds of recurrent transfer payments and income transfers between households by the state, units and social organizations. These include pensions or pensions, social relief and subsidies, policy-based production subsidies, policy-based subsistence allowances, recurrent donations and compensation, reimbursement of medical expenses, maintenance income between households, and income returned by non-resident members of the household. Transfer income does not include physical gifts among households.

☐ Transfer Expenditure

It refers to the regular or obligatory transfer payments made by the investigating households to the state, units, households or individuals. Including tax payment, social security expenditure, maintenance expenditure, recurrent donations and compensation expenditure and other recurrent transfer expenditure.

☐ Consumption Expenditure

It refers to the total expenditure of households to meet their daily consumption needs, including expenditure on consumer goods and expenditure on service consumption.according to different uses, consumer spending can be divided into food, tobacco and alcohol, clothing, living goods and services, transportation and

EXPLANATORY NOTES ON MAIN STATISTICAL INDICATORS

communications, education, culture and entertainment, health care, other goods and services. according to different sources, consumption expenditure can be divided into cash consumption expenditure, physical consumption expenditure (including self-produced, from the unit, from the government and other social organizations).

□ Integrated Household Survey

since 2013, the National Bureau of Statistics has implemented the reform of urban-rural integrated household survey, unified the urban household survey and rural household survey, standardized the statistical name, statistical classification and statistical standards, and obtained the relevant data of residents. implementing the urban-rural integrated household survey is to comprehensively, accurately and timely understand the income, consumption and other living conditions of urban and rural residents throughout the country and regions, to monitor the pattern of income distribution and the quality of life of residents at different income levels, and to better meet the objective needs of formulating urban-rural integrated policies and livelihood policies. the basic guarantee for improving the quality of household survey data is to rectify the national income distribution pattern, formulate income distribution policies and build a harmonious society. it provides basic data for national economic accounting and the establishment of consumer price index weights.

2024
浙江统计年鉴
ZHEJIANG STATISTICAL YEARBOOK

CHAPTER 6

农 业
Agriculture

6-1 农、林、牧、渔业总产值（1978-2023年）
Gross Output Value of Farming,Forestry,Animal Husbandry and Fishery(1978-2023)

单位：亿元(100 million yuan)

年份 Year	农林牧渔业总产值 Total	农业产值 Farming	#种植业产值 Planting	林业产值 Forestry	牧业产值 Animal Husbandry	渔业产值 Fishery	农林牧渔专业及辅助性活动产值 The Output Value of Professional and Support Activities in Agriculture, Forestry, Animal Husbandry and Fishery
1978	65.71	50.82	48.86	1.99	9.42	3.48	
1980	92.67	64.23	60.52	3.61	19.39	5.44	
1983	118.68	83.65	74.87	4.77	23.41	6.85	
1984	147.49	102.80	89.93	6.67	27.01	11.01	
1985	174.05	111.20	92.85	8.87	37.84	16.14	
1986	192.04	122.97	101.00	9.26	40.09	19.72	
1987	227.18	141.09	113.91	11.61	48.57	25.91	
1988	280.94	162.80	129.89	14.40	70.33	33.41	
1989	304.50	181.26	145.97	13.60	75.68	33.96	
1990	331.56	199.48	163.92	16.00	75.18	40.90	
1991	363.22	217.21	180.00	17.42	76.78	51.81	
1992	396.93	226.46	179.94	21.01	85.23	64.23	
1993	490.13	274.85	218.01	29.80	92.11	93.37	
1994	690.20	372.97	305.58	41.92	134.78	140.53	
1995	868.76	481.90	407.24	50.02	142.03	194.81	
1996	932.85	517.29	431.90	54.77	155.88	204.92	
1997	1004.88	516.21	426.56	59.26	190.03	239.38	
1998	1003.66	522.98	434.22	59.46	165.85	255.37	
1999	1005.22	519.00	431.57	62.31	157.00	266.91	
2000	1057.07	521.31	446.15	54.48	183.94	297.36	
2001	1053.57	488.59	471.52	60.20	195.94	308.84	
2002	1101.86	511.42	495.72	60.84	205.09	324.51	
2003	1184.04	529.44	515.24	65.67	233.01	337.11	18.81
2004	1332.27	592.59	578.22	78.36	277.89	361.99	21.44
2005	1428.28	654.81	640.20	83.51	285.95	380.81	23.20
2006	1422.60	684.00	669.44	86.04	279.01	347.53	26.03
2007	1597.15	735.92	721.63	95.47	367.60	369.90	28.27
2008	1780.01	813.10	796.12	106.95	418.86	407.82	33.28
2009	1873.40	879.05	864.47	117.64	404.88	435.48	36.35
2010	2172.86	1041.30	1041.30	119.35	448.42	522.18	41.61
2011	2534.90	1152.04	1152.04	134.07	546.33	655.75	46.71
2012	2658.66	1229.36	1229.36	142.14	549.04	687.05	51.08
2013	2837.39	1336.79	1336.79	141.54	546.18	757.97	54.91
2014	2844.59	1385.96	1385.96	147.00	472.23	779.36	60.04
2015	2933.44	1434.71	1434.71	151.63	426.18	855.86	65.06
2016	3038.49	1455.29	1455.29	158.15	455.60	899.07	70.39
2017	3093.36	1494.49	1494.49	170.16	371.29	979.28	78.14
2018	3157.25	1517.96	1517.96	177.01	331.80	1043.27	87.21
2019	3355.25	1594.96	1594.96	185.48	395.16	1080.93	98.71
2020	3496.94	1593.96	1593.96	189.56	472.63	1130.63	110.15
2021	3579.21	1697.86	1697.86	168.25	402.74	1188.32	122.04
2022	3752.31	1769.83	1769.83	183.01	405.66	1261.18	132.64
2023	3978.02	1871.94	1871.94	198.25	393.16	1375.25	139.41

注：1.本表按当年价格计算。The data in this table are calculated at current price.
2.2003年起农林牧渔业总产值中包括服务业产值。Gross output value includes services for agriculture since 2003.

6-2 农、林、牧、渔业总产值指数（1979-2023年）
Indices of Gross Output Value of Farming,Forestry,Animal Husbandry and Fishery(1979-2023)

（1978年=100）(1978=100)

年份 Year	农林牧渔业总产值 Total	农业产值 Farming	#种植业产值 Planting	林业产值 Forestry	牧业产值 Animal Husbandry	渔业产值 Fishery	农林牧渔专业及辅助性活动产值 The Output Value of Professional and Support Activities in Agriculture, Forestry, Animal Husbandry and Fishery
1979	112.26	109.58	110.04	109.95	131.12	93.69	
1980	109.85	105.62	103.41	115.71	133.27	94.59	
1982	128.98	127.88	123.64	113.26	148.37	102.71	
1983	124.88	122.05	114.82	116.93	149.42	99.70	
1984	145.51	145.51	132.39	149.29	156.79	116.48	
1985	151.17	146.44	125.92	155.09	176.43	136.74	
1986	159.30	152.77	126.90	149.90	185.83	162.85	
1987	164.65	158.47	125.65	161.50	181.27	184.84	
1988	168.39	162.26	122.63	157.53	189.10	182.79	
1989	170.76	166.71	124.53	152.65	185.44	182.16	
1990	175.37	170.34	128.84	166.08	187.23	198.14	
1991	186.67	181.51	137.66	185.57	192.05	217.84	
1992	193.70	179.20	129.00	198.03	209.41	251.91	
1993	202.65	184.90	127.48	240.93	203.50	286.54	
1994	221.50	191.86	127.47	283.27	204.03	383.96	
1995	242.72	205.46	135.15	302.47	202.14	482.07	
1996	258.08	221.62	142.54	319.98	203.38	516.58	
1997	270.66	223.18	142.51	340.13	222.24	570.26	
1998	280.94	223.98	143.15	328.23	230.46	640.51	
1999	294.15	233.77	153.57	351.75	242.33	669.03	
2000	307.67	230.70	150.09	391.15	265.45	741.95	
2001	322.75	240.16	160.75	414.23	288.28	769.40	
2002	336.31	155.05	171.36	417.96	300.39	787.87	
2003	348.29	267.73	180.78	429.21	306.42	811.56	
2004	363.75	171.10	190.00	458.00	310.38	848.84	109.84
2005	372.48	175.72	195.13	463.04	326.52	847.99	117.53
2006	385.52	183.80	202.34	488.51	311.42	870.04	125.87
2007	394.39	188.58	207.60	509.03	314.53	884.83	135.69
2008	412.57	198.08	217.73	554.03	323.49	918.72	152.16
2009	422.43	203.15	224.26	555.03	333.19	932.87	164.56
2010	434.76	204.96	226.26	527.72	344.92	1007.97	179.37
2011	448.24	208.75	230.45	542.39	350.06	1076.41	191.03
2012	456.49	211.11	233.05	538.97	356.64	1110.86	204.40
2013	458.36	212.71	234.82	545.22	344.48	1136.85	214.17
2014	462.76	220.37	243.27	553.67	314.92	1166.98	229.16
2015	468.13	227.84	251.52	577.15	273.16	1223.35	247.22
2016	479.79	235.56	260.05	584.25	255.92	1286.96	266.08
2017	490.77	245.78	271.33	622.57	228.83	1334.23	289.28
2018	499.11	252.91	279.20	659.30	210.52	1362.25	315.60
2019	507.84	259.24	286.18	674.66	198.48	1392.79	347.16
2020	516.42	265.46	293.05	675.54	187.27	1433.04	378.68
2021	531.81	271.96	300.23	601.57	208.30	1461.99	413.33
2022	549.63	276.48	305.22	645.28	220.00	1522.04	440.45
2023	572.72	284.44	314.01	699.96	237.45	1586.37	459.25

注:本表按可比价格计算。
The data in this table are calculated at comparable price.

6-3 农、林、牧、渔业分项产值（2017-2023年）
Gross Output Value of Farming,Forestry,Animal Husbandry and Fishery by Branch(2017-2023)

单位：亿元(100 million yuan)

指标	Item	2017	2018	2019	2020	2021	2022	2023
农林牧渔业总产值	**Total**	**3093.36**	**3157.25**	**3355.25**	**3496.94**	**3579.21**	**3752.31**	**3978.02**
农业产值	Farming	1494.49	1517.96	1594.96	1593.96	1697.86	1769.83	1871.94
农作物种植业产值	Planting	1494.49	1517.96	1594.96	1593.96	1697.86	1769.83	1871.94
#粮食	Grain	188.43	194.20	195.85	213.85	223.29	228.38	233.10
谷物	Cereal	160.11	167.41	167.12	179.77	189.07	191.70	197.90
豆类	Beans	16.15	16.43	17.99	22.81	20.83	22.12	20.93
薯类	Tubers	12.17	10.36	10.75	11.27	13.39	14.57	14.26
油料	Oil bearing Crops	21.35	23.45	25.86	25.04	27.84	29.20	31.36
棉花	Cotton	1.68	1.02	1.02	0.86	0.70	0.60	0.42
麻类	Fiber Crops	0.01						
糖料	Sugar Crops	5.59	6.45	7.10	7.38	6.74	6.23	5.99
蔬菜	Vegetables	517.37	521.18	563.42	553.89	594.70	618.96	644.17
茶、桑、果	Tea,Mulberry,Fruit	456.07	456.16	471.49	465.58	508.50	531.80	572.43
其他农业产值	Other Farming	9.29	9.93	9.90	9.86	11.02	2.56	2.69
林业产值	**Forestry**	**170.16**	**177.01**	**185.48**	**189.56**	**168.25**	**183.01**	**198.25**
人造林木生长	Man made Forestry Growing	6.69	6.37	5.88	6.03	6.40	3.65	3.83
林产品	Forestry Production	106.43	111.88	120.55	125.60	129.09	146.00	162.72
竹木采运	Lumbering	40.40	41.74	42.03	40.43	32.76	33.36	31.69
牧业产值	**Animal Husbandry**	**371.29**	**331.80**	**395.16**	**472.63**	**402.74**	**405.66**	**393.16**
牲畜繁殖、增长增重	Breeding and Growthing of Domestic Animals	237.81	195.72	236.42	316.90	236.79	238.20	221.45
家禽饲养	Poultry Raising	45.14	49.20	57.55	57.23	64.16	66.55	71.14
活的畜禽产品	Live Livestock Production	38.22	40.10	44.13	42.67	46.06	49.44	54.81
其他动物饲养	Other Animals Rasing	47.64	44.21	53.47	53.46	55.73	51.47	45.76
渔业产值	**Fishery**	**979.28**	**1043.27**	**1080.93**	**1130.63**	**1188.32**	**1261.18**	**1375.25**
海水产品	Seawater Aquatic Production	734.56	788.90	809.82	840.79	869.84	925.59	1025.73
淡水产品	Freshwater Aquatic Production	244.72	254.37	271.11	289.84	318.48	335.58	349.52
农林牧渔专业及辅助性活动产值	**The Output Value of Professional and Supp-ort Activities in Agriculture,Forestry, Animal Husbandry and Fishery**	**78.14**	**87.21**	**98.71**	**110.15**	**122.04**	**132.64**	**139.41**

注：1.本表按当年价格计算。The data in this table are calculated at current price.
2.总产值中包括服务业产值。Total gross output value includes services for agriculture.

6-4 农业机械年末拥有量（2017-2023年）
Possession of Major Agricultural Machinery(2017-2023)

指标		Item		2017	2018	2019	2020	2021	2022	2023
农业机械总动力	**(万千瓦)**	**The Power of Agricultural Machinery**	**(10000 kw)**	**2095.00**	**2039.02**	**1946.40**	**1813.16**	**1771.99**	**1767.59**	**1794.03**
大中型拖拉机	(台)	Large and Medium Sized Tractors	(unit)	14434	15166	14468	20568	15351	15839	16301
	(万千瓦)		(10000 kw)	67.13	71.62	73.73	114.85	84.22	91.20	97.15
农用小型拖拉机	(万台)	Mini tractors for Agricultural	(10000 units)	10.86	10.05	5.65	5.05	3.94	3.30	2.96
	(万千瓦)		(10000 kw)	98.74	90.62	57.90	51.61	41.79	35.65	31.38
联合收割机	(台)	Combine Harvesters	(unit)	18069	17883	17129	16843	14164	12644	12408
	(万千瓦)		(10000 kw)	74.72	76.30	79.33	79.37	70.80	67.90	67.40
机动脱粒机	(万台)	Motorized Thresher	(10000 units)	25.37	17.47	12.61	9.58	7.88	5.95	5.07
农副产品加工机械动力	**(万千瓦)**	**Mechanical Power of Farm Sideline Production Manufacturing**	**(10000 kw)**	**126.70**	**123.17**	**116.75**	**114.11**	**111.91**	**203.08**	**204.68**
粮食加工机械	(万台)	Mechanical Power for Grain	(10000 units)	11.65	11.32	11.01	10.62	10.12	9.51	9.15
棉花加工机械	(万台)	Mechanical Power for Cotton	(10000 units)	0.40	0.39	0.36	0.35	0.34	0.27	0.27
油料加工机械	(万台)	Mechanical Power for Oil bearing	(10000 units)	0.86	0.85	0.82	0.80	0.78	0.72	0.68
水产机械动力	**(万千瓦)**	**Mechanical Power of Aquatic Product**	**(10000 kw)**	**450.80**	**450.15**	**448.57**	**398.45**	**393.75**	**367.09**	**362.51**
机动船	(万艘)	Motorized Boats	(10000 units)	3.40	3.18	2.96	2.86	2.71	2.50	2.26
	(万吨)		(10000 tons)	300.20	300.69	299.68	305.81	301.93	292.02	291.30
	(万千瓦)		(10000 kw)	450.80	450.15	448.57	455.04	442.78	419.40	412.45

6-5 各市主要农业机械拥有量（2023年）
Possession of Major Agricultural Machinery by City(2023)

地区	Region	农业机械总动力(万千瓦) Total Power of Agricultural Machinery (10000 kw)	大中型拖拉机(台) Large and Medium Sized Tractors (unit)	农用小型拖拉机 Mini Tractors	
				万台 (10000 units)	万千瓦 (10000 kw)
全省合计	**Total**	**1794**	**16301**	**2.96**	**31.38**
杭州市	Hangzhou	196	1775	0.23	2.40
宁波市	Ningbo	238	3113	0.29	3.15
温州市	Wenzhou	189	1950	0.45	4.27
嘉兴市	Jiaxing	110	2184	0.25	2.44
湖州市	Huzhou	139	904	0.48	5.96
绍兴市	Shaoxing	174	1536	0.20	2.15
金华市	Jinhua	184	2003	0.47	5.11
衢州市	Quzhou	127	865	0.07	0.56
舟山市	Zhoushan	131	201	0.01	0.14
台州市	Taizhou	207	1585	0.36	3.73
丽水市	Lishui	100	185	0.16	1.47

续表 Continued

地区	Region	机动脱粒机 Motorized Thresher (10000 kw)		农副产品加工机械动力（万千瓦） Mechanical Power of Farm Sideline Production Manufacturing (10000 kw)	水产机械动力（万千瓦） Mechanical Power of Aquatic Product (10000 kw)
		（万台） (10000 units)	（万千瓦） (10000 kw)		
全省合计	**Total**	**5.07**	**10.35**	**204.68**	**362.51**
杭州市	Hangzhou	0.40	0.77	32.82	13.01
宁波市	Ningbo	0.00	0.01	16.33	69.40
温州市	Wenzhou	0.89	2.18	19.13	67.80
嘉兴市	Jiaxing	1.89	2.95	5.34	7.95
湖州市	Huzhou	0.01	0.03	9.52	15.55
绍兴市	Shaoxing	0.25	0.38	45.56	5.63
金华市	Jinhua	0.25	0.55	26.22	1.63
衢州市	Quzhou	0.33	0.91	8.83	1.19
舟山市	Zhoushan	0.01	0.02	0.84	103.83
台州市	Taizhou	0.24	0.45	12.50	75.82
丽水市	Lishui	0.81	2.11	27.58	0.71

6-6 农业机械化、电气化及化肥施用量（2018-2023年）
Agricultural Mechanization,Electrification,Chemical Fertilizer Applied(2018-2023)

指标		Item		2018	2019	2020	2021	2022	2023
农业机械化		**Agricultural Mechanization**							
机耕面积	(千公顷)	Mechanized Cultivation Area	(1000 hectares)	1354.07	1338.14	1369.88	1433.30	1407.45	1417.84
机械收获面积	(千公顷)	Mechanically Harvested Area	(1000 hectares)	768.53	758.25	789.60	838.26	881.14	929.49
农业化肥施用量		**Agricultural Consumption of Chemical Fertilizers**							
按折纯量计算	(万吨)	Calculated by 100 % Effective Component	(10000 tons)	77.76	72.50	69.61	68.26	67.05	65.81
农用塑料薄膜使用量	**(万吨)**	**Plastic Film Used for Agriculture**	**(10000 tons)**	**6.87**	**6.67**	**6.69**	**6.97**	**6.90**	**6.73**
农用柴油使用量	**(万吨)**	**Diesel Used for Agriculture**	**(10000 tons)**	**198.80**	**190.48**	**188.60**	**176.92**	**171.37**	**169.00**
农药使用量	**(万吨)**	**Pesticide Used**	**(10000 tons)**	**4.37**	**3.86**	**3.66**	**3.46**	**3.28**	**3.15**

6-7 各市农业机械化及农业物资消耗情况（2023年）
Agricultural Mechanization and Material Consumption by City(2023)

地区	Region	农业机械化情况(千公顷) Conditions of Agricultural Mechanization(1000 ha)		农用塑料薄膜使用量(吨) Plsatic Film Used for Agriculture (ton)	农用柴油使用量(吨) Diesel Oil Used for Agriculture (ton)	农药使用量(吨) Pesticide Used (ton)
		机耕面积 Area Cultivated by Machine	机械收获面积 Area Harvested by Machine			
全省合计	**Total**	**1417.84**	**929.49**	**67269**	**1689962**	**31468**
杭州市	Hangzhou	140.20	93.22	6593	12520	4445
宁波市	Ningbo	247.61	124.40	12713	297349	3830
温州市	Wenzhou	173.99	94.85	4807	204636	2927
嘉兴市	Jiaxing	174.07	154.97	8620	17976	3736
湖州市	Huzhou	86.12	80.22	4742	17202	2220
绍兴市	Shaoxing	116.82	100.06	5980	13417	4227
金华市	Jinhua	132.03	73.28	5750	19137	3288
衢州市	Quzhou	111.64	86.14	2096	13319	1982
舟山市	Zhoushan	9.06	4.84	619	650672	306
台州市	Taizhou	142.40	77.32	11522	436086	2522
丽水市	Lishui	83.91	40.19	3826	7646	1985

6-8 各市农用化肥施用量
Chemical Fertilizer Applied by City

单位:万吨(10000 tons)

地区	Region	氮肥 Nitrogenous Fertilizer		磷肥 Phosphate Fertilizer		钾肥 Potash Fertilizer		复合肥 Compound Fertilizer	
		2022	2023	2022	2023	2022	2023	2022	2023
全省合计	**Total**	**21.75**	**20.55**	**3.54**	**3.21**	**4.94**	**4.59**	**36.83**	**37.47**
杭州市	Hangzhou	2.09	1.90	0.35	0.31	0.52	0.49	4.85	4.91
宁波市	Ningbo	2.06	2.02	0.28	0.27	0.69	0.65	5.38	5.38
温州市	Wenzhou	2.12	2.03	0.41	0.37	0.61	0.56	3.80	3.85
嘉兴市	Jiaxing	2.09	2.09	0.05	0.04	0.09	0.05	5.56	5.25
湖州市	Huzhou	1.35	1.29	0.09	0.09	0.35	0.36	1.85	1.91
绍兴市	Shaoxing	4.24	4.17	0.52	0.52	0.39	0.39	2.04	1.99
金华市	Jinhua	2.54	2.35	0.65	0.59	0.75	0.61	3.31	3.49
衢州市	Quzhou	1.77	1.40	0.38	0.34	0.54	0.49	2.53	2.99
舟山市	Zhoushan	0.15	0.15	0.03	0.03	0.02	0.02	0.19	0.18
台州市	Taizhou	1.78	1.67	0.28	0.25	0.47	0.47	5.14	5.26
丽水市	Lishui	1.55	1.48	0.49	0.41	0.51	0.49	2.19	2.25

6-9 农田水利建设（2017-2023年）
Water Conservancy Facilities of Farmland(2017-2023)

指标		Item		2017	2018	2019	2020	2021	2022	2023
水库年末累计	**(座)**	**Total Number of Reservoirs**	**(set)**	**4326**	**4308**	**4278**	**4282**	**4280**	**4276**	**4274**
#大、中型水库(1000万立方米以上)(座)	(座)	Large and Medium-sized Reservoirs (above 10 million cu.m level)	(set)	194	192	192	193	194	195	201
总库容量	(亿立方米)	Capacity	(100 million m)	446.90	445.63	445.26	445.53	447.82	448.75	450.67
塘坝	**(处)**	**Small Reservoirs**	**(place)**	**88540**	**88474**	**88423**	**87618**	**87540**	**87537**	**87482**
机电井	**(眼)**	**Motor-electric-pumped Well**	**(unit)**	**2633**	**2634**	**2632**	**2632**	**2594**	**2594**	**2594**
水闸	**(座)**	**Sluice**	**(place(set))**	**13333**	**13385**	**13535**	**13609**	**12980**	**13014**	**12861**

6-10 农田水利、除涝和治理水土流失情况（2017-2023年）
Water Conservation， Waterlogging and Soil Erosion Prevention and Limitation(2017-2023)

指标		Item		2017	2018	2019	2020	2021	2022	2023
有效灌溉面积	(千公顷)	Effective Irrigated Areas	(1000 ha)	1444.70	1440.80	1405.43	1415.69	1566.70	1226.14	1240.74
除涝面积	(千公顷)	Flooded or Water Logged Areas under Control	(1000 ha)	554.56	556.40	557.59	567.39	580.88	580.89	580.94
治理水土流失面积	(千公顷)	Area of Soil Erosion under Control	(1000 ha)	3721.06	3692.54	3611.39	3659.68	3702.60	3744.64	3789.88
堤塘长度	(公里)	Total Length of Dikes	(km)	19427	19745	19933	20024	19906	20003	19966

6-11 各市水利设施和除涝及农田灌溉面积
Water Conservancy Facilities,Waterlogging Area under Control and Farmland Irrigated Areas by City

地区	Region	年末水库数（座）Number of Reservoirs (year end) (set)		水库总库容（亿立方米）Capacity of Reservoirs (100 million cu.m)		除涝面积（千公顷）Waterlogging Area under Control (1000 ha)		有效灌溉面积（千公顷）Effective Irrigated Areas(1000 ha)	
		2022	2023	2022	2023	2022	2023	2022	2023
全省合计	**Total**	**4276**	**4274**	**448.75**	**450.67**	**580.89**	**580.94**	**1226.14**	**1240.74**
杭州市	Hangzhou	631	636	236.40	236.40	70.97	70.97	121.25	121.68
宁波市	Ningbo	397	396	18.96	19.29	84.80	84.82	141.18	141.21
温州市	Wenzhou	330	331	26.85	26.96	72.62	72.63	145.89	145.95
嘉兴市	Jiaxing					136.31	136.31	139.90	141.34
湖州市	Huzhou	157	156	9.10	9.01	99.18	99.18	83.79	83.99
绍兴市	Shaoxing	552	552	15.41	15.32	42.06	42.06	115.47	116.35
金华市	Jinhua	797	796	19.52	19.51	14.33	14.33	150.70	141.22
衢州市	Quzhou	464	463	34.98	34.97	3.95	3.95	99.34	99.73
舟山市	Zhoushan	209	209	1.51	1.51	6.23	6.23	14.56	14.56
台州市	Taizhou	347	346	18.88	20.84	41.01	41.01	122.44	124.91
丽水市	Lishui	392	389	67.14	66.82	9.43	9.45	91.63	109.81

6-12 主要农作物播种面积（2017-2023年）
Total Sown Area of Major Farm Crops(2017-2023)

单位：千公顷(1000 hectares)

指标	Item	2017	2018	2019	2020	2021	2022	2023
农作物播种面积	**Sown Area of Farm Crops**	**1981.12**	**1978.68**	**1999.62**	**2014.50**	**2014.59**	**2027.16**	**2041.38**
粮食作物	Grain Crops	977.19	975.73	977.44	993.40	1006.71	1020.45	1024.68
#春粮	Spring Grain	162.28	129.75	127.38	138.62	166.16	183.58	202.47
秋粮	Autumn Grain	728.48	748.88	751.24	753.56	738.57	723.78	700.06
谷物	Cereal	784.86	789.90	791.27	804.25	817.30	827.46	838.44
稻谷	Rice	620.68	651.07	627.52	636.02	633.36	629.19	648.98
早稻	Early Rice	86.43	97.10	98.81	101.22	101.99	113.09	122.15
晚稻及单季稻	Late Rice and Single Cropping Rice	534.25	553.97	528.71	534.80	531.38	516.10	526.83
#单季晚稻	Single Crop Late Rice	439.58	454.94	425.73	445.21	440.97	416.11	422.54
小麦	Wheat	103.67	85.36	82.66	93.36	114.81	130.64	152.62
大(元)麦	Barley	5.12	0.38	0.41	2.01	1.74	1.20	0.77
玉米	Corn	51.88	49.34	76.42	63.28	57.97	55.40	27.99
其他谷物	Other Cereal	3.50	3.75	4.27	9.57	9.41	11.02	8.08
豆类	Beans	108.25	113.14	118.73	115.81	108.04	110.48	106.93
大豆	Soybeans	80.41	85.21	90.16	82.75	75.95	77.78	81.00
其他小豆类	Other Beans	27.84	27.93	28.57	33.05	32.09	32.70	25.92
薯类	Yams	84.08	72.68	67.44	73.35	81.37	82.51	79.31
马铃薯	Potato	44.99	34.29	32.81	23.54	27.45	27.17	26.69
油料	Oil bearing Crops	122.29	128.45	140.38	137.27	141.90	144.94	160.44
油菜籽	Rapeseeds	96.15	104.87	116.76	113.73	120.10	124.14	137.96
花生	Peanuts	17.14	15.84	16.63	17.01	16.30	16.00	16.26
棉花（皮棉）	Cotton	4.53	5.71	5.62	4.81	4.00	3.43	2.43
生麻	Raw Hemp	0.04	0.04	0.03	0.02	0.02	0.01	0.01
糖料	Sugar	5.71	6.15	6.92	7.17	6.66	6.31	5.95
烟叶	Tobacco	0.61	0.54	0.51	0.50	0.41	0.39	0.37
中草药材	Chinese Herbal Medicine	48.60	50.32	53.49	50.41	47.30	46.55	46.49
蔬菜	Vegetables	644.09	638.98	645.83	659.62	664.21	670.76	671.35
瓜果类	Melons as Fruits	102.13	99.76	98.80	96.66	87.71	83.73	82.94
#西瓜	Watermelon	69.73	66.34	64.96	63.96	56.41	53.96	54.25
其他农作物	Other Farm Crops	75.90	73.00	70.61	64.64	55.68	50.60	46.72

注：粮食、棉花、油料、糖类数据已与三农普数据衔接。后面各表同。
The data of rain,cotton,oil and sugar have been linked to three agricultural census data.The same applies to the tables following.

6-13 历年主要农作物播种面积（1978-2023年）
Total Sown Area of Major Farm Crops over the Years(1978-2023)

单位:千公顷(1000 hectares)

年份 Year	农作物 播种面积 Total Sown Area	#粮食作物 Grain Crops	油料 Oil-bearing Crops	棉花 Cotton	蔬菜 Vegetables
1978	4760.13	3472.20	207.20	85.13	126.80
1980	4685.71	3424.40	245.60	107.27	129.33
1983	4578.07	3480.00	237.93	105.47	132.00
1984	4526.87	3482.53	223.93	104.80	148.40
1985	4451.70	3271.23	286.00	93.07	180.25
1986	4361.80	3166.25	294.20	80.53	199.26
1987	4374.27	3235.37	276.93	70.73	214.97
1988	4300.50	3209.85	273.40	69.00	226.61
1989	4312.87	3222.65	280.93	60.40	236.27
1990	4384.69	3266.00	302.05	68.67	248.39
1991	4379.53	3267.21	306.61	68.19	249.07
1992	4275.05	3164.20	304.08	71.09	250.02
1993	3926.16	2844.46	235.95	60.94	283.41
1994	3802.42	2741.04	235.42	61.66	298.85
1995	3923.04	2814.39	309.32	64.53	297.81
1996	3963.82	2877.17	295.71	66.71	313.12
1997	3944.16	2873.00	275.75	61.97	329.05
1998	3919.60	2799.51	281.88	62.84	368.04
1999	3899.49	2751.91	289.44	37.85	412.49
2000	3554.33	2300.26	315.58	26.58	568.86
2001	3245.93	1939.08	306.62	27.66	627.97
2002	3064.54	1718.39	289.07	18.73	696.99
2003	2834.39	1482.97	250.90	17.63	700.77
2004	2778.41	1505.37	237.25	18.77	661.02
2005	2837.94	1562.56	249.25	17.91	666.73
2006	2516.21	1304.52	175.28	18.05	647.70
2007	2444.23	1223.37	151.34	17.55	660.62
2008	2398.95	1189.26	190.78	17.71	617.36
2009	2385.26	1170.56	210.14	16.33	618.86
2010	2324.22	1115.40	208.75	15.76	618.59
2011	2458.88	1070.31	195.99	15.36	624.46
2012	2234.90	1043.07	189.38	13.80	623.27
2013	2198.99	1016.85	183.42	12.09	619.13
2014	2005.44	1005.59	145.00	9.92	606.00
2015	1996.00	989.70	146.09	7.38	618.07
2016	1946.45	951.36	126.00	5.62	633.21
2017	1981.12	977.19	122.29	4.53	644.09
2018	1978.68	975.73	128.45	5.71	638.98
2019	1999.62	977.44	140.38	5.62	645.83
2020	2014.50	993.40	137.27	4.81	659.62
2021	2014.59	1006.71	141.90	4.00	664.21
2022	2027.16	1020.45	144.94	3.43	670.76
2023	2041.38	1024.68	160.44	2.43	671.35

6-14 主要农作物产量（1978-2023年）
Output of Major Farm Crops(1978-2023)

单位：万吨(10000 tons)

年份 Year	粮食 Grain	棉花 Cereal	油料 Oil-bearing Crops	蔬菜及食用菌 Vegetables and Edible Fungi	茶叶 Tea	水果 Fruit	#柑桔 Orange
1978	1467.20	7.26	22.06	0.00	5.87	14.61	6.78
1980	1435.50	8.29	28.86	0.00	7.54	22.50	9.14
1983	1583.70	9.37	29.76	0.00	10.20	28.30	17.18
1984	1817.15	13.29	33.89	0.00	9.56	30.66	17.85
1985	1621.29	8.13	44.19	100.26	9.31	135.38	28.54
1986	1605.09	7.56	42.94	753.99	10.43	52.05	36.15
1987	1588.99	6.54	39.66	756.29	11.59	70.95	54.91
1988	1553.64	4.37	43.06	761.63	12.82	51.60	28.60
1989	1554.28	4.19	38.28	776.85	11.78	98.75	72.47
1990	1586.10	6.42	48.35	736.63	11.70	180.91	79.73
1991	1640.00	7.53	45.56	740.15	11.41	134.49	106.42
1992	1553.50	5.96	50.08	689.38	11.94	102.37	73.85
1993	1436.18	5.79	38.57	771.46	12.23	273.55	113.52
1994	1404.00	5.54	34.59	819.60	10.69	295.40	139.27
1995	1430.90	6.25	50.00	823.51	10.21	335.39	170.03
1996	1516.77	6.84	52.11	888.17	9.90	342.18	180.41
1997	1493.53	4.76	48.88	895.04	10.17	388.95	210.51
1998	1435.20	6.49	35.55	1009.52	11.32	359.93	149.69
1999	1392.96	4.04	54.06	1127.45	11.77	428.55	212.01
2000	1217.00	2.92	57.88	1470.04	11.64	380.67	97.19
2001	1075.61	3.16	58.22	1634.13	12.06	516.64	163.81
2002	959.41	2.24	46.97	1765.28	13.85	500.90	164.28
2003	809.23	2.10	43.77	1780.19	13.27	568.38	176.66
2004	850.17	2.28	48.77	1749.76	13.87	632.07	200.99
2005	830.42	2.16	50.14	1741.82	14.44	577.96	148.11
2006	785.50	2.38	35.61	1716.61	15.24	644.00	180.35
2007	723.48	2.37	32.95	1718.06	16.02	690.28	198.56
2008	731.54	2.45	41.27	1755.87	16.23	747.92	238.36
2009	723.09	2.28	43.24	1764.76	16.74	712.41	197.54
2010	686.24	2.23	39.47	1788.81	16.27	701.31	190.78
2011	676.41	2.29	39.85	1815.61	16.97	712.36	194.44
2012	648.22	1.97	38.30	1819.81	17.48	703.84	193.56
2013	601.17	1.72	37.78	1764.29	16.86	715.65	193.03
2014	603.61	1.43	30.66	1762.79	16.54	714.84	200.93
2015	583.97	1.07	31.35	1806.94	17.25	740.86	207.79
2016	564.84	0.83	25.98	1865.09	17.22	724.32	178.69
2017	580.14	0.60	26.90	1910.45	17.83	751.29	186.79
2018	599.14	0.81	29.43	1888.37	17.52	743.62	183.72
2019	592.15	0.81	31.93	1903.09	17.72	744.11	183.40
2020	605.70	0.69	32.09	1945.50	17.72	755.27	191.75
2021	620.90	0.56	31.71	1933.56	18.10	722.55	180.61
2022	620.97	0.48	32.96	1976.66	18.12	704.49	177.06
2023	638.79	0.34	35.57	1992.51	18.93	733.36	187.12

6-15 主要农作物单位面积产量（1978-2023年）
Output of Major Farm Crops Per Hectare(1978-2023)

单位：公斤/公顷(kg/hectare)

年份 Year	粮食 Grain	谷物 Cereal	油料 Oil-bearing Crops	#油菜籽 Rapeseed	棉花 Cotton	糖料 Sugar
1978	4226	4268	1065	1050		
1980	4192	4239	1175	1179		
1983	4551	4618	1251	1260		
1984	5218	5338	1513	1529		
1985	4956	5065	1545	1556		
1986	5069	5221	1460	1468		
1987	4911	5032	1432	1430		
1988	4840	4965	1575	1588		
1989	4823	4952	1363	1363		
1990	4856	5000	1601	1608	935	53796
1991	5020	5176	1486	1485	1104	55164
1992	4910	5062	1647	1647	838	52404
1993	5049	5253	1635	1623	950	54498
1994	5122	5369	1469	1440	898	52896
1995	5084	5299	1617	1599	968	55848
1996	5272	5517	1762	1748	1025	56349
1997	5199	5453	1772	1754	768	54564
1998	5127	5407	1261	1205	1033	57824
1999	5062	5330	1869	1844	1068	59073
2000	5294	5735	1834	1808	1100	60289
2001	5547	6082	1899	1869	1143	60956
2002	5583	6223	1625	1565	1195	61644
2003	5475	6166	1744	1682	1193	64529
2004	5648	6313	2056	2016	1213	58703
2005	5314	5920	2012	1967	1204	57278
2006	6021	6582	2032	1958	1300	60455
2007	5914	6406	2177	2111	1351	60352
2008	6151	6721	2163	2110	1385	61283
2009	6177	6736	2058	1993	1397	62013
2010	6152	6630	1890	1803	1412	61690
2011	6320	6798	2033	1958	1489	62759
2012	6215	6721	2022	1938	1429	63737
2013	5912	6424	2060	1984	1423	61955
2014	6003	6544	2115	2049	1438	62049
2015	5901	6428	2146	2053	1446	62432
2016	5937	6582	2062	1950	1470	65394
2017	5937	6542	2200	2101	1324	65636
2018	6140	6782	2291	2225	1422	65994
2019	6058	6680	2275	2198	1449	64582
2020	6097	6665	2286	2205	1221	67043
2021	6168	6698	2234	2145	1392	63644
2022	6085	6609	2274	2200	1388	62106
2023	6234	6768	2217	2133	1389	63312

6-16 主要农作物产量
Output of Major Farm Crops

指标	Item	2020		2021	
		公顷产量(公斤) Output pe Hectare (kg)	总产量(万吨) Total Output (10000 tons)	公顷产量(公斤) Output pe Hectare (kg)	总产量(万吨) Total Output (10000 tons)
粮食作物	Grain Crops	6097	605.70	6168	620.90
#春粮	Spring Grain	4015	55.66	3931	65.32
秋粮	Autumn Grain	6466	487.27	6672	492.75
谷物	Cereal	6665	536.05	6698	547.40
稻谷	Rice	7313	465.12	7407	469.12
早稻	Early Rice	6202	62.78	6161	62.83
晚稻及单季稻	Late Rice & Single Season Rice	7523	402.35	7646	406.29
#单季晚稻	Single Season Rice	7700	342.82	7890	347.92
小麦	Wheat	4370	40.79	4210	48.34
大(元)麦	Barley	4416	0.89	3991	0.70
玉米	Corn	4094	25.91	4410	25.56
其他谷物	Other Cereal	3485	3.33	3909	3.68
豆类	Beans	2663	30.84	2779	30.03
大豆	Soybeans	2628	21.75	2800	21.27
其他小豆类	Other Beans	2752	9.10	2729	8.76
薯类	Yams	5291	38.81	5343	43.48
马铃薯	Potato	3810	8.97	3875	10.64
油料	Oil bearing Crops	2286	32.09	2234	31.71
油菜籽	Rapeseeds	2205	25.75	2145	25.77
花生	Peanuts	3113	5.18	3034	4.95
棉花（皮棉）	Cotton	1221	0.69	1392	0.56
生麻	Raw Hemp	3333	0.01	3105	
糖料	Sugar	67043	46.39	63644	42.37
烟叶	Tobacco	2171	0.11	2466	0.10
蔬菜及食用菌	Vegetables and Edible Fungi	30124	1945.50	29111	1933.56
瓜果类	Melon as Fruit	28439	280.98	29165	255.80
西瓜	Watermelon	31112	202.11	31848	179.64

续表 Continued

指标	Item	2022		2023	
		公顷产量(公斤) Output per Hectare (kg)	总产量(万吨) Total Output (10000 tons)	公顷产量(公斤) Output pe Hectare (kg)	总产量(万吨) Total Output (10000 tons)
粮食作物	Grain Crops	6085	620.97	6234	638.79
#春粮	Spring Grain	3980	73.07	4129	83.60
秋粮	Autumn Grain	6600	477.71	6832	478.28
谷物	Cereal	6609	546.89	6768	567.46
稻谷	Rice	7357	462.89	7477	485.27
早稻	Early Rice	6207	70.19	6297	76.91
晚稻及单季稻	Late Rice & Single Season Rice	7609	392.71	7751	408.36
#单季晚稻	Single Season Rice	7850	326.67	8023	339.01
小麦	Wheat	4230	55.26	4353	66.43
大(元)麦	Barley	4095	0.49	4384	0.34
玉米	Corn	4351	24.11	4344	12.16
其他谷物	Other Cereal	3755	4.14	4040	3.27
豆类	Beans	2737	30.24	2690	28.76
大豆	Soybeans	2717	21.13	2668	21.61
其他小豆类	Other Beans	2786	9.11	2758	7.15
薯类	Yams	5313	43.84	5368	42.57
马铃薯	Potato	3914	10.63	4126	11.01
油料	Oil bearing Crops	2274	32.96	2217	35.57
油菜籽	Rapeseeds	2200	27.31	2133	29.43
花生	Peanuts	3023	4.84	3111	5.06
棉花（皮棉）	Cotton	1388	0.48	1389	0.34
生麻	Raw Hemp	2499		1987	
糖料	Sugar	62106	39.19	63312	37.66
烟叶	Tobacco	2464	0.10	2454	0.09
蔬菜及食用菌	Vegetables and Edible Fungi	29469	1976.66	29679	1992.51
瓜果类	Melon as Fruit	29317	245.46	29822	247.36
西瓜	Watermelon	31905	172.15	32606	176.90

6-17 各市粮食播种面积和产量
Sown Area and Output of Grain by City

地区	Region	2021			2022			2023		
		播种面积(千公顷) Sown Area (1000 ha)	公顷产(公斤) Output per Hectare (kg)	总产量(万吨) Total Output (1000 tons)	播种面积(千公顷) Sown Area (1000 ha)	公顷产(公斤) Output per Hectare (kg)	总产量(万吨) Total Output (1000 tons)	播种面积(千公顷) Sown Area (1000 ha)	公顷产(公斤) Output per Hectare (kg)	总产量(万吨) Total Output (1000 tons)
全省合计	**Total**	**1006.71**	**6168**	**620.90**	**1020.45**	**6085**	**620.97**	**1024.68**	**6234**	**638.79**
杭州市	Hangzhou	91.38	5800	53.00	93.04	5697	53.01	93.26	5918	55.19
宁波市	Ningbo	112.82	6009	67.79	114.96	6228	71.60	115.06	6521	75.03
温州市	Wenzhou	111.51	6139	68.45	113.25	6092	68.99	113.69	6147	69.89
嘉兴市	Jiaxing	150.91	6480	97.79	154.29	6364	98.19	154.69	6483	100.28
湖州市	Huzhou	80.34	6565	52.74	81.07	6534	52.98	81.34	6597	53.66
绍兴市	Shaoxing	123.09	6442	79.29	119.86	5983	71.71	120.36	6258	75.32
金华市	Jinhua	81.09	5651	45.82	85.64	5605	48.01	86.49	5607	48.49
其中:义乌市	Yiwu	8.11	5506	4.47	8.70	5351	4.66	15.27	5336	8.15
衢州市	Quzhou	89.53	6185	55.37	89.92	6183	55.60	90.15	6279	56.60
舟山市	Zhoushan	5.29	5416	2.86	5.82	5016	2.92	6.58	5094	3.35
台州市	Taizhou	87.72	6384	56.00	88.96	6370	56.67	89.31	6448	57.59
丽水市	Lishui	73.04	5719	41.77	73.62	5610	41.31	73.75	5883	43.39

6-18 商品粮基地粮食播种面积和产量
Sown Area and Output of Grain in Commodity Grain Bases

地区	Region	2021			2022			2023		
		播种面积(千公顷) Sown Area (1000 ha)	公顷产(公斤) Output per Hectare (kg)	总产量(万吨) Total Output (1000 tons)	播种面积(千公顷) Sown Area (1000 ha)	公顷产(公斤) Output per Hectare (kg)	总产量(万吨) Total Output (1000 tons)	播种面积(千公顷) Sown Area (1000 ha)	公顷产(公斤) Output per Hectare (kg)	总产量(万吨) Total Output (1000 tons)
全省合计	**Zhejiang**	**1006.71**	**6168**	**620.90**	**1020.45**	**6085**	**620.97**	**1024.68**	**6234**	**638.79**
国家级小计	**Country Level**	**328.53**	**6407**	**210.47**	**326.64**	**6312**	**206.17**	**327.70**	**6451**	**211.40**
萧山区	Xiaoshan	12.74	5692	7.25	11.29	5558	6.27	11.29	6241	7.05
富阳区	Fuyang	15.34	6576	10.09	15.35	6523	10.01	15.41	6495	10.01
余杭区	Yuhang	17.41	6638	11.56	15.19	6583	10.00	15.27	6581	10.05
余姚市	Yuyao	27.45	6394	17.55	27.58	6601	18.21	27.59	6586	18.17
奉化区	Fenhua	10.33	6112	6.32	10.43	6155	6.42	10.52	6356	6.68
宁海县	Ninghai	15.81	5709	9.02	15.86	5963	9.46	15.88	6577	10.44
鄞州区	Yinzhou	12.88	6672	8.59	13.21	6792	8.97	13.22	6872	9.08
秀洲区	Xiuzhou	22.43	6730	15.09	22.66	6585	14.92	22.57	6828	15.41
嘉善县	Jiashan	21.47	6703	14.39	21.91	6561	14.37	21.71	6695	14.53
海盐县	Haiyan	22.75	6224	14.16	23.13	6102	14.12	23.65	6107	14.44
桐乡市	Tongxiang	20.16	6512	13.13	20.71	6403	13.26	21.07	6475	13.64
德清县	Deqing	9.59	6275	6.02	9.60	6321	6.07	9.60	6373	6.11
长兴县	Changxing	28.55	6474	18.48	28.50	6486	18.48	28.55	6556	18.72
诸暨市	Zhuji	34.45	6735	23.20	34.48	6259	21.58	34.04	6285	21.39
柯桥区	Keqiao	12.95	6876	8.91	11.64	5739	6.68	12.13	6424	7.80
金东区	Jindong	3.48	4181	1.46	4.21	4890	2.06	4.21	5234	2.20
衢江区	Qujiang	20.58	6289	12.94	20.65	6278	12.96	20.67	6345	13.12
龙游县	Longyou	20.16	6107	12.31	20.25	6084	12.32	20.32	6171	12.54
省级小计	**Province Level**	**139.04**	**6171**	**85.80**	**139.63**	**6032**	**84.22**	**140.52**	**6241**	**87.69**
桐庐县	Tonglu	8.21	5831	4.79	8.37	5807	4.86	8.37	6359	5.33
瑞安市	Ruian	17.18	6409	11.01	17.46	6346	11.08	17.62	6437	11.34
海宁市	Haining	19.55	6251	12.22	20.61	6096	12.57	20.24	6275	12.70
安吉县	Anji	13.24	6141	8.13	13.20	6176	8.15	13.19	6235	8.23
嵊州市	Shengzhou	20.75	6331	13.14	19.00	5475	10.40	20.03	6136	12.29
武义县	Wuyi	9.48	6185	5.87	9.83	6136	6.03	9.77	6109	5.97
江山市	Jiangshan	24.52	6362	15.60	24.52	6366	15.61	24.57	6480	15.92
温岭市	Wenling	18.67	6124	11.43	18.88	6175	11.66	18.96	6261	11.87
松阳县	Songyang	7.43	4851	3.60	7.75	4975	3.86	7.76	5216	4.05

6-19 各市油菜籽播种面积和产量
Sown Area and Output of Rapeseeds by City

地区	Region	2021			2022			2023		
		播种面积(千公顷) Sown Area (1000 ha)	公顷产(公斤) Output per Hectare (kg)	总产量(万吨) Total Output (10000 tons)	播种面积(千公顷) Sown Area (1000 ha)	公顷产(公斤) Output per Hectare (kg)	总产量(万吨) Total Output (10000 tons)	播种面积(千公顷) Sown Area (1000 ha)	公顷产(公斤) Output per Hectare (kg)	总产量(万吨) Total Output (10000 tons)
全省合计	**Total**	**120.10**	**2145**	**25.77**	**124.14**	**2200**	**27.31**	**137.96**	**2133**	**29.43**
杭州市	Hangzhou	23.86	2426	5.79	24.19	2536	6.13	25.51	2440	6.22
宁波市	Ningbo	7.87	2091	1.65	8.48	2273	1.93	10.21	2232	2.28
温州市	Wenzhou	8.00	1920	1.54	8.60	1937	1.67	10.63	1932	2.05
嘉兴市	Jiaxing	5.63	2524	1.42	5.69	2415	1.38	7.27	2090	1.52
湖州市	Huzhou	9.68	2489	2.41	9.82	2517	2.47	10.69	2501	2.67
绍兴市	Shaoxing	10.95	2250	2.46	11.10	2250	2.50	12.61	2242	2.83
金华市	Jinhua	15.91	2024	3.22	16.66	2011	3.35	17.34	1907	3.31
衢州市	Quzhou	27.97	1939	5.42	28.98	2013	5.83	30.14	1988	5.99
舟山市	Zhoushan	1.11	1886	0.21	1.12	1962	0.22	1.20	1891	0.23
台州市	Taizhou	6.06	1817	1.10	6.23	1996	1.24	7.79	1952	1.52
丽水市	Lishui	3.08	1796	0.55	3.29	1799	0.59	4.57	1757	0.80

注: 油菜籽已与三农普数据衔接。
The data of rapeseed has been linked to the three agricultural census data.

6-20 主要茶叶产区茶园面积和茶叶产量
Area of Tea Plantation and Output of Tea in Major Producing Regions

地区	Region	2021		2022		2023	
		茶园面积(公顷) Area of Tea Plantations (ha)	茶叶总产量(吨) Output of Tea (ton)	茶园面积(公顷) Area of Tea Plantations (ha)	茶叶总产量(吨) Output of Tea (ton)	茶园面积(公顷) Area of Tea Plantations (ha)	茶叶总产量(吨) Output of Tea (ton)
全省合计	**Total**	**206156**	**180956**	**208734**	**181222**	**210692**	**189272**
22个主产区小计	**22 Producing Regions**	**132627**	**139125**	**134510**	**138251**	**135894**	**144932**
杭州市区	Hangzhou District	14762	17521	15096	17665	15578	21694
其中：富阳区	Fuyang	4226	6600	4484	6723	4786	7047
临安区	Linan	3492	2652	3660	2603	3782	2857
建德市	Jiande	4415	3192	4435	3109	4660	3129
桐庐县	Tonglu	4044	3999	3919	4086	3975	4206
淳安县	Chunan	12759	5127	12912	5110	12943	5430
宁波市区	Ningbo District	2988	3746	2975	3443	2833	3594
其中：奉化区	Fenghua	780	987	785	930	740	920
余姚市	Yuyao	3960	2786	3933	2856	3872	2801
安吉县	Anji	13905	4246	13996	4027	14204	4495
诸暨市	Zhuji	6406	8948	6439	9254	6568	8686
柯桥区	Keqiao	4373	7326	4358	7516	4220	7920
上虞区	Shangyu	1704	2108	1626	1652	1756	1836
嵊州市	Shengzhou	11471	18347	11540	17902	11460	17967
新昌县	Xinchang	8197	5301	8415	5347	9134	5777
金华市区	Jinhua District	1743	2124	1633	1572	1577	1632
东阳市	Dongyang	3249	2498	3265	2488	3271	2567
武义县	Wuyi	7134	14962	7165	13274	7200	14305
浦江县	Pujiang	1929	991	1898	968	1902	955
衢州市区	Quzhou District	1866	1365	1849	1408	1878	1497
开化县	Kaihua	6070	3178	7153	3235	6806	3763
龙游县	Longyou	1748	1500	1657	1205	1561	1383
临海市	Linhai	2551	1390	2580	1387	2565	1425
松阳县	Songyang	8824	14159	8946	14881	9111	15693
遂昌县	Suichang	8529	14311	8719	15868	8819	17305

6-21 主要蚕茧产区桑园面积和蚕茧产量
Area of Mulberry Field and Output of Silk worm Cocoons in Major Producing Regions

地区	Region	2021		2022		2023	
		桑园面积(公顷) Area of Mulberry Field (ha)	蚕茧总产量(吨) Output of Silk-worm Cocoons (tons)	桑园面积(公顷) Area of Mulberry Field (ha)	蚕茧总产量(吨) Output of Silk-worm Cocoons (tons)	桑园面积(公顷) Area of Mulberry Field (ha)	蚕茧总产量(吨) Output of Silk-worm Cocoons (tons)
全省合计	**Total**	**27900**	**15337**	**22808**	**16911**	**18968**	**22675**
20个主产区小计	**20 Producing Regions**	**26384**	**15260**	**21623**	**16527**	**17889**	**22612**
杭州市区	Hangzhou District	860	466	296	219	302	322
其中：富阳区	Fuyang	36	7	38		39	1
临安区	Linan	718	447	174	217	174	321
建德市	Jiande	173	90	78	49	73	36
桐庐县	Tonglu	409	56	372	7	303	2
淳安县	Chunan	3705	996	3051	735	2607	645
嘉兴市区	Jiaxing District	832	177	679	121	375	96
海宁市	Haining	2027	2029	1344	1101	1178	1027
海盐县	Haiyan	892	342	759	184	571	112
桐乡市	Tongxiang	5029	5873	3676	5557	3446	4803
湖州市区	Huzhou District	6609	2003	5856	1192	4105	420
德清县	Deqing	2897	851	2629	530	2405	347
长兴县	Changxing	937	559	939	462	820	416
安吉县	Anji	473	142	446	206	356	130
诸暨市	Zhuji	124	46	124	3	124	20
上虞区	Shangyu	193		164		153	
嵊州市	Shengzhou	140	1453	221	5951	166	14166
新昌县	Xinchang	53	41	52		51	
兰溪市	Lanxi	216		192	139	184	
浦江县	Pujiang	22		22		22	
临海市	Linhai	79		79		79	
缙云县	Jinyun	714	138	645	72	571	70

6-22 林业生产（2017-2023年）
Basic Indicators on Forestry(2017-2023)

单位：公斤(kg)

指标		Item		2017	2018	2019	2020	2021	2022	2023
造林完成面积	(千公顷)	Afforestation Area	(1000 ha)	9.60	8.09	6.48	43.26	38.00	31.48	20.07
主要林产品产量	(吨)	Output of Major Forest Production	(tons)							
油茶籽		Tea oil seeds		61039	68523	74022	81759	92295	96819	109409
竹笋干		Tallow-seeds		186580	197434	191223	195355	141671	203745	188996
栗		Chestnut		69720	66673	71164	61267	56311	55932	49776

6-23 水果生产
Basic Indicators on Fruits

单位：公斤(kg)

指标	Item	2021		2022		2023	
		果园面积（千公顷）Area of Orchards (1000 Hectares)	产量（万吨）Total Output (10000 tons)	果园面积（千公顷）Area of Orchards (1000 Hectares)	产量（万吨）Total Output (10000 tons)	果园面积（千公顷）Area of Orchards (1000 Hectares)	产量（万吨）Total Output (10000 tons)
合计	**Total**	**301.24**	**722.55**	**292.48**	**704.49**	**291.72**	**733.36**
柑桔	Orange	81.89	180.61	79.99	177.06	78.98	187.12
梨	Pear	17.89	35.08	16.67	32.30	16.19	33.65
桃子	Peach	30.02	50.91	28.81	49.41	28.95	51.62
杨梅	Red Bayberry	86.95	68.58	85.85	67.71	86.86	77.38
枇杷	Loquat	14.25	9.42	14.18	12.58	14.03	10.93
柿子	Persimmon	5.75	5.78	5.74	5.95	5.76	6.18
瓜果类	Melons and Fruits		255.80		245.46		247.36
其他	Others	64.48	116.38	61.24	114.02	60.95	119.12

6-24 农产品人均产量（1978-2023年）
Per Capita Output of Agricultural Products(1978-2023)

单位：公斤(kg)

年份 Year	粮食 Grain	棉花 Cotton	油料 Oil-bearing Crops	糖料 Sugar Crops	茶叶 Tea	水果 Fruit	猪牛羊肉 Pork,Beef and Mutton	水产品 Aquatic Production
1978	393.44	1.95	5.92	17.20	1.57	3.92	11.33	23.47
1980	376.81	2.18	7.58	15.43	1.98	5.91	18.52	21.46
1985	404.18	2.03	11.02	27.43	2.32	11.12	19.10	26.13
1988	334.03	1.35	8.97	18.43	2.84	34.63	22.74	44.02
1989	324.46	1.28	7.99	16.21	2.47	40.64	22.68	59.62
1990	328.53	1.43	11.48	15.11	2.34	49.28	23.61	73.03
1991	345.91	1.56	11.88	14.57	2.26	51.91	16.85	78.03
1992	338.58	1.08	11.08	13.61	2.31	61.07	18.44	90.61
1993	323.64	1.46	8.02	13.97	2.55	46.55	19.05	95.33
1994	312.52	0.91	12.14	15.94	2.64	62.64	19.27	99.33
1995	266.91	0.65	12.91	21.97	2.60	84.89	22.65	104.70
1996	228.64	0.67	12.38	22.53	2.56	109.82	23.65	100.51
1997	201.87	0.47	9.88	23.87	2.91	105.39	25.12	101.14
1998	168.01	0.44	9.09	25.73	2.76	118.00	25.37	100.24
1999	173.82	0.47	9.97	21.73	2.84	129.23	26.93	100.91
2000	167.49	0.44	10.11	18.15	2.91	116.57	26.31	97.57
2001	156.12	0.47	7.08	17.39	3.03	128.00	21.65	83.08
2002	140.35	0.46	6.44	17.01	3.13	135.00	22.39	81.19
2003	140.35	0.47	7.96	16.48	3.13	144.28	25.02	76.89
2004	137.06	0.43	8.25	15.52	3.19	135.85	24.97	81.92
2005	126.00	0.41	7.36	13.86	3.04	130.82	25.17	89.15
2006	123.82	0.42	7.15	13.04	3.05	127.89	24.92	94.56
2007	118.35	0.35	6.74	12.81	3.07	123.81	25.07	98.52
2008	109.34	0.30	6.87	11.05	3.07	130.17	27.63	95.23
2009	102.48	0.24	5.57	10.64	2.81	121.37	23.71	104.40
2010	105.43	0.18	5.66	10.39	3.11	133.75	18.62	108.68
2011	93.02	0.14	4.65	6.75	2.84	129.57	15.75	104.53
2012	94.03	0.10	4.76	6.08	3.15	132.81	15.38	105.08
2013	104.43	0.14	4.69	6.47	3.05	129.62	12.35	94.96
2014	92.89	0.13	5.46	7.64	2.78	116.72	10.89	94.18
2015	105.43	0.18	5.66	10.39	3.11	133.75	18.62	108.68
2016	93.02	0.14	4.65	6.75	2.84	129.57	15.75	104.53
2017	94.03	0.10	4.76	6.08	3.15	132.81	15.38	105.08
2018	104.43	0.14	4.69	6.47	3.05	129.62	12.35	94.96
2019	92.89	0.13	5.46	7.64	2.78	116.72	10.89	94.18
2020	93.65	0.11	4.96	7.17	2.74	116.77	8.93	95.15
2021	94.94	0.09	4.85	6.48	2.77	110.48	10.59	95.71
2022	94.42	0.07	5.01	5.96	2.76	107.11	11.46	98.16
2023	97.12	0.05	5.37	5.68	2.86	110.66	12.89	101.64

6-25 牲畜饲养和畜产品产量（1978-2023年）
Number of Livestock and Output of Livestock Products(1978-2023)

年份 Year	大牲畜年底头数(万头) Large Animals (Year end) (10000 heads)	#牛(万头) Cattle and Buffaloes (10000 heads)	生猪年末存栏头数(万头) Numbers of Hogs (10000 heads)	羊年末存栏头数(万只) Numbers of Sheep and Goats (10000 heats)	猪、牛、羊肉产量(万吨) Output of Pork,beef and Mutton (10000 tons)	#猪肉产量(万吨) Pork (10000 tons)
1978	82.60	82.60	1334.70	294.90	42.27	41.59
1980	83.00	83.00	1403.80	324.00	70.55	69.48
1983	80.60	80.60	1387.30	229.30	68.53	67.59
1984	78.40	78.40	1326.20	197.90	68.88	67.80
1985	76.10	76.10	1368.80	176.20	76.60	75.57
1986	75.81	75.81	1403.31	172.21	81.11	80.00
1987	74.73	74.73	1278.69	175.98	76.19	75.01
1988	71.11	71.11	1228.05	180.02	78.47	77.12
1989	69.29	69.29	1213.19	187.47	77.24	75.87
1990	68.01	68.01	1170.00	185.07	77.88	76.33
1991	65.05	65.05	1135.49	181.36	78.05	76.41
1992	60.50	60.50	1188.97	183.26	83.08	80.97
1993	54.07	54.07	1061.04	191.38	80.64	78.94
1994	50.72	50.72	989.84	205.98	78.95	76.46
1995	50.32	50.32	964.30	218.63	80.17	77.38
1996	49.48	49.48	892.68	221.31	76.31	73.47
1997	46.36	46.36	1010.06	214.55	81.33	78.40
1998	43.52	43.52	1040.56	207.58	84.48	81.38
1999	40.64	40.64	1024.36	218.95	85.87	82.55
2000	38.95	38.95	1146.88	233.51	101.57	98.03
2001	39.25	39.25	1175.10	245.02	111.28	107.39
2002	39.63	39.63	1139.17	258.61	119.40	115.09
2003	38.90	38.90	1132.38	262.90	122.22	117.24
2004	39.25	39.25	1125.27	256.72	131.72	126.43
2005	35.54	35.54	1213.15	222.35	130.44	125.14
2006	22.97	22.97	1003.00	123.90	108.94	105.61
2007	20.74	20.74	1039.10	111.90	114.50	111.40
2008	20.66	20.66	1161.85	111.35	129.67	126.85
2009	20.37	20.37	1225.80	111.55	130.95	128.17
2010	19.89	19.89	1248.40	111.67	134.90	131.90
2011	19.13	19.13	1281.93	109.45	138.82	135.83
2012	17.70	17.70	1338.30	107.18	142.53	139.71
2013	18.77	18.77	1287.53	129.12	151.89	148.71
2014	17.08	17.08	964.64	133.86	139.67	136.39
2015	16.42	16.42	730.19	139.37	111.46	107.96
2016	16.05	16.05	568.14	142.24	95.64	91.84
2017	14.90	14.90	542.55	133.80	86.99	83.31
2018	13.71	13.71	516.79	125.88	77.48	73.95
2019	13.24	13.24	427.30	117.46	63.73	60.16
2020	14.95	14.95	627.58	140.14	57.77	54.20
2021	16.69	16.69	640.23	151.21	69.23	65.15
2022	15.54	15.54	644.49	160.04	75.36	71.41
2023	15.06	15.06	608.88	146.22	84.77	80.78

注：2013年及以后年份数据已与三农普数衔接。
The data of this table has been linked to the three agricultural census data since 2013.

6-26 畜牧业生产（2018-2023年）
Basic Indicators on Animal Husbandry(2018-2023)

指标		Item		2018	2019	2020	2021	2022	2023
生猪年末存栏头数(含未断奶小猪)	(万头)	Pigs(year-end)	(10000 heads)	516.79	427.30	627.58	640.23	644.49	608.88
#能繁殖的母猪	(万头)	Reproducable	(10000 heads)	43.31	40.20	58.07	69.31	71.11	65.13
年内肥猪出栏头数	(万头)	Slaughtered Fattened Hogs	(10000 heads)	911.62	756.05	665.42	773.91	850.53	953.23
生猪出栏率	(%)	Rate of Slaughtered Fattened Hogs	(%)	168.03	146.30	155.73	123.32	132.85	147.90
全年饲养量	(万头)	Number of Hogs Raised	(10000 heads)	1428.41	1183.35	1293.00	1414.14	1495.02	1562.11
牛年末存栏头数	(万头)	Cattles(year-end)	(10000 heads)	13.71	13.24	14.95	16.69	15.54	15.06
良种及改良种乳牛	(万头)	Milch Cows of Fine Breed and Improved Varieties	(10000 heads)	3.19	3.08	4.04	4.31	4.43	4.50
牛年内出栏头数	(万只)	Slaughtered Cattles	(10000 heads)	8.15	8.61	8.84	10.15	9.31	9.54
牛奶产量	(万吨)	Milk	(10000 tons)	15.73	15.48	18.33	18.55	19.60	20.88
羊年末存栏只数	(万只)	Sheep and Goats (year-end)	(10000 heads)	125.88	117.46	140.14	151.21	160.04	146.22
羊年内出栏只数	(万只)	Slaughtered Sheep	(10000 heads)	135.06	134.46	129.94	140.05	139.71	134.98
猪、牛、羊肉产量	(万吨)	Output of Pork, Beef and Mutton	(10000 tons)	77.48	63.73	57.77	69.23	75.36	84.77
猪肉产量	(万吨)	Pork	(10000 tons)	73.95	60.16	54.20	65.15	71.41	80.78
兔年末存栏只数	(万只)	Rabbits(year-end)	(10000 heads)	173.02	146.64	123.37	109.28	93.82	76.76
兔年内出栏只数	(万只)	Slaughtered Rabbits	(10000 heads)	271.56	271.48	224.94	185.53	169.68	169.80
家禽年末存栏只数	(万只)	Poultry(year-end)	(10000 heads)	8320.64	8616.65	8740.08	8036.48	8505.70	8519.01
家禽年内出栏只数	(万只)	Slaughtered Poultry	(10000 heads)	17195.93	19501.16	20979.21	21962.36	21495.52	22406.75
全年饲养量	(万只)	Poultry Raised	(10000 heads)	25516.57	28117.81	29719.29	29998.84	30001.22	30925.76
禽蛋产量	(万吨)	Poultry Eggs	(10000 tons)	31.49	33.57	33.17	30.94	31.71	36.29
养蜂年末箱数	(万箱)	Number of Beehives	(10000 boxs)	100.02	101.71	100.61	107.24	105.86	106.55
蜂蜜产量	(万吨)	Honey	(10000 tons)	6.63	6.56	5.02	5.02	5.15	5.03
蜂皇浆产量	(吨)	Royal Jelly	(tons)	2189.00	2263.00	1976.89	2035.81	2155.65	2073.04
蚕茧产量	(万吨)	Output of Silkworm Cocoon	(10000 tons)	2.17	1.97	1.58	1.53	1.69	2.27

注: 2013年及以后年份数据已与三农普数衔接。
The data of this table has been linked to the three agricultural census data since 2013.

6-27 水产品产量（1978-2023年）
Output of Aquatic Products(1978-2023)

单位：万吨(10000 tons)

年份 Year	水产品产量 Total Aquatic Production	海水产品产量 Seawater Aquatic Production	#养殖 Artificially Cultured	淡水产品产量 Fishwater Aquatic Production	#养殖 Artificially Cultured	远洋渔业产量 Deepsea Fishing Products
1978	87.52	81.69	3.56	5.83	4.90	
1980	81.79	75.03	6.60	6.76	6.67	
1983	83.25	73.46	6.21	9.79	8.32	
1984	95.28	83.26	7.86	12.02	10.29	
1985	104.82	89.04	9.60	15.78	13.73	
1986	117.21	97.36	10.57	19.85	17.74	
1987	124.98	102.84	11.86	22.14	19.65	
1988	128.20	104.31	12.33	23.89	21.28	
1989	129.20	104.50	13.13	24.70	22.08	
1990	138.98	113.17	13.81	25.80	23.00	
1991	151.09	123.53	15.20	27.56	24.75	
1992	169.75	140.20	17.34	29.54	26.68	
1993	189.29	156.06	19.05	33.23	29.92	
1994	258.02	222.30	24.68	35.72	32.07	
1995	318.07	278.70	31.69	39.37	34.43	
1996	342.14	299.23	39.51	42.91	37.00	
1997	377.68	331.97	38.90	45.71	38.66	
1998	422.73	372.80	46.49	49.93	42.62	
1999	442.73	389.41	58.17	53.32	45.61	
2000	469.51	410.46	70.88	59.05	51.42	
2001	472.85	406.96	77.66	65.89	58.17	
2002	480.68	409.33	85.15	71.35	63.21	
2003	482.82	406.00	91.85	76.82	68.26	
2004	493.53	414.98	92.94	78.55	69.45	
2005	483.77	402.37	88.11	81.40	72.07	
2006	433.85	360.80	76.32	73.05	65.03	15.84
2007	433.87	356.36	86.13	77.51	68.90	18.74
2008	418.79	337.60	83.08	81.19	73.09	20.20
2009	440.31	353.81	76.46	86.51	77.47	10.71
2010	477.95	381.23	82.57	96.72	87.50	16.56
2011	515.81	410.98	84.49	104.83	94.98	23.47
2012	539.58	431.24	86.14	108.34	98.38	29.09
2013	550.82	443.19	87.17	107.63	98.05	36.80
2014	575.06	468.22	89.79	106.84	97.74	54.15
2015	602.00	491.20	93.34	110.80	101.95	61.17
2016	584.35	470.08	97.19	114.27	105.13	41.44
2017	594.45	472.37	116.26	122.08	110.73	46.79
2018	595.71	469.34	120.90	126.37	113.30	61.05
2019	600.41	467.30	127.04	133.11	117.13	67.90
2020	615.41	476.79	137.24	138.61	121.63	82.69
2021	625.95	483.92	139.32	142.03	126.40	87.74
2022	645.57	499.26	149.57	146.31	130.70	92.45
2023	673.59	519.10	161.81	154.48	138.09	100.10

注：2016年及以后年份水产品产量已与三农普数据衔接。
The data of this table has been linked to the three agricultural census data since 2016.

6-28 渔业生产（2017-2023年）
Basic Indicators on Fishery(2017-2023)

单位:万吨(10000 tons)

指标	Item	2018	2019	2020	2021	2022	2023
水产品总产量	**Total Aquatic Production**	**595.71**	**600.41**	**615.41**	**625.95**	**645.57**	**673.59**
其中：远洋渔业产量	Among them:the pelagic fishery yield	61.05	67.90	82.69	87.74	92.45	100.10
海水产品产量	**Seawater Aquatic Production**	**469.34**	**467.30**	**476.79**	**483.92**	**499.26**	**519.10**
按生产性质分	By Production Character						
海洋捕捞（含远洋）	Catching in Ocean	348.45	340.26	339.55	344.60	349.69	357.29
海水养殖	Seawater Aquiculture	120.90	127.04	137.24	139.32	149.57	161.81
按类别分	By Category						
鱼类	Fishes	209.57	200.38	190.03	184.21	185.46	189.49
虾蟹类	Shrimps,Prawns and Crabs	86.39	83.48	79.40	72.96	83.35	83.89
贝类	Shell-fish	98.01	102.51	109.31	111.25	117.34	127.17
藻类	Algae	8.93	9.96	11.93	11.53	14.33	14.60
头足类	Shrimps， Prawns and crabs	50.20	53.15	64.55	71.15	75.41	78.05
其他海水产品	Others	16.24	17.82	21.57	32.82	23.37	25.90
淡水产品产量	**Freshwater Aquatic Production**	**126.37**	**133.11**	**138.61**	**142.03**	**146.31**	**154.48**
按生产性质分	By Production Character						
天然生产	Naturally Grown	13.06	15.98	16.98	15.63	15.61	16.39
淡水养殖	Freshwater Aquiculture	113.30	117.13	121.63	126.40	130.70	138.09
按类别分	By Category						
鱼类	Fishes	95.91	99.80	104.69	107.79	111.76	116.33
虾蟹类	Shrimps,Prawns and Crabs	14.57	16.66	16.93	17.38	18.30	20.80
贝类	Shell-fish	3.38	3.79	3.85	3.66	3.63	3.62
其他类	Others	12.51	12.86	13.14	13.20	12.62	13.73
在海水捕捞产品中	**Among Marine Fishing Production**						
大黄鱼	Big Yellow Croaker	0.06	0.11	0.99	0.08	0.08	0.09
小黄鱼	Small Yellow Croaker	10.34	11.78	12.61	11.91	10.97	10.98
带鱼	Hairtail	38.80	37.61	36.50	36.73	37.15	37.43
墨鱼	Cuttle Fish	3.38	3.42	3.40	3.94	3.92	3.83
海水养殖面积	Seawater Aquiculture Area	80.92	82.02	82.54	81.50	83.44	84.26
淡水养殖面积	**Freshwater Aquiculture Area**	**179.76**	**173.04**	**172.29**	**167.90**	**167.12**	**172.64**

注: 2016年及以后年份水产品产量已与三农普数据衔接。
The data of this table has been linked to the three agricultural census data since 2016.

6-29 各市水产品产量
Output of Aquatic Products by City

单位：万吨(10000 tons)

地区	Region	水产品总产量 Total Output of Aquatic Production		海水产品产量 Seawater Aquatic Production		#鱼类 Fishes		淡水产品产量 Freshwater Aquatic Production		#鱼类 Fishes		远洋渔业产量 Deepsea Fishing Production	
		2022	2023	2022	2023	2022	2023	2022	2023	2022	2023	2022	2023
全省合计	**Total**	**645.57**	**673.59**	**406.82**	**419.01**	**175.09**	**176.72**	**146.31**	**154.48**	**111.76**	**116.33**	**92.45**	**100.10**
杭州市	Hangzhou	17.81	18.60					17.81	18.60	11.48	11.92		
宁波市	Ningbo	112.28	117.65	91.22	94.78	40.93	40.59	9.13	9.53	6.06	5.97	11.93	13.34
温州市	Wenzhou	71.51	75.85	64.54	67.91	28.61	28.86	5.27	6.01	4.35	4.71	1.71	1.93
嘉兴市	Jiaxing	16.62	17.66	0.05	0.05	0.03	0.03	16.56	17.61	8.79	9.19		
湖州市	Huzhou	60.46	64.12					60.46	64.12	50.02	53.05		
绍兴市	Shaoxing	12.74	13.36	0.06	0.06	0.03	0.03	12.68	13.30	9.20	8.91		
金华市	Jinhua	9.47	9.87					9.47	9.87	8.68	9.01		
衢州市	Quzhou	7.71	8.08					7.71	8.08	7.00	7.29		
舟山市	Zhoushan	188.31	195.62	114.78	115.83	52.82	53.48	0.06	0.06	0.04	0.04	73.46	79.74
台州市	Taizhou	145.68	149.66	136.16	140.37	52.67	53.73	4.18	4.19	3.37	3.41	5.35	5.09
丽水市	Lishui	2.97	3.12					2.97	3.12	2.77	2.85		

注：全省水产品总产量为国家核定数；各市水产品总产量为省海洋与渔业局统计年报数（包括远洋）。
Data of total output of aquitic production is verified by national bureau of statistics of china; Regional figures in this table are taken from the annual report of the bureau of seas and ocean and fishery(including deepsen fishing production).

6-30 平均每个农业劳动力提供的主要农产品产量（2017-2023年）
Output of Major Farm Products Provided by Per Rural Labour(2017-2023)

指标	Item		2017	2018	2019	2020	2021	2022	2023
粮食	(公斤) Grain	(kg)	1022.9	1078.6	1095.8	1144.0	1292.8	1359.5	1496.0
棉花	(公斤) Cotton	(kg)	1.1	1.5	1.5	1.3	1.2	1.0	0.8
油料	(公斤) Rapeseeds	(kg)	47.4	53.0	59.1	60.6	66.0	72.2	83.3
蔬菜及食用菌	(公斤) Vegetables and Edible Fungi	(kg)	3368.4	3399.5	3521.7	3674.4	4025.9	4327.6	4666.2
茶叶	(公斤) Teas	(kg)	31.4	31.5	32.8	33.5	37.7	39.7	44.3
柑桔	(公斤) Oranges	(kg)	329.3	330.7	339.4	362.2	376.1	387.6	438.2
生猪	(头) Hogs	(head)	1.8	1.6	1.4	1.3	1.6	1.9	2.2
猪牛羊肉	(公斤) Pork,Beef and Mutton	(kg)	153.4	139.5	117.9	109.1	144.1	165.0	198.5
禽蛋	(公斤) Poultry	(kg)	63.2	56.7	62.1	62.6	64.4	69.4	85.0
水产品	(公斤) Aquatic Production	(kg)	1048.1	1072.4	1111.0	1162.3	1303.3	1413.4	1577.5

6-31 农业事业机构和服务组织（2017-2023年）
Institutions Rendering Agricultural Services(2017-2023)

指标		Item		2017	2018	2019	2020	2021	2022	2023
农业事业机构	(个)	**Institutions Engaged in Agricultural Undertaking**	(units)							
乡镇农技服务站		Agricultural Technical service Stations		1290	1421	1279	1275	1277	1271	1261
乡镇畜牧兽医站		Veterinary Stations		530	498	470	342	321	320	295
农业服务组织		**Agricultural Service**								
县（市）农技推广中心	(个)	Centres for Spreading Agricultural Technical	(units)	85	85	90	106	105	115	113
乡镇农技站农业技术人员	(人)	Agricultural Technical Persons	(persons)	9512	9576	9639	9535	9384	9320	9272
配有农技员的村数	(万个)	Villages with Agricultural Technical persons	(10000 units)	2.10	1.99	1.69	1.63	1.60	1.57	1.54
村不脱产农民技术人员	(万人)	Technical Peasants Unreleased from Agricultural Production in Village	(10000 persons)	4.75	4.66	4.55	4.51	4.24	4.20	4.17
科技户	(万户)	Scientific and Technological Households	(10000 households)	4.75	4.81	4.51	4.00	3.83	3.65	3.69

浙／江／统／计／年／鉴

主要统计指标解释

■ 农林牧渔业总产值

是以货币表现的农、林、牧、渔业全部产品的总量，它反映一定时期内农业生产总规模和总成果。

农、林、牧、渔业的统计范围包括国有经济的各种专业农（农、林、牧、渔）场以及国家各级机关团体学校、部队；集体所有制的乡、镇、村各级办农场；工矿企业经营的农、林、牧、渔业，农村各种经济组织和农户经营的农林牧渔业和农民家庭兼营的商品性工业等。

■ 粮食产量

指全社会的产量。包括国有经济经营的、集体统一经营的和农民家庭经营的粮食产量，还包括工矿企业办的农场和其他生产单位的产量。粮食除包括稻、小麦、玉米、高粱、谷子及其他杂粮外，还包括薯类和豆类。其产量计算方法，豆类按去豆荚后的干豆计算；薯类（包括马铃薯）1963 年以前按每 4 公斤鲜薯折 1 公斤粮食计算，从 1964 年开始及以后改为按 5 公斤鲜薯折 1 公斤粮食计算。其他粮食一律按脱粒后的原粮计算。

■ 油料产量

指全部油料作物的生产量。包括花生、油菜籽、芝麻、向日葵籽、胡麻籽（亚麻籽）和其他油料。不包括大豆，也不包括木本油料和野生油料。花生以带壳干花生计算。

■ 水产品产量

指人工养殖的水产品和天然生长的水产品的捕捞量。包括海水的鱼类、虾蟹类、贝类和藻类以及内陆水域的鱼类、虾蟹类和贝类，不包括淡水生植物。

■ 猪、牛、羊肉产量

指当年出栏并已屠宰后除去头蹄下水后带骨肉（即胴体重）的重量。

■ 谷物

指籽实主要供作粮食的作物。这类作物包括稻谷、小麦、玉米、谷子、高粱和其他谷物，不包括豆类和薯类作物。

ZHEJIANG STATISTICAL YEARBOOK

Explanatory Notes on Main Statistical Indicators

□ Gross Output Value of Farming, Forestry, Animal Husbandry and Fishery

refers to the total volume of products of farming, forestry, animal husbandry and fishery in value terms, which reflects the total scale and total result of agricultural production during a given period of time.

The statistical coverage of farming, forestry, animal husbandry and fishery are as follows: In terms of ownership, China s agriculture includes specialized state farms (farming, forestry, animal husbandry, fishery), farms managed by various government agencies, organazations, schools, research institutions, and army; farms managed by rural collective organizations at levels of township, town, and village; farming, forestry, animal husbandry, fishery run by mining and industrial enterprises; farming, forestry, animal husbandry and fishery and some commodity industries run by various rural collective organizations and individual farmers.

□ Grain Yield

refers to the yield in the whole country including grains produced by state farms, collective units, industrial enterprises and mines. Grain includes rice, wheat, corn, sorghum, millet and other miscellaneous grains as well as tubers and beans. Output of beans refers to dry beans without pods. The output of tubers was converted into that of grain at the ratio 4 ： 1, I.e. Four kilograms of fresh tubers was equivalent to one kilogram of grain up to 1963. Since 1964 the ratio for conversion has been 5 ： 1.Output of all other grains refers to husked grain.

□ Yield of Oil-bearing Crops

refers to the total yield of oil-bearing crops of various kinds, including peanuts, (dry, in shell) rapeseeds, sesame, sunflower seeds, flax seeds, and other oil-bearing crops. Soybeans, oil-bearing woody plants, and wild oil-bearing crops are not included.

□ Output of Aquatic Products

refers to catches of both artificially cultured and naturally grown aquatic products, including fish, shrimps, crabs and shellfish in sea and inland water as well as seaweed. Freshwater plants are not included.

□ Output of Pork, Beef, and Mutton

refers to the meat of slaughtered hogs, cattle, sheep and goats with head, feet, and offal taken away.

□ Cereals

refer to seeds of various kinds of crops which are used mainly for grain. Cereals include paddy, wheat,maize, millet, Chinese sorghum, etc., except beans and tubers.

2024

浙江统计年鉴

ZHEJIANG STATISTICAL YEARBOOK

CHAPTER 7

工业和能源

Industry and Energy

7-1 规模以上工业企业数及总产值（2023年）
Number and Gross Output Value of Industrial Enterprises Above Designated Size(2023)

指标	Item	企业单位数（个）Number of Industrial Enterprises（unit）	工业总产值（亿元）Gross Industrial Output Value(100 million yuan)
总计	**Total**	**56843**	**105369.00**
按轻重工业分	**By Light and Heavy Industry**		
轻工业	Light Industry	26330	31887.04
重工业	Heavy Industry	30513	73482.00
按登记注册统计类别分	**By Registered Type**		
内资企业	Domestic Invested Enterprises	52945	88446.43
有限责任公司	Limited Liability Corporations	46578	70248.84
股份有限公司	Share-holding Corporations Ltd.	5052	17587.26
非公司企业法人	Non-corporate Legal Person	317	231.85
个人独资企业	Sole Proprietorship	833	319.65
合伙企业	Partnership	165	58.84
其他内资企业	Other Enterprises		
港澳台投资企业	Enterprises with Investment from Hong Kong, Macao and Taiwan	1784	8137.81
港澳台投资有限责任公司	Limited Liability Corporations	1664	6873.05
港澳台投资股份有限公司	Share-holding Corporations Ltd.	114	1256.57
港澳台投资合伙企业	Partnership	3	
其他港澳台投资企业	Other Enterprises	3	8.19
外商投资企业	Foreign Invested Enterprises	2114	8784.80
外商投资有限责任公司	Limited Liability Corporations	1981	6815.37
外商投资股份有限公司	Share-holding Corporations Ltd.	116	1335.99
外商投资合伙企业	Partnership	9	24.24
其他外商投资企业	Other Enterprises	8	609.20
在总计中:国有及国有控股	State-owned and State-holding Enterprises	975	13373.22
按规模分	**By size**		
大型企业	Large-sized Industrial Enterprises	674	33994.01
中型企业	Medium-sized Industrial Enterprises	3904	26348.00
小型企业	Small-sized Enterprises	47486	42083.41
微型企业	Micro Enterprises	4779	2943.61

注: 1.本表规模以上工业统计范围为年主营业务收入在2000万元及以上的工业法人单位，后表同。Industrial enterprises above designated size refer to those with annual revenue from principal business over 20 million yuan. The same applies to the tables following .
2.本表登记注册统计类别按《关于市场主体统计分类的划分规定》(国统字［2023］14号)执行，后表同。The registration of statistical categories in this form shall be implemented in accordance with the Provisions on the Classification of Statistical Classification of Market Entities .The same applies to the tables following .

7-2 按行业分的规模以上工业企业总产值
Gross Output Value of Industrial Enterprises by Sector Above Designated Size

单位：亿元(100 millon yuan)

行业	Sector	工业总产值(亿元) Gross Industrial Output Value		
		2021	2022	2023
总计	**Total**	**94969.9**	**102331.0**	**105369.0**
按工业行业分	**By Sector**			
煤炭开采和洗选业	Coal Mining and Dressing	0.6	0.5	0.2
黑色金属矿采选业	Ferrous Metals Mining and Dressing	1.4	1.4	1.0
有色金属矿采选业	Nonferrous Metals Mining and Dressing	6.6	5.2	5.2
非金属矿采选业	Nonmetal Minerals Mining and Dressing	213.7	210.2	197.0
农副食品加工业	Non-staple Food Processing	1011.5	1142.9	1228.6
食品制造业	Food Manufacturing	637.0	683.7	699.4
酒、饮料和精制茶制造业	Beverage Manufacturing	446.0	473.3	531.1
烟草制品业	Tobacco Processing	588.4	619.6	643.9
纺织业	Textile Industry	4776.3	4608.0	4681.0
纺织服装、服饰业	Garments,Shoes and Hats Manufacturing	2225.5	2314.0	2246.6
皮革、毛皮、羽毛及其制品和制鞋业	Leather,Furs,Down and Related Products	979.1	1047.9	1134.8
木材加工和木、竹、藤、棕、草制品业	Timber Processing,Bamboo,Cane Palm Fiber and Straw Products	525.0	461.3	396.9
家具制造业	Furniture Manufacturing	1267.3	1080.5	1098.0
造纸和纸制品业	Papermaking and Paper Products	1641.0	1602.6	1618.6
印刷和记录媒介复制业	Printing and Record Medium Reproduction	676.0	706.0	678.1
文教、工美、体育和娱乐用品制造业	Cultural,Educational and Sports Goods	1662.6	1535.4	1517.1
石油加工、炼焦和核燃料加工业	Petroleum Processing,Cooking and Nuclear Fuel Processing	3379.2	1986.3	2013.8
化学原料和化学制品制造业	Raw Chemical Materials and Chemical Products	6930.7	10733.8	10678.3
医药制造业	Medical and Pharmaceutical Products	2166.8	2531.7	2060.5
化学纤维制造业	Chemical Fiber	3154.6	3219.4	3404.0

续表 Continued

单位：亿元(100 millon yuan)

行业	Sector	工业总产值(亿元) Gross Industrial Output Value		
		2021	2022	2023
橡胶和塑料制品业	Rubber and plastic products	3513.4	3620.8	3798.1
非金属矿物制品业	Nonmetal Mineral Products	4236.2	3939.4	3562.3
黑色金属冶炼和压延加工业	Smelting and Pressing of Ferrous Metals	2349.1	2192.7	2230.8
有色金属冶炼和压延加工业	Smelting and Pressing of Nonferrous Metals	2959.6	3468.3	3436.8
金属制品业	Metal Products	4625.0	4494.1	4692.3
通用设备制造业	Ordinary Machinery	7184.7	7259.0	7687.6
专用设备制造业	For Special Purpose Equipment Manufacturing	3022.7	3159.4	3312.8
汽车制造业	Automotive Manufacturing	6077.9	6999.3	7752.4
铁路、船舶、航空航天和其他运输设备制造业	Railway, Shipbuilding, Aerospace and other Transport Equipment	1083.2	1202.8	1198.5
电气机械和器材制造业	Electric Equipment and Machinery	10441.5	11643.2	13443.1
计算机、通信和其他电子设备制造业	Telecommunications Equipment, Computer and Other Electronic Equipment Manufacturing	8026.0	8918.2	8964.3
仪器仪表制造业	Instruments,Meters,Cultural and Office Machinery	1483.5	1624.8	1724.9
其他制造业	Handicraft Article and Other Manufacturing Industry	294.4	343.3	359.9
废弃资源综合利用业	Comprehensive Utilization of Waste Resources	465.5	651.9	633.0
金属制品、机械和设备修理业	Metal Products,Machinery and Equipment Repair Industry	121.0	141.2	188.2
电力、热力的生产和供应业	Electricity,Gas and Water Production and Supply	5716.1	6264.7	6015.9
燃气生产和供应业	Production and Supply of Gas	788.4	1142.4	1213.0
水的生产和供应业	Production and Supply of Water	292.6	301.5	320.8

注：2017年起行业分类采用2017年国民经济行业分类。后表同。
The industry classification is based on the 2017 national economic classification since 2017. The same applies to the tables following.

7-3 主要工业产品产量（2017-2023年）
Output of Major Industrial Products(2017-2023)

产品名称		Item		2017	2018	2019	2020	2021	2022	2023
配混合饲料	(万吨)	Forage	(10000 tons)	360.74	262.58	242.55	373.72	311.13	304.47	498.49
食用植物油	(万吨)	Edible Vegetables Oil	(10000 tons)	46.32	55.27	81.22	81.75	80.38	84.36	84.38
罐头	(万吨)	Canned Food	(10000 tons)	49.49	45.23	45.89	50.29	54.00	56.00	54.74
啤酒	(万千升)	Beer	(10000 kiloliter)	254.41	237.31	226.81	259.64	246.76	270.33	277.39
黄酒	(万千升)	Millet Wine	(10000 kiloliter)	55.64	57.34	55.03	41.42	48.43	50.00	54.22
软饮料	(万吨)	Soft Drink	(10000 tons)	793.92	759.06	897.78	898.93	1119.18	1164.70	1551.20
卷烟	(万箱)	Cigarettes	(10000 cases)	957.02	939.47	933.69	920.43	935.44	940.61	957.78
纱	(万吨)	Yarn	(10000 tons)	190.42	159.97	149.09	136.98	152.97	142.80	167.73
布	(亿米)	Cloth	(100 million m)	137.44	80.10	76.36	64.99	67.59	67.74	71.92
毛线（绒线）	(吨)	Kniting Wool	(ton)	36428	37046	26619	20916	26472	26708	68258
呢绒	(万米)	Woolen Goods	(10000 m)	3909	3718	10794	6148	2848	4153	5646
丝	(吨)	Silk	(ton)	10570	6326	5579	4073	3854	5079	4818
丝织品	(亿米)	Silk-knit Goods	(100 million m)	1.87	1.57	1.52	1.07	1.14	1.08	1.06
机制纸	(万吨)	Machine-made Paper and Paperboard	(10000 tons)	1911.21	1869.05	1768.40	1452.75	1481.12	1599.35	1768.16
汽油	(万吨)	Gasoline	(10000 tons)	352.08	338.83	351.70	440.08	878.20	900.20	1023.50
煤油	(万吨)	Kerosene	(10000 tons)	246.55	273.34	293.65	524.17	423.60	207.59	392.50
柴油	(万吨)	Diesel Oil	(10000 tons)	671.51	633.35	641.52	724.41	1043.00	1251.20	1602.90
燃料油	(万吨)	Fuel Oil	(10000 tons)	139.63	139.83	483.31	364.41	475.30	571.67	387.20
焦炭	(万吨)	Coke	(10000 tons)	228.55	203.02	208.88	213.23	216.50	209.24	220.60
硫酸	(万吨)	Sulphuric Acid	(10000 tons)	267.31	306.19	303.99	274.33	320.65	285.70	287.41
烧碱	(万吨)	Caustic Soda	(10000 tons)	188.83	189.96	200.77	208.35	223.08	240.09	243.34
纯碱	(万吨)	Soda Ash	(10000 tons)	32.28	33.61	31.74	29.59	27.56	32.47	33.61
合成氨	(万吨)	Synthetic Ammonia	(10000 tons)	62.11	60.24	61.21	61.07	62.79	46.60	67.24
纯苯	(吨)	Pure Benzene	(ton)	460620	431616	360912	688479	658780	1717347	1769404
合成洗涤剂	(吨)	Synthetic Detergents	(ton)	941467	892203	965406	947788	969548	1149205	1341044
化学药品原药	(吨)	Chemical Raw Medicine	(ton)	241628	228033	250666	244896	274551	315786	313026
中成药	(吨)	Traditional Chinese Medicine	(ton)	25323	22706	26291	24250	23545	26264	65170
化学纤维	(万吨)	Chemical Fiber	(10000 tons)	2055.70	2282.30	2822.84	2968.18	3209.61	3220.97	3533.20
#粘胶纤维	(万吨)	Glutinous Fiber	(10000 tons)	15.59	14.12	1.97				
合成纤维	(万吨)	Synthetic Fiber	(10000 tons)	2038.40	2268.18	2820.05	2959.39	3188.87	3193.81	3498.43
橡胶轮胎外胎	(万条)	Rubber Tire	(10000 units)	7967.32	8480.78	8881.95	8575.77	8795.99	8126.76	14835.64
塑料制品	(万吨)	Plastic Products	(10000 tons)	1035.52	803.47	1307.59	1280.17	1212.17	1242.61	1369.92
水泥	(万吨)	Cement	(10000 tons)	11231.18	12248.26	13399.94	13236.14	13605.05	12934.17	12727.86

续表 Continued

产品名称	Item		2017	2018	2019	2020	2021	2022	2023
平板玻璃 (万重量箱)	Plate Glass	(10000 wt.case)	4480.29	4336.85	4494.92	4253.33	4889.63	4515.06	3854.52
生铁 (万吨)	Pig Iron	(10000 tons)	855.54	873.75	835.48	852.84	794.76	802.56	873.57
钢 (万吨)	Steel	(10000 tons)	1090.68	1266.75	1350.68	1457.03	1455.56	1378.08	1445.75
成品钢材 (万吨)	Steel Products	(10000 tons)	3148.24	3048.69	3468.25	3806.68	3451.83	2934.85	3335.20
十种有色金属 (万吨)	Ten Nonferrous Metal	(10000 tons)	40.75	56.44	63.06	54.16	60.43	65.49	67.74
#铜 (吨)	Copper	(tons)	375704	539284	588438	497415	547397	575165	635505
锌 (吨)	Zinc	(tons)	28959	17904	32750	28157	32033	17705	13885
发动机 (万千瓦)	Engine	(10000 kw)	12040	11222	6083	7356	11889	11719	12640
数控机床 (台)	Numerically Controlled Machine Tools	(unit)	57173	42811	45432	52466	75177	64878	55495
大中型拖拉机 (台)	Large and Medium-sized Tractor	(unit)	12905	20104	19832	17880	12643	11161	12088
小型拖拉机 (台)	Small-size Tractor	(unit)	49428	43662	37750	33705	35562	33801	32362
汽车 (辆)	Motor Vehicle	(unit)	845387	1191370	991944	884456	1043718	1248530	1525919
#轿车 (辆)	Car	(unit)	618837	877218	719270	670603	438443	463211	846838
微型计算机设备 (万台)	Microcomputer Equipment	(10000 Set)	186.41	204.07	277.72	139.21	190.69	129.62	151.03
集成电路 (亿块)	Integrated Circuit	(Billion block)	79.88	65.36	143.45	174.10	229.74	194.06	314.26
摩托车 (万辆)	Motorcycles	(10000 units)	108.41	100.67	114.36	136.61	145.39	168.75	211.57
自行车 (万辆)	Bicycles	(10000 units)	720	417	407	304	330	151	151
发电设备 (万千瓦)	Generating Equipment	(10000 kw)	516	536	584	757	931	1104	1259
交流电动机 (万千瓦)	Alternating Current Motor	(10000 kw)	5607	5884	6851	7120	6882	6032	4988
变压器 (万千伏安)	Transformer	(10000 kev)	10307	8640	8472	10253	9966	11173	13713
家用洗衣机 (万台)	Household Washing Machines	(10000 units)	1227	1153	1118	907	861	931	1063
家用电冰箱 (万台)	Household Refrigerators	(10000 units)	677	618	568	593	537	454	462
电风扇 (万台)	Electric Fan	(10000 units)	959	809	1138	1622	2116	1753	2283
房间空气调节器 (万台)	House Air Conditioner	(10000 units)	1485	1613	1939	1583	1764	1793	2441
灯泡 (亿只)	Bulb	(100000 million units)	21.58	57.85	1.04	0.90	0.81	1.31	0.90
彩色电视机 (万台)	Color TV Set	(10000 units)	610	722	193	1			
发电量 (亿千瓦小时)	Electricity	(100 million kw.h)	3259	3354	3351	3366	4018	4115	4353

7-4 规模以上工业企业主要指标（2020-2023年）
Main Indicators of Industrial Enterprises Above Designated Sized(2020-2023)

指标	Item	合计 Total			
		2020	2021	2022	2023
企业单位数(个)	Number of Enterprises(Unit)	47956	53729	56228	56843
#亏损企业单位数	Loss Enterprises	7409	7739	10548	10997
工业总产值（当年价）	Gross Industrial Output Value (Current Price)	75684.78	94969.88	102331.05	105369.04
#新产品产值	Output Value of New Industrial Products	29470.89	38552.15	42906.61	
平均用工人数(万人)	Average Number of Staff and Workers(10000 persons)	683.75	745.65	760.20	758.87
资产总计	Total Assets	95819.43	112543.56	128298.37	137868.89
流动资产合计	Circulating Funds	53512.57	63689.84	73205.69	77306.50
固定资产净额	Net fixed assets	21741.62	24523.26	28172.35	30737.12
固定资产原值	Original Value of Fixed Assets	40322.20	45696.58	50873.77	55731.66
固定资产净值	Net Value of fixed assets	22252.65	25692.24	28744.02	31055.72
负债合计	Total Liabilities	52453.20	61733.21	72536.78	76755.03
流动负债合计	Circulating Liabilities	44669.10	52975.44	60294.37	62386.50
#应付账款	Accounts Payable	12852.71	15563.05	17809.71	18678.54
所有者权益	Creditors’ Equity	43291.32	50144.96	55761.56	61122.69
实收资本	Total Capital Hold	19269.09	22320.13	22905.45	24354.23
营业收入	Operating income	78625.03	100301.65	109188.17	111421.80
营业成本	Operating costs	64917.35	83708.92	93114.64	94640.10
营业税金及附加	Business tariff and annex	943.61	1124.35	1285.58	1373.09
利润总额	Total Profits	5807.04	7019.47	5994.08	6050.84
本年应交增值税	Value Added Taxes Payable	1832.79	2044.75	2177.79	1995.06
利税总额	Total Profits and Taxes	8583.44	10188.56	9457.45	9418.99

单位：亿元(100 million yuan)

#国有及国有控股 State-owned and State-holding				#私营 Private Units			
2020	2021	2022	2023	2020	2021	2022	2023
844	905	965	975	40038	45446	47490	47280
128	162	205	215	5903	6135	8501	8671
9972.46	11995.69	13423.32	13373.22	38248.11	48470.10	50481.77	48974.75
1647.90	1739.03	1854.49		14039.82	19121.31	20658.98	
26.13	26.75	26.54	27.01	456.55	506.46	514.28	496.91
14230.96	15614.55	17160.19	19004.22	40123.56	47492.91	52902.93	55140.71
5238.40	5155.68	5368.94	5907.87	25242.34	30224.08	33879.64	35376.76
5980.36	6762.61	7360.24	7918.70	8465.14	9819.54	10766.21	11053.32
12510.82	14643.99	15166.15	16462.74	14740.21	16978.13	18754.44	19345.08
6098.99	7511.07	7448.46	7971.27	8665.44	10062.40	11014.03	11190.12
7660.78	8322.54	9685.34	10468.58	24257.59	28784.63	32198.95	32929.41
4703.26	5562.80	5577.35	5792.32	22462.87	26608.01	29410.88	29622.58
1196.37	1633.36	1946.94	1960.61	5973.78	7130.96	7801.43	7778.01
6543.71	6857.06	7474.84	8535.64	15834.98	18579.90	20703.96	22220.13
3319.81	3532.19	3928.82	4563.93	7356.91	8631.38	8982.03	8686.45
10401.44	12622.16	14348.45	14182.82	38801.77	49869.95	51976.80	49989.29
8516.86	10702.43	12555.60	12278.77	32521.21	42160.98	44267.83	42191.49
583.97	622.87	669.00	685.11	179.06	223.84	231.36	232.55
750.93	756.34	651.92	667.12	2186.30	2650.51	2460.81	2320.97
311.55	336.57	306.72	307.91	920.74	1067.56	1127.08	986.63
1646.44	1715.78	1627.64	1660.14	3286.10	3941.91	3819.24	3540.15

7-5 按行业分的规模以上工业企业主要经济指标（2023年）
Main Indicators of Industrial Enterprises Above Designated Size by Sector(2023)

单位：亿元(100 million yuan)

行业	Sector	企业单位数(个) Number of Enterprises (unit)	#亏损企业(个) Loss (unit)	工业总产值 Gross Industrial Output Value
总计	**Total**	**56843**	**10997**	**105369.04**
按登记注册统计类别分	**By Registered Type**			
内资	Domestic Invested Enterprises	52945	10045	88446.43
港澳台商投资	Enterprises with Investment from Hong Kong, Macao and Taiwan	1784	447	8137.81
外商投资	Foreign Invested Enterprises	2114	505	8784.80
在总计中：轻工业	Light Industry	26330	5593	31887.04
重工业	Heavy Industry	30513	5404	73482.00
按工业行业分	**By Sector**			
煤炭开采和洗选业	Coal Mining and Dressing	1		
黑色金属矿采选业	Ferrous Metals Mining and Dressing	4	1	1.02
有色金属矿采选业	Nonferrous Metals Mining and Dressing	11	5	5.19
非金属矿采选业	Nonmetal Minerals Mining and Dressing	139	37	197.02
农副食品加工业	Non-staple Food Processing	771	192	1228.60
食品制造业	Food Manufacturing	457	132	699.39
酒、饮料和精制茶制造业	Beverage Manufacturing	214	41	531.10
烟草制品业	Tobacco Processing	2		643.85
纺织业	Textile Industry	5084	1092	4680.99
纺织服装、服饰业	Garments,Shoes and Hats Manufacturing	2439	646	2246.59
皮革、毛皮、羽毛及其制品和制鞋业	Leather,Furs,Down and Related Products	1759	292	1134.83
木材加工和木、竹、藤、棕、草制品业	Timber Processing,Bamboo,Cane Palm Fiber and Straw Products	606	131	396.95
家具制造业	Furniture Manufacturing	1153	320	1097.98
造纸和纸制品业	Papermaking and Paper Products	1077	258	1618.61
印刷和记录媒介复制业	Printing and Record Medium Reproduction	899	193	678.09
文教、工美、体育和娱乐用品制造业	Cultural,Educational and Sports Goods	1659	341	1517.05

续表1 Continued

单位：亿元(100 million yuan)

行业	Sector	企业单位数(个) Number of Enterprises (unit)	#亏损企业(个) Loss (unit)	工业总产值 Gross Industrial Output Value
石油、煤炭及其他燃料加工业	Oil, Coal and Other Fuel Processing Industries	74	19	2013.76
化学原料和化学制品制造业	Raw Chemical Materials and Chemical Products	1941	394	10678.29
医药制造业	Medical and Pharmaceutical Products	614	157	2060.55
化学纤维制造业	Chemical Fiber	755	165	3404.02
橡胶和塑料制品业	Rubber and plastic products	3998	695	3798.11
非金属矿物制品业	Nonmetal Mineral Products	2521	623	3562.33
黑色金属冶炼和压延加工业	Smelting and Pressing of Ferrous Metals	672	138	2230.77
有色金属冶炼和压延加工业	Smelting and Pressing of Nonferrous Metals	787	185	3436.77
金属制品业	Metal Products	4617	752	4692.25
通用设备制造业	Ordinary Machinery	6941	958	7687.62
专用设备制造业	For Special Purpose Equipment Manufacturing	3010	546	3312.84
汽车制造业	Automotive Manufacturing	2797	409	7752.44
铁路、船舶、航空航天和其他运输设备制造业	Railway, Shipbuilding, Aerospace and Other Transport Equipment	854	185	1198.50
电气机械和器材制造业	Electric Equipment and Machinery	5894	967	13443.08
计算机、通信和其他电子设备制造业	Telecommunications Equipment, Computer and Other Electronic Equipment Manufacturing	2553	695	8964.34
仪器仪表制造业	Instruments,Meters,Cultural and Office Machinery	1003	122	1724.94
其他制造业	Handicraft Article and Other Manufacturing Industry	470	92	359.92
废弃资源综合利用业	Comprehensive Utilization of Waste Resources	205	69	632.99
金属制品、机械和设备修理业	Metal Products,Machinery and Equipment Repair Industry	77	12	188.25
电力、热力的生产和供应业	Electricity,Gas and Water Production and Supply	442	49	6015.95
燃气生产和供应业	Production and Supply of Gas	134	16	1213.02
水的生产和供应业	Production and Supply of Water	209	68	320.81

续表2 Continued

单位：亿元(100 million yuan)

行业	Sector	资产总计 Total Assets	年末负债合计 Total Liabilities	所有者权益合计 Creditors' Equity	实收资本 Total Capital Hold
总计	**Total**	**137868.89**	**76755.03**	**61122.69**	**24354.23**
按登记注册统计类别分	**By Registered Type**				
内资	Domestic Invested Enterprises	112904.36	64838.88	48074.32	19293.66
港澳台商投资	Enterprises with Investment from Hong Kong, Macao and Taiwan	12116.78	5787.88	6328.90	2453.25
外商投资	Foreign Invested Enterprises	12847.75	6128.28	6719.47	2607.31
在总计中：轻工业	Light Industry	40469.15	22063.42	18407.80	6971.34
重工业	Heavy Industry	97399.74	54691.61	42714.89	17382.88
按工业行业分	**By Sector**				
煤炭开采和洗选业	Coal Mining and Dressing				
黑色金属矿采选业	Ferrous Metals Mining and Dressing	1.96	1.32	0.64	0.67
有色金属矿采选业	Nonferrous Metals Mining and Dressing	9.41	8.58	0.83	2.16
非金属矿采选业	Nonmetal Minerals Mining and Dressing	977.93	474.71	503.22	111.99
农副食品加工业	Non-staple Food Processing	1161.08	726.63	434.45	228.37
食品制造业	Food Manufacturing	914.13	475.56	438.57	217.12
酒、饮料和精制茶制造业	Beverage Manufacturing	723.39	340.86	382.53	171.12
烟草制品业	Tobacco Processing	479.84	41.98	437.86	10.32
纺织业	Textile Industry	5446.67	3445.81	2000.85	986.55
纺织服装、服饰业	Garments,Shoes and Hats Manufacturing	2707.68	1585.13	1122.55	508.83
皮革、毛皮、羽毛及其制品和制鞋业	Leather,Furs,Down and Related Products	1110.88	712.52	398.35	182.99
木材加工和木、竹、藤、棕、草制品业	Timber Processing,Bamboo,Cane Palm Fiber and Straw Products	575.12	335.74	246.15	97.84
家具制造业	Furniture Manufacturing	1483.06	869.93	613.85	256.63
造纸和纸制品业	Papermaking and Paper Products	2159.62	1169.84	991.46	353.52
印刷和记录媒介复制业	Printing and Record Medium Reproduction	883.38	470.89	412.49	195.99
文教、工美、体育和娱乐用品制造业	Cultural,Educational and Sports Goods	1615.95	952.18	663.45	261.99

续表3 Continued

单位：亿元(100 million yuan)

行业	Sector	资产总计 Total Assets	年末负债合计 Total Liabilities	所有者权益合计 Creditors' Equity	实收资本 Total Capital Hold
石油、煤炭及其他燃料加工业	Oil, Coal and Other Fuel Processing Industries	1022.42	378.23	644.19	447.76
化学原料和化学制品制造业	Raw Chemical Materials and Chemical Products	13800.00	7506.35	6293.65	2626.80
医药制造业	Medical and Pharmaceutical Products	4613.80	1715.46	2898.34	699.49
化学纤维制造业	Chemical Fiber	4413.40	2733.87	1679.54	813.42
橡胶和塑料制品业	Rubber and plastic products	4290.77	2327.35	1963.42	804.03
非金属矿物制品业	Nonmetal Mineral Products	5526.55	3445.24	2081.31	847.20
黑色金属冶炼和压延加工业	Smelting and Pressing of Ferrous Metals	1722.60	946.92	775.68	383.94
有色金属冶炼和压延加工业	Smelting and Pressing of Nonferrous Metals	1928.54	1367.39	561.15	247.40
金属制品业	Metal Products	4917.13	2907.51	2009.62	811.64
通用设备制造业	Ordinary Machinery	10238.25	5295.86	4942.39	1633.29
专用设备制造业	For Special Purpose Equipment Manufacturing	5318.13	2820.74	2497.39	820.28
汽车制造业	Automotive Manufacturing	10898.90	6513.89	4385.01	1557.52
铁路、船舶、航空航天和其他运输设备制造业	Railway, Shipbuilding, Aerospace and Other Transport Equipment	1636.59	1139.91	496.68	339.52
电气机械和器材制造业	Electric Equipment and Machinery	16375.49	9315.47	7060.02	2459.52
计算机、通信和其他电子设备制造业	Telecommunications Equipment, Computer and Other Electronic Equipment Manufacturing	14203.03	7219.68	6983.34	2498.90
仪器仪表制造业	Instruments,Meters,Cultural and Office Machinery	2805.16	1224.98	1580.18	381.80
其他制造业	Handicraft Article and Other Manufacturing Industry	420.40	262.53	157.86	73.28
废弃资源综合利用业	Comprehensive Utilization of Waste Resources	532.32	339.48	192.85	80.15
金属制品、机械和设备修理业	Metal Products,Machinery and Equipment Repair Industry	289.00	180.96	108.03	59.17
电力、热力的生产和供应业	Electricity,Gas and Water Production and Supply	9142.19	5285.11	3857.07	2565.50
燃气生产和供应业	Production and Supply of Gas	1195.79	669.13	526.66	260.59
水的生产和供应业	Production and Supply of Water	2328.13	1547.19	780.94	356.92

续表4 Continued 单位：亿元(100 million yuan)

行业	Sector	营业收入 Operating Income	营业成本 Operating Costs	营业税金及附加 Business Tariff and Annex	销售费用 Selling Expenses
总计	**Total**	**111421.80**	**94640.10**	**1373.09**	**2800.32**
按登记注册统计类别分	**By Registered Type**				
内资	Domestic Invested Enterprises	93042.86	79373.02	1204.75	2162.25
港澳台商投资	Enterprises with Investment from Hong Kong, Macao and Taiwan	8574.38	7165.33	82.73	268.45
外商投资	Foreign Invested Enterprises	9804.57	8101.74	85.61	369.62
在总计中：轻工业	Light Industry	33736.46	27756.02	577.95	1245.35
重工业	Heavy Industry	77685.34	66884.07	795.14	1554.97
按工业行业分	**By Sector**				
煤炭开采和洗选业	Coal Mining and Dressing				
黑色金属矿采选业	Ferrous Metals Mining and Dressing	0.80	0.64	0.01	
有色金属矿采选业	Nonferrous Metals Mining and Dressing	4.76	3.69	0.16	0.08
非金属矿采选业	Nonmetal Minerals Mining and Dressing	201.39	136.17	6.66	3.80
农副食品加工业	Non-staple Food Processing	1331.62	1217.97	3.74	30.20
食品制造业	Food Manufacturing	758.56	608.91	4.69	46.67
酒、饮料和精制茶制造业	Beverage Manufacturing	619.53	472.91	12.73	42.97
烟草制品业	Tobacco Processing	982.22	443.39	411.52	8.09
纺织业	Textile Industry	4640.31	3998.06	22.32	73.32
纺织服装、服饰业	Garments,Shoes and Hats Manufacturing	2240.01	1863.17	11.71	110.53
皮革、毛皮、羽毛及其制品和制鞋业	Leather,Furs,Down and Related Products	1063.02	909.81	4.51	26.64
木材加工和木、竹、藤、棕、草制品业	Timber Processing,Bamboo,Cane Palm Fiber and Straw Products	433.84	358.57	3.18	16.42
家具制造业	Furniture Manufacturing	1153.94	922.62	6.85	60.08
造纸和纸制品业	Papermaking and Paper Products	1665.36	1441.21	7.94	41.20
印刷和记录媒介复制业	Printing and Record Medium Reproduction	699.68	585.24	3.14	19.38
文教、工美、体育和娱乐用品制造业	Cultural,Educational and Sports Goods	1492.29	1239.92	7.44	55.37

续表5 Continued

单位：亿元(100 million yuan)

行业	Sector	营业收入 Operating Income	营业成本 Operating Costs	营业税金及附加 Business Tariff and Annex	销售费用 Selling Expenses
石油、煤炭及其他燃料加工业	Oil, Coal and Other Fuel Processing Industries	1991.51	1722.91	212.90	4.44
化学原料和化学制品制造业	Raw Chemical Materials and Chemical Products	11341.61	10058.62	266.68	139.75
医药制造业	Medical and Pharmaceutical Products	2012.18	1198.47	15.96	313.16
化学纤维制造业	Chemical Fiber	4344.48	4107.22	8.89	14.50
橡胶和塑料制品业	Rubber and plastic products	4017.13	3362.96	17.92	111.46
非金属矿物制品业	Nonmetal Mineral Products	3608.59	3016.73	21.28	135.37
黑色金属冶炼和压延加工业	Smelting and Pressing of Ferrous Metals	2285.50	2148.87	4.41	13.95
有色金属冶炼和压延加工业	Smelting and Pressing of Nonferrous Metals	4113.95	3971.52	5.28	12.98
金属制品业	Metal Products	4773.91	4064.62	20.57	103.98
通用设备制造业	Ordinary Machinery	7951.88	6318.60	39.35	263.63
专用设备制造业	For Special Purpose Equipment Manufacturing	3292.63	2505.13	19.12	143.49
汽车制造业	Automotive Manufacturing	8124.03	7010.67	84.36	134.68
铁路、船舶、航空航天和其他运输设备制造业	Railway, Shipbuilding, Aerospace and Other Transport Equipment	1262.03	1049.41	10.99	24.89
电气机械和器材制造业	Electric Equipment and Machinery	14622.51	12500.35	52.18	379.44
计算机、通信和其他电子设备制造业	Telecommunications Equipment, Computer and Other Electronic Equipment Manufacturing	9562.68	7932.44	36.40	317.37
仪器仪表制造业	Instruments,Meters,Cultural and Office Machinery	1773.28	1283.09	9.73	98.80
其他制造业	Handicraft Article and Other Manufacturing Industry	359.59	298.52	1.91	11.01
废弃资源综合利用业	Comprehensive Utilization of Waste Resources	668.44	627.03	4.14	5.04
金属制品、机械和设备修理业	Metal Products,Machinery and Equipment Repair Industry	197.04	159.83	1.41	3.21
电力、热力的生产和供应业	Electricity,Gas and Water Production and Supply	6138.71	5556.20	27.31	2.95
燃气生产和供应业	Production and Supply of Gas	1307.53	1215.09	2.02	14.64
水的生产和供应业	Production and Supply of Water	385.03	329.32	3.69	16.84

续表6 Continued 单位：亿元(100 million yuan)

行业	Sector	管理费用 Administrative Expenses	财务费用 Financial Expenses	利润总额 Total Profits
总计	**Total**	**3950.09**	**721.86**	**6050.84**
按登记注册统计类别分	**By Registered Type**			
内资	Domestic Invested Enterprises	3232.07	681.26	4643.22
港澳台商投资	Enterprises with Investment from Hong Kong, Macao and Taiwan	275.88	21.47	605.32
外商投资	Foreign Invested Enterprises	442.14	19.13	802.30
在总计中：轻工业	Light Industry	1541.20	205.91	1770.10
重工业	Heavy Industry	2408.88	515.96	4280.74
按工业行业分	**By Sector**			
煤炭开采和洗选业	Coal Mining and Dressing			
黑色金属矿采选业	Ferrous Metals Mining and Dressing	0.09	0.01	0.02
有色金属矿采选业	Nonferrous Metals Mining and Dressing	0.54	0.10	0.37
非金属矿采选业	Nonmetal Minerals Mining and Dressing	12.33	11.09	29.47
农副食品加工业	Non-staple Food Processing	33.31	10.32	25.67
食品制造业	Food Manufacturing	41.68	4.60	47.52
酒、饮料和精制茶制造业	Beverage Manufacturing	24.15	0.65	78.82
烟草制品业	Tobacco Processing	20.50	-1.51	92.20
纺织业	Textile Industry	200.89	49.79	191.97
纺织服装、服饰业	Garments,Shoes and Hats Manufacturing	143.18	8.55	80.18
皮革、毛皮、羽毛及其制品和制鞋业	Leather,Furs,Down and Related Products	56.75	8.83	33.38
木材加工和木、竹、藤、棕、草制品业	Timber Processing,Bamboo,Cane Palm Fiber and Straw Products	22.58	4.32	22.07
家具制造业	Furniture Manufacturing	71.53	8.26	71.12
造纸和纸制品业	Papermaking and Paper Products	55.19	17.18	85.01
印刷和记录媒介复制业	Printing and Record Medium Reproduction	41.24	6.33	34.55
文教、工美、体育和娱乐用品制造业	Cultural,Educational and Sports Goods	81.72	9.56	71.40

续表7 Continued 单位：亿元(100 million yuan)

行业	Sector	管理费用 Administrative Expenses	财务费用 Financial Expenses	利润总额 Total Profits
石油、煤炭及其他燃料加工业	Oil, Coal and Other Fuel Processing Industries	20.44	4.79	32.67
化学原料和化学制品制造业	Raw Chemical Materials and Chemical Products	221.92	110.60	380.34
医药制造业	Medical and Pharmaceutical Products	160.38	0.65	244.67
化学纤维制造业	Chemical Fiber	46.96	34.42	75.31
橡胶和塑料制品业	Rubber and plastic products	181.14	27.22	214.64
非金属矿物制品业	Nonmetal Mineral Products	151.10	40.43	196.19
黑色金属冶炼和压延加工业	Smelting and Pressing of Ferrous Metals	35.99	-0.58	91.61
有色金属冶炼和压延加工业	Smelting and Pressing of Nonferrous Metals	41.92	22.84	24.64
金属制品业	Metal Products	211.81	29.98	250.11
通用设备制造业	Ordinary Machinery	416.81	33.55	650.37
专用设备制造业	For Special Purpose Equipment Manufacturing	205.14	16.02	295.95
汽车制造业	Automotive Manufacturing	302.80	45.64	542.21
铁路、船舶、航空航天和其他运输设备制造业	Railway, Shipbuilding, Aerospace and Other Transport Equipment	62.55	7.81	59.02
电气机械和器材制造业	Electric Equipment and Machinery	499.68	48.49	805.33
计算机、通信和其他电子设备制造业	Telecommunications Equipment, Computer and Other Electronic Equipment Manufacturing	314.54	25.57	599.77
仪器仪表制造业	Instruments,Meters,Cultural and Office Machinery	97.70	-4.51	221.97
其他制造业	Handicraft Article and Other Manufacturing Industry	21.31	4.36	18.32
废弃资源综合利用业	Comprehensive Utilization of Waste Resources	14.67	5.07	10.60
金属制品、机械和设备修理业	Metal Products,Machinery and Equipment Repair Industry	15.73	0.16	14.91
电力、热力的生产和供应业	Electricity,Gas and Water Production and Supply	77.29	105.32	380.03
燃气生产和供应业	Production and Supply of Gas	17.86	5.16	63.60
水的生产和供应业	Production and Supply of Water	26.66	20.75	14.81

续表8 Continued 单位：亿元(100 million yuan)

行业	Sector	利税总额 Total Profits and Taxes	本年应交增值税 Value Added Taxes Payable	平均用工人数(万人) Average Number of Employed Persons
总计	**Total**	**9418.99**	**1995.06**	**758.87**
按登记注册统计类别分	**By Registered Type**			
内资	Domestic Invested Enterprises	7565.31	1717.33	652.64
港澳台商投资	Enterprises with Investment from Hong Kong, Macao and Taiwan	827.58	139.53	50.04
外商投资	Foreign Invested Enterprises	1026.11	138.20	56.19
在总计中：轻工业	Light Industry	3087.68	739.63	341.79
重工业	Heavy Industry	6331.31	1255.42	417.08
按工业行业分	**By Sector**			
煤炭开采和洗选业	Coal Mining and Dressing			
黑色金属矿采选业	Ferrous Metals Mining and Dressing	0.09	0.05	0.02
有色金属矿采选业	Nonferrous Metals Mining and Dressing	0.99	0.46	0.08
非金属矿采选业	Nonmetal Minerals Mining and Dressing	43.67	7.54	0.79
农副食品加工业	Non-staple Food Processing	41.13	11.72	7.22
食品制造业	Food Manufacturing	71.69	19.49	7.16
酒、饮料和精制茶制造业	Beverage Manufacturing	111.86	20.31	3.50
烟草制品业	Tobacco Processing	577.99	74.26	0.36
纺织业	Textile Industry	323.17	108.87	55.87
纺织服装、服饰业	Garments,Shoes and Hats Manufacturing	145.76	53.87	35.47
皮革、毛皮、羽毛及其制品和制鞋业	Leather,Furs,Down and Related Products	65.93	28.04	21.51
木材加工和木、竹、藤、棕、草制品业	Timber Processing,Bamboo,Cane Palm Fiber and Straw Products	34.82	9.58	5.51
家具制造业	Furniture Manufacturing	104.36	26.39	18.07
造纸和纸制品业	Papermaking and Paper Products	136.31	43.36	11.08
印刷和记录媒介复制业	Printing and Record Medium Reproduction	53.94	16.25	8.90
文教、工美、体育和娱乐用品制造业	Cultural,Educational and Sports Goods	108.24	29.40	20.76

续表9 Continued 单位：亿元(100 million yuan)

行业	Sector	利税总额 Total Profits and Taxes	本年应交增值税 Value Added Taxes Payable	平均用工人数(万人) Average Number of Employed Persons
石油、煤炭及其他燃料加工业	Oil, Coal and Other Fuel Processing Industries	262.19	16.62	1.03
化学原料和化学制品制造业	Raw Chemical Materials and Chemical Products	787.30	140.29	23.80
医药制造业	Medical and Pharmaceutical Products	328.78	68.16	17.46
化学纤维制造业	Chemical Fiber	117.20	33.00	12.24
橡胶和塑料制品业	Rubber and plastic products	301.56	68.99	40.38
非金属矿物制品业	Nonmetal Mineral Products	325.64	108.17	22.55
黑色金属冶炼和压延加工业	Smelting and Pressing of Ferrous Metals	114.72	18.70	6.18
有色金属冶炼和压延加工业	Smelting and Pressing of Nonferrous Metals	65.63	35.71	6.82
金属制品业	Metal Products	361.49	90.81	50.88
通用设备制造业	Ordinary Machinery	856.92	167.21	82.41
专用设备制造业	For Special Purpose Equipment Manufacturing	395.97	80.90	36.25
汽车制造业	Automotive Manufacturing	766.19	139.62	53.22
铁路、船舶、航空航天和其他运输设备制造业	Railway, Shipbuilding, Aerospace and Other Transport Equipment	91.99	21.98	11.72
电气机械和器材制造业	Electric Equipment and Machinery	1040.43	182.92	94.16
计算机、通信和其他电子设备制造业	Telecommunications Equipment, Computer and Other Electronic Equipment Manufacturing	766.91	130.73	64.06
仪器仪表制造业	Instruments,Meters,Cultural and Office Machinery	271.61	39.90	17.55
其他制造业	Handicraft Article and Other Manufacturing Industry	27.27	7.04	5.66
废弃资源综合利用业	Comprehensive Utilization of Waste Resources	44.62	29.88	1.59
金属制品、机械和设备修理业	Metal Products,Machinery and Equipment Repair Industry	19.52	3.20	2.17
电力、热力的生产和供应业	Electricity,Gas and Water Production and Supply	551.48	144.14	8.22
燃气生产和供应业	Production and Supply of Gas	75.32	9.70	1.33
水的生产和供应业	Production and Supply of Water	26.27	7.77	2.90

7-6 按行业分的规模以上工业企业主要经济效益指标（2023年）
Main Economic Beneficial Indicators of Industrial Enterprises Above Designated Size by Sector(2023)

行业	Sector
总计	**Total**
按登记注册统计类别分	**By Registered Type**
内资	Domestic Invested Enterprises
港澳台商投资	Enterprises with Investment from Hong Kong, Macao and Taiwan
外商投资	Foreign Invested Enterprises
在总计中：轻工业	Light Industry
重工业	Heavy Industry
按工业行业分	**By Sector**
煤炭开采和洗选业	Coal Mining and Dressing
黑色金属矿采选业	Ferrous Metals Mining and Dressing
有色金属矿采选业	Nonferrous Metals Mining and Dressing
非金属矿采选业	Nonmetal Minerals Mining and Dressing
农副食品加工业	Non-staple Food Processing
食品制造业	Food Manufacturing
酒、饮料和精制茶制造业	Beverage Manufacturing
烟草制品业	Tobacco Processing
纺织业	Textile Industry
纺织服装、服饰业	Garments,Shoes and Hats Manufacturing
皮革、毛皮、羽毛及其制品和制鞋业	Leather,Furs,Down and Related Products
木材加工和木、竹、藤、棕、草制品业	Timber Processing,Bamboo,Cane Palm Fiber and Straw Products
家具制造业	Furniture Manufacturing
造纸和纸制品业	Papermaking and Paper Products
印刷和记录媒介复制业	Printing and Record Medium Reproduction
文教、工美、体育和娱乐用品制造业	Cultural,Educational and Sports Goods

资产负债率（%）Asset Liability Ratio (%)		成本费用利润率（%）Profit Margin of the Cost and Expense (%)		每百元固定资产原值实现利税（元）Pre tax Profits per 100 Yuan Original Value of Fixed Assets (yuan)		每百元营业收入实现利税（元）Pre tax Profits per 100 Yuan Revenues in Main Business (yuan)	
2022	2023	2022	2023	2022	2023	2022	2023
56.54	**55.67**	**5.80**	**5.73**	**18.59**	**16.90**	**8.66**	**8.45**
	57.43		5.26		16.16		8.13
45.95	47.77	7.10	7.53	21.11	20.09	9.39	9.65
52.68	47.70	8.06	8.67	24.62	21.40	9.81	10.47
54.31	54.52	5.89	5.56	22.81	20.42	9.52	9.15
57.47	56.15	5.76	5.80	16.99	15.59	8.28	8.15
44.16	67.29	2.04	2.56	5.24	7.34	9.33	10.87
86.61	91.20	-4.25	8.40	15.37	25.95	9.76	20.88
52.84	48.54	23.78	17.77	48.47	36.31	25.99	21.68
62.17	62.58	2.55	1.96	14.00	10.72	3.82	3.09
47.81	52.02	7.25	6.61	17.08	16.03	10.03	9.45
45.25	47.12	12.42	14.41	23.27	27.41	16.42	18.06
	8.75		19.54		350.59		58.84
63.20	63.26	4.16	4.29	12.35	11.75	7.04	6.96
58.85	58.54	3.74	3.69	18.62	17.46	6.56	6.51
65.40	64.14	3.20	3.22	19.19	18.96	6.10	6.20
59.88	58.38	4.98	5.32	23.50	21.08	7.94	8.03
59.72	58.66	5.98	6.44	25.16	23.25	9.01	9.04
54.59	54.17	3.88	5.29	14.15	14.75	7.12	8.19
53.20	53.31	5.10	5.11	13.44	12.60	7.69	7.71
58.10	58.92	5.41	5.00	21.77	18.45	7.92	7.25

续表 Continued

行业	Sector
石油、煤炭及其他燃料加工业	Oil, Coal and Other Fuel Processing Industries
化学原料和化学制品制造业	Raw Chemical Materials and Chemical Products
医药制造业	Medical and Pharmaceutical Products
化学纤维制造业	Chemical Fiber
橡胶和塑料制品业	Rubber and plastic products
非金属矿物制品业	Nonmetal Mineral Products
黑色金属冶炼和压延加工业	Smelting and Pressing of Ferrous Metals
有色金属冶炼和压延加工业	Smelting and Pressing of Nonferrous Metals
金属制品业	Metal Products
通用设备制造业	Ordinary Machinery
专用设备制造业	For Special Purpose Equipment Manufacturing
汽车制造业	Automotive Manufacturing
铁路、船舶、航空航天和其他运输设备制造业	Railway, Shipbuilding, Aerospace and Other Transport Equipment
电气机械和器材制造业	Electric Equipment and Machinery
计算机、通信和其他电子设备制造业	Telecommunications Equipment,Computer and Other Electronic Equipment Manufacturing
仪器仪表制造业	Instruments,Meters,Cultural and Office Machinery
其他制造业	Handicraft Article and Other Manufacturing Industry
废弃资源综合利用业	Comprehensive Utilization of Waste Resources
金属制品、机械和设备修理业	Metal Products,Machinery and Equipment Repair Industry
电力、热力的生产和供应业	Electricity,Gas and Water Production and Supply
燃气生产和供应业	Production and Supply of Gas
水的生产和供应业	Production and Supply of Water

资产负债率（%）Asset Liability Ratio (%)		成本费用利润率（%）Profit Margin of the Cost and Expense (%)		每百元固定资产原值实现利税（元）Pre tax Profits per 100 Yuan Original Value of Fixed Assets（yuan）		每百元营业收入实现利税（元）Pre tax Profits per 100 Yuan Revenues in Main Business（yuan）	
2022	2023	2022	2023	2022	2023	2022	2023
38.37	36.99	3.06	1.86	43.11	37.62	13.42	13.17
52.84	54.39	5.70	3.52	17.49	12.09	9.18	6.94
37.68	37.18	23.22	13.52	43.10	22.92	23.27	16.34
59.26	61.94	1.44	1.76	6.51	7.07	2.68	2.70
55.35	54.24	5.24	5.62	16.40	15.83	7.27	7.51
63.42	62.34	7.15	5.71	23.64	17.67	10.24	9.02
57.04	54.97	3.07	4.07	13.65	14.58	4.37	5.02
70.22	70.90	0.85	0.60	21.28	13.78	2.20	1.60
57.87	59.13	5.35	5.49	22.73	20.73	7.61	7.57
52.77	51.73	8.21	8.83	27.27	26.99	10.32	10.78
52.62	53.04	10.09	9.72	30.94	28.44	12.57	12.03
60.48	59.77	5.53	6.97	21.29	23.79	8.48	9.43
80.34	69.65	3.70	4.92	13.80	16.09	6.08	7.29
56.45	56.89	5.16	5.79	28.83	27.09	6.64	7.12
52.77	50.83	7.46	6.57	30.03	22.96	8.83	8.02
46.90	43.67	14.33	13.96	47.33	45.73	15.63	15.32
65.46	62.45	3.84	5.31	17.45	18.96	6.41	7.58
61.35	63.77	4.11	1.60	54.80	29.23	9.61	6.67
62.41	62.62	9.22	8.22	13.00	15.06	10.86	9.91
63.55	57.81	3.59	6.57	3.42	4.64	5.97	8.98
59.28	55.96	3.02	5.07	9.90	10.78	4.29	5.76
65.62	66.46	4.74	3.73	2.03	1.73	7.87	6.82

7-7 按行业分的国有及国有控股工业企业主要指标（2023年）
Main Indicators of State-owned and State Holding Industrial Enterprises by Sector(2023)

单位：亿元(100 million yuan)

行业	Sector	企业单位数(个) Number of Enterprises (unit)	#亏损企业(个) Loss (unit)	工业总产值 Gross Industrial Output Value
总计	**Total**	**975**	**215**	**13373.22**
按登记注册统计类别分	**By Registered Type**			
内资	Domestic Invested Enterprises	919	205	12311.76
港澳台商投资	Enterprises with Investment from Hong Kong, Macao and Taiwan	26	3	782.89
外商投资	Foreign Invested Enterprises	30	7	278.57
在总计中：轻工业	Light Industry	143	40	1096.46
重工业	Heavy Industry	832	175	12276.75
按工业行业分	**By Sector**			
煤炭开采和洗选业	Coal Mining and Dressing			
黑色金属矿采选业	Ferrous Metals Mining and Dressing			
有色金属矿采选业	Nonferrous Metals Mining and Dressing			
非金属矿采选业	Nonmetal Minerals Mining and Dressing	30	10	76.53
农副食品加工业	Non-staple Food Processing	23	8	48.08
食品制造业	Food Manufacturing	15	2	23.88
酒、饮料和精制茶制造业	Beverage Manufacturing	8	2	27.26
烟草制品业	Tobacco Processing	1		
纺织业	Textile Industry	2	1	1.18
纺织服装、服饰业	Garments,Shoes and Hats Manufacturing	16	9	19.88
皮革、毛皮、羽毛及其制品和制鞋业	Leather,Furs,Down and Related Products			
木材加工和木、竹、藤、棕、草制品业	Timber Processing,Bamboo,Cane Palm Fiber and Straw Products			
家具制造业	Furniture Manufacturing	1		
造纸和纸制品业	Papermaking and Paper Products	3	1	24.63
印刷和记录媒介复制业	Printing and Record Medium Reproduction	14	1	11.11
文教、工美、体育和娱乐用品制造业	Cultural,Educational and Sports Goods	3	1	1.35
石油、煤炭及其他燃料加工业	Oil, Coal and Other Fuel Processing Industries	5	1	1862.55

续表1 Continued 单位：亿元(100 million yuan)

行业	Sector	企业单位数(个) Number of Enterprises (unit)	#亏损企业(个) Loss (unit)	工业总产值 Gross Industrial Output Value
化学原料和化学制品制造业	Raw Chemical Materials and Chemical Products	52	8	1082.65
医药制造业	Medical and Pharmaceutical Products	17	3	139.14
化学纤维制造业	Chemical Fiber	6		18.55
橡胶和塑料制品业	Rubber and plastic products	18	4	93.15
非金属矿物制品业	Nonmetal Mineral Products	144	31	506.82
黑色金属冶炼和压延加工业	Smelting and Pressing of Ferrous Metals	10	2	354.13
有色金属冶炼和压延加工业	Smelting and Pressing of Nonferrous Metals	3	1	12.53
金属制品业	Metal Products	20	1	83.89
通用设备制造业	Ordinary Machinery	43	4	368.10
专用设备制造业	For Special Purpose Equipment Manufacturing	21	8	55.70
汽车制造业	Automotive Manufacturing	25	5	204.43
铁路、船舶、航空航天和其他运输设备制造业	Railway, Shipbuilding, Aerospace and Other Transport Equipment	14	4	73.23
电气机械和器材制造业	Electric Equipment and Machinery	34	6	592.68
计算机、通信和其他电子设备制造业	Telecommunications Equipment, Computer and Other Electronic Equipment Manufacturing	30	16	223.02
仪器仪表制造业	Instruments,Meters,Cultural and Office Machinery	3		2.80
其他制造业	Handicraft Article and Other Manufacturing Industry	1		
废弃资源综合利用业	Comprehensive Utilization of Waste Resources	9	3	64.51
金属制品、机械和设备修理业	Metal Products,Machinery and Equipment Repair Industry	3		32.32
电力、热力的生产和供应业	Electricity,Gas and Water Production and Supply	204	23	5570.92
燃气生产和供应业	Production and Supply of Gas	64	7	883.56
水的生产和供应业	Production and Supply of Water	133	53	271.37

续表2 Continued

单位：亿元(100 million yuan)

行业	Sector	资产总计 Total Assets	年末负债合计 Total Liabilities	所有者权益合计 Creditors' Equity	实收资本 Total Capital Hold
总计	**Total**	**19004.22**	**10468.58**	**8535.64**	**4563.93**
按登记注册统计类别分	**By Registered Type**				
内资	Domestic Invested Enterprises	18063.74	10028.16	8035.58	4285.86
港澳台商投资	Enterprises with Investment from Hong Kong, Macao and Taiwan	550.48	283.67	266.81	175.50
外商投资	Foreign Invested Enterprises	390.00	156.75	233.25	102.57
在总计中：轻工业	Light Industry	1550.23	387.99	1162.23	265.35
重工业	Heavy Industry	17453.99	10080.59	7373.40	4298.58
按工业行业分	**By Sector**				
煤炭开采和洗选业	Coal Mining and Dressing				
黑色金属矿采选业	Ferrous Metals Mining and Dressing				
有色金属矿采选业	Nonferrous Metals Mining and Dressing				
非金属矿采选业	Nonmetal Minerals Mining and Dressing	663.34	272.40	390.94	66.14
农副食品加工业	Non-staple Food Processing	66.82	36.49	30.32	14.02
食品制造业	Food Manufacturing	32.94	16.08	16.86	7.85
酒、饮料和精制茶制造业	Beverage Manufacturing	80.49	12.51	67.97	13.79
烟草制品业	Tobacco Processing				
纺织业	Textile Industry	9.53	4.46	5.07	2.27
纺织服装、服饰业	Garments,Shoes and Hats Manufacturing	58.76	14.83	43.93	4.04
皮革、毛皮、羽毛及其制品和制鞋业	Leather,Furs,Down and Related Products				
木材加工和木、竹、藤、棕、草制品业	Timber Processing,Bamboo,Cane Palm Fiber and Straw Products				
家具制造业	Furniture Manufacturing				
造纸和纸制品业	Papermaking and Paper Products	39.87	12.54	27.33	9.51
印刷和记录媒介复制业	Printing and Record Medium Reproduction	18.50	6.62	11.88	7.45
文教、工美、体育和娱乐用品制造业	Cultural,Educational and Sports Goods	2.14	0.69	1.45	1.35
石油、煤炭及其他燃料加工业	Oil, Coal and Other Fuel Processing Industries	922.19	308.41	613.77	432.92

续表3 Continued 单位：亿元(100 million yuan)

行业	Sector	资产总计 Total Assets	年末负债合计 Total Liabilities	所有者权益合计 Creditors' Equity	实收资本 Total Capital Hold
化学原料和化学制品制造业	Raw Chemical Materials and Chemical Products	1330.80	719.31	611.49	304.86
医药制造业	Medical and Pharmaceutical Products	454.51	131.54	322.96	91.91
化学纤维制造业	Chemical Fiber	38.88	7.61	31.27	11.65
橡胶和塑料制品业	Rubber and plastic products	174.68	55.27	119.42	65.34
非金属矿物制品业	Nonmetal Mineral Products	922.83	532.30	390.53	160.42
黑色金属冶炼和压延加工业	Smelting and Pressing of Ferrous Metals	300.19	113.22	186.97	153.48
有色金属冶炼和压延加工业	Smelting and Pressing of Nonferrous Metals	18.52	7.06	11.46	1.65
金属制品业	Metal Products	102.69	60.13	42.57	23.74
通用设备制造业	Ordinary Machinery	674.93	438.24	236.69	66.45
专用设备制造业	For Special Purpose Equipment Manufacturing	179.21	101.46	77.75	37.47
汽车制造业	Automotive Manufacturing	205.39	121.67	83.72	44.71
铁路、船舶、航空航天和其他运输设备制造业	Railway, Shipbuilding, Aerospace and Other Transport Equipment	115.89	83.04	32.85	47.52
电气机械和器材制造业	Electric Equipment and Machinery	758.50	523.79	234.71	69.71
计算机、通信和其他电子设备制造业	Telecommunications Equipment, Computer and Other Electronic Equipment Manufacturing	345.68	142.45	203.23	108.08
仪器仪表制造业	Instruments,Meters,Cultural and Office Machinery	10.35	4.05	6.30	1.10
其他制造业	Handicraft Article and Other Manufacturing Industry				
废弃资源综合利用业	Comprehensive Utilization of Waste Resources	64.33	50.74	13.60	5.41
金属制品、机械和设备修理业	Metal Products,Machinery and Equipment Repair Industry	85.07	64.38	20.69	15.03
电力、热力的生产和供应业	Electricity,Gas and Water Production and Supply	7797.86	4643.20	3154.66	2253.38
燃气生产和供应业	Production and Supply of Gas	880.54	478.93	401.61	211.89
水的生产和供应业	Production and Supply of Water	2169.42	1463.25	706.17	320.57

续表4 Continued

单位：亿元(100 million yuan)

行业	Sector	营业收入 Operating Income	营业成本 Operating Costs	营业税金及附加 Business Tariff and Annex	销售费用 Selling Expenses
总计	**Total**	**14182.82**	**12278.77**	**685.11**	**126.70**
按登记注册统计类别分	**By Registered Type**				
内资	Domestic Invested Enterprises	13092.89	11304.19	637.69	109.14
港澳台商投资	Enterprises with Investment from Hong Kong, Macao and Taiwan	793.70	710.72	46.26	4.95
外商投资	Foreign Invested Enterprises	296.24	263.86	1.17	12.61
在总计中：轻工业	Light Industry	1478.88	831.36	416.07	39.92
重工业	Heavy Industry	12703.95	11447.42	269.05	86.78
按工业行业分	**By Sector**				
煤炭开采和洗选业	Coal Mining and Dressing				
黑色金属矿采选业	Ferrous Metals Mining and Dressing				
有色金属矿采选业	Nonferrous Metals Mining and Dressing				
非金属矿采选业	Nonmetal Minerals Mining and Dressing	81.84	60.01	2.89	0.25
农副食品加工业	Non-staple Food Processing	60.88	56.49	0.32	0.73
食品制造业	Food Manufacturing	26.32	21.03	0.23	1.27
酒、饮料和精制茶制造业	Beverage Manufacturing	21.69	14.28	1.22	2.03
烟草制品业	Tobacco Processing				
纺织业	Textile Industry	1.23	1.29	0.03	0.03
纺织服装、服饰业	Garments,Shoes and Hats Manufacturing	21.62	12.94	0.26	0.06
皮革、毛皮、羽毛及其制品和制鞋业	Leather,Furs,Down and Related Products				
木材加工和木、竹、藤、棕、草制品业	Timber Processing,Bamboo,Cane Palm Fiber and Straw Products				
家具制造业	Furniture Manufacturing				
造纸和纸制品业	Papermaking and Paper Products	23.59	20.91	0.17	0.65
印刷和记录媒介复制业	Printing and Record Medium Reproduction	13.40	11.54	0.10	0.33
文教、工美、体育和娱乐用品制造业	Cultural,Educational and Sports Goods	1.51	1.31	0.01	0.03
石油、煤炭及其他燃料加工业	Oil, Coal and Other Fuel Processing Industries	1827.34	1574.18	208.11	2.08

续表5 Continued　　单位：亿元(100 million yuan)

行业	Sector	营业收入 Operating Income	营业成本 Operating Costs	营业税金及附加 Business Tariff and Annex	销售费用 Selling Expenses
化学原料和化学制品制造业	Raw Chemical Materials and Chemical Products	1144.15	1015.10	14.04	5.70
医药制造业	Medical and Pharmaceutical Products	136.92	82.88	1.28	22.70
化学纤维制造业	Chemical Fiber	23.33	20.31	0.11	0.14
橡胶和塑料制品业	Rubber and plastic products	121.49	104.98	0.55	2.29
非金属矿物制品业	Nonmetal Mineral Products	509.60	442.72	4.84	3.70
黑色金属冶炼和压延加工业	Smelting and Pressing of Ferrous Metals	377.04	363.38	1.00	2.16
有色金属冶炼和压延加工业	Smelting and Pressing of Nonferrous Metals	11.87	8.83	0.08	0.06
金属制品业	Metal Products	94.36	83.91	0.44	0.62
通用设备制造业	Ordinary Machinery	419.36	335.62	1.88	17.10
专用设备制造业	For Special Purpose Equipment Manufacturing	76.94	66.32	0.49	1.60
汽车制造业	Automotive Manufacturing	220.24	202.37	1.90	2.26
铁路、船舶、航空航天和其他运输设备制造业	Railway, Shipbuilding, Aerospace and Other Transport Equipment	77.77	66.44	0.64	0.65
电气机械和器材制造业	Electric Equipment and Machinery	637.43	564.49	1.77	21.23
计算机、通信和其他电子设备制造业	Telecommunications Equipment, Computer and Other Electronic Equipment Manufacturing	228.25	213.78	0.95	2.22
仪器仪表制造业	Instruments,Meters,Cultural and Office Machinery	6.24	3.84	0.02	0.76
其他制造业	Handicraft Article and Other Manufacturing Industry				
废弃资源综合利用业	Comprehensive Utilization of Waste Resources	75.25	70.79	0.75	0.48
金属制品、机械和设备修理业	Metal Products,Machinery and Equipment Repair Industry	30.65	26.00	0.09	0.11
电力、热力的生产和供应业	Electricity,Gas and Water Production and Supply	5655.48	5207.85	24.66	2.05
燃气生产和供应业	Production and Supply of Gas	943.05	891.23	1.44	8.91
水的生产和供应业	Production and Supply of Water	332.52	290.77	3.36	16.41

续表6 Continued　　单位：亿元(100 million yuan)

行业	Sector	管理费用 Administrative Expenses	财务费用 Financial Expenses	利润总额 Total Profits
总计	**Total**	**271.33**	**135.51**	**667.12**
按登记注册统计类别分	**By Registered Type**			
内资	Domestic Invested Enterprises	256.08	130.66	636.11
港澳台商投资	Enterprises with Investment from Hong Kong, Macao and Taiwan	6.21	2.64	21.69
外商投资	Foreign Invested Enterprises	9.05	2.20	9.33
在总计中：轻工业	Light Industry	58.57	−0.20	122.09
重工业	Heavy Industry	212.77	135.71	545.03
按工业行业分	**By Sector**			
煤炭开采和洗选业	Coal Mining and Dressing			
黑色金属矿采选业	Ferrous Metals Mining and Dressing			
有色金属矿采选业	Nonferrous Metals Mining and Dressing			
非金属矿采选业	Nonmetal Minerals Mining and Dressing	3.15	4.93	10.28
农副食品加工业	Non−staple Food Processing	2.07	0.49	−0.91
食品制造业	Food Manufacturing	1.74	0.08	1.68
酒、饮料和精制茶制造业	Beverage Manufacturing	1.53	−0.42	5.72
烟草制品业	Tobacco Processing			
纺织业	Textile Industry	0.19	−0.06	−0.04
纺织服装、服饰业	Garments,Shoes and Hats Manufacturing	12.63	−0.77	−1.70
皮革、毛皮、羽毛及其制品和制鞋业	Leather,Furs,Down and Related Products			
木材加工和木、竹、藤、棕、草制品业	Timber Processing,Bamboo,Cane Palm Fiber and Straw Products			
家具制造业	Furniture Manufacturing			
造纸和纸制品业	Papermaking and Paper Products	1.02	0.18	−0.09
印刷和记录媒介复制业	Printing and Record Medium Reproduction	1.23	−0.01	0.63
文教、工美、体育和娱乐用品制造业	Cultural,Educational and Sports Goods	0.12	0.01	−0.04
石油、煤炭及其他燃料加工业	Oil, Coal and Other Fuel Processing Industries	17.53	3.77	28.35

续表7 Continued 单位：亿元(100 million yuan)

行业	Sector	管理费用 Administrative Expenses	财务费用 Financial Expenses	利润总额 Total Profits
化学原料和化学制品制造业	Raw Chemical Materials and Chemical Products	23.58	5.72	71.41
医药制造业	Medical and Pharmaceutical Products	10.82	1.56	15.27
化学纤维制造业	Chemical Fiber	0.62	0.04	2.26
橡胶和塑料制品业	Rubber and plastic products	3.88	0.01	6.17
非金属矿物制品业	Nonmetal Mineral Products	13.96	3.18	44.94
黑色金属冶炼和压延加工业	Smelting and Pressing of Ferrous Metals	5.64	-1.61	2.19
有色金属冶炼和压延加工业	Smelting and Pressing of Nonferrous Metals	1.20	0.07	1.15
金属制品业	Metal Products	2.66	-0.05	4.26
通用设备制造业	Ordinary Machinery	17.80	2.09	37.68
专用设备制造业	For Special Purpose Equipment Manufacturing	3.27	0.72	-0.06
汽车制造业	Automotive Manufacturing	5.09	-0.24	5.85
铁路、船舶、航空航天和其他运输设备制造业	Railway, Shipbuilding, Aerospace and Other Transport Equipment	2.99	0.39	3.78
电气机械和器材制造业	Electric Equipment and Machinery	11.28	0.65	21.30
计算机、通信和其他电子设备制造业	Telecommunications Equipment, Computer and Other Electronic Equipment Manufacturing	7.42	1.34	-3.98
仪器仪表制造业	Instruments,Meters,Cultural and Office Machinery	0.39		0.84
其他制造业	Handicraft Article and Other Manufacturing Industry			
废弃资源综合利用业	Comprehensive Utilization of Waste Resources	2.54	0.16	2.31
金属制品、机械和设备修理业	Metal Products,Machinery and Equipment Repair Industry	2.91	-0.32	1.56
电力、热力的生产和供应业	Electricity,Gas and Water Production and Supply	60.73	92.73	271.79
燃气生产和供应业	Production and Supply of Gas	9.39	3.31	37.17
水的生产和供应业	Production and Supply of Water	23.56	19.08	5.50

续表8 Continued　　　　单位：亿元(100 million yuan)

行业	Sector	利税总额 Total Profits and Taxes	本年应交增值税 Value Added Taxes Payable	平均用工人数(万人) Average Number of Employed Persons (10000 persons)
总计	**Total**	**1660.14**	**307.91**	**27.01**
按登记注册统计类别分	**By Registered Type**			
内资	Domestic Invested Enterprises	1566.91	293.12	25.25
港澳台商投资	Enterprises with Investment from Hong Kong, Macao and Taiwan	79.23	11.29	0.64
外商投资	Foreign Invested Enterprises	14.00	3.51	1.12
在总计中：轻工业	Light Industry	623.84	85.68	4.55
重工业	Heavy Industry	1036.30	222.22	22.46
按工业行业分	**By Sector**			
煤炭开采和洗选业	Coal Mining and Dressing			
黑色金属矿采选业	Ferrous Metals Mining and Dressing			
有色金属矿采选业	Nonferrous Metals Mining and Dressing			
非金属矿采选业	Nonmetal Minerals Mining and Dressing	15.46	2.29	0.20
农副食品加工业	Non-staple Food Processing	-0.42	0.17	0.46
食品制造业	Food Manufacturing	2.78	0.88	0.33
酒、饮料和精制茶制造业	Beverage Manufacturing	7.91	0.96	0.33
烟草制品业	Tobacco Processing			
纺织业	Textile Industry	0.06	0.07	0.05
纺织服装、服饰业	Garments,Shoes and Hats Manufacturing	0.10	1.54	0.54
皮革、毛皮、羽毛及其制品和制鞋业	Leather,Furs,Down and Related Products			
木材加工和木、竹、藤、棕、草制品业	Timber Processing,Bamboo,Cane Palm Fiber and Straw Products			
家具制造业	Furniture Manufacturing			
造纸和纸制品业	Papermaking and Paper Products	0.26	0.18	0.15
印刷和记录媒介复制业	Printing and Record Medium Reproduction	0.97	0.24	0.17
文教、工美、体育和娱乐用品制造业	Cultural,Educational and Sports Goods	0.03	0.06	0.02
石油、煤炭及其他燃料加工业	Oil, Coal and Other Fuel Processing Industries	250.48	14.02	0.77

续表9 Continued　　单位：亿元(100 million yuan)

行业	Sector	利税总额 Total Profits and Taxes	本年应交增值税 Value Added Taxes Payable	平均用工人数(万人) Average Number of Employed Persons (10000 persons)
化学原料和化学制品制造业	Raw Chemical Materials and Chemical Products	96.60	11.15	1.72
医药制造业	Medical and Pharmaceutical Products	21.42	4.87	1.03
化学纤维制造业	Chemical Fiber	2.82	0.45	0.08
橡胶和塑料制品业	Rubber and plastic products	8.61	1.89	0.63
非金属矿物制品业	Nonmetal Mineral Products	64.67	14.89	1.96
黑色金属冶炼和压延加工业	Smelting and Pressing of Ferrous Metals	5.28	2.09	0.61
有色金属冶炼和压延加工业	Smelting and Pressing of Nonferrous Metals	1.46	0.24	0.08
金属制品业	Metal Products	6.15	1.45	0.34
通用设备制造业	Ordinary Machinery	46.87	7.32	2.17
专用设备制造业	For Special Purpose Equipment Manufacturing	1.71	1.28	0.48
汽车制造业	Automotive Manufacturing	11.98	4.23	0.78
铁路、船舶、航空航天和其他运输设备制造业	Railway, Shipbuilding, Aerospace and Other Transport Equipment	5.21	0.78	0.30
电气机械和器材制造业	Electric Equipment and Machinery	30.48	7.40	1.54
计算机、通信和其他电子设备制造业	Telecommunications Equipment, Computer and Other Electronic Equipment Manufacturing	0.82	3.84	1.79
仪器仪表制造业	Instruments,Meters,Cultural and Office Machinery	0.96	0.10	0.06
其他制造业	Handicraft Article and Other Manufacturing Industry			
废弃资源综合利用业	Comprehensive Utilization of Waste Resources	8.90	5.85	0.04
金属制品、机械和设备修理业	Metal Products,Machinery and Equipment Repair Industry	1.74	0.09	0.29
电力、热力的生产和供应业	Electricity,Gas and Water Production and Supply	428.78	132.33	6.43
燃气生产和供应业	Production and Supply of Gas	44.79	6.18	0.77
水的生产和供应业	Production and Supply of Water	15.79	6.93	2.52

7-8 按行业分的国有及国有控股工业企业主要经济效益指标（2023年）
Main Economic Beneficial Indicators of State-owned and State Holding Industrial Enterprises by Sector(2023)

行业	Sector
总计	**Total**
按登记注册统计类别分	**By Registered Type**
内资	Domestic Invested Enterprises
港澳台商投资	Enterprises with Investment from Hong Kong, Macao and Taiwan
外商投资	Foreign Invested Enterprises
在总计中：轻工业	LightIndustry
重工业	HeavyIndustry
按工业行业分	**By Sector**
煤炭开采和洗选业	Coal Mining and Dressing
黑色金属矿采选业	Ferrous Metals Mining and Dressing
有色金属矿采选业	Nonferrous Metals Mining and Dressing
非金属矿采选业	Nonmetal Minerals Mining and Dressing
农副食品加工业	Non-staple Food Processing
食品制造业	Food Manufacturing
酒、饮料和精制茶制造业	Beverage Manufacturing
烟草制品业	Tobacco Processing
纺织业	Textile Industry
纺织服装、服饰业	Garments,Shoes and Hats Manufacturing
皮革、毛皮、羽毛及其制品和制鞋业	Leather,Furs,Down and Related Products
木材加工和木、竹、藤、棕、草制品业	Timber Processing,Bamboo,Cane Palm Fiber and Straw Products
家具制造业	Furniture Manufacturing
造纸和纸制品业	Papermaking and Paper Products
印刷和记录媒介复制业	Printing and Record Medium Reproduction
文教、工美、体育和娱乐用品制造业	Cultural,Educational and Sports Goods

资产负债率（%）Asset Liability Ratio (%)		成本费用利润率（%）Profit Margin of the Cost and Expense (%)		每百元固定资产原值实现利税（元）Pre tax Profits per 100 Yuan Original Value of Fixed Assets（yuan）		每百元营业收入实现利税（元）Pre tax Profits per 100 Yuan Revenues in Main Business（yuan）	
2022	2023	2022	2023	2022	2023	2022	2023
56.44	**55.09**	**4.92**	**5.14**	**10.73**	**10.08**	**11.34**	**11.71**
	55.52		5.32		9.94		11.97
49.92	51.53	2.19	2.98	23.41	19.50	9.95	9.98
50.47	40.19	1.45	3.18	3.35	4.71	2.63	4.73
25.93	25.03	13.14	12.87	101.36	99.37	42.09	42.18
59.40	57.76	4.29	4.53	6.98	6.54	7.88	8.16
47.45	41.07	20.96	14.86	42.94	32.33	24.47	18.90
53.07	54.62	0.86	−1.50	4.22	−1.49	1.65	−0.69
45.40	48.82	2.85	6.79	11.61	19.46	6.61	10.57
13.83	15.55	17.67	32.39	18.66	31.27	24.85	36.47
	46.78		−2.90		0.95		4.66
23.07	25.24	−1.93	−6.79	4.88	0.24	6.93	0.48
23.88	31.45	0.44	−0.39	1.79	0.63	3.50	1.10
42.07	35.76	1.21	4.78	3.71	6.51	4.31	7.27
27.41	32.39	1.10	−2.54	6.51	2.29	4.16	1.95

续表 Continued

行业	Sector
石油、煤炭及其他燃料加工业	Oil, Coal and Other Fuel Processing Industries
化学原料和化学制品制造业	Raw Chemical Materials and Chemical Products
医药制造业	Medical and Pharmaceutical Products
化学纤维制造业	Chemical Fiber
橡胶和塑料制品业	Rubber and plastic products
非金属矿物制品业	Nonmetal Mineral Products
黑色金属冶炼和压延加工业	Smelting and Pressing of Ferrous Metals
有色金属冶炼和压延加工业	Smelting and Pressing of Nonferrous Metals
金属制品业	Metal Products
通用设备制造业	Ordinary Machinery
专用设备制造业	For Special Purpose Equipment Manufacturing
汽车制造业	Automotive Manufacturing
铁路、船舶、航空航天和其他运输设备制造业	Railway, Shipbuilding, Aerospace and Other Transport Equipment
电气机械和器材制造业	Electric Equipment and Machinery
计算机、通信和其他电子设备制造业	Telecommunications Equipment, Computer and Other Electronic Equipment Manufacturing
仪器仪表制造业	Instruments,Meters,Cultural and Office Machinery
其他制造业	Handicraft Article and Other Manufacturing Industry
废弃资源综合利用业	Comprehensive Utilization of Waste Resources
金属制品、机械和设备修理业	Metal Products,Machinery and Equipment Repair Industry
电力、热力的生产和供应业	Electricity,Gas and Water Production and Supply
燃气生产和供应业	Production and Supply of Gas
水的生产和供应业	Production and Supply of Water

资产负债率(%) Asset Liability Ratio (%)		成本费用利润率(%) Profit Margin of the Cost and Expense (%)		每百元固定资产原值实现利税(元) Pre tax Profits per 100 Yuan Original Value of Fixed Assets (yuan)		每百元营业收入实现利税(元) Pre tax Profits per 100 Yuan Revenues in Main Business (yuan)	
2022	2023	2022	2023	2022	2023	2022	2023
36.73	33.44	2.93	1.77	43.07	37.40	13.80	13.71
50.83	54.05	9.69	6.65	19.99	11.90	11.61	8.44
32.22	28.94	23.77	12.12	23.81	12.23	27.44	15.64
16.11	19.57	12.66	10.34	14.93	15.00	14.21	12.11
25.69	31.64	6.11	5.35	8.93	13.45	7.64	7.09
53.30	57.68	18.28	9.44	25.29	12.67	19.55	12.69
33.38	37.71	1.27	0.58	3.02	1.85	2.53	1.40
47.91	38.11	6.62	10.39	26.59	31.85	13.50	12.30
62.07	58.55	7.16	4.74	29.00	16.00	9.62	6.52
61.43	64.93	10.33	9.58	51.22	51.55	12.22	11.18
67.30	56.62	2.58	-0.08	11.10	4.74	4.52	2.22
63.51	59.24	4.83	2.75	23.38	12.62	7.91	5.44
77.21	71.66	1.24	5.13	4.53	8.63	3.55	6.69
66.95	69.06	4.21	3.44	41.13	36.12	5.58	4.78
50.68	41.21	4.42	-1.69	17.83	0.49	6.05	0.36
37.08	39.15	15.59	15.61	186.77	99.91	16.83	15.43
	13.90						
71.37	78.87	6.84	3.11	105.45	93.58	15.52	11.83
73.88	75.68	4.21	5.37	5.18	6.12	4.81	5.69
62.72	59.54	2.15	5.04	2.57	3.91	4.58	7.58
60.57	54.39	1.83	4.07	7.26	8.69	3.07	4.75
66.25	67.45	2.97	1.56	1.45	1.10	6.21	4.75

7-9 按行业分的规模以上私营工业企业主要指标（2023年）
Main Indicators of Private Industrial Enterprises Above Designated Size by Sector(2023)

单位：亿元(100 million yuan)

行业	Sector	企业单位数(个) Number of Enterprises (unit)	#亏损企业(个) Loss (unit)	工业总产值 Gross Industrial Output Value
总计	**Total**	**47280**	**8671**	**48974.75**
按登记注册统计类别分	**By Registered Type**			
内资	Domestic Invested Enterprises	47280	8671	48974.75
港澳台商投资	Enterprises with Investment from Hong Kong, Macao and Taiwan			
外商投资	Foreign Invested Enterprises			
在总计中：轻工业	Light Industry	22820	4680	19727.43
重工业	Heavy Industry	24460	3991	29247.32
按工业行业分	**By Sector**			
煤炭开采和洗选业	Coal Mining and Dressing	1		
黑色金属矿采选业	Ferrous Metals Mining and Dressing	3		0.60
有色金属矿采选业	Nonferrous Metals Mining and Dressing	10	4	4.80
非金属矿采选业	Nonmetal Minerals Mining and Dressing	94	23	97.41
农副食品加工业	Non-staple Food Processing	615	146	709.50
食品制造业	Food Manufacturing	296	93	261.50
酒、饮料和精制茶制造业	Beverage Manufacturing	108	24	124.55
烟草制品业	Tobacco Processing	1		
纺织业	Textile Industry	4586	953	3730.37
纺织服装、服饰业	Garments,Shoes and Hats Manufacturing	2062	541	1334.50
皮革、毛皮、羽毛及其制品和制鞋业	Leather,Furs,Down and Related Products	1642	262	1003.32
木材加工和木、竹、藤、棕、草制品业	Timber Processing,Bamboo,Cane Palm Fiber and Straw Products	564	120	323.23
家具制造业	Furniture Manufacturing	997	269	693.37
造纸和纸制品业	Papermaking and Paper Products	953	224	932.37
印刷和记录媒介复制业	Printing and Record Medium Reproduction	806	179	535.73
文教、工美、体育和娱乐用品制造业	Cultural,Educational and Sports Goods	1450	300	956.10
石油、煤炭及其他燃料加工业	Oil, Coal and Other Fuel Processing Industries	55	12	59.72

续表1 Continued 单位：亿元(100 million yuan)

行业	Sector	企业单位数(个) Number of Enterprises (unit)	#亏损企业(个) Loss (unit)	工业总产值 Gross Industrial Output Value
化学原料和化学制品制造业	Raw Chemical Materials and Chemical Products	1404	263	2927.28
医药制造业	Medical and Pharmaceutical Products	379	91	769.01
化学纤维制造业	Chemical Fiber	653	136	1524.71
橡胶和塑料制品业	Rubber and plastic products	3542	591	2573.99
非金属矿物制品业	Nonmetal Mineral Products	2032	495	2321.26
黑色金属冶炼和压延加工业	Smelting and Pressing of Ferrous Metals	584	115	1110.86
有色金属冶炼和压延加工业	Smelting and Pressing of Nonferrous Metals	686	155	1996.60
金属制品业	Metal Products	4095	651	3257.66
通用设备制造业	Ordinary Machinery	5866	740	4734.06
专用设备制造业	For Special Purpose Equipment Manufacturing	2449	396	1874.83
汽车制造业	Automotive Manufacturing	2242	281	3322.47
铁路、船舶、航空航天和其他运输设备制造业	Railway, Shipbuilding, Aerospace and Other Transport Equipment	735	156	827.45
电气机械和器材制造业	Electric Equipment and Machinery	4996	757	6837.83
计算机、通信和其他电子设备制造业	Telecommunications Equipment, Computer and Other Electronic Equipment Manufacturing	1820	444	2451.28
仪器仪表制造业	Instruments,Meters,Cultural and Office Machinery	766	85	782.62
其他制造业	Handicraft Article and Other Manufacturing Industry	419	82	273.11
废弃资源综合利用业	Comprehensive Utilization of Waste Resources	144	48	266.41
金属制品、机械和设备修理业	Metal Products,Machinery and Equipment Repair Industry	58	10	111.18
电力、热力的生产和供应业	Electricity,Gas and Water Production and Supply	115	15	172.99
燃气生产和供应业	Production and Supply of Gas	18	2	49.40
水的生产和供应业	Production and Supply of Water	34	8	20.38

续表2 Continued 单位：亿元(100 million yuan)

行业	Sector	资产总计 Total Assets	年末负债合计 Total Liabilities	所有者权益合计 Creditors' Equity	实收资本 Total Capital Hold
总计	**Total**	**55140.71**	**32929.41**	**22220.13**	**8686.45**
按登记注册统计类别分	**By Registered Type**				
内资	Domestic Invested Enterprises	55140.71	32929.41	22220.13	8686.45
港澳台商投资	Enterprises with Investment from Hong Kong, Macao and Taiwan				
外商投资	Foreign Invested Enterprises				
在总计中：轻工业	Light Industry	21343.30	12953.69	8391.68	3391.02
重工业	Heavy Industry	33797.41	19975.72	13828.45	5295.44
按工业行业分	**By Sector**				
煤炭开采和洗选业	Coal Mining and Dressing				
黑色金属矿采选业	Ferrous Metals Mining and Dressing	1.11	0.78	0.33	0.37
有色金属矿采选业	Nonferrous Metals Mining and Dressing	8.15	7.38	0.78	2.11
非金属矿采选业	Nonmetal Minerals Mining and Dressing	244.52	164.17	80.35	33.87
农副食品加工业	Non-staple Food Processing	617.77	399.72	218.06	113.26
食品制造业	Food Manufacturing	285.13	171.16	113.97	59.22
酒、饮料和精制茶制造业	Beverage Manufacturing	160.38	93.60	66.78	39.79
烟草制品业	Tobacco Processing				
纺织业	Textile Industry	3950.42	2706.46	1243.96	625.85
纺织服装、服饰业	Garments,Shoes and Hats Manufacturing	1370.03	881.18	488.85	238.29
皮革、毛皮、羽毛及其制品和制鞋业	Leather,Furs,Down and Related Products	865.59	598.83	266.76	138.46
木材加工和木、竹、藤、棕、草制品业	Timber Processing,Bamboo,Cane Palm Fiber and Straw Products	397.70	244.71	159.77	69.69
家具制造业	Furniture Manufacturing	766.84	508.72	258.83	124.81
造纸和纸制品业	Papermaking and Paper Products	967.43	582.76	386.35	140.77
印刷和记录媒介复制业	Printing and Record Medium Reproduction	634.13	383.72	250.41	115.45
文教、工美、体育和娱乐用品制造业	Cultural,Educational and Sports Goods	1067.25	670.75	396.19	149.25
石油、煤炭及其他燃料加工业	Oil, Coal and Other Fuel Processing Industries	63.19	50.51	12.67	6.96

续表3 Continued　　单位：亿元(100 million yuan)

行业	Sector	资产总计 Total Assets	年末负债合计 Total Liabilities	所有者权益合计 Creditors' Equity	实收资本 Total Capital Hold
化学原料和化学制品制造业	Raw Chemical Materials and Chemical Products	3967.74	2070.20	1897.54	618.52
医药制造业	Medical and Pharmaceutical Products	1574.47	620.06	954.41	250.26
化学纤维制造业	Chemical Fiber	1448.82	914.55	534.27	308.41
橡胶和塑料制品业	Rubber and plastic products	2661.24	1570.40	1090.83	477.20
非金属矿物制品业	Nonmetal Mineral Products	3019.36	2009.85	1009.50	449.49
黑色金属冶炼和压延加工业	Smelting and Pressing of Ferrous Metals	695.96	472.68	223.28	124.15
有色金属冶炼和压延加工业	Smelting and Pressing of Nonferrous Metals	1046.38	763.29	283.08	122.64
金属制品业	Metal Products	3339.90	2132.15	1207.74	512.00
通用设备制造业	Ordinary Machinery	5693.91	3024.46	2669.45	866.86
专用设备制造业	For Special Purpose Equipment Manufacturing	2578.61	1486.76	1091.85	365.33
汽车制造业	Automotive Manufacturing	4256.83	2709.60	1547.23	471.81
铁路、船舶、航空航天和其他运输设备制造业	Railway, Shipbuilding, Aerospace and Other Transport Equipment	919.13	629.59	289.55	136.04
电气机械和器材制造业	Electric Equipment and Machinery	6749.72	3949.51	2800.21	1044.04
计算机、通信和其他电子设备制造业	Telecommunications Equipment, Computer and Other Electronic Equipment Manufacturing	3609.41	1927.09	1682.32	694.77
仪器仪表制造业	Instruments,Meters,Cultural and Office Machinery	1028.54	480.94	547.60	186.92
其他制造业	Handicraft Article and Other Manufacturing Industry	278.13	204.33	73.80	41.33
废弃资源综合利用业	Comprehensive Utilization of Waste Resources	164.46	112.20	52.26	32.37
金属制品、机械和设备修理业	Metal Products,Machinery and Equipment Repair Industry	134.37	81.75	52.63	13.94
电力、热力的生产和供应业	Electricity,Gas and Water Production and Supply	499.91	259.03	240.89	97.75
燃气生产和供应业	Production and Supply of Gas	30.94	19.57	11.36	4.62
水的生产和供应业	Production and Supply of Water	41.31	26.46	14.86	9.29

续表4 Continued

单位：亿元(100 million yuan)

行业	Sector	营业收入 Operating Income	营业成本 Operating Costs	营业税金及附加 Business Tariff and Annex	销售费用 Selling Expenses
总计	**Total**	**49989.29**	**42191.49**	**232.55**	**1377.71**
按登记注册统计类别分	**By Registered Type**				
内资	Domestic Invested Enterprises	49989.29	42191.49	232.55	1377.71
港澳台商投资	Enterprises with Investment from Hong Kong, Macao and Taiwan				
外商投资	Foreign Invested Enterprises				
在总计中：轻工业	Light Industry	19785.67	16594.76	90.22	643.81
重工业	Heavy Industry	30203.62	25596.73	142.33	733.90
按工业行业分	**By Sector**				
煤炭开采和洗选业	Coal Mining and Dressing				
黑色金属矿采选业	Ferrous Metals Mining and Dressing	0.60	0.48	0.01	
有色金属矿采选业	Nonferrous Metals Mining and Dressing	4.55	3.53	0.15	0.08
非金属矿采选业	Nonmetal Minerals Mining and Dressing	97.73	63.80	3.07	3.05
农副食品加工业	Non-staple Food Processing	732.39	656.73	2.14	20.13
食品制造业	Food Manufacturing	270.98	220.89	1.82	13.38
酒、饮料和精制茶制造业	Beverage Manufacturing	132.94	107.77	1.05	6.12
烟草制品业	Tobacco Processing				
纺织业	Textile Industry	3670.23	3191.15	15.63	54.14
纺织服装、服饰业	Garments,Shoes and Hats Manufacturing	1273.40	1067.63	5.86	48.14
皮革、毛皮、羽毛及其制品和制鞋业	Leather,Furs,Down and Related Products	928.42	799.46	3.65	23.03
木材加工和木、竹、藤、棕、草制品业	Timber Processing,Bamboo,Cane Palm Fiber and Straw Products	334.33	283.43	2.21	11.15
家具制造业	Furniture Manufacturing	705.71	573.88	3.62	29.90
造纸和纸制品业	Papermaking and Paper Products	955.38	834.02	4.02	24.01
印刷和记录媒介复制业	Printing and Record Medium Reproduction	536.88	451.44	2.22	14.77
文教、工美、体育和娱乐用品制造业	Cultural,Educational and Sports Goods	951.06	799.10	4.76	30.88
石油、煤炭及其他燃料加工业	Oil, Coal and Other Fuel Processing Industries	70.36	65.62	0.29	1.47

续表5 Continued　　　　单位：亿元(100 million yuan)

行业	Sector	营业收入 Operating Income	营业成本 Operating Costs	营业税金及附加 Business Tariff and Annex	销售费用 Selling Expenses
化学原料和化学制品制造业	Raw Chemical Materials and Chemical Products	3166.52	2760.14	11.84	73.83
医药制造业	Medical and Pharmaceutical Products	755.55	454.05	6.49	104.42
化学纤维制造业	Chemical Fiber	1660.28	1556.80	3.87	7.41
橡胶和塑料制品业	Rubber and plastic products	2592.95	2168.17	11.18	70.32
非金属矿物制品业	Nonmetal Mineral Products	2303.88	1934.26	12.00	97.47
黑色金属冶炼和压延加工业	Smelting and Pressing of Ferrous Metals	1099.11	1017.90	2.12	8.78
有色金属冶炼和压延加工业	Smelting and Pressing of Nonferrous Metals	2365.30	2279.82	3.10	8.91
金属制品业	Metal Products	3299.34	2799.53	14.45	79.76
通用设备制造业	Ordinary Machinery	4750.02	3768.41	23.10	152.54
专用设备制造业	For Special Purpose Equipment Manufacturing	1830.99	1408.79	9.98	77.30
汽车制造业	Automotive Manufacturing	3401.28	2891.39	29.51	67.10
铁路、船舶、航空航天和其他运输设备制造业	Railway, Shipbuilding, Aerospace and Other Transport Equipment	823.64	685.41	7.14	18.58
电气机械和器材制造业	Electric Equipment and Machinery	7030.36	5903.27	27.14	196.42
计算机、通信和其他电子设备制造业	Telecommunications Equipment, Computer and Other Electronic Equipment Manufacturing	2548.26	2093.92	10.73	81.38
仪器仪表制造业	Instruments,Meters,Cultural and Office Machinery	784.78	580.01	4.42	37.98
其他制造业	Handicraft Article and Other Manufacturing Industry	267.35	228.06	1.12	8.54
废弃资源综合利用业	Comprehensive Utilization of Waste Resources	267.46	252.47	1.63	2.02
金属制品、机械和设备修理业	Metal Products,Machinery and Equipment Repair Industry	116.70	95.55	0.81	2.75
电力、热力的生产和供应业	Electricity,Gas and Water Production and Supply	187.27	131.50	1.20	0.43
燃气生产和供应业	Production and Supply of Gas	50.03	44.06	0.09	1.42
水的生产和供应业	Production and Supply of Water	20.80	17.38	0.10	0.09

续表6 Continued

单位：亿元(100 million yuan)

行业	Sector	管理费用 Administrative Expenses	财务费用 Financial Expenses	利润总额 Total Profits
总计	**Total**	**2239.89**	**376.34**	**2320.97**
按登记注册统计类别分	**By Registered Type**			
内资	Domestic Invested Enterprises	2239.89	376.34	2320.97
港澳台商投资	Enterprises with Investment from Hong Kong, Macao and Taiwan			
外商投资	Foreign Invested Enterprises			
在总计中：轻工业	Light Industry	968.20	163.53	851.99
重工业	Heavy Industry	1271.68	212.81	1468.99
按工业行业分	**By Sector**			
煤炭开采和洗选业	Coal Mining and Dressing			
黑色金属矿采选业	Ferrous Metals Mining and Dressing	0.06	0.01	0.03
有色金属矿采选业	Nonferrous Metals Mining and Dressing	0.48	0.09	0.42
非金属矿采选业	Nonmetal Minerals Mining and Dressing	7.87	4.80	13.13
农副食品加工业	Non-staple Food Processing	20.72	6.93	18.21
食品制造业	Food Manufacturing	15.62	2.70	14.03
酒、饮料和精制茶制造业	Beverage Manufacturing	5.91	1.21	10.70
烟草制品业	Tobacco Processing			
纺织业	Textile Industry	154.01	43.80	124.45
纺织服装、服饰业	Garments,Shoes and Hats Manufacturing	79.32	11.00	39.11
皮革、毛皮、羽毛及其制品和制鞋业	Leather,Furs,Down and Related Products	47.31	8.08	24.33
木材加工和木、竹、藤、棕、草制品业	Timber Processing,Bamboo,Cane Palm Fiber and Straw Products	17.22	3.27	11.97
家具制造业	Furniture Manufacturing	46.80	6.40	26.66
造纸和纸制品业	Papermaking and Paper Products	37.09	8.43	38.42
印刷和记录媒介复制业	Printing and Record Medium Reproduction	32.48	5.61	19.66
文教、工美、体育和娱乐用品制造业	Cultural,Educational and Sports Goods	56.69	8.19	34.96
石油、煤炭及其他燃料加工业	Oil, Coal and Other Fuel Processing Industries	1.86	0.74	0.79

续表7 Continued　　单位：亿元(100 million yuan)

行业	Sector	管理费用 Administrative Expenses	财务费用 Financial Expenses	利润总额 Total Profits
化学原料和化学制品制造业	Raw Chemical Materials and Chemical Products	93.77	16.38	148.96
医药制造业	Medical and Pharmaceutical Products	61.38	1.79	87.57
化学纤维制造业	Chemical Fiber	23.69	10.69	33.25
橡胶和塑料制品业	Rubber and plastic products	131.15	24.12	116.43
非金属矿物制品业	Nonmetal Mineral Products	102.32	24.65	95.19
黑色金属冶炼和压延加工业	Smelting and Pressing of Ferrous Metals	21.02	4.13	24.96
有色金属冶炼和压延加工业	Smelting and Pressing of Nonferrous Metals	26.90	11.97	13.61
金属制品业	Metal Products	165.28	29.81	129.33
通用设备制造业	Ordinary Machinery	268.20	27.55	343.41
专用设备制造业	For Special Purpose Equipment Manufacturing	127.94	16.82	119.42
汽车制造业	Automotive Manufacturing	138.60	24.99	176.09
铁路、船舶、航空航天和其他运输设备制造业	Railway, Shipbuilding, Aerospace and Other Transport Equipment	44.61	8.33	32.73
电气机械和器材制造业	Electric Equipment and Machinery	293.73	31.35	371.97
计算机、通信和其他电子设备制造业	Telecommunications Equipment, Computer and Other Electronic Equipment Manufacturing	128.31	18.08	113.13
仪器仪表制造业	Instruments,Meters,Cultural and Office Machinery	50.98	1.77	74.02
其他制造业	Handicraft Article and Other Manufacturing Industry	14.12	3.91	7.85
废弃资源综合利用业	Comprehensive Utilization of Waste Resources	6.43	1.68	1.45
金属制品、机械和设备修理业	Metal Products,Machinery and Equipment Repair Industry	9.07	0.38	7.38
电力、热力的生产和供应业	Electricity,Gas and Water Production and Supply	6.13	6.08	42.32
燃气生产和供应业	Production and Supply of Gas	1.54	0.12	3.00
水的生产和供应业	Production and Supply of Water	1.04	0.47	1.59

续表8 Continued 单位：亿元(100 million yuan)

行业	Sector	利税总额 Total Profits and Taxes	本年应交增值税 Value Added Taxes Payable	平均用工人数(万人) Average Number of Employed Persons (10000 persons)
总计	**Total**	**3540.15**	**986.63**	**496.91**
按登记注册统计类别分	**By Registered Type**			
内资	Domestic Invested Enterprises	3540.15	986.63	496.91
港澳台商投资	Enterprises with Investment from Hong Kong, Macao and Taiwan			
外商投资	Foreign Invested Enterprises			
在总计中：轻工业	Light Industry	1366.78	424.58	245.15
重工业	Heavy Industry	2173.37	562.05	251.76
按工业行业分	**By Sector**			
煤炭开采和洗选业	Coal Mining and Dressing			
黑色金属矿采选业	Ferrous Metals Mining and Dressing	0.09	0.05	0.01
有色金属矿采选业	Nonferrous Metals Mining and Dressing	1.01	0.44	0.07
非金属矿采选业	Nonmetal Minerals Mining and Dressing	20.26	4.07	0.48
农副食品加工业	Non-staple Food Processing	28.70	8.36	5.04
食品制造业	Food Manufacturing	23.41	7.56	3.45
酒、饮料和精制茶制造业	Beverage Manufacturing	15.37	3.62	0.92
烟草制品业	Tobacco Processing			
纺织业	Textile Industry	222.14	82.06	43.59
纺织服装、服饰业	Garments,Shoes and Hats Manufacturing	78.02	33.06	22.97
皮革、毛皮、羽毛及其制品和制鞋业	Leather,Furs,Down and Related Products	53.11	25.13	18.81
木材加工和木、竹、藤、棕、草制品业	Timber Processing,Bamboo,Cane Palm Fiber and Straw Products	21.67	7.48	4.68
家具制造业	Furniture Manufacturing	47.70	17.42	11.73
造纸和纸制品业	Papermaking and Paper Products	67.23	24.79	8.11
印刷和记录媒介复制业	Printing and Record Medium Reproduction	34.14	12.26	7.31
文教、工美、体育和娱乐用品制造业	Cultural,Educational and Sports Goods	59.35	19.63	15.54
石油、煤炭及其他燃料加工业	Oil, Coal and Other Fuel Processing Industries	2.56	1.48	0.19

续表9 Continued　单位：亿元(100 million yuan)

行业	Sector	利税总额 Total Profits and Taxes	本年应交增值税 Value Added Taxes Payable	平均用工人数(万人) Average Number of Employed Persons (10000 persons)
化学原料和化学制品制造业	Raw Chemical Materials and Chemical Products	200.52	39.71	12.07
医药制造业	Medical and Pharmaceutical Products	121.54	27.48	7.71
化学纤维制造业	Chemical Fiber	52.33	15.22	6.30
橡胶和塑料制品业	Rubber and plastic products	179.15	51.54	31.20
非金属矿物制品业	Nonmetal Mineral Products	181.10	73.90	15.88
黑色金属冶炼和压延加工业	Smelting and Pressing of Ferrous Metals	40.25	13.17	3.80
有色金属冶炼和压延加工业	Smelting and Pressing of Nonferrous Metals	26.03	9.33	4.79
金属制品业	Metal Products	214.81	71.03	41.27
通用设备制造业	Ordinary Machinery	477.26	110.75	57.52
专用设备制造业	For Special Purpose Equipment Manufacturing	178.38	48.98	24.59
汽车制造业	Automotive Manufacturing	268.97	63.37	31.90
铁路、船舶、航空航天和其他运输设备制造业	Railway, Shipbuilding, Aerospace and Other Transport Equipment	57.20	17.33	9.46
电气机械和器材制造业	Electric Equipment and Machinery	503.14	104.03	63.33
计算机、通信和其他电子设备制造业	Telecommunications Equipment, Computer and Other Electronic Equipment Manufacturing	170.81	46.96	27.92
仪器仪表制造业	Instruments,Meters,Cultural and Office Machinery	99.85	21.41	9.17
其他制造业	Handicraft Article and Other Manufacturing Industry	13.67	4.70	4.07
废弃资源综合利用业	Comprehensive Utilization of Waste Resources	15.17	12.09	0.79
金属制品、机械和设备修理业	Metal Products,Machinery and Equipment Repair Industry	10.06	1.86	1.22
电力、热力的生产和供应业	Electricity,Gas and Water Production and Supply	49.16	5.64	0.73
燃气生产和供应业	Production and Supply of Gas	3.41	0.32	0.13
水的生产和供应业	Production and Supply of Water	1.91	0.22	0.15

7-10 按行业分的规模以上私营工业企业主要经济效益指标（2023年）
Main Economic Beneficial Indicators of Private Industrial Enterprises Above Designated Size by Sector(2023)

行业	Sector
总计	**Total**
按登记注册统计类别分	**By Registered Type**
内资	Domestic Invested Enterprises
港澳台商投资	Enterprises with Investment from Hong Kong, Macao and Taiwan
外商投资	Foreign Invested Enterprises
在总计中：轻工业	Light Industry
重工业	Heavy Industry
按工业行业分	**By Sector**
煤炭开采和洗选业	Coal Mining and Dressing
黑色金属矿采选业	Ferrous Metals Mining and Dressing
有色金属矿采选业	Nonferrous Metals Mining and Dressing
非金属矿采选业	Nonmetal Minerals Mining and Dressing
农副食品加工业	Non-staple Food Processing
食品制造业	Food Manufacturing
酒、饮料和精制茶制造业	Beverage Manufacturing
烟草制品业	Tobacco Processing
纺织业	Textile Industry
纺织服装、服饰业	Garments,Shoes and Hats Manufacturing
皮革、毛皮、羽毛及其制品和制鞋业	Leather,Furs,Down and Related Products
木材加工和木、竹、藤、棕、草制品业	Timber Processing,Bamboo,Cane Palm Fiber and Straw Products
家具制造业	Furniture Manufacturing
造纸和纸制品业	Papermaking and Paper Products
印刷和记录媒介复制业	Printing and Record Medium Reproduction
文教、工美、体育和娱乐用品制造业	Cultural,Educational and Sports Goods

资产负债率（%）Asset Liability Ratio (%)		成本费用利润率（%）Profit Margin of the Cost and Expense (%)		每百元固定资产原值实现利税（元）Pre tax Profits per 100 Yuan Original Value of Fixed Assets (yuan)		每百元营业收入实现利税（元）Pre tax Profits per 100 Yuan Revenues in Main Business (yuan)	
2022	2023	2022	2023	2022	2023	2022	2023
60.86	**59.72**	**4.95**	**4.85**	**20.36**	**18.30**	**7.35**	**7.08**
60.86	59.72	4.95	4.85	20.36	18.30	7.35	7.08
61.40	60.69	4.37	4.48	16.86	15.88	6.96	6.91
60.54	59.10	5.31	5.09	23.09	20.24	7.59	7.20
44.16	70.42	2.04	4.48	5.24	12.67	9.33	15.07
82.52	90.46	-4.13	10.07	14.90	27.81	9.68	22.19
66.35	67.14	21.59	16.25	48.99	33.54	24.42	20.74
64.96	64.70	2.66	2.54	14.03	12.95	4.18	3.92
59.44	60.03	3.73	5.38	14.89	18.36	6.77	8.64
57.60	58.36	13.31	8.65	29.28	24.79	15.90	11.56
68.66	68.51	3.34	3.49	11.43	10.89	6.13	6.05
70.28	64.32	2.36	3.16	14.97	17.06	5.42	6.13
69.69	69.18	2.89	2.68	18.65	18.44	5.80	5.72
62.98	61.53	3.22	3.69	18.54	16.62	6.16	6.48
66.65	66.34	3.82	3.91	19.09	16.74	7.15	6.76
62.15	60.24	2.50	4.12	16.09	17.88	5.89	7.04
60.13	60.51	4.13	3.76	12.01	10.32	6.75	6.36
63.60	62.85	4.15	3.78	18.77	14.23	6.98	6.24

续表 Continued

行业	Sector
石油、煤炭及其他燃料加工业	Oil, Coal and Other Fuel Processing Industries
化学原料和化学制品制造业	Raw Chemical Materials and Chemical Products
医药制造业	Medical and Pharmaceutical Products
化学纤维制造业	Chemical Fiber
橡胶和塑料制品业	Rubber and plastic products
非金属矿物制品业	Nonmetal Mineral Products
黑色金属冶炼和压延加工业	Smelting and Pressing of Ferrous Metals
有色金属冶炼和压延加工业	Smelting and Pressing of Nonferrous Metals
金属制品业	Metal Products
通用设备制造业	Ordinary Machinery
专用设备制造业	For Special Purpose Equipment Manufacturing
汽车制造业	Automotive Manufacturing
铁路、船舶、航空航天和其他运输设备制造业	Railway, Shipbuilding, Aerospace and Other Transport Equipment
电气机械和器材制造业	Electric Equipment and Machinery
计算机、通信和其他电子设备制造业	Telecommunications Equipment,Computer and Other Electronic Equipment Manufacturing
仪器仪表制造业	Instruments,Meters,Cultural and Office Machinery
其他制造业	Handicraft Article and Other Manufacturing Industry
废弃资源综合利用业	Comprehensive Utilization of Waste Resources
金属制品、机械和设备修理业	Metal Products,Machinery and Equipment Repair Industry
电力、热力的生产和供应业	Electricity,Gas and Water Production and Supply
燃气生产和供应业	Production and Supply of Gas
水的生产和供应业	Production and Supply of Water

资产负债率（%）Asset Liability Ratio (%)		成本费用利润率（%）Profit Margin of the Cost and Expense (%)		每百元固定资产原值实现利税（元）Pre tax Profits per 100 Yuan Original Value of Fixed Assets (yuan)		每百元营业收入实现利税（元）Pre tax Profits per 100 Yuan Revenues in Main Business (yuan)	
2022	2023	2022	2023	2022	2023	2022	2023
72.28	79.95	1.35	1.12	24.35	20.45	3.52	3.63
51.98	52.18	6.17	4.92	25.03	17.43	8.45	6.33
38.68	39.38	21.73	13.03	40.91	22.82	22.24	16.09
63.73	63.12	1.17	2.03	6.32	7.71	2.78	3.15
59.86	59.01	4.34	4.69	15.79	14.84	6.62	6.91
66.88	66.57	5.00	4.29	24.47	19.41	8.41	7.86
70.51	67.92	2.80	2.32	17.25	17.04	4.17	3.66
72.44	72.95	0.98	0.58	16.52	10.45	1.85	1.10
62.18	63.84	4.04	4.07	19.82	17.97	6.53	6.51
55.40	53.12	7.14	7.76	24.14	23.55	9.59	10.05
58.98	57.66	6.94	6.92	24.39	22.58	9.83	9.74
67.08	63.65	4.26	5.45	17.67	20.10	7.17	7.91
69.09	68.50	4.91	4.14	22.00	18.74	7.45	6.95
60.38	58.51	4.67	5.58	26.02	26.76	6.30	7.16
54.28	53.39	6.86	4.59	25.10	15.19	8.70	6.70
49.44	46.76	11.10	10.34	41.23	36.07	13.47	12.72
72.89	73.47	2.78	3.00	16.97	15.20	5.20	5.11
68.37	68.22	4.12	0.54	58.94	27.60	9.84	5.67
59.54	60.84	6.92	6.79	13.92	18.05	8.97	8.62
54.74	51.81	22.46	28.52	11.52	13.27	22.26	26.25
64.05	63.28	3.07	6.35	15.76	17.84	3.92	6.82
63.46	64.04	7.97	8.20	8.61	11.13	8.85	9.16

7-11 按行业分的外商投资和港澳台商投资工业企业主要指标（2023年）
Main Indicators of Foreign Funded Enterprises and Enterprises Funded by Entrepreneurs from Hong Kong,Macao and Taiwan by Sector(2023)

单位：亿元(100 million yuan)

行业	Sector	企业单位数(个) Number of Enterprises (unit)	#亏损企业(个) Loss (unit)	工业总产值 Gross Industrial Output Value
总计	**Total**	**3898**	**952**	**16922.60**
按登记注册统计类别分	**By Registered Type**			
内资	Domestic Invested Enterprises			
港澳台商投资	Enterprises with Investment from Hong Kong, Macao and Taiwan	1784	447	8137.81
外商投资	Foreign Invested Enterprises	2114	505	8784.80
在总计中：轻工业	Light Industry	1726	443	4736.22
重工业	Heavy Industry	2172	509	12186.38
按工业行业分	**By Sector**			
煤炭开采和洗选业	Coal Mining and Dressing			
黑色金属矿采选业	Ferrous Metals Mining and Dressing			
有色金属矿采选业	Nonferrous Metals Mining and Dressing			
非金属矿采选业	Nonmetal Minerals Mining and Dressing	2	1	8.40
农副食品加工业	Non-staple Food Processing	51	16	179.34
食品制造业	Food Manufacturing	81	17	286.15
酒、饮料和精制茶制造业	Beverage Manufacturing	42	5	174.81
烟草制品业	Tobacco Processing			
纺织业	Textile Industry	294	85	566.66
纺织服装、服饰业	Garments,Shoes and Hats Manufacturing	250	69	654.41
皮革、毛皮、羽毛及其制品和制鞋业	Leather,Furs,Down and Related Products	63	19	54.90
木材加工和木、竹、藤、棕、草制品业	Timber Processing,Bamboo,Cane Palm Fiber and Straw Products	15	4	15.58
家具制造业	Furniture Manufacturing	77	24	154.60
造纸和纸制品业	Papermaking and Paper Products	45	15	291.94
印刷和记录媒介复制业	Printing and Record Medium Reproduction	31	10	84.20
文教、工美、体育和娱乐用品制造业	Cultural,Educational and Sports Goods	134	26	240.04
石油、煤炭及其他燃料加工业	Oil, Coal and Other Fuel Processing Industries	11	4	445.15

续表1 Continued 单位：亿元(100 million yuan)

行业	Sector	企业单位数(个) Number of Enterprises (unit)	#亏损企业(个) Loss (unit)	工业总产值 Gross Industrial Output Value
化学原料和化学制品制造业	Raw Chemical Materials and Chemical Products	232	59	2212.57
医药制造业	Medical and Pharmaceutical Products	65	14	403.57
化学纤维制造业	Chemical Fiber	40	12	573.22
橡胶和塑料制品业	Rubber and plastic products	184	41	332.98
非金属矿物制品业	Nonmetal Mineral Products	86	21	240.69
黑色金属冶炼和压延加工业	Smelting and Pressing of Ferrous Metals	28	11	156.32
有色金属冶炼和压延加工业	Smelting and Pressing of Nonferrous Metals	29	10	382.36
金属制品业	Metal Products	221	49	496.05
通用设备制造业	Ordinary Machinery	500	114	1186.09
专用设备制造业	For Special Purpose Equipment Manufacturing	249	67	605.16
汽车制造业	Automotive Manufacturing	272	53	2297.38
铁路、船舶、航空航天和其他运输设备制造业	Railway, Shipbuilding, Aerospace and Other Transport Equipment	33	6	104.36
电气机械和器材制造业	Electric Equipment and Machinery	338	79	1185.58
计算机、通信和其他电子设备制造业	Telecommunications Equipment, Computer and Other Electronic Equipment Manufacturing	300	87	2552.62
仪器仪表制造业	Instruments,Meters,Cultural and Office Machinery	73	11	418.05
其他制造业	Handicraft Article and Other Manufacturing Industry	32	6	34.15
废弃资源综合利用业	Comprehensive Utilization of Waste Resources	6	4	6.87
金属制品、机械和设备修理业	Metal Products,Machinery and Equipment Repair Industry	9	1	43.79
电力、热力的生产和供应业	Electricity,Gas and Water Production and Supply	48	5	188.30
燃气生产和供应业	Production and Supply of Gas	42	6	336.32
水的生产和供应业	Production and Supply of Water	15	1	10.01

续表2 Continued 单位：亿元(100 million yuan)

行业	Sector	资产总计 Total Assets	年末负债合计 Total Liabilities	所有者权益合计 Creditors' Equity	实收资本 Total Capital Hold
总计	**Total**	**24964.53**	**11916.16**	**13048.37**	**5060.56**
按登记注册统计类别分	**By Registered Type**				
内资	Domestic Invested Enterprises				
港澳台商投资	Enterprises with Investment from Hong Kong, Macao and Taiwan	12116.78	5787.88	6328.90	2453.25
外商投资	Foreign Invested Enterprises	12847.75	6128.28	6719.47	2607.31
在总计中：轻工业	Light Industry	6909.15	3194.09	3715.06	1646.14
重工业	Heavy Industry	18055.38	8722.07	9333.31	3414.42
按工业行业分	**By Sector**				
煤炭开采和洗选业	Coal Mining and Dressing				
黑色金属矿采选业	Ferrous Metals Mining and Dressing				
有色金属矿采选业	Nonferrous Metals Mining and Dressing				
非金属矿采选业	Nonmetal Minerals Mining and Dressing	26.25	5.87	20.38	4.58
农副食品加工业	Non-staple Food Processing	209.32	116.57	92.75	57.11
食品制造业	Food Manufacturing	360.95	156.54	204.41	108.26
酒、饮料和精制茶制造业	Beverage Manufacturing	218.14	94.52	123.62	73.02
烟草制品业	Tobacco Processing				
纺织业	Textile Industry	969.69	435.26	534.43	258.85
纺织服装、服饰业	Garments,Shoes and Hats Manufacturing	762.79	436.71	326.08	145.00
皮革、毛皮、羽毛及其制品和制鞋业	Leather,Furs,Down and Related Products	86.20	46.81	39.39	21.66
木材加工和木、竹、藤、棕、草制品业	Timber Processing,Bamboo,Cane Palm Fiber and Straw Products	33.82	24.31	9.51	8.11
家具制造业	Furniture Manufacturing	271.68	115.85	155.83	59.58
造纸和纸制品业	Papermaking and Paper Products	522.27	276.87	245.40	109.58
印刷和记录媒介复制业	Printing and Record Medium Reproduction	154.29	47.63	106.66	55.52
文教、工美、体育和娱乐用品制造业	Cultural,Educational and Sports Goods	354.47	153.39	201.08	90.99
石油、煤炭及其他燃料加工业	Oil, Coal and Other Fuel Processing Industries	241.35	157.96	83.38	61.99

续表3 Continued 单位：亿元(100 million yuan)

行业	Sector	资产总计 Total Assets	年末负债合计 Total Liabilities	所有者权益合计 Creditors' Equity	实收资本 Total Capital Hold
化学原料和化学制品制造业	Raw Chemical Materials and Chemical Products	2967.29	1389.46	1577.83	696.51
医药制造业	Medical and Pharmaceutical Products	830.04	308.92	521.12	90.42
化学纤维制造业	Chemical Fiber	532.11	324.58	207.53	154.37
橡胶和塑料制品业	Rubber and plastic products	447.31	162.21	285.10	123.60
非金属矿物制品业	Nonmetal Mineral Products	612.27	312.71	299.57	87.71
黑色金属冶炼和压延加工业	Smelting and Pressing of Ferrous Metals	109.26	49.88	59.38	54.18
有色金属冶炼和压延加工业	Smelting and Pressing of Nonferrous Metals	343.00	233.53	109.48	48.41
金属制品业	Metal Products	644.99	262.69	382.31	149.57
通用设备制造业	Ordinary Machinery	1683.76	793.55	890.21	338.12
专用设备制造业	For Special Purpose Equipment Manufacturing	1140.59	448.92	691.66	219.35
汽车制造业	Automotive Manufacturing	3185.24	1647.43	1537.81	507.14
铁路、船舶、航空航天和其他运输设备制造业	Railway, Shipbuilding, Aerospace and Other Transport Equipment	134.97	60.81	74.16	35.50
电气机械和器材制造业	Electric Equipment and Machinery	1765.21	927.55	837.66	403.00
计算机、通信和其他电子设备制造业	Telecommunications Equipment, Computer and Other Electronic Equipment Manufacturing	4708.81	2140.37	2568.43	733.73
仪器仪表制造业	Instruments,Meters,Cultural and Office Machinery	645.16	284.71	360.46	62.42
其他制造业	Handicraft Article and Other Manufacturing Industry	45.24	17.92	27.32	14.94
废弃资源综合利用业	Comprehensive Utilization of Waste Resources	27.50	16.79	10.70	9.91
金属制品、机械和设备修理业	Metal Products,Machinery and Equipment Repair Industry	73.39	35.71	37.68	36.18
电力、热力的生产和供应业	Electricity,Gas and Water Production and Supply	438.73	208.06	230.67	145.35
燃气生产和供应业	Production and Supply of Gas	367.85	198.12	169.73	84.48
水的生产和供应业	Production and Supply of Water	50.58	23.98	26.59	11.42

续表4 Continued 单位：亿元(100 million yuan)

行业	Sector	营业收入 Operating Income	营业成本 Operating Costs	营业税金及附加 Business Tariff and Annex	销售费用 Selling Expenses
总计	**Total**	**18378.94**	**15267.08**	**168.34**	**638.07**
按登记注册统计类别分	**By Registered Type**				
内资	Domestic Invested Enterprises				
港澳台商投资	Enterprises with Investment from Hong Kong, Macao and Taiwan	8574.38	7165.33	82.73	268.45
外商投资	Foreign Invested Enterprises	9804.57	8101.74	85.61	369.62
在总计中：轻工业	Light Industry	5152.81	4137.34	37.16	311.20
重工业	Heavy Industry	13226.14	11129.74	131.18	326.87
按工业行业分	**By Sector**				
煤炭开采和洗选业	Coal Mining and Dressing				
黑色金属矿采选业	Ferrous Metals Mining and Dressing				
有色金属矿采选业	Nonferrous Metals Mining and Dressing				
非金属矿采选业	Nonmetal Minerals Mining and Dressing	8.40	1.90	0.30	0.06
农副食品加工业	Non-staple Food Processing	213.16	200.04	0.67	3.29
食品制造业	Food Manufacturing	318.10	252.23	1.87	22.20
酒、饮料和精制茶制造业	Beverage Manufacturing	238.47	178.65	8.41	21.90
烟草制品业	Tobacco Processing				
纺织业	Textile Industry	580.20	481.60	4.30	11.58
纺织服装、服饰业	Garments,Shoes and Hats Manufacturing	673.20	574.19	4.01	42.13
皮革、毛皮、羽毛及其制品和制鞋业	Leather,Furs,Down and Related Products	54.98	47.08	0.38	1.43
木材加工和木、竹、藤、棕、草制品业	Timber Processing,Bamboo,Cane Palm Fiber and Straw Products	19.08	15.38	0.41	1.59
家具制造业	Furniture Manufacturing	149.13	116.38	1.24	8.37
造纸和纸制品业	Papermaking and Paper Products	321.32	263.81	1.52	12.98
印刷和记录媒介复制业	Printing and Record Medium Reproduction	83.87	66.53	0.49	2.70
文教、工美、体育和娱乐用品制造业	Cultural,Educational and Sports Goods	246.43	188.86	1.75	11.95
石油、煤炭及其他燃料加工工业	Oil, Coal and Other Fuel Processing Industries	437.40	387.97	38.65	1.71

续表5 Continued　　单位：亿元(100 million yuan)

行业	Sector	营业收入 Operating Income	营业成本 Operating Costs	营业税金及附加 Business Tariff and Annex	销售费用 Selling Expenses
化学原料和化学制品制造业	Raw Chemical Materials and Chemical Products	2341.15	2142.79	17.26	36.35
医药制造业	Medical and Pharmaceutical Products	379.27	199.73	2.56	93.15
化学纤维制造业	Chemical Fiber	625.18	588.20	1.46	2.70
橡胶和塑料制品业	Rubber and plastic products	348.34	271.16	2.26	12.65
非金属矿物制品业	Nonmetal Mineral Products	262.63	204.30	1.43	15.55
黑色金属冶炼和压延加工业	Smelting and Pressing of Ferrous Metals	172.89	167.75	0.46	0.87
有色金属冶炼和压延加工业	Smelting and Pressing of Nonferrous Metals	514.51	493.50	0.67	2.16
金属制品业	Metal Products	500.78	416.99	2.70	10.07
通用设备制造业	Ordinary Machinery	1312.76	1044.34	7.06	47.83
专用设备制造业	For Special Purpose Equipment Manufacturing	632.84	469.57	4.06	38.28
汽车制造业	Automotive Manufacturing	2391.97	2028.38	40.08	45.60
铁路、船舶、航空航天和其他运输设备制造业	Railway, Shipbuilding, Aerospace and Other Transport Equipment	139.27	122.01	1.03	1.41
电气机械和器材制造业	Electric Equipment and Machinery	1563.77	1294.80	6.99	67.76
计算机、通信和其他电子设备制造业	Telecommunications Equipment, Computer and Other Electronic Equipment Manufacturing	2764.37	2168.84	11.89	94.26
仪器仪表制造业	Instruments,Meters,Cultural and Office Machinery	389.19	284.53	1.90	17.28
其他制造业	Handicraft Article and Other Manufacturing Industry	36.88	29.93	0.28	0.98
废弃资源综合利用业	Comprehensive Utilization of Waste Resources	16.55	16.77	0.10	0.23
金属制品、机械和设备修理业	Metal Products,Machinery and Equipment Repair Industry	45.57	34.00	0.45	0.44
电力、热力的生产和供应业	Electricity,Gas and Water Production and Supply	206.70	163.33	1.05	0.15
燃气生产和供应业	Production and Supply of Gas	379.10	343.99	0.56	8.46
水的生产和供应业	Production and Supply of Water	11.51	7.55	0.09	

续表6 Continued 单位：亿元(100 million yuan)

行业	Sector	管理费用 Administrative Expenses	财务费用 Financial Expenses	利润总额 Total Profits
总计	**Total**	**718.02**	**40.61**	**1407.62**
按登记注册统计类别分	**By Registered Type**			
内资	Domestic Invested Enterprises			
港澳台商投资	Enterprises with Investment from Hong Kong, Macao and Taiwan	275.88	21.47	605.32
外商投资	Foreign Invested Enterprises	442.14	19.13	802.30
在总计中：轻工业	Light Industry	262.14	10.80	336.39
重工业	Heavy Industry	455.88	29.81	1071.23
按工业行业分	**By Sector**			
煤炭开采和洗选业	Coal Mining and Dressing			
黑色金属矿采选业	Ferrous Metals Mining and Dressing			
有色金属矿采选业	Nonferrous Metals Mining and Dressing			
非金属矿采选业	Nonmetal Minerals Mining and Dressing	0.43	0.00	5.69
农副食品加工业	Non-staple Food Processing	6.26	1.53	1.28
食品制造业	Food Manufacturing	15.17	0.30	24.53
酒、饮料和精制茶制造业	Beverage Manufacturing	8.19	0.17	23.52
烟草制品业	Tobacco Processing			
纺织业	Textile Industry	28.94	3.80	42.48
纺织服装、服饰业	Garments,Shoes and Hats Manufacturing	34.42	-3.83	17.98
皮革、毛皮、羽毛及其制品和制鞋业	Leather,Furs,Down and Related Products	3.63	0.84	2.42
木材加工和木、竹、藤、棕、草制品业	Timber Processing,Bamboo,Cane Palm Fiber and Straw Products	0.85	0.51	0.10
家具制造业	Furniture Manufacturing	10.62	0.80	24.51
造纸和纸制品业	Papermaking and Paper Products	8.31	3.74	24.46
印刷和记录媒介复制业	Printing and Record Medium Reproduction	4.85	0.43	7.03
文教、工美、体育和娱乐用品制造业	Cultural,Educational and Sports Goods	17.52	1.10	18.71
石油、煤炭及其他燃料加工业	Oil, Coal and Other Fuel Processing Industries	2.23	2.27	3.54

续表7 Continued 单位：亿元(100 million yuan)

行业	Sector	管理费用 Administrative Expenses	财务费用 Financial Expenses	利润总额 Total Profits
化学原料和化学制品制造业	Raw Chemical Materials and Chemical Products	51.83	8.51	81.90
医药制造业	Medical and Pharmaceutical Products	36.45	−0.07	31.04
化学纤维制造业	Chemical Fiber	7.23	4.81	11.22
橡胶和塑料制品业	Rubber and plastic products	20.99	−2.62	40.65
非金属矿物制品业	Nonmetal Mineral Products	12.62	3.86	16.50
黑色金属冶炼和压延加工业	Smelting and Pressing of Ferrous Metals	2.86	0.50	−0.35
有色金属冶炼和压延加工业	Smelting and Pressing of Nonferrous Metals	3.49	4.72	5.56
金属制品业	Metal Products	21.71	−0.56	59.55
通用设备制造业	Ordinary Machinery	70.32	1.97	126.95
专用设备制造业	For Special Purpose Equipment Manufacturing	39.93	−2.47	74.34
汽车制造业	Automotive Manufacturing	112.07	−3.90	272.90
铁路、船舶、航空航天和其他运输设备制造业	Railway, Shipbuilding, Aerospace and Other Transport Equipment	4.00	−0.29	8.87
电气机械和器材制造业	Electric Equipment and Machinery	67.78	4.24	83.41
计算机、通信和其他电子设备制造业	Telecommunications Equipment, Computer and Other Electronic Equipment Manufacturing	87.52	6.38	281.95
仪器仪表制造业	Instruments,Meters,Cultural and Office Machinery	18.68	−1.69	48.63
其他制造业	Handicraft Article and Other Manufacturing Industry	2.65	0.40	1.71
废弃资源综合利用业	Comprehensive Utilization of Waste Resources	0.60	0.43	−1.52
金属制品、机械和设备修理业	Metal Products,Machinery and Equipment Repair Industry	2.96	−0.02	6.67
电力、热力的生产和供应业	Electricity,Gas and Water Production and Supply	4.55	3.29	33.35
燃气生产和供应业	Production and Supply of Gas	7.49	1.02	25.20
水的生产和供应业	Production and Supply of Water	0.88	0.43	2.85

续表8 Continued　　单位：亿元(100 million yuan)

行业	Sector	利税总额 Total Profits and Taxes	本年应交增值税 Value Added Taxes Payable	平均用工人数(万人) Average Number of Employed Persons (10000 persons)
总计	**Total**	**1853.69**	**277.72**	**106.23**
按登记注册统计类别分	**By Registered Type**			
内资	Domestic Invested Enterprises			
港澳台商投资	Enterprises with Investment from Hong Kong, Macao and Taiwan	827.58	139.53	50.04
外商投资	Foreign Invested Enterprises	1026.11	138.20	56.19
在总计中：轻工业	Light Industry	470.48	96.93	44.93
重工业	Heavy Industry	1383.21	180.79	61.30
按工业行业分	**By Sector**			
煤炭开采和洗选业	Coal Mining and Dressing			
黑色金属矿采选业	Ferrous Metals Mining and Dressing			
有色金属矿采选业	Nonferrous Metals Mining and Dressing			
非金属矿采选业	Nonmetal Minerals Mining and Dressing	6.24	0.25	0.03
农副食品加工业	Non-staple Food Processing	3.25	1.30	0.79
食品制造业	Food Manufacturing	34.16	7.76	2.12
酒、饮料和精制茶制造业	Beverage Manufacturing	40.02	8.09	1.05
烟草制品业	Tobacco Processing			
纺织业	Textile Industry	62.71	15.93	6.97
纺织服装、服饰业	Garments,Shoes and Hats Manufacturing	33.46	11.47	8.86
皮革、毛皮、羽毛及其制品和制鞋业	Leather,Furs,Down and Related Products	4.17	1.37	1.06
木材加工和木、竹、藤、棕、草制品业	Timber Processing,Bamboo,Cane Palm Fiber and Straw Products	0.96	0.46	0.20
家具制造业	Furniture Manufacturing	27.76	2.01	2.43
造纸和纸制品业	Papermaking and Paper Products	31.98	6.00	1.14
印刷和记录媒介复制业	Printing and Record Medium Reproduction	9.67	2.15	0.71
文教、工美、体育和娱乐用品制造业	Cultural,Educational and Sports Goods	22.69	2.23	3.42
石油、煤炭及其他燃料加工业	Oil, Coal and Other Fuel Processing Industries	47.76	5.57	0.18

续表9 Continued

单位：亿元(100 million yuan)

行业	Sector	利税总额 Total Profits and Taxes	本年应交增值税 Value Added Taxes Payable	平均用工人数(万人) Average Number of Employed Persons (10000 persons)
化学原料和化学制品制造业	Raw Chemical Materials and Chemical Products	126.09	26.93	3.92
医药制造业	Medical and Pharmaceutical Products	45.67	12.07	2.85
化学纤维制造业	Chemical Fiber	19.51	6.82	1.82
橡胶和塑料制品业	Rubber and plastic products	49.41	6.50	3.44
非金属矿物制品业	Nonmetal Mineral Products	24.01	6.08	1.73
黑色金属冶炼和压延加工业	Smelting and Pressing of Ferrous Metals	0.90	0.78	0.31
有色金属冶炼和压延加工业	Smelting and Pressing of Nonferrous Metals	7.41	1.18	0.66
金属制品业	Metal Products	68.44	6.19	4.19
通用设备制造业	Ordinary Machinery	156.25	22.25	10.69
专用设备制造业	For Special Purpose Equipment Manufacturing	90.49	12.10	5.29
汽车制造业	Automotive Manufacturing	355.77	42.80	11.01
铁路、船舶、航空航天和其他运输设备制造业	Railway, Shipbuilding, Aerospace and Other Transport Equipment	10.85	0.95	0.51
电气机械和器材制造业	Electric Equipment and Machinery	105.42	15.02	9.70
计算机、通信和其他电子设备制造业	Telecommunications Equipment, Computer and Other Electronic Equipment Manufacturing	334.11	40.26	15.37
仪器仪表制造业	Instruments,Meters,Cultural and Office Machinery	55.64	5.11	3.86
其他制造业	Handicraft Article and Other Manufacturing Industry	2.64	0.65	0.64
废弃资源综合利用业	Comprehensive Utilization of Waste Resources	-1.22	0.20	0.05
金属制品、机械和设备修理业	Metal Products,Machinery and Equipment Repair Industry	7.43	0.31	0.25
电力、热力的生产和供应业	Electricity,Gas and Water Production and Supply	38.52	4.11	0.38
燃气生产和供应业	Production and Supply of Gas	28.30	2.54	0.54
水的生产和供应业	Production and Supply of Water	3.20	0.26	0.07

7-12 按行业分的外商投资和港澳台商投资工业企业主要经济效益指标

Main Economic Beneficial Indicators of Foreign Funded Enterprises and Enterprises Funded by Entrepreneurs from Hong Kong,Macao and Taiwan by Sector

行业	Sector
总计	**Total**
按登记注册统计类别分	**By Registered Type**
内资	Domestic Invested Enterprises
港澳台商投资	Enterprises with Investment from Hong Kong, Macao and Taiwan
外商投资	Foreign Invested Enterprises
在总计中：轻工业	Light Industry
重工业	Heavy Industry
按工业行业分	**By Sector**
煤炭开采和洗选业	Coal Mining and Dressing
黑色金属矿采选业	Ferrous Metals Mining and Dressing
有色金属矿采选业	Nonferrous Metals Mining and Dressing
非金属矿采选业	Nonmetal Minerals Mining and Dressing
农副食品加工业	Non-staple Food Processing
食品制造业	Food Manufacturing
酒、饮料和精制茶制造业	Beverage Manufacturing
烟草制品业	Tobacco Processing
纺织业	Textile Industry
纺织服装、服饰业	Garments,Shoes and Hats Manufacturing
皮革、毛皮、羽毛及其制品和制鞋业	Leather,Furs,Down and Related Products
木材加工和木、竹、藤、棕、草制品业	Timber Processing,Bamboo,Cane Palm Fiber and Straw Products
家具制造业	Furniture Manufacturing
造纸和纸制品业	Papermaking and Paper Products
印刷和记录媒介复制业	Printing and Record Medium Reproduction
文教、工美、体育和娱乐用品制造业	Cultural,Educational and Sports Goods

资产负债率（%）Asset Liability Ratio (%)		成本费用利润率（%）Profit Margin of the Cost and Expense (%)		每百元固定资产原值实现利税（元）Pre tax Profits per 100 Yuan Original Value of Fixed Assets (yuan)		每百元营业收入实现利税（元）Pre tax Profits per 100 Yuan Revenues in Main Business (yuan)	
2022	2023	2022	2023	2022	2023	2022	2023
49.69	**47.73**	**7.68**	**8.14**	**23.12**	**20.79**	**9.64**	**10.09**
45.95	47.77	7.10	7.53	21.11	20.09	9.39	9.65
52.68	47.70	8.06	8.67	24.62	21.40	9.81	10.47
47.76	46.23	7.34	6.89	19.59	16.38	9.61	9.13
50.43	48.31	7.81	8.63	24.88	22.89	9.66	10.46
	22.36		214.60		162.99		74.22
53.08	55.69	3.02	0.60	13.22	4.27	4.11	1.53
40.47	43.37	6.59	8.33	14.51	16.24	9.18	10.74
44.42	43.33	11.02	11.18	21.19	22.17	16.50	16.78
48.00	44.89	7.67	7.75	15.57	13.83	10.76	10.81
54.71	57.25	3.05	2.74	14.41	12.75	5.19	4.97
62.86	54.30	3.22	4.46	16.57	14.61	6.00	7.59
64.47	71.88	5.60	0.51	24.47	11.06	9.37	5.05
53.28	42.64	3.81	17.27	19.17	33.22	6.63	18.62
53.37	53.01	6.97	8.17	14.10	14.41	9.13	9.95
32.36	30.87	10.64	9.09	22.33	19.18	12.66	11.53
45.47	43.27	9.75	8.25	28.35	17.02	11.31	9.21

续表 Continued

行业	Sector
石油、煤炭及其他燃料加工业	Oil, Coal and Other Fuel Processing Industries
化学原料和化学制品制造业	Raw Chemical Materials and Chemical Products
医药制造业	Medical and Pharmaceutical Products
化学纤维制造业	Chemical Fiber
橡胶和塑料制品业	Rubber and plastic products
非金属矿物制品业	Nonmetal Mineral Products
黑色金属冶炼和压延加工业	Smelting and Pressing of Ferrous Metals
有色金属冶炼和压延加工业	Smelting and Pressing of Nonferrous Metals
金属制品业	Metal Products
通用设备制造业	Ordinary Machinery
专用设备制造业	For Special Purpose Equipment Manufacturing
汽车制造业	Automotive Manufacturing
铁路、船舶、航空航天和其他运输设备制造业	Railway, Shipbuilding, Aerospace and Other Transport Equipment
电气机械和器材制造业	Electric Equipment and Machinery
计算机、通信和其他电子设备制造业	Telecommunications Equipment,Computer and Other Electronic Equipment Manufacturing
仪器仪表制造业	Instruments,Meters,Cultural and Office Machinery
其他制造业	Handicraft Article and Other Manufacturing Industry
废弃资源综合利用业	Comprehensive Utilization of Waste Resources
金属制品、机械和设备修理业	Metal Products,Machinery and Equipment Repair Industry
电力、热力的生产和供应业	Electricity,Gas and Water Production and Supply
燃气生产和供应业	Production and Supply of Gas
水的生产和供应业	Production and Supply of Water

资产负债率（%）Asset Liability Ratio (%)		成本费用利润率（%）Profit Margin of the Cost and Expense (%)		每百元固定资产原值实现利税（元）Pre tax Profits per 100 Yuan Original Value of Fixed Assets (yuan)		每百元营业收入实现利税（元）Pre tax Profits per 100 Yuan Revenues in Main Business (yuan)	
2022	2023	2022	2023	2022	2023	2022	2023
61.24	65.45	0.09	0.90	39.46	31.22	10.54	10.92
45.10	46.83	4.91	3.60	13.68	8.90	6.51	5.39
39.73	37.22	21.65	8.71	67.76	21.15	21.72	12.04
60.86	61.00	-1.07	1.82	0.30	5.06	0.19	3.12
37.25	36.26	8.38	13.03	14.90	19.04	10.31	14.19
59.64	51.07	5.89	6.75	13.67	14.89	8.18	9.14
44.07	45.65	0.06	-0.20	1.83	0.78	1.24	0.52
67.00	68.08	0.45	1.09	13.95	13.86	1.39	1.44
41.94	40.73	11.99	12.90	31.98	28.78	12.71	13.67
46.55	47.13	10.21	10.53	28.49	29.33	11.55	11.90
39.39	39.36	14.02	12.87	36.22	34.58	15.50	14.30
51.03	51.72	10.81	12.08	29.59	33.60	13.92	14.87
60.96	45.06	7.92	6.84	18.75	21.48	9.96	7.79
50.01	52.55	6.17	5.61	22.26	20.59	7.47	6.74
53.85	45.45	9.04	10.99	46.19	38.58	10.11	12.09
45.39	44.13	19.44	14.04	36.48	27.47	18.05	14.30
45.84	39.62	3.53	4.92	10.82	12.73	5.50	7.17
54.93	61.07	-3.67	-8.41	-11.96	-16.13	-2.98	-7.40
54.01	48.65	21.39	17.26	13.93	13.56	20.02	16.31
48.78	47.42	9.61	19.24	7.19	9.70	11.78	18.63
51.80	53.86	5.32	6.96	12.76	13.25	6.62	7.47
52.36	47.42	35.10	31.47	13.62	13.12	30.89	27.77

7-13 大中型工业企业主要指标（2023年）
Main Indicators of Large and Medium-sized Industrial Enterprises(2023)

单位：亿元(100 million yuan)

行业	Sector	企业单位数(个) Number of Enterprises (unit)	#亏损企业(个) Loss (unit)	工业总产值 Gross Industrial Output Value
总计	**Total**	**4578**	**611**	**60342.02**
按登记注册统计类别分	**By Registered Type**			
内资	Domestic Invested Enterprises	3810	511	48052.75
港澳台商投资	Enterprises with Investment from Hong Kong, Macao and Taiwan	362	54	6009.00
外商投资	Foreign Invested Enterprises	406	46	6280.27
在总计中：轻工业	Light Industry	2082	309	16002.20
重工业	Heavy Industry	2496	302	44339.82
按工业行业分	**By Sector**			
煤炭开采和洗选业	Coal Mining and Dressing			
黑色金属矿采选业	Ferrous Metals Mining and Dressing			
有色金属矿采选业	Nonferrous Metals Mining and Dressing			
非金属矿采选业	Nonmetal Minerals Mining and Dressing	1		
农副食品加工业	Non-staple Food Processing	37	7	165.80
食品制造业	Food Manufacturing	68	14	325.46
酒、饮料和精制茶制造业	Beverage Manufacturing	24	1	246.84
烟草制品业	Tobacco Processing	1		
纺织业	Textile Industry	369	66	1750.32
纺织服装、服饰业	Garments,Shoes and Hats Manufacturing	198	38	1138.22
皮革、毛皮、羽毛及其制品和制鞋业	Leather,Furs,Down and Related Products	98	10	307.09
木材加工和木、竹、藤、棕、草制品业	Timber Processing,Bamboo,Cane Palm Fiber and Straw Products	28	2	111.43
家具制造业	Furniture Manufacturing	111	19	539.50
造纸和纸制品业	Papermaking and Paper Products	55	7	753.14
印刷和记录媒介复制业	Printing and Record Medium Reproduction	46	3	190.38
文教、工美、体育和娱乐用品制造业	Cultural,Educational and Sports Goods	103	7	726.59
石油、煤炭及其他燃料加工业	Oil, Coal and Other Fuel Processing Industries	2		1837.21

续表1 Continued

单位：亿元(100 million yuan)

行业	Sector	企业单位数(个) Number of Enterprises (unit)	#亏损企业(个) Loss (unit)	工业总产值 Gross Industrial Output Value
化学原料和化学制品制造业	Raw Chemical Materials and Chemical Products	165	30	7644.00
医药制造业	Medical and Pharmaceutical Products	160	26	1578.26
化学纤维制造业	Chemical Fiber	74	22	2593.30
橡胶和塑料制品业	Rubber and plastic products	176	16	1367.97
非金属矿物制品业	Nonmetal Mineral Products	83	7	746.62
黑色金属冶炼和压延加工业	Smelting and Pressing of Ferrous Metals	31	8	1275.90
有色金属冶炼和压延加工业	Smelting and Pressing of Nonferrous Metals	32	10	1735.51
金属制品业	Metal Products	293	20	1708.38
通用设备制造业	Ordinary Machinery	438	37	3337.27
专用设备制造业	For Special Purpose Equipment Manufacturing	220	25	1398.10
汽车制造业	Automotive Manufacturing	400	35	5552.46
铁路、船舶、航空航天和其他运输设备制造业	Railway, Shipbuilding, Aerospace and Other Transport Equipment	72	8	626.04
电气机械和器材制造业	Electric Equipment and Machinery	624	82	8825.28
计算机、通信和其他电子设备制造业	Telecommunications Equipment, Computer and Other Electronic Equipment Manufacturing	428	87	6763.83
仪器仪表制造业	Instruments,Meters,Cultural and Office Machinery	118	4	1048.04
其他制造业	Handicraft Article and Other Manufacturing Industry	34	2	125.39
废弃资源综合利用业	Comprehensive Utilization of Waste Resources	10	1	166.51
金属制品、机械和设备修理业	Metal Products,Machinery and Equipment Repair Industry	21		151.58
电力、热力的生产和供应业	Electricity,Gas and Water Production and Supply	31	2	4682.96
燃气生产和供应业	Production and Supply of Gas	4	1	134.00
水的生产和供应业	Production and Supply of Water	23	14	129.98

续表2 Continued

单位：亿元(100 million yuan)

行业	Sector	资产总计 Total Assets	年末负债合计 Total Liabilities	所有者权益合计 Creditors' Equity	实收资本 Total Capital Hold
总计	**Total**	**83489.04**	**44025.70**	**39471.80**	**13265.03**
按登记注册统计类别分	**By Registered Type**				
内资	Domestic Invested Enterprises	65246.10	35249.33	30005.23	10399.17
港澳台商投资	Enterprises with Investment from Hong Kong, Macao and Taiwan	8855.49	4196.50	4658.99	1439.22
外商投资	Foreign Invested Enterprises	9387.45	4579.87	4807.58	1426.64
在总计中：轻工业	Light Industry	23399.79	11279.65	12121.82	3416.83
重工业	Heavy Industry	60089.25	32746.05	27349.97	9848.19
按工业行业分	**By Sector**				
煤炭开采和洗选业	Coal Mining and Dressing				
黑色金属矿采选业	Ferrous Metals Mining and Dressing				
有色金属矿采选业	Nonferrous Metals Mining and Dressing				
非金属矿采选业	Nonmetal Minerals Mining and Dressing				
农副食品加工业	Non-staple Food Processing	295.40	152.68	142.72	43.32
食品制造业	Food Manufacturing	432.60	216.16	216.45	89.05
酒、饮料和精制茶制造业	Beverage Manufacturing	347.59	136.76	210.84	55.39
烟草制品业	Tobacco Processing				
纺织业	Textile Industry	2250.34	1222.27	1028.07	364.19
纺织服装、服饰业	Garments,Shoes and Hats Manufacturing	1549.04	802.96	746.08	266.51
皮革、毛皮、羽毛及其制品和制鞋业	Leather,Furs,Down and Related Products	395.31	195.33	199.98	60.14
木材加工和木、竹、藤、棕、草制品业	Timber Processing,Bamboo,Cane Palm Fiber and Straw Products	270.21	126.52	150.47	33.68
家具制造业	Furniture Manufacturing	853.43	443.78	409.65	118.30
造纸和纸制品业	Papermaking and Paper Products	1351.48	621.51	731.65	198.87
印刷和记录媒介复制业	Printing and Record Medium Reproduction	243.80	104.46	139.34	45.95
文教、工美、体育和娱乐用品制造业	Cultural,Educational and Sports Goods	802.24	425.81	376.43	108.93
石油、煤炭及其他燃料加工业	Oil, Coal and Other Fuel Processing Industries	826.37	287.99	538.37	362.71

续表3 Continued

单位：亿元(100 million yuan)

行业	Sector	资产总计 Total Assets	年末负债合计 Total Liabilities	所有者权益合计 Creditors' Equity	实收资本 Total Capital Hold
化学原料和化学制品制造业	Raw Chemical Materials and Chemical Products	10266.39	5632.53	4633.86	1795.32
医药制造业	Medical and Pharmaceutical Products	3695.28	1283.24	2412.04	502.72
化学纤维制造业	Chemical Fiber	3643.23	2217.48	1425.75	648.03
橡胶和塑料制品业	Rubber and plastic products	1711.93	806.53	905.40	229.04
非金属矿物制品业	Nonmetal Mineral Products	1693.40	855.03	838.37	234.01
黑色金属冶炼和压延加工业	Smelting and Pressing of Ferrous Metals	1128.00	559.06	568.93	261.03
有色金属冶炼和压延加工业	Smelting and Pressing of Nonferrous Metals	1163.31	819.05	344.27	128.11
金属制品业	Metal Products	2053.60	1016.97	1036.63	258.58
通用设备制造业	Ordinary Machinery	5147.49	2431.52	2715.97	631.66
专用设备制造业	For Special Purpose Equipment Manufacturing	2531.65	1218.24	1313.41	303.64
汽车制造业	Automotive Manufacturing	7639.67	4519.10	3120.57	983.38
铁路、船舶、航空航天和其他运输设备制造业	Railway, Shipbuilding, Aerospace and Other Transport Equipment	769.49	468.18	301.31	110.13
电气机械和器材制造业	Electric Equipment and Machinery	11350.07	6396.40	4953.67	1425.35
计算机、通信和其他电子设备制造业	Telecommunications Equipment, Computer and Other Electronic Equipment Manufacturing	10990.37	5579.89	5410.48	1752.35
仪器仪表制造业	Instruments,Meters,Cultural and Office Machinery	1871.76	765.80	1105.96	191.86
其他制造业	Handicraft Article and Other Manufacturing Industry	194.07	89.51	104.55	30.34
废弃资源综合利用业	Comprehensive Utilization of Waste Resources	176.24	93.21	83.04	17.78
金属制品、机械和设备修理业	Metal Products,Machinery and Equipment Repair Industry	247.31	147.42	99.89	46.93
电力、热力的生产和供应业	Electricity,Gas and Water Production and Supply	5751.67	3456.28	2295.38	1682.53
燃气生产和供应业	Production and Supply of Gas	258.24	95.54	162.70	104.52
水的生产和供应业	Production and Supply of Water	1074.91	773.27	301.64	162.94

续表4 Continued

单位：亿元(100 million yuan)

行业	Sector	营业收入 Operating Income	营业成本 Operating Costs	营业税金及附加 Business Tariff and Annex	销售费用 Selling Expenses
总计	**Total**	**64612.10**	**54658.06**	**1155.88**	**1676.22**
按登记注册统计类别分	**By Registered Type**				
内资	Domestic Invested Enterprises	51338.16	43706.31	1021.18	1169.81
港澳台商投资	Enterprises with Investment from Hong Kong, Macao and Taiwan	6243.34	5161.06	70.90	210.69
外商投资	Foreign Invested Enterprises	7030.61	5790.69	63.79	295.72
在总计中：轻工业	Light Industry	17573.91	13992.53	503.16	780.17
重工业	Heavy Industry	47038.20	40665.53	652.71	896.06
按工业行业分	**By Sector**				
煤炭开采和洗选业	Coal Mining and Dressing				
黑色金属矿采选业	Ferrous Metals Mining and Dressing				
有色金属矿采选业	Nonferrous Metals Mining and Dressing				
非金属矿采选业	Nonmetal Minerals Mining and Dressing				
农副食品加工业	Non-staple Food Processing	186.51	161.41	0.91	7.14
食品制造业	Food Manufacturing	366.64	288.82	2.07	32.91
酒、饮料和精制茶制造业	Beverage Manufacturing	305.05	225.67	5.51	30.59
烟草制品业	Tobacco Processing				
纺织业	Textile Industry	1703.91	1402.74	11.11	28.28
纺织服装、服饰业	Garments,Shoes and Hats Manufacturing	1125.14	913.32	6.59	77.42
皮革、毛皮、羽毛及其制品和制鞋业	Leather,Furs,Down and Related Products	288.55	236.32	1.68	10.83
木材加工和木、竹、藤、棕、草制品业	Timber Processing,Bamboo,Cane Palm Fiber and Straw Products	148.63	113.29	1.61	9.14
家具制造业	Furniture Manufacturing	591.73	461.23	3.94	37.28
造纸和纸制品业	Papermaking and Paper Products	782.44	664.97	4.61	17.95
印刷和记录媒介复制业	Printing and Record Medium Reproduction	189.45	149.73	1.02	6.34
文教、工美、体育和娱乐用品制造业	Cultural,Educational and Sports Goods	702.73	578.08	3.39	31.71
石油、煤炭及其他燃料加工业	Oil, Coal and Other Fuel Processing Industries	1797.50	1548.51	205.70	2.02

续表5 Continued

单位：亿元(100 million yuan)

行业	Sector	营业收入 Operating Income	营业成本 Operating Costs	营业税金及附加 Business Tariff and Annex	销售费用 Selling Expenses
化学原料和化学制品制造业	Raw Chemical Materials and Chemical Products	7957.88	7105.15	253.50	57.02
医药制造业	Medical and Pharmaceutical Products	1549.89	891.29	12.03	261.57
化学纤维制造业	Chemical Fiber	3443.92	3266.27	6.83	8.93
橡胶和塑料制品业	Rubber and plastic products	1543.19	1280.49	7.34	43.61
非金属矿物制品业	Nonmetal Mineral Products	800.06	638.79	5.56	28.85
黑色金属冶炼和压延加工业	Smelting and Pressing of Ferrous Metals	1313.41	1251.69	2.38	5.70
有色金属冶炼和压延加工业	Smelting and Pressing of Nonferrous Metals	2025.22	1951.06	2.70	6.03
金属制品业	Metal Products	1755.71	1456.08	8.88	43.00
通用设备制造业	Ordinary Machinery	3588.05	2790.22	18.73	141.50
专用设备制造业	For Special Purpose Equipment Manufacturing	1399.14	1046.12	9.05	66.59
汽车制造业	Automotive Manufacturing	5824.02	5067.79	68.11	86.21
铁路、船舶、航空航天和其他运输设备制造业	Railway, Shipbuilding, Aerospace and Other Transport Equipment	687.78	564.13	7.86	11.62
电气机械和器材制造业	Electric Equipment and Machinery	9743.57	8317.54	35.38	267.32
计算机、通信和其他电子设备制造业	Telecommunications Equipment, Computer and Other Electronic Equipment Manufacturing	7254.77	5988.51	28.18	258.16
仪器仪表制造业	Instruments,Meters,Cultural and Office Machinery	1073.71	766.09	6.19	64.40
其他制造业	Handicraft Article and Other Manufacturing Industry	137.54	105.98	1.05	5.61
废弃资源综合利用业	Comprehensive Utilization of Waste Resources	167.30	152.61	0.55	0.89
金属制品、机械和设备修理业	Metal Products,Machinery and Equipment Repair Industry	158.54	128.68	1.08	2.75
电力、热力的生产和供应业	Electricity,Gas and Water Production and Supply	4691.95	4409.98	18.23	0.46
燃气生产和供应业	Production and Supply of Gas	147.30	134.05	0.32	4.80
水的生产和供应业	Production and Supply of Water	164.49	148.55	1.76	11.39

续表6 Continued

单位：亿元(100 million yuan)

行业	Sector	管理费用 Administrative Expenses	财务费用 Financial Expenses	利润总额 Total Profits
总计	**Total**	**1781.03**	**269.13**	**4114.46**
按登记注册统计类别分	**By Registered Type**			
内资	Domestic Invested Enterprises	1319.06	255.12	2975.77
港澳台商投资	Enterprises with Investment from Hong Kong, Macao and Taiwan	171.15	5.56	497.71
外商投资	Foreign Invested Enterprises	290.82	8.46	640.98
在总计中：轻工业	Light Industry	688.00	47.68	1268.45
重工业	Heavy Industry	1093.03	221.45	2846.01
按工业行业分	**By Sector**			
煤炭开采和洗选业	Coal Mining and Dressing			
黑色金属矿采选业	Ferrous Metals Mining and Dressing			
有色金属矿采选业	Nonferrous Metals Mining and Dressing			
非金属矿采选业	Nonmetal Minerals Mining and Dressing			
农副食品加工业	Non-staple Food Processing	7.33	1.75	6.94
食品制造业	Food Manufacturing	18.68	0.91	22.07
酒、饮料和精制茶制造业	Beverage Manufacturing	11.16	-1.26	45.76
烟草制品业	Tobacco Processing			
纺织业	Textile Industry	75.89	14.20	128.66
纺织服装、服饰业	Garments,Shoes and Hats Manufacturing	61.24	-3.19	57.07
皮革、毛皮、羽毛及其制品和制鞋业	Leather,Furs,Down and Related Products	16.35	0.95	15.03
木材加工和木、竹、藤、棕、草制品业	Timber Processing,Bamboo,Cane Palm Fiber and Straw Products	7.62	0.43	13.58
家具制造业	Furniture Manufacturing	30.98	2.24	56.48
造纸和纸制品业	Papermaking and Paper Products	19.06	8.22	62.62
印刷和记录媒介复制业	Printing and Record Medium Reproduction	10.78	0.25	15.99
文教、工美、体育和娱乐用品制造业	Cultural,Educational and Sports Goods	30.86	2.09	49.18
石油、煤炭及其他燃料加工业	Oil, Coal and Other Fuel Processing Industries	15.72	3.44	22.99

续表7 Continued 单位：亿元(100 million yuan)

行业	Sector	管理费用 Administrative Expenses	财务费用 Financial Expenses	利润总额 Total Profits
化学原料和化学制品制造业	Raw Chemical Materials and Chemical Products	106.07	94.14	237.52
医药制造业	Medical and Pharmaceutical Products	119.46	-2.86	217.00
化学纤维制造业	Chemical Fiber	29.43	26.75	61.93
橡胶和塑料制品业	Rubber and plastic products	49.77	2.63	122.28
非金属矿物制品业	Nonmetal Mineral Products	26.93	5.65	85.10
黑色金属冶炼和压延加工业	Smelting and Pressing of Ferrous Metals	16.67	-6.39	69.63
有色金属冶炼和压延加工业	Smelting and Pressing of Nonferrous Metals	19.86	14.62	10.80
金属制品业	Metal Products	65.27	1.48	158.01
通用设备制造业	Ordinary Machinery	147.88	0.04	392.04
专用设备制造业	For Special Purpose Equipment Manufacturing	67.67	-1.59	176.58
汽车制造业	Automotive Manufacturing	180.06	12.25	430.09
铁路、船舶、航空航天和其他运输设备制造业	Railway, Shipbuilding, Aerospace and Other Transport Equipment	23.72	2.31	46.86
电气机械和器材制造业	Electric Equipment and Machinery	271.21	10.24	633.43
计算机、通信和其他电子设备制造业	Telecommunications Equipment, Computer and Other Electronic Equipment Manufacturing	196.18	11.11	535.38
仪器仪表制造业	Instruments,Meters,Cultural and Office Machinery	47.97	-7.44	163.07
其他制造业	Handicraft Article and Other Manufacturing Industry	9.40	0.89	14.22
废弃资源综合利用业	Comprehensive Utilization of Waste Resources	3.22	1.86	5.28
金属制品、机械和设备修理业	Metal Products,Machinery and Equipment Repair Industry	11.56	-0.30	13.55
电力、热力的生产和供应业	Electricity,Gas and Water Production and Supply	48.08	64.56	144.83
燃气生产和供应业	Production and Supply of Gas	3.61	0.84	8.51
水的生产和供应业	Production and Supply of Water	10.81	9.07	-3.13

续表8 Continued　　单位：亿元(100 million yuan)

行业	Sector	利税总额 Total Profits and Taxes	本年应交增值税 Value Added Taxes Payable	平均用工人数(万人) Average Number of Employed Persons (10000 persons)
总计	**Total**	**6317.21**	**1046.88**	**343.14**
按登记注册统计类别分	**By Registered Type**			
内资	Domestic Invested Enterprises	4851.90	854.95	271.16
港澳台商投资	Enterprises with Investment from Hong Kong, Macao and Taiwan	669.96	101.36	34.64
外商投资	Foreign Invested Enterprises	795.35	90.57	37.35
在总计中：轻工业	Light Industry	2188.23	416.62	146.99
重工业	Heavy Industry	4128.98	630.26	196.15
按工业行业分	**By Sector**			
煤炭开采和洗选业	Coal Mining and Dressing			
黑色金属矿采选业	Ferrous Metals Mining and Dressing			
有色金属矿采选业	Nonferrous Metals Mining and Dressing			
非金属矿采选业	Nonmetal Minerals Mining and Dressing			
农副食品加工业	Non-staple Food Processing	10.04	2.19	1.94
食品制造业	Food Manufacturing	33.50	9.36	3.61
酒、饮料和精制茶制造业	Beverage Manufacturing	62.04	10.77	1.85
烟草制品业	Tobacco Processing			
纺织业	Textile Industry	196.47	56.70	24.64
纺织服装、服饰业	Garments,Shoes and Hats Manufacturing	90.19	26.54	14.82
皮革、毛皮、羽毛及其制品和制鞋业	Leather,Furs,Down and Related Products	24.57	7.86	6.37
木材加工和木、竹、藤、棕、草制品业	Timber Processing,Bamboo,Cane Palm Fiber and Straw Products	18.28	3.09	1.69
家具制造业	Furniture Manufacturing	74.82	14.41	8.72
造纸和纸制品业	Papermaking and Paper Products	89.69	22.45	3.49
印刷和记录媒介复制业	Printing and Record Medium Reproduction	21.49	4.49	2.23
文教、工美、体育和娱乐用品制造业	Cultural,Educational and Sports Goods	65.86	13.29	7.25
石油、煤炭及其他燃料加工业	Oil, Coal and Other Fuel Processing Industries	241.74	13.05	0.73

续表9 Continued

单位：亿元(100 million yuan)

行业	Sector	利税总额 Total Profits and Taxes	本年应交增值税 Value Added Taxes Payable	平均用工人数(万人) Average Number of Employed Persons (10000 persons)
化学原料和化学制品制造业	Raw Chemical Materials and Chemical Products	572.01	80.99	11.29
医药制造业	Medical and Pharmaceutical Products	282.11	53.08	12.55
化学纤维制造业	Chemical Fiber	92.24	23.49	8.35
橡胶和塑料制品业	Rubber and plastic products	148.41	18.80	12.07
非金属矿物制品业	Nonmetal Mineral Products	110.94	20.28	5.41
黑色金属冶炼和压延加工业	Smelting and Pressing of Ferrous Metals	80.82	8.82	2.67
有色金属冶炼和压延加工业	Smelting and Pressing of Nonferrous Metals	39.28	25.79	2.81
金属制品业	Metal Products	199.75	32.86	17.67
通用设备制造业	Ordinary Machinery	475.45	64.68	29.92
专用设备制造业	For Special Purpose Equipment Manufacturing	214.79	29.17	12.86
汽车制造业	Automotive Manufacturing	588.68	90.48	29.70
铁路、船舶、航空航天和其他运输设备制造业	Railway, Shipbuilding, Aerospace and Other Transport Equipment	63.27	8.55	4.57
电气机械和器材制造业	Electric Equipment and Machinery	775.17	106.36	50.92
计算机、通信和其他电子设备制造业	Telecommunications Equipment, Computer and Other Electronic Equipment Manufacturing	655.25	91.69	43.81
仪器仪表制造业	Instruments,Meters,Cultural and Office Machinery	190.98	21.73	9.63
其他制造业	Handicraft Article and Other Manufacturing Industry	18.69	3.42	2.19
废弃资源综合利用业	Comprehensive Utilization of Waste Resources	7.95	2.12	0.44
金属制品、机械和设备修理业	Metal Products,Machinery and Equipment Repair Industry	16.23	1.60	1.48
电力、热力的生产和供应业	Electricity,Gas and Water Production and Supply	262.89	99.84	5.42
燃气生产和供应业	Production and Supply of Gas	9.80	0.97	0.27
水的生产和供应业	Production and Supply of Water	2.15	3.52	1.36

7-14 按行业分的大中型工业企业主要经济效益指标
Main Economic Beneficial Indicators of Large and Medium-sized Industrial Enterprises by Sector

行业	Sector
总计	**Total**
按登记注册统计类别分	**By Registered Type**
内资	Domestic Invested Enterprises
港澳台商投资	Enterprises with Investment from Hong Kong, Macao and Taiwan
外商投资	Foreign Invested Enterprises
在总计中：轻工业	Light Industry
重工业	Heavy Industry
按工业行业分	**By Sector**
煤炭开采和洗选业	Coal Mining and Dressing
黑色金属矿采选业	Ferrous Metals Mining and Dressing
有色金属矿采选业	Nonferrous Metals Mining and Dressing
非金属矿采选业	Nonmetal Minerals Mining and Dressing
农副食品加工业	Non-staple Food Processing
食品制造业	Food Manufacturing
酒、饮料和精制茶制造业	Beverage Manufacturing
烟草制品业	Tobacco Processing
纺织业	Textile Industry
纺织服装、服饰业	Garments,Shoes and Hats Manufacturing
皮革、毛皮、羽毛及其制品和制鞋业	Leather,Furs,Down and Related Products
木材加工和木、竹、藤、棕、草制品业	Timber Processing,Bamboo,Cane Palm Fiber and Straw Products
家具制造业	Furniture Manufacturing
造纸和纸制品业	Papermaking and Paper Products
印刷和记录媒介复制业	Printing and Record Medium Reproduction
文教、工美、体育和娱乐用品制造业	Cultural,Educational and Sports Goods

资产负债率（%）Asset Liability Ratio (%)		成本费用利润率（%）Profit Margin of the Cost and Expense (%)		每百元固定资产原值实现利税（元）Pre tax Profits per 100 Yuan Original Value of Fixed Assets (yuan)		每百元营业收入实现利税（元）Pre tax Profits per 100 Yuan Revenues in Main Business (yuan)	
2022	2023	2022	2023	2022	2023	2022	2023
53.73	**52.73**	**6.64**	**6.81**	**19.97**	**18.65**	**9.72**	**9.78**
	54.03		6.20		17.29		9.45
45.82	47.39	7.82	8.58	25.02	24.30	10.12	10.73
54.06	48.79	7.83	9.66	26.92	26.05	9.32	11.31
47.46	48.20	8.18	7.89	31.08	28.12	12.65	12.45
56.20	54.50	6.05	6.41	16.50	15.82	8.55	8.78
47.46	51.69	4.15	3.82	13.38	11.13	5.54	5.39
42.65	49.97	9.05	6.34	20.29	15.85	11.71	9.14
35.82	39.34	15.27	17.04	29.75	34.18	18.95	20.34
53.80	54.31	8.20	8.08	17.66	16.51	11.80	11.53
52.10	51.84	5.87	5.32	26.65	23.59	8.48	8.02
54.26	49.41	4.79	5.46	20.79	23.21	7.57	8.52
47.99	46.82	9.57	9.99	33.34	28.50	12.22	12.30
53.31	52.00	9.14	10.19	36.72	34.68	11.88	12.65
47.10	45.99	7.08	8.50	16.36	15.84	10.41	11.46
38.12	42.85	9.59	9.13	24.60	22.62	11.79	11.34
50.82	53.08	7.37	7.47	33.52	29.12	9.64	9.37

续表 Continued

行业	Sector
石油、煤炭及其他燃料加工业	Oil, Coal and Other Fuel Processing Industries
化学原料和化学制品制造业	Raw Chemical Materials and Chemical Products
医药制造业	Medical and Pharmaceutical Products
化学纤维制造业	Chemical Fiber
橡胶和塑料制品业	Rubber and plastic products
非金属矿物制品业	Nonmetal Mineral Products
黑色金属冶炼和压延加工业	Smelting and Pressing of Ferrous Metals
有色金属冶炼和压延加工业	Smelting and Pressing of Nonferrous Metals
金属制品业	Metal Products
通用设备制造业	Ordinary Machinery
专用设备制造业	For Special Purpose Equipment Manufacturing
汽车制造业	Automotive Manufacturing
铁路、船舶、航空航天和其他运输设备制造业	Railway, Shipbuilding, Aerospace and Other Transport Equipment
电气机械和器材制造业	Electric Equipment and Machinery
计算机、通信和其他电子设备制造业	Telecommunications Equipment,Computer and Other Electronic Equipment Manufacturing
仪器仪表制造业	Instruments,Meters,Cultural and Office Machinery
其他制造业	Handicraft Article and Other Manufacturing Industry
废弃资源综合利用业	Comprehensive Utilization of Waste Resources
金属制品、机械和设备修理业	Metal Products,Machinery and Equipment Repair Industry
电力、热力的生产和供应业	Electricity,Gas and Water Production and Supply
燃气生产和供应业	Production and Supply of Gas
水的生产和供应业	Production and Supply of Water

资产负债率(%) Asset Liability Ratio (%)		成本费用利润率(%) Profit Margin of the Cost and Expense (%)		每百元固定资产原值实现利税(元) Pre tax Profits per 100 Yuan Original Value of Fixed Assets (yuan)		每百元营业收入实现利税(元) Pre tax Profits per 100 Yuan Revenues in Main Business (yuan)	
2022	2023	2022	2023	2022	2023	2022	2023
38.90	34.85	2.67	1.46	42.34	36.44	13.63	13.45
53.66	54.86	5.73	3.14	16.75	11.16	9.89	7.19
35.65	34.73	23.98	15.80	43.73	26.02	23.86	18.20
59.35	60.87	1.47	1.83	6.51	7.05	2.63	2.68
48.69	47.11	7.49	8.56	19.58	20.61	8.92	9.62
52.96	50.49	16.41	11.71	27.37	17.56	17.49	13.87
53.50	49.56	3.63	5.37	12.11	14.12	4.87	6.15
69.60	70.41	0.67	0.54	20.89	13.49	2.51	1.94
50.28	49.52	9.15	9.72	32.88	29.70	10.98	11.38
48.59	47.24	10.87	12.13	34.29	35.40	12.33	13.25
48.10	48.12	14.53	14.13	39.70	36.62	16.05	15.35
56.05	59.15	4.17	7.75	15.78	26.91	6.72	10.11
86.09	60.84	4.22	7.39	10.98	22.09	6.08	9.20
55.23	56.36	5.95	6.90	34.01	30.90	7.22	7.96
52.72	50.77	8.69	7.80	35.35	26.68	9.77	9.03
46.22	40.91	17.53	17.28	51.93	51.71	17.85	17.79
46.20	46.13	8.80	11.28	28.58	31.92	11.14	13.59
56.71	52.89	5.53	3.26	30.63	17.80	7.59	4.75
58.44	59.61	10.90	9.38	13.26	15.08	11.57	10.23
67.52	60.09	0.55	3.18	1.66	3.12	2.55	5.60
47.08	37.00	0.28	5.93	2.04	5.71	1.18	6.65
68.35	71.94	-1.03	-1.73	0.40	0.29	1.54	1.31

7-15 规模以上工业企业能源购进、消费及库存（2023年）
Purchasing,Consuming and Stocking of Energy in Industrial Enterprises Above Designated Size(2023)

能源名称	Item		年初库存 Stock at the Beginning of the Year	购进量 Number of purchasing	工业生产消费 Consumption of Industrial Enterprises	年末库存 Stock at the End of the Year
原煤	(吨) Coal	(ton)	6378816	169110070	168276018	6458776
洗精煤	(吨) Coal Washing	(ton)	99381	2060563	2000185	159758
其他洗煤	(吨) Other Coal Washing	(ton)	53528	2080240	2028007	93846
煤制品	(吨) Coal Products	(ton)	12070	1168576	1165213	15200
焦炭	(吨) Coke	(ton)	72838	1042606	3133857	190607
其他焦化产品	(吨) Other Coking Products	(ton)		141437	141437	
焦炉煤气	(万立方米) Coking Coal	(10000 cu.m)		1576	46138	
高炉煤气	(万立方米) Blast Furnace Gas	(10000 cu.m)		56683	1405993	
转炉煤气	(万立方米) Converter Furnace Gas	(10000 cu.m)		917	114464	
天然气	(万立方米) Natural Gas	(10000 cu.m)	745	1252705	1247392	589
原油	(吨) Crude Oil	(ton)	1903251	76970553	74950562	3922988
汽油	(吨) Gasoline	(ton)	537	191172	153608	409
煤油	(吨) Kerosene	(ton)	475	6642	4940	166
柴油	(吨) Diesel Oil	(ton)	35568	697475	678259	39161
燃料油	(吨) Fuel Oil	(ton)	60252	1410893	1385624	99967
液化石油气	(吨) LPG	(ton)	27890	296542	8948228	27138
其他石油制品	(吨) Other Petroleum Products	(ton)	88214	4879537	18867700	139916
热力	(百万千焦) Heat	(100 Million coke)		631777995	703393863	
电力	(万千瓦小时) Electricity	(10000 kw.h)		28075139	30334466	
其他燃料	(吨标准煤) Other Fuel	(Ton of SCE)	1202	203418	410744	5641

7-16 能源生产弹性系数（1990-2023年）
Elasticity Ratio of Energy Production(1990-2023)

年份	全省能源生产量(万吨标准煤) Output of Energy Production (10000 tons of SCE)	全省电力生产量(亿千瓦小时) Output of Electricity Production (10000 million kw.h)	能源生产比上年增长(%) Growth Rate of Energy Production Over Preceding year(%)	电力生产比上年增长(%) Growth Rate of Electricity Production Over Preceding year(%)	生产总值比上年增长(%) Growth Rate of GDP Over Preceding year (%)	能源生产弹性系数 Elasticity Ratio of Energy Production	电力生产弹性系数 Elasticity Ratio of Electricity Production
1990	317.18	208.58			3.93		
1991	324.10	242.25	2.18	16.14	17.83	0.12	0.91
1992	355.57	284.13	9.71	17.29	19.02	0.51	0.91
1993	388.80	308.52	9.35	8.58	22.02	0.42	0.39
1994	402.53	340.90	3.53	10.50	19.97	0.18	0.53
1995	460.70	407.11	14.45	19.42	16.78	0.86	1.16
1996	379.17	448.36	-17.70	10.13	12.69	-1.39	0.80
1997	392.16	485.77	3.43	8.34	11.10	0.31	0.75
1998	494.04	539.16	25.98	10.99	10.17	2.55	1.08
1999	454.81	597.26	-7.94	10.78	10.03	-0.79	1.07
2000	439.24	696.59	-3.42	16.63	11.04	-0.31	1.51
2001	516.41	790.35	17.57	13.46	10.65	1.65	1.26
2002	745.64	887.82	44.39	12.33	12.64	3.51	0.98
2003	945.58	1090.86	26.81	22.87	14.70	1.82	1.56
2004	1091.63	1258.81	15.45	15.40	14.48	1.07	1.06
2005	1273.02	1456.42	16.62	15.70	12.76	1.30	1.23
2006	1216.21	1765.93	-4.46	21.25	13.88	-0.32	1.53
2007	1169.43	2080.41	-3.85	17.81	14.67	-0.26	1.21
2008	1228.75	2133.87	5.07	2.57	10.05	0.50	0.26
2009	1238.39	2250.71	0.78	5.48	8.94	0.10	0.61
2010	1489.94	2567.51	20.31	14.08	11.94	1.70	1.18
2011	1354.08	2790.24	-9.12	8.67	9.00	-1.01	0.96
2012	1709.98	2846.91	26.28	2.03	8.00	3.29	0.25
2013	1537.52	2922.88	-5.97	3.29	8.20	-0.73	0.40
2014	1554.58	2878.28	1.11	-1.53	7.60	0.15	-0.20
2015	2133.49	3010.84	37.24	4.61	8.00	4.65	0.58
2016	2337.52	3197.60	9.56	6.20	7.60	1.26	0.82
2017	2150.88	3312.33	-7.98	3.59	7.80	-1.02	0.46
2018	2407.37	3438.44	11.92	3.81	7.10	1.68	0.54
2019	2937.00	3538.00	22.00	1.00	6.80	3.23	0.15
2020	3080.00	3531.30	4.90	-0.20	3.60	1.40	-0.06
2021	3961.33	4222.50	10.66	19.60	8.50	1.25	2.30
2022	4349.00	4349.90	9.80	3.00	3.10	3.16	0.97
2023		4580.70		5.30	6.00		0.88

注: 1.2018年数据根据经济普查进行了调整。
Data of the table are adjusted according to the economic census since 2018.
2.本表生产总值比上年增长数据均为当年初步核算数，后表同。
The GDP growth data of the previous year in this table are the preliminary accounting figures of the current year, the same as the following table.

7-17 能源消费弹性系数（1990-2022年）
Elasticity Ratio of Energy Consumption(1990-2022)

年份	全省能源消费量(万吨标准煤) Total Energy Consumption (10000 tons of SCE)	全省电力消费量(亿千瓦小时) Total Electricity Consumption (100 million kwh)	能源消费比上年增长(%) Growth Rate of Energy Consumption Over Preceding year (%)	电力消费比上年增长(%) Growth Rate of Electricity Consumption Over Preceding year (%)	生产总值比上年增长(%) Growth Rate of GDP Over Preceding year (%)	能源消费弹性系数 Elasticity Ratio of Energy Consumption	电力消费弹性系数 Elasticity Ratio of Electricity Consumption
1990	2732.86	230.29			3.93		
1991	3123.17	263.07	14.28	14.23	17.83	0.80	0.80
1992	3484.22	303.28	11.56	15.28	19.02	0.61	0.80
1993	4044.22	346.75	16.07	14.33	22.02	0.73	0.65
1994	4496.67	396.74	11.19	14.42	19.97	0.56	0.72
1995	4851.26	439.59	7.89	10.80	16.78	0.47	0.64
1996	5165.43	479.34	6.48	9.04	12.69	0.51	0.71
1997	5446.74	511.45	5.45	6.70	11.10	0.49	0.60
1998	5656.96	547.78	3.86	7.10	10.17	0.38	0.70
1999	5960.14	611.67	5.36	11.66	10.03	0.53	1.16
2000	6560.37	742.89	10.07	21.45	11.04	0.91	1.94
2001	7253.11	855.29	10.56	15.13	10.65	0.99	1.42
2002	8279.64	1015.84	14.15	18.77	12.64	1.12	1.49
2003	9522.56	1240.35	15.01	22.10	14.70	1.02	1.50
2004	10824.69	1419.53	13.67	14.45	14.48	0.94	1.00
2005	12031.67	1642.32	11.15	15.69	12.76	0.87	1.23
2006	13218.85	1909.23	9.87	16.25	13.88	0.71	1.17
2007	14524.13	2189.37	9.87	14.67	14.67	0.67	1.00
2008	15106.88	2322.87	4.01	6.10	10.05	0.40	0.61
2009	15566.89	2471.44	3.05	6.40	8.94	0.34	0.72
2010	16865.29	2820.93	8.34	14.14	11.94	0.70	1.18
2011	17827.27	3116.91	5.70	10.49	9.00	0.63	1.16
2012	18076.18	3210.55	1.40	3.00	8.00	0.18	0.38
2013	18640.00	3453.05	4.11	7.55	8.20	0.50	0.92
2014	18826.00	3506.39	1.00	1.54	7.60	0.13	0.20
2015	19610.00	3554.00	4.20	1.40	8.00	0.53	0.18
2016	20275.60	3873.19	3.39	8.98	7.60	0.45	1.18
2017	21030.01	4192.63	3.72	8.25	7.80	0.48	1.06
2018	21674.56	4532.82	3.06	8.11	7.10	0.43	1.14
2019	22393.00	4706.20	3.30	3.80	6.80	0.49	0.56
2020	24660.00	4829.70	10.10	2.60	3.60	2.81	0.72
2021	26623.70	5514.10	8.00	14.17	8.50	0.94	1.67
2022	29112.00	5799.00	9.30	5.20	3.10	3.00	1.68

7-18 全社会用电情况（2018-2023年）
The Total Electricit Consumption(2018-2023)

单位：亿千瓦时(100 million kw.h)

指标	Item	2018	2019	2020	2021	2022	2023
全社会用电总计	**Total**	**4532.82**	**4706.22**	**4829.68**	**5514.11**	**5799.35**	**6192.42**
全行业用电合计	**Total by sector**	**3930.01**	**4065.27**	**4142.23**	**4773.17**	**4891.96**	**5292.30**
第一产业	Primary Industry	21.17	20.84	21.19	24.19	28.95	32.83
第二产业	Secondary Industry	3243.83	3327.86	3389.97	3868.79	3899.73	4186.37
第三产业	Tertiary Industry	665.01	716.57	731.06	880.20	963.28	1073.11
全行业用电按行业分	**By Sector**						
农、林、牧、渔业	Farming,Forestry,Animal Husbandry and Fishery	29.03	29.09	28.71	31.57	38.10	42.16
工业	Industry	3176.55	3243.50	3300.37	3767.51	3800.30	4097.06
采矿业	Mining and Quarrying	16.47	16.83	16.99	17.75	17.55	17.56
制造业合计	Manufacturing	2647.95	2717.36	2752.10	3158.26	3161.98	3449.80
电力、热力、燃气及水生产和供应业	Electricity, Heat, Gas and Water Production and Supply	512.13	509.30	531.28	591.50	620.77	629.71
建筑业	Construction	71.76	87.99	92.43	104.40	102.64	93.42
交通运输、仓储、邮政业	Transport,Storage and Post	74.17	82.58	83.49	99.54	104.70	119.96
信息传输计算机服务软件业	Information Transmission, Computer Services and Software	52.86	57.51	66.61	78.80	88.86	95.61
商业、住宿和餐饮业	Commerce,Hotels and Catering Services	205.15	218.02	215.83	262.91	283.51	324.37
金融房地产商务及居民服务业	Finance,Real Estate, Business and Service for the Residents	124.53	139.84	148.10	183.97	207.65	234.44
公共事业及管理组织	Public Administration	195.97	206.74	206.68	244.46	266.18	285.28
城乡居民生活用电合计	**Total Electricity Consumption by Urban and Rural Residents**	**602.82**	**640.95**	**687.45**	**740.94**	**907.39**	**900.11**
城镇居民	Urban Residents	328.86	350.98	373.16	348.20	341.15	367.14
乡村居民	Rural Residents	273.96	289.97	314.29	392.74	566.24	532.98

浙/江/统/计/年/鉴

主要统计指标解释

工业增加值

是指工业行业在报告期内以货币表现的工业生产活动的最终成果。

固定资产原价

固定资产原值指企业在建造、购置、安装、改建、扩建、技术改造某项固定资产时所支出的全部货币总额。它一般包括买价、包装费、运杂费和安装费等。

固定资产净值

是指固定资产原价减去历年已提折旧额后的净额。

流动资产

流动资产是指可以在一年或者超过一年的一个营业周期内变现或者耗用的资产，包括现金及各种存款、短期投资、应收及预付货款、存货等。

利税总额

指企业利润总额、产品销售税金及附加和应交增值税之和。

营业收入

指企业在销售商品（不一定是本企业生产）、提供劳务及让渡资产使用权等日常活动中所产生的收入。

营业成本

指企业在销售商品、提供劳务及让渡资产使用权等日常活动而发生的实际成本。

主营业务税金及附加

指企业日常活动应负担的税金及附加，包括营业税、消费税、城市维护建设税、资源税、土地增值税和教育费附加等。

产品销售利润

指企业销售产品和提供工业性劳务等主要经营业务收入扣除其成本、费用、税金后的利润。

利润总额

指企业实现的利润。

应交增值税

指企业在报告期内应交纳的增值税额。

资本金

指企业在工商行政管理部门登记的注册资金合计。企业资本金按投资主体可分为国家资本金、法人资本金、个人资本金和外商资本金等。资本金合计包括企业各种投资主体注册的全部资本金。

总资产

指企业拥有或控制的全部资产。包括流动资产、长期投资、固定资产、无形及递延资产、其他长期资产、递延税项等，即为企业资产负债表的资产总计项。

(1) 流动资产指企业可以在一年内或者超过一年的一个生产周期内变现或耗用的资产合计。包括现金及各种存款、短期投资、应收及预付款项、存货等。

(2) 固定资产指企业固定资产净值、固定资产清理、在建工程、待处理固定资产损失所占用的资金合计。

(3) 无形资产指企业长期使用而没有实物形态的资产。包括专利权、非专利技术、商标权、著作权、土地使用权、商誉等。

总负债

指企业承担并需要偿还的全部债务。包括流动负债和长期负债、递延税项等，即为企业资产负债表的负债合计项。

(1) 流动负债指企业在一年内或者超过一年的一个营业周期内需要偿还的债务合计，其中包括短期借款、应付及预收款项、应付工资、应交税金和应交利润等。

(2) 长期负债指企业在一年以上或者超过一年的一个生产周期以上需要偿还的债务合计，其中包括长期借款、应付债务、长期应付款项等。

主要统计指标解释

■ 所有者权益

指企业投资人对企业净资产的所有权。企业净资产等于企业全部资产减去全部负债后的余额，其中包括投资者对企业的最初投入，以及资本公积金、盈余公积金和未分配利润，对股份制企业即为股东权益。

■ 流动资产周转次数

指在一定时间内流动资产完成的周转次数，反映流动资产的周转速度。计算公式为：

流动资金周转次数＝产品销售收入／全部流动资产平均余额。

■ 全员劳动生产率

指根据产品的价值量指标计算的平均每一从业人员在单位时间内的产品生产量。计算公式为：

全员劳动生产率＝工业增加值 ÷ 全部从业人员数。

■ 能源生产总量

指一定时期内某地区一次能源生产量的总和。该指标是观察全国能源生产水平、规模、构成和发展速度的总量指标。一次能源生产量包括原煤、原油、天然气、水电、核能及其他动力能（如风能、地热能等）发电量，不包括低热值燃料生产值、生物能、太阳能等的利用和由一次能源加工转换而成的二次能源产量。

■ 能源消费总量

指一定时期内某地区物质生产部门、非物质生产部门和生活消费的各种能源的总和。该指标是观察能源消费水平、构成和增长速度的总量指标。能源消费总量包括原煤和原油及其制品、天然气、电力，不包括低热值燃料、生物质能和太阳能等的利用。能源消费总量分为终端能源消费量、能源加工转换损失量和能源损失量三部分。

（1）终端能源消费量：指一定时期内生产和生活消费的各种能源在扣除了用于加工转换二次能源消费量和损失量以后的数量。

（2）能源加工转换损失量：指一定时期内投入加工转换的各种能源数量之和与产出各种能源产品之和的差额。该指标是观察能源在加工转换过程中损失量变化的指标。

（3）能源损失量：指一定时期内能源在输送、分配、储存过程中发生的损失和由客观原因造成的各种损失量，不包括各种气体能源放空、放散量。

■ 能源生产弹性系数

研究能源生产增长速度与国民经济增长速度之间关系的指标。计算公式为：

$$能源生产弹性系数=\frac{能源生产总量年平均增长速度}{生产总值年平均增长速度}$$

■ 电力生产弹性系数

研究电力生产增长速度与国民经济增长速度之间关系的指标。一般来说，电力的发展应当快于国民经济的发展，也就是说电力应超前发展。计算公式为：

$$电力生产弹性系数=\frac{电力生产量年平均增长速度}{生产总值年平均增长速度}$$

■ 能源消费弹性系数

反映能源消费增长速度与国民经济增长速度之间比例关系的指标。计算公式为：

$$能源消费弹性系数=\frac{能源消费量年平均增长速度}{生产总值年平均增长速度}$$

■ 电力消费弹性系数

反映电力消费增长速度与国民经济增长速度之间比例关系的指标。计算公式为：

$$电力消费弹性系数=\frac{电力消费量年平均增长速度}{生产总值年平均增长速度}$$

ZHEJIANG STATISTICAL YEARBOOK

Explanatory Notes on Main Statistical Indicators

□ Value Added of Industry

refers to the final results of industrial production of the industrial trade in money terms during the reference period.

□ Original Value of Fixed Assets

refers to the original value of all fixed assets owned by industrial enterprises, calculated at the cost paid at the time of purchase, installation, reconstruction, expansion, and technical innovation and transformation of the said assets, which includes expenses on purchase, package, transportation, and installation, etc.

□ Net Value of Fixed Assets

is obtained by deducting depreciation over years from the original value of fixed assets.

□ Circulating Assets

refers to assets which can be cashed in or spent or consumed in an operating cycle of one year or over one year,which includes cash, various deposits, short term investment, and receivable payments,and advance payments,stock,etc.

□ Total Value of Profit and Tax(Pre-tax Profits)

refers to the sum of the total profits, products sales tax and surcharges and the value added tax payable of industrial enterprises. It is also called pre-tax profits.

□ Business Revenue

refers to revenues from the sales of products,labor services provided,alienation of using asset right and etc.

□ Business Cost

refers to real costs from the sales of products,labor services provided,alienation of using asset right and etc.

□ Tax and Extra Charges on Main Business

refer to the tax the business tax, consumption tax, city maintenance and construction, resources tax, land increasing value tax and extra charges for education and etc.

□ Sales Profit of Products

refers to the profit gained by the enterprises by deducting cost, charges and taxes from the business income of the enterprises obtained in selling products and providing industrial services.

□ Total Profits

refer to the profits gained by the enterprises.

□ Value Added Tax Payable

refers to the amount of the value added tax which should be paid by the enterprises in the reporting period.

□ Capital

refers to the corporation's capital registered in the departments of administration for industry and commerce. According to the different nature of investors, corporations' capital can be divided into state capital, legal person's capital,personal capital, foreign capital, etc. Total capital includes total registered capital of all investors in the corporation.

□ Total Assets

refer to all assets which are owned or controlled by enterprises, including circulating assets, long-term investment, fixed assets, intangible assets and deferred assets, other long-term assets, and deferred taxes, etc. The summation of above items is equal to total assets shown in the balance sheets of the enterprises.

(1) Circulating assets (working capital) refer to assets which can be cashed in or spent or consumed in an

EXPLANATORY NOTES ON MAIN STATISTICAL INDICATORS

operating cycle of one year or over one year, including cash, all kinds of deposits, short term investment, receivables, advance payment, stock, etc.

(2) Fixed assets refer to the net value of fixed assets, clearance of fixed assets, project under construction, fixed assets losses in suspense. These are corporations' fund holdings.

(3) Intangible assets refer to the assets without material form used by enterprises over a long time, such as patents,non-patent technologies, trade marks, copyright, land use right, business reputation, etc.

□ Total Liabilities

refer to the debts that enterprises are responsible for repayment, including liquid liabilities, long-term liabilities and deferred taxes,etc. Total liabilities correspond to the summation item of liabilities shown in the balance sheets of the enterprises.

(1) Liquid liabilities (also called quick liabilities or immediate liabilities) refer to enterprises total debt payable within an operating cycle of one year or over one year, including short term loans, payables and advance payments, wages payables, taxes payable and profit payable, etc.

(2)Long-term liabilities refers to total debt payable within an operating cycle of one year or over one year, including long-term loans, payable liabilities, long-term payables, etc.

□ Creditors' Equity

refers to investors' ownership of net assets of the enterprise. It is equal to the total assets of the enterprise minus its total liabilities, including the primary input from investors, capital accumulation fund, surplus accumulation fund and undistributed profit. It is the stock holders' equity in stock companies.

□ Turnover of Working Capital

refers to the number of times of turnover of working capital in a given period of time, which reflects the speed of the turnover of working capital and is calculated as follows:

Turnover of Working Capital(%)=100%×(Sales Revenue of Products)/(Average Balance of Total Working Capital)

□ Overall Labour Productivity of Industrial Enterprises

refers to the average output per employed person in industrial enterprises in value terms. At present, the value added and the average number of staff and worders of an industrial enterprises in a given period are used to calculate the overall labour productivity. The formula used is:

Overall Labour Productivity=Value Added of Industry/ Average Number of Staff and Worders

□ Total Energy Production

refers to the total production of primary energy by all energy producing enterprises in the region in a given period of time. It is a comprehensive indicator to show the capacity, scale, composition and development of energy production of the country. The production of primary energy includes that of coal, crude oil, natural gas, hydro-power and electricity generated by nuclear energy and other means such as wind power and geothermal power.However, it excludes the production of fuels of low calorific value, bio-energy, solar energy and the secondary energy converted from the primary energy.

□ Total Domestic Energy Consumption

refers to the total consumption of energy of various kinds by material production sectors, non material production sectors and households in the region in a given period of time. It is a comprehensive indicator to show the scale, composition and development of energy consumption. The total energy consumption includes that of coal, crude oil and their products, natural gas and electricity. However, it excludes the consumption of fuel of low calorific value, bioenergy and solar energy. Total domestic energy consumption can be divided into three parts:final energy consumption, loss during the process of energy conversion, and energy loss.

(1)Final Energy Consumption: It refers to the total energy consumption by material production sectors, non material production sectors and households in the region in a given period of time, but excludes the consumption in

EXPLANATORY NOTES ON
MAIN STATISTICAL INDICATORS

conversion of the primary energy into the secondary energy and the loss in the process of energy conversion.

(2) Loss During the Process of Energy Conversion: It refers to the total input of various kinds of energy for conversion, minus the total output of various kinds of energy in the region in a given period of time. It is an indicator to show the loss that occurs during the process of energy conversion.

(3) Energy Loss: It refers to the total of the loss of energy during the course of energy transport, distribution and storage and the loss caused by any objective reason in a given period of time.The loss of various kinds of gas due to gas discharges and stocktaking is excluded.

□ Elasticity Ratio of Energy Production

is an indicator to show the relationship between the growth rate of energy production and the growth rate of the national economy.The formula is:

Elasticity Ratio of the Energy Production=Average Annual Growth Rate of Energy Production/Average Annual Growth Rate of GDP.

□ Elasticity Ratio of Electricity Production

is an indicator to show the relationship between the growth rate of electricity production and the growth rate of electricity production should be higher than that of the national economy.

Its formula is:

Elasticity Ratio of Electricity Production=Average Annual Growth Rate of Electricity Production/Average Annual Growth Rate of GDP.

□ Elasticity Ratio of Energy Consumption

is an indicator to show the relationship between the growth rate of energy consumption and the growth rate of the national economy.The formula is:

Elasticity Ratio of Energy Consumption=Average Annual Growth Rate of Energy Consumption/Average Annual Growth Rate of GDP.

□ Elasticity Ratio of Electricity Consumption

is an indicator to show the relationship between the growth rate of electricity consumption and the growth rate of the national economy. The formula is:

Elasticity Ratio of Electricity Consumption=Average Annual Growth Rate of Electricity Consumption/Average Annual Growth Rate of GDP.

2024 浙江统计年鉴

ZHEJIANG STATISTICAL YEARBOOK

CHAPTER 8

建筑业

Construction

8-1 各地建筑业企业基本情况
Basic Information of Construction Enterprises by Region

地区	Region	建筑业企业单位数（个）Number of Construction Enterprises by Region (unit)			建筑业企业总产值（亿元）Gross Output Value of Construction Enterprises By Region (100 million yuan)		
		2021	2022	2023	2021	2022	2023
合 计	**Total**	**8750**	**9950**	**10827**	**23011**	**23861**	**24456**
杭州市	Hangzhou	1854	2049	2242	5580	5737	5981
宁波市	Ningbo	1300	1488	1539	3299	3426	3446
温州市	Wenzhou	1112	1268	1398	1803	2033	2246
嘉兴市	Jiaxing	425	486	543	1394	1494	1494
湖州市	Huzhou	410	439	456	949	1048	1114
绍兴市	Shaoxing	958	1244	1325	4881	5057	5081
金华市	Jinhua	1003	1118	1328	2770	2485	2350
衢州市	Quzhou	503	565	599	447	497	532
舟山市	Zhoushan	211	226	250	229	254	251
台州市	Taizhou	622	680	728	1256	1373	1432
丽水市	Lishui	352	387	419	403	458	529

8-2 各地区按登记注册类型分的建筑业企业单位数（2023年）
Number of Construction Enterprises by Registration Status and Region(2023)

单位：个(unit)

地区	Region	建筑业企业单位数 Number of Construction Enterprises	内资企业 Domestic Funded Enterprises	港澳台商投资企业 Enterprises Funded by Entrepre-neurs From Hong Kong Macao and Taiwan	外商投资企业 Foreign Funded Enterprises
合 计	**Total**	**10827**	**10810**	**15**	**2**
杭州市	Hangzhou	2242	2234	7	1
宁波市	Ningbo	1539	1536	3	
温州市	Wenzhou	1398	1398		
嘉兴市	Jiaxing	543	541	2	
湖州市	Huzhou	456	456		
绍兴市	Shaoxing	1325	1321	3	1
金华市	Jinhua	1328	1328		
衢州市	Quzhou	599	599		
舟山市	Zhoushan	250	250		
台州市	Taizhou	728	728		
丽水市	Lishui	419	419		

8-3 各地区建筑业总产值的构成
Total Construction Output Value by Structure and Region

单位：亿元(100 million yuan)

地区	Region	建筑业总产值 Cross Output Value of Construction		建筑工程产值 Output Value of Construction		安装工程产值 Output Value of Installation		其他产值 Others	
		2022	2023	2022	2023	2022	2023	2022	2023
合 计	**Total**	**23861**	**24456**	**21101**	**21706**	**2193**	**2173**	**567**	**577**
杭州市	Hangzhou	5737	5981	4983	5161	616	704	138	115
宁波市	Ningbo	3426	3446	3019	3034	332	333	74	78
温州市	Wenzhou	2033	2246	1870	2065	128	145	35	36
嘉兴市	Jiaxing	1494	1494	1341	1337	108	105	45	52
湖州市	Huzhou	1048	1114	936	1000	78	78	34	36
绍兴市	Shaoxing	5057	5081	4408	4528	547	440	102	113
金华市	Jinhua	2485	2350	2213	2102	216	189	56	59
衢州市	Quzhou	497	532	439	482	30	26	28	25
舟山市	Zhoushan	254	251	216	202	31	33	7	16
台州市	Taizhou	1373	1432	1267	1318	71	81	35	33
丽水市	Lishui	458	529	408	476	35	40	15	13

8-4 各地区按登记注册类型分的建筑业总产值（2023年）
Total Construction Output Value by Registration Status and Region(2023)

单位：亿元(100 million yuan)

地区	Region	建筑业总产值 Gross Output Value of Construction	内资企业 Domestic Funded Enterprises	港澳台商投资企业 Enterprises Funded by Enterpre-neurs From Hong Kong Macao and Taiwan	外商投资企业 Foreign Funded Enterprises
合 计	**Total**	**24456**	**24098**	**343**	**15**
杭州市	Hangzhou	5981	5891	87	3
宁波市	Ningbo	3446	3419	27	
温州市	Wenzhou	2246	2246		
嘉兴市	Jiaxing	1494	1365	129	
湖州市	Huzhou	1114	1114		
绍兴市	Shaoxing	5081	4968	100	13
金华市	Jinhua	2350	2350		
衢州市	Quzhou	532	532		
舟山市	Zhoushan	251	251		
台州市	Taizhou	1432	1432		
丽水市	Lishui	529	529		

8-5 各地区按所含专业分的建筑业总产值（2023年）
Total Construction Output Value by Sector And Region(2023)

单位：亿元(100 million yuan)

地区	Region	建筑业总产值 Gross Output Value of Construction	房屋工程建筑 Housing	土木工程建筑 Civil Engineering	#铁路、道路、隧道和桥梁工程建筑 Railways,Tunnels, Roads and Bridges	建筑安装业 Installation	建筑装饰业和其他建筑业 Building Decoration and Others
合 计	**Total**	**24456**	**15745**	**5718**	**3665**	**1228**	**1765**
杭州市	Hangzhou	5981	3075	1760	1177	363	783
宁波市	Ningbo	3446	2129	933	546	143	241
温州市	Wenzhou	2246	1435	676	158	38	98
嘉兴市	Jiaxing	1494	1087	294	200	50	64
湖州市	Huzhou	1114	777	263	223	41	34
绍兴市	Shaoxing	5081	3554	653	567	480	393
金华市	Jinhua	2350	1886	391	273	32	40
衢州市	Quzhou	532	309	195	142	12	16
舟山市	Zhoushan	251	142	87	43	8	14
台州市	Taizhou	1432	1006	314	249	56	55
丽水市	Lishui	529	345	153	88	4	27

8-6 各地区按登记注册类型分的建筑业企业房屋建筑面积（2023年）
Floor Space of Building Construction Enterprises by Region(2023)

单位：万平方米(10000 sq.m)

地区	Region	房屋建筑施工面积 Floor Space Under Construction	内资企业 Domestic Funded Enterprises	港澳台商投资企业 Enterprises Funded by Entrepre-neurs From Hong Kong Macao and Taiwan	外商投资企业 Foreign Funded Enterprises	房屋建筑竣工面积 Completed Floor Space Under Construction	内资企业 Domestic Funded Enterprises	港澳台商投资企业 Enterprises Funded by Entrepre-neurs From Hong Kong Macao and Taiwan	外商投资企业 Foreign Funded Enterprises
合 计	**Total**	**168024**	**165559**	**2363**	**102**	**46600**	**45693**	**879**	**28**
杭州市	Hangzhou	32924	32726	198		8756	8701	55	
宁波市	Ningbo	24672	24638	34		5774	5774		
温州市	Wenzhou	13647	13647			3655	3655		
嘉兴市	Jiaxing	10157	9055	1102		3378	2907	471	
湖州市	Huzhou	6221	6221			2079	2079		
绍兴市	Shaoxing	33654	32522	1030	102	11332	10951	353	28
金华市	Jinhua	27792	27792			6282	6282		
衢州市	Quzhou	2555	2555			820	820		
舟山市	Zhoushan	1081	1081			320	320		
台州市	Taizhou	12440	12440			3156	3156		
丽水市	Lishui	2883	2883			1049	1049		

8-7 各地区建筑业企业劳动生产率
Labor Productivity of Construction Enterprises by Region

单位：元/人(yuan/person)

地区	Region	按建筑业总产值计算的劳动生产率 Overall Labor Productivity Calculated by Gross Output Value of Construction		
		2021	2022	2023
合 计	**Total**	**392959**	**428679**	**417772**
杭州市	Hangzhou	425854	462221	457737
宁波市	Ningbo	370597	400491	396153
温州市	Wenzhou	331110	389036	360059
嘉兴市	Jiaxing	505155	530635	504378
湖州市	Huzhou	490141	522064	491027
绍兴市	Shaoxing	360576	403674	384023
金华市	Jinhua	437290	474958	464111
衢州市	Quzhou	345268	380110	384592
舟山市	Zhoushan	367330	380409	380932
台州市	Taizhou	345771	372440	377288
丽水市	Lishui	406937	372887	450767

8-8 各地区建筑业企业技术装备情况（2023年）
Technology and Equipment Owned by Construction Enterprises by Region(2023)

地区	Region	自有机械设备总台数(台) Number of Machinery and Equipment Owned (unit)	自有机械设备总功率(万千瓦) Total Power of Machinery and Equipment Owned (10000 kw)	自有机械设备净值(万元) Net Value of Machinery and Equipment Owned (10000 yuan)	技术装备率(元/人) Value of Machines per Labourer (yuan/person)	动力装备率(千瓦/人) Power of Machines per Labourer (kw/person)
合 计	**Total**	**538373**	**933**	**2312154**	**4655**	**1.88**
杭州市	Hangzhou	83575	185	568669	5012	1.63
宁波市	Ningbo	47489	105	318981	5552	1.83
温州市	Wenzhou	157994	96	222478	4128	1.79
嘉兴市	Jiaxing	20714	51	100599	4290	2.18
湖州市	Huzhou	13415	35	86294	4440	1.82
绍兴市	Shaoxing	124792	218	454524	3632	1.74
金华市	Jinhua	28338	68	179245	4706	1.78
衢州市	Quzhou	12007	32	56085	4178	2.41
舟山市	Zhoushan	5846	17	42975	6719	2.72
台州市	Taizhou	33882	87	217465	6187	2.49
丽水市	Lishui	10321	37	64840	5980	3.45

8-9 各地区按资质等级分总承包建筑业企业总产值（2023年）
Total Output Value of Construction Enterprises of General Contractors by Qualification Criteria and by Region(2023)

单位：亿元(100 million yuan)

地区	Region	合计 Total	特级 Special Grade	一级 First Grade	二级 Second Grade	三级及以下 Third Grade and Below
合 计	**Total**	**21450**	**6975**	**8749**	**3238**	**2488**
杭州市	Hangzhou	4767	1503	2448	490	325
宁波市	Ningbo	3062	1267	1058	328	409
温州市	Wenzhou	2040	146	973	617	305
嘉兴市	Jiaxing	1383	279	591	291	222
湖州市	Huzhou	984	209	489	187	100
绍兴市	Shaoxing	4480	1860	1873	429	318
金华市	Jinhua	2198	1184	504	257	252
衢州市	Quzhou	518		204	164	151
舟山市	Zhoushan	229		103	79	47
台州市	Taizhou	1312	528	307	263	215
丽水市	Lishui	476		200	131	145

8-10 各地区按资质等级分专业承包建筑业企业总产值
Total Output Value of Construction Enterprises of Professional Contractors by Qualification Criteria and by Region

单位：亿元

地区	Region	合计 Total		一级 First Grade		二级 Second Grade		三级及以下 Third Grade and Below	
		2022	2023	2022	2023	2022	2023	2022	2023
合计	**Total**	**2815**	**3006**	**1738**	**1821**	**753**	**878**	**324**	**307**
杭州市	Hangzhou	1107	1214	771	806	272	353	64	55
宁波市	Ningbo	386	384	237	232	98	98	51	54
温州市	Wenzhou	198	206	74	79	96	99	28	28
嘉兴市	Jiaxing	108	111	43	40	37	41	28	30
湖州市	Huzhou	131	129	39	39	79	84	13	6
绍兴市	Shaoxing	545	600	431	468	71	85	43	47
金华市	Jinhua	139	153	82	85	28	40	29	28
衢州市	Quzhou	14	14	4	4	7	7	3	3
舟山市	Zhoushan	20	22	4	3	9	8	7	11
台州市	Taizhou	120	119	42	46	36	48	42	25
丽水市	Lishui	47	53	12	20	19	14	16	19

8-11 各地区建筑业企业资产与负债（2023年）
Assets and Liabilities of Construction Enterprises by Region(2023)

单位：亿元(100 million yuan)

地区	Region	资产合计 Total Assets	#流动资产 Circulating Assets	流动负债 Liquid Liabilities	非流动负债 Non-current Liabilities	所有者权益 Creditors' Equity
合 计	**Total**	**21156.64**	**17523.49**	**13613.03**	**679.14**	**6103.47**
杭州市	Hangzhou	6816.87	5584.93	4731.74	269.96	1674.69
宁波市	Ningbo	3346.68	2811.68	2295.13	36.65	998.76
温州市	Wenzhou	1849.50	1333.45	999.76	161.87	593.61
嘉兴市	Jiaxing	1035.46	897.02	691.84	17.08	269.60
湖州市	Huzhou	865.80	722.62	605.85	22.14	191.71
绍兴市	Shaoxing	2465.31	2041.27	1325.51	32.11	935.18
金华市	Jinhua	2488.31	2180.21	1526.51	91.68	782.19
衢州市	Quzhou	386.80	336.18	236.05	4.33	126.13
舟山市	Zhoushan	281.69	237.88	188.78	5.33	73.10
台州市	Taizhou	1232.22	1041.51	778.93	28.30	341.80
丽水市	Lishui	387.98	336.74	232.93	9.70	116.69

8-12 各地区建筑业企业总收入（2023年）
Total Income of Construction Enterprises by Region(2023)

单位：亿元 (100 million yuan)

地区	Region	企 业 总收入 Total Income	工程结算收入 Revenue of Project Settlement Accounts	#工程结算成本 Costs of Project Settlement Accounts	#工程结算利润 Profits of Project Settlement Accounts	其他业务收入 Other Revenue from Business	#其他业务利润 Other Profits from Business
合 计	**Total**	**20235.36**	**20065.76**	**18665.40**	**315.44**	**169.60**	**20.21**
杭州市	Hangzhou	5515.83	5454.49	5064.15	63.65	61.34	11.00
宁波市	Ningbo	2863.19	2843.67	2634.76	43.36	19.53	3.68
温州市	Wenzhou	1827.74	1803.77	1694.49	32.67	23.98	0.66
嘉兴市	Jiaxing	1198.18	1192.07	1119.93	14.89	6.10	1.67
湖州市	Huzhou	811.25	806.14	751.48	11.16	5.11	0.67
绍兴市	Shaoxing	3730.55	3714.15	3430.49	74.74	16.40	1.31
金华市	Jinhua	1988.38	1973.37	1852.16	35.17	15.01	0.18
衢州市	Quzhou	500.00	493.57	457.64	8.98	6.44	0.14
舟山市	Zhoushan	227.43	223.29	206.23	1.94	4.14	0.52
台州市	Taizhou	1151.43	1146.00	1065.85	22.07	5.43	0.34
丽水市	Lishui	421.39	415.25	388.21	6.84	6.13	0.04

8-13 各地区建筑业企业利税总额（2023年）
Profit and Taxes of Construction Enterprises by Region(2023)

单位：亿元 (100 million yuan)

地区	Region	利税总额(亿元) Total Pretax Profits (100 million yuan)	利润总额 Total Profits	工程结算税金及附加 Taxes and Extra Charges on Project Settlement Accounts	应交增值税 Value Added Taxes Payable	产值利税率(%) Ratio of Pretax Profits to Output Value (%)	资产利税率(%) Ratio of Pre-tax Profits to Assets (%)
合 计	**Zhejiang**	**856.08**	**352.12**	**70.41**	**433.55**	**3.50**	**4.05**
杭州市	Hangzhou	199.28	79.19	15.35	104.75	3.33	2.92
宁波市	Ningbo	108.25	49.25	8.04	50.95	3.14	3.23
温州市	Wenzhou	96.60	39.88	6.97	49.75	4.30	5.22
嘉兴市	Jiaxing	47.03	16.32	3.82	26.89	3.15	4.54
湖州市	Huzhou	34.88	12.14	2.41	20.34	3.13	4.03
绍兴市	Shaoxing	167.23	76.63	18.46	72.14	3.29	6.78
金华市	Jinhua	91.39	35.86	7.45	48.07	3.89	3.67
衢州市	Quzhou	25.20	9.41	1.83	13.96	4.73	6.51
舟山市	Zhoushan	8.95	2.51	0.68	5.76	3.57	3.18
台州市	Taizhou	54.15	22.22	3.88	28.05	3.78	4.39
丽水市	lishui	23.12	8.71	1.52	12.89	4.37	5.96

8-14 建筑业企业财务状况（2023年）
Financial Indicators of Construction Enterprises(2023)

指标	Item	资产合计 Total Assets	流动资产小计 Liquid Assets	流动负债小计 Total Liquid Liabilities	非流动负债 Non-Current Liabilities	负债合计 Total Liabilities
总计	**Total**	**21156.64**	**17523.49**	**13613.03**	**679.14**	**15053.17**
#国有及国有控股	State-owned and State-holding Enterprises	4809.94	3541.69	3221.30	426.17	3733.79
#特、一、二级企业	The First Enterprises	18192.34	15099.19	11939.84	448.16	12939.14
按登记注册类型分组	**Group by registration type**					
内资企业	Domestic Funded Enterprises	20676.60	17197.15	13280.85	625.87	14667.73
港、澳、台商投资企业	Funded by Enterpreneurs From Hong Kong Macao and Taiwan	474.14	322.16	327.47	53.27	380.74
外商投资企业	Foreign Funded Enterprises	5.91	4.18	4.71		4.71
按国民经济行业分组	**Group by national economy industry**					
房屋建筑业	Housing	11475.14	9734.81	7539.23	330.41	8294.22
土木工程建筑业	Civil Engineering	6996.09	5486.66	4256.65	300.66	4797.60
建筑安装业	Installation	1055.66	883.38	686.69	16.11	736.12
建筑装饰和其他建筑业	Building Decoration and Others	1629.74	1418.64	1130.46	31.96	1225.23

续表1 Continued

单位：亿元(100 million yuan)

指标	Item	所有者权益合计 Creditors' Equity	工程结算收入 Revenue of Project Settled Accounts	工程结算成本 Costs of Project Settled Accounts	工程结算税金及附加 Taxes and Extra Charges on Project Settled Accounts	管理费用 Management Expenses
总计	**Total**	**6103.47**	**20065.76**	**18665.40**	**70.41**	**658.00**
#国有及国有控股	State-owned and State-holding Enterprises	1076.15	2867.20	2677.41	7.66	75.90
#特、一、二级企业	The First Enterprises	5253.20	17337.43	16173.91	61.58	492.98
按登记注册类型分组	**Group by registration type**					
内资企业	Domestic Funded Enterprises	6008.87	19752.11	18411.59	69.57	644.31
港、澳、台商投资企业	Funded by Enterpreneurs From Hong Kong Macao and Taiwan	93.40	301.56	242.87	0.82	12.63
外商投资企业	Foreign Funded Enterprises	1.20	12.09	10.94	0.03	1.06
按国民经济行业分组	Group by national economy industry					
房屋建筑业	Housing	3180.92	11893.92	11210.44	41.63	281.69
土木工程建筑业	Civil Engineering	2198.50	5406.17	4975.51	20.74	232.89
建筑安装业	Installation	319.55	1205.91	1088.98	3.69	59.84
建筑装饰和其他建筑业	Building Decoration and Others	404.51	1559.75	1390.47	4.36	83.58

续表2 Continued

单位：亿元(100 million yuan)

指标	Item	财务费用 Financial Expenses	营业利润 Business Profits	利润总额 Total Profits	所得税费用 Income Tax Expense	应付职工薪酬 Employee Benefits Payable	应交增值税 VAT Payable
总计	**Total**	**76.65**	**335.66**	**352.12**	**76.96**	**3215.00**	**433.55**
#国有及国有控股	State-owned and State-holding Enterprises	3.63	77.12	77.08	14.75	310.64	46.02
#特、一、二级企业	The First Enterprises	66.37	292.23	306.42	65.22	2805.16	362.35
按登记注册类型分组	**Group by registration type**						
内资企业	Domestic Funded Enterprises	74.93	336.18	352.72	76.21	3172.63	430.92
港、澳、台商投资企业	Funded by Enterpreneurs From Hong Kong Macao and Taiwan	1.69	−0.56	−0.62	0.75	39.60	2.38
外商投资企业	Foreign Funded Enterprises	0.03	0.03	0.03	0.01	2.76	0.24
按国民经济行业分组	Group by national economy industry						
房屋建筑业	Housing	49.42	173.51	183.13	39.55	2112.99	258.92
土木工程建筑业	Civil Engineering	17.55	118.62	124.11	27.67	703.89	124.09
建筑安装业	Installation	2.63	27.98	29.19	5.36	148.24	20.41
建筑装饰和其他建筑业	Building Decoration and Others	7.06	15.54	15.69	4.39	249.88	30.12

浙/江/统/计/年/鉴

主要统计指标解释

建筑业增加值

指建筑业企业在报告期内以货币表现的建筑业生产经营活动的最终成果。目前建筑业增加值采用分配法计算，即从收入的角度出发，根据生产要素在生产过程中应得的收入份额计算。具体计算公式为：

建筑业企业增加值 = 本年提取的固定资产折旧 + 应付工资 + 应付福利费 + 管理费用中的劳动待业保险金、税金 + 工程结算税金及附加 + 营业利润 − 转作奖金的利润。

房屋建筑施工面积

指在报告期内施工的全部房屋建筑面积。包括本期内新开工的、上期施工跨入本期继续施工、上期停建本期复工的房屋建筑面积；不包括上期开工后又停工，本期未施工的房屋建筑面积。

房屋建筑竣工面积

指在报告期内，按照设计所规定的工程内容全部完成，达到了设计规定的交工条件，经有关部门检查验收鉴定合格的房屋建筑面积。

自有施工机械设备年末总台数

指年末本企业（或单位）自有的直接用于工程施工的各种机械设备的台数。但不包括附属辅助生产机械设备、运输机械设备、生产试验机械设备的台数。

自有施工机械设备年末总功率

指年末本企业（或单位）自有的直接用于工程施工的各种机械备年末总功率，按设定能力或查定能力计算。包括施工机械本身的动力和为该机械服务的单独动力设备，如电动机等。但不包括附属辅助生产机械设备、运输机械设备、生产试验机械设备的功率。计量单位用千瓦，动力换算可按 1 马力 =0.735 千瓦折合成千瓦数。电焊机、变压器、锅炉不计算动力。

工程结算收入

指企业（或单位）按工程的分部分项自行完成的建筑产品价值并已与甲方在报告期内办理结算手续的工程价款收入，以及向甲方收取的除工程价款以外的按规定列作营业收入的各种款项，如临时设施费、劳动保险费、施工机械调迁费等以及向甲方收取的各种索赔款。

工程结算利润

指已结算工程实现的利润。如为亏损以“-”号表示。其计算公式为：

工程结算利润 = 工程结算收入 − 工程结算成本 − 工程结算税金及附加 − 经营费用

企业总收入

指与企业生产经营直接有关的各项收入，包括工程结算收入和其他业务收入，即：

企业总收入 = 工程结算收入 + 其他业务收入

ZHEJIANG STATISTICAL YEARBOOK

Explanatory Notes on Main Statistical Indicators

□ Value Added of Construction

refers to the final result of the activities of production and management of construction in monetary terms in the reference period. At present, the value added of construction is calculated with the method of distribution. In other words, it is the sum of incomes of various production factors in the production process. The formula is as follows:

Value added of construction=depreciation of fixed assets in the year+wages payable+welfare expenses payable+insurance premium and tax for waiting for employment in the administrative expenses+taxes and surcharges on project settlement+profit gained from project settlement-profit used as bonus.

□ Floor Space of Buildings Under Construction

refers to floor space of buildings under construction during the reference period, including newly started buildings, buildings started earlier and continued during the reference period, and buildings suspended earlier but restarted during the reference period. Excluded are buildings started and then suspended earlier that have not been restarted during the reference time.

□ Floor Space of Buildings Completed

refers to the floor space of buildings that are completed in the reference period in accordance with the requirements of the design, up to the standard for putting them into use, and have been checked and accepted by concerned departments as qualified ones.

□ Total Number of Machinery and Equipment Owned by the Construction Enterprises（or Units）by the End of Year

refers to the number of machines and equipment which are used directly in constraction owned by the enterprises (or units) it does not include the number of ancilary machinery and equipment for construction, production and transportation.

□ Total Power of Machinery and Equipment Owned by the Construction Enterprises（or Units）by the End of Year

refer to the total power of machinery and equipment owned by the enterprises(or units), used directly in construction by the end of the year, including machinery and equipment for construction, production and transportation. The power of the machinery is calculated on basis of the designed or verified capacity, covering the power of the machinery/equipment and the separate power equipment serving the machinery/equipment (such as electric motors), but excluding welders, transformers and boilers. The unit use for the calculation of power is kilowatt, with horsepower converted to kilowatt by 1horsepower=0.735 kilowatt.

□ Income from Settlement of Projects

refers to the income received by the construction enterprise/unit from the completed portion of the project through settlement procedures with the contractee during the reference period, and other charges to the contractee as operational costs, such as facility fee, labour insurance premium, moving cost of construction unit, as well as various types of claims to the contractee.

□ Profit from Settlement of Projects

refers to profit realized through settled projects. It is calculated with the following formula:

Profit from Settlement of Projects = Income from Settlement of projects − Settled Cost − Settled Taxes and Other Cost − Business Expense

□ Total Revenue of Enterprises

refers to the sum of income from production and operation of enterprises, including income from settlement of projects and other operational incomes, namely:

Total Revenue of Enterprises = Income from settlement of Projects + Other Operational Incomes

2024
浙江统计年鉴
ZHEJIANG STATISTICAL YEARBOOK

CHAPTER 9

交通运输和邮电通信业
Transportation,Posts and Telecommunications

9-1 运输线路长度（2016-2023年）
Length of Transportation Routes(2016-2023)

单位:公里(km)

指标	Item	2016	2017	2018	2019	2020	2021	2022	2023
铁路营业里程	**Railway Business Mileage**	**2577**	**2624**	**2814**	**2842**	**3160**	**3345**	**3712**	**3853**
#复线里程	Mileage of Double Track Railway	2006	2095	2280	2280	2330	2377	2693	2882
#高铁里程	Operating Mileage of High Speed Railway	1011	1290	1484	1484	1533	1533	1900	1900
公路通车里程	**Highway Mileage**	**119053**	**120101**	**120662**	**121813**	**123080**	**123885**	**122918**	**121408**
#高速公路	Expressway	4062	4154	4421	4643	5096	5200	5290	5510
一级公路	First Class Highways	6359	6765	7046	7383	7760	8105	8545	9349
二级公路	Second Class Highways	10162	10263	10374	10673	10680	10860	10885	11159
内河通航里程	**Length of Navigable Inland Waterways**	**9769**	**9766**	**9766**	**9772**	**9766**	**9770**	**9770**	**9795**
民用航空通航点（个）	**Navigation Point of Civil Aviation**	**481**	**586**	**402**	**467**	**442**	**456**	**471**	**539**
#国内通航点	Navigation Point of Domestic Civil Aviation	389	482	322	365	384	406	424	442

注：1. 2016年起铁路营业里程数据来源于中国国家铁路集团有限公司。
The data of railway business mileage since 2016 comes from China National Railway Group Co.Ltd.
2. 公路通车里程包含村道。Road mileage includes village road.
3. 2018年前民用航空通航点为民用航空航线口径。
Before 2018,civil aviation navigable point is civil aviation route caliber.

9-2 主要港口货物吞吐量（2017-2023年）
Cargo Handled at Principal Ports(2017-2023)

单位:万吨(10000 tons)

港口名称	Port	2017	2018	2019	2020	2021	2022	2023
沿海港口合计	**Total**	**125744**	**133534**	**135364**	**141447**	**149010**	**154094**	**162523**
宁波－舟山港	Ningbo-zhoushan	100933	108439	112009	117240	122405	126134	132370
温州港	Wenzhou	8926	8239	7541	7401	7976	8479	8813
台州港	Taizhou	7057	7167	4901	5091	5938	6241	7380
嘉兴港	Jiaxing	8829	9689	10913	11715	12691	13240	13960
内河港口合计	**Total**	**33088**	**35676**	**39681**	**44009**	**43824**	**37876**	**39986**
其中:	Include							
杭州港	Hangzhou	10714	11812	13881	15414	14655	8845	8008
湖州港	Huzhou	10540	10486	11621	12215	13108	13067	13654
嘉兴港	Jiaxing	9432	10696	11428	13111	12637	12633	14581

9-3 民用车辆拥有量
Number of Civil Vehicles Owned

单位：辆(unit)

指标	Item	合计 Total			#个人 Individuals		
		2021	2022	2023	2021	2022	2023
总计	**Total**	**21483535**	**23341895**	**24712178**	**19061731**	**20816920**	**22070958**
汽车	**Vehicles**	**19241928**	**20491456**	**21576855**	**16983855**	**18147504**	**19127678**
载客汽车	Passenger Vehicles	17444560	18684021	19765700	15938602	17103362	18082959
#大型	Large-Sized	71250	69106	69187	499	379	304
中型	Medium-Sized	29650	27833	26256	4938	4192	3536
小型	Small-Sized	17261992	18518810	19612930	15865685	17040707	18028778
微型	Minicar	81668	68272	57327	67480	58084	50341
#轿车	Cars	11690564	12384655	12906775	10901662	11582827	12074576
载货汽车	Trucks	1732263	1738976	1741185	1028464	1027106	1027770
#重型	Heavy-Sized	337549	333426	326355	31992	30795	29653
中型	Medium-Sized	34945	32223	29270	9824	8525	7335
轻型	Light-Sized	1352451	1367879	1380880	979613	982511	986341
微型	Minicar	1309	242	251	1169	188	108
#普通载货	Ordinary	865809			659556		
其它汽车	Others	65105	68459	74399	16789	17036	
摩托车	**Motorcycles**	**2059164**	**2668081**	**3001170**	**2018107**	**2615688**	**2938644**
普通	Ordinary	1777093	2168920	2445613	1738029	2119387	2386294
轻便	Lightweigh	282071	499161	555557	280078	496301	552350
拖拉机	**Tractors**	**54774**	**48860**	**45901**	**54774**	**48860**	**45901**
挂车	**Trailers**	**127622**	**133452**	**134107**	**4995**	**4868**	**4636**
其它类型车	**Others**	**12**	**11**	**11**			
机动车驾驶员(人)	**Motor Divers(person)**	**25698927**	**27069778**	**28337016**			
#汽车驾驶员	Automobile Drivers	24702291	26000393	27268857			

9-4 水路运输工具年末实有数
Number of Means Waterway of Transportation(Year-end)

指标	Item		合计 Total			#私人 Individuals		
			2021	2022	2023	2021	2022	2023
机动船	**(艘)Motor Vessels**	**(Strip)**	**13362**	**12511**	**12369**	**7618**	**6926**	**6535**
净载重量	(吨位)Dead Weight Tonnage	(tons)	32520594	32981183	33161780	4135951	4001564	3940579
载客量	(客位)Passenger Capacity	(Class)	92822	93863	97318			
货船	**(艘)Cargo Ships**	**(Strip)**	**12040**	**11158**	**10679**	**7617**	**6925**	**6534**
净载重量	(吨位)Dead Weight Tonnage	(tons)	32520592	32980088	33161780	4135951	4001564	3940579
客货船	**(艘)Passenger cargo Vessels**	**(Strip)**	**5**	**5**	**4**			
载客量	(客位)Dead Weight Tonnage	(Class)	441	441	393			
客船	**(艘)Passenger Ships**	**(Strip)**	**1255**	**1289**	**1616**			
载客量	(客位)Passenger Capacity	(Class)	92381	93422	96925			
拖船	**(艘)Tugboats**	**(Strip)**	**62**	**59**	**70**			

9-5 客运量和旅客周转量（1978-2023年）
Passenger Traffic and Turnover Volume of Passenger Traffic(1978-2023)

年份 Year	客运量合计（万人）Passenger Traffic Total (10000 persons)	铁路 Railway	公路 Highway	水路 Waterways	民用航空 Civil Aviation	旅客周转量合计（亿人公里）Turnover Volume of Freight Traffic Total (100 million ton-km)	铁路 Railway	公路 Highway	水路 Waterways
1978	20535	1889	12815	5828	3	66.68	29.75	27.60	9.33
1980	28454	2421	19326	6702	5	96.74	43.55	41.70	11.49
1981	32458	2677	22864	6909	8	111.40	49.05	50.25	12.10
1982	35988	2735	26150	7094	9	120.66	50.73	57.28	12.65
1983	37856	2919	28468	6461	8	134.73	57.46	64.54	12.73
1984	40827	3252	30882	6683	10	157.81	66.74	76.86	14.21
1985	52776	3225	39375	10163	13	201.35	75.26	107.23	18.86
1986	57973	3126	45759	9066	22	220.38	78.43	124.91	17.04
1987	61403	3258	49589	8526	30	246.98	83.94	145.85	17.19
1988	64571	3595	52560	8382	34	269.43	93.12	158.81	17.50
1989	59477	3453	48726	7275	23	257.28	87.63	153.87	15.78
1990	60347	3018	51083	6214	32	257.29	75.94	166.87	14.48
1991	64906	3040	56495	5286	85	285.85	80.91	190.95	13.99
1992	71017	3051	62767	5087	112	322.40	87.83	220.68	13.89
1993	91553	3249	83606	4560	138	398.87	98.05	288.10	12.72
1994	100068	3559	92090	4269	150	435.15	108.35	314.95	11.85
1995	109139	3566	101370	3968	235	483.06	109.80	360.09	13.17
1996	114098	3071	107317	3446	264	500.98	98.11	391.65	11.22
1997	115141	2990	108654	3231	266	529.79	101.20	417.77	10.82
1998	118329	3169	111847	3034	279	552.35	106.57	436.34	9.44
1999	118819	3750	111771	3034	264	582.71	140.01	433.50	9.20
2000	124133	3909	116996	2938	290	606.73	148.33	449.51	8.89
2001	132881	4193	126008	2371	309	651.79	164.48	479.53	7.78
2002	135995	4511	128980	2122	382	706.85	180.95	519.20	6.70
2003	140699	4338	133968	1983	410	718.39	181.03	531.63	5.73
2004	150254	5195	142177	2311	571	795.32	216.41	571.50	7.41
2005	160669	5274	152222	2510	663	848.49	222.95	617.87	7.67
2006	174626	5588	165441	2792	805	929.15	241.05	681.39	6.71
2007	189658	5931	179501	3164	1062	1026.50	258.52	761.07	6.91
2008	217209	6448	206111	3494	1156	1118.62	289.76	821.57	7.29
2009	222130	6508	210584	3680	1358	1152.38	291.30	853.63	7.45
2010	228017	7634	215708	3155	1520	1250.74	362.67	882.04	6.03
2011	231900	8439	218415	3466	1580	1296.25	381.66	908.15	6.44
2012	234366	8725	220517	3454	1670	1317.58	390.25	921.18	6.16
2013	136790	10579	121185	3111	1915	1025.10	437.02	582.99	5.09
2014	131486	12821	112915	3581	2169	1056.99	493.37	558.06	5.56
2015	113315	14806	92304	3841	2364	1092.53	541.93	544.76	5.84
2016	107377	17766	83033	3950	2628	1074.99	604.03	465.12	5.84
2017	107293	19870	80099	4284	3040	1096.04	658.17	431.56	6.31
2018	101516	21630	72013	4497	3375	1103.66	694.56	402.80	6.30
2019	105259	24074	72799	4785	3600	1128.60	743.26	378.39	6.95
2020	60463	15719	38861	3360	2523	674.09	464.73	204.84	4.53
2021	48897	18146	24246	3846	2659	713.62	531.81	176.87	4.94
2022	33761	11675	17939	2360	1786	490.73	347.97	139.23	3.53
2023	53058	24513	19680	5094	3771	923.10	739.34	178.06	5.69

注：1. 民用航空客运量指发送量。
Passenger traffic of civil aviation refers to volume of transmitting passenger.
2. 2008年始公路按新的调查方法进行统计；2013年起公路、水路按新的口径统计。
The data of highway is adjusted since 2008,The data of highway and waterway are adjusted since 2013.

9-6 货运量和货物周转量（1978-2023年）
Freight Traffic and Turnover Volume of Freight Traffic(1978-2023)

年份 Year	货运量合计（万吨）Freight Traffic Total (10000 ton)	铁路 Railway	公路 Highway	水路 Waterways	民用航空 Civil Aviation	货物周转量合计（亿吨公里）Turnover Volume of Freight Traffic Total (100 million ton-km)	铁路 Railway	公路 Highway	水路 Waterways
1978	8460	1415	2690	4355		164.19	112.77	6.69	44.73
1980	9577	1523	3012	5042		190.76	126.23	8.25	56.28
1983	10877	1681	3728	5468		212.49	123.02	13.58	75.89
1984	11781	1736	3988	6057		232.67	127.59	16.67	88.41
1985	22385	1781	9397	11207		293.54	132.54	33.45	127.55
1986	31775	1893	17680	12202		341.20	135.18	68.14	137.88
1987	32346	1924	19426	10996		369.21	138.07	82.52	148.62
1988	37502	1877	24128	11497		403.96	136.50	96.25	171.21
1989	36358	1911	24354	10093		408.99	146.51	92.75	169.73
1990	33474	1691	22879	8904		400.65	144.43	100.75	155.47
1991	35198	1773	24162	9263		456.00	144.95	136.25	183.80
1992	41115	1915	28957	10243		546.81	167.52	158.83	220.46
1993	49867	1989	36439	11439		617.69	179.58	160.48	277.63
1994	54765	1841	40593	12331		685.41	181.55	171.63	332.23
1995	62287	1914	45052	15321		874.29	186.75	245.16	442.38
1996	63875	1928	47400	14547		900.80	178.92	266.22	455.66
1997	60956	1721	45224	14011		914.54	172.22	262.32	480.00
1998	60369	1726	45338	13305		897.88	173.28	257.11	467.49
1999	64004	1710	45754	16540		1004.10	171.80	256.90	575.40
2000	74884	1955	55008	17921		1199.74	187.16	280.02	732.56
2001	77832	2181	55706	19945		1371.60	206.48	282.53	882.59
2002	90507	2411	63532	24564		1616.61	230.41	293.60	1092.60
2003	103173	2658	70907	29598	10	2047.48	252.92	313.70	1480.86
2004	117312	2887	78540	35871	14	2701.48	288.22	353.62	2059.64
2005	126192	2960	81448	41768	16	3416.90	282.85	372.66	2761.39
2006	140110	3231	89342	47522	15	4363.71	300.74	431.07	3631.90
2007	153334	3447	98742	51129	16	4962.38	336.06	493.64	4132.68
2008	146654	3398	91625	51614	17	5476.25	339.74	1114.50	4022.01
2009	151258	3435	95802	52002	19	5659.78	323.30	1188.70	4147.78
2010	170563	3888	103394	63258	23	7117.04	342.08	1298.71	5476.24
2011	185717	4166	108654	72872	25	8634.82	312.24	1434.82	6887.75
2012	191084	3847	113393	73817	27	9183.30	291.26	1525.59	7366.45
2013	187915	4037	107186	76662	30	8949.57	270.44	1322.13	7357.00
2014	194918	3548	117070	74267	33	9548.09	223.02	1419.43	7905.64
2015	200711	3332	122547	74797	35	9868.98	212.42	1513.92	8142.64
2016	215018	3332	133999	77646	40	9788.76	211.39	1626.78	7950.58
2017	241993	3513	151920	86513	47	10105.81	215.39	1821.21	8069.22
2018	268530	3728	166533	98219	49	11537.91	221.30	1964.10	9352.50
2019	288550	3936	177683	106878	53	12391.21	235.40	2082.11	10073.71
2020	299919	4083	189583	106194	59	12323.41	230.32	2209.95	9883.14
2021	327398	4471	213653	109210	63	12936.22	269.74	2636.97	10029.51
2022	320785	4602	205935	110195	54	13543.77	285.48	2650.38	10607.92
2023	344038	4660	222803	116512	63	15060.77	276.55	3142.23	11641.99

注: 2008年始公路按新的调查方法进行统计；2013年起公路、水路按新的口径统计。
The data of highway is adjusted since 2008,The data of highway and waterway are adjusted since 2013.

9-7 邮电业务基本情况（1978-2023年）
Post and Telecommunications Services(1978-2023)

年份 Year	邮电业务总量 (亿元) Business Volume of Post and Telecommunications (100 million yuan)	邮政业务总量 Business volume of post	电信业务总量 Business volume of telecommunications	函件 (万件) Number of Letters (10000 cases)	订销报刊累计份数 (万份) Total Number of Newspaper and Magazine Subscribed (10000 copies)	快递业务量 (万件) Express Business (10000 pieces)	固定电话年末户数 (万户) Number of Fixed Telephone Users (10000 users)
1978	0.69			11663	52264		7.49
1980	0.90			16466	58538		8.80
1982	1.08			19123	67993		10.74
1983	1.25			23155	7373		12.00
1984	1.49			28517	89384		14.03
1985	1.88			33742	101657		16.24
1986	2.06			34729	103759		18.41
1987	2.49			39847	116953		21.88
1988	3.13			42035	116694		27.72
1989	3.70			36577	64557		34.10
1990	4.54			34879	67183		40.60
1991	11.46			32219	68849		51.15
1992	16.58			33649	80349		70.85
1993	27.51			39190	77457		112.92
1994	42.92			38617	81515		177.38
1995	63.02			38678	85226		260.33
1996	86.53			37785	90955		321.77
1997	112.97			34186	98207		402.42
1998	157.72			33133	102761		502.34
1999	219.00			29439	107683		665.93
2000	324.08			30643	106807		884.28
2001	279.90			34839	116156		1121.60
2002	363.43			37862	114707		1381.78
2003	504.72			74901	116953		1656.53
2004	677.17			73462	110417		1974.77
2005	830.39			69844	112417	5835	2231.65
2006	972.08			73349	117573	7274	2390.75
2007	1327.06			74475	124782	8441	2405.85
2008	1545.42			75528	131296	9860	2297.59
2009	1666.37			83625	137328	14765	2118.59
2010	1971.96			84869	147074	24898	1998.54
2011	897.97	150.89	747.08	84741	154043	49661	1947.88
2012	1024.02	215.20	808.81	77656	164608	81987	1882.49
2013	1178.60	327.94	850.66	65746	183014	141953	1781.35
2014	1684.46	538.75	1145.70	59209	175418	245745	1641.91
2015	2392.11	811.01	1581.10	45208	174641	383146	1499.76
2016	3715.39	1250.75	2464.64	33786	140344	598770	1287.23
2017	3518.01	1728.40	1789.61	30471	136453	793231	1211.07
2018	6425.51	2326.20	4099.31	26194	112101	1011051	1153.49
2019	9894.11	3177.67	6716.44	18219	107553	1326252	1309.75
2020	12620.36	4310.94	8309.42	11274	106671	1794621	1264.75
2021		2231.50	1087.62	11282	109808	2278148	1152.25
2022		2186.95	1121.66	10317	112819	2290410	1130.84
2023		2696.72	1164.24	10992	118861	2631955	1062.20

注：邮电业务总量1978-2000年按1990年不变价计算，2001-2010年按2000年不变价计算,2011年起按2010年不变价计算；
邮政业务总量和电信业务总量2011年起按2010年不变价计算,电信业务总量2017年起按2015年不变价格计算；
邮政业务总量2021年起按2020年不变价计算，电信业务总量2021年起按上年不变价计算。

The total business volume of posts and telecommunications from 1978 to 2000 is calculated at 1990 constant prices, from 2001 to 2010 at 2000 constant prices, and from 2011 at 2010 constant prices. The total amount of postal services and telecommunications services are calculated at constant prices in 2010 from 2011, and the total amount of telecommunications services is calculated at constant prices in 2015 from 2017. The total volume of postal services is calculated at the constant price of 2020 from 2021, and the total volume of telecommunications services is calculated at the constant price of the previous year from 2021.

9-8 邮电企业主要指标（2019-2023年）
Principal Indicators of Post and Telecommunications Enterprises(2019-2023)

指标Item				2019	2020	2021	2022	2023
邮电线路长度		**Length of Postal Routes**						
邮路总长度	(公里)	Length of Postal Routes	(km)	6027177	8577085	601399	668789	
农村投递路线总长度	(公里)	Rural Delivery Routes	(km)	251448	229269	255806	262187	
邮运通信工具		**Rural Delivery Routes**						
邮政汽车	(辆)	Telecommunications Facilities	(vehicle)	44302	46915	42327	43063	42261
移动电话交换机	(万户)	Postal Cars	(10000 users)	13432	13432	13432	14267	15009
固定电话用户数	(万户)	Mobile Switchboard	(10000 users)	1310	1265	1152	1131	1062
移动电话用户数	(万户)	Number of Fixed Telephone Users	(10000 users)	8736	8585	8860	9024	9293
5G移动电话用户数	(万户)	Number of Mobile Phone Users	(10000 users)	39	1597	2121	3263	4583
固定互联网宽带接入用户	(万户)	Number of 5g Phone Users	(10000 users)	2782	2939	3117	3400	3608
移动互联网用户	(万户)	Fixed Internet Broadband Access Users	(10000 users)	7047	7041	7483	7694	7973
移动互联网接入流量	(万G)	Mobile Internet Users	(10000G)	762038	1011058	1360932	1607255	1863493
长途光缆线路长度	(公里)	Mobile Internet Access Traffic	(km)	26585	27024	27983	29946	32424

注：1. 2017年起邮路总长度计算方式变化。The data of Length of Postal Routes are adjusted since 2017.
2. 2019年起移动互联网用户口径调整。Mobile Internet Users have been adjusted since 2019.
3. 5G移动电话用户数从2019年起开始统计。5g Telephone User data has been counted since 2019.

9-9 邮电通信水平（2019-2023年）
Level of Post and Telecommunications Services(2019-2023)

指标		Item		2019	2020	2021	2022	2023
每百人平均函件量	(件/百人)	Average amount per one hundred courier business	(Piece/hundred People)	311	175	180	157	166
每百人平均累计订阅报刊量	(份/百人)	Popularization Rate of Fixed Telephone	(piece/hundred People)	11	11	11	10	11
每百人平均快递业务量	(件/百人)	Popularization Rate of Mobile Telephone	(Piece/hundred People)	22671	27794	35282	34825	39716
固定电话普及率	(部/百人)	Per Capita Expenditure of Telecommunications	(pars/hundred person)	22.8	21.6	17.9	17.3	16.2
移动电话普及率	(部/百人)	Number of Townships with Telephone Communication	(pars/hundred person)	152.3	146.8	137.2	138.0	141.3
人均邮政、电信费用支出(按合计总量算)	(元/人)	Number of Villages with Postal Communication	(yuan/person)	3308	3307	3761	3816	4084
已通电话的乡镇	(个)	Percentage of Townships with Postal Offices	(Number)	1360	1365	1364	1364	1364
已通邮的行政村比重	(%)	Average amount per one hundred courier business	(Percentage)	100.0	100.0	100.0	100.0	100.0
设有局所的乡(镇)比重	(%)	Popularization Rate of Fixed Telephone	(Percentage)	100.0	100.0	100.0	100.0	100.0

注：人均邮政、电信费用支出因常住人口调整，从2015年起重新计算。Due to the adjustment of permanent population, the per capita postal and telecommunication expenses will be recalculated from 2015.

9-10 互联网主要指标发展情况（2019-2023年）
Main Indicators on Internet Development (2019-2023)

指　标		Item	2019	2020	2021	2022	2023
域名数	(万个)	Number of Domain Names Actually Used (10000)	184	168	61	49	45
网站数	(万个)	Number of Websites (10000)	21	22	28	27	27
互联网宽带接入端口	(万个)	Broadband Subscribers Port of Internet (10 000 ports)	6284	6032	6238	6459	6953
移动互联网用户	(万户)	Mobile Internet Subscribers (10 000 subscribers)	7047	7041	7483	7694	7973
移动互联网接入流量	(万GB)	Flow Accessed to Mobile Internet (10 000 GB)	762038	1011058	1360931	1607255	1863493
互联网宽带接入用户	(万户)	Broadband Subscribers Port of Internet (10 000 ports)	2782	2939	3117	3400	3608
# 城市宽带接入用户		Urban Broadband Subscribers	1860	2046	2192	2178	2095
农村宽带接入用户		Rural Broadband Subscribers	922	893	925	1222	1514
# 家庭宽带接入用户		Household Broadband Subscribers	2282	2366	2487	2689	2902
政企宽带接入用户		Government and Enterprise Broadband Subscribers	500	573	630	712	707

9-11 按地区分互联网主要指标发展情况（2023年）
Main Indicators on Internet Development by Region(2023)

地 区	Region	固定互联网宽带接入端口(万个) Fixed Broadband Subscribers Port of Internet (10000 ports)	移动互联网用户(万户) Mobile Internet Subscribers (10000 subscribers)	移动互联网用户接入流量(万GB) Flow Accessed to Mobile Internet (10000 GB)	（固定）互联网宽带接入用户(万户) Fixed Broadband Subscribers of Internet (10000 Subscribers)
杭州市	Hangzhou	1225.7	1659.8	367021.9	725.7
宁波市	Ningbo	1108.4	1215.1	288637.7	553.4
温州市	Wenzhou	994.4	1197.1	285740.2	531.9
嘉兴市	Jiaxing	613.6	640.8	164290.9	288.4
湖州市	Huzhou	377.3	375.2	81478.1	189.7
绍兴市	Shaoxing	566.5	590.6	139318.2	274.5
金华市	Jinhua	775.1	863.5	234386.2	396.1
衢州市	Quzhou	257.5	230.5	43235.8	120.0
舟山市	Zhoushan	140.9	144.7	34390.4	73.9
台州市	Taizhou	665.1	803.3	182242.4	332.1
丽水市	Lishui	228.6	252.8	42751.3	123.0

9-12 按行业分信息通信技术应用和数字化转型情况（2023年）
ICT Adoption and Digital Transformation by Industry (2023)

行 业	Sector	企业数(个) Number of Enterprises (unit)	期末使用计算机数(台) Computers Used at the End of Period (unit)	每百人使用计算机数(台) Computers Used Per 100 Persons (unit)	企业拥有网站数(个) Websites of All Enterprises (unit)
总 计	**Total**	**128374**	**5568544**	**36**	**56199**
采矿业	Mining	149	2432	28	41
制造业	Manufacturing	55451	2698867	36	33023
电力、热力、燃气及水生产和供应业	Production and Supply of Electricity, Heat, Gas and Water	769	124991	101	363
建筑业	Construction	11085	393776	13	2764
批发和零售业	Wholesale and Retail Trades	34517	659468	69	8851
交通运输、仓储和邮政业	Transport, Storage and Post	3243	183125	43	1094
住宿和餐饮业	Hotels and Catering Services	5618	99597	28	1689
信息传输、软件和信息技术服务业	Information Transmission, Software and Information Technology	2293	673131	140	3001
房地产业	Real Estate	6889	141258	33	1679
租赁和商务服务业	Leasing and Business Services	4045	173338	10	1442
科学研究和技术服务业	Scientific Research and Technical Services	1809	253418	91	1183
水利、环境和公共设施管理业	Management of Water Conservancy, Environment and Public Facilities	398	17199	17	133
居民服务、修理和其他服务业	Service to Households, Repair and Other Services	545	15548	16	170
教育	Education	157	26179	126	118
卫生和社会工作	Health and Social Service	525	63528	73	344
文化、体育和娱乐业	Culture, Sports and Entertainment	881	42689	95	304

续表 Continued

行 业	Sector	每百家企业拥有网站数(个) Websites Per 100 Enterprises (unit)	有电子商务交易活动 With E-Commerce Transactions		电子商务销售额(亿元) Sales Through E-commerce (100 million yuan)	电子商务采购额(亿元) Purchases Through E-commerce (100 million yuan)
			企业数(个) Enterprises (unit)	比重(%) Proportion (%)		
总 计	**Total**	**44**	**16733**	**13.0**	**16753.51**	**4317.26**
采矿业	Mining	28	5	3.4	7.32	0.03
制造业	Manufacturing	60	6593	11.9	2297.21	394.85
电力、热力、燃气及水生产和供应业	Production and Supply of Electricity, Heat, Gas and Water	47	43	5.6	76.80	39.54
建筑业	Construction	25	259	2.3	19.72	579.43
批发和零售业	Wholesale and Retail Trades	26	5220	15.1	10844.95	2984.67
交通运输、仓储和邮政业	Transport, Storage and Post	34	231	7.1	498.75	112.40
住宿和餐饮业	Hotels and Catering Services	30	2757	49.1	192.40	4.13
信息传输、软件和信息技术服务业	Information Transmission, Software and Information Technology	131	523	22.8	2232.21	108.32
房地产业	Real Estate	24	148	2.1	58.87	0.34
租赁和商务服务业	Leasing and Business Services	36	359	8.9	359.91	79.73
科学研究和技术服务业	Scientific Research and Technical Services	65	86	4.8	14.40	5.43
水利、环境和公共设施管理业	Management of Water Conservancy, Environment and Public Facilities	33	42	10.6	18.31	0.21
居民服务、修理和其他服务业	Service to Households, Repair and Other Services	31	70	12.8	31.63	3.21
教育	Education	75	31	19.7	23.67	0.02
卫生和社会工作	Health and Social Service	66	107	20.4	18.40	1.79
文化、体育和娱乐业	Culture, Sports and Entertainment	35	259	29.4	58.96	3.16

注：1.分行业企业数根据《信息化和电子商务应用情况》2023年度调查结果汇总。
The number of enterprises by sector is summarized according to the survey result of DATA on informatization and e-commerce in 2023.
2.有电子商务交易活动的企业是指通过互联网开展电子商务销售或电子商务采购的企业(下表同)。
Enterprises with E-commerce transactions refers to those enterprises which carry out sales or purchases through internet.The same applies to the following tables

9-13 按地区分信息通信技术应用和数字化转型情况（2023年）
ICT Adoption and Digital Transformation by Region(2023)

地 区	Region	企业数（个）Number of Enterprises (unit)	期末使用计算机数（台）Computers Used at the End of Period (unit)	每百人使用计算机数（台）Computers Used Per 100 Persons (unit)	企业拥有网站数（个）Websites of All Enterprises (unit)
合 计	**Zhejiang**	**128374**	**5568544**	**36**	**56199**
杭州市	Hangzhou	25225	1989427	60	13567
宁波市	Ningbo	26253	1088702	31	11917
温州市	Wenzhou	16263	428308	28	5762
嘉兴市	Jiaxing	11500	476387	30	4842
湖州市	Huzhou	6861	224246	32	3250
绍兴市	Shaoxing	12427	373729	23	4623
金华市	Jinhua	10887	354900	31	4416
衢州市	Quzhou	3494	109401	30	1374
舟山市	Zhoushan	2198	67824	31	592
台州市	Taizhou	9857	312831	27	4540
丽水市	Lishui	3407	87606	28	1306

续表 Continued

地 区	Region	每百家企业拥有网站数(个) Websites Per 100 Enterprises (unit)	有电子商务交易活动 With E-Commerce Transactions 企业数(个) Enterprises (unit)	比重(%) Proportion (%)	电子商务销售额(亿元) Sales Through E-commerce (100 million yuan)	电子商务采购额(亿元) Purchases Through E-commerce (100 million yuan)
合 计	**Zhejiang**	**44**	**16733**	**13.0**	**16753.51**	**4317.26**
杭州市	Hangzhou	54	4368	17.3	8386.31	1739.96
宁波市	Ningbo	45	3204	12.2	3529.92	905.19
温州市	Wenzhou	35	1726	10.6	1142.35	418.80
嘉兴市	Jiaxing	42	1249	10.9	558.74	167.48
湖州市	Huzhou	47	844	12.3	879.98	288.67
绍兴市	Shaoxing	37	1306	10.5	814.12	187.53
金华市	Jinhua	41	1459	13.4	487.15	330.84
衢州市	Quzhou	39	487	13.9	218.31	79.15
舟山市	Zhoushan	27	296	13.5	123.67	64.86
台州市	Taizhou	46	1263	12.8	398.50	87.02
丽水市	Lishui	38	531	15.6	214.45	47.77

注：全省合计包含省直属企业数据。
The total of the whole province includes the data of enterprises directly under the province.

浙/江/统/计/年/鉴

主要统计指标解释

铁路营业里程

又称营业长度，指办理客货运输业务的铁路正线总长度。凡是全线或部分建成双线及以上的线路，以第一线的实际长度计算；复线、站线、段管线、岔线和特殊用途线以及不计算运费的联络线都不计算营业里程。铁路营业里程是反映铁路运输业基础设施发展水平的重要指标，也是计算客货周转量、运输密度和机车车辆运用效率等指标的基础资料。

公路里程

指在一定时期内实际达到《公路工程技术标准JTJ01-88》规定的等级公路，并经公路主管部门正式验收交付使用的公路里程数。其计算单位为：km。它包括大中城市的郊区公路以及通过小城镇街道部分的公路里程，也包括桥梁、渡口的长度，但不包括大中城市的街道、厂矿、林区生产用道和农业生产用道的里程。两条或多条公路共同经由同一路段，只计算一次，不得重复计算里程长度。公路里程是反映公路建设发展规模的重要指标，也是计算运输网密度等指标的基础资料。

内河航道里程

也称“内河通航里程”，是反映内河水运网规模、水平和发展情况的主要指标；是指在一定时期内，能通航运输船舶及排筏的天然河流、湖泊水库、运河及通航渠道的长度。包括全年季节性通航累计三个月以上的航道，但不包括仅供零散流放竹、木排的河道。

货（客）运量

指在一定时期内，各种运输工具实际运送的货物（旅客）数量。是反映运输业为国民经济和人民生活服务的数量指标，也是制定和检查运输生产计划，研究运输发展规模和速度的重要指标。货运按吨计算，客运按人计算。货物不论运输距离长短，货物类别，均按实际重量统计；旅客不论行程远近或票价多少，均按一人一次作为客运量统计。半价票、小孩票也按一人统计。

货物（旅客）周转量

指在一定时期内，由各种运输工具运送的货物（旅客）数量与其相应运输距离的乘积之总和，是反映运输业生产总成果的重要指标，也是编制和检查运输生产计划，计算运输效率、劳动生产率以及核算运输单位成本的主要基础资料。通常以吨公里和人公里为计算单位。计算货物周转量通常按发出站与到达站之间的最短距离，也就是计费距离计算。

沿海主要港口货物吞吐量

指由水运进出沿海主要港区范围，并经过装卸的货物数量，包括邮件及办理托运手续的行李、包裹以及补给运输船舶的燃、物料和淡水。其计量单位为吨。货物吞吐量的货种分类及其主要流向流量，反映了港口在国内外物资交流和对外贸易运输中的地位和作用。吞吐量可以分为进口、出口，又可以分为国内贸易和对外贸易。

邮电业务总量

指以货币表现的邮电部门用于传递信息和提供其他邮电服务的总数量。它综合反映了一定时期邮电工作的总成果，是研究邮电业务量构成和发展趋势的重要指标。它用各种邮电分类业务量，如函件件数、长途电话业务量、市内电话和农村电话的年均户数、订销报刊累计份数等，分别乘以相应的平均单价（不变价），加总后再加上出租电路和设备的收入、代用户维护电话交换机和线路等设备的收入、其他业务收入求得。

ZHEJIANG STATISTICAL YEARBOOK

Explanatory Notes on Main Statistical Indicators

□ Length of Railways in Operation

refers to the total length of the trunk line under passenger and freight transportation. The calculation is based on the actual length of the first line even if this line has a full or partial double track or more tracks, excluding double tracks, stationsidings, tracks under the charge of stations;branch lines, specialpurpose lines and the non-payable connecting lines. The length of railways in operation is an important indicator to show the development of the intra-structure for the railway transport,and also the essential data to calculate volume of passenger freight transport,traffic density and utilization efficiency of the locomotives and carriages.

□ Length of Highways

refers to the length of highways which are built in conformity with the grades specified by the highway engineering standard formulated by the Ministry of Communications, and have been formally checked and accepted by the departments of highways and put into use. The length of highways includes that of the suburb highways at large and medium-sized cities, highways passing through streets at small cities and towns, and also the length of bridges and ferries. It does not include the length of streets in big and medium-sized cities and highways built for the production purpose at factories, mines, forest areas and agricultural areas. If two or more highways go the same section of the way, the length of the section is only calculated for once and no duplication is allowed. The length of highways is an important indicator to show the development of the highway construction and to provide essential information to calculate the transport network density.

□ Length of Navigable Inland Waterways

refers to the length of the natural rivers, lakes, reservoirs, canals, and ditches open to navigation during a given period, which enables the transport by ships and rafts. It includes the channels open to navigation for over 3 months accumulatively in a year, yet this does not include the river courses which are only used to float odd logs and bamboo rafts.

□ Length of Civil Aviation Routes

refers to the length of all routes for regular civil aviation flights. There are usually two ways to calculate the distance between airports connected by the route length: One is to put the length of all air routes together, called duplicated calculation of the length of the routes; the other is not to allow the duplication in calculation when two or more routes passing the same section. The latter is usually used, as it can precisely show the size of the civil aviation network and indicate the extent of civil aviation serving the national economy and the people.

□ Freight (Passenger) Traffic

refers to the volume of freight (passenger) transported with various means. Freight transport is calculated in tons and passenger traffic is calculated in the number of persons. Despite the type of freight and travelling distance, the freight transport is calculated by the principle that one person can be counted only once in one travel. The passenger who travel with a half-price ticket or a child ticket is also calculated as one person. The freight (passenger) traffic provides a quantitative measure to show how the transport industry serves the national economy and people, and is also an important indicator for planning the transport industry and for studying the development scale and speed of the transport industry.

□ Freight Ton-kilometers(Passenger-kilometers)

refer to the sum of the products of the volume of transported cargo(passengers) multiplying by the transport

EXPLANATORY NOTES ON MAIN STATISTICAL INDICATORS

distance, usually using ton-kilometre and passenger-kilometre as units for measurement. Normally, the shortest distance between the departure station and the destination station (i.e., the payable distance) is the basis to calculate the freight ton-kilometres. This is an important indicator to show the total results of the transport industry, to prepare and examine the transport plan and to measure the efficiency, the labour productivity and the unit cost of transport.

□ Volume of Freight Handled in Major Coastal Ports

refers to the volume of cargo passing in and out the harbor area of the major coastal ports and having been loaded and unloaded. The volume includes that of the postal matters, registered luggages and fuels, materials and fresh water as supplies of the ships. The volume of freight handled may be classfied as import, export, or as domestic trade and foreign trade. The volume of freight handled by type of cargo and by main flow direction reflects the position and function of the ports in the inflow of Chinese and foreign commodities and in the transportation for foreign trade.

□ Business Volume of Post and Telecommunications

refers to the total amount of the imformation delivered and other post and telecommunications services provided by the post and telecommunications departments for the customers. It is derived by first multiplying the business volume of different types, such as number of letters, telegrams, long distance calls, city and rural telephone subscribers and accumulated number of newspapers and journals subscribed and sold, etc.by their respective average unit price (fixed price) and then adding these products together: plus the income from maintenance of telephone exchanges and lines, and the income from other business operations. The business volume of post and telecommunications indicates the total achievements made by the post and telecommunications department during a given period of time in a comprehensive way, and is an important indicator to study the composition and development of the post and telecommunications business.

2024
浙江统计年鉴
ZHEJIANG STATISTICAL YEARBOOK

CHAPTER 10

批发、零售和住宿餐饮业
Wholesale, Retail and Accommodation Catering Trade

10-1　社会消费品零售总额（1978-2023年）
Total Retail Sales of Consumer Goods (1978-2023)

单位：亿元（100 million yuan）

年份 Year	社会消费品零售总额 Total Retail Sales of Consumer Goods	按地区分 By Region			按行业分 By Sector		
		市 City	县 County	县以下 Below County	批发和零售业 Wholesale and Retail Trade	餐饮业 Catering Services	其他 Others
1978	46.86	9.75	14.46	22.65	43.57	1.84	1.45
1980	74.87	14.99	21.68	38.20	69.62	2.86	2.39
1983	104.24	28.06	23.10	53.08	96.93	3.87	3.44
1984	125.82	35.66	27.96	62.20	116.37	4.98	4.47
1985	172.27	55.99	40.74	75.54	157.44	6.56	8.27
1986	203.49	67.15	44.71	91.63	185.26	7.90	10.33
1987	242.58	87.80	45.29	109.49	220.40	9.73	12.45
1988	325.88	132.28	51.23	142.37	298.19	12.55	15.14
1989	346.01	141.80	51.91	152.30	316.71	14.06	15.24
1990	353.75	153.27	48.55	151.93	321.45	15.90	16.40
1991	404.00	184.56	55.79	163.65	366.65	19.07	18.28
1992	493.87	230.23	73.72	189.92	442.64	25.04	26.19
1993	770.58	370.85	112.50	287.23	721.37	40.01	9.19
1994	1128.68	612.96	114.69	401.03	1009.16	55.02	64.50
1995	1463.91	786.75	141.88	535.28	1351.93	85.41	26.57
1996	1762.60	943.27	180.24	639.09	1598.18	114.11	50.31
1997	1932.66	1044.47	191.49	696.70	1742.47	128.60	61.59
1998	2095.64	1137.17	201.50	756.97	1874.45	147.56	73.64
1999	2274.00	1240.12	220.45	813.43	2013.23	185.71	75.07
2000	2513.31	1372.30	246.41	894.60	2199.76	233.92	79.63
2001	2789.25	1566.09	270.22	952.94	2434.11	273.04	82.09
2002	3103.85	1780.48	309.32	1014.05	2682.26	333.64	87.95
2003	3435.33	2176.13	358.50	900.70	2934.07	390.51	110.75
2004	3976.46	2523.08	444.06	1009.32	3456.43	443.96	76.07
2005	4547.59	2991.39	452.23	1103.98	3948.01	523.54	76.05
2006	5234.70	3459.10	510.58	1265.01	4579.76	599.51	55.42
2007	6115.27	4051.80	595.12	1468.36	5351.86	706.02	57.39
2008	7332.87	4887.84	716.41	1728.61	6500.68	782.70	49.50
2009	8415.17	5632.07	818.96	1964.13	7484.78	879.51	50.87
2010	10056.56	8847.73		1208.83	8937.53	1038.34	80.69
2011	12093.23	10177.49		1915.75			
2012	13667.59	11517.32		2150.27			
2013	15335.15	12865.78		2469.37			
2014	17078.11	14299.13		2778.98			
2015	18910.74	15792.67		3118.07			
2016	20916.73	17403.60		3513.13			
2017	23121.32	19183.16		3938.17			
2018	25162.01	20811.75		4350.26			
2019	27343.81	22570.29		4773.52			
2020	26629.81	22336.42		4293.40			
2021	29210.54	24482.65		4727.89			
2022	30467.20	25940.46		4526.74			
2023	32550.19	27760.90		4789.29			

注：1. 2010年起社会消费品零售总额由于口径变化，分为“城镇”和“乡村”两部分，分别列入原口径中的“市”和“县以下”中，并与第四次经济普查数据衔接。
Since 2010, due to the change of caliber, the total retail sales of consumer goods have been divided into "urban" and "rural", which have been included in the "city" and "below county" in the original caliber respectively, and connected with the data of the fourth economic census.
2. 1993年起社会消费品零售总额已与第四次经济普查数据衔接。
The total retail sales of consumer goods have been linked up with the data of the fourth economic census since 1993.

10-2 按登记注册类型分限额以上批发零售贸易业基本情况
Basic Information of Enterprises Above Designated Size in Wholesale and Retail Trades by Types of Registration

指标	Item	法人企业数(个) Number of Corporation (unit)	从业人员期末人数(人) Number of Employees at the End of the Year (person)
总计	**Total**	**35511**	**947350**
批发业	**Wholesale Trade**	**26792**	**579777**
内资企业	Domestic Invested Enterprises	26215	534621
有限责任公司	Limited Liability Corporations	25807	498307
股份有限公司	Share-holding Corporations Ltd.	300	25171
非公司企业法人	Non Corporate Legal Entity	45	10426
个人独资企业	Sole Proprietorship Enterprises	51	531
合伙企业	Partnership Enterprises	12	186
其他内资企业	Other Domestic Invested Enterprises		
港澳台投资企业	Enterprises with Investment from Hong Kong, Macao and Taiwan	269	22724
外商投资企业	Foreign Invested Enterprises	303	22382
其他统计类别	Other Statistical Categories	5	50
零售业	**Retail Trade**	**8719**	**367573**
内资企业	Domestic Invested Enterprises	8488	329906
有限责任公司	Limited Liability Corporations	8191	311514
股份有限公司	Share-holding Corporations Ltd.	64	14432
非公司企业法人	Non Corporate Legal Entity	79	1801
个人独资企业	Sole Proprietorship Enterprises	127	1708
合伙企业	Partnership Enterprises	27	451
其他内资企业	Other Domestic Invested Enterprises		
港澳台投资企业	Enterprises with Investment from Hong Kong, Macao and Taiwan	117	22909
外商投资企业	Foreign Invested Enterprises	105	14615
其他统计类别	Other Statistical Categories	9	143

10-3 分行业限额以上批发零售贸易基本情况

Basic Conditions of Enterprises Above Designated Size in Wholesale and Retail Trade by Sector

指标	Item	法人企业数(个) Number of Corporation (unit)		从业人员期末人数(人) Number of Employees at the End of the Year (person)	
		2022	2023	2022	2023
总计	**Total**	**32824**	**35511**	**937532**	**947350**
批发业	**Wholesale Trade**	**25088**	**26792**	**571214**	**579777**
食品、饮料及烟草制品批发	Food, Beverages, Tobaccos and Its Products	1280	1344	75589	76066
#米、面制品及食用油批发	Rice, Flour and Its Production, Edible Oil	181	202	6797	7160
烟草制品批发	Tobacco and Its Production	12	12	9670	9655
纺织、服装及家庭用品批发	Textiles, Clothing and Household Goods	5978	6322	159634	167258
#服装批发	Garments	932	957	43535	43814
文化、体育用品及器材批发	Culture, Sports Articles and Equipment	1002	1022	26146	26869
医药及医疗器材批发	Medicines and Medical Appliances	828	871	44201	43729
矿产品、建材及化工产品批发	Mineral Production, Building Materials and Chemical Production	11394	12386	134677	137139
#煤炭及制品批发	Coal and Related Production	490	512	5156	5244
石油及制品批发	Petroleum and Related Production	881	928	21732	21433
金属及金属矿批发	Metal Materials and Mineral	4842	5430	45817	48921
建材批发	Building Materials	1246	1253	15229	14678
化肥批发	Fertilizer	66	74	1501	1618
机械设备、五金产品及电子产品批发	Machinery Equipment, Hardware and Electric Production	3541	3673	104776	104645
#汽车及零配件批发	Automobiles and Spare Parts	744	784	27775	26005
五金产品批发	Hardware products Wholesale	742	773	17755	17746
计算机、软件及辅助设备批发	Computers, Software and Auxiliary Equipment	167	184	5370	5333
贸易经纪与代理	Manage and Agencies in Trade	57	68	1144	1312
其他批发业	Others	672	673	20374	18050

续表 Continued

指标	Item	法人企业数(个) Number of Corporation (unit)		从业人员期末人数(人) Number of Employees at the End of the Year (person)	
		2022	2023	2022	2023
零售业	**Retail Trade**	**7736**	**8719**	**366318**	**367573**
综合零售	Comprehensive Retail	618	650	85068	73616
#百货零售	Consumer Goods	147	148	14097	12661
超级市场零售	Supermarkets	400	431	65058	55499
食品、饮料及烟草制品专门零售	Food, Beverages, Tobaccos and Its Products	579	705	20448	24723
纺织、服装及日用品专门零售	Textile Garments and Articles for Daily Use	223	303	14845	27106
#服装零售	Garments Articles	100	142	9324	16756
文化、体育用品及器材专门零售	Culture, Sports Articles and Equipment	243	285	10884	11014
#体育用品及器材零售	Sporting Goods and Equipment	14	18	374	526
图书、报刊零售	Books, Newspapers and Periodicals	95	106	5365	5270
医药及医疗器材专门零售	Medicines and Medical Appliances	347	352	32595	33990
#药品零售	Medicines	331	340	32078	33633
汽车、摩托车、零配件和燃料及其他动力销售	Automobiles, Motorcycles, Spare Parts, Fuels and other Power	3279	3668	123382	121451
#汽车零售	Motor Vehicles	2352	2723	106537	105012
机动车燃油零售	Fuel for Motor Vehicles Use	870	869	15898	15419
家用电器及电子产品专门零售	Household Appliance Electric Production	606	677	17695	18030
#日用家电零售	Household Appliance	288	327	6878	7128
计算机、软件及辅助设备零售	Computer, Software and Auxiliary Equipment	141	145	3295	3345
通信设备零售	Communication Equipment	107	135	5608	5594
五金、家具及室内装饰材料专门零售	Hardware Furniture Decoration Indoors	131	115	3429	3509
货摊、无店铺及其他零售业	Non-shop and Other Retail Sale	1710	1964	57972	54134
#邮购及电视、电话零售	Mail, telephone and TV retail	4	3	495	32

10-4 按登记注册类型分限额以上批发零售贸易业商品销售总额（2023年）
Total Sales of Enterprises Above Designated Size in Wholesale and Retail Trade by Types of Registration (2023)

单位：亿元(100 million yuan)

指标	Item	合计 Total	批发 Wholesale	零售 Retail Sale
总计	**Total**	**153027.27**	**141038.33**	**11988.94**
批发业	**Wholesale Trade**	**139764.59**	**138631.94**	**1132.65**
内资企业	Domestic Invested Enterprises	133159.75	132263.02	896.73
有限责任公司	Limited Liability Corporations	124921.06	124093.88	827.18
股份有限公司	Share-holding Corporations Ltd.	6653.16	6585.39	67.77
非公司企业法人	Non Corporate Legal Entity	1497.80	1497.56	0.24
个人独资企业	Sole Proprietorship Enterprises	36.55	35.05	1.49
合伙企业	Partnership Enterprises	51.19	51.13	0.06
其他内资企业	Other Domestic Invested Enterprises			
港澳台投资企业	Enterprises with Investment from Hong Kong, Macao and Taiwan	3348.42	3278.41	70.01
外商投资企业	Foreign Invested Enterprises	3254.90	3089.00	165.90
其他统计类别	Other Statistical Categories	1.52	1.51	0.01
零售业	**Retail Trade**	**13262.68**	**2406.39**	**10856.29**
内资企业	Domestic Invested Enterprises	10568.45	1803.64	8764.81
有限责任公司	Limited Liability Corporations	10120.25	1665.42	8454.84
股份有限公司	Share-holding Corporations Ltd.	349.69	123.53	226.16
非公司企业法人	Non Corporate Legal Entity	50.77	6.82	43.96
个人独资企业	Sole Proprietorship Enterprises	36.01	6.14	29.86
合伙企业	Partnership Enterprises	11.72	1.73	9.99
其他内资企业	Other Domestic Invested Enterprises			
港澳台投资企业	Enterprises with Investment from Hong Kong, Macao and Taiwan	1041.58	129.34	912.24
外商投资企业	Foreign Invested Enterprises	1649.81	473.25	1176.56
其他统计类别	Other Statistical Categories	2.84	0.16	2.68

10-5 分行业限额以上批发零售贸易业销售总额
Total Sales of Enterprises Above Designated Size in Wholesale and Retail Trade by Sector

单位：亿元(100 million yuan)

指标	Item	销售总额 Sales					
		合计 Total		批发 Wholesale		零售 Retail Sale	
		2022	2023	2022	2023	2022	2023
总计	**Total**	**137276.57**	**153027.27**	**126091.09**	**141038.33**	**11185.49**	**11988.94**
批发业	**Wholesale Trade**	**124955.85**	**139764.59**	**124000.05**	**138631.94**	**955.80**	**1132.65**
食品、饮料及烟草制品批发	Food,Beverages,Tobacoo and Its Products	5161.83	5637.54	5061.86	5525.78	99.98	111.76
#米、面制品及食用油批发	Rice,Flour and Its Products, Edible Oil	524.79	543.82	510.57	526.94	14.22	16.89
烟草制品批发	Tobacco and Its Products	1331.33	1381.97	1331.33	1381.97		
纺织、服装及家庭用品批发	Textiles, Clothing and Household goods	11380.05	12505.49	11129.54	12215.06	250.51	290.43
#服装批发	Garments	2001.88	2110.25	1953.57	2050.23	48.32	60.03
文化、体育用品及器材批发	Culture,Sports Articles and Equipment	2133.61	2254.64	2094.27	2204.66	39.34	49.97
医药及医疗器材批发	Medicines and Medical Appliances	2856.79	2838.58	2827.61	2814.68	29.18	23.90
矿产品、建材及化工产品批发	Mineral Products,Building Materials and Chemical Products	85214.73	95702.90	84960.86	95385.21	253.87	317.69
#煤炭及制品批发	Coal and Related Products	6532.71	5894.97	6529.74	5894.97	2.97	
石油及制品批发	Petroleum and Related Products	9468.46	9381.37	9242.55	9096.94	225.91	284.43
金属及金属矿批发	Metal Materials and Mineral	43499.34	51766.37	43484.72	51739.64	14.62	26.73
建材批发	Building Materials	3391.78	3519.86	3386.75	3515.96	5.04	3.90
化肥批发	Fertilizer	298.28	272.62	298.25	272.61	0.03	0.01
机械设备、五金产品及电子产品批发	Mechanical Equipment, Hardware products and electronic Products	14002.76	15787.87	13804.73	15578.68	198.03	209.19
#汽车及零配件批发	Motor Vehicles,Motorcycles and Parts	5841.24	6632.74	5756.21	6531.12	85.03	101.61
五金产品批发	Hardware Products	1162.20	1484.52	1157.49	1479.56	4.71	4.96
计算机、软件及辅助设备批发	Computers,Software and Auxiliary Equipment	361.80	429.44	344.96	410.57	16.84	18.87
贸易经纪与代理	Manage and Agencies in Trade	94.60	143.52	94.50	143.31	0.10	0.21
其他批发业	Others	2865.04	2957.84	2781.41	2855.51	83.63	102.34

续表 Continued 单位：亿元(100 million yuan)

指标	Item	销售总额 Sales					
		合计 Total		批发 Wholesale		零售 Retail Sale	
		2022	2023	2022	2023	2022	2023
零售业	**Retail Trade**	**12320.72**	**13262.68**	**2091.03**	**2406.39**	**10229.69**	**10856.29**
综合零售	Comprehensive Retail	1374.36	1340.67	152.53	102.99	1221.83	1237.69
#百货零售	Consumer Goods	555.29	577.50	28.29	25.22	526.99	552.28
超级市场零售	Supermarkets	748.23	684.62	113.24	69.33	634.98	615.29
食品、饮料及烟草制品专门零售	Food,Beverages,Tobaccos and Its Products	289.34	373.53	39.97	52.01	249.38	321.51
纺织、服装及日用品专门零售	Textile Garments and Articles for Daily Use	228.62	412.36	69.26	136.43	159.35	275.93
#服装零售	Garments Articles	144.31	233.96	47.97	91.35	96.35	142.61
文化、体育用品及器材专门零售	Culture,Sports Articles and Equipments	133.07	164.20	8.52	16.40	124.55	147.80
#体育用品及器材零售	Sports Articles	5.70	7.63	0.81	0.28	4.88	7.35
图书、报刊零售	Books	71.51	83.18	1.46	6.07	70.05	77.11
医药及医疗器材专门零售	Medicines and Medical Appliances	356.18	421.85	54.78	69.85	301.40	352.00
#药品零售	Medicines	349.41	416.65	53.42	68.37	295.98	348.28
汽车、摩托车、零配件和燃料及其他动力销售	Automobiles, Motorcycles, Spare Parts, Fuels and other Power	6833.26	7309.37	1233.84	1534.21	5599.42	5775.16
#汽车零售	Motor Vehicles	4785.37	5292.97	571.31	883.13	4214.06	4409.84
机动车燃油零售	Motor Vehicle Fuel	2016.46	1966.29	659.57	641.18	1356.89	1325.11
家用电器及电子产品专门零售	Household Appliance Electric Products	332.48	380.88	57.21	79.86	275.27	301.03
#日用家电零售	Household Appliance	146.72	147.09	17.74	21.75	128.98	125.34
计算机、软件及辅助设备零售	Computer,Software and Auxiliary Equipment	35.68	37.52	3.75	4.35	31.93	33.18
通信设备零售	Communication Equipment	115.45	146.60	28.41	34.70	87.05	111.90
五金、家具及室内装饰材料专门零售	Hardware Furniture Decoration Indoors	54.16	57.92	8.97	7.05	45.19	50.88
货摊、无店铺及其他零售业	Non-shop and Other Retail Sale	2719.25	2801.89	465.96	407.60	2253.30	2394.29
#邮购及电视、电话零售	Mail Order and Electron Vendition	25.81	0.26	23.19		2.62	0.26

10-6 限额以上批发零售贸易业商品分类销售额（2019-2023年）
Total Sales of Enterprises Above Designated Size(2019-2023)

单位：亿元(100 million yuan)

商品分类	Commodity	合计 Total				
		2019	2020	2021	2022	2023
粮油食品、饮料、烟酒类	Grain, Oil, Food, Beverage, Tobacco and Alcohol	4886.58	5596.96	6202.95	7049.30	8021.96
肉禽蛋类	Meat,Poultry and Eggs	359.90	449.11	498.24	563.38	593.38
其他粮油食品类	Other Food	2087.47	2627.40	2922.38	3462.08	4083.09
饮料类	Beverages	926.72	934.56	1111.67	1248.43	1463.40
烟酒类	Tobacco and Liquor	1512.50	1585.88	1670.65	1775.40	1882.09
服装、鞋帽、针纺织品类	Garments,Shoes,Hats,Knit and Textile Goods	5826.25	5686.58	7188.31	7548.69	7956.52
服装类	Garments	2103.82	1956.12	2194.97	2305.55	2353.92
鞋帽类	Shoes and Hats	502.87	406.49	490.79	538.03	577.80
针纺织品类	Knit and Textile Goods	3219.57	3241.44	4502.56	4705.11	5024.80
化妆品类	Cosmetics	314.10	421.15	530.80	588.27	666.76
金银珠宝类	Jewelry	284.84	243.69	301.64	336.55	407.79
日用品类	Articles For Daily Use	1596.72	1881.50	2202.60	2631.99	2688.16
五金、电料类	Hardware & Electric Materials	681.39	753.58	1043.82	1006.40	1121.49
体育、娱乐用品类	Sports and Recreation	78.94	119.80	168.31	177.67	171.57
书报杂志类	Newspapers and Magazines	152.79	159.60	197.51	225.22	231.34
电子出版物及音像制品类	Electronic Publication and Audiovisual Products	9.05	9.51	8.61	9.70	11.02
家用电器和音像器材类	Household Appliances and Audiovisual Equipment	1615.30	1694.42	1988.05	2077.19	2316.91
中西药品类	Traditional Chinese & Western Medicines	1949.86	1974.67	2232.58	2578.66	2750.35
西药类	Western Medicines	1414.32	1430.21	1631.87	1881.98	2022.27
中草药及中成药类	Chinese Herbal Medicine and Other Traditional Chinese Medicine	304.46	308.24	333.44	408.61	424.23
文化办公用品类	Culture and Official Articles	695.78	867.35	1250.99	1394.64	1508.88
家具类	Furniture	257.80	326.61	479.58	461.63	533.59
通信器材类	Communication Appliances	1226.62	1549.29	1602.76	1635.26	1913.26
煤炭及制品类	Coal and Related Products	3070.04	3090.84	5443.96	6434.28	5603.25
木材及制品类	Timber and Related Products	724.21	953.03	1501.36	2608.29	2643.66
石油及制品类	Oil and Related Products	6662.90	6408.57	7922.21	10112.88	11045.97
化工材料及制品类	Chemical Materials and Related Products	10508.90	12490.88	17450.37	21308.29	26575.63
化肥类	Fertilizer	144.66	148.20	183.40	291.59	264.74
金属材料类	Metal Materials	19683.98	26709.68	37995.09	42558.59	50593.76
建筑及装潢材料类	Building and Decoration Materials	1481.26	1954.83	2591.13	2622.64	2811.63
机电产品及设备类	Mechanical and Electrical Products and Appliances	1763.92	1672.59	2195.02	2655.76	2888.86
农机类	Agricutural Mechanical Products	10.72	16.96	23.10	26.88	35.07
汽车类	Motor Vehicles	6292.32	6386.73	6876.66	10406.46	11750.15
种子饲料类	Seed and Forage	77.34	143.07	153.54	187.56	218.94
棉麻类	Cotton & Hemp	209.31	213.17	328.87	475.96	565.26
其他类	Others	3423.19	3942.39	4532.37	5420.63	5802.92

续表1 Continued　单位：亿元(100 million yuan)

商品分类	Commodity	批发额 Wholesale				
		2019	2020	2021	2022	2023
粮油食品、饮料、烟酒类	Grain, Oil, Food, Beverage, Tobacco and Alcohol	3896.54	4480.24	4965.42	5633.19	6506.82
肉禽蛋类	Meat,Poultry and Eggs	252.96	313.02	340.68	386.18	398.29
其他粮油食品类	Other Food	1420.99	1893.94	2137.81	2565.71	3145.68
饮料类	Beverages	823.69	825.77	979.72	1092.80	1298.01
烟酒类	Tobacco and Liquor	1398.90	1447.52	1507.21	1588.50	1664.84
服装、鞋帽、针纺织品类	Garments,Shoes,Hats,Knit and Textile Goods	4873.92	4835.89	6161.23	6508.96	6848.65
服装类	Garments	1350.19	1300.44	1406.62	1516.36	1511.20
鞋帽类	Shoes and Hats	365.65	289.27	348.46	391.46	407.82
针纺织品类	Knit and Textile Goods	3158.08	3171.72	4406.15	4601.14	4929.62
化妆品类	Cosmetics	141.14	199.14	246.37	252.83	299.03
金银珠宝类	Jewelry	153.45	121.58	152.43	180.31	226.82
日用品类	Articles For Daily Use	1144.02	1463.04	1645.58	2028.68	2041.88
五金、电料类	Hardware & Electric Materials	655.89	734.65	1022.98	990.09	1103.57
体育、娱乐用品类	Sports and Recreation	48.37	72.78	120.35	131.34	126.09
书报杂志类	Newspapers and Magazines	56.26	86.44	108.41	122.46	121.52
电子出版物及音像制品类	Electronic Publication and Audiovisual Products	6.73	6.73	7.05	8.47	9.63
家用电器和音像器材类	Household Appliances and Audiovisual Equipment	1098.65	1264.56	1542.52	1611.00	1779.76
中西药品类	Traditional Chinese & Western Medicines	1695.36	1728.02	1944.39	2239.80	2362.21
西药类	Western Medicines	1243.52	1254.99	1430.09	1647.11	1754.22
中草药及中成药类	Chinese Herbal Medicine and Other Traditional Chinese Medicine	257.47	269.06	289.08	358.46	369.70
文化办公用品类	Culture and Official Articles	575.11	722.66	1094.55	1182.27	1286.70
家具类	Furniture	181.46	241.36	372.64	355.23	416.73
通信器材类	Communication Appliances	942.77	1293.93	1337.07	1351.43	1520.36
煤炭及制品类	Coal and Related Products	3068.77	3089.96	5443.73	6434.28	5603.25
木材及制品类	Timber and Related Products	724.21	953.03	1501.36	2608.29	2643.66
石油及制品类	Oil and Related Products	5223.48	5330.86	6507.24	8528.70	9442.40
化工材料及制品类	Chemical Materials and Related Products	10508.90	12490.88	17450.37	21308.29	26575.63
化肥类	Fertilizer	144.66	148.20	183.40	291.59	264.74
金属材料类	Metal Materials	19683.98	26709.68	37995.09	42558.59	50593.76
建筑及装潢材料类	Building and Decoration Materials	1432.84	1920.23	2557.06	2592.89	2784.27
机电产品及设备类	Mechanical and Electrical Products and Appliances	1753.37	1664.52	2182.09	2636.57	2865.91
农机类	Agricutural Mechanical Products	10.72	16.96	23.10	26.88	35.07
汽车类	Motor Vehicles	2774.70	3143.95	3227.23	6179.30	7265.61
种子饲料类	Seed and Forage	77.34	143.07	153.54	187.56	218.94
棉麻类	Cotton & Hemp	209.29	213.06	328.86	475.96	565.26
其他类	Others	3277.88	3820.97	4441.06	5303.12	5672.47

续表2 Continued

单位：亿元(100 million yuan)

商品分类	Commodity	零售额 Retail Sale				
		2019	2020	2021	2022	2023
粮油食品、饮料、烟酒类	Grain, Oil, Food, Beverage, Tobacco and Alcohol	990.04	1116.71	1237.53	1416.10	1515.14
肉禽蛋类	Meat,Poultry and Eggs	106.94	136.09	157.56	177.20	195.09
其他粮油食品类	Other Food	666.48	733.47	784.58	896.37	937.41
饮料类	Beverages	103.03	108.79	131.95	155.63	165.38
烟酒类	Tobacco and Liquor	113.60	138.36	163.44	186.90	217.25
服装、鞋帽、针纺织品类	Garments,Shoes,Hats,Knit and Textile Goods	952.34	850.69	1027.08	1039.73	1107.87
服装类	Garments	753.63	655.68	788.34	789.18	842.71
鞋帽类	Shoes and Hats	137.21	117.22	142.33	146.58	169.97
针纺织品类	Knit and Textile Goods	61.49	69.72	96.41	103.97	95.18
化妆品类	Cosmetics	172.96	222.01	284.44	335.44	367.74
金银珠宝类	Jewelry	131.39	122.11	149.21	156.25	180.96
日用品类	Articles For Daily Use	452.70	418.46	557.01	603.30	646.28
五金、电料类	Hardware & Electric Materials	25.50	18.93	20.84	16.31	17.92
体育、娱乐用品类	Sports and Recreation	30.57	47.03	47.96	46.33	45.48
书报杂志类	Newspapers and Magazines	96.52	73.16	89.10	102.76	109.82
电子出版物及音像制品类	Electronic Publication and Audiovisual Products	2.32	2.78	1.56	1.24	1.39
家用电器和音像器材类	Household Appliances and Audiovisual Equipment	516.65	429.86	445.54	466.19	537.14
中西药品类	Traditional Chinese & Western Medicines	254.49	246.65	288.19	338.86	388.15
西药类	Western Medicines	170.81	175.23	201.77	234.88	268.05
中草药及中成药类	Chinese Herbal Medicine and Other Traditional Chinese Medicine	46.98	39.18	44.35	50.16	54.53
文化办公用品类	Culture and Official Articles	120.67	144.69	156.44	212.36	222.18
家具类	Furniture	76.34	85.25	106.94	106.39	116.86
通信器材类	Communication Appliances	283.86	255.36	265.69	283.82	392.90
煤炭及制品类	Coal and Related Products	1.26	0.88	0.24		
木材及制品类	Timber and Related Products					
石油及制品类	Oil and Related Products	1439.42	1077.71	1414.97	1584.18	1603.56
化工材料及制品类	Chemical Materials and Related Products					
化肥类	Fertilizer					
金属材料类	Metal Materials					
建筑及装潢材料类	Building and Decoration Materials	48.43	34.60	34.07	29.75	27.36
机电产品及设备类	Mechanical and Electrical Products and Appliances	10.55	8.07	12.93	19.20	22.95
农机类	Agricutural Mechanical Products					
汽车类	Motor Vehicles	3517.62	3242.77	3649.44	4227.16	4484.54
种子饲料类	Seed and Forage					
棉麻类	Cotton & Hemp	0.02	0.11			0.01
其他类	Others	145.31	121.42	91.31	117.52	130.45

10-7 限额以上批发零售贸易企业财务状况（2014-2023年）
Financial Conditions of Wholesale and Retail Trade Above Designated Size(2014-2023)

单位：亿元(100 million yuan)

指标	Item	2014	2015	2016	2017	2018	2019	2020	2021	2022	2023
法人企业数(个)	Corporation Units(unit)	15852	16574	17317	18514	19596	22839	25167	29435	32542	35511
从业人员平均人数(人)	Average Number of Employees (person)	739077	757248	758326	772544	795228	849202	845634	907006	983765	966789
流动资产合计	Total Circulating Assets	14579	15011	15960	17536	19097	23031	26968	32576	38982	44145
资产总计	Total Assets	18649	19423	20827	22699	25139	30091	34870	41803	49519	55450
负债合计	Total Liabilities	14525	14854	15834	17099	18685	22610	25743	30623	37503	42225
营业收入	Business Income	39123	37633	39951	49272	57773	71406	80875	106843	123351	137277
营业成本	Operating Costs	37050	35406	37553	46571	54745	67633	76749	101824	118152	131783
税金及附加	Taxes and Surcharges	107	156	177	185	200	215	224	255	271	304
营业利润	Operating Profit	1880	1963	2221	2516	2828	1117	1312	1582	1569	1865
销售费用	Selling Expenses	926	985	1104	1306	1511	1821	1986	2384	2601	2748
管理费用	Management Expenses	515	560	583	601	704	821	869	1082	1155	1226
财务费用	Financial Expenses	224	190	201	249	247	262	290	314	256	240
利润总额	Total Profits	521	546	699	816	909	1208	1408	1674	1694	1973
应付职工薪酬	Payroll Payable	505	520	581	689	737	965	890	1096	1259	1352

注：指标“营业收入”、“营业成本”、“税金及附加”和“营业利润”2019年前分别为“商品销售收入净额”、“商品销售成本”、“商品销售税金及附加费”和“主营业务利润”，以后各表同。
The indicators of "business income", "operating cost", "taxes and surcharges" and "operating profit" are "net sales revenue of goods", "cost of goods sales", "taxes and surcharges of goods sales" and "profits of main business" respectively before 2019, The same applies to the relevant tables following.

10-8 按登记注册类型分限额以上批发零售贸易企业资产及负债情况（2023年）
Assets and Liabilities of Enterprises Above Designated Size in Wholesale and Retail Trade by Types of Registration(2023)

单位：亿元（100 million yuan）

指标	Item	资产总计 Total Assets	流动资产合计 Circulating Assets	负债合计 Total Liabilities	所有者权益合计 Total Creditor's Equity
总计	**Total**	**55450.42**	**44145.45**	**42224.91**	**13225.50**
批发业	**Wholesale Trade**	**49952.75**	**40307.36**	**38002.19**	**11950.56**
内资企业	Domestic Invested Enterprises	45691.54	37298.10	35476.53	10215.01
有限责任公司	Limited Liability Corporations	41504.50	34630.08	33218.58	8285.92
股份有限公司	Share-holding Corporations Ltd.	3697.86	2211.47	2123.55	1574.31
非公司企业法人	Non Corporate Legal Entity	471.07	439.40	117.88	353.20
个人独资企业	Sole Proprietorship Enterprises	12.20	11.47	10.76	1.45
合伙企业	Partnership Enterprises	5.90	5.68	5.77	0.13
其他内资企业	Other Domestic Invested Enterprises				
港澳台投资企业	Enterprises with Investment from Hong Kong, Macao and Taiwan	2007.51	1701.65	1239.87	767.64
外商投资企业	Foreign Invested Enterprises	2253.19	1307.23	1285.40	967.79
其他统计类别	Other Statistical Categories	0.51	0.38	0.40	0.12
零售业	**Retail Sale**	**5497.66**	**3838.09**	**4222.72**	**1274.94**
内资企业	Domestic Invested Enterprises	4652.64	3295.66	3653.56	999.08
有限责任公司	Limited Liability Corporations	4330.46	3115.42	3504.37	826.09
股份有限公司	Share-holding Corporations Ltd.	288.60	154.26	129.70	158.90
非公司企业法人	Non Corporate Legal Entity	18.37	13.45	8.00	10.37
个人独资企业	Sole Proprietorship Enterprises	11.93	10.49	9.03	2.90
合伙企业	Partnership Enterprises	3.29	2.05	2.47	0.81
其他内资企业	Other Domestic Invested Enterprises				
港澳台投资企业	Enterprises with Investment from Hong Kong, Macao and Taiwan	469.35	303.21	334.42	134.93
外商投资企业	Foreign Invested Enterprises	374.43	238.26	233.97	140.46
其他统计类别	Other Statistical Categories	1.24	0.96	0.77	0.47

10-9 分行业限额以上批发零售贸易企业资产及负债情况（2023年）
Assets and Liabilities of Enterprises Above Designated Size in Wholesale and Retail Trade by Types of Registration(2023)

单位：亿元(100 million yuan)

指标	Item	资产总计 Total Assets	流动资产合计 Circulating Assets	负债合计 Total Liabilities	所有者权益合计 Total Creditor's Equity
总计	**Total**	**55450.42**	**44145.45**	**42224.91**	**13225.50**
批发业	**Wholesale Trade**	**49952.75**	**40307.36**	**38002.19**	**11950.56**
农、林、牧、渔产品批发	Agricultural, Forestry, Animal Husbandry and Fishery Products	1114.60	775.49	845.06	269.54
食品、饮料及烟草制品批发	Food,Beverages,Tobaccos and Its Products	2836.06	2362.99	1778.76	1057.31
#米、面制品及食用油批发	Rice,Flour and Its Products,Edible Oil	421.53	285.36	314.75	106.78
烟草制品批发	Tobacco and Its Products	441.22	412.41	89.02	352.20
纺织、服装及家庭用品批发	Textiles, Clothing and Household Goods	5572.76	4751.29	4435.67	1137.09
#服装批发	Garments	1361.07	1003.55	946.57	414.50
文化、体育用品及器材批发	Culture,Sports Articles and Equipment	1118.55	956.57	852.96	265.59
医药及医疗器材批发	Medicines and Medical Appliances	1696.87	1368.68	1110.76	586.10
矿产品、建材及化工产品批发	Mineral Products,Building Materials and Chemical Products	29760.31	23385.22	22753.91	7006.40
#煤炭及制品批发	Coal and Related Products	2015.16	1681.69	1389.91	625.25
石油及制品批发	Petroleum and Related Products	3199.03	2346.53	2317.06	881.97
金属及金属矿批发	Metal Materials and Mineral	14602.73	11375.19	11264.81	3337.92
建材批发	Building Materials	2101.89	1778.13	1720.71	381.18
化肥批发	Fertilizer	180.93	136.58	123.82	57.11
机械设备、五金产品及电子产品批发	Machinery Equipment,Hardware and Electric Products	6763.56	5792.20	5412.35	1351.21
#汽车及零配件批发	Automobiles and Spare Parts	2311.89	2038.72	2052.79	259.10
五金产品批发	Hardware Products	708.04	515.91	454.02	254.02
计算机、软件及辅助设备批发	Computers,Software and Auxiliary Equipment	200.75	172.99	166.21	34.54
贸易经纪与代理	Manage and Agencies in Trade	33.62	31.00	26.81	6.81
其他批发业	Others	1056.43	883.93	785.90	270.53

续表 Continued

单位：亿元(100 million yuan)

指标	Item	资产总计 Total Assets	流动资产合计 Circulating Assets	负债合计 Total Liabilities	所有者权益合计 Total Creditor's Equity
零售业	**Retail Trade**	**5497.66**	**3838.09**	**4222.72**	**1274.94**
综合零售	Comprehensive Retail	1286.72	699.98	938.99	347.73
#百货零售	Consumer Goods	745.85	375.09	489.40	256.45
超级市场零售	Supermarkets	504.54	298.42	414.45	90.09
食品、饮料及烟草制品专门零售	Food,Beverages,Tobaccos and Its Products	264.38	196.85	175.65	88.72
纺织、服装及日用品专门零售	Textile Garments and Articles for Daily Use	283.51	208.13	213.05	70.46
#服装零售	Garments Articles	164.66	122.72	137.95	26.71
文化、体育用品及器材专门零售	Culture,Sports Articles and Equipments	169.04	130.07	112.86	56.18
#体育用品及器材零售	Sporting Goods and Equipment	3.66	2.82	3.54	0.12
图书、报刊零售	Books, Newspapers and Periodicals	115.54	81.83	70.48	45.06
医药及医疗器材专门零售	Medicines and Medical Appliances	166.47	134.75	132.71	33.76
#药品零售	Medicines	163.61	132.26	131.41	32.20
汽车、摩托车、零配件和燃料及其他动力销售	Automobiles, Motorcycles, Spare Parts, Fuels and other Power	2186.36	1459.48	1678.30	508.06
#汽车零售	Motor Vehicles	1588.61	1268.64	1373.62	214.99
机动车燃油零售	Fuel for Motor Vehicles Use	559.96	161.94	273.33	286.64
家用电器及电子产品专门零售	Household Appliance Electric Products	191.86	166.88	156.25	35.61
#日用家电零售	Household Appliance	102.50	88.62	90.63	11.87
计算机、软件及辅助设备零售	Computer,Software and Auxiliary Equipment	21.85	20.45	12.70	9.15
通信设备零售	Communication Equipment	35.64	32.84	26.94	8.69
五金、家具及室内装饰材料专门零售	Hardware Furniture Decoration Indoors	49.15	35.45	44.28	4.88
货摊、无店铺及其他零售业	Non-shop and Other Retail Sale	900.17	806.50	770.63	129.54
#邮购及电视、电话零售	Mail Order and Electron Vendition	0.14	0.14	0.07	0.07

10-10 按登记注册类型分限额以上批发零售贸易企业主要财务指标情况（2023年）
Main Financial Indicators of Enterprises Above Designated Size in Wholesale and Retail Trade by Types of Registration(2023)

单位：亿元(100 million yuan)

指标	Item	营业收入 Business Income	营业成本 Operating Costs	税金及附加 Taxes and Surcharges	营业利润 Operating Profit	销售费用 Sales Expenses
总计	**Total**	**137277.31**	**131782.55**	**304.23**	**1865.23**	**2747.80**
批发业	**Wholesale Trade**	**125955.03**	**121881.44**	**270.58**	**1778.90**	**1789.45**
内资企业	Domestic Invested Enterprises	119107.29	115468.93	262.82	1527.38	1559.09
有限责任公司	Limited Liability Corporations	112054.67	108959.19	91.47	1204.00	1470.74
股份有限公司	Share-holding Corporations Ltd.	5675.08	5515.19	6.47	126.42	69.58
非公司企业法人	Non Corporate Legal Entity	1299.68	922.44	164.74	192.72	18.28
个人独资企业	Sole Proprietorship Enterprises	32.54	31.69	0.06	-0.30	0.39
合伙企业	Partnership Enterprises	45.33	40.43	0.09	4.53	0.10
其他内资企业	Other Domestic Invested Enterprises					
港澳台投资企业	Enterprises with Investment from Hong Kong, Macao and Taiwan	3021.23	2762.33	4.32	163.20	151.59
外商投资企业	Foreign Invested Enterprises	3825.44	3649.13	3.44	88.30	78.76
其他统计类别	Other Statistical Categories	1.08	1.05		0.01	0.01
零售业	**Retail Trade**	**11322.28**	**9901.12**	**33.65**	**86.34**	**958.35**
内资企业	Domestic Invested Enterprises	9606.61	8431.81	24.68	42.68	810.66
有限责任公司	Limited Liability Corporations	9218.23	8108.90	23.35	22.53	770.79
股份有限公司	Share-holding Corporations Ltd.	304.63	249.84	1.17	17.21	36.06
非公司企业法人	Non Corporate Legal Entity	44.87	39.38	0.09	1.74	1.99
个人独资企业	Sole Proprietorship Enterprises	28.75	25.01	0.06	0.70	1.36
合伙企业	Partnership Enterprises	10.13	8.67	0.03	0.49	0.46
其他内资企业	Other Domestic Invested Enterprises					
港澳台投资企业	Enterprises with Investment from Hong Kong, Macao and Taiwan	974.14	825.38	5.54	25.41	89.89
外商投资企业	Foreign Invested Enterprises	738.72	641.31	3.43	18.21	57.76
其他统计类别	Other Statistical Categories	2.82	2.62		0.04	0.04

续表 Continued

单位：亿元(100 million yuan)

指标	Item	管理费用 Management Expenses	财务费用 Financial Expenses	利润总额 Profits	应付职工薪酬 Payroll Payable	应交增值税 VAT Payable
总计	**Total**	**1226.49**	**239.68**	**1972.79**	**1352.38**	**579.87**
批发业	**Wholesale Trade**	**904.73**	**201.10**	**1866.63**	**931.12**	**460.81**
内资企业	Domestic Invested Enterprises	828.35	199.94	1607.69	840.38	423.58
有限责任公司	Limited Liability Corporations	739.17	191.51	1277.81	734.41	354.48
股份有限公司	Share-holding Corporations Ltd.	51.00	24.53	132.68	59.78	17.55
非公司企业法人	Non Corporate Legal Entity	37.40	-16.24	192.64	45.65	50.70
个人独资企业	Sole Proprietorship Enterprises	0.56	0.14	-0.18	0.41	0.22
合伙企业	Partnership Enterprises	0.21		4.73	0.13	0.64
其他内资企业	Other Domestic Invested Enterprises					
港澳台投资企业	Enterprises with Investment from Hong Kong, Macao and Taiwan	34.96	-6.29	163.61	45.96	24.27
外商投资企业	Foreign Invested Enterprises	41.41	7.45	95.31	44.76	12.96
其他统计类别	Other Statistical Categories	0.01		0.02	0.03	0.00
零售业	**Retail Trade**	**321.76**	**38.59**	**106.16**	**421.26**	**119.06**
内资企业	Domestic Invested Enterprises	277.35	35.32	60.59	357.78	95.22
有限责任公司	Limited Liability Corporations	266.01	34.65	39.85	335.95	89.73
股份有限公司	Share-holding Corporations Ltd.	7.75	0.34	17.58	18.74	4.27
非公司企业法人	Non Corporate Legal Entity	1.74	0.09	2.00	1.52	0.63
个人独资企业	Sole Proprietorship Enterprises	1.43	0.19	0.68	1.21	0.39
合伙企业	Partnership Enterprises	0.42	0.05	0.48	0.36	0.20
其他内资企业	Other Domestic Invested Enterprises					
港澳台投资企业	Enterprises with Investment from Hong Kong, Macao and Taiwan	25.60	1.12	26.17	41.17	16.36
外商投资企业	Foreign Invested Enterprises	18.72	2.14	19.34	22.23	7.48
其他统计类别	Other Statistical Categories	0.09	0.01	0.05	0.08	

10-11 分行业限额以上批发零售贸易企业主要财务指标情况（2023年）
Main Financial Indicators of Enterprises Above Designated Size in Wholesale and Retail Trade by Sector(2023)

单位：亿元(100 million yuan)

指标	Item	营业收入 Business Income	营业成本 Operating Costs	税金及附加 Taxes and Surcharges	营业利润 Operating Profit	销售费用 Sales Expenses
批发企业合计	**Wholesale Trade**	**125955.03**	**121881.44**	**270.58**	**1778.90**	**1789.45**
农、林、牧、渔产品批发	Agricultural, Forestry, Animal Husbandry and Fishery Products	1782.55	1766.27	1.00	-6.43	6.98
食品、饮料及烟草制品批发	Food, Beverages, Tobaccos and Its Products	5157.54	4431.58	171.16	388.23	214.11
#米、面制品及食用油批发	Rice, Flour and Its Products, Edible Oil	505.38	486.55	0.73	-2.01	13.12
烟草制品批发	Tobacco and Its Products	1224.23	849.38	164.65	192.98	17.34
纺织、服装及家庭用品批发	Textiles, Clothing and Household Goods	11563.68	10637.74	11.62	215.29	490.33
#服装批发	Garments	1993.64	1752.68	2.81	71.22	115.95
文化、体育用品及器材批发	Culture, Sports Articles and Equipment	2077.40	1944.02	2.05	44.54	60.50
医药及医疗器材批发	Medicines and Medical Appliances	2552.60	2245.87	5.24	99.27	156.96
矿产品、建材及化工产品批发	Mineral Products, Building Materials and Chemical Products	85559.59	84495.11	59.09	799.61	411.99
#煤炭及制品批发	Coal and Related Products	5243.73	5109.92	6.68	280.85	60.49
石油及制品批发	Petroleum and Related Products	9301.37	9119.40	7.97	90.15	86.36
金属及金属矿批发	Metal Materials and Mineral	45477.05	45114.10	26.83	232.11	106.30
建材批发	Building Materials	3187.40	3088.17	3.28	29.47	40.91
化肥批发	Fertilizer	250.29	243.35	0.23	7.99	2.78
机械设备、五金产品及电子产品批发	Machinery Equipment, Hardware and Electric Products	14416.03	13713.53	16.87	196.15	363.55
#汽车及零配件批发	Automobiles and Spare Parts	5961.54	5692.12	6.63	46.18	180.97
五金产品批发	Hardware products Wholesale	1374.48	1278.87	1.50	36.95	36.93
计算机、软件及辅助设备批发	Computers, Software and Auxiliary Equipment	406.47	371.73	1.40	0.12	21.91
贸易经纪与代理	Manage and Agencies in Trade	137.13	130.99	0.06	1.21	3.21
其他批发	Others	2708.53	2516.34	3.48	41.02	81.81

续表1 Continued 单位：亿元(100 million yuan)

指标	Item	营业收入 Business Income	营业成本 Operating Costs	税金及附加 Taxes and Surcharges	营业利润 Operating Profit	销售费用 Sales Expenses
零售企业合计	**Retail Trade**	**11322.28**	**9901.12**	**33.65**	**86.34**	**958.35**
综合零售	Comprehensive Retail	1250.51	1039.30	8.23	19.67	128.16
#百货零售	Consumer Goods	552.75	468.96	6.34	23.33	27.11
超级市场零售	Supermarkets	627.90	516.81	1.76	-3.00	88.37
食品、饮料及烟草制品专门零售	Food，Beverages，Tobaccos and Its Products	349.16	289.70	0.55	4.43	32.75
纺织、服装及日用品专门零售	Textile Garments and Articles for Daily Use	367.99	232.45	1.57	16.13	100.81
#服装零售	Garments Articles	210.24	137.00	0.82	3.91	53.97
文化、体育用品及器材专门零售	Culture，Sports Articles and Equipment	150.29	117.90	1.17	3.78	18.71
#体育用品及器材零售	Sports Articles	6.78	4.84	0.03	0.02	1.22
图书、报刊零售	Books, Newspapers and Periodicals	81.94	65.47	0.40	4.31	8.42
医药及医疗器材专门零售	Medicines and Medical Appliances	389.31	324.48	0.80	9.66	41.78
#药品零售	Medicines	384.50	321.21	0.79	9.24	41.16
汽车、摩托车、零配件和燃料及其他动力销售	Automobiles, Motorcycles, Spare Parts, Fuels and other Power	5921.25	5554.72	15.43	10.35	210.02
#汽车零售	Motor Vehicles	4893.41	4637.27	13.38	-21.72	154.78
机动车燃油零售	Fuel for Motor Vehicles Use	981.86	874.46	2.02	32.81	53.26
家用电器及电子产品专门零售	Household Appliance Electric Products	348.12	311.87	0.43	0.53	20.50
#日用家电零售	Household Appliances Retail	129.77	115.66	0.19	-0.90	9.51
计算机、软件及辅助设备零售	Computer，Software and Auxiliary Equipment	37.71	31.63	0.05	0.61	1.72
通信设备零售	Communication Equipment	136.41	124.87	0.12	0.67	6.69
五金、家具及室内装饰材料专门零售	Hardware Furniture Decoration Indoors	52.52	38.56	0.27	-0.44	8.40
货摊、无店铺及其他零售业	Stalls, No Stores and Other Retail	2493.13	1992.14	5.19	22.24	397.21
#邮购及电视、电话零售	Mail, telephone and TV retail	0.15	0.12		-0.03	0.01

续表2 Continued　　单位：亿元(100 million yuan)

指标	Item	管理费用 Management Expenses	财务费用 Financial Expenses	利润总额 Profits	应付职工薪酬 Total Wages Payable in the Year	应交增值税 VAT Payable
批发企业合计	**Wholesale Trade**	**904.73**	**201.10**	**1866.63**	**931.12**	**460.81**
农、林、牧、渔产品批发	Agricultural, Forestry, Animal Husbandry and Fishery Products	9.48	10.48	-4.08	7.17	2.60
食品、饮料及烟草制品批发	Food，Beverages，Tobaccos and Its Products	109.54	-18.11	395.74	133.84	88.51
#米、面制品及食用油批发	Rice，Flour and Its Products，Edible Oil	8.94	4.56	2.49	8.77	1.17
烟草制品批发	Tobacco and Its Products	36.55	-16.39	192.76	44.87	50.54
纺织、服装及家庭用品批发	Textiles, Clothing and Household Goods	213.95	25.64	225.55	230.21	68.13
#服装批发	Garments	59.20	10.84	73.82	63.30	15.18
文化、体育用品及器材批发	Culture，Sports Articles and Equipment	36.93	5.24	47.46	36.75	7.55
医药及医疗器材批发	Medicines and Medical Appliances	63.07	8.10	98.54	70.87	36.02
矿产品、建材及化工产品批发	Mineral Products，Building Materials and Chemical Products	281.41	168.42	844.55	230.34	159.33
#煤炭及制品批发	Coal and Related Products	19.65	12.43	287.58	13.43	32.08
石油及制品批发	Petroleum and Related Products	40.14	20.28	90.79	38.35	34.69
金属及金属矿批发	Metal Materials and Mineral	105.75	76.66	254.52	82.42	38.88
建材批发	Building Materials	25.39	11.24	31.32	18.72	18.76
化肥批发	Fertilizer	3.04	-0.15	8.71	3.01	0.74
机械设备、五金产品及电子产品批发	Machinery Equipment，Hardware and Electric Products	159.09	-1.68	211.25	192.41	70.72
#汽车及零配件批发	Automobiles and Spare Parts	35.64	-5.22	52.60	56.91	29.03
五金产品批发	Hardware products Wholesale	26.13	1.62	39.09	28.63	5.96
计算机、软件及辅助设备批发	Computers，Software and Auxiliary Equipment	8.49	1.66	0.15	13.65	3.15
贸易经纪与代理	Manage and Agencies in Trade	1.88	0.05	1.27	1.88	0.19
其他批发	Others	29.38	2.95	46.36	27.65	27.76

续表3 Continued

单位：亿元(100 million yuan)

指标	Item	管理费用 Manage-ment Expenses	财务费用 Financial Expenses	利润总额 Profits	应付职工薪酬 Total Wages Payable in the Year	应交增值税 VAT Payable
零售企业合计	**Retail Trade**	**321.76**	**38.59**	**106.16**	**421.26**	**119.06**
综合零售	Comprehensive Retail	55.74	5.39	22.42	74.85	15.60
#百货零售	Consumer Goods	29.28	3.59	24.39	17.65	8.19
超级市场零售	Supermarkets	22.39	1.60	−1.42	52.27	6.41
食品、饮料及烟草制品专门零售	Food，Beverages，Tobaccos and Its Products	21.24	0.96	5.07	21.23	3.92
纺织、服装及日用品专门零售	Textile Garments and Articles for Daily Use	18.83	1.17	16.65	34.25	8.73
#服装零售	Garments Articles	11.77	1.00	4.28	20.21	3.23
文化、体育用品及器材专门零售	Culture，Sports Articles and Equipment	10.19	−0.56	4.91	13.75	2.03
#体育用品及器材零售	Sports Articles	0.54	0.06	0.06	0.65	0.19
图书、报刊零售	Books, Newspapers and Periodicals	5.44	−1.07	5.32	8.57	0.18
医药及医疗器材专门零售	Medicines and Medical Appliances	13.90	0.94	9.83	29.99	5.76
#药品零售	Medicines	13.40	0.94	9.41	29.56	5.65
汽车、摩托车、零配件和燃料及其他动力销售	Automobiles, Motorcycles, Spare Parts, Fuels and other Power	109.22	27.66	20.03	147.10	37.95
#汽车零售	Motor Vehicles	95.28	19.08	−13.72	128.14	26.62
机动车燃油零售	Fuel for Motor Vehicles Use	12.58	8.31	34.29	17.48	11.13
家用电器及电子产品专门零售	Household Appliance Electric Products	13.85	1.39	1.01	15.77	3.14
#日用家电零售	Household Appliances Retail	5.04	0.69	−0.62	6.35	1.29
计算机、软件及辅助设备零售	Computer，Software and Auxiliary Equipment	3.67	0.15	0.64	3.19	0.58
通信设备零售	Communication Equipment	3.67	0.39	0.81	4.52	0.87
五金、家具及室内装饰材料专门零售	Hardware Furniture Decoration Indoors	5.07	0.70	−0.35	4.48	1.23
货摊、无店铺及其他零售业	Stalls, No Stores and Other Retail	73.75	0.93	26.60	79.84	40.71
#邮购及电视、电话零售	Mail, telephone and TV retail	0.04		−0.03	0.01	

10-12　限额以上住宿餐饮业基本情况（2023年）
Main Indicator of Hotels and Catering Services Above Designated Size(2023)

单位：亿元(100 million yuan)

指标	Item	法人企业(个) Number of Corporation (unit)	从业人员期末人数(人) Number of Employees at the End of the Year (person)	营业额 Business Volume
总计	**Total**	**5818**	**355801**	**1196.02**
住宿业	**Hotels**	**2338**	**141250**	**458.77**
按登记注册统计类别分	**By Registered Statistical Categories**			
内资企业	Domestic Invested Enterprises	2269	129474	410.02
有限责任公司	Limited Liability Corporations	2141	121571	386.19
股份有限公司	Share-holding Corporations Ltd.	21	3440	8.64
非公司企业法人	Non Corporate Legal Entity	32	2534	10.41
个人独资企业	Sole Proprietorship Enterprises	50	1231	3.45
合伙企业	Partnership Enterprises	25	698	1.33
其他内资企业	Other Domestic Invested Enterprises			
港澳台投资企业	Enterprises with Investment from Hong Kong, Macao and Taiwan	45	8328	36.17
外商投资企业	Foreign Invested Enterprises	24	3448	12.57
其他统计类别	Other Statistical Categories			
按住宿行业中类分组	**By Category**			
旅游饭店	Restaurant for Tourism	1124	107388	346.56
一般旅馆	Ordinary Hotels	1083	31823	105.89
民宿服务	Home Accommodation Service	118	1735	5.40
露营地服务	Campsite Services	4	87	0.15
其他住宿业	Others	9	217	0.77

续表 Continued 单位：亿元(100 million yuan)

指标	Item	法人企业(个) Number of Corporation (unit)	从业人员期末人数(人) Number of Employees at the End of the Year (person)	营业额 Business Volume
餐饮业	**Catering Services**	**3480**	**214551**	**737.26**
按登记注册统计类别分	**By Registered Statistical Categories**			
内资企业	Domestic Invested Enterprises	3452	175992	621.10
有限责任公司	Limited Liability Corporations	3124	161314	579.99
股份有限公司	Share-holding Corporations Ltd.	19	6837	16.78
非公司企业法人	Non Corporate Legal Entity	9	757	2.45
个人独资企业	Sole Proprietorship Enterprises	268	5712	17.27
合伙企业	Partnership Enterprises	32	1372	4.61
其他内资企业	Other Domestic Invested Enterprises			
港澳台投资企业	Enterprises with Investment from Hong Kong, Macao and Taiwan	13	16482	31.55
外商投资企业	Foreign Invested Enterprises	15	22077	84.61
其他统计类别	Other Statistical Categories			
按餐饮行业中类分组	**By Category**			
正餐服务	Dinner Services	3064	149190	521.38
快餐服务	Snack Services	184	49351	147.31
饮料及冷饮服务	Beverages and Cold Drink Services	93	6543	35.10
餐饮配送及外卖送餐服务	Catering Distribution and Takeout Delivery Services	96	6782	21.23
其他餐饮业	Others	43	2685	12.23

10-13　限额以上餐饮企业财务状况（2016-2023年）
Financial Indicators of Enterprises in Catering Services Above Designated Size(2016-2023)

单位：亿元(100 million yuan)

指标	Item	2016	2017	2018	2019	2020	2021	2022	2023
法人企业数(个)	Number of Corporate Enterprises(unit)	1526	1595	1659	1951	2163	2490	2906	3480
从业人员平均人数(人)	Average Number of Employees(person)	128213	135257	143641	155497	164265	180431	190005	212353
流动资产合计	Total Circulating Assets	140.71	161.74	159.67	183.40	203.77	227.07	253.90	292.65
资产总计	Total Assets	354.38	384.21	386.98	430.64	465.33	515.68	580.24	648.32
负债合计	Total Liabilities	278.78	301.25	310.98	334.22	383.39	437.00	506.02	582.59
营业收入	Business Income	302.01	315.53	356.18	419.35	406.69	508.23	549.48	671.40
营业成本	Operating Costs	157.39	161.79	183.58	220.06	220.47	276.78	305.24	369.33
税金及附加	Taxes and Surcharges	6.78	1.87	1.70	1.74	0.72	1.07	1.23	1.53
营业利润	Operating Profit	137.85	151.86	170.89	13.19	6.41	6.19	1.81	16.87
销售费用	Selling Expenses	86.34	93.43	758.06	123.76	122.38	153.65	161.00	187.22
管理费用	Management Expenses	40.44	44.09	50.58	57.13	54.27	67.54	77.49	95.03
财务费用	Financial Expenses	5.80	5.94	5.63	6.40	6.90	7.91	8.78	8.17
利润总额	Total Profits	13.01	15.64	16.28	14.38	8.70	8.12	5.62	19.10
应付职工薪酬	Payroll Payable	57.22	61.58	72.74	109.00	85.16	109.93	122.54	152.15

注：指标“营业收入”、“营业成本”、“税金及附加”和“营业利润”2019年前分别为“商品销售收入净额”、“商品销售成本”、“商品销售税金及附加费”和“主营业务利润”，以后各表同。
The indicators of "business income", "operating cost", "taxes and surcharges" and "operating profit" are "net sales revenue of goods", "cost of goods sales", "taxes and surcharges of goods sales" and "profits of main business" respectively before 2019, The same applies to the relevant tables following.

10-14 限额以上住宿餐饮企业资产负债情况（2023年）
Assets and Liabilities of Hotel and Catering Services Above Designated Size(2023)

单位：亿元(100 million yuan)

指标	Item	资产总计 Total Assets	流动资产合计 Circulating Assets	负债合计 Total Liabilities	所有者权益合计 Total Creditor's Equity
总计	**Total**	**2184.64**	**865.76**	**1850.46**	**334.53**
住宿业	**Hotels**	**1536.31**	**573.11**	**1267.86**	**268.45**
按登记注册统计类别分	**By Registered Statistical Categories**				
内资企业	Domestic Invested Enterprises	1316.70	478.87	1085.94	230.76
有限责任公司	Limited Liability Corporations	1236.72	454.07	1042.97	193.75
股份有限公司	Share-holding Corporations Ltd.	53.30	14.28	29.04	24.26
非公司企业法人	Non Corporate Legal Entity	20.42	7.79	7.86	12.55
个人独资企业	Sole Proprietorship Enterprises	4.24	1.89	4.01	0.24
合伙企业	Partnership Enterprises	2.02	0.84	2.06	-0.05
其他内资企业	Other Domestic Invested Enterprises				
港澳台投资企业	Enterprises with Investment from Hong Kong, Macao and Taiwan	162.32	73.65	133.47	28.85
外商投资企业	Foreign Invested Enterprises	57.30	20.58	48.46	8.84
其他统计类别	Other Statistical Categories				
按住宿行业中类分组	**By Category**				
旅游饭店	Restaurant for Tourism	1315.75	484.25	1065.33	250.42
一般旅馆	Ordinary Hotels	202.20	84.23	193.34	8.86
民宿服务	Home Accommodation Service	16.64	3.88	7.97	8.67
露营地服务	Campsite Services	0.74	0.16	0.20	0.54
其他住宿业	Others	0.99	0.59	1.02	-0.03

续表 1 Continued 单位：亿元(100 million yuan)

指标	Item	资产总计 Total Assets	流动资产合计 Circulating Assets	负债合计 Total Liabilities	所有者权益合计 Total Creditor's Equity
餐饮业	**Catering Services**	**648.32**	**292.65**	**582.59**	**66.08**
按登记注册统计类别分	**By Registered Statistical Categories**				
内资企业	Domestic Invested Enterprises	562.21	277.89	517.04	45.52
有限责任公司	Limited Liability Corporations	536.81	265.24	500.55	36.61
股份有限公司	Share-holding Corporations Ltd.	14.49	6.30	6.87	7.62
非公司企业法人	Non Corporate Legal Entity	1.27	0.69	1.05	0.22
个人独资企业	Sole Proprietorship Enterprises	6.17	4.35	5.52	0.64
合伙企业	Partnership Enterprises	3.48	1.31	3.05	0.43
其他内资企业	Other Domestic Invested Enterprises				
港澳台投资企业	Enterprises with Investment from Hong Kong, Macao and Taiwan	32.25	6.05	28.24	4.01
外商投资企业	Foreign Invested Enterprises	53.86	8.72	37.31	16.55
其他统计类别	Other Statistical Categories				
按餐饮行业中类分组	**By Category**				
正餐服务	Dinner Services	517.48	242.74	475.82	42.00
快餐服务	Snack Services	92.03	24.17	72.62	19.41
饮料及冷饮服务	Beverages and Cold Drink Services	24.53	14.59	23.08	1.46
餐饮配送及外卖送餐服务	Catering Distribution and Takeout Delivery Services	8.49	7.37	6.49	2.00
其他餐饮业	Others	5.78	3.78	4.58	1.21

续表 2 Continued 单位：亿元(100 million yuan)

指标	Item	营业收入 Business Income	营业成本 Operating Costs	税金及附加 Taxes and Surcharges	销售费用 Selling Expenses
总计	**Total**	**1105.87**	**539.69**	**6.29**	**319.24**
住宿业	**Hotels**	**434.47**	**170.36**	**4.76**	**132.03**
按登记注册统计类别分	**By Registered Statistical Categories**				
内资企业	Domestic Invested Enterprises	390.58	158.71	4.05	117.11
有限责任公司	Limited Liability Corporations	368.52	150.84	3.78	110.52
股份有限公司	Share-holding Corporations Ltd.	8.43	3.38	0.17	2.83
非公司企业法人	Non Corporate Legal Entity	9.36	2.38	0.07	2.59
个人独资企业	Sole Proprietorship Enterprises	3.11	1.53	0.02	0.92
合伙企业	Partnership Enterprises	1.15	0.58	0.01	0.25
其他内资企业	Other Domestic Invested Enterprises				
港澳台投资企业	Enterprises with Investment from Hong Kong, Macao and Taiwan	31.93	7.57	0.51	11.78
外商投资企业	Foreign Invested Enterprises	11.96	4.08	0.20	3.13
其他统计类别	Other Statistical Categories				
按住宿行业中类分组	**By Category**				
旅游饭店	Restaurant for Tourism	330.32	124.39	4.25	104.31
一般旅馆	Ordinary Hotels	98.63	42.87	0.44	26.73
民宿服务	Home Accommodation Service	4.63	2.48	0.06	0.81
露营地服务	Campsite Services	0.15	0.15		0.01
其他住宿业	Others	0.74	0.46		0.17

续表 3 Continued

单位：亿元(100 million yuan)

指标	Item	营业收入 Business Income	营业成本 Operating Costs	税金及附加 Taxes and Surcharges	销售费用 Selling Expenses
餐饮业	**Catering Services**	**671.40**	**369.33**	**1.53**	**187.22**
按登记注册统计类别分	**By Registered Statistical Categories**				
内资企业	Domestic Invested Enterprises	561.17	315.40	1.42	152.00
有限责任公司	Limited Liability Corporations	525.89	296.28	1.35	141.44
股份有限公司	Share-holding Corporations Ltd.	15.89	6.22	0.01	7.32
非公司企业法人	Non Corporate Legal Entity	2.28	1.81	0.01	0.13
个人独资企业	Sole Proprietorship Enterprises	13.50	9.11	0.03	2.14
合伙企业	Partnership Enterprises	3.61	1.97	0.02	0.98
其他内资企业	Other Domestic Invested Enterprises				
港澳台投资企业	Enterprises with Investment from Hong Kong, Macao and Taiwan	29.83	10.19	0.05	16.76
外商投资企业	Foreign Invested Enterprises	80.40	43.74	0.06	18.46
其他统计类别	Other Statistical Categories				
按餐饮行业中类分组	**By Category**				
正餐服务	Dinner Services	470.55	257.79	1.42	132.45
快餐服务	Snack Services	137.51	70.81	0.06	41.29
饮料及冷饮服务	Beverages and Cold Drink Services	32.91	20.88	0.02	6.61
餐饮配送及外卖送餐服务	Catering Distribution and Takeout Delivery Services	18.90	13.19	0.02	3.04
其他餐饮业	Others	11.54	6.66	0.01	3.82

续表 4 Continued　　单位：亿元(100 million yuan)

指标	Item	管理费用 Management Expenses	财务费用 Financial Expenses	利润总额 Profits	应付职工薪酬 Payroll Payable
总计	**Total**	**233.24**	**28.16**	**−5.75**	**271.87**
住宿业	**Hotels**	**138.21**	**19.98**	**−24.85**	**119.72**
按登记注册统计类别分	**By Registered Statistical Categories**				
内资企业	Domestic Invested Enterprises	122.70	17.71	−23.64	107.48
有限责任公司	Limited Liability Corporations	114.72	17.31	−22.29	100.05
股份有限公司	Share-holding Corporations Ltd.	2.96	0.37	−1.41	3.11
非公司企业法人	Non Corporate Legal Entity	4.00	−0.04	0.18	3.26
个人独资企业	Sole Proprietorship Enterprises	0.66	0.06	−0.07	0.70
合伙企业	Partnership Enterprises	0.36	0.01	−0.06	0.36
其他内资企业	Other Domestic Invested Enterprises				
港澳台投资企业	Enterprises with Investment from Hong Kong, Macao and Taiwan	10.98	1.91	−0.87	8.87
外商投资企业	Foreign Invested Enterprises	4.54	0.37	−0.34	3.37
其他统计类别	Other Statistical Categories				
按住宿行业中类分组	**By Category**				
旅游饭店	Restaurant for Tourism	103.37	17.66	−17.88	94.42
一般旅馆	Ordinary Hotels	32.81	2.17	−6.22	23.93
民宿服务	Home Accommodation Service	1.78	0.14	−0.56	1.15
露营地服务	Campsite Services	0.15		−0.17	0.08
其他住宿业	Others	0.11	0.02	−0.02	0.15

续表 5 Continued

单位：亿元(100 million yuan)

指标	Item	管理费用 Management Expenses	财务费用 Financial Expenses	利润总额 Profits	应付职工薪酬 Payroll Payable
餐饮业	**Catering Services**	**95.03**	**8.17**	**19.10**	**152.15**
按登记注册统计类别分	**By Registered Statistical Categories**				
内资企业	Domestic Invested Enterprises	85.77	6.88	4.57	123.48
有限责任公司	Limited Liability Corporations	81.21	6.69	2.73	114.54
股份有限公司	Share-holding Corporations Ltd.	1.53	0.06	1.65	4.22
非公司企业法人	Non Corporate Legal Entity	0.29		0.05	0.42
个人独资企业	Sole Proprietorship Enterprises	2.08	0.07	0.18	3.35
合伙企业	Partnership Enterprises	0.65	0.05	-0.05	0.94
其他内资企业	Other Domestic Invested Enterprises				
港澳台投资企业	Enterprises with Investment from Hong Kong, Macao and Taiwan	1.96	0.79	0.13	11.58
外商投资企业	Foreign Invested Enterprises	7.31	0.50	14.40	17.09
其他统计类别	Other Statistical Categories				
按餐饮行业中类分组	**By Category**				
正餐服务	Dinner Services	75.79	6.72	3.72	106.70
快餐服务	Snack Services	12.21	1.19	13.34	32.85
饮料及冷饮服务	Beverages and Cold Drink Services	3.72	0.19	1.56	6.82
餐饮配送及外卖送餐服务	Catering Distribution and Takeout Delivery Services	2.49	0.03	0.16	3.80
其他餐饮业	Others	0.82	0.03	0.32	1.99

10-15 商品交易市场情况（1978-2023年）
Basic Conditions of Business Markets of Commodity(1978-2023)

年份 Year	交易市场数(个) Business Markets (unit)	10亿元以上(个) Above 1000 Million Yuan (unit)	100亿元以上(个) Above 10000 Million Yuan (unit)	商品市场成交额(亿元) Transaction (100 million yuan)
1978	1051			8.6
1980	1415			12.2
1983	1788			21.6
1984	2241			26.9
1985	2345			44.0
1986	3653			59.1
1987	3706			80.9
1988	3632			96.3
1989	3669			149.0
1990	3797			161.9
1991	3802			204.6
1992	3865			321.3
1993	4127			651.2
1994	4207			1480.5
1995	4349			2165.7
1996	4388	57	3	2545.3
1997	4488	57	2	2798.0
1998	4619	58	2	3209.6
1999	4347	69	3	3606.0
2000	4348	68	4	4023.0
2001	4278	78	6	4652.0
2002	4193	77	6	4997.0
2003	4036	93	9	5591.0
2004	4049	114	9	6384.0
2005	4008	120	10	7173.0
2006	4064	125	13	8247.0
2007	4096	133	15	9325.0
2008	4087	139	15	9794.0
2009	4194	180	18	10744.9
2010	4146	202	22	12717.3
2011	4212	210	25	14500.0
2012	4297	233	31	15816.6
2013	4316	225	38	17800.0
2014	4321	225	33	19500.0
2015	4243	243	33	20500.0
2016	3951	294	32	20500.0
2017	3824	284	35	21500.0
2018	3759	268	39	21900.0
2019	3783	274	39	23058.2
2020	3342	253	34	21239.2
2021	3255	243	38	23271.0
2022	2813	262	41	21399.0
2023	2942	266	46	23049.3

10-16 亿元以上商品交易市场成交情况
Basic Conditions of Business Markets of Commodity Above 100 Million Yuan

单位：万元(10000 yuan)

指标	Item	摊位数量(个) Number of Stall(unit)			成交额 Value		
		2021	2022	2023	2021	2022	2023
总计	**Total**	**372899**	**350949**	**344176**	**177020581**	**171860362**	**181153282**
粮油、食品、饮料、烟酒类	Grain and Oil, Food, Beverage, Tobacco and Alcohol	97182	92684	90544	40946779	39357482	43960950
服装、鞋帽、针纺织品类	Garments,Shoes,Hats, Knit and Textile Goods	119727	115368	114019	55937733	57913255	64451687
化妆品类	Cosmetics	1875	1759	1730	536569	576193	618936
金银珠宝类	Jewelry	7577	6525	6766	5424616	6296837	6907388
日用品类	Articles For Daily Use	15787	15046	13837	4790113	4557446	4811081
五金、电料类	Hardware & Electric Materials	16638	13021	12972	6993028	6155575	6249001
体育、娱乐用品类	Sports and Recreation	790	763	690	271644	302811	305421
书报杂志类	Newspapers and Magazines	54	53	33	5354	5593	4859
电子出版物及音像制品类	Electronic Publication and Audiovisual Products	149	144	43	24758	24325	10888
家用电器和音像器材类	Household Appliances and Audiovisual Equipment	2782	2376	2544	1097171	968619	1013294
中西药品类	Traditional Chinese & Western Medicines	1388	1383	1366	345674	313868	322526
#中草药及中成药类	Chinese Herbal Medicine and Other Traditional Chinese Medicine	865	1223	1204	107835	198019	200728
文化办公用品类	Culture and Official Articles	6980	6170	6067	1468711	1558680	1656979
家具类	Furniture	16662	15711	15828	4644565	4104827	4104102
通信器材类	Communication Appliances	2273	2178	2145	279186	169748	153843
煤炭及制品类	Coal and Related Products	11	25	19	338531	455932	302036
木材及制品类	Timber and Related Products	1442	1396	1322	220482	152728	158651
石油及制品类	Oil and Related Production	7	14	14	789673	244454	75338
化工材料及制品类	Chemical Materials and Related Products	5260	4970	4847	11585080	12734274	12720773
金属材料类	Metal Materials	6756	4609	4668	11286934	6028776	5141103
建筑及装潢材料类	Building and Decoration Materials	22449	19691	18386	4878221	5284308	4303174
机电产品及设备类	Mechanical and Electrical Products and Appliances	4925	3595	3963	2688820	1818608	1959604
汽车类	Motor Vehicles	9746	7985	7836	15872863	14884949	14095131
种子饲料类	Seed and Forage	163	78	83	96281	48495	47814
棉麻类	Cotton & Hemp	20	30	30	3848	4068	3684
其他类	Others	32256	35375	34424	6493947	7898511	7775019

10-17 按行业分的个体工商登记注册情况
Individual Industrial and Commercial Registration by Sector

单位：万元(10000 yuan)

行业	Sector	期末实有户数 Actual Number of Individual Industrial and Commercial Households at the End of the Period		本期登记户数 Number of Registered Individual Industrial and Commercial Households in the Current Period		本期注销户数 Number of Individual Industrial and Commercial Households Cancelled in the Current Period	
		2022	2023	2022	2023	2022	2023
合 计	**Total**	**6042625**	**6685324**	**1155065**	**1261289**	**589893**	**607101**
农、林、牧、渔业	Farming,Forestry,Animal Husbandry and Fishery	158076	181762	30855	31480	6116	7838
采矿业	Ming and Quarrying	253	249	37	18	19	20
制造业	Manufacturing	709011	735387	66537	67917	52276	41355
电力、热力、燃气及水生产和供应业	Production and Supply of Electricity and Heating Power	641	717	97	140	40	65
建筑业	Construction	57085	64505	10878	12125	3121	4742
批发和零售业	Wholesale and Retail Trade	3396634	3795174	652129	721736	297706	314173
交通运输、仓储和邮政业	Transport,Storage and Post	136109	143487	17475	18903	11725	11479
住宿和餐饮业	Hotels and Catering Services	650445	703424	146475	161562	115320	107811
信息传输、软件和信息技术服务业	Information Transmission, Computer Services and Software	46133	60378	20987	25911	8559	11187
金融业	Finance	270	304	93	90	65	57
房地产业	Real Estate	20245	20924	3149	3043	2551	2285
租赁和商务服务业	Renting and Business Services	258447	298633	82804	75760	25485	34872
科学研究和技术服务业	Scientific Research and Technical Services	30594	41525	14403	16771	3693	5930
水利、环境和公共设施管理业	Water Conservancy, Environment and Public Facilities Management	1792	2234	184	610	495	166
居民服务、修理和其他服务业	Residential Services, Repairs and Other Services	501936	539183	87165	91592	52812	53240
教育	Education	2859	2773	184	327	495	379
卫生和社会工作	Health and Social Work	8041	8215	802	753	598	624
文化、体育和娱乐业	Cultural, Sports and Entertainment Industries	63979	86380	20804	32420	8811	10742
其他	Others	75	70	7	131	6	129

10-18 按行业分的私营企业登记注册情况
Registration of Private Enterprises by Sector

单位：户(Household)

行业	Sector	期末实有家数 Actual Number of Private Enterprises at the End of the Period		本期登记家数 Number of Registered Private Enterprises in the Current Period		本期注销家数 Number of Private Enterprises Cancelled in the Current Period	
		2022	2023	2022	2023	2022	2023
合 计	**Total**	**3084006**	**3325136**	**457544**	**507288**	**244978**	**262145**
农、林、牧、渔业	Farming,Forestry,Animal Husbandry and Fishery	40061	42019	4813	4789	2758	2895
采矿业	Ming and Quarrying	983	1017	92	111	94	89
制造业	Manufacturing	608027	636160	51754	55195	28379	32824
电力、热力、燃气及水生产和供应业	Production and Supply of Electricity and Heating Power	7380	8741	1407	1865	382	470
建筑业	Construction	170799	188962	29939	29131	9379	10836
批发和零售业	Wholesale and Retail Trade	1035102	1111221	156249	178343	96632	97111
交通运输、仓储和邮政业	Transport,Storage and Post	62099	65287	8259	8310	4407	4800
住宿和餐饮业	Hotels and Catering Services	39126	41702	5936	7012	4416	4552
信息传输、软件和信息技术服务业	Information Transmission, Computer Services and Software	196698	217421	39101	44063	18861	20994
金融业	Finance	12500	13055	972	1275	681	675
房地产业	Real Estate	57820	57688	6343	6393	6677	5745
租赁和商务服务业	Renting and Business Services	361160	390884	61393	68532	33853	37383
科学研究和技术服务业	Scientific Research and Technical Services	273623	312842	54576	59894	18387	21485
水利、环境和公共设施管理业	Water Conservancy, Environment and Public Facilities Management	12200	13305	1888	1936	683	836
居民服务、修理和其他服务业	Residential Services, Repairs and Other Services	67376	70818	10168	10583	6390	7416
教育	Education	29753	28509	1948	1755	3063	2578
卫生和社会工作	Health and Social Work	11616	13595	2067	2886	734	865
文化、体育和娱乐业	Cultural, Sports and Entertainment Industries	97590	111827	20631	25186	9192	10509
其他	Others	93	83	8	29	10	56

10-19 规模以上服务业企业主要经济指标（2022年）
Main Indicators of Service Enterprises Above Designated Size(2022)

单位：亿元(100 million yuan)

项目	Item	单位数（个）Number of Enterprises (unit)	资产总计 Total Assets	固定资产原价 Original Value of Fixed Assets	本年折旧 This Year Depreciation
总　计	**Total**	**14482**	**65330.04**	**15699.58**	**941.22**
按登记注册类型分	**By Registered Type**				
国有企业	State-owned	195	863.13	232.51	12.90
集体企业	Collective Owned	50	335.87	85.91	2.44
股份合作企业	Share-cooperations	19	33.96	18.69	0.36
联营企业	Joint	2	0.05		
有限责任公司	Limited Liability Corporations	3348	31117.22	8101.08	380.35
股份有限公司	Share-holding Corporations Ltd.	276	6167.68	1553.69	66.61
私营企业	Private	9900	9695.24	2163.24	166.18
其他企业	Others	63	39.00	21.57	1.86
港澳台商投资企业	Investment from HongKong, Macao and Taiwan	282	13462.76	1989.61	196.05
外商投资企业	Investment from Foreign	347	3615.12	1533.28	114.47
按国民经济行业分	**by Sector**				
交通运输、仓储和邮政业	Transportation,Storage and Post	3264	16268.85	7133.61	330.98
信息传输、软件和信息技术服务业	Information Transmission, Software and Information Technology Services	2041	19590.40	3959.19	356.42
房地产业（除房地产开发经营）	Real Estate	1419	9576.30	1395.56	50.28
租赁和商务服务业	Renting and Business Services	3627	10104.10	1343.35	87.31
科学研究和技术服务业	Scientific Research and Technical Services	1705	4125.77	466.91	39.34
水利、环境和公共设施管理业	Water Conservancy, Environment and Public Utility	404	3126.66	800.55	39.70
居民服务、修理和其他服务业	Service for the Residents , Repair and Others	543	269.30	42.65	3.57
教育	Education	171	113.61	38.52	2.90
卫生和社会工作	Health Care and Social Work	485	547.91	209.19	15.17
文化、体育和娱乐业	Culture,Sports and Recreation	823	1607.13	310.04	15.55

续表1 Continued

单位：亿元(100 million yuan)

项目	Item	负债合计 Total Liabilities	所有者权益 Owner's Equity	营业收入 The Business Revenue	营业成本 Costs in Business
总　计	**Total**	**37002.43**	**28327.61**	**28034.46**	**20826.06**
按登记注册类型分	**By Registered Type**				
国有企业	State-owned	321.38	541.74	262.07	219.49
集体企业	Collective Owned	126.73	209.14	22.17	13.95
股份合作企业	Share-cooperations	11.85	22.11	5.07	3.19
联营企业	Joint	0.02	0.03	0.30	0.29
有限责任公司	Limited Liability Corporations	17740.49	13376.73	7736.91	6029.19
股份有限公司	Share-holding Corporations Ltd.	2959.02	3208.66	922.55	644.79
私营企业	Private	6826.39	2868.85	10696.56	9097.95
其他企业	Others	24.82	14.18	32.66	23.47
港澳台商投资企业	Investment from HongKong, Macao and Taiwan	6996.07	6466.69	4339.76	1298.92
外商投资企业	Investment from Foreign	1995.65	1619.47	4016.41	3494.81
按国民经济行业分	**by Sector**				
交通运输、仓储和邮政业	Transportation,Storage and Post	9175.16	7093.69	6551.42	6082.30
信息传输、软件和信息技术服务业	Information Transmission, Software and Information Technology Services	10338.67	9251.74	11986.21	6923.31
房地产业（除房地产开发经营）	Real Estate	5742.06	3834.24	965.01	687.58
租赁和商务服务业	Renting and Business Services	5860.40	4243.70	4905.47	4421.90
科学研究和技术服务业	Scientific Research and Technical Services	2310.46	1815.31	2145.40	1572.26
水利、环境和公共设施管理业	Water Conservancy, Environment and Public Utility	2049.81	1076.85	321.69	255.10
居民服务、修理和其他服务业	Service for the Residents , Repair and Others	193.04	76.26	273.78	223.58
教育	Education	80.70	32.91	77.96	48.35
卫生和社会工作	Health Care and Social Work	380.52	167.39	396.54	284.14
文化、体育和娱乐业	Culture,Sports and Recreation	871.61	735.52	410.99	327.53

续表2 Continued　　单位：亿元(100 million yuan)

项目	Item	税金及附加 Sales Taxes and Extra Charges in Business	销售费用 Sales Charges	管理费用 Management Expenses
总　计	**Total**	**122.88**	**1260.25**	**2924.90**
按登记注册类型分	**By Registered Type**			
国有企业	State-owned	1.88	4.72	32.65
集体企业	Collective Owned	1.14	0.80	8.78
股份合作企业	Share-cooperations	0.18	0.19	0.84
联营企业	Joint			0.04
有限责任公司	Limited Liability Corporations	42.53	251.41	757.47
股份有限公司	Share-holding Corporations Ltd.	8.24	78.23	86.45
私营企业	Private	36.25	356.11	724.15
其他企业	Others	0.09	1.80	7.40
港澳台商投资企业	Investment from HongKong, Macao and Taiwan	20.42	443.29	1156.03
外商投资企业	Investment from Foreign	12.14	123.69	151.10
按国民经济行业分	**by Sector**			
交通运输、仓储和邮政业	Transportation,Storage and Post	16.08	80.19	285.50
信息传输、软件和信息技术服务业	Information Transmission, Software and Information Technology Services	39.55	869.77	1789.64
房地产业（除房地产开发经营）	Real Estate	26.48	35.43	130.42
租赁和商务服务业	Renting and Business Services	24.60	120.32	273.70
科学研究和技术服务业	Scientific Research and Technical Services	8.50	42.65	244.80
水利、环境和公共设施管理业	Water Conservancy，Environment and Public Utility	2.65	12.42	46.00
居民服务、修理和其他服务业	Service for the Residents , Repair and Others	1.18	15.05	28.72
教育	Education	0.28	11.05	13.73
卫生和社会工作	Health Care and Social Work	0.53	38.56	56.02
文化、体育和娱乐业	Culture,Sports and Recreation	3.04	34.80	56.35

续表3 Continued

单位：亿元(100 million yuan)

项目	Item	研发费用 R&D Expenses	财务费用 Financial Expenses	营业利润 Operating Profits	利润总额 Profits
总　计	**Total**	**710.22**	**186.45**	**3292.29**	**3451.50**
按登记注册类型分	**By Registered Type**				
国有企业	State-owned	4.84	-2.95	20.27	24.45
集体企业	Collective Owned	0.06	0.68	-2.19	-0.73
股份合作企业	Share-cooperations	0.04	-0.02	1.54	1.55
联营企业	Joint			-0.03	-0.07
有限责任公司	Limited Liability Corporations	237.57	206.69	704.85	763.98
股份有限公司	Share-holding Corporations Ltd.	47.89	9.34	647.52	654.11
私营企业	Private	241.74	71.52	326.62	366.35
其他企业	Others	0.01	0.14	-0.27	-1.32
港澳台商投资企业	Investment from HongKong, Macao and Taiwan	144.40	-90.23	1361.38	1392.90
外商投资企业	Investment from Foreign	33.66	-8.74	232.61	250.28
按国民经济行业分	**by Sector**				
交通运输、仓储和邮政业	Transportation,Storage and Post	9.30	154.08	259.45	294.28
信息传输、软件和信息技术服务业	Information Transmission, Software and Information Technology Services	567.70	-135.04	2053.46	2107.87
房地产业（除房地产开发经营）	Real Estate	0.57	78.31	89.30	114.20
租赁和商务服务业	Renting and Business Services	11.90	42.81	632.87	662.57
科学研究和技术服务业	Scientific Research and Technical Services	104.85	-2.28	221.29	227.69
水利、环境和公共设施管理业	Water Conservancy, Environment and Public Utility	4.28	35.50	3.47	1.91
居民服务、修理和其他服务业	Service for the Residents , Repair and Others	1.61	0.53	8.18	6.52
教育	Education	1.42	0.47	3.45	2.68
卫生和社会工作	Health Care and Social Work	5.11	6.13	11.62	12.58
文化、体育和娱乐业	Culture,Sports and Recreation	3.48	5.95	9.20	21.20

续表4 Continued 单位：亿元(100 million yuan)

项目	Item	所得税费用 Income Tax Payable	应付职工薪酬 Total Wages Payable	应交增值税 Value Added Taxes Payable	期末用工人数（万人） Number of Employees at The End of The Period (10000 persons)
总　计	**Total**	**460.25**	**5042.83**	**557.11**	**376.35**
按登记注册类型分	**By Registered Type**				
国有企业	State-owned	2.65	79.89	5.05	5.16
集体企业	Collective Owned	0.20	4.54	0.75	0.31
股份合作企业	Share-cooperations	0.01	1.21	0.23	0.10
联营企业	Joint		0.05		
有限责任公司	Limited Liability Corporations	102.23	1553.02	172.55	108.92
股份有限公司	Share-holding Corporations Ltd.	23.13	206.75	21.29	10.93
私营企业	Private	66.81	2102.10	196.77	222.58
其他企业	Others	0.18	16.65	0.73	0.82
港澳台商投资企业	Investment from HongKong, Macao and Taiwan	200.17	753.00	129.14	13.27
外商投资企业	Investment from Foreign	64.88	325.62	30.60	14.24
按国民经济行业分	**by Sector**				
交通运输、仓储和邮政业	Transportation,Storage and Post	70.68	610.93	91.33	38.31
信息传输、软件和信息技术服务业	Information Transmission, Software and Information Technology Services	288.82	1761.14	215.44	48.46
房地产业（除房地产开发经营）	Real Estate	21.51	271.89	38.76	33.86
租赁和商务服务业	Renting and Business Services	32.87	1493.64	112.77	194.80
科学研究和技术服务业	Scientific Research and Technical Services	31.96	532.24	65.36	26.79
水利、环境和公共设施管理业	Water Conservancy, Environment and Public Utility	2.57	75.81	9.10	9.94
居民服务、修理和其他服务业	Service for the Residents , Repair and Others	3.25	65.94	9.16	9.63
教育	Education	0.93	36.46	1.81	2.00
卫生和社会工作	Health Care and Social Work	4.77	118.73	0.80	8.23
文化、体育和娱乐业	Culture,Sports and Recreation	2.91	76.05	12.57	4.33

注：限额以上服务业企业统计不包括批发零售业，住宿餐饮业，房地产开发业，金融业。
Above designated size services unit statistics do not include wholesale and retail trade,hotel and restaurant industry,the real estate

浙/江/统/计/年/鉴

主要统计指标解释

■ 社会消费品零售总额

指各种经济类型的批发零售贸易业、餐饮业和除制造业和农业外的其他行业对城乡居民和社会集团的消费品零售额。这个指标反映通过各种商品流通渠道向居民和社会集团供应的生活消费品来满足他们生活需要，是研究人民生活，社会消费品购买力、货币流通等问题的重要指标。社会消费品零售总额包括：(1) 售给城乡居民作为生活用的商品和修建房屋用的建筑材料；(2) 售给社会集团的各种办公用品和公用消费品 ;(3) 售给机关、团体、学校、部队、企业、事业单位的职工食堂和旅店 (招待所) 附设专门供本店旅客食用，不对外营业的食堂的各种食品、燃料；企业、单位和国营农场直接售给本单位职工和职工食堂的自己生产的产品；(4) 售给部队干部、战士生活用的粮食、副食品、衣着品、日用品、燃料；(5) 售给来华的外国人、华侨、港澳 (台) 同胞的消费品；(6) 居民自费购买的中、西药品、中药材及医疗用品；(7) 报社、 出版社直接售给居民和社会集团的报纸、图书、杂志、集邮公司出售的新、旧纪念邮票、特种邮票、首日封、集邮册、集邮工具等；(8) 旧货寄售商店自购、自销部分的商品；(9) 煤气公司、液化石油气站售给居民和社会集团的煤气灶具和罐装液化石油气。不包括售给国民经济各部门企业、事业单位 (包括国有经济的农场) 生产经营用的各种原材料、燃料、设备、工具等和售给批发零售贸易业、餐饮业作为转卖用的商品、旧货寄售商店受托寄售卖出的商品、服务业的营业收入、邮局出售邮票的收入、自来水、电力、煤气生产 (供应) 单位的产品供应收入。

■ 商品销售总额

指对本企业 (单位) 以外的单位和个人出售 (包括对国 (境) 外直接出口) 的商品。这个指标反映批发零售贸易业在国内市场上销售商品以及出口商品的总量。商品销售总额包括：(1) 售给城乡居民和社会集团消费用的商品；(2) 售给工业、农业、建筑业、运输邮电业、批发零售贸易业、餐饮业、服务业等作为生产、经营使用的商品；(3) 售给批发零售贸易业作为转卖或加工后转卖的商品；(4) 对国 (境) 外直接出口的商品。不包括：出售本企业 (单位) 自用的废旧包装用品，未通过买卖行为付出的商品，经本单位介绍，由买卖双方直接结算，本单位只收取手续费的业务，购货退回的商品以及商品损耗和损失等。

■ 消费品市场成交额

指在全国消费品交易市场成交的全部商品金额。消费品市场包括农副产品市场和工业消费品市场。

■ 亿元商品交易市场成交额

年成交额达到亿元以上，经工商部门批准，专门从事商品批发、零售业务活动的市场，其市场所有摊位销售总额称为亿元商品交易市场成交额。

■ 连锁企业 (或称连锁店、连锁公司)

指在核心企业或总店的领导下，由分散的、经营同类商品或服务的企业或活动单位，采取共同方针，实行集中采购和分散销售的有机结合，通过规范化经营，实行集中采购和分散销售的有机结合，通过规范化经营，实现规模效益的经济联合组织形式。一般连锁店应由若干个分店组成。其经营特征：（1）经营同类商品；（2）使用统一商号；（3）统一采购配送，采购与销售相分离（部分商品可根据物流合理和保质保鲜原则，由供应商直接送货到门店，其余均由总部统一配送）。

连锁门店包括下列两种形式：

直营连锁：指正规连锁。连锁门店均由总部独资或控股开设，在总部的直接领导下统一经营。

加盟连锁：指特许连锁。各连锁门店（被特许人）通过合同形式，取得使用总部（特许人）商标、商号、经营技术和销售总部开发的商品的特许权，各加盟连锁门店为独立法人，在总部指导下统一经营。

ZHEJIANG STATISTICAL YEARBOOK

Explanatory Notes on Main Statistical Indicators

□ Total Retail Sales of Consumer Goods

refer to the sum of retail sales of consumer goods by the establishments in wholesale trade, retail sale trade, catering trade and other industries except manufacturing and agriculture of different types of ownership, to urban and rural residents and social groups. This indicator is used to show the supply of consumers goods through various channels to households and institutions to meet their demands, and is therefore very important for the study of the issues on people's livelihood, on the purchasing power of consumer goods and on the circulation of money. The retail sales of consumer goods include: (1) commodities sold to urban and rural residents for residential use and building materials sold to them for the construction or repair of houses; (2) food and fuels sold to canteens of institutions, enterprises, schools, military units and to canteens of hotels and hostels that only serve their guests, and commodities produced by enterprises,institutions or state farms and sold directly to their employees or their canteens; (3) grain and non-staple food,clothing, daily articles and fuels sold to military personnel; (4)consumer goods sold to foreigners, overseas Chinese,and Chinese compatriots from Taiwan, Hong Kong and Macao during their stay in the mainland of China; (5) Chinese and western medicines, herbs and medical facilities purchased by residents; (6) newspapers, books and magazines directly sold to residents and social groups by publishers, new and old commemorative stamps, special stamps,first-day covers, stamp albums and other stamp-collection articles sold by stamp companies; (7) consumer goods purchased and then sold by second-hand shops; (8)stoves and other heating facilities and liquified gas sold by gas companies to households and institutions. Excluded under this heading are: raw materials, fuels, equipment, tools sold to enterprises, institutions and state farms for production purpose; commodities sold to trade establishments for re-selling; commissioned sales at second-hand shops; operational income of urban public utilities; stamps sold at post offices; income of water, power, gas production and supply establishments from the supply of their products.

□ Total Sales of Commodities

refer to selling of commodities by the establishments to other establishments and individuals(including direct export) . This indicator is used to show the total value of sales of commodities at domestic markets and export. The total sales include: (1) commodities sold to urban and rural residents and social groups for their consumption; (2) commodities sold to establishments in industry, agriculture, construction, transportation, post and telecommunications, wholesale and retail trades, catering trade and public utility for their production and operation; (3)commodities sold to wholesale and retail establishments for re-selling, with or without further processing; and (4) commodities for direct export to other countries. Excluded are selling of waste packaging materials used by the establishments(units) themselves, commodities transferred without buying or selling procedures, commission income from brokerage in transactions whose settlement is directly handled by buyers and sellers , rejected commodities in the purchase, loss in commodities, etc.

□ Volume of Transaction at Consumer Goods Markets

refers to the value of transaction of all goods at consumer goods markets in the country,including both markets for farm and sideline products and for industrial consumption goods.

□ Volume of Transaction at Large Commodity Markets(with transaction value over 100 million yuan)

refers to markets approved by the industrial and commercial administration departments, which specialize

EXPLANATORY NOTES ON
MAIN STATISTICAL INDICATORS

in wholesale and retail of modities with transaction value over 100 million yuan. The stall of sales of all sellers in the markets makes up the transaction value of the markets.

□ Chain Enterprises(also called chain stores or called corporations)

refer to a form of joint economic entities unit which scattered enterprises or establishments engaged in pithing homogeneous commodities or services, with the central leadership of core enterprise or headquarters and guided by policies, conduct centralized purchase and distributed selling commodities, in order to gain better efficiency through standardized operation. Consisting of a number of branch stores the chain stores have in general following features: (1)homogeneous commodities, (2)unique name of stores, (3)centralized purchase and delivery which is separated from the headquarters cept some items which, from logistics, quality or considerations, might be delivered by the suppliers directy.

Chain stores have two categories:

(a)Chain stores under direct management: These are chain stores invested or controlled by the headquarters operate under the direct and unified management from the headquarters.

(b)Chain stores through license arrangement: These are contracts, chain stores(their owners)obtain licenses from the headquarters to use designated trade marks,names,operates know-how,and to sell the commodity developed by the headquarters. Under this arrangement. Each store in the chairs an independent legal entity and operates under the guidance the headquarters.

2024
浙江统计年鉴
ZHEJIANG STATISTICAL YEARBOOK

CHAPTER 11

对外经济贸易和旅游
Foreign Economy and Trade, Tourism

11-1 进出口总值（1986-2023年）
Total Value of Imports and Exports(1986-2023)

单位：万美元、万元(USD 10000,RMB 10000)

年份 Year	进出口总值 Total Value of Imports and Exports	出口 Export	#一般贸易 Ordinary Trade	进口 Import	#一般贸易 Ordinary Trade
1986	129291	109128		20163	
1987	149984	123406		26578	
1988	198628	149004		49624	
1989	251387	187222		64165	
1990	277342	218881		58461	
1991	385052	290628		94424	
1992	499907	357127	258763	142780	48230
1993	673269	432313	326388	240956	78690
1994	899144	608657	474070	290487	75292
1995	1151230	769782	593336	381448	92160
1996	1254126	804147	572545	449979	102558
1997	1427732	1011113	739172	416619	106496
1998	1485382	1086623	820244	398759	148712
1999	1830540	1287125	1001423	543415	314525
2000	2783265	1944279	1540108	838986	528135
2001	3279969	2297747	1825752	982222	635302
2002	4195650	2941102	2426940	1254548	859007
2003	6141083	4159499	3418932	1981584	1361717
2004	8521312	5814638	4674761	2706674	1665622
2005	10739123	7680353	6023916	3058770	1858590
2006	13914686	10089427	7731170	3825259	2143288
2007	17685633	12827293	9935900	4858341	2922772
2008	21110927	15426700	12185303	5684227	3440144
2009	18773488	13301032	10664403	5472456	3744581
2010	25353311	18046487	14500708	7306824	4943317
2011	30937777	21634949	17648423	9302827	6534332
2012	31240276	22451854	17968381	8788421	6243733
2013	33578871	24874624	19629669	8704246	6320295
2014	35504894	27332897	21676500	8171997	5819584
2015	215621649	171701752	133571930	43919897	32301600
2016	222020808	176664804	139364170	45356004	34807096
2017	256053153	194397631	155023115	61655522	47953668
2018	285115595	211745029	169599484	73370566	55589960
2019	308381472	230763226	182513447	77618246	59578541
2020	338382772	251705615	198541323	86677157	68752029
2021	414056293	301076468	236722019	112979825	88634136
2022	468273599	343314213	269375277	124959386	100547520
2023	489976144	356628034	278674677	133348110	106578367

注: 2015年起以人民币为计价单位。
The data of this table is valued to RMB since 2015.

11-2 出口总值分类表（2017-2023年）
Total Value of Exports by Category(2017-2023)

单位：万元(RMB 10000)

项目	Item	2017	2018	2019	2020	2021	2022	2023
出口总值	**Total**	**194397631**	**211745029**	**230763226**	**251705615**	**301076468**	**343314213**	**356628034**
#机电产品	Electrical and Mechanical Products	84043878	92076534	98871159	113555100	137895404	153227483	162689176
总值中：	**Among Total**							
国有企业	State-owned Enterprises	10527712	11426279	11189405	10949684	14273506	17361648	14982719
三资企业	Foreign Funded Enterprises	34353579	35071257	34750508	33723862	40766856	42065881	39193009
集体企业	Collective Owned Enterprises	5116295	5325274	4961582	4587501	6018187	6391458	5838962
私营企业	Private Enterprises	144037996	159542380	178849184	201837157	239452620	277045964	296179605
其他企业	Others	361862	379840	1012547	607412	565298	449262	433739
总值中：	**Among Total**							
工业制成品	Manufactured Goods	188668019	205059667	224103666	245079162	291772201	329697805	343846166
初级产品	Primary Goods	5729612	6685362	6659560	6626453	9304266	13616408	12781868

注: 2015年起以人民币为计价单位。The data of this table is valued to RMB since 2015.

11-3 进口总值分类表（2017-2023年）
Total Value of Imports by Category(2017-2023)

单位：万元(RMB 10000)

项目	Item	2017	2018	2019	2020	2021	2022	2023
进口总值	**Total**	**61655522**	**73370566**	**77618246**	**86677157**	**112979825**	**124959386**	**133348110**
#机电产品	Electrical and Mechanical Products	10666725	12751334	13707911	14558995	17995162	18778749	19945304
总值中：	**Among Total**							
国有企业	State-owned Enterprises	9224338	12033650	13505218	16377591	19310353	16863312	19280511
三资企业	Foreign Funded Enterprises	20456837	22261690	22128033	20590565	25491523	24820104	23376545
集体企业	Collective Owned Enterprises	2551161	3244898	2804564	2520784	3283861	3189003	3213555
私营企业	Private Enterprises	29290251	35747857	39014495	47068544	64782235	79994651	87375760
其他企业	Others	132932	82471	165935	119673	111853	92315	101739
总值中：	**Among Total**							
工业制成品	Manufactured Goods	38721737	46642597	47260102	49927174	60741754	61670924	61609279
初级产品	Primary Goods	22933786	26727969	30358144	36749983	52238071	63288462	71738831

注: 2015年起以人民币为计价单位。The data of this table is valued to RMB since 2015.

11-4 浙江省与各国（地区）的进出口总额
Zhejiang's Foreign Trade with Relate Countries(Regions)

单位：万元(RMB 10000)

国别(地区)	Country(Region)	出口 Exports			进口 Imports		
		2021	2022	2023	2021	2022	2023
总值	**Total**	**301076468**	**343314209**	**356628034**	**112979825**	**124959386**	**133348110**
#亚太经济合作组织	APEC	146682361	164666180	168885304	69764383	71781646	78006075
亚洲	**Asia**	**100173597**	**122214715**	**129870396**	**63864070**	**71550138**	**73372869**
#中国香港	Hong Kong,China	4647200	4754120	5274279	249057	201662	318444
日本	Japan	9642962	10558826	10035252	7975900	8172587	8180302
台湾省	Taiwan,China	3218382	3675772	3508240	6852900	6401395	6137943
韩国	Korea Rep	7918493	8965240	8735089	7977724	7044846	6073009
东南亚联盟	The Association of Southeast Asian Nations	34032617	43515071	45688869	20093480	21258606	22739872
非洲	**Africa**	**22546483**	**26417590**	**30992295**	**5119688**	**7077727**	**6877317**
欧洲	**Europe**	**80327109**	**86115137**	**87260663**	**15042951**	**16343333**	**18551684**
#欧洲联盟	EU	57671128	64088120	61500319	9840553	10493350	10903665
#德国	Germany	12900729	12582826	10438783	3074334	3070925	3194250
意大利	Italy	5799967	6539280	6187488	1126398	1146598	1237783
法国	France	5749442	6104370	5864246	1563528	1774988	1710024
比利时	Belgium	2997746	3450677	3421782	424213	354786	368263
#英国	United Kingdom	9490959	9066806	9176105	1324258	1141609	1065391
#俄罗斯	Russia	8663413	9415842	13274726	2391887	3433247	5324398
拉丁美洲	**Latin America**	**29725370**	**35282582**	**38158838**	**11113711**	**11474829**	**12847276**
北美洲	**North America**	**60264950**	**63404484**	**60981382**	**8266129**	**9395243**	**10559751**
#美国	United States	55096720	57221664	56037074	6813638	8119026	9052622
加拿大	Canada	5165081	6177134	4941869	1451571	1267996	1504038
大洋洲	**Oceania**	**8038959**	**9879698**	**9364452**	**9497390**	**9068230**	**11085567**
#澳大利亚	Australia	6167169	7506378	7118433	8265547	7855798	9881967

11-5 进出口货物分贸易方式总值表（2020-2023年）
Total Value of Imports and Exports by Type(2020-2023)

单位：亿元(100 million yuan)

贸易方式	Type	出口 Exports				进口 Imports			
		2020	2021	2022	2023	2020	2021	2022	2023
总值	**Total**	**25170.56**	**30107.65**	**34331.42**	**35662.80**	**8667.72**	**11297.98**	**12495.94**	**13334.81**
一般贸易	Ordinary Trade	19854.13	23672.20	26937.53	27867.47	6875.20	8863.41	10054.75	10657.84
租赁贸易	Renting Trade	1.23	7.18	45.48	22.07	0.57	0.46	0.05	1.14
来料加工装配贸易	Processing and Assembling Raw Material Supplied by Foreign Firms	138.89	116.02	131.48	134.17	77.95	69.72	76.55	57.51
进料加工贸易	Processing Imported Raw Materials	1644.28	1973.29	2107.55	1955.29	717.58	833.08	878.06	805.59
外商投资企业作为投资进口的设备物品	Equipment and Articles for Investment and Import from Foreign-invested Enterprises					7.10	9.54	7.75	2.64
出料加工贸易	Processing Exported Raw Materials	0.04	0.01	0.10	0.71	0.01	1.75	0.10	0.94
保税监管场所进出境货物	Bonded cargo entry and exit monitoring sites	286.99	404.30	614.79	578.79	507.13	784.26	471.88	438.05
海关特殊监管区域物流货物	Customs supervision of goods logistics	161.64	230.87	233.14	326.34	451.37	703.36	971.71	1335.10
国家间、国际组织无偿援助和赠送的物资	Free Assistance and Gifts from Countriesand International Organizations	0.02	0.71	0.04					
华侨、港澳台同胞、外籍华人捐赠物资	Assistant Goods From Overseas Chinese Compatriots from Hong Kong, Macao and Taiwan		0.06	0.02			0.03	0.07	
来料加工装配进口的设备	Assembling Imported Equipment					0.09	0.64	0.28	0.27
对外承包工程出口货物	Exported Commodities for Contracted Projects	36.29	49.96	16.60	42.09				
其他	Others	3047.06	3653.04	4244.68	4735.87	30.72	31.74	34.73	35.73

11-6 出口主要商品情况（2019-2023年）
Statistics on Export of Commodities(2019-2023)

单位：万元(RMB 10000)

项目名称	Item	2019	2020	2021	2022	2023
机电产品	Electrical and Mechanical Products	98871159	113555100	137895404	153227483	162689176
高新技术产品	High-tech Products	16050174	20254283	27226101	34498259	31976070
农副产品	Farm Products	6996301	6818395	6092782	6781445	7384419
服装及衣着附件	Garments and Related Products	19988505	17633268	19914942	23253898	24041769
纺织纱线、织物及其制品	Spinning,Textile and Related Products	29136079	31749533	33147600	36311367	36264337
鞋靴	Shoes and Boots	6011219	4478408	5398751	6642091	7046803
家具及其零件	Furniture and Related Parts	8735381	10266242	12374651	11019516	11227027
塑料制品	Plastic Articles	12596094	14593342	15601589	17858719	19429641
玩具	Toys	3296166	3999267	4371355	4551711	4677816
体育用品及设备	Sporting Goods and Equipment	1580650	2739545	3238454	2357847	2572538
陶瓷产品	Ceramic Products	1432425	2183469	1602022	1761136	2025215
自动数据处理设备及其零部件	Automatic Data Processing Equipment and Related Parts	1219276	1571741	1998240	1659904	1599618
灯具、照明装置及零件	Lighting Fixtures, Lighting Fixtures and Parts	4176592	5217082	5637824	5571463	5573763
箱包及类似容器	Travelling Articles and Bags	3814641	2784858	3173805	4729511	5890434
汽车零配件	Parts of Moter Vehicles	6262706	6137171	7755128	8652325	9547757
钢材	Steel Products	3317441	3719969	6559885	8203940	8719832
船舶	Seawater Aquatic Production	1354072	950337	936373	1006701	1348405
医药材及药品	Pharmaceutical Materials and Medicines	2070259	3004149	5078176	5538959	2541918
电线和电缆	Electric Wire and Cables	1987576	2086652	2656071	2824343	2749262
水产品	Aquatic Products	1350454	1177752	1167770	1213419	1305666

11-7 进口主要商品情况（2019-2023年）
Statistics on Import of Commodities(2019- 2023)

单位：万元(RMB 10000)

商品名称	Item	2019	2020	2021	2022	2023
机电产品	Electrical and Mechanical Products	13707911	14558995	17995162	18778749	19945304
高新技术产品	High-tech Products	8943999	9142825	12329928	11521881	12396342
农副产品	Farm Products	7781562	8208365	14607609	17917186	20651279
钢材	Steel Products	877766	1615322	916385	832369	1088414
初级形状的塑料	Plastics of Primary Forms	6551020	6672373	6387104	6348099	5815042
二甲苯	Xylene	3033078	2040020	2680703	2756243	2348698
纺织纱线、织物及其制品	Textile Yarn, Fabric and Its Products	1256942	1208477	1497516	1133721	1287395
未锻轧铜及铜材	Unwrought Braided Copperand Copper Materials	2694008	4969378	6710507	8891400	10675634
自动数据处理设备及其零部件	Automatic Data Processing Equipment and Related Parts	827324	944541	1568153	1131991	1630934
液晶平板显示模组	LCD Flat Panel Display Module	618854	672505	686188	438886	334529
原油	Crude Oil	2210674	5392923	8956597	17443736	18783957
集成电路	Integrated Circuit	3219826	3047866	4145693	3608384	3539167
汽车零配件	Auto Parts	492129	760996	832265	644851	647608
铁矿砂及其精矿	Iron ore in Sand Form and Refinedore	6155719	7406912	11087301	8544536	10930647
煤及褐煤	Coal and Lignite	1382909	1370977	2037389	2529587	3491586
塑料制品	Plastic	596121	676724	710537	593767	572336
纸浆	Paper Pulp	1440586	1612013	1597426	1747567	2197085
乙二醇	Glycol	1335079	1125498	1377145	1079215	828828
原木	Log	1058881	841161	1055021	951420	757320
计量检测分析自控仪器及器具	Automatic Instruments for Measurement Examination Analysis	720637	796805	1025178	1158597	1388074
成品油	Processed Oil	3943559	2540701	2760737	3685767	4320267

11-8 利用外资协议合同（项目）和金额（1979-2023年）
Total Amount of Foreign Capital Utilized Through the Signed Agreements and Contracts(1979-2023)

年份 Year	协议合同(项目)(个) Projects(unit)			协议金额(万美元) Value(USD 10000)		
	合计 Total	对外借款 Foreign Loans	外商直接投资 Direct Foreign Investment	合计 Total	对外借款 Foreign Loans	外商直接投资 Direct Foreign Investment
1979				1120		
1980	4		4	620		138
1982	1		1	552		1
1983	2		2	440		94
1984	25	2	23	8506	4005	3955
1985	58	3	55	9154	4352	3650
1986	33	3	30	5224	2414	2307
1987	68	29	39	14291	7745	4525
1988	185	33	152	26815	14865	11326
1989	226	41	185	37107	23910	12212
1990	296	2	294	24792	11274	13313
1991	592	7	585	37480	5634	31728
1992	2343	5	2338	324084	32076	290922
1993	4497	10	4487	404330	29274	374562
1994	2537	9	2528	321573	27839	289317
1995	1861	25	1836	422153	92950	325031
1996	1243	35	1208	429083	107750	312866
1997	888	36	852	486522	294123	121008
1998	1013	48	965	225795	41999	183390
1999	1154	41	1113	302839	85528	214793
2000	1742	100	1642	306977	56029	250948
2001	2311	1	2310	717502	209462	501588
2002	3364		3364	720846	38453	678912
2003	4442		4442	1317478	108301	1205014
2004	3824		3824	1567591	106407	1456066
2005	3396		3396	1858137	209649	1612667
2006	3583		3583	2175249	192344	1910261
2007	2919		2919	2585485	271271	2040043
2008	1858		1858	2115422	290101	1781995
2009	1738		1738	1761290	142406	1601785
2010	1944		1944	2313902	260493	2004666
2011	1691		1691	2637868	579475	2058393
2012	1597		1597	2666132	558919	2107213
2013	1572		1572	2438359		2438359
2014	1550		1550	2441203		2441203
2015	1778		1778	2782198		2782198
2016	2145		2145	2808140		2808140
2017	3030		3030	3468697		3468697
2018	3529		3529	4305661		4305661
2019	3580		3580	4364885		4364885
2020	2821		2821	3510058		3510058
2021	3547		3547	3852134		3852134
2022	2910		2910	4339798		4339798
2023	4451		4451	3832165		3832165

11-9 实际利用外资金额（1984-2023年）
Amount of Foreign Capital Actually Used(1984-2023)

单位：万美元(USD 10000)

年份	合计 Total	对外借款 Foreign Loans	外商直接投资 Direct Foreign Investment	其他投资 Other Foreign Investment
1984	4887	4005	252	630
1985	6452	4352	1634	466
1986	4891	2414	1853	624
1987	11360	7745	2337	1278
1988	18124	14419	2957	748
1989	26918	21503	5181	234
1990	16235	11305	4844	86
1991	17186	7947	9162	77
1992	40971	10496	29398	1077
1993	121991	18226	103271	494
1994	137073	22038	114449	586
1995	153965	27692	125775	498
1996	238313	77825	152021	8467
1997	306641	84905	150345	71391
1998	241656	109448	131802	406
1999	252499	97036	153262	2201
2000	248919	87022	161266	631
2001	451934	223301	221162	7471
2002	469547	148515	316002	5030
2003	757824	207160	544936	5728
2004	974631	298657	668128	7846
2005	1393826	582049	772271	39506
2006	1450582	486127	888935	75520
2007	1432049	119126	1036576	276347
2008	1244995	192632	1007294	45069
2009	1087685	74715	993974	18996
2010	1322584	172425	1100175	49984
2011	1539807	353257	1166601	19949
2012	1622327	287791	1306926	27610
2013	1415898		1415898	
2014	1579725		1579725	
2015	1696024		1696024	
2016	1757748		1757748	
2017	1790210		1790210	
2018	1863874		1863874	
2019	1355920		1355920	
2020	1578475		1578475	
2021	1833870		1833870	
2022	1929978		1929978	
2023	2023092		2023092	

11-10 按行业分的外商直接投资
Foreign Direct Investment by Sector

单位：万美元（USD 10000）

指标	Item	项目(个) Number of Projects (unit)		合同外资 Compact of Foreign Capital		实际利用外资 Foreign Investments Actually Used	
		2022	2023	2022	2023	2022	2023
总计	**Total**	**2910**	**4451**	**4339798**	**3832165**	**1929978**	**2023092**
第一产业	**Primary Industry**	**3**	**9**	**10187**	**26518**	**3580**	**4612**
第二产业	**Secondary Industry**	**350**	**407**	**683838**	**1417876**	**579666**	**989204**
制造业	Manufacturing	306	358	486330	1302878	489827	909950
纺织业	Textile Industry	7	8	9233	-1839	12696	3817
化学原料和化学制品制造业	Raw Chemical Materials and Chemical Products	20	18	33704	21010	31710	33850
医药制造业	Medical and Pharmaceutical Products	12	13	12040	21273	38613	16613
通用设备制造业	Ordinary Machinery	34	37	26603	188718	20969	14663
专用设备制造业	For Special Purpose Equipment Manufacturing	40	39	68091	80798	46940	88013
计算机、通信和其他电子设备制造业	Telecommunications Equipment, Computer and Other Electronic Equipment Manufacturing	47	61	142278	175145	138646	76581
电力、热力、燃气及水生产和供应业	Electricity, Thermal, Gas and Water Production and Supply Industry	27	28	84890	27953	48786	23967
建筑业	Construction	17	23	112620	87972	41692	55293
第三产业	**Tertiary Industry**	**2557**	**4035**	**3645773**	**2387771**	**1346732**	**1029276**
交通运输、仓储和邮政业	Transport,Storage and Post	42	67	42374	20821	51208	13881
信息传输、软件和信息技术服务业	Information Transmission, Software and Information Technology Services	315	380	357526	185629	352386	127443
批发和零售业	Wholesale and Retail Trade	1078	2081	554864	504303	157338	113911
住宿和餐饮业	Hotels and Catering Services	49	109	1978	1738	2194	997
金融业	Banking	15	37	378740	322527	51726	93731
房地产业	Real Estate	19	17	136120	149	139649	119997
租赁和商务服务业	Renting and Business Services	453	508	1401324	338609	258269	181613
科学研究和技术服务业	Scientific Research and Technic Service	481	690	745160	973348	324829	362198
水利、环境和公共设施管理业	Water Conservancy, Environment and Public Utility	5	6	4816	10812	913	1597
居民服务、修理和其他服务业	Residential Services, Repairs and Other Services	17	19	23445	-2350	1165	2856
教育	Education	7	5	2111	5194		5016
卫生和社会工作	Health and Social Work	4	4	156	17344	6063	1008
文化、体育和娱乐业	Culture,Sports and Entertainment	71	108	-2888	13494	353	5007

11-11 按国别(地区)分的外商直接投资
Foreign Direct Investment by Country(Region)

国别(地区)	Country (Region)	项目（企业）个数(个) Number of Projects (unit)		合同外资金额(万美元) Compact of Foreign Capital (USD 10000)		实际利用外资(万美元) Foreign Investments Actually Used (USD 10000)	
		2022	2023	2022	2023	2022	2023
总计	**Total**	**2910**	**4451**	**4339798**	**3832165**	**1929978**	**2023092**
中国香港	Hong Kong,China	906	1159	2813222	2535487	1511692	1247200
台湾省	Taiwan,China	332	424	217756	70103	4992	10831
日本	Japan	47	48	208167	35864	31586	30392
新加坡	Singapore	93	113	200516	192736	98742	79172
韩国	Korea Rep	114	119	58181	20663	15438	12984
英国	United Kingdom	55	55	37884	65797	14790	17929
法国	France	21	26	-3832	5187	2393	982
德国	Germany	39	47	9834	-25159	7188	6577
意大利	Italy	25	34	6492	24608	2787	8374
美国	United States	185	224	49507	54309	61425	21945
加拿大	Canada	69	60	19397	18714	3342	3497
澳大利亚	Australia	33	63	99644	6388	3187	3491
英属维尔京群岛	British Virgin Islands	15	27	192162	361986	102645	179859

注: 年末实有企业指在工商行政管理部门登记注册的外商投资企业。
The number of Foreign-invested enterprises at year-end refer to thr enterprises registered at Industry and Commerce Administrative Department.

11-12 对外经济合作情况（2017-2023年）
Labour Services Contracted Projects with Foreign and Regions(2017-2023)

项目		Item		2017	2018	2019	2020	2021	2022	2023
新签对外承包工程和劳务合作合同额	(万美元)	Amount of Newly Signed Contracts	(USD 10000)	516116	411499	538543	402265	450813	458013	491709
对外承包工程和劳务合作营业额	(万美元)	Business Income	(USD 10000)	728427	756048	782190	657886	799496	643827	698737
对外承包工程和劳务合作在年底在外人数	(人)	Population in Foreign Countries and Regions	(person)	27873	34594	32582	21926	20541	21706	21056
境外投资企业数	(个)	Number of Enterprises Investing Abroad	(unit)	527	737	763	631	673	785	1307
境外企业中方投资额	(万美元)	Amount of Investing Abroad	(USD 10000)	964207	1838091	1190853	1102978	899089	1304074	1682873

11-13 国际旅游发展情况（1979-2023年）
Development of International Tourism(1979-2023)

单位：人(person)

年份 Year	入境旅游者人数(人次) International Tourists (Person time)	#外国人 Foreigners	#港澳台同胞 Compatriots from Hong Kong,Macao and Taiwan,China	旅游创汇收入(万美元) Foreign Exchange Earnings (USD 10000)
1979	93094	49021	42901	
1980	138877	68583	68218	
1982	180271	109309	67972	
1983	184287	114524	64618	1458
1984	213098	131977	73916	1900
1985	272870	178282	84621	2519
1986	293968	190695	90501	4175
1987	330062	206192	104005	4289
1988	392672	169782	182901	5624
1989	294062	84800	187607	3568
1990	496218	116429	342248	5440
1991	554091	176605	351881	7489
1992	685367	234282	403458	10210
1993	728408	289559	393251	11679
1994	612689	329529	261226	18055
1995	672717	366491	283353	23591
1996	729012	412970	293000	29184
1997	811468	453449	328430	34495
1998	819615	414273	364074	36122
1999	947788	506650	408454	41009
2000	1125898	643840	482058	51397
2001	1469502	818686	650816	70693
2002	2041761	1214635	827126	92763
2003	1817986	1069318	748668	87249
2004	2766680	1776392	990288	130047
2005	3480089	2328941	1151148	171626
2006	4272786	2817266	1455520	213490
2007	5111789	3436358	1675431	270790
2008	5396682	3661293	1735389	302408
2009	5706385	3776024	906547	322358
2010	6847102	4474054	2373048	393020
2011	7736908	5150408	2586500	454173
2012	8659290	5705072	2954218	515174
2013	8662817	5765720	2897097	539293
2014	9310301	6144460	3165841	575348
2015	10120384	6722552	3397832	678847
2016	11203019	7316202	3886817	743063
2017	12117339	8014956	4102383	827600
2018	4567577	3234062	1333515	259579
2019	4671137	3298281	1372855	266823
2020	383484	276711	106773	16367
2021	428432	327417	101015	20424
2022	220643	164250	56392	12170
2023	1397247	1051541	345706	69846

注: 2018年起入境旅游者口径和范围调整为入境过夜游客。The caliber and scope of international tourists has been adjusted to overnight inbound tourists since 2018.
1979-1999年旅游者人数中包括华侨。 Total Tourists number from 1979-1999 in this table included Overseas Chinese.

11-14 旅游事业发展情况（2017-2023年）
Development of Tourism(2017-2023)

项目	Item	2017	2018	2019	2020	2021	2022	2023
国内旅游	**Domestic Tourism**							
人数(万人次)	Number of Tourism (10000 person-times)	62868	68386	72180	56978	40717	37465	45759
收入（亿元）	Earnings(100 million yuan)	8764	9834	10727	8264	6772	5982	6853
入境旅游	**International Tourism**							
人数合计（人次）	Total(person-time)	12117339	4567577	4671137	383484	428432	220643	1397247
#外国人	Foreigners	8014956	3234062	3298281	276711	327417	164250	1051541
港澳同胞	Compatriots from Hong Kong and Macao,China	1922931	478914	469372	43874	49507	29113	193588
台湾同胞	Compatriots from Taiwan, China	2179452	854601	903483	62899	51508	27279	152118
创汇收入(万美元)	**Foreign Exchange Earnings(USD 10000)**	**827600**	**259579**	**266823**	**16367**	**20424**	**12170**	**69846**

11-15 接待人境旅游者人数(2017-2023年) Number of Inbound Tourists(2017-2023)

单位:人次(person-time)

国别(地区)	Country(Region)	2017	2018	2019	2020	2021	2022	2023
日本	Japan	728221	311413	277727	25130	32423	27759	68736
韩国	Korea Rep	1028193	398352	478206	25569	19689	17552	70382
马来西亚	Malaysia	332428	113162	150608	17137	3572	2266	36161
美国	United States	636518	336958	348388	21119	28600	23630	113608
新加坡	Singapore	239499	79867	74636	4686	5879	4397	32684
泰国	Thailand	199976	54900	61460	2309	3978	3203	20041
德国	Germany	273711	110937	111215	8245	18428	10740	38453
意大利	Italy	284715	66556	63223	5864	4618	3225	19202
法国	France	240555	65746	74229	4723	5051	5592	20906
印度尼西亚	Indonesia	94286	42343	44233	16035	4272	474	18789
澳大利亚	Australia	160630	71190	77905	3801	8142	4880	23575
英国	United Kingdom	262943	92006	93204	5060	5374	8069	26611
印度	India	219223	117528	128070	2962	2632	5141	49262
菲律宾	Philippine	88862	29516	31468	1583	2304	843	8768
加拿大	Canada	183323	76308	74080	5410	6817	7170	21918
西班牙	Spain	151428	37223	36181	4917	4710	1970	10679
荷兰	Netherlands	109470	44046	41676	2018	1628	977	11833
俄罗斯	Russia	134727	49080	53048	4339	3912	5698	38063
瑞典	Sweden	48024	34646	35157	1663	1285	1003	19558
瑞士	Switzerland	43145	10162	11088	660	1591	730	3709
新西兰	New Zealand	56001	11082	13537	653	1124	2039	4358
中国香港	Hong Kong,China	1374149	380436	372169	36609	37632	24885	176781
中国澳门	Macao, China	548782	98477	97203	7265	11875	4229	16807
中国台湾	Taiwan,China	2179452	854601	903483	62899	51508	27279	152118

注:自2018年年报开始,全省入境旅游统计口径调整为“住宿单位接待入境过夜游客”。
Since 2018, the statistical caliber of inbound tourism in the whole province has been adjusted to "accommodation units receive inbound overnight tourists".

浙/江/统/计/年/鉴

主要统计指标解释

■ 利用外资

指我国各级政府、部门、企业和其他经济组织通过对外借款、吸收外商直接投资以及用其他方式筹措的境外现汇、设备、技术等。

■ 对外借款

指通过对外正式签订借款协议,从境外筹措的资金,包括外国政府贷款、国际金融组织贷款、外国银行商业贷款、出口信贷以及对外发行债券等。1996 年及以前还包括对外发行股票。

■ 外商直接投资

是指外国企业和经济组织或个人（包括华侨、港澳台胞以及我国在境外注册的企业）按我国有关政策、法规，用现汇、实物、技术等在我国境内开办外商独资企业、与我国境内的企业或经济组织共同举办中外合资经营企业、合作经营企业或作合作开发资源的投资（包括外商投资收益的再投资）。

■ 外商其他投资

指除对外借款和外商直接投资以外的各种利用外资的形式。包括企业在境内外股票市场公开发行的以外币计价的股票（目前主要是在香港证券市场发行的 H 股和在境内证券市场发行的 B 股）发行价总额，国际租赁进口设备的应付款，补偿贸易中外商提供的进口设备、技术、物料的价款，加工装配贸易中外商提供的进口设备、物料的价款。

■ 对外劳承包工程及劳务合作

包括对外承包工程、对外劳务合作及对外设计咨询。其中对外承包工作指各对外承包公司以招标议标承包方式承揽的下列业务：（1）承包国外工程建设项目，（2）承包我国对外经援项目，（3）承包我国驻外机构的工程建设项目，（4）承包我国境内利用外资进行建设的工程项目，（5）与外国承包公司合营或联合承包工程项目时我国公司分包部分，（6）对外承包兼营的房屋开发业务。对外承包工程的营业额是以货币表现的本期内完成的对外承包工程的工作量，包括以前年度签订的合同和本年度新签订的合同在报告期内完成的工作量。对外劳务合作指以收取工资的形式向业主或承包商提供技术和劳动服务的活动。我国对外承包公司在境外开办的合营企业，中国公司同时又提供劳务的，其劳务部分也纳入劳务合作统计。劳务合作营业额按报告期内向雇主提交的结算数（包括工资、加班费和奖金等）统计。对外设计咨询指以服务成果向业主收费的技术服务项目。包括承担地形地貌测绘，地质资源勘探与普查，建设区域规划，提供设计文件、图纸、生产工艺技术资料和工程技术经济咨询，工程项目的可行性考察、研究和评估,进行技术指导和培训人员等;也包括承担国(境)内利用外资进行建设的工程项目的上述规定的设计咨询项目的收取外币部分。

■ 旅游人数

指来我国参观、访问、旅行、探亲、访友、休养、考察、参加会议和从事经济、科技、文化、教育、体育、宗教等活动的外国人、华侨、港澳和台湾同胞的人数。不包括外国在我国的常住机构，如领使馆、通讯社、企业办事处的工作人员；来我国常驻的外国专家、留学生以及在岸逗留不过夜人员。

■ 国际旅游（外汇）收入

指入境旅游的外国人、华侨、港澳台同胞在中国大陆旅游过程中发生的一切旅游支出。

ZHEJIANG STATISTICAL YEARBOOK

Explanatory Notes on Main Statistical Indicators

Utilization of Foreign Capital

refers to remittance, equipment and technology financed from abroad, by loans, foreign direct investment and other forms undertaken by the Chinese governments at all levels, by various departments, enterprises and other economic units.

Foreign Borrowings

refer to funds borrowed from abroad through formal signing of borrowing agreements with foreign institutions, including loans of foreign governments, loans of international financial institutions, commercial loans of foreign banks, export credit, and funds raised by Chinese bonds (and shares before 1996) issued abroad.

Foreign Direct Investment

refers to the investments inside China by foreign enterprises and economic organizations or individuals (including overseas Chinese, compatriots from Hong Kong and Macao, and Chinese enterprises registered abroad),following the relevant policies and laws of China, for the establishment of ventures exclusively with foreign own investment, si no-foreign joint ventures and cooperative enterprises or for co-operative exploration of resources with enterprises or economic organizations in China. It includes the re-investment of the foreign entrepreneurs with the profits gained from the investment.

Other Foreign Investment

refers to all forms of utilization of foreign capitals other than foreign borrowings and foreign direct investment. It includes the total value of stock shares in foreign currencies issued by enterprises at domestic or foreign stock exchanges (now mainly consisting of H shares issued at Hong Kong Security Market and B shares issued at domestic security markets), rent payable for the imported equipment through international leasing arrangement, cost of imported equipment, technology and materials provided by foreign counterparts in compensation trade and processing and assembly trade.

Overseas Contracted Project and Overseas Labour Services

It includes Overseas Contracted Project 、 Overseas Labour Services and Overseas Design and Consultation Services. Overseas Contracted Project refers to projects undertaken by Chinese contractors (project contracting companies) through bidding process. They include: (1) overseas civil engineering construction projects financed by foreign investors; (2) overseas projects financed by the Chinese government through its foreign aid programs; (3) construction projects of Chinese diplomatic missions, trade offices and other institutions stationed abroad; (4) construction projects in China financed by foreign investment; (5) sub-contracted projects to be taken by Chinese contractors through a joint umbrella project with foreign contractor(s); (6) housing development projects. The business income from international contracted projects is the work volume of contracted projects completed during the reference period, expressed in monetary terms, including completed work on projects signed in previous years. Overseas Labour Services refer to the activities of providing technology and labour services to employers or contractors in the forms of receiving salaries and wages. Labour services providing by contractual joint ventures of Chinese international contracting corporations should be included in the statistics of service co-operation with foreign countries. The business income of labour service cooperation is the income in the form of wages and salaries, overtime pay, bonuses and other remuneration received from the employers during the reference period. Overseas Design and Consultation Services refer to projects with income for technical services provided to overseas operators. It includes geographic and topographic mapping, geological resource prospecting and survey,

EXPLANATORY NOTES ON MAIN STATISTICAL INDICATORS

planning of construction areas, provision of design documents, blueprints, materials on production process and techniques, as well as engineering, technical and economic consultation, and feasibility study, research and evaluation of projects. Also included under this category are the above-mentioned services of foreign-financed projects in China that are paid in foreign currencies.

□ Number of Tourists

refers to the number of foreigners,overseas Chinese,and compatriots from Hong Kong, Macao and Taiwan coming to China for sightseeing, visits, tours, family reunions, vacations, study tours and other activities of an economic, scientific and technological, cultural, physical culture and religious nature. This does not include the number of employees of foreign organizations stationed in China such as embassies, consulates, news agencies, the offices of corporations and enterprises and foreign experts and students resi-ding in China and the persons staying briefly in China but not for passing the night .

□ Foreign Exchange Earnings from International Tourism

refer to the total expenditures of the foreigners, overseas Chinese, compatriots from Hong Kong, Macao and Taiwan in the process of their tourism in the mainland of China.

2024
浙江统计年鉴
ZHEJIANG STATISTICAL YEARBOOK

CHAPTER 12

财政、金融和保险
Public Finance,Banking and Insurance

12-1 一般预算总收入和总支出（1978-2023年）
Total Financial Budgetary Revenue and Expenditure(1978-2023)

单位:亿元(100 million yuan)

年份 Year	总收入 Total Revenue	#地方 The local	总支出 Total Expenditure	#一般公共服务支出 Expenditure of Public Service	#教育支出 Expenditure on Education	#城乡社区事务支出 Expenditure Urban and Rural Community Affairs	#农林水事务支出 Expenditure on Agriculture, Forestry and Land Reclamation, and Water Conservancy Affairs
1978	27.45		17.43				
1980	31.13		17.34				
1983	41.79		21.94				
1984	46.67		28.80				
1985	58.25		37.40				
1986	68.61		50.96				
1987	76.36		51.24				
1988	85.55		63.14				
1989	98.21		74.77				
1990	101.59		80.23				
1991	108.94		88.43				
1992	118.36		95.31				
1993	166.64		125.04				
1994	209.39	94.63	153.03				
1995	248.50	116.82	180.29				
1996	291.75	139.63	213.71				
1997	340.52	157.33	240.16				
1998	401.80	198.10	286.81				
1999	477.40	245.47	344.04				
2000	658.42	342.77	431.30				
2001	917.76	418.00	597.30				
2002	1166.58	566.85	749.90				
2003	1468.89	706.56	896.77				
2004	1805.16	900.99	1062.94				
2005	2115.36	1066.60	1265.53				
2006	2567.66	1298.20	1471.86	272.88	310.77	127.37	114.03
2007	3239.89	1649.50	1806.79	328.91	383.89	154.63	142.15
2008	3730.06	1933.39	2208.58	372.46	453.99	193.95	177.42
2009	4122.04	2142.51	2653.35	397.69	519.33	224.61	236.08
2010	4895.41	2608.47	3207.88	434.29	606.54	272.30	290.37
2011	5925.00	3150.80	3842.59	471.55	751.42	338.43	373.32
2012	6408.49	3441.23	4161.88	503.61	877.86	307.82	408.20
2013	6908.41	3796.92	4730.47	538.88	950.07	332.93	513.03
2014	7521.70	4122.02	5159.57	527.74	1030.99	389.01	524.59
2015	8549.47	4809.94	6645.98	584.45	1264.93	541.21	739.08
2016	9225.07	5301.98	6974.25	660.26	1300.03	788.93	722.41
2017	10301.16	5804.38	7530.32	765.03	1430.15	910.17	696.69
2018	11705.95	6598.08	8629.53	875.33	1572.47	1158.88	724.46
2019	12268.24	7048.58	10052.99	1009.96	1764.69	1627.68	744.24
2020	12421.49	7248.24	10082.01	1051.55	1881.09	1021.67	764.89
2021	14516.96	8262.57	11016.87	1105.34	2039.98	1137.51	795.27
2022	14421.25	8039.38	12017.70	1162.01	2199.26	1099.25	831.20
2023	15275.78	8600.02	12353.09	1169.86	2365.17	1094.06	910.65

12-2 地方一般预算收入和支出（2019-2023年）
The Local Financial Budgetary Revenue and Expenditure(2019-2023)

单位：亿元(100 million yuan)

项目	Item	2019	2020	2021	2022	2023
一般预算收入合计	**The Local Budgetary Financial Revenue**	**7048.00**	**7248.24**	**8262.57**	**8039.38**	**8600.02**
税收收入小计	The Amount of Tax Revenue	5898.17	6261.75	7171.91	6619.86	7124.06
国内增值税	Value-added Tax	2374.58	2317.15	2687.98	2251.36	3011.46
企业所得税	Company Income Tax	1115.55	1145.02	1443.97	1517.29	1311.36
个人所得税	Personal Income Tax	412.94	468.79	532.11	592.16	582.55
城市维护建设税	City Maintenance and Construction Tax	363.26	356.74	413.74	416.12	405.02
房产税	Tax on Real Estates	207.25	234.12	249.82	322.36	348.54
契税	Contract Tax	571.34	838.16	767.28	605.30	609.13
其它地方各税	Others	853.29	901.76	1077.01	915.27	856.00
非税收入小计	The Amount of Non Tax Revenue	1149.83	986.49	1090.66	1419.53	1475.96
教育费附加收入	Extra Charge for Education	171.08	165.71	192.43	189.51	189.39
行政事业性收费收入	Administrative Fees Income	144.83	141.44	166.86	164.60	177.19
罚没收入	Penalty and Confiscatory Income	199.44	152.98	156.17	208.78	166.75
其它收入	Others	685.01	627.83	661.89	919.69	985.59
国有企业计划亏损补贴	Subsidies for the Loss of State-owned Enterprises	-50.54	-101.46	-86.69	-63.05	-42.96
一般预算支出合计	**The Local Financial Budgetary Expenditure**	**10053.03**	**10082.01**	**11016.87**	**12017.70**	**12353.09**
一般公共服务	Public Service	1009.96	1051.55	1105.34	1162.01	1169.86
公共安全	Public Safe	662.70	691.96	740.38	749.75	763.08
教育	Education	1764.69	1881.09	2039.98	2199.26	2365.17
科学技术	Science and Technology	516.06	472.13	578.58	680.89	787.48
文化旅游体育与传媒	Culture,Tourism,Physical Culture and the Media	203.26	229.62	249.35	269.28	291.44
社会保障和就业	Social Security and Employment	1073.94	1130.02	1286.13	1400.55	1497.70
卫生健康	Medical and Health Service	735.61	838.85	908.04	1236.08	1148.02
节能环保	Environment Protect	269.55	220.59	203.78	223.16	187.98
城乡社区	Urban and Rural Community	1627.80	1021.67	1137.51	1099.25	1094.06
农林水	Agriculture,Forestry and Land Reclamation and Water Conservancy	744.24	764.89	795.27	831.20	910.65
交通运输	Transportation	444.59	470.50	514.32	589.37	547.19
工业商业等事务	Industrial and Business Affairs	470.11	714.52	834.81	893.35	919.22
其他支出	Others	530.48	594.62	623.38	670.83	656.68

12-3 金融机构存贷款年末余额（1978-2023年）
Deposits and Loans of Financial Institutions(year-end,1978-2023)

单位:亿元(100 million yuan)

年份 Year	全部金融机构本外币存款余额 Deposits	全部金融机构人民币存款余额 RMB Deposits	住户本外币存款年末余额 Residents' Deposits	住户人民币存款年末余额 Residents'RMB Deposits	全部金融机构本外币贷款余额 Loans	全部金融机构人民币贷款余额 RMB Loans
1978		35.79		7.73		48.90
1980		60.74		16.95		73.30
1983		108.14		37.34		109.42
1984		143.17		49.58		161.39
1985		185.66		67.73		210.81
1986		248.68		97.92		288.97
1987		306.44		129.12		365.87
1988		354.26		144.03		433.41
1989		441.13		214.98		505.48
1990		606.01		306.74		618.14
1991		789.64		402.09		749.93
1992		1036.72		514.44		972.09
1993		1316.53		664.64		1247.76
1994		1910.98		990.26		1627.87
1995		2623.60		1377.22		2103.65
1996		3400.19		1844.74		2584.09
1997		4297.07		2293.55		3273.73
1998		5264.21		2847.29		3897.12
1999		6273.15		3261.34		4650.50
2000		7299.57		3594.65		5423.52
2001		8823.12		4262.38		6482.22
2002	11899.34	11242.84	5700.77	5233.73	8791.38	8612.81
2003	15415.67	14758.15	6889.28	6452.21	12418.60	12014.28
2004	17855.05	17236.62	7741.65	7364.06	14982.54	14350.75
2005	21117.94	20494.16	9123.12	8746.02	17122.14	16557.67
2006	25005.92	24413.94	10801.70	10473.47	20757.83	20153.94
2007	29030.34	28504.46	11381.16	11160.73	24939.89	24144.42
2008	35481.20	34806.43	14804.54	14501.49	29649.22	28958.36
2009	45112.01	44336.49	18169.41	17833.44	39223.91	37997.98
2010	54482.29	53441.45	21093.62	20612.16	46938.54	45288.07
2011	60893.14	59727.91	23945.23	23470.25	53239.34	51276.64
2012	66679.08	64886.28	26902.40	26406.81	59509.12	56982.64
2013	73732.36	71986.58	29360.48	28922.97	65338.54	62597.56
2014	79241.90	77145.38	31167.48	30666.41	71361.00	68566.32
2015	90301.61	87393.30	34787.31	34218.62	76466.32	74070.20
2016	99530.29	96438.16	38755.05	38077.05	81804.50	79926.05
2017	107320.53	104000.60	40804.33	40192.49	90233.30	88606.47
2018	116512.74	113727.51	46457.80	45812.16	105774.91	104099.82
2019	131298.52	128258.10	53733.26	53132.67	121750.56	120289.29
2020	152233.51	147666.93	61568.65	60969.85	143611.59	142126.03
2021	170815.99	165372.53	67486.57	66876.52	165755.71	164042.75
2022	196339.85	191009.75	82241.95	81587.22	189808.33	188528.56
2023	220736.58	215519.09	97640.34	96995.51	217223.05	215882.42

注：1. 2008年起含外资金融机构。Data of this table include foreign financial institutions since 2008.
2. 2015年起金融机构存贷款余额指标口径有所调整；住户存款年末余额2015年前为城乡居民储蓄存款年末余额。
The data of deposits and loans are adjusted since 2015,the data of residents' deposits refer to the data of household savings before 2015.

12-4 金融机构人民币信贷收支表
Credit Funds Balance Sheet of Financial Institution (RMB)

单位:亿元(100 million yuan)

项目	Item	2020	2021	2022	2023
资金来源合计	**ALL Sources**	**169164.27**	**196856.78**	**226205.56**	**260234.12**
各项存款	**Deposits**	**147666.93**	**165372.53**	**191009.75**	**215519.09**
境内存款	Domestic Deposit	147353.10	165015.44	190561.40	214946.14
住户存款	Household Deposits	60969.85	66876.52	81587.22	96995.51
活期存款	Current Deposits	23921.25	24536.89	28063.69	29068.12
定期及其他存款	Regular and other Deposits	37048.60	42339.63	53523.52	67927.39
非金融企业存款	Non Financial Enterprise Deposits	53237.78	59503.49	69110.44	76813.77
广义政府存款	General Government Deposits	25441.56	27822.93	29273.18	30411.59
非银行业金融机构存款	Non Banking Financial Institutions Deposits	7703.90	10812.50	10590.57	10725.27
境外存款	Offshore Deposits	313.83	357.09	448.35	572.95
金融债券	Bonds	2382.75	2518.83	3227.43	3751.70
卖出回购资产	Sell Assets Repurchased	22.51	37.80	144.32	55.19
借款及非银行金融机构拆入	Borrowing and non Bank Financial Institutions Borrowing	116.90	147.78	96.09	156.39
其他	Others	9443.73	13823.19	14489.55	-2184.02
资金运用合计	**All Uses**	**169164.27**	**196856.78**	**226205.56**	**260234.12**
各项贷款	**Loans**	**142126.03**	**164042.75**	**188528.56**	**215882.42**
境内贷款	Domestic Loans	142024.00	163958.78	188428.41	215553.04
住户贷款	HouseholdLoans	60955.04	70067.93	76078.18	80451.84
短期贷款	Short-term Loans	21103.34	22188.38	24360.84	26845.09
中长期贷款	Medium-term &Long-term Loans	39851.70	47879.55	51717.35	53606.75
非金融企业及机团体贷款	Non Financial Enterprise and Government Agency Loans	80998.82	93730.90	112211.16	134744.66
非银行业金融机构贷款	Non Banking Financial Institutions Loans	70.14	159.95	139.06	356.54
境外贷款	Offshore Loans	102.03	83.97	100.16	329.38
债券投资	Bond Investment	15217.38	19878.53	24656.81	31612.65
股权及其他投资	Equity and other Investment	9145.32	9855.95	9988.68	9555.68
买入返售资产	Buy Assets Repurchased	337.87	612.90	469.69	368.06
存放非银行业金融机构款项	Deposit of non Banking Financial Institutions	31.42	131.00	175.74	138.31
联行往来(净)	Interbank Transactions(net)				
外汇买卖	Foreign exchange trading				
应收及预付款	Collectable Account and advance Payment	1303.27	1320.95	1388.38	1675.36
投资性房地产	Investment Property	8.77	7.31	10.99	11.62
固定资产	Fitness Assets	994.22	1007.40	986.71	990.03

12-5 保险公司主要业务经济技术指标（2017-2023年）
Economic Technical Indicators of Insurance Companies(2017-2023)

单位:亿元(100 million yuan)

项目	Item	2017	2018	2019	2020	2021	2022	2023
保费收入	**Premium**	**2146.88**	**2273.20**	**2627.28**	**2780.86**	**2859.76**	**3129.11**	**3553.97**
财产险	Property Insurance	760.76	826.82	900.02	925.66	920.72	1010.00	1079.04
#机动车辆保险	Motor Vehicle Insurance	590.88	618.17	649.06	649.68	633.76	690.00	711.33
人身意外伤害险	Unforeseen Human Injury Insurance	59.19	68.28	74.81	69.90	74.15	71.09	67.38
健康险	Health Insurance	237.91	264.00	329.28	403.16	431.98	476.97	526.24
寿险	Life Insurance	1089.02	1114.09	1323.17	1382.14	1432.92	1571.04	1881.31
各项赔款和给付	**Settled Claim and Payment**	**653.37**	**761.88**	**877.56**	**896.19**	**1029.60**	**1075.82**	**1269.36**
财产险	Property Insurance	430.77	490.33	579.61	569.63	619.43	637.42	738.65
#机动车辆保险	Motor Vehicle Insurance	344.85	379.84	420.12	399.10	445.92	457.65	504.23
人身意外伤害险	Unforeseen Human Injury Insurance	14.19	17.08	19.71	22.88	26.63	27.57	30.15
健康险	Health Insurance	49.42	76.64	101.91	128.25	212.62	207.24	208.60
寿险	Life Insurance	159.00	177.83	176.33	175.42	170.92	203.59	291.95
退保金	**Insurance Withdrawn**	**207.96**	**254.07**	**242.09**	**132.79**	**170.03**	**200.35**	**189.42**
手续费及佣金支出	**Service Charges and Expenditure for Commission**	**293.52**	**331.11**	**341.50**	**320.38**	**280.78**	**286.08**	**338.19**

12-6 社会融资及证券交易
Social Financing and Securities Trading

单位:亿元、家（100 million yuan,unit)

项目	Item	2019	2020	2021	2022	2023
本年社会融资规模	**Social Financing and Stock Exchange**	**22162**	**32108**	**34021**	**34921**	**37305**
人民币贷款	Renminbi Loan	16003	21772	21866	24078	26902
企业债券融资	Corporate Bond Financing	2679	5125	6064	3507	4048
非金融企业境内股票融资	Domestic Stock Financing of Non-financial Enterprises	333	953	1223	1133	1120
证券交易额	**Stock Exchange Volume**	**421655**	**625477**	**751845**	**716882**	**712361**
境内上市公司	**Domestic Listed Companies**	**458**	**518**	**606**	**657**	**702**
境内上市公司融资	**Financing of Domestic Listed Companies**	**11408**	**13885**	**16063**	**17887**	**19626**
#当年新增	New Domestic Listed Companies Financing in the Year	1296	2191	2173	1824	1739

浙/江/统/计/年/鉴

主要统计指标解释

■ 财政收入

指国家财政参与社会产品分配所取得的收入，是实现国家职能的财力保证。主要包括：

（1）各项税收：包括国内增值税、国内消费税、进口货物增值税和消费税、出口货物退增值税和消费税、企业所得税、个人所得税、资源税、城市维护建设税、房产税、印花税、城镇土地使用税、土地增值税、车船税、船舶吨税、车辆购置税、关税、耕地占用税、契税、烟叶税、环境保护税等。

（2）非税收入：包括专项收入、行政事业性收费收入、罚没收入、国有资本经营收入、国有资源（资产）有偿使用收入和其他收入。

■ 财政支出

国家财政将筹集起来的资金进行分配使用，以满足经济建设和各项事业的需要，主要包括：

(1) 一般公共服务
(2) 公共安全
(3) 教育
(4) 科学技术
(5) 文化体育传媒
(6) 社会保障和就业
(7) 医疗卫生
(8) 环境保护
(9) 城乡社区事务
(10) 农林水事务
(11) 交通运输
(12) 工业商业等事务

■ 信贷资金

指金融机构以信用方式积聚和分配的货币资金。金融机构信贷资金的来源有各项存款、金融债券发行、应付及暂收款、对国际金融机构负债、流通中货币、各项准备、所有者权益和其他项目等；信贷资金的运用有各项贷款、有价证券及投资、应收入预付款、委托投资、金银占款、外汇占款、库存现金、财政借款及在国际金融机构中的资产等。

■ 存款

指企业、机关、团体或居民根据资金必须收回的原则，把货币资金存入银行或其他信贷机构保管并取得一定利息的一种信用活动形式。根据存款对象或性质的不同可划分为企业存款、财政存款、机关团体存款、基本建设存款、储蓄存款、农村存款、委托存款、其他存款等科目。它是银行信贷资金的主要来源。

■ 贷款

指银行或其他信贷机构根据资金必须归还的原则，按一定利率，为企业、个人等提供资金的一种信用活动形式。我国银行贷款分为短期贷款、中期流动资金贷款、中长期贷款、信托贷款、融资租赁，委托贷款、票据融资、各项垫款等。

■ 保险公司

在中国境内的、经过保险监督管理部门批准设立，并依法登记注册的各类商业保险公司。

■ 保险金额

指保险人承担赔偿或者给付保险责任的最高限额。

■ 保费

指投保人为取得保险人在约定范围内所承担赔偿责任而支付给保险人的费用。

■ 赔款

指保险人根据保险合同的规定，向被保险人支付的赔偿保险责任损失的金额。

■ 给付

包括死伤医疗给付和满期给付。死伤医疗给付是指保险人根据人寿保险及长期健康保险合同的规定，因被保险人在保险期内发生保险责任范围内的保险事故支付给被保险人（或受益人）的金额。满期给付是指被保险人生存期满，保险人按人寿保险合同规定支付给被保险人的满期保险金额。

ZHEJIANG STATISTICAL YEARBOOK

Explanatory Notes on Main Statistical Indicators

□ Financial Revenue

refers to income for the government finance through participating in the distribution of social products. It is the financial guarantee to ensure government functioning. It includes the following main items:

(1) Various tax revenues including domestic value added tax (VAT), domestic consumption tax, VAT and consumption tax from imports, VAT and consumption tax rebate for exports, corporate income tax, individual income tax, resource tax, city maintenance and construction tax, house property tax, stamp tax, urban land use tax, land appreciation tax, tax on vehicles and boat operation, ship tonnage tax, vehicle purchase tax, tariffs, farm land occupation tax, deed tax, and tobacco tax, environment protection tax, etc.

(2) Non-tax revenue, including special program receipts, charge income of administrative and institutional units, penalty receipts, operating income from government capital, income from use of state-owned resources (assets) and others non-tax receipts.

□ Financial Expenditure

refers to the distribution and use of the funds the government finance has raised, so as to meet the needs of economic construction and various causes. It includes the following main items:

(1) Public Service

(2) Pubic Safe

(3) Education

(4) Science and Technology

(5) Culture, Physical Culture and the Media

(6) Social Security and Employment

(7) Medical and Health Service

(8) Environment Protect

(9) Urban and Rural Community Affairs

(10)Agriculture, Forestry and Land Reclamation, and Water Conservancy Affairs

(11)Transportation

(12)Industrial and Business Affairs

□ Credit Funds

refer to the funds issued as loans by banking institutions. The sources of credit funds of the banking institutions included deposits, issue of financial bonds, account-pay-able and temporary gathering, liabilities to international financial institutions, currency in circulation, various reserves, owners'rights and interests and other items. The credit funds can be used in forms of loans, securities and investment, account receivable and advance payment, entrusted investment, gold, foreign exchange, cash on hand, government debt and assets in the international financial institutions.

□ Deposit

is a form of credit by which enterprises, institutions, organizations or households can put money into banks and other credit institutions for safekeeping and interest earning under the principle of free withdrawal.According to different depositors, deposits are divided into enterprise deposits, treasury deposits, deposits of government agencies and organizations, capital construction deposits, savings deposits, rural saving deposits,entrusted deposits and other deposits. Deposits are major sources of the credit funds of banks.

□ Loan

is a form of credit by which banks and other creditinstitutions provide funds at certain interest rate to enterprises and individuals in the light of the principle of unconditional repayment. Loans from Chinese banks include circulating capital loans, fixed assets loans, loans to urban and rural individuals engaged in industrial and commercial business and agricultural loans.

EXPLANATORY NOTES ON MAIN STATISTICAL INDICATORS

□ Insurance Companies

refer to commercial insurance companies of various forms registered by law and established in China with the approval of insurance regulatory agencies.

□ Amount Insured

refers to the maximum that the insurant will get for the claim of the case insured.

□ Premium

is the fee paid by the insurant to the insurer to obtain the obligation of compensation from the insurance within the agreed terms.

□ Settled Claim

is the compensation paid by the insurer to the insurant in accordance with the insurance contract.

□ Payment

includes payment fordeath, injury or medical teatment and mature payment. Payment for death, injury or medical treatment refers to the money paid to the insurant(or the beneficiary) in accordance with the life or health insurance contract when the insurant encounters accidents within the insured period covered in the contract. Mature payment refers to the mature payment to the insurant in accordance with the life insurance contract at the end of the insured period.

2024
浙江统计年鉴
ZHEJIANG STATISTICAL YEARBOOK

CHAPTER 13

城市建设和环境保护
City Construction and Environment

13-1 城市公用事业（2016-2023年）
Urban Public Utilities(2016-2023)

项目		Item		2016	2017	2018	2019
自来水全年供水总量	**(万吨)**	**Annual Supply of Tap Water**	**(10000 tons)**	**329034**	**357435**	**371711**	**389283**
#生活用水量		Water Consumption for Residential Use		159059	178508	189754	203591
人均日生活用水量	(升)	Daily Water Consumption for Residential Use Per Capita	(Litres)	187.17	200.21	204.36	217.72
用水普及率	(%)	Percentage of Population with Access to Tap Water	(%)	99.97	100.00	100.00	100.00
公共交通车辆运营数	**(辆)**	**Number of Public Transportation Vehicles**	**(Vehicle)**	**37896**	**41515**	**37732**	**38426**
每万人拥有公交车辆	(辆)	Number of Public Transportation Vehicles Owned 10000 Population	(Vehicle)	16.27	16.99	14.82	14.98
城市道路面积	**(万平方米)**	**Area of Urban Road**	**(10000 sq.m)**	**41286**	**42203**	**45946**	**48780**
人均拥有道路面积	(平方米)	Per Capita Area of Urban Road	(sq.m)	17.73	17.27	18.05	19.02
排水管道长度	**(公里)**	**Length of Sewer Pipelines**	**(km)**	**40550**	**45674**	**48525**	**51185**
液化石油气供气总量	**(万吨)**	**Total Supply of LPG**	**(10000 tons)**	**75.97**	**69.12**	**73.06**	**76.94**
液化石油气家庭用量	(万吨)	Consumption of LPG for Residential Use	(10000 tons)	53.10	45.11	50.29	50.84
用气普及率	(%)	Percentage of Population with Access to LPG	(%)	99.95	99.97	100.00	100.00
城市绿化覆盖面积	**(公顷)**	**Afforestation in Cities**	**(hectare)**	**172242**	**177783**	**186930**	**191900**
园林绿地面积	(公顷)	Green Areas in Gardens	(hectare)	154314	159214	167370	172280
#公园绿地面积	(公顷)	Public Green Areas	(hectare)	30675	32544	34958	35977
人均公园面积	(平方米)	Public Green Areas Per Capita	(sq.m)	13.17	13.32	13.73	14.03
公园个数	(个)	Number of Parks	(unit)	1197	1252	1340	1401
公园面积	(公顷)	Areas of Parks	(hectare)	18213	19110	20432	21269
环境卫生		**Environmental Sanitation**					
污水处理率(%)	(%)	Sewage Treatment Rate	(Percentage)	93.89	94.98	95.75	96.95
生活垃圾清运量	(万吨)	Volume of Living Garbage Disposal	(10000 tons)	1433.55	1455	1474.62	1530.24

续表 Continued

项目		Item		2020	2021	2022	2023
自来水全年供水总量	**(万吨)**	**Annual Supply of Tap Water**	**(10000 tons)**	**424104**	**467102**	**474878**	**476940**
#生活用水量		Water Consumption for Residential Use		227295	250173	255225	253456
人均日生活用水量	(升)	Daily Water Consumption for Residential Use Per Capita	(Litres)	220.06	212.21	215.05	217.87
用水普及率	(%)	Percentage of Population with Access to Tap Water	(%)	100.00	100.00	100.00	100.00
公共交通车辆运营数	**(辆)**	**Number of Public Transportation Vehicles**	**(Vehicle)**	**40947**	**42493**	**43375**	**50976**
每万人拥有公交车辆	(辆)	Number of Public Transportation Vehicles Owned 10000 Population	(Vehicle)	14.45	13.14	13.33	15.98
城市道路面积	**(万平方米)**	**Area of Urban Road**	**(10000 sq.m)**	**54048**	**58313**	**63786**	**69198**
人均拥有道路面积	(平方米)	Per Capita Area of Urban Road	(sq.m)	19.08	18.03	19.60	21.70
排水管道长度	**(公里)**	**Length of Sewer Pipelines**	**(km)**	**52572**	**60698**	**64373**	**65041**
液化石油气供气总量	**(万吨)**	**Total Supply of LPG**	**(10000 tons)**	**83.91**	**88.66**	**76.22**	**72.63**
液化石油气家庭用量	(万吨)	Consumption of LPG for Residential Use	(10000 tons)	57.69	58.59	53.74	49.36
用气普及率	(%)	Percentage of Population with Access to LPG	(%)	100.00	100.00	99.97	100.00
城市绿化覆盖面积	**(公顷)**	**Afforestation in Cities**	**(hectare)**	**199604**	**205424**	**215651**	**211314**
园林绿地面积	(公顷)	Green Areas in Gardens	(hectare)	179350	183218	189757	184888
#公园绿地面积	(公顷)	Public Green Areas	(hectare)	38499	41603	44861	49316
人均公园面积	(平方米)	Public Green Areas Per Capita	(sq.m)	13.59	12.87	13.79	15.46
公园个数	(个)	Number of Parks	(unit)	1547	1699	1902	2130
公园面积	(公顷)	Areas of Parks	(hectare)	22109	23619	26013	30749
环境卫生		**Environmental Sanitation**					
污水处理率(%)	(%)	Sewage Treatment Rate	(Percentage)	97.69	97.92	98.14	98.45
生活垃圾清运量	(万吨)	Volume of Living Garbage Disposal	(10000 tons)	1444.93	1531.14	1553.53	1467.75

注：1. 人均指标统计口径包含暂住人口。The data of Per capita indicators were adjusted.
2. 公共交通车辆运营数包含轨道交通,2018年前计量单位为标台。The operation number of public transport vehicles includes rail transit, and the unit of measurement before 2018 is the standard unit.

13-2 自然资源（2019-2023年）
Natural Resources(2019-2023)

项目				2019	2020	2021	2022	2023
人口		Population						
年末人口总数	(万人)	Year-end Population	(10000 persons)	5038.91	5069.00	5095.78	5110.51	5120.45
土地		Land						
耕地面积	(万公顷)	Area of Cultivated Land	(10000 hectares)	129.05	128.10	129.49	130.48	132.08
园地面积	(万公顷)	Garden Area	(10000 hectares)	76.03	75.74	74.51	71.98	68.18
城镇村及工矿用地面积	(万公顷)	Land Area of Towns, Villages and Industrial and Mining Land	(10000 hectares)	114.68	115.62	115.81	116.91	117.94
水域及水利设施用地面积	(万公顷)	Land Area of Water Area and Water Conservancy Facilities	(10000 hectares)	70.25	70.12	69.71	69.23	68.51
气候(主要城市)		Climate(Main Cities)						
年平均降雨量	(毫米)	Total Precipitation	(millimeter)	1803.9	1555.8	1823.6	1395.8	1266.0
年平均气温	(摄氏度)	Average Temperature	(℃)	18.0	18.5	18.7	18.4	18.6
森林		Forest						
林地面积	(万公顷)	Area of Forest Land	(10000 hectares)	659.35	658.87	657.68	655.28	608.91
森林覆盖率	(%)	Forest-coverage Rate	(%)	61.15	61.17	61.24	61.27	56.72
林木蓄积量	(万立方米)	Total Standing Stock Volume	(10000 cu.m)	40102	41995	43995	45897	42871
水资源		Water Resources						
水资源总量	(亿标立方米)	Hydropower Resources	(100 million cu.m)	1321.36	1026.60	1344.73	934.27	730.14
总供水量	(亿标立方米)	Total Amount of Water Supply	(100 million cu.m)	165.79	163.94	166.42	167.81	169.60
用水量构成	(%)	Component of Water Use	(%)					
农田灌溉		Farmlands Irrigation		38.31	39.14	38.24	36.70	36.18
林牧渔畜		Agriculture, Animal Husbandry and Fishery		5.34	5.91	5.79	7.00	6.90
工业		Industry		24.62	21.80	21.52	21.10	21.38
居民生活		Consumption for Life		17.34	18.00	19.15	20.00	20.15
城镇公共用水		Urban Public Consumption		11.15	10.90	11.23	11.30	11.46
环境配水		Supplement for Environment						
生态环境用水		Eco-Environmental Water Consumption		3.24	4.25	4.08	3.90	3.93
淡水已养殖面积	(千公顷)	Cultivated Freshwater Area	(1000 hectare)	173.04	172.29	167.91	167.12	172.64
海水已养殖面积	(千公顷)	Cultivated Seawater Area	(1000 hectare)	82.02	82.53	81.47	83.44	84.26
海岸线总长度	(公里)	Length of Mainland Coastline	(km)	6630	6630	6630	6630	6630
矿产资源(保有资源量)	(万吨)	Mineral Resources (Ensured Reserves)	(10000 tons)					
铁矿石		Iron Ore		21216	16316	18974	18945	19946
煤炭		Coal		9307	9307	9277	9294	3205
沸石(矿石)		Zeolite		12830	12830	12830	12830	15669
叶蜡石(矿石)		Pyrophylite		4886	5031	4962	5669	5624
普通萤石		Fluorite		4943	5936	5712	5698	4794
明矾石		Alumstone		16820	16820	16040	16040	16162
水泥用灰岩		Cement Limestone		386672	345284	294518	295881	292585

注: 2019年起，土地相关指标数据与第三次国土资源调查数据相衔接。Since 2019, the data of land-related indicators have been linked up with the data of the Third Land Resources Survey.

13-3 各市水资源总量（2017-2023年）
Total Amount of Water Resource by City(2017-2023)

单位：亿立方米(100 million cu.m)

城市	City	2017	2018	2019	2020	2021	2022	2023
合 计	**Total**	**895.35**	**866.54**	**1321.36**	**1026.60**	**1344.73**	**934.27**	**730.14**
杭州市	Hangzhou	146.87	146.24	188.12	218.89	191.42	128.08	115.26
宁波市	Ningbo	81.83	75.11	132.18	80.68	153.65	94.20	64.48
温州市	Wenzhou	104.68	128.47	145.95	83.93	180.68	106.23	103.24
嘉兴市	Jiaxing	27.31	36.51	33.21	42.17	35.83	25.01	21.20
湖州市	Huzhou	36.61	52.26	51.97	59.85	53.92	34.50	38.96
绍兴市	Shaoxing	62.03	59.21	92.64	78.43	101.70	65.82	40.01
金华市	Jinhua	88.88	69.95	141.05	106.76	118.87	85.46	63.24
衢州市	Quzhou	103.22	80.64	137.35	123.97	125.64	114.31	81.52
舟山市	Zhoushan	9.90	6.93	15.04	9.73	18.05	8.73	4.65
台州市	Taizhou	62.27	77.97	149.67	60.32	142.12	71.48	56.53
丽水市	Lishui	171.74	133.26	234.19	161.87	222.84	200.46	141.06

13-4 各市供水总量（2017-2023年）
Total Amount of Water Supply by City(2017-2023)

单位：亿立方米(100 million cu.m)

城市	City	2017	2018	2019	2020	2021	2022	2023
合 计	**Total**	**179.50**	**173.81**	**165.79**	**163.94**	**166.42**	**167.81**	**169.60**
杭州市	Hangzhou	33.47	32.47	30.96	29.76	29.75	29.27	29.10
宁波市	Ningbo	20.58	20.76	20.43	21.01	21.81	22.18	22.76
温州市	Wenzhou	18.49	17.81	17.03	16.43	16.50	16.60	16.83
嘉兴市	Jiaxing	18.89	18.76	17.85	17.99	18.74	18.55	18.87
湖州市	Huzhou	15.08	14.01	12.68	12.44	12.61	12.41	12.78
绍兴市	Shaoxing	18.52	18.09	17.56	17.35	17.48	17.37	17.59
金华市	Jinhua	17.10	16.28	15.71	15.32	15.71	15.94	16.09
衢州市	Quzhou	12.14	11.65	10.96	10.72	10.36	11.08	10.80
舟山市	Zhoushan	1.60	1.62	1.62	2.15	2.61	2.94	3.20
台州市	Taizhou	16.53	15.44	14.58	14.14	13.94	14.15	14.21
丽水市	Lishui	7.10	6.90	6.40	6.63	6.90	7.32	7.36

注: 2015年起，供水总量不含环境配水量。
Total water supply does not include environmental water allocation since 2015.

13-5 主要城市平均气温（2023年）
Average Temperature in Major Cities(2923)

单位：小时(hours)

城市	City	1月 Jan.	2月 Feb.	3月 Mar.	4月 Apr.	5月 May	6月 June	7月 July	8月 Aug.	9月 Sep.	10月 Oct.	11月 Nov.	12月 Dec.	年平均 Annual Average
杭 州	Hangzhou	6.8	8.1	13.4	18.3	22.6	26.5	30.3	28.8	26.7	20.5	14.6	7.4	18.7
宁 波	Ningbo	7.1	8.2	12.8	17.4	22.0	25.9	29.8	28.3	26.4	20.3	14.7	7.8	18.5
温 州	Wenzhou	9.7	10.8	14.4	18.6	22.4	26.9	30.1	28.5	28.1	21.9	17.0	11.0	20.0
嘉 兴	Jiaxing	5.8	7.4	12.5	17.2	21.9	25.8	29.8	28.8	26.0	19.9	13.9	6.1	18.0
湖 州	Huzhou	5.7	7.3	12.9	17.8	22.2	26.2	29.5	28.8	25.8	19.7	13.4	5.7	18.0
绍 兴	Shaoxing	6.6	8.2	13.6	18.4	23.1	27.0	31.0	29.1	26.9	20.8	15.1	7.4	19.0
金 华	Jinhua	8.0	9.1	14.1	19.0	23.9	27.2	30.9	28.8	27.6	21.0	15.4	8.3	19.5
衢 州	Quzhou	7.6	8.9	13.6	18.4	23.0	26.4	30.2	28.3	26.8	20.1	14.6	8.1	18.9
舟 山	Zhoushan	7.1	8.0	11.8	15.9	20.3	24.5	28.3	28.1	26.5	20.5	15.2	8.7	17.9
台 州	Taizhou	8.6	9.9	13.4	17.9	22.2	26.5	30.1	28.7	28.0	21.6	16.1	9.7	19.5
丽 水	Lishui	8.3	10.1	14.7	19.4	23.5	26.8	30.5	28.0	27.3	20.3	15.0	8.6	19.4

注：本表由省气象局整理提供。表13-6至13-7同。
The data on this table are provided by Provincial Meteorological Bureau.Table from 13-6 to 13-7 are the same.

13-6 主要城市降水量（2023年）
Precipitation in Major Cities(2023)

单位：毫米(millimeters)

城市	City	1月 Jan.	2月 Feb.	3月 Mar.	4月 Apr.	5月 May	6月 June	7月 July	8月 Aug.	9月 Sep.	10月 Oct.	11月 Nov.	12月 Dec.	全年 Annual Total
杭 州	Hangzhou	57.7	88.2	73.9	56.6	129.1	187.9	186.7	188.8	77.4	11.3	67.3	46.9	1171.8
宁 波	Ningbo	29.7	62.4	41.9	88.1	98.9	193.3	412.8	320.7	48.6	35.9	67.8	32.7	1432.8
温 州	Wenzhou	48.5	58.9	84.8	124.0	76.6	237.0	223.9	367.8	62.2	69.0	48.8	53.8	1455.3
嘉 兴	Jiaxing	47.9	79.6	63.5	33.6	141.8	272.5	185.9	170.5	66.4	10.1	40.1	28.5	1140.4
湖 州	Huzhou	50.8	75.9	59.8	43.0	110.5	221.4	228.7	129.2	317.3	11.6	33.8	44.0	1326.0
绍 兴	Shaoxing	42.1	78.9	73.3	71.6	169.0	197.5	212.8	153.8	90.5	24.0	72.4	38.2	1224.1
金 华	Jinhua	27.0	87.0	105.3	120.7	97.9	261.6	164.7	237.4	120.8	33.3	57.5	27.4	1340.6
衢 州	Quzhou	35.3	119.2	109.9	202.9	155.5	315.1	58.6	301.7	193.1	50.3	102.5	27.5	1671.6
舟 山	Zhoushan	49.2	58.2	53.4	109.2	82.1	176.4	160.8	205.5	30.7	42.7	97.4	37.0	1102.6
台 州	Taizhou	47.1	54.8	97.2	101.6	101.4	178.7	239.0	219.4	29.4	71.4	59.6	52.2	1251.8
丽 水	Lishui	36.8	87.7	100.1	108.2	110.4	144.2	166.0	141.8	114.1	42.1	74.3	33.6	1159.3

13-7 主要城市日照时数（2023年）
Sunshine Hours in Major Cities(2023)

单位：小时(hours)

城市	City	1月 Jan.	2月 Feb.	3月 Mar.	4月 Apr.	5月 May	6月 June	7月 July	8月 Aug.	9月 Sep.	10月 Oct.	11月 Nov.	12月 Dec.	全年 Annual Total
杭 州	Hangzhou	173.6	103.7	140.5	155.5	158.8	147.3	218.1	222.9	184.5	201.3	211.6	180.2	2098.0
宁 波	Ningbo	158.2	81.7	137.2	127.5	150.3	73.5	154.6	165.0	139.0	141.6	183.7	167.9	1680.2
温 州	Wenzhou	97.2	74.5	125.1	98.2	138.3	95.1	152.9	123.5	158.4	108.2	122.4	78.4	1372.2
嘉 兴	Jiaxing	179.3	86.5	133.4	129.6	128.3	82.4	118.4	167.8	109.3	147.9	186.9	136.0	1605.8
湖 州	Huzhou	169.8	90.3	138.5	148.8	130.1	99.7	132.6	185.1	126.2	162.8	179.5	109.5	1672.9
绍 兴	Shaoxing	158.0	86.0	131.9	132.0	126.1	81.8	145.7	163.8	132.5	147.9	198.7	161.2	1665.6
金 华	Jinhua	134.3	93.6	130.0	128.4	162.1	85.1	180.8	160.4	160.7	136.6	194.2	149.2	1715.4
衢 州	Quzhou	125.7	84.0	116.6	134.0	144.2	85.4	186.5	177.0	159.4	127.5	188.9	140.6	1669.8
舟 山	Zhoushan	167.0	96.1	156.0	159.8	176.4	148.3	196.8	206.0	201.1	190.7	186.3	175.3	2059.8
台 州	Taizhou	141.8	81.1	138.6	121.3	164.1	91.6	173.3	132.1	174.1	134.0	177.3	167.7	1697.0
丽 水	Lishui	137.0	97.5	155.2	121.7	168.8	83.6	203.3	144.0	163.8	118.4	174.8	121.4	1689.5

13-8 主要城市空气指标（2023年）
Air quality indicators for major cities(2023)

城市	City	二氧化硫年平均浓度(微克/立方米) Average Concentration of Sulfur Dioxide (Microgram/ Cubic Meter)	二氧化氮年平均浓度(微克/立方米) Annual Average Concentration of Nitrogen Dioxide (Microgram/ Cubic Meter)	可吸入颗粒物(PM10)年平均浓度(微克/立方米) Annual Average Concentration of Inhalable Particulate Matter(PM10) (Microgram/ Cubic Meter)	一氧化碳日均值第95百分位浓度(毫克/立方米) Daily Average 95% Concentration of Carbon Monoxide (Milligram/ Cubic Meter)	臭氧(O3)最大8小时第90百分位浓度(微克/立方米) Maximum 8-hour 90th Percentile Concentration of Ozone (O3) (Microgram/ Cubic Meter)	细颗粒物(PM2.5)年平均浓度(微克/立方米) Annual Average Concentration of Fine Particulate Matter(PM2.5) (Microgram/ Cubic Meter)	空气质量达到和好于二级的天数比例(%) The proportion of days in which air quality reaches and is better than grade 2 (%)
浙江省	Zhejiang	6	26	46	0.8	149.0	27	91.3
杭州市	Hangzhou	6	30	51	0.9	165.0	31	84.4
宁波市	Ningbo	6	27	41	0.9	145.0	22	93.7
温州市	Wenzhou	6	29	46	0.7	132.0	25	97.5
嘉兴市	Jiaxing	6	29	49	0.9	165.0	29	83.6
湖州市	Huzhou	6	33	53	0.8	175.0	34	79.5
绍兴市	Shaoxing	6	26	50	0.9	159.0	30	88.8
金华市	Jinhua	6	32	51	0.9	157.0	31	91.2
衢州市	Quzhou	6	27	50	0.8	145.0	31	94.0
舟山市	Zhoushan	6	17	32	0.7	130.0	17	96.7
台州市	Taizhou	6	19	42	0.7	133.0	23	95.9
丽水市	Lishui	6	19	38	0.7	130.0	21	98.9

13-9 废水排放及处理利用情况（2017-2023年）
Discharging and Using of Industrial Waste Water(2017-2023)

单位:万吨(10000 tons)

项目	Item	2017	2018	2019	2020	2021	2022	2023
废水排放总量	**Waste Water Discharged**	**453935**	**463895**	**476707**	**412130**	**437671**	**433723**	**433157**
工业	Industry	122917	119936	119583	100263	103863	101681	108441
城镇生活及其他	For Living and Others	330264	343261	356300	311017	332960	331186	323836
集中式治理设施污水排放	Centralized Treatment Facilities	754	698	824	850	848	855	880

13-10 工业废气排放情况（2017-2023年）
Discharge of Industrial Waste Gas(2017-2023)

项目		Item		2017	2018	2019	2020	2021	2022	2023
工业废气排放总量	(亿标立方米)	Total Volume of Industrial Waste Gas Discharged	(100 million cu.m)	31310	28498	32834	38753	44155	47977	51151
二氧化硫排放量	(万吨)	Volume of Industrial SO2 Discharged	(10000 tons)	18.1	12.9	8.9	5.0	4.2	4.0	3.7
氮氧化物排放量	(万吨)	Volume of Industrial Nitrogen Oxide Discharged	(10000 tons)	20.6	17.8	16.4	11.6	11.4	11.0	9.9
颗粒物排放总量	(万吨)	Total Amount of Particulate Matter Emission	(10000 tons)	12.9	10.5	11.7	7.7	6.6	6.1	5.6

注: 1.2016年起污染物排放量核算方法进行了调整。The method of pollutant discharge calculation is adjusted since 2016.

2.2021年前颗粒物排放总量为烟（粉）尘排放总量。Before 2021，The Total Amount of Particulate Matter Emission is the Total Amount of Smoke (Powder) Dust Emission .

13-11 工业固体废物排放及处理利用情况（2016-2023年）
Discharge and Treatment of Industrial Solid Wastes(2016-2023)

单位:万吨(10000 tons)

项目	Item	2016	2017	2018	2019	2020	2021	2022	2023
工业固体废物产生量	Volume of Industrial Solid Wastes Produced	4496	4828	5134	5315	5035	5820	6098	6454
工业固体废物排放量	Volume of Industrial Solid Wastes Discharged	0.28							
工业固体废物利用处置量	Utilization and Disposal of Industrial Solid Waste	4499	4825	5135	5344	5066	5865	6114	6459
工业固体废物贮存总量	Volume of Industrial Solid Wastes Accumulated	40.1	79.2	41.9	24.7	24.3	21.6	21.8	18.4
工业固体废物综合利用率(%)	Comprehensive utilization ratio of Industrial Solid Wastes(%)	89.34	89.85	92.11	93.80				
一般工业固体废物综合利用率(%)	Comprehensive Utilization Rate of General Industrial Solid Waste(%)					98.51	99.35	99.42	99.51

浙/江/统/计/年/鉴

主要统计指标解释

工业废水排放量

指经过企业厂区所有排放口排到企业外部的工业废水量。包括生产废水、外排的直接冷却水、超标排放的矿井地下水和与工业废水混排的厂区生活污水，不包括外排的间接冷却水（清污不分流的间按冷却水应计算在内）。

工业废水排放达标量

指各项指标都达到国家或地方排放标准的外排工业废水量，包括未经处理外排达标的和经过处理后外排达标的两部分。国家排放标准见 GB8978-88。

工业废气排放量

指企业厂区内燃料燃烧和生产工艺过程中产生的各种排入空气的含有污染物的气体的总量，以标准状态(273K,101325Pa) 计。

工业固体废物产生量

指企业在生产过程中产生的固体状、半固体状和高浓度液体状废弃物的总量，包括危险废物、冶炼废渣、粉煤灰、炉渣、煤矸石、尾矿、放射性废物和其他废物等；不包括矿山开采的剥离废石和掘进废石（煤矸石和呈酸性或碱性的废石除外）。酸性或碱性废石是指采掘的废石其流经水、雨淋水的 pH 值小于 4 或 pH 值大于 10.5 者。

工业固体废物综合利用量

指通过回收、加工、循环、交换等方式，从固体废物中提取或者使其转化为可以利用的资源、能源和其他原材料的固体废物量（包括当年利用往年的工业固体废物累计贮存量）。如用作农业肥料、生产建筑材料、筑路等。综合利用量由原产生固体废物的单位统计。

ZHEJIANG STATISTICAL YEARBOOK

Explanatory Notes on Main Statistical Indicators

□ Volume of Industrial Waste Water Discharged

refers to the volume of industrial waste water discharged, through all outlets, to the outside of industrial enterprises, including waste water produced, direct-cooling water, underground water from mines that does not meet the standard of discharge, and the domestic sewage mixed up with industrial waste water when discharged, but excluding discharged indirect-cooling water.

□ Volume of Waste Water up to the Standard for Discharge

refers to the volume of discharged industrial waste water that, with or without treatment, has come up to the national or local standards for discharge.

□ Volume of Waste Gas Emission

refers to waste gas emitted from burning of fuels and from production process in the area of the factory, and is measured by 10000 standard cubic metres each year under normal condition.

□ Volume of Industrial Solid Wastes Produced

refers to the total volume of solid, semi-solid or highconcentration liquid residue produced by industrial enterprises in their production process, including dangerous wastes, residues from melting,slag,powdered coal ash, gangue, chemical residues, tailings, radioactive residues and other residues, but excluding stripped or dug stones in mining (except gangue and acid or alkali stones which are stones washed or soaked by water with a pH value smaller than 4 or larger than 10.5.)

□ Volume of Industrial Solid Wastes Utilized in a Comprehensive Way

refers to the volume of solid wastes from which useful materials can be extracted or which can be changed to be utilizable resources, energy or other materials, including the volume of industrial solid wastes stored up in the previous years and utilized in the current year, such as the solid wastes utilized as fertilizers, building materials, for making roads or for other purpose. Statistical data on utilization of industrial solid wastes are collected by solid wastes producing units.

2024 浙江统计年鉴

ZHEJIANG STATISTICAL YEARBOOK

CHAPTER 14

教育、科技、专利、测绘和标准计量

Education,Science,Patent,Surveying and Mapping and Standard Calculating

14-1 高等学校基本情况（1978-2023年）
Basic Statistics on Institutions of Higher Education(1978-2023)

年份 Year	学校数(所) Number of Schools (unit)	招生数(人) New Students Enrollment (person) 本专科 Regular College Course and Specialized Subject	研究生 Graduates	在校学生数(人) Students Enrollment (person) 本专科 Regular College Course and Specialized Subject	研究生 Graduates	毕业生数(人) Graduates (person) 本专科 Regular College Course and Specialized Subject	研究生 Graduates	教职员工数(人) Number of School Staff and Workers (person)	#专任教师 Teachers
1978	20	14241		24223		3743		11961	5389
1980	22	9387		37815		3710		15619	6886
1983	24	12750		39008		10411		19274	8219
1984	27	15030		44883		9002		20431	8690
1985	35	19026		52688		11044		22497	9908
1986	37	17877		57352		13027		24723	10804
1987	37	18190		60072		15017		25620	11223
1988	37	19364		60419		18712		26472	11578
1989	37	18270		61045		17323		26772	11574
1990	37	18264		60327		18417		26787	11578
1991	36	18651		59822		18175		27004	11208
1992	35	21217		62226		18267		27821	11105
1993	36	27716		73586		15971		27898	11148
1994	37	30482		87428		17895		28212	11345
1995	37	28094		92857		22443		28194	11491
1996	36	30541		96480		27133		28107	11530
1997	35	33145		102302		26386		28123	11595
1998	32	36668	2155	113543	5991	24296		28327	11816
1999	36	59300	3216	151318	7460	30561	1578	30532	13140
2000	35	93516	4130	212375	9895	32477	1600	40037	18981
2001	38	120195	5577	293078	13237	37230	1882	44347	22168
2002	60	152470	6111	393145	16297	48431	2645	48481	25993
2003	64	173519	6863	484639	19269	78685	3514	48691	29945
2004	68	195617	8029	572759	22062	103123	4858	60833	35766
2005	67	215362	9577	651307	25637	133051	5558	58924	38402
2006	68	237157	10996	719869	27125	162531	8731	69730	42143
2007	77	249749	12326	777982	31409	183863	7387	73704	45622
2008	77	265696	13691	832224	35812	203203	8944	75986	47795
2009	78	261361	16184	866496	43381	218226	7941	77852	49516
2010	80	260111	16575	884867	47991	233741	11156	79785	50969
2011	104	271285	17565	907482	51846	238448	13046	81384	52296
2012	105	280824	18748	932292	54369	247537	15112	83843	54154
2013	106	283353	19535	959629	57801	244860	15592	85381	56000
2014	108	284285	20164	978216	60511	253708	16535	87375	58076
2015	108	287809	21496	991149	63528	263981	17117	88744	59472
2016	108	288798	22246	996143	67232	273342	17801	90214	60477
2017	108	293745	27368	1002346	74404	276580	18717	92654	62357
2018	109	309687	29760	1019449	82547	280634	20676	94462	63433
2019	109	350371	31771	1074688	92368	283396	20875	99551	66734
2020	110	369410	43064	1148737	110093	286558	23743	104059	70445
2021	109	375933	47505	1210296	129860	300419	25512	109481	74227
2022	109	402464	51477	1253265	151207	346264	27470	113909	78392
2023	109	409744	54279	1291463	164293	358969	38334	118588	82525

注：1. 2011年起包含独立学院。 The data include independent College since 2011 .
2. 2017年起研究生含全日制和非全日制。 The number of postgraduate students in school includes full-time and part-time students since 2017.

14-2 中等职业学校基本情况(1978-2023年)
Basic Statistics on Secondary Professional Schools(1978-2023)

年份 Year	学校数(所) Number of Schools (unit)	招生数(万人) New Students Enrollment (10000 persons)	在校学生数(万人) Students Enrollment (10000 persons)	毕业生数(万人) Graduates (10000 persons)	教职员工数(万人) Staff and Workers (10000 persons)	#专任教师 Teachers
1978	73	1.29	2.79	0.14	0.54	0.24
1980	81	1.13	3.10	1.44	0.67	0.33
1983	96	1.30	3.07	0.98	0.87	0.41
1984	104	1.64	3.66	1.16	0.96	0.44
1985	119	1.99	4.36	1.29	1.12	0.49
1986	130	2.14	5.22	1.27	1.25	0.58
1987	134	2.26	5.79	1.66	1.34	0.65
1988	136	2.31	6.31	1.81	1.40	0.70
1989	140	2.31	6.61	2.02	1.49	0.72
1990	141	2.23	6.67	2.12	1.50	0.73
1991	141	2.41	6.77	2.29	1.52	0.72
1992	142	2.72	7.20	2.27	1.54	0.72
1993	144	3.59	8.48	2.28	1.55	0.72
1994	155	4.92	10.87	2.32	1.58	0.74
1995	158	6.00	13.91	2.90	1.61	0.78
1996	161	7.30	17.72	3.44	1.63	0.80
1997	151	5.68	15.74	3.99	1.64	0.81
1998	150	5.65	16.70	4.58	1.60	0.79
1999	149	5.16	16.52	5.08	1.49	0.78
2000	86	3.54	14.80	5.08	0.97	0.53
2001	82	3.10	12.93	4.77	0.57	0.31
2002	62	4.22	12.25	4.67	0.59	0.34
2003	57	4.67	12.07	4.12	0.60	0.36
2004	53	4.33	12.81	3.22	0.57	0.37
2005	51	4.36	12.94	3.83	0.55	0.37
2006	49	3.39	11.36	4.10	0.50	0.37
2007	402	21.38	63.13	20.56	3.36	2.69
2008	392	21.09	59.36	20.84	3.32	2.69
2009	377	22.81	59.02	19.21	3.32	2.72
2010	358	22.62	60.64	17.29	3.35	2.77
2011	338	22.09	61.59	17.39	3.49	2.91
2012	319	18.89	58.40	19.06	3.58	3.04
2013	300	17.84	54.76	19.33	3.62	3.10
2014	274	16.73	50.60	18.97	3.64	3.16
2015	258	17.74	49.97	16.82	3.65	3.21
2016	239	17.85	49.98	15.98	3.64	3.23
2017	231	17.52	51.02	15.11	3.65	3.28
2018	230	17.01	50.68	16.15	3.72	3.36
2019	231	19.03	52.31	16.33	3.84	3.47
2020	236	20.03	54.85	16.10	3.92	3.57
2021	249	18.29	55.60	15.97	4.15	3.80
2022	247	17.36	53.23	17.76	4.22	3.88
2023	246	16.79	50.25	18.41	4.28	3.91

注: 2007年起数据口径调整为职业高中和普通中等专业学校.
The data scope were adjusted since 2007,including the vocational high schools and the general secondary specialized schools.

14-3 普通高等教育分类情况（2023年）
Institutions of Higher Education by Type(2023)

分类	Item	学校数(所) Number of Schools (unit)	本、专科学生(人) Regular College Course and Specialized Subject (person)			教职员工数(人) Number of School Staff and Workers (person)	
			毕业生数 Graduates	招生数 New Students Enrollment	在校学生数 Students Enrollment		#专任教师 Teachers
总计	**Total**	**109**	**358969**	**409744**	**1291463**	**118588**	**82525**
普通本科	**Institutions of Higher Education**	**58**	**174640**	**206606**	**731380**	**84784**	**56635**
民办本科（含中外合作办学）	Private Institutions (Including Sino foreign cooperation in running schools)	22	54856	57936	198112	14962	10616
独立学院	Independence Institutions	15	37161	37340	125661	7862	6121
高职（高专）院校	**Higher(Colleges) Professional Institutions**	**51**	**184329**	**203138**	**560083**	**33804**	**25890**
民办	Private Higher Professional Institutions	11	40581	52333	141463	7425	5928

14-4 成人教育基本情况（2023年）
Basic information of Adult Education(2023)

类别	Item	学校数（所） Number of Schools (Unit)	毕业生数（人） Number of Graduates (Person)	招生数（人） Enrollment (Person)	在校生数（人） Number of Students in School (Person)	教职工数（人） Number of Teaching Staff (Person)	专任教师 Number of Full-time Teachers (Person)
成人高等学历教育	**Adult Higher Education**	**8**	**177743**	**195197**	**411686**	**1007**	**441**
其中：民办	Private Adult Higher Diploma Education		6806	16750	27681		
其中：网络本专科	Online Undergraduate and Junior College		164				
成人中学	**Secondary Schools for Adults**	**5**	**2815**	**2841**	**5585**	**106**	**62**
其中 ：女	Women's Adult Secondary School		1679	1903	3031	26	12

14-5 技工学校基本情况（1980-2023年）
Basic Statistics on Technical Schools(1980-2023)

年份	学校数 (所) Number of Schools (unit)	在校学生数 (人) Students Enrollment (person)	毕业生数 (人) Graduates (person)	招生数 (人) New Students Enrollment (person)	教职员工数 (人) Number of School Staff and Workers (person)
1980	140	17093	5895	5139	2709
1982	141	9386	5798	3813	3987
1983	142	8536	3935	4260	4266
1984	101	11152	2696	6110	4673
1985	94	14065	4138	6790	5146
1986	94	17122	3529	6717	5936
1987	92	19006	4663	6907	5960
1988	91	18243	6121	6125	5881
1989	94	17323	6377	6060	4464
1990	96	16365	5815	6176	5826
1991	94	18230	5083	7489	6131
1992	98	21663	5414	9480	6373
1993	99	31998	7523	14204	6541
1994	102	38658	10523	17603	6993
1995	104	15149	12140	20852	7273
1996	107	49246	15415	20438	7335
1997	107	56633	13709	24026	6758
1998	106	62052	17268	23916	6560
1999	99	63128	18081	22681	6197
2000	95	60968	21029	22630	7204
2001	97	59068	20410	23983	5914
2002	96	62572	17684	27123	5774
2003	87	70650	15933	33494	5616
2004	83	88652	19062	40536	6335
2005	79	97783	21954	39406	5441
2006	76	101968	25444	39318	7128
2007	72	95295	22940	35323	6348
2008	71	97072	23944	35621	6316
2009	68	103862	26374	37892	5785
2010	68	108791	26328	39120	6875
2011	68	113036	25681	39173	7660
2012	66	106085	26618	35537	8431
2013	66	118587	27273	37351	8877
2014	71	121196	33376	39893	10059
2015	71	122661	34419	42372	10194
2016	78	137923	33880	47800	11229
2017	77	141668	33106	47189	11381
2018	77	153607	31044	48712	11933
2019	78	162770	35166	53695	11859
2020	83	173716	35267	56389	13452
2021	99	179407	34325	61582	14680
2022	108	197880	37792	63710	16876
2023	111	204138	38826	65742	16923

14-6 特殊教育情况（1980-2023年）
Basic Statistics on Special Education(1980-2023)

年份 year	学校数 (所) Number of Schools (unit)	在校学生数 (人) Students Enrollment (person)	毕业生数 (人) Graduates (person)	招生数 (人) New Students Enrollment (person)	教职员工数 (人) Number of School Staff and Workers (person)	#专任教师 Teachers
1980	7	1293	73	203	174	116
1982	7	1407	118	224	186	136
1983	8	1478	129	271	225	162
1984	11	1668	81	340	258	186
1985	13	1784	150	380	311	231
1986	15	1979	125	412	334	242
1987	18	2303	128	553	410	294
1988	24	2621	201	641	507	370
1989	32	2985	135	594	600	435
1990	43	3443	222	832	729	555
1991	46	3963	142	784	847	639
1992	47	6907	346	918	963	735
1993	53	13202	548	4288	1081	824
1994	55	18038	1172	2774	1291	1003
1995	56	23690	1791	2831	1433	1130
1996	60	22691	1778	2261	1462	1169
1997	61	23919	2190	2306	1419	1154
1998	63	22812	3086	2486	1453	1172
1999	62	21840	3315	2437	1382	1120
2000	62	19749	3701	2445	1396	1139
2001	64	19358	2783	2593	1385	1068
2002	64	16484	2603	2158	1424	1122
2003	63	15357	2561	1947	1445	1133
2004	62	14195	2124	1663	1475	1194
2005	62	12889	1782	1465	1531	1233
2006	63	12160	1717	1535	1576	1281
2007	63	12993	1567	1612	1603	1326
2008	64	12924	1603	1864	1680	1413
2009	64	12268	1649	1751	1605	1351
2010	67	13010	1718	1904	1837	1586
2011	78	13048	1544	2174	2095	1794
2012	79	14425	1550	2741	2185	1915
2013	82	16327	1777	2812	2331	2038
2014	84	15884	2101	2444	2422	2132
2015	86	16236	2367	2418	2538	2266
2016	84	16660	2598	2567	2656	2379
2017	86	18532	2910	3069	2853	2566
2018	85	19526	3046	3479	2869	2589
2019	86	20913	2909	3521	3121	2852
2020	86	21455	3415	3450	3175	2933
2021	86	23493	4208	4359	3461	2817
2022	86	24868	4207	4526	3685	3081
2023	87	27069	4777	5332	3914	3588

注: 2017年开始，学生中含送教上门。The ways of study have included "home delivery" teaching since 2017.

14-7 普通中学基本情况（1978-2023年）
Basic Statistics on Regular Secondary Schools(1978-2023)

年份 Year	学校数 (所) Number of Schools (unit)	招生数 (万人) New Students Enrollment (10000 persons)	在校学生数 (万人) Students Enrollment (10000 persons)	毕业生数 (万人) Graduates (10000 persons)	教职员工数 (万人) Workers and Staff (10000 persons)	#专任教师 Teachers
1978	4097	83.92	214.65	83.59	12.29	9.94
1980	3391	64.67	170.04	49.05	11.45	8.53
1983	3161	61.28	154.91	39.43	10.44	7.90
1984	3199	61.95	166.13	39.50	10.56	7.87
1985	3235	63.29	177.46	41.84	10.94	8.24
1986	3296	65.09	184.04	47.49	11.14	8.41
1987	3346	62.41	182.95	50.19	11.26	8.56
1988	3389	54.34	169.74	52.04	11.53	8.83
1989	3384	58.19	163.34	52.09	11.76	8.95
1990	3353	64.78	169.62	49.92	11.59	8.98
1991	3381	66.01	180.75	46.02	11.87	9.24
1992	3283	66.14	188.38	49.55	12.17	9.53
1993	3259	63.08	185.02	55.67	12.36	9.73
1994	3315	72.82	194.02	56.88	12.72	10.12
1995	3255	80.67	210.54	58.84	13.37	10.77
1996	3240	75.03	223.64	57.41	14.15	11.55
1997	3186	71.92	222.74	68.10	14.74	12.19
1998	3128	76.23	217.67	75.49	15.11	12.52
1999	2995	85.72	228.15	69.91	15.78	13.14
2000	2940	92.51	249.55	66.83	16.52	13.93
2001	2900	89.34	263.00	71.57	17.70	14.73
2002	2781	92.10	270.30	81.36	18.25	15.33
2003	2695	90.99	270.07	88.09	18.78	15.83
2004	2609	84.72	266.14	86.48	19.17	16.29
2005	2524	86.45	261.08	89.71	19.49	16.69
2006	2459	91.93	262.32	88.60	19.82	17.01
2007	2404	90.14	266.55	82.99	20.05	17.34
2008	2377	90.40	269.80	83.40	20.36	17.76
2009	2353	85.47	262.27	87.73	20.56	18.02
2010	2314	83.30	255.15	85.97	20.82	18.29
2011	2314	80.03	244.50	85.30	21.05	18.26
2012	2306	78.85	236.88	81.15	21.15	18.34
2013	2296	77.76	232.24	78.19	21.14	18.29
2014	2280	75.60	228.99	75.72	21.31	18.47
2015	2275	74.87	225.27	74.93	21.44	18.66
2016	2291	79.04	226.87	74.23	21.77	18.98
2017	2315	72.52	233.18	81.62	22.12	19.43
2018	2333	79.74	238.39	72.13	22.53	19.79
2019	2345	82.35	242.12	76.62	22.95	20.25
2020	2370	83.73	244.54	79.45	23.46	20.68
2021	2399	85.13	250.10	77.97	27.57	24.71
2022	2423	87.57	255.73	80.70	24.43	21.51
2023	2444	90.93	262.24	82.20	24.54	21.80

14-8 小学基本情况（1978-2023年）
Basic Statistics on Primary Schools(1978-2023)

年份 Year	学校数（万所）Number of Schools (unit)	招生数（万人）New Students Enrollment (10000 persons)	在校学生数（万人）Students Enrollment (10000 persons)	毕业生数（万人）Graduates (10000 persons)	教职员工数（万人）Workers and Staff (10000 persons)	#专任教师 Teachers	小学学龄儿童入学率(%) Percentage of Schoolage Children Enrolled(%)
1978	4.45	104.85	501.43	81.56	18.07	17.35	97.60
1980	4.17	83.58	482.42	71.07	18.45	17.26	97.00
1983	3.82	70.20	407.20	83.03	16.44	15.25	97.40
1984	3.75	70.10	395.46	76.47	16.08	14.82	97.80
1985	3.65	67.78	384.91	75.34	16.09	14.62	98.10
1986	3.56	69.38	378.09	72.15	15.84	14.42	98.30
1987	3.45	57.33	365.15	67.32	15.55	14.16	98.60
1988	3.36	63.19	366.04	58.54	15.78	14.39	98.90
1989	3.27	72.30	375.73	60.16	16.11	14.65	99.10
1990	3.18	64.60	372.43	65.81	14.88	13.46	99.30
1991	2.97	57.85	362.64	65.64	14.97	13.50	99.30
1992	2.73	57.90	355.21	63.74	15.10	13.63	99.40
1993	2.53	64.74	359.23	59.33	15.23	13.77	99.50
1994	2.37	72.71	366.15	66.20	15.46	13.98	99.70
1995	2.26	66.19	362.98	70.01	15.84	14.34	99.70
1996	2.14	63.84	363.80	63.90	16.30	14.85	99.80
1997	1.97	61.39	368.57	57.72	16.84	15.40	99.88
1998	1.69	56.19	365.23	59.59	17.17	15.69	99.92
1999	1.38	65.46	363.31	67.83	17.53	16.00	99.95
2000	1.18	61.58	353.76	71.58	17.57	16.04	99.93
2001	1.00	58.45	346.28	66.66	17.64	15.99	99.97
2002	0.90	57.78	343.75	64.48	17.65	16.01	99.99
2003	0.77	52.45	340.29	59.78	17.54	15.91	99.98
2004	0.67	51.42	344.31	53.24	17.61	16.01	99.99
2005	0.61	48.96	342.40	55.25	17.79	16.22	99.99
2006	0.55	52.99	339.43	62.04	17.98	16.38	99.99
2007	0.48	54.85	335.46	62.81	18.12	16.56	99.99
2008	0.44	55.78	332.28	62.48	18.28	16.78	99.99
2009	0.41	53.91	325.14	57.24	18.45	17.01	99.99
2010	0.40	60.21	333.33	54.13	18.61	17.19	99.99
2011	0.38	62.88	344.06	51.78	18.53	17.44	99.99
2012	0.37	60.72	346.73	53.83	19.03	17.95	99.99
2013	0.34	60.75	349.58	54.04	19.44	18.35	99.99
2014	0.33	59.81	354.50	53.75	20.19	19.04	99.99
2015	0.33	59.88	356.99	52.73	20.50	19.48	99.99
2016	0.33	59.51	355.02	56.95	20.92	20.00	99.99
2017	0.33	61.31	354.01	58.56	21.33	20.51	99.99
2018	0.33	66.18	360.57	56.73	21.87	21.04	99.99
2019	0.33	65.57	367.11	57.32	22.43	21.61	99.99
2020	0.33	64.59	372.73	56.90	22.98	22.19	99.99
2021	0.33	66.96	383.40	57.52	20.24	19.40	99.99
2022	0.32	66.17	393.13	58.08	24.08	23.22	99.99
2023	0.31	78.38	411.37	60.71	24.74	23.84	99.99

14-9 幼儿园基本情况（1979-2023年）
Basic Statistics on Kindergartens(1979-2023)

年份 Year	园数 (所) Number of Kindergartens (unit)	班数 (个) Number of Classes (unit)	在园幼儿数 (万人) Number of Children Enrollment (10000 persons)	教职员工数 (人) Staff and Workers (person)	#专任教师 Teachers
1979	3100	8908	28.34	13400	10095
1980	7067	14951	43.39	20601	17473
1983	6120	15440	47.19	23198	18839
1984	11511	20043	60.65	28735	24074
1985	12468	21902	65.41	30801	26180
1986	12375	24286	71.90	34210	29012
1987	13366	25980	81.25	37548	31680
1988	12590	26048	80.32	38205	32261
1989	12153	26277	74.85	38955	32703
1990	11824	26684	75.16	39859	33556
1991	11242	28308	85.72	41706	34425
1992	9860	29035	94.30	41052	34024
1993	9179	29396	97.63	43522	35887
1994	11705	31178	99.33	48006	39453
1995	11794	31530	99.43	49377	40220
1996	11915	32654	98.95	50389	40678
1997	12920	34637	100.21	54459	43503
1998	14068	37270	105.90	58867	46500
1999	14864	38637	108.38	61549	47902
2000	15073	41271	112.45	67773	51168
2001	12501	43167	115.13	72593	48195
2002	11920	44483	117.61	75000	49442
2003	11560	44651	117.96	83022	54056
2004	11367	46490	127.85	91772	58732
2005	11472	47153	132.22	98629	62679
2006	11437	48666	138.91	106202	67046
2007	10411	51048	147.78	115965	73164
2008	10212	53755	159.34	127635	79741
2009	10067	55922	167.06	139977	87271
2010	9863	60856	183.05	157174	95101
2011	9649	63850	187.14	168497	100019
2012	9573	65192	188.63	180518	107289
2013	9209	64058	186.88	190186	110251
2014	8871	64112	185.75	200295	112297
2015	8908	66323	190.16	212385	116415
2016	8771	66232	191.82	223377	119957
2017	8645	67142	195.80	231543	125042
2018	8453	67165	193.41	240263	129643
2019	8261	67859	193.74	250051	135413
2020	8009	69364	198.56	264601	142698
2021	7890	71191	200.80	284061	151762
2022	7709	71420	197.25	291072	155578
2023	7067	66680	177.60	275500	146900

14-10 各级学校女学生和女教师数（2016-2023年）
Female Students and Teachers by Level of Schools(2016-2023)

类别		Category		2016	2017	2018	2019	2020	2021	2022	2023
女学生数	**(万人)**	**Number of Female Students**	**(10000 persons)**	**350.88**	**353.26**	**359.17**	**366.88**	**375.27**	**385.24**	**393.31**	**405.62**
普通高等学校		Institutions of Higher Education		54.65	54.37	55.22	57.43	60.63	63.09	64.76	66.17
中等职业学校		Specialized Secondary Schools		23.12	23.52	23.24	24.15	25.80	25.78	25.06	23.90
普通中学		Regular Secondary Schools		109.68	112.54	114.61	115.92	116.60	118.68	120.56	123.18
小学		Primary Schools		163.43	162.83	166.10	169.38	172.24	177.69	182.93	192.37
女学生占学生总数	(%)	Percentage of Female Students to Total Students	(%)	47.83	47.70	47.67	47.59	47.56	47.55	47.53	47.55
普通高等学校		Institutions of Higher Education		54.86	54.24	54.17	53.44	52.78	51.86	51.67	51.24
中等职业学校		Specialized Secondary Schools		44.40	44.22	44.17	44.55	45.33	52.13	47.08	47.56
普通中学		Regular Secondary Schools		48.34	48.26	48.08	47.88	47.68	47.46	47.14	46.97
小学		Primary Schools		46.03	46.00	46.07	46.14	46.21	46.35	46.53	46.76
女教师数	**(万人)**	**Number of Female Teachers**	**(10000 persons)**	**29.80**	**30.93**	**31.98**	**33.27**	**34.48**	**35.88**	**36.97**	**38.23**
普通高等学校		Institutions of Higher Education		2.75	2.84	2.90	3.08	3.27	3.50	3.75	3.98
中等职业学校		Specialized Secondary Schools		1.84	1.88	1.93	2.03	2.10	2.22	2.29	2.34
普通中学		Regular Secondary Schools		10.64	11.05	11.42	11.82	12.18	12.61	12.93	13.27
小学		Primary Schools		14.57	15.16	15.73	16.34	16.93	17.55	18.00	18.64
女教师占教师总数	(%)	Percentage of Female Teachers to Total Teachers	(%)	61.65	62.45	63.23	63.86	64.37	64.92	65.49	66.12
普通高等学校		Institutions of Higher Education		45.51	45.61	45.74	46.18	46.45	47.18	47.83	48.17
中等职业学校		Specialized Secondary Schools		55.76	56.12	56.60	57.02	57.53	58.38	59.02	59.99
普通中学		Regular Secondary Schools		56.06	56.87	57.71	58.37	58.90	59.41	60.11	60.85
小学		Primary Schools		72.86	73.90	74.77	75.61	76.30	76.89	77.52	78.16

14-11 每万人口中在校学生数和构成（1979-2023年）
Students Enrollment Per 10 Thousand Population and Its Composition(1979-2023)

年份 Year	各级学校在校学生占全省人口(%) Students Enrollment as Percentage of Total Population	平均每万人口中 Number of Students Per 10000 Population			大、中、小学生占学生总数 Students of Different Level as Percentage of Total Students(%)		
		大学生(人) University and College Students (person)	中学生(人) Secondary School Students (person)	小学生(人) Primary School Students (person)	大学生(人) University and College Students (person)	中学生(人) Secondary School Students (person)	小学生(人) Primary School Students (person)
1979	17.79	8.50	486.60	1283.56	0.5	27.4	72.2
1980	17.27	9.88	456.50	1260.71	0.6	26.4	73.0
1983	14.43	9.84	405.18	1027.48	0.7	28.1	71.2
1984	14.38	11.24	436.36	990.36	0.8	30.3	68.9
1985	14.37	13.08	469.11	955.22	0.9	32.6	66.5
1986	14.29	14.09	486.19	928.95	1.0	34.0	65.0
1987	13.80	14.58	479.78	886.03	1.1	34.8	64.2
1988	13.36	14.49	443.83	877.83	1.1	33.2	65.7
1989	13.32	14.50	424.92	892.71	1.1	31.9	67.0
1990	13.33	14.25	439.14	879.43	1.1	32.9	66.0
1991	13.29	14.04	463.63	850.99	1.1	34.9	64.0
1992	13.25	14.52	481.58	828.79	1.1	36.3	62.6
1993	13.28	17.06	477.71	832.84	1.3	36.0	62.7
1994	13.72	20.14	508.46	843.42	1.5	37.0	61.5
1995	14.07	21.25	554.97	830.70	1.5	39.5	59.0
1996	14.37	21.93	588.29	826.80	1.5	41.0	57.5
1997	14.48	23.13	591.39	833.44	1.6	40.8	57.6
1998	14.34	25.52	587.47	821.32	1.8	41.0	57.2
1999	14.58	33.87	611.26	813.24	2.3	41.9	55.8
2000	14.86	47.19	554.41	785.92	3.2	43.9	52.9
2001	14.61	61.97	667.40	732.27	4.3	45.2	50.5
2002	14.94	82.31	691.96	719.69	5.5	46.3	48.2
2003	15.01	99.78	699.06	700.65	6.7	46.6	46.7
2004	15.11	116.29	695.51	699.08	7.7	46.0	46.3
2005	14.97	130.49	668.96	686.05	9.1	44.6	46.3
2006	14.86	141.93	674.74	669.25	9.6	45.4	45.0
2007	14.66	157.02	658.03	650.76	10.7	44.9	44.4
2008	14.54	166.53	650.11	637.48	11.5	44.7	43.8
2009	14.18	172.47	628.70	616.33	12.2	44.3	43.5
2010	13.83	171.28	599.78	612.00	12.4	43.4	44.3
2011	13.59	172.23	569.83	617.70	12.7	41.9	45.4
2012	13.22	173.56	538.06	609.90	13.1	40.7	46.2
2013	12.92	175.90	516.71	599.46	13.6	40.0	46.4
2014	12.74	176.36	495.26	601.87	13.8	38.9	47.3
2015	12.53	176.22	480.38	596.48	14.1	38.3	47.6
2016	12.38	175.13	478.66	584.69	14.1	38.7	47.2
2017	12.32	174.51	483.58	573.76	14.2	39.3	46.6
2018	12.36	175.67	485.30	574.79	14.2	39.3	46.5
2019	12.46	183.07	487.38	575.85	14.7	39.1	46.2
2020	12.63	194.96	490.59	568.46	15.4	38.9	45.7
2021	12.86	204.92	494.83	586.24	15.9	38.5	45.6
2022	13.11	213.54	499.86	597.74	16.3	38.1	45.6
2023	13.43	219.67	502.35	620.74	16.4	37.4	46.2

注：从2001年起按常住人口计算。The data in the table were calculated by resident population since 2001.

14-12 学校教师负担学生数（1979-2023年）
Students-Teachers Ratio by Level of Schools(1979-2023)

年份 Year	高等学校 Institutions of Higher Education		中等学校 Secondary Schools		小学 Primary Schools	
	教师数（万人）Number of Teachers (10000 persons)	平均每个教师负担学生（人）Student Teacher Ratio (person)	教师数（万人）Number of Teachers (10000 persons)	平均每个教师负担学生（人）Student Teacher Ratio (person)	教师数（万人）Number of Teachers (10000 persons)	平均每个教师负担学生（人）Student Teacher Ratio (person)
1979	0.63	5.10	9.34	19.80	17.54	27.80
1980	0.69	5.50	8.95	19.50	17.26	28.00
1983	0.82	4.70	8.45	19.00	15.25	26.70
1984	0.87	5.20	8.54	20.40	14.82	26.70
1985	0.99	5.30	9.12	20.70	14.62	26.30
1986	1.08	5.30	9.45	20.90	14.42	26.20
1987	1.12	5.40	9.71	20.40	14.16	25.80
1988	1.16	5.20	10.12	18.30	14.39	25.40
1989	1.16	5.30	10.28	17.40	14.65	25.60
1990	1.16	5.20	10.36	18.00	13.46	27.70
1991	1.12	5.30	10.62	18.60	13.50	26.90
1992	1.11	5.60	10.97	18.80	13.63	26.10
1993	1.11	6.60	11.27	18.30	13.77	26.10
1994	1.13	7.70	11.75	18.80	13.98	26.20
1995	1.15	8.10	12.57	19.30	14.34	25.30
1996	1.15	8.40	13.43	19.30	14.85	24.50
1997	1.16	8.80	13.46	19.40	15.40	23.93
1998	1.18	9.60	14.66	17.80	15.69	23.28
1999	1.31	11.55	15.40	17.73	16.00	22.71
2000	1.90	11.17	14.83	18.24	16.04	22.05
2001	2.22	13.20	17.08	18.48	15.99	21.66
2002	2.60	15.12	18.01	18.35	16.01	21.47
2003	2.99	16.21	18.82	18.04	15.91	21.39
2004	3.58	16.00	19.57	17.50	16.01	21.51
2005	3.84	17.60	19.36	17.04	16.22	21.11
2006	4.21	17.10	20.26	16.40	16.38	20.70
2007	4.56	17.74	20.02	16.47	16.56	20.26
2008	4.78	18.16	20.82	16.28	16.78	19.80
2009	4.95	18.38	21.10	15.72	17.01	19.11
2010	5.10	18.30	21.61	15.12	17.19	19.39
2011	5.23	18.34	21.74	14.60	17.44	19.73
2012	5.42	18.22	21.97	13.92	17.95	19.32
2013	5.60	18.17	22.01	13.58	18.35	19.05
2014	5.81	17.89	22.37	13.04	19.04	18.62
2015	5.95	17.73	22.66	12.69	19.48	18.33
2016	6.05	17.58	23.10	12.58	20.00	17.75
2017	6.24	17.27	23.64	12.62	20.51	17.26
2018	6.34	17.37	24.12	12.62	21.04	17.14
2019	6.67	17.49	24.68	12.59	21.61	16.99
2020	7.04	17.87	25.34	12.50	22.19	16.79
2021	7.42	16.02	26.22	12.34	22.83	16.80
2022	7.84	17.92	26.68	12.27	23.22	16.93
2023	8.25	17.64	27.12	12.28	23.84	17.25

注: 2010年起中等学校教师数包括了技工学校专任教师数。
Since 2010 the number of secondary school teachers in technical schools, including the number of full-time teachers.

14-13 R&D经费投入情况（1990-2023年）
Basic Statistics on R&D Activities Funds(1990-2023)

单位：亿元(100 million yuan)

年份 Year	研究与试验发展经费支出 Expenditure on R&D	按执行部门分 By Sector 研究机构 Research and Development Institutions	高等院校 Colleges and Universities	工业企业 Enterprises	其他部门 Others	按经费来源分 By Source 政府资金 Government Appropriation Funds	企业资金 Selfraised Funds by Enterprises	国外资金 Overseas Capital	其他资金 Other
1990	2.04	0.96	0.51	0.52	0.05				
1991	2.27	0.87	0.69	0.64	0.06				
1992	3.46	1.21	1.25	0.9	0.09				
1993	4.43	1.48	1.77	1.04	0.13				
1994	7.88	1.33	1.82	4.52	0.21				
1995	9.14	1.85	2.42	4.63	0.24				
1996	10.50	2.23	2.43	5.56	0.29				
1997	15.19	2.96	3.04	7.85	1.34				
1998	19.70	3.10	3.00	11.80	1.80				
1999	27.05	3.04	3.71	17.80	2.50				
2000	36.59	3.21	3.33	26.54	3.51	5.73	26.93	0.53	3.40
2001	44.74	3.32	5.09	32.04	4.29	6.59	32.73	0.64	4.78
2002	57.65	2.97	6.58	42.58	5.52	6.77	42.20	0.17	8.51
2003	77.76	4.35	7.88	59.62	5.91	9.46	57.70	0.32	10.28
2004	115.55	4.62	13.33	91.10	6.50	13.78	97.42	0.63	3.72
2005	163.29	11.58	13.9	130.41	7.40	24.12	134.74	0.55	3.88
2006	224.03	12.38	15.99	183.39	12.27	28.00	190.28	1.12	4.63
2007	286.32	13.63	18.18	235.55	18.96	30.94	246.39	2.50	6.49
2008	345.76	13.89	19.15	283.73	28.99	37.08	296.46	4.39	7.83
2009	398.84	12.85	23.91	330.1	31.98	36.63	354.22	2.48	5.51
2010	494.23	15.36	34.55	407.43	36.89	48.00	435.45	3.27	7.53
2011	612.93	18.07	40.81	501.87	52.18	53.56	539.41	9.51	10.45
2012	722.59	21.83	44.72	588.61	67.43	60.41	644.37	3.13	14.68
2013	817.27	24.17	47.28	684.36	61.46	66.16	733.62	2.38	15.12
2014	907.85	27.12	49.76	768.15	62.83	70.65	817.35	2.58	17.27
2015	1011.18	30.28	56.14	853.57	71.19	75.29	911.3	2.00	22.6
2016	1130.63	35.03	54.65	935.79	105.16	78.72	1033.25	2.10	16.56
2017	1266.34	36.24	62.19	1030.14	137.77	91.58	1151.55	1.56	21.66
2018	1445.69	47.41	72.36	1147.39	178.53	113.89	1302.68	2.18	26.94
2019	1669.80	55.22	93.00	1274.23	247.35	136.33	1506.98	0.34	26.15
2020	1859.90	56.02	103.6	1395.9	304.38	164.95	1676.28	1.57	17.09
2021	2157.69	67.67	114.54	1591.66	383.82	201.35	1920.96	1.26	34.13
2022	2416.77	78.53	133.26	1768.06	436.92	249.76	2127.37	0.93	38.70
2023	2640.19	91.96	153.81	1827.58	566.84	296.47	2289.41	1.06	53.24

14-14 R&D人员投入情况（1990-2023年）
R&D Personnel(1990-2023)

单位:万人年(10000 man-year)

年份 Year	研究与试验发展人员 R&D Personnel	按执行部门分By Sector 研究机构 Research and Development Institutions	高等院校 Colleges and Universities	工业企业 Enterprises	其他部门 Others
1990	1.23				
1991	1.30				
1992	1.39				
1993	1.49				
1994	1.56				
1995	1.63				
1996	1.71				
1997	1.76				
1998	2.31				
1999	2.74				
2000	2.86	0.29	0.53	1.62	0.43
2001	3.92	0.27	0.57	2.43	0.65
2002	4.46	0.28	0.77	2.66	0.74
2003	4.96	0.29	0.82	3.13	0.72
2004	5.85	0.28	1.03	3.98	0.56
2005	8.01	0.32	1.06	6.11	0.52
2006	10.81	0.34	1.05	8.80	0.63
2007	13.05	0.45	1.08	10.55	0.96
2008	16.03	0.41	1.13	13.03	1.46
2009	18.51	0.40	1.20	15.09	1.81
2010	22.35	0.42	1.30	18.57	2.05
2011	26.29	0.46	1.29	21.71	2.82
2012	27.81	0.54	1.34	22.86	3.07
2013	31.10	0.51	1.42	26.35	2.82
2014	33.84	0.56	1.41	29.03	2.84
2015	36.47	0.71	1.61	31.67	2.48
2016	37.66	0.71	1.77	32.18	2.99
2017	39.81	0.78	2.00	33.36	3.66
2018	45.80	0.89	2.07	39.41	3.43
2019	53.47	0.88	2.68	45.18	4.73
2020	58.30	0.98	2.89	48.05	6.38
2021	57.53	1.09	3.17	48.21	5.06
2022	64.23	1.18	3.47	51.92	7.66
2023	80.85	1.31	4.02	72.96	2.56

14-15 县级以上政府部门属研究与开发机构情况（1986-2023年）
Basic Statistics on Research and Development Organizations Attached to Government at County Level and Above(1986-2023)

年份 Year	机构数 (个) Institutions (unit)	从事科技活动人员数 (人) Specialized Technical Persons (person)	科技经费收入 (万元) Income (10000 yuan)	政府拨款 Government Appropriations	科技经费支出 (万元) Spending on Science and technology (10000 yuan)	#人员费用 Charge for Person
1986	153		14015	8877	12580	3067
1987	152		17721	10431	15234	3001
1988	156		18920	14073	27715	4065
1989	161		24889	11974	25070	4026
1990	163		33801	15801	29169	5123
1991	164		29623	9330	26494	5001
1992	165		40512	14410	37017	6156
1993	162		47139	14289	45206	9001
1994	161		53069	18251	48025	13993
1995	161		62021	11784	59248	15589
1996	161		72172	25110	63407	18189
1997	162		91503	31795	83434	20806
1998	164		126704	47919	107580	23018
1999	160		126740	50194	113565	28392
2000	146		120587	54365	108129	27263
2001	127		89248	51719	82109	26341
2002	110	5470	89540	54571	80771	28286
2003	104	5095	115029	65770	97981	38157
2004	92	4792	116542	80373	102949	34213
2005	99	5798	144821	109676	120907	31646
2006	99	6178	176610	128341	142664	38853
2007	100	6677	211682	155461	167207	44752
2008	98	7123	247818	177210	203732	51972
2009	97	7517	259300	188672	217138	57000
2010	95	7771	281040	205659	250360	60634
2011	94	8247	324294	223070	289858	71232
2012	97	8971	375690	270412	336575	80561
2013	97	9255	412979	309667	369037	92073
2014	97	9199	431374	311697	408097	104341
2015	96	9603	431581	304650	414042	122536
2016	96	9629	487236	358527	444288	138555
2017	93	10602	526443	383723	483779	171450
2018	92	10698	593654	431147	532198	203675
2019	90	10882	688624	513718	652444	236683
2020	75	11083	712184	525411	672236	246785
2021	79	12832	840674	630096	754921	267909
2022	78	13766	940247	698318	812334	300944
2023	80	15840	997615	666954	939141	340360

注：从事科技活动人员数包括本单位在职科技活动人员，也包括外聘的流动学者和非本单位在读研究生,和表14-18的科技活动人员口径一致。

Specialized technical persons include the on-the-job technical staff in the unit,including external flow scholars and the graduate students outside the unit,same as the table 14-18.

14-16 县级以上政府部门属研究与开发机构课题情况

Basic Statistics on Topics in Research and Development Organizations Attache to Government at County Level and Above

分类	Item	课题数(项) Number of Topics (topic)			投入人员(人年) Persons (person-year)			投入经费(万元) Funds (10000 yuan)		
		2021	2022	2023	2021	2022	2023	2021	2022	2023
总计	**Total**	**5283**	**5981**	**6775**	**8572**	**9050**	**11274**	**222993**	**241857**	**271630**
按活动类型分	**By Type**									
基础研究	Basic Research	597	908	1075	1107	1252	1944	19665	34339	48334
应用研究	Applied Research	1209	1325	1635	2370	2635	2562	65066	71028	76524
试验发展	Experimental Development	1819	2011	2152	3146	3145	3996	80719	82224	84687
R&D成果应用	Applying in R&D Results	625	736	895	816	971	1277	22205	22283	29789
科技服务	Technology Service	1033	1001	1018	1134	1048	1495	35339	31983	32297

14-17 县级以上政府部门属研究与机构科学论文与科技著作

Basic Statistics on Papers in Research and Development Organizations Attached to Government at County Level and Above

项目	Item	科学论文 Papers of Science			#国外发表 Publishing Abroad			科技著作 Works of Science and Technology		
		2021	2022	2023	2021	2022	2023	2021	2022	2023
合计	**Total**	**5026**	**4690**	**4846**	**2300**	**2755**	**3032**	**157**	**212**	**189**
国务院部门属	Attaching to the Sate Council	1919	2123	2219	1506	1698	1799	33	54	36
省属	Attaching to Province	2837	1975	1943	759	769	855	120	151	140
市属	Attaching to City	270	592	684	35	288	378	4	7	13

14-18 县级以上政府部门属研究与开发机构课题情况（1986-2023年）
Basic Statistics on Topics in Research and Development Organizations Attache to Government at County Level and Above(1986-2023)

年份 Year	课题数 (项) Number of Topics (topic)	投入人员 (人年) Persons (person-year)	投入经费 (万元) Funds (10000 yuan)	人均经费 (元/人年) Funds per Capita (yuan/person-year)	课题平均经费 (元/项) Funds per Topic (yuan/topic)
1986	2568	6506	3590	5518	13980
1987	3272	6892	4467	6481	13652
1988	3066	7053	5180	7344	16895
1989	3134	7405	5644	7622	18009
1990	3120	6276	5551	8845	17792
1991	3457	5506	4720	8572	13653
1992	3452	5533	6772	12239	19618
1993	2941	4948	7418	14992	25223
1994	2540	4401	9262	21045	36465
1995	2453	4301	10058	23385	41003
1996	2315	4331	12792	29536	55257
1997	2440	4390	17798	40542	72943
1998	2534	5568	25194	45248	99424
1999	2558	5070	26927	53110	105266
2000	1989	4040	29664	73426	149140
2001	1790	2818	21663	76874	121022
2002	1746	2812	23329	89262	133614
2003	1700	2944	30816	104674	181271
2004	1540	2769	42463	153351	275734
2005	2121	3383	58242	172161	274597
2006	2834	3787	65945	174135	232392
2007	3539	4372	82918	189657	234298
2008	3151	4542	92146	202875	292434
2009	3132	4457	101017	226648	322532
2010	3278	4211	113576	269713	346480
2011	3223	4401	123464	280536	383072
2012	3743	5358	133137	248483	355697
2013	4044	5411	129391	239126	319958
2014	4217	5715	140051	245059	332111
2015	4430	6350	152245	239756	343668
2016	4353	6197	189743	306185	435890
2017	4578	6052	201217	332480	439530
2018	4647	6423	224425	349408	482946
2019	4816	7128	246716	346122	512284
2020	5153	6938	258709	372887	502055
2021	5283	8572	222993	260132	422095
2022	5981	9050	241857	267242	404375
2023	6775	11274	271630	240927	400930

14-19 县级以上政府部门属研究与开发机构情况（2023年）

Basic Statistics on Research and Development Organizations Attached to Government at County Level and Above(2023)

项目	Item	机构数（个）Institutions (unit)	从事科技活动人员数（人）Specialized Technical Persons (person)	经费收入（万元）Income (10000yuan)	#政府拨款 Government Appropriations	经费支出（万元）Expenditures (10000yuan)	#科技费用 Charge of Science
总计		**80**	**15840**	**1048100**	**672163**	**1023225**	**939141**
按隶属关系分							
中央	Central Enterprises	9	4402	280786	161518	261548	251839
地方	The Local	71	11438	767314	510645	761677	687302
按机构地域分							
杭州市	Hangzhou District	33	7839	585632	311871	542751	473290
宁波市	Ningbo District	13	3571	235779	182199	242889	240567
温州市	Wenzhou District	9	1704	80980	71688	98083	90256
嘉兴市	Jiaxing District	2	666	30703	8294	29201	28050
湖州市	Huzhou District	5	764	30525	21601	29433	27302
绍兴市	Shaoxing District	2	55	2044	938	2045	2020
金华市	Jinhua District	3	144	7335	7239	7335	7276
衢州市	Quzhou District	3	670	41267	35808	43756	43593
舟山市	Zhoushan District	5	168	17923	17333	7348	6836
台州市	Taizhou District	2	146	8341	7695	12835	12570
丽水市	Lishui District	3	113	7571	7497	7550	7381

注：该表中的经费收入和经费支出均指的是全部经费收入和支出。
The data of income and expenditure in the table refers to the data of all income and expenditure.

14-20 高等学校科技活动情况（1986-2023年）
Basic Statistics on Scientific Technological Activities on Higher Education(1986-2023)

年份 Year	科技活动机构数(个) Institutions (unit)	科技活动人员(人) Persons Engaged in Scientific and Technological Activities(person)	经费拨入总额(万元) Funds (10000 yuan)	#政府拨款 Government Appropriations	经费支出总额(万元) Expenditures (10000 yuan)	#仪器设备费 Expenditures for Instrument and Equipment
1986	31	16086	2760	2061	2191	943
1987	32	15363	2954	1836	2557	823
1988	45	19874	3167	1789	2757	639
1989	44	20166	4514	2039	3926	884
1990	45	20267	5320	2773	4068	881
1991	43	20251	6442	3234	5505	1101
1992	58	20597	11083	5250	9996	2128
1993	234	20940	26974	9129	26563	4917
1994	262	20933	25766	8965	24830	3449
1995	259	21098	28731	7522	24805	3067
1996	259	22111	32341	7404	29516	3417
1997	295	22247	38327	10791	34538	4497
1998	433	23092	45677	11598	45008	4592
1999	365	23869	58749	13654	51850	3035
2000	430	28555	81153	23554	74714	8225
2001	534	34716	108576	37059	90486	11448
2002	405	19659	150651	61506	112630	17339
2003	421	21763	178362	67396	136090	19425
2004	203	29031	209249	90951	178960	27796
2005	191	25077	271011	136055	203204	37122
2006	160	25436	314684	170843	257099	53033
2007	161	26496	350014	178132	261104	41679
2008	169	28594	398755	225555	297278	51504
2009	575	53160	449992	242782	391720	72279
2010	471	56822	596839	348846	539237	61563
2011	494	60216	660167	376049	635506	108295
2012	524	62209	718381	410322	686972	98605
2013	595	64507	722863	406115	675602	96108
2014	601	65855	750889	433034	725606	88192
2015	634	74942	847205	498600	751587	86076
2016	717	87309	972426	580644	873965	94396
2017	823	89458	1091217	627515	994536	122007
2018	846	92824	1301272	724200	1208697	153233
2019	973	96977	1720699	855391	1454735	190943
2020	1027	100816	1817161	910371	1631637	205451
2021	1196	105887	1993279	1052764	1835122	207894
2022	1276	112873	1982946	1097839	2054611	216449
2023	1330	118964	2279620	1261965	2054126	226907

14-21 高等学校自然科学领域研究与发展课题情况（1986-2023年）
Basic Statistics on Topics of Natural Scientific Research and Development in Institutions of Higher Education(1986-2023)

年份 Year	课题数 (项) Number of Topics (topic)	投入人员 (人年) Persons (person-year)	投入经费 (万元) Funds (10000 yuan)	课题平均经费 (元/项) Funds per Topic (yuan/topic)
1986	1684		2295	13569
1987	1849		2681	14500
1988	2163		2616	12094
1989	2285		3848	16840
1990	2925		4667	15956
1991	3400		5053	14862
1992	4083		7905	19361
1993	4263		12961	30403
1994	4398		17082	38840
1995	4264		16211	38018
1996	4415		17900	40544
1997	4713		23901	50713
1998	5173		24912	48158
1999	5412		25385	46905
2000	5268		29482	55964
2001	6375	3821	40110	62918
2002	8736	4295	37511	42938
2003	13385	6363	90175	67370
2004	16003	8354	154804	96734
2005	18789	8676	133346	70970
2006	19896	8844	126763	63713
2007	19945	8966	150157	75286
2008	21657	9687	192980	89107
2009	22235	9581	210106	94493
2010	22391	10073	346706	154842
2011	22193	9847	351999	158608
2012	23938	9745	342897	143244
2013	25264	9984	385379	152541
2014	25510	9857	424142	166265
2015	28514	10885	436645	153133
2016	32389	11844	424460	131051
2017	36800	13177	450101	122310
2018	38483	13876	563041	146309
2019	41857	15630	689134	164640
2020	45025	16995	772688	171613
2021	49876	19003	831544	166722
2022	55370	21438	937387	169295
2023	61762	24797	1117391	180919

14-22 高等学校自然科学领域研究与发展课题情况
Basic Statistics on Topics of Natural Scientific Research and Development in Institutions of Higher Education

项目	Item	课题数(项) Number of Topics (topic)		投入人员(人年) Persons (person)		投入经费(万元) Funds (10000 yuan)		课题平均经费(元) Funds per Topic (yuan)	
		2022	2023	2022	2023	2022	2023	2022	2023
总计	**Total**	**55370**	**61762**	**21438**	**24797**	**937387**	**1117391**	**169295**	**180919**
按活动类型分	By Type of Activities								
基础研究	Basic Research	17309	18762	7040	7818	319828	371035	184776	197759
应用研究	Applied Research	24523	26928	9458	11148	394209	457906	160751	170048
试验发展	Experimental Development	6025	6171	2111	2313	104791	108476	173927	175783
研究与试验发展成果应用	Applying in R&D Results	3687	5010	1330	1850	74937	114456	203247	228454
科技服务	Technology Service	3826	4891	1498	1668	43621	65518	114012	133957

14-23 高等学校自然科学领域研究与发展机构科技著作
Scientific and Technical Works of Research and Development Organizations in Institutions of Higher Education

项目	Item	出版科技专著(部) Science and Technology Workers Published (work)				发表学术论文(篇) Academic Papers Published (paper)				#国外学术刊物 Published in foreign Academic Publications			
		2020	2021	2022	2023	2020	2021	2022	2023	2020	2021	2022	2023
合计	**Total**	**169**	**169**	**184**	**259**	**43221**	**48638**	**52899**	**54817**	**27791**	**35829**	**40339**	**41352**
自然科学	Natural Sciences	17	18	38	22	8125	9086	9802	10886	5923	7432	8091	9252
工程与技术	Engineering and Technology	83	85	93	97	18481	20911	23151	24145	11391	15877	18176	19046
医学科学	Medical Sciences	56	58	39	134	12886	14632	15557	15544	7957	9388	10514	9888
农业科学	Agricultural Sciences	13	8	14	6	3729	4009	4389	4242	2520	3132	3558	3166

14-24 规模以上工业企业研发活动情况（2021-2023年）
Basic Statistics on R&D Activities of Industrial Enterprises above Designated Size(2021-2023)

单位：亿元(100 million yuan)

项目		Item		2021	2022	2023
有R&D活动的企业数	（个）	Number of Enterprises with R&D Activities	(unit)	26189	24871	20376
企业有研发机构	（个）	Number of R&D Institutions	(unit)	20752	25401	27663
从业人员年平均人数	（万人）	Average Number of Employed Person	(10000 persons)	739	755	
研发活动人员	（万人）	Number of Persons with R&D Activities	(10000 persons)	64.45	67.29	
参加项目人员	（万人）	Number of Persons with R&D Projects	(10000 persons)	60.49	63.82	
企业内部的日常研发经费支出		Daily Expenditure on R&D Activities of Enterprises		2642.58	3066.21	
人工费用		Labor Costs		1023.96	1218.56	
直接投入费用		Direct Input Costs		1246.43	1420.27	
委托外单位开发经费支出		Expenditure on Entrustment		126.02	162.97	
折合全时R&D人员	（万人年）	Full-time Equivalent of R&D Personnel	(10000 man-year)	48.21	51.92	52.96
R&D经费支出		Expenditure on R&D Activities		1591.66	1768.06	1827.58
新产品开发经费支出		Expenditure on New Product Development		2325.07	2711.07	2958.70
新产品销售收入		Sales income of New Product		36890.12	41281.82	41836.30
出口		Export		7740.85	8663.58	8291.00
专利申请数	（项）	Number of Patent Application	(item)	159920	171872	180387
发明专利	（项）	Patent of Invention	(item)	41292	44941	48296
拥有发明专利数	（项）	Owning Invention Patent	(item)	120873	146012	181101
技术改造经费支出		Expenditure for Technology Transform		242.35	297.86	258.52
引进境外技术经费支出		Expenditure for Acquisition of Abroad Technology		12.20	15.88	12.92
引进境外技术的消化吸收经费支出		Expenditure for Assimilation of Abroad Technology		0.44	0.27	0.42
购买境内技术经费支出		Expenditure for Purchasing of Domestic Technology		18.10	23.52	17.93

14-25 规模以上工业企业研发活动情况（2023年）
Basic Statistics on R&D Activities of Industrial Enterprises above Designated Size(2023)

项目	Item	有R&D活动的企业数（个）Number of Enterprises with R&D Activities (unit)	企业办研发机构(个) Number of R&D Institutions (unit)	企业办机构仪器设备原价（万元）Value of Instrument and Equipment Owned by Institutions (10000 yuan)
总计	**Total**	**20376**	**27663**	**17310780**
按企业规模分	**By size**			
大型企业	Large-sized Industrial Enterprises	595	747	4117412
中型企业	Medium-sized Industrial Enterprises	3267	3269	5434463
小型企业	Small-sized Industrial Enterprises	16279	22885	7671325
微型企业	Micro enterprises	235	762	87580
按登记注册类型分	**By Registered Type**			
内资企业	Domestic Invested Enterprises	18946	25489	14650441
有限责任公司	Limited Liability Corporations	16015	21329	10681069
股份有限公司	Share-holding Corporations Ltd.	2745	3908	3913445
非公司企业法人	Non-corporate Legal Person	69	109	43410
个人独资企业	Sole Proprietorship	94	105	9929
合伙企业	Partnership	23	37	2566
港澳台商投资	Enterprises with Investment from Hong Kong, Macao and Taiwan	679	1037	1438671
港澳台投资有限责任公司	Limited Liability Corporations	588	918	969093
港澳台投资股份有限公司	Share-holding Corporations Ltd.	90	118	469367
港澳台投资合伙企业	Partnership			
其他港澳台投资企业	Other Enterprises	1	1	212
外商投资	Foreign Invested Enterprises	751	1137	1221668
外商投资有限责任公司	Limited Liability Corporations	663	1006	938542
外商投资股份有限公司	Share-holding Corporations Ltd.	84	125	278131
外商投资合伙企业	Partnership	2	5	4542
其他外商投资企业	Other Enterprises	2	1	453

R&D人员（人年）R&D Personnel (man-year)	R&D经费支出（万元）Expenditure on R&D Activities (10000 yuan)	新产品开发经费支出（万元）Expenditure on New Product Development (10000 yuan)	新产品销售收入（万元）Sales income of New product (10000 yuan)	发明专利申请数（项）Number of Patent Invention Application (item)	有效发明专利数（项）Number of Owning Invention Patent (item)
651025	**18275760**	**29587234**	**418362856**	**48296**	**181101**
157548	6558287	8765030	159560949	15959	49277
184564	5439858	7963409	121029275	10549	40995
305222	6211759	12606324	135490843	21367	88888
3691	65857	252472	2281789	421	1941
555092	14833420	24245573	349738037	40757	147734
413241	10531724	17672635	255022937	27181	99780
139159	4258603	6480563	93840733	13509	47615
1471	27555	54265	563137	49	279
970	13008	31257	258052	17	55
249	2531	6612	48412	1	5
50704	1864632	2782605	33970578	3413	15501
32959	981357	1590179	25471123	1885	8806
17691	880767	1188975	8445471	1504	6684
55	2508	3451	53984	24	11
45229	1577709	2559056	34654242	4126	17866
34396	1080134	1763203	22706915	2329	13343
10684	493938	793215	10456704	1796	4398
123	3116	2077	35191	1	20
26	521	560	1455432		105

14-26 大中型工业企业研发活动情况（2023年）
Basic Statistics on R&D Activities of Large and Medium sized Industrial Enterprises(2023)

项目	Item	企业数(个) Number of Enterprises (unit)	有R&D活动的企业数（个） Number of Enterprises with R&D Activities (unit)	企业办研发机构(个) Number of R&D Institutions (unit)
总计	**Total**	**4568**	**3862**	**4016**
按登记注册类型分	**By Status of Registration**			
内资企业	Domestic Funded Enterprises	3782	3293	3357
有限责任公司	Limited Liability Corporations	2803	2362	2284
国有独资公司	Wholly State-owned Corporations	11	7	5
私营有限责任公司	Private Corporations	2029	1758	1677
其他有限责任公司	Other Corporations	763	597	602
股份有限公司	Share-holding Corporations Ltd.	956	923	1061
私营股份有限公司	Private Corporations Limited by Shares	527	506	529
其他股份有限公司	Other Share-holding Corporations Ltd.	429	417	532
非公司企业法人	Non-corporate Legal Person	12	7	9
全民所有制企业	Enterprises Owned by the Whole People	4	1	2
集体所有制企业	Collective-owned Enterprises	2		
股份合作企业	Cooperative Enterprises	6	6	7
个人独资企业	Sole Proprietorship	7	1	3
港、澳、台商投资企业	Funded by Entrepreneurs From Hong Kong Macao and Taiwan	381	293	333
港澳台投资有限责任公司	Limited Liability Corporations	314	231	250
港澳台投资股份有限公司	Share-holding Corporations Ltd.	65	61	82
港澳台投资合伙企业	Partnership	1		
其他港澳台投资企业	Other Enterprises	1	1	1
外商投资企业	Foreign Funded Enterprises	405	276	326
外商投资有限责任公司	Limited Liability Corporations	341	216	243
外商投资股份有限公司	Share-holding Corporations Ltd.	60	58	80
外商投资合伙企业	Partnership	2	2	3
其他外商投资企业	Other Enterprises	2		

企业办机构仪器设备原价（万元） Original Value of Machines (10000 yuan)	R&D人员（人年） Number of Persons with R&D Activities (man-year)	R&D经费支出（万元） Expenditure on R&D Activities (10000 yuan)	新产品开发经费支出（万元） Expenditure on New Product Development (10000 yuan)	新产品销售收入（万元） Sales income of New Product (10000 yuan)	发明专利申请数（项） Number of Patent Applications (item)	有效发明专利数（项） Patent of Inventions Owned (item)
9551875	**342112**	**11998145**	**16728439**	**280590224**	**26508**	**90272**
7654291	267031	9069182	12477079	224444729	20773	64353
4760518	164258	5572852	7533561	149249704	10329	32317
56039	583	31832	23467	405168	355	589
2279332	105925	2771156	3809506	63756664	5101	17786
2425147	57750	2769863	3700589	85087872	4873	13942
2872847	102243	3480289	4921202	74904870	10416	31936
1040724	41518	1192114	1727779	26340280	3325	10492
1832124	60725	2288175	3193423	48564591	7091	21444
19495	455	15830	20421	275712	23	98
5955	156	4291	4772	61334	16	26
13540	299	11539	15650	214378	7	72
1431	74	211	1895	14444	5	2
1089968	41173	1635878	2277753	28782167	2697	11832
645275	24313	786186	1147874	20712032	1242	5551
444482	16809	847184	1126476	8017995	1431	6270
212	51	2508	3402	52140	24	11
807616	33908	1293085	1973608	27363328	3038	14087
557904	24100	825601	1247912	16142937	1375	10178
245899	9698	464369	724458	9734589	1662	3791
3813	110	3116	1237	34445	1	19
				1451358		99

14-27 大中型工业企业研发活动情况（2021-2023年）
Basic Statistics on R&D Activities of Large and Medium sized Industrial Enterprises(2021-2023)

单位：亿元(100 million yuan)

项目		Item		2021	2022	2023
企业数	(个)	Number of Enterprises Activities	(unit)	4599	4508	4568
有R&D活动企业数	(个)	Number of Enterprises with R&D Activities	(unit)	3719	3728	3862
企业有研发机构	(个)	Number of R&D Institutions	(unit)	3696	3929	4016
从业人员年平均人数	(万人)	Average Number of Employed Person	(10000 persons)	337.58	339.90	
R&D活动人员	(万人)	Number of Persons with R&D Activities	(10000 persons)	32.40	36.55	43.40
参加项目人员	(万人)	Number of Persons with R&D Projects	(10000 persons)	30.75	34.98	
企业内部的日常研发经费支出		Daily Expenditure on R&D Activities of Enterprises		1533.93	1795.01	
人工费用		Labor Costs		603.12	715.21	
直接投入费用		Material Costs		694.80	797.12	
委托外单位开发经费支出		Expenditure on Entrustment		100.69	129.08	
折合全时R&D人员	(万人年)	Full-time Equivalent of R&D Personnel	(person-year)	24.47	28.22	34.21
R&D经费支出		Expenditure on R&D Activities		967.58	1103.01	1199.81
新产品开发经费支出		Expenditure on New Product Development		1337.32	1570.87	1672.84
新产品销售收入		Sales income of New Product		25585.84	28012.77	28059.02
出口		Export		5536.03	6440.12	6133.00
专利申请数	(项)	Number of Patent Application	(item)	70114	73364	75272
发明专利	(项)	Patent of Invention	(item)	23809	25968	26508
拥有发明专利数	(项)	Owning Invention Patent	(item)	62667	74568	90272
技术改造经费支出		Expenditure for Technology Transform		185.64	225.64	204.88
引进境外技术经费支出		Expenditure for Acquisition of Abroad Technology		11.06	14.72	11.58
引进境外技术的消化吸收经费支出		Expenditure for Assimilation of Abroad Technology		0.24	0.17	0.24
购买境内技术经费支出		Expenditure for Purchasing of Domestic Technology		12.75	16.61	10.96

14-28 科协系统科技活动情况
Basic Statistics on Scientific and Technological Activities

项目	Item		科协合计 Total Associations with Science and Technology System		省科协 Associations at province Level		市科协 Associations at City level		县级科协 Associations	
			2022	2023	2022	2023	2022	2023	2022	2023
机构数	**(个) Institutions**	**(Number)**	**101**	**102**	**1**	**1**	**11**	**11**	**89**	**90**
人员数	**(人) Personnel**	**(person)**	**1581**	**1642**	**238**	**205**	**541**	**559**	**802**	**878**
学术活动	**Academic Activities**									
学术会议	**Academic Meetings**									
次数	(次) Number	(Times)	282	249	8	4	199	173	75	72
参加人数	(人) Participants	(person)	442793	5347349	2565	4700	185858	5098328	254370	244321
干部教育培训										
办培训班	(个) Training Classes	(Number)	80	132		15	14	16	66	101
培训人数	(人次)	(Times)	5231	14919		9500	923	1018	4308	4401
科普活动	Activities for Popular Science									
宣讲活动	(次)	(Times)	13806	28889	180	877	3973	11745	9653	16267
受众	(人次)	(Times)	26756055	29607129	8495441	8733070	8823647	8381364	9436967	12492695
出版	**Publications**									
编著科技图书	(种) Books Edited	(Species)	108	39			13	8	95	31
年发行总量	(册) Number of Annual Published	(tome)	359040	157900		1500	86020	41000	273020	115400

14-29 科协系统省级学会情况（2017-2023年）
Basic Statistics on Academy in Science Systems(2017-2023)

项目		Item		2017	2018	2019	2020	2021	2022	2023
机构数	**(个)**	**Institutions**	**(unit)**	**173**	**175**	**176**	**175**	**176**	**175**	**175**
会员数	**(人)**	**Personnel**	**(person)**	**235037**	**274195**	**276952**	**241186**	**257596**	**271643**	**288437**
学术活动		**Academic Activities**								
学术会议		**Academic Meetings**								
次数	(次)	Number	(Time)	780	829	852	610	701	784	970
参加人数	(人)	Participants	(person)	223252	223508	264382	575103	863366	7153365	3504010
交流论文数	(篇)		(paper)	26284	24887	34355	16067	20963	29113	24349
科技培训		Training Classes								
继续教育	(个)		(unit)	326	239	456	436	2703	728	810
培训人数	(人次)	Activities for Popular Science	(person-Time)	76936	73540	70106	86157	1118783	69812	34488
科普活动										
宣讲活动	(次)		(Time)	452	342	2183	1897	3097	3844	5442
受众人数	(人次)	Publications	(Time)	1863481	3561227	5307130	18351392	7678049	14035508	15174045
青少年科技竞赛次数	(次)	Books Edited	(Time)	26	30	33	50	51	45	47
出版		**Number of Annual Published**								
主办科技期刊	(种)	Number of Annual Published	(kind)	60	54	35	42	42	2	3
年发行总数	(册)	Number of Copies Distributed	(cope)	1862500	1929077	887280	485589	512605	2217	6443
编著科技图书	(种)	Academic Newspaper	(kind)	34	37	49	46	65	55	81
年发行总量	(册)	Number of Copies Distributed	(cope)	362730	318750	242700	144551	272901	275401	390921

14-30 专利申请量和授权量（2016-2023年）
Patent Applications Accepted and Approved(2016-2023)

项目	Item	2016	2017	2018	2019	2020	2021	2022	2023
申请量合计(项)	**Number of Patent Applications Accepted(item)**	**393147**	**377115**	**455526**	**435824**				
发明	Inventions	93254	98975	143064	112974				
实用新型	Utility Models	199244	191372	219176	218590				
外观设计	Outward Designs	100649	86768	93286	104260				
授权量合计(项)	**Number of Patent Applications Approved(item)**	**221456**	**213805**	**284592**	**285325**	**391700**	**465468**	**443985**	**381835**
发明	Inventions	26576	28742	32550	33963	49888	56796	61286	64760
实用新型	Utility Models	123744	114311	172435	168331	231693	292944	271100	211193
外观设计	Outward Designs	71136	70752	79607	83031	110119	115728	111599	105882

14-31 测绘主要指标完成情况（2015-2023年）
Major Indicators of Surveying and Mapping Department(2015-2023)

项目	Item	2015	2016	2017	2018	2019	2020	2021	2022	2023
基础测绘经费总投入 (万元)	Total investment of basic surveying and mapping funds (10000 yuan)	71238	67943	48512	40452	61232	63424	62030	102672	55410
测绘资质单位数 (家)	Number of surveying and mapping qualification Units (unit)			723	799	837	845	689	805	921
测绘服务总值 (亿元)	Gross Output Value of Surveying and Mapping (100 million yuan)	37.43	50.40	54.13	66.18	81.41	85.20	91.71	104.98	122.07
年末测绘人数 (人)	Personnel (person)	16061	18576	20011	21939	23332	22529	19027	19847	12208
1:1万地形图测制与更新 (幅)	1:10000 Topographic Maps and Updated (Suit)	1446	1446	1446	4336	1504	4336	4336	1444	1447
1:2千地形图测制与更新 (幅)	1:2000 Topographic Maps and Updated (Suit)			22076	12262	50200	105000	105000	105000	105000

14-32 标准计量、特种设备和质量监督情况表（2019-2023年）
Basic Statistics on Standard Measuring ， Special Equipment and Quality Supervising(2019-2023)

项目		Item		2019	2020	2021	2022	2023
国家质检中心	(家)	Number of National Quality Inspection Center	(unit)	50	52	52	54	58
省级质检中心	(家)	Number of Provincial Quality Inspection Center	(unit)	105	107	85	86	86
各级政府质量奖获奖企业数	(家)	Number of Government Quality Award Winning Enterprises at All Levels	(unit)	2683	3172	4096	4694	5310
现行有效地方标准数	(项)	Number of Effective Local Standards	(nape)	829	855	996	1121	1172
企业产品标准自我声明公开数	(项)	Number of Product Standards by Enterprises	(nape)	169677	207331	243940	283027	328547
各级标准创新贡献奖获奖单位数	(家)	The Number of Winners of the Standard Innovation Contribution Award at All Levels	(unit)		28	23	87	87
省级以上标技委秘书处	(家)	Secretariat of Standards Technical Committee at or Above The Provincial Level	(unit)	112	118	118	118	118
各级标准化研究机构	(家)	Standardization Research Institutions at All Levels	(unit)	14	21	21	21	21
规上工业企业采标产品产值占比	（%）	The Proportion of Output Value of Standard Products Adopted by Industrial Enterprises Above Designated Size	(%)	44.8	43.8	48.6	40.8	42.2
依法设置的计量检定机构数	(所)	Number of Metrological Verification Institutions	(unit)	75	75	75	75	75
省级检定机构数	(所)	Provincial Level	(unit)	1	1	1	1	1
市级检定机构数	(所)	City level	(unit)	12	12	12	12	12
县（市、区）级检定机构数	(所)	County(District) Level	(unit)	62	62	62	62	62
依法授权的计量检定机构数	(个)	Number of Metrological Verification Institutions Authorized in accordance with the Law	(unit)	70	78	88	102	106

续表 Continued

项目		Item		2019	2020	2021	2022	2023
省级授权机构数	(个)	Provincial Level	(unit)	8	10	15	22	22
市级授权机构数	(个)	City level	(unit)	62	68	73	80	84
全省最高等级社会公用计量标准数	(个)	Number of Social Common Measurement Standards by Highest Level	(unit)	335	351	366	396	412
全省其他等级社会公用计量标准数	(个)	Number of Social Common Measurement Standards at Other Levels	(unit)	3298	3346	3512	3583	3709
强制检定计量器具实际检出数	(万台件)	Actual Quantity Checked by Measurement Implement Tested Compulsively	(10000 units)	925.04	928.08	978.10	1232.30	1199.60
全省检验检测机构数	(个)	Number of Provincial Inspection and Testing Institutions	(unit)	2128	2224	2337	2483	2475
产品质量监督抽查批次数	(批次)	Number of Random Inspection Batches for Product Quality Supervision	(unit)	17522	37217	41945	42974	47062
特种设备综合检验机构数	(个)	Number of Comprehensive Inspection Institutions for Special Equipment	(unit)	19	19	19	19	
省特种设备检验机构数	(个)	Provincial Level	(unit)	1	1	1	1	
市特种设备检验机构数	(个)	City level	(unit)	11	11	11	11	
行业特种设备检验机构数	(个)	Sector	(unit)	7	7	7	7	
特种设备检验机构数	(个)	Number of Special Equipment Inspection Institutions	(unit)				24	32
特种设备检测机构数	(个)	Number of Special Equipment Testing Institutions	(unit)				33	39
固定资产总值	(万元)	Total Value of Fixed Assets	(10000 yuan)	121252	137491	179567	190448	203765
打击假冒伪劣案件结案数	(个)	Number of Closed Cases of Cracking Down on Counterfeit and Shoddy Goods	(unit)	9380	9402	10714	13039	13768

注：产品质量监督抽查批次数2020年前为产品质量监督检验受检企业数。
The number of random inspection batches for product quality supervision shall be the number of inspected enterprises for product quality supervision and inspection before 2020.

14-33 按行业分的事业单位专业技术人员（2023年）
Specialized Technical Personnel in Enterprises by Sector(2023)

单位：人(person)

项目	Item	总计 Total	按职务分 By Post 高级岗位 Senior	中级岗位 Medium	初级岗位 Junior
总计	**Total**	**1203858**	**342106**	**440894**	**347288**
教育	Education	621458	207332	257743	166909
科研	Scientific Research	8027	2810	2305	938
文化	Culture	14611	3893	4868	3762
卫生	Health	403107	96713	126326	122309
体育	Sports	2093	572	725	720
新闻出版	Press and Publications	3348	882	1081	679
广播电视	Radion and television	13949	2713	4182	3573
社会福利	Social welfare	4214	459	1124	1259
救助减灾	Rescue and disaster mitigation	354	37	103	131
统计调查	Statistical Survey	688	72	211	336
技术推广与实验	Technology promotion and experiment	8940	2887	3651	2905
公共设施与管理	Public facilities and management	28043	7422	10375	9017
物资仓储	Material storage	88	13	30	42
监测	Supervise	2876	898	1038	668
勘探与勘察	Exploration and investigation	1582	934	868	200
测绘	Mapping	1874	462	422	137
检验检测与鉴定	Inspection,testing and identification	3095	823	974	656
法律服务	Legal service	1104	50	203	363
资源管理事务	Resource management services	4830	1181	1727	1473
质量技术监督事务	Quality and technical supervision service	5304	1184	1292	797
经济监管事务	Economic regulation	2084	421	855	856
知识产权事务	Intellectual property matters	313	67	103	117
公证与认证	Notarization and certification	937	84	140	222
信息与咨询	Information and consultation	2215	557	889	801
人才交流	Talent exchange	288	75	114	109
机关后勤服务	Office logistics service	2902	266	762	824
其他服务	Others	65534	9299	18783	27485

14-34 按行业分的企业单位专业技术人员（2023年）
Specialized Technical Personnel in Enterprises by Sector(2023)

单位：人(person)

项目		总数 Total	按职务分 By Post				
			高级职务 Senior	#正高级职务 Chief Senior	中级职务 Medium	初级职务 Junior	未聘任专业技术职务 Not Appointed
总计	**Total**	**235288**	**25238**	**1865**	**70467**	**66218**	**73365**
农、林、牧、渔业	Farming,Forestry,Animal Husbandry and Fishery	1506	122	9	499	564	321
采矿业	Ming and Quarrying	279	49	1	102	112	16
制造业	Manufacturing	19180	2228	132	5414	4333	7205
电力、热力、燃气及水生产和供应业	Electricity,Heat,Gas and Water Production and Supply	20816	2055	85	7193	8102	3466
建筑业	Construction	32730	4985	329	12002	9253	6490
批发和零售业	Wholesale and Retail Trade	32515	1041	33	4558	7218	19698
交通运输、仓储及邮政业	Transport,Storage and Post	49752	5676	516	14260	15672	14144
住宿和餐饮业	Hotels and Catering Services	975	129	21	269	330	247
信息传输、软件和信息技术服务业	Information Transmission Software and Information Technology Services	4792	214	5	652	601	3325
金融业	Finance	21276	1019	39	6848	4907	8502
房地产业	Real Estate	6925	1215	35	3000	1806	904
租赁和商务服务业	Leasing and Commercial Services	8590	828	30	3538	2739	1485
科学研究和技术服务业	Scientific Research and Technic Service	10297	2973	325	3427	1932	1965
水利、环境和公共设施管理业	Water Conservancy, Environment and Public Facilities Management	8130	1259	87	3003	2831	1037
居民服务、修理和其他服务业	Resident Services,Repair and Other Services	2633	168	4	819	1102	544
教育	Education	557	59	3	318	155	25
卫生和社会工作	Health Care and Social Work	1727	267	48	715	696	49
文化、体育与娱乐业	Culture,Sports and Recreation	12472	950	163	3847	3855	3820
公共管理、社会保障和社会组织	Public Security,Social Security and Social Organization	136	1		3	10	122

续表 Continued

单位：人(person)

项目		按专业分 By Occupation				
		#工程技术人员 Engine-ering	#科学技术人员 Scientific Research	#卫生技术人员 Medical Profess-ionals	#经济专业人员 Economy	#其他专技人员 Others
总计	**Total**	117224	996	5698	71187	40183
农、林、牧、渔业	Farming,Forestry,Animal Husbandry and Fishery	637	4		178	687
采矿业	Ming and Quarrying	169		5	56	49
制造业	Manufacturing	14446	53	159	2962	1560
电力、热力、燃气及水生产和供应业	Electricity,Heat,Gas and Water Production and Supply	14279	333	11	4144	2049
建筑业	Construction	27037	181		2665	2847
批发和零售业	Wholesale and Retail Trade	1179	52	3789	20034	7461
交通运输、仓储及邮政业	Transport,Storage and Post	27318	141	109	16152	6032
住宿和餐饮业	Hotels and Catering Services	194	10	5	386	380
信息传输、软件和信息技术服务业	Information Transmission Software and Information Technology Services	3038			1086	668
金融业	Finance	1858	31	4	15712	3671
房地产业	Real Estate	4141	41	2	1636	1105
租赁和商务服务业	Leasing and Commercial Services	3315	52	12	3010	2201
科学研究和技术服务业	Scientific Research and Technic Service	9509	20		410	358
水利、环境和公共设施管理业	Water Conservancy, Environment and Public Facilities Management	6345	29	6	810	940
居民服务、修理和其他服务业	Resident Services,Repair and Other Services	1168	26	7	797	635
教育	Education	35	0	19	60	443
卫生和社会工作	Health Care and Social Work	65	7	1565	29	61
文化、体育与娱乐业	Culture,Sports and Recreation	2482	16	5	1060	8909
公共管理、社会保障和社会组织	Public Security,Social Security and Social Organization	9				127

浙/江/统/计/年/鉴

主要统计指标解释

普通高等学校

指按照国家规定的设置标准和审批程序批准举办，通过国家统一招生考试，招收高中毕业生为主要培养对象，实施高等教育的全日制大学、独立设置的学院和高等专科学校、短期职业大学。

成人高等学校

指按照国家有关规定审批，招收通过全国成人高教统一招生考试的具有高中毕业或同等学历的在职从业人员利用脱产、半脱产、业余或函授等多种形式对其实施高等学历教育，培养高等教育专科或本科毕业水平的专门人才，修业年限、课程设置和总学时数均按高等学历教育要求付诸实施的学校。包括广播电视大学、职工高等学校、农民高等学校、管理干部学院、教育学院、独立设置的函授学院等。

小学学龄儿童入学率

指调查范围内已入小学学习的学龄儿童占校内外学龄儿童总数（包括弱智儿童在内，但不包括盲聋哑儿童）的比重。计算公式

$$\text{小学学龄儿童入学率}=\frac{\text{已入学的小学学龄儿童数}}{\text{校内外小学学龄儿童总数}}\times 100\%$$

测绘服务总值

指从事测绘及相关活动的测绘资质单位在报告期内完成各种测绘项目或提供各种服务实现的总值（总产出）。

基础测绘经费总投入

指报告期内省、市、县三级政府对基础测绘投入的经费。

独立研究与开发机构

指有明确的任务和研究方向，有一定学术水平的业务骨干和一定数量的研究人员，具有研究、开发、开展学术工作的基本条件，主要进行科学研究与技术开发活动，并且在行政上有独立的组织形式，财务上独立核算盈亏，有权与其他单位签订合同，在银行有单独户头的单位。包括国务院各部门、中国科学院、中国社会科学院和各省、自治区、直辖市以及地（市）以上（含地，市）各部门所属的国有独立的科学研究与技术开发机构。

科学家和工程师

指具有大学本科及以上学历的和不具备上述学历但有高、中级职称的人员。

Explanatory Notes on Main Statistical Indicators

□ Regular Institutions of Higher Education

refer to educational establishments set up according to the government evaluation and approval procedures, enrolling graduates from senior secondary schools and providing higher education courses and training for senior professionals.They include full-time universities, colleges, high professional schools and short-term professional universities.

□ Institutions of Higher Education for Adults

refer to educational establishments, set up in line with relevant rules approved by the government, enrolling staff and workers with senior secondary school or equivalent education, and providing higher education courses in many forms of full-time, part-time, spare-time, or correspondence for adults. Professionals thus trained receive a qualification equivalent to graduates studying regular courses at regular universities, colleges and professional colleges. Institutions of higher learning for adults include Radio and TV universities, schools of high education for staff and workers and peasants, colleges for management cadres, pedagogical colleges, independent correspondence colleges.

□ Enrollment Rate of Primary School-age Children

refers to the proportion of school-age children enrolled at schools to the total number of school-age children both in and outside schools (including retarded children, but excluding blind, deaf and mute children). The formula is:

$$\text{Enrollment Rate of Primary School-age Children} = \frac{\text{Total Primary School-age Children at Schools}}{\text{Total Primary School-age Children Both at and Outside Schools}} \times 100\%$$

□ The Total Value of Surveying and Mapping Services

refers to the total value (total output) achieved by surveying and mapping qualified units engaged in surveying and mapping and related activities in completing various surveying and mapping projects or providing various services during the reporting period.

□ The Total Investment of Basic Surveying and Mapping Funds

refers to the funds invested by provincial, municipal and county governments in basic surveying and mapping during the reporting period.

□ Independent Research and Development Institutions

refer to the state-owned insitutions which have direct mission and research purpose, a certain number of core member with higher research level and a certain number of research personnel, favorable conditions for R&D and engaging in scientific rese arch and technological development. The institutions also have their own indepen dent organization and finance, authority to sign contracts with other units, with their own accounts in banks. Independent research and development institutions include the institutions attached to central government agencies,Chinese Acade my of Sciences. Chinese Academy of Social Sciences and the institutions attached to local governments.

□ Scientists and Engineers

refer to persons who have completed university or higher education or obtained titles of senior and middle-level professional positions.

2024
浙江统计年鉴
ZHEJIANG STATISTICAL YEARBOOK

CHAPTER 15

文化、体育和卫生
Culture, Sports and Public Health

15-1 文化部门文化、艺术、文物机构数（1978-2023年）
Number of Institutions for Culture, Arts and Heritage(1978-2023)

单位：个(unit)

年份 Year	电影放映单位 Film Projection Units	艺术表演团体 Art Performance Troupes	文化馆、站 Cultural Centers, Stations	#文化馆 Cultural Centers	公共图书馆 Public Libraries	博物馆 Museums
1978	4375	128	1125	76	63	19
1980	4218	170	1659	79	69	19
1983	4625	131	2954	86	73	20
1984	5242	133	3607	91	74	21
1985	5592	126	3598	93	76	21
1986	5375	122	3617	95	78	35
1987	5089	112	3619	93	80	40
1988	4896	98	3501	87	80	45
1989	4673	90	3547	87	80	47
1990	4580	90	3554	85	80	51
1991	4436	91	3695	85	80	55
1992	4050	89	2065	84	80	55
1993	3600	89	2033	84	81	58
1994	3327	87	2010	84	82	58
1995	3029	83	1974	83	81	59
1996	2817	85	2114	83	81	61
1997	2766	86	2014	83	81	63
1998	2723	82	2016	83	82	68
1999	2381	82	1956	84	83	69
2000	2129	79	1932	84	83	65
2001	1868	80	1640	86	83	69
2002	1984	80	1676	86	83	70
2003	83	77	1650	87	83	70
2004	1758	71	1634	87	84	73
2005	1505	68	1592	87	90	73
2006	1829	68	1593	87	92	72
2007	1626	71	1582	87	93	75
2008		71	1593	87	94	81
2009	100	72	1613	88	96	90
2010	136	70	1612	89	97	90
2011	160	77	1449	104	97	89
2012	196	65	1447	102	97	103
2013	263	60	1432	102	98	103
2014	325	57	1420	102	98	105
2015	418	57	1417	102	100	108
2016	520	59	1466	102	102	111
2017	650	59	1472	101	101	117
2018	725	58	1475	101	103	119
2019	755	59	1464	101	103	143
2020	737	59	1446	102	104	158
2021	810	62	1451	101	103	161
2022	845	60	1463	102	103	161
2023	843	57	1469	102	102	161

注：1. 2003年电影放映单位为发行机构数，2009年起为城市影院数。
The film projection units in 2003 refer to publishing institutions,as it refers to the number of urban theater since 2009.
2. 2011年“群艺馆”更名为“文化馆”，2011年之前“文化馆”单位数未包括“群艺馆”。
"Art House" were renamed "Museum" in 2011,before 2011 the number of "museum" did not include the number of "Mass Art".
3. 本表博物馆数为隶属文物部门的博物馆数。
The number of museums in this table is the number of museums under the cultural relics department.

15-2 文化文物部门机构人员数（2023年）
Number of Cultural and Cultural Relics Department Institutions and Persons(2023)

单位：个、人(unit、person)

类别	Category	总计 Total		执行事业会计制度 According to the Institution Accounting System		执行企业会计制度 According to the Enterprise Accounting System		隶属文化部门 Subordination to Cultural Department	
		机构数 Institutions	人数 Persons	机构数 Institutions	人数 Persons	机构数 Institutions	人数 Persons	机构数 Institutions	人数 Persons
总计	**Total**	**13654**	**219115**	**2279**	**40395**	**11375**	**178720**	**2315**	**44429**
一、文化和旅游合计	**Department of Culture and Tourism**	**13259**	**207592**	**1894**	**28977**	**11365**	**178615**	**1969**	**33740**
艺术表演团体	Art Performance Troupes	1217	38697	39	2883	1178	35814	57	4305
文化和旅游部门所属艺术表演团体	Department of Culture and Tourism	57	4305	39	2883	18	1422	57	4305
艺术表演场馆	Art Performance Venue	256	6897	31	509	225	6388	76	2093
文化和旅游部门所属演出场所	Performing Arts Groups Affiliated to the Ministry of Culture and Tourism	76	2093	31	509	45	1584	76	2093
公共图书馆	Public Library	102	3997	102	3997			102	3997
文化馆	Cultural Center	102	2475	102	2475			102	2475
文化站	Cultural Station	1367	9617	1367	9617			1367	9617
其中：乡镇综合文化站	Multi-use Culture Station of Township	922	5941	922	5941			922	5941
艺术展览创作机构	Art Exhibition and Creative Organization	41	447	41	447			27	362
其中：美术馆	Art Gallery	40	436	40	436			27	362
文化和旅游部门教育机构	Art Education	6	2208	6	2208			6	2208
文化和旅游科研机构	Cultural Scientific Research Institutions	4	94	4	94			4	94
文化市场经营机构（不包括非公有制院团和场馆）	Cultural Market Operating Institutions (Excluding Non-public Academies and Venues)	6743	63744			6743	63744		
文化和旅游行政主管部门	Administrative Department of Culture	100	5452	100	5452			100	5452
其他文化和旅游机构	Other Cultural Institutions	128	3137	102	1295	26	1842	128	3137
其中：文化市场执法机构	Law Enforcement Agencies	26	386	26	386			26	386
二、文物合计	**Cultural Relics Department**	**395**	**11523**	**385**	**11418**	**10**	**105**	**346**	**10689**
博物馆	Museum	206	5837	206	5837			161	5193
文物保护管理机构	Cultural Relics Protection Administration	85	2709	85	2709			84	2552
文物科研机构	Cultural Relics Scientific Research Institution	4	387	4	387			4	387
文物行政部门	Cultural Relics Store	89	2474	89	2474			89	2474
其他文物机构	Other	11	116	1	11	10	105	8	83

15-3 电影放映情况（2014-2023年）
Conditions of Film Projection(2014-2023)

项目		Item		2014	2015	2016	2017	2018
城市影院数	**(个)**	**Number of Urban Theaters**	**(unit)**	**325**	**418**	**520**	**650**	**725**
放映场次	(万场)	Number of Projection	(10000 shows)	305	422	596	774	932
观众人数	(万人次)	Number of Audiences	(10000 person-times)	6426	9696	10017	12501	13789
放映收入	(万元)	Projection Income	(10000 yuan)	236817	349204	345700	411692	449187

续表 Continued

项目		Item		2019	2020	2021	2022	2023
城市影院数	**(个)**	**Number of Urban Theaters**	**(unit)**	**755**	**737**	**810**	**845**	**843**
放映场次	(万场)	Number of Projection	(10000 shows)	1023	70	925	505	861
观众人数	(万人次)	Number of Audiences	(10000 person-times)	13399	4052	8636	5189	9331
放映收入	(万元)	Projection Income	(10000 yuan)	459193	136068	357400	225300	402500

15-4 文化馆(站)业务活动和经费情况
Basic Statistics on Activities and Expenditures of Cultural Centers

项目	Item		总计 Total			文化馆 Cultural Centers			文化站 Cultural Stations		
			2021	2022	2023	2021	2022	2023	2021	2022	2023
单位数 (个)	Number of Units	(unit)	1451	1463	1469	101	102	102	1350	1361	1367
举办展览 (个)	Number of Exhibitions	(unit)	19118	24570	47999	5381	7703	15960	13737	16867	32039
组织文艺活动 (次)	Entertainment Activities	(Times)	148356	314596	716390	32042	49260	188444	116314	265336	527946
举办训练班班次 (次)	Number of Training Classes	(Times)	116381	139633	239023	59843	68979	97374	56538	17107	141649
培训人次 (千人次)	Persons Training Courses	(1000 person-times)	8110	10946	19402	3702	4009	4946	4408	6937	14456
由本馆（站）指导单位	Units Responsible for Guiding Centers(Stations)										
群众业余文艺团队 (个)	Part time Art Groups	(Number)	36154	42697	47008	11241	13741	14387	24913	28956	32621
总支出 (万元)	Total Expenditures	(10000 yuan)	346248	415061	485713	107685	107704	115394	238563	307358	370320
基本支出 (万元)	Basic Expenditure	(10000 yuan)	152529	164464	181311	59055	62157	61251	93474	102306	120060

15-5 博物馆、文物保护管理单位基本情况
Basic Statistics on Museums and Cultural Relic Protection & Management Agencies

项目	Item		博物馆 Museums			文物保护管理单位 Projection & Management Agencies		
			2021	2022	2023	2021	2022	2023
单位数 (个)	**Number of Units**	**(unit)**	**161**	**161**	**206**	**86**	**85**	**85**
藏 品 (件/套)	**Number of Collections**	**(case)**	**1170628**	**1209898**	**1376802**	**110144**	**101500**	**105333**
#一级品	Grade One	(Piece)	2136	2059	2173	96	103	103
业务活动	**Vocational Activities**							
陈列、展览 (个)	Number of Displays	(unit)	1748	1545	2111	187	168	196
参观人数 (万人次)	Number of Visitors	(10000 person-times)	2983	2592	5979	1376	999	3006
本年收入 (万元)	**Total Income**	**(10000 yuan)**	**193350**	**189016**	**238812**	**128332**	**129167**	**172879**
本年支出 (万元)	**Total Expenditure**	**(10000 yuan)**	**195766**	**190715**	**279874**	**127545**	**136223**	**153608**
固定资产净值 (万元)	**Net Value of Fixed Assets**	**(10000 yuan)**	**279249**	**324160**	**560756**	**237734**	**229771**	**226428**

15-6 公共图书馆基本情况（2014-2023年）
Basic Statistics on Public Libraries(2014-2023)

项目		Item		2014	2015	2016	2017	2018
单位数	(个)	Number of Units	(unit)	98	100	102	101	103
从业人员	(人)	Staff and Workers	(person)	3483	3577	3616	3607	3849
总藏量	(万册件)	Total Collections	(10000 volume-time)	5634	6250	6969	7813	8608
有效借书证数	(万个)	Number of Library Cards Borrowed	(10000 units)	926	1639	845	1041	957
图书馆总流通人次	(万人次)	Total Circulation Times of the Library	(10000 Person Times)					
书刊文献外借人次	(万人次)	Number of Persons Borrowing Books and Papers	(10000 person-times)	1953	2253	2706	2862	2432
书刊文献外借册次	(万册次)	Number of Books and Papers Borrowed by the Readers	(10000 volume-times)	4936	5727	6520	6982	7149
音视频资源总量	（千小时）	Total Audio and Video Resources	(thousand hours)					
电子文本、图片文献资源总量	（万亿字节）	Total Resources of Electronic Texts, Pictures and Documents	(tb)					
线上服务人次	(万人次)	Online service Person Times	(10000 person times)					
经费总支出	(万元)	Total Expenditure	(10000 yuan)	83152	100338	108932	129175	143649
本年新购藏量	(万册)	Number of Books Purchased During the Year	(10000 volumes)	437	643	711	753	673
固定资产净值	(万元)	Net Value of Fixed Assets	(10000 yuan)	207624	232383	273537	275283	338817
实际使用房建筑面积	(万平方米)	Space of Actual Building Area	(10000 sq.m)	86	95	106	108	120
阅览室座席数	(千个)	Seating Capacity of Reading Rooms	(1000 seats)	51	61	65	69	78

续表 Continued

项目		Item		2019	2020	2021	2022	2023
单位数	(个)	Number of Units	(unit)	103	104	103	103	102
从业人员	(人)	Staff and Workers	(person)	4055	3876	3902	3993	3997
总藏量	(万册件)	Total Collections	(10000 volume-time)	9433	9867	10619	11545	12264
有效借书证数	(万个)	Number of Library Cards Borrowed	(10000 units)	1286	718	793	853	1032
图书馆总流通人次	(万人次)	Total Circulation Times of the Library	(10000 Person Times)			10999	11632	16236
书刊文献外借人次	(万人次)	Number of Persons Borrowing Books and Papers	(10000 person-times)	2543	1468	1824	1848	2013
书刊文献外借册次	(万册次)	Number of Books and Papers Borrowed by the Readers	(10000 volume-times)	7846	5546	7399	8099	8786
音视频资源总量	（千小时）	Total Audio and Video Resources	(thousand hours)			25774	227	41535
电子文本、图片文献资源总量	（万亿字节）	Total Resources of Electronic Texts, Pictures and Documents	(tb)			3565	28635	127929
线上服务人次	(万人次)	Online service Person Times	(10000 person times)			22439	32607	23575
经费总支出	(万元)	Total Expenditure	(10000 yuan)	166239	136592	145727	155941	177461
本年新购藏量	(万册)	Number of Books Purchased During the Year	(10000 volumes)	816	894	769	877	757
固定资产净值	(万元)	Net Value of Fixed Assets	(10000 yuan)	367265	348921	584874	417838	444947
实际使用房建筑面积	(万平方米)	Space of Actual Building Area	(10000 sq.m)	131	132	156	163	178
阅览室座席数	(千个)	Seating Capacity of Reading Rooms	(1000 seats)	85	86	97889	108115	119235

注：1. 总藏量未包含电子图书。The data of total collections does not include electronic books.
2. 2020年起，公共图书馆固定资产原值改为固定资产净值。From 2020, the original value of fixed assets of public libraries will be changed to the net value of fixed assets.

15-7 报纸和杂志出版数量 Number of Newspaper and Magazines Published

项目	Item	种数(种) Number of Publications (kind)			总印量(万册、万份) Total Printed Copies (10000 Copies)			总印张(千印张) Total Printed Sheets (1000 sheets)		
		2021	2022	2023	2021	2022	2023	2021	2022	2023
报纸	**Newspaper**	**66**	**66**	**61**	**168076**	**164095**	**155561**	**4917538**	**4759273**	**4420284**
综合报	Synthetical Newspapers	42	42	41	141581	138552	133274	4449802	4325342	4067875
专业报	Special Newspapers	16	16	13	19154	18684	16274	343923	329671	261431
杂志	**Magazines**	**236**	**236**	**235**	**6342**	**6176**	**6077**	**291821**	**294495**	**286424**
综合	Synthesis	20	20	19	21	21	21	1341	1348	1366
哲学、社会科学	Philosophy and Social Science	49	49	49	1655	1662	1655	94264	96207	95492
自然科学技术	Natural Science and Technology	118	118	118	361	362	377	23912	23780	24422
文化教育	Culture and Education	32	32	32	4053	3905	3811	159512	162007	155126
文学艺术	Literature and Arts	17	17	17	253	225	213	12793	11153	10018

15-8 图书出版数量 Number of books Published

项目	Item	本版图书种数(种) Number of Publications (kind)		租型图书种数(种) Number of Publications for lease (kind)		总印数(万册、万份) Total Printed Copies (10000 Copies)		总印张(千印张) Total Printed Sheets (10000 sheets)	
		2022	2023	2022	2023	2022	2023	2022	2023
图书总计	**Total**	**16415**	**17422**	**385**	**419**	**50803**	**55887**	**4162212**	**4722918**
使用《中国标准书号》部分合计	Publications with"China Standard Book Number"	16371	17391	385	419	50768	55808	4158970	4721150
#哲学	Philosophy	169	267			137	169	18377	23841
社会科学总论	General Social Science	294	294			151	112	17785	16656
文化、科学、教育、体育	Culture,Science,Education and Sports	8319	8865	379	412	41314	47509	3239526	3890788
文学	Literature	2450	2617			3629	3243	353779	316914
艺术	Arts	1854	2040			1235	1873	94904	148754
自然科学总论	General Natural Science	50	28			23	21	3918	2716
不使用《中国标准书号》部分合计	Publications without "China Standard Book Number"	44	31			35	79	3242	1768

15-9 电视节目制作情况（2015-2023年）
Production of Television Programs(2015-2023)

项目		Item		2015	2016	2017	2018
基本情况		**Basic Statistics**					
省市级电视台	(座)	Television Station	(set)	12	12	12	12
电视节目套数	(套)	Sets of Television Programs	(set)	118	118	116	116
电视发射台及转播台	(座)	Number of TV Transmission Stations and Relaying Stations at 1 kw and Higher Level	(set)	176	164	168	180
播出时间	(小时)	Broadcasting Hours(Hour/per week)	(hours)	753757	755972	740705	744396
新闻资讯节目		New and Information Programs		109730	116754	115792	116054
专题服务节目		Special Subject Service Programs		93996	104435	107359	113963
综艺益智节目		Programs of General Entertainment		35552	36906	36350	34420
影视剧节目		Movie and Teleplay Programs		322198	305808	289295	288290
广告节目		Advertisement		117372	119556	119209	122085
其他节目		Other Programs		74906	72511	72699	69581
电视人口覆盖率	(%)	Viewer Rating	(%)	99.69	99.72	99.75	99.80
有线电视实际用户数	(万户)	Number of Cable TV Users	(10000 households)	1562.57	1526.08	1419.56	1434.67

续表 Continued

项目		Item		2019	2020	2021	2022	2023
基本情况		**Basic Statistics**						
省市级电视台	(座)	Television Station	(set)	12	12	12	12	12
电视节目套数	(套)	Sets of Television Programs	(set)	116	116	117	116	115
电视发射台及转播台	(座)	Number of TV Transmission Stations and Relaying Stations at 1 kw and Higher Level	(set)	186	190	188	186	188
播出时间	(小时)	Broadcasting Hours(Hour/per week)	(hours)	738453	706896	724133	710932	707516
新闻资讯节目		New and Information Programs		114860	110315	105834	104018	95716
专题服务节目		Special Subject Service Programs		112319	104475	103435	104486	103935
综艺益智节目		Programs of General Entertainment		31124	24339	24289	23470	22599
影视剧节目		Movie and Teleplay Programs		293763	300736	307599	300684	305345
广告节目		Advertisement		114962	106847	111348	111149	111983
其他节目		Other Programs		71425	60184	71628	67125	67938
电视人口覆盖率	(%)	Viewer Rating	(%)	99.82	99.84	99.86	99.88	99.89
有线电视实际用户数	(万户)	Number of Cable TV Users	(10000 households)	1346.73	1321.40	1304.10	1251.45	1302.73

15-10 广播节目制作情况（2013-2023年）
Production of Broadcasting Programs(2013-2023)

项目	Item		2013	2014	2015	2016	2017
基本情况	**Basic Statistics**						
省市级广播电台	(座)Broadcasting Stations	(set)	12	12	12	12	12
广播节目套数	(套)Set of Broadcasting Programs	(set)	110	111	113	113	112
中短波广播发射台和转播台	(座) Number of Broadcasting Transmission Stations and Relaying Stations	(set)	36	36	37	36	38
县级广播电视台	(个) Number of Broadcast Stations at County and Higher Level	(unit)	66	66	66	66	66
广播人口综合覆盖率	(%)Listener Rating	(%)	99.56	99.57	99.60	99.65	99.68
全年公共广播节目播出时间	(小时)Broadcasting Hours Per Day	(hours)	740977	749740	761835	778581	770768
新闻咨讯类节目	News Programs		156168	157189	157933	168162	160904
专题服务类节目	Special Subject Programs		188969	185000	185974	179690	163848
综艺类节目	Programs of Entertainment		177619	173893	175431	175715	187907
广播剧类节目	Educational Programs		28500	27580	28619	26689	21678
广告类	Advertisement		73229	75670	77091	78293	78198
其他类节目	Service Programs		116492	130406	136787	150032	158233

续表 Continued

项目		Item		2018	2019	2020	2021	2022	2023
基本情况		**Basic Statistics**							
省市级广播电台	(座)	Broadcasting Stations	(set)	12	12	12	12	12	12
广播节目套数	(套)	Set of Broadcasting Programs	(set)	112	112	112	112	112	111
中短波广播发射台和转播台	(座)	Number of Broadcasting Transmission Stations and Relaying Stations	(set)	33	36	36	36	37	37
县级广播电视台	(个)	Number of Broadcast Stations at County and Higher Level	(unit)	66	66	66	66	67	65
广播人口综合覆盖率	(%)	Listener Rating	(%)	99.73	99.73	99.77	99.79	99.81	99.82
全年公共广播节目播出时间	(小时)	Broadcasting Hours Per Day	(hours)	770765	768027	773410	772275	766322	755465
新闻资讯类节目		News Programs		156898	150880	155532	153899	156283	148279
专题服务类节目		Special Subject Programs		162958	162024	172024	173879	181425	188498
综艺类节目		Programs of Entertainment		182589	177913	173677	169276	166556	172498
广播剧类节目		Educational Programs		24301	18988	20314	22035	19945	15837
广告类		Advertisement		83128	84590	76684	76733	77502	69383
其他类节目		Service Programs		160891	173632	175179	176453	164611	160971

15-11 体育系统职工人数（2023年）
Number of Staff and Workers in Sports Commissions(2023)

单位：人(person)

类别	Category	总计 Total	体育行政机关 Sports Commission Organization	运动项目管理部门 Sports Management	职业运动技术学院 Professional Sports and Technical College	体育运动学校 Physical Education and Sports Schools	竞技（业余）体校 Amateur Sports Schools	体育场所 Public Sports Places	训练基地 Training bases	体育科研机构 Sports Science Research Institutions	其他事业单位 Others
总计	**Total**	**5801**	**773**	**691**	**444**	**424**	**1956**	**378**	**41**	**58**	**1036**
公务员	Government	648	648								
运动员	Office Worker	1284		483			801				
专职教练员(教练员)	Athletes Full-time Coaches	1218		70	148	181	701	18	28	2	70
专职教师(文化教师)	Full-time Teachers	431			68	117	224	8			14
科研人员	Scientific and Technical Personnel	61		5	16	5	7	1		27	
医务人员	Medical Personnel	63			42	3	8			9	1
管理人员	Administrative Personnel	1104		77	126	77	141	173	12	13	485
工勤人员	Workers	79	9		11		4	48		2	5
其他人员	Others	913	116	56	33	41	70	130	1	5	461

注：业余体校包括重点业余体校和普通业余体校。
Sparetime sports schools included key and ordinary spare schools.

15-12 等级运动员和社会体育指导员人数（2014-2023年）
Number of Athletes and Social Sports Instructors(2014-2023)

单位：人(person)

项目	Item	2014	2015	2016	2017	2018	2019	2020	2021	2022	2023
等级运动员	Number of Athletes in Grades	2496	2420	3684	2074	2567	2739	3032	3660	4422	7195
国际级运动健将	International Master of Sports	10	16	10	7	6	10	2	23	12	21
运动健将	National Master of Sports	75	125	119	83	30	126	12	123	72	277
一级	First Grade Sportsmen	622	922	489	712	792	716	957	1022	1519	2059
二级	Second Grade Sportsmen	1789	1357	3066	1272	1739	1887	2061	2492	2819	4838
社会体育指导员	International Referees				18418	29652	17933	25530	34362	42543	58874
一级	National Referees				2490	1168	1125	797	193	344	205
二级	First Grade Referees				3760	7369	5860	3201	3388	2919	1929
三级	Second Grade Referees				12168	21115	10948	21532	30781	39280	56740

15-13 运动员分项获奖情况（2018-2023年）
Awards Own by Athletes by Item(2018-2023)

单位：项(Item)

项目	Item	世界冠军 World Championships					
		2018	2019	2020	2021	2022	2023
合计	**Total**	**74**	**15**	**2**	**14**	**29**	**50**
举重	Weightlifting	3	4		1	3	1
游泳	Swimming	22	3		1		1
田径	Track and Field					1	
棋类	Chess	1	1	2			
羽毛球	Badminton	15	2		4	11	17
射击	Shooting	12			2	7	18
拳击	Boxing						
体操	Gymnastics	2			1		2
皮划艇	Canoe/Kayak		1				3
其他	Others	19	4		5	7	8

续表 Continued

单位：项(Item)

项目	Item	亚洲冠军 Asia Championships						全国冠军 National Championships					
		2018	2019	2020	2021	2022	2023	2018	2019	2020	2021	2022	2023
合计	**Total**	**52**	**27**		**6**	**2**	**22**	**529**	**472**	**304**	**133**	**221**	**277**
举重	Weightlifting		4		3		1	27	14	2	1		
游泳	Swimming	12						49	90	13	24		79
田径	Track and Field	2	3				1	40	36	23	7	2	47
棋类	Chess	1						5	12	3			
羽毛球	Badminton	5	2				1	10	18	7	5	7	68
射击	Shooting	3	9				6	32	36	20	5	20	2
拳击	Boxing							2		7		1	
体操	Gymnastics	2					8	42	59	9	8	46	8
皮划艇	Canoe/Kayak	1			1			57	27	29	21	24	8
其他	Others	26	9		2	2	5	265	180	191	62	121	65

15-14 群众体育活动和体育场地情况
Basic Statistics on Activities of Mass Sports and Number of Sports Ground

项目		Item		2020	2021	2022	2023
群众体育活动		**Activities of Mass Sports**					
经常参加体育锻炼人数占比	(%)	Proportion of People Who Regularly Participate in Physical Exercise	(%)	41.4	42.2	43.4	44.5
国民体质监测		**Monitor National constitution**					
站点数		Sites	(Number)	1227	1235	1244	1244
累计受测人员数	(万人)	Accumulative persons involved monitoring	(10000 persons)	454.8	485.8	508.4	532.9
本年受测人员数	(万人)	Persons involved monitoring this year	(10000 persons)	12.9	31.0	22.6	24.5
测试达标人员数	(万人)	Number of persons reached the Standards	(10000 persons)	12.1	29.1	21.3	23.1
测试达标率	(%)	Attainment rate	(Percentage)	93.8	94.0	94.2	94.3
体育场地		**Sports Ground**					
数量	(个)	Number of Sports Ground	(Number)	193218	207341	220076	234360
场地面积	(万平方米)	Space of sports Ground	(Million Square meters)	14957	16689	18393	19818
人均体育场地面积	(平方米)	Per capita Area of Sports Ground	(Square meters)	2.32	2.55	2.80	3.00

15-15 卫生事业情况（2018-2023年）
Statistics on Health Undertakings(2018-2023)

项目	Item	2018	2019	2020	2021	2022	2023
医疗卫生机构数合计(个)	**Total Number of Medical and Health Institutions(unit)**	**32755**	**34126**	**34400**	**35120**	**35967**	**37679**
医院	Hospital	1288	1374	1429	1485	1519	1606
疗养院	Sanatorium	13	12	12	10	10	10
社区卫生服务中心（站）	Center of Community Service	5310	4922	4733	4658	4382	3955
卫生院	Commune Hospital	1168	1092	1069	1055	1046	1053
门诊部	Clinics	1831	2229	2418	2671	2931	3216
诊所医务室卫生所	Consulting Room	11090	12312	12856	13416	14059	15600
专科防治所站	Specialized Prevention Station	16	15	14	14	14	14
疾控中心防疫站	Sanitation and Antiepidemic Institutions	100	100	103	103	102	103
妇幼保健机构	Maternity and Child Care Institutions	89	92	92	95	97	96
卫生监督所	Sanitation Supervisory Station	102	102	99	99	100	99
医学科学研究机构	Research Institutions of Medical Science	6	5	5	3	4	4
医学在职培训机构	Training Institutions	37	35	32	29	29	29
村卫生室	Clinics by Village	11483	11593	11300	11221	11388	11581
其他卫生机构	Others	222	243	238	261	286	313
床位合计数(张)	Total Beds(bed)	332116	350268	361317	369806	381687	406088
#医院	Hospital	293720	307197	316997	327374	339270	361706
社区服务中心(站)	Center of Community Service	8283	8425	10010	9826	9951	10719
卫生院	Commune Hospital	19031	21278	20385	19313	18962	19959
门诊部	Clinics	219	209	273	507	309	208
妇幼保健机构	Maternity and Child Care Institutions	8820	11019	11461	11044	11390	11667
专科防治所站	Specialized Prevention Station	446	357	427	427	184	427
其他卫生机构	Others	1597	1783	1764	1315	1621	1402
卫生人员合计(人)	Persons Engaged in Health Institutions(persons)	589703	628466	659781	694780	731732	785789
卫生技术人员	Medical Technical Personnel	486231	520251	548024	579061	612773	662556
医生	Doctors	190802	205625	217677	232661	246619	265975
其他技术人员	Others	24792	26789	27377	28728	29072	31904
管理人员	Management Personnel	21510	22812	24044	23217	24872	25042
工勤人员	Logistics Workers	49843	51660	53704	57300	58665	59968
乡村医生和卫生员	Doctors and Health Workers in Rural Area	7327	6954	6632	6474	6350	6319
在卫生技术人员中	Among them						
执业医师	Licenced Doctors	166144	180044	191541	206656	220026	238284
执业助理医师	Licenced Assistant Doctors	24658	25581	26136	26005	26593	27691
注册护士	Registered Nurses	201514	219811	233067	250312	267050	292265
药剂人员	Medical Pharmacists	29048	30287	31436	32483	32959	34911
技师（士）	Technician (Bachelor)	24514	26049	27380	34319	37180	41451
其他	Others	40353	38479	38464	29286	28965	27954
平均每千人口拥有卫生技术人员（按常住人口计算）	Number of Medical Technical Personnel Per 1000 Population(Calculated by Number of Permanent population)	7.76	8.16	8.47	8.85	9.32	10.00
#医生	Doctors	3.05	3.22	3.37	3.56	3.75	4.01
平均每千人口拥有卫生技术人员（按户籍人口计算）	Number of Medical Technical Personnel Per 1000 Population(Calculated by Number of Household population)	9.72	10.32	10.81	11.36	11.99	12.94
#医生	Doctors	3.82	4.08	4.29	4.57	4.83	5.19

注: 自2010年开始，卫生机构中包含村卫生室，卫生人员中包含乡村医生和卫生员。
Since 2010, health agencies are included in the village clinics, health personnel include rural doctors and health workers.

15-16 医疗卫生机构诊疗次数和入院人数（2023年）
Number of Hospital Patients(2023)

类别	Item	机构数(个) Number of Institu-tions (unit)	诊疗人次数(万人次) Total Number of Patients Treate (10000 person times)		入院人数(人) Hospital Admiss-ions (person)	每百门急诊次入院人数(人) Hospital Admiss-ions Per 100 Patient Time (person)
			小计 Total	#门、急诊 Out-Patients and Emer-gency Patients		
医院合计	**Hospitals**	**1606**	**32753.55**	**32527.82**	**12066532**	**3.71**
综合医院	**General Hospitals**	**631**	**22196.92**	**22090.30**	**8695331**	**3.94**
中医医院	**Hospitals of Chinese Medicine**	**192**	**5695.37**	**5648.28**	**1596921**	**2.83**
中西医结合医院	**Hospitals which Integrate Traditional Chinese Therapeutics with Western Therapeutics**	**37**	**841.05**	**832.26**	**258485**	**3.11**
专科医院	**Specialized Hospitals**	**614**	**3978.61**	**3917.81**	**1440887**	**3.68**
传染病院	Hospitals for Infectious Diseases	4	59.35	58.33	23661	4.06
精神病院	Mental Hospitals	82	510.03	508.64	294920	5.80
肿瘤医院	Tumor Hospitals	6	167.23	167.23	253139	15.14
眼科病院	Ophthalmology Hospitals	69	352.53	351.66	132817	3.78
妇幼保健院	**Hospitals for Maternity and Children Care**	**66**	**2242.92**	**2209.16**	**603097**	**2.73**
社区卫生服务中心	**Center of Community Service**	**527**	**11907.80**	**11482.25**	**164212**	**0.14**
卫生院	**Rural Hospitals**	**1053**	**11100.54**	**10753.12**	**380714**	**0.35**
门诊部	**Clinics**	**3216**	**3149.86**	**1992.07**	**3027**	

15-17 医疗机构病床使用情况（2023年）
Utilization of Beds of Medical Institutions(2023)

类别	Item	入院人数（人）Hospital Admissions (persons)	病床使用率（%）Utilization Rate of Beds (%)	病床周转次数(次) Turnover of Beds (time)	出院者平均住院日(日) Average Hospitalization Period (day)
合计	Total	13240783	81.80	35.1	8.3
#医院	Hospital	12066532	84.54	35.7	8.5
#社区卫生服务中心	Center of Community Service	164212	56.41	18.2	11.1
#卫生院	Rural Hospitals	380714	51.09	21.9	8.2

15-18 县(区)村卫生室基本情况
Basic Conditions of Rural Clinics on Country

项目	Item		总计 Total 2022	总计 Total 2023	村办 Village-run 2022	村办 Village-run 2023	乡卫生院设点 Township-run 2022	乡卫生院设点 Township-run 2023
机构数	(个)Number of Institutions	(unit)	11388	11581	6269	6001	2168	2711
执业(助理)医师	(人)Licensed(Assistant)Doctors	(person)	6674	7326	4864	5198	510	534
注册护士	(人)Registered Nurse	(person)	2307	3206	1810	2351	143	141
乡村医生和卫生员	(人)Rural Doctors and Health Workers	(person)	6338	6231	4020	3811	828	908
乡村医生	(人)Rural Doctors	(person)	5938	5669	3853	3577	638	691
当年考核合格的乡村医生数	(人)Doctor Number	(person)	4168	3981	2868	2669	338	366
卫生员	(人)Health Workers	(person)	400	562	167	234	190	217
年内培训人次数	(人次)Training Number	(Times)	22822	23748	15784	16034	1567	1661
总收入	(万元)Total Income	(10000 yuan)	173147.8	191968.8	129058.5	142929	7923.3	10251.8
医疗收入	(万元)Pharmaceutical Income		151450.5	169887.7	113421.9	126988.6	6703.8	8701.2
药品收入	(万元)Medical Income		113351.4	129812.2	86969.2	99375.7	5396.9	7302.3
上级补助收入	(万元)Subsidies of Higher Level		16081.8	17048.9	12255.5	13023.2	895.6	986.3
总费用	(万元)Total Expenditure	(10000 yuan)	150657.5	172421.2	116030.5	130319.7	6535.7	8977.1
人员经费	(万元)Persons Expenditure		50219.5	53347.9	37418.5	38883	1514.4	1823.4
药品费	(万元)Medicines Expenditure		94602.3	111450.2	73760.0	85955.2	4922.9	6961.2
诊疗人次数	(人)Patients Treated	(10000 persons)	47994988	50961004	34086433	35614845	1676289	2073332
其中:出诊人次数	(人)Medical Treatment Outside	(10000 persons)	958340	980128	658881	566219	14694	43222
报告疑似传染病例数	(数)The Number of Suspected Infections Diseases	(person)	1520	2092	693	1899	5	93
参加乡镇卫生院例会次数	(次)The Number of Rural Hospital to Participate in Regular Meetings	(Times)	73356	77249	51496	51716	4300	5347

按设置/主办单位分By Ownership						按行医方式分By Type					
联合办 Combination		私人办 Private-run		其他 Others		中医 Chinese Medicine		西医 Western Medicine		中西医结合 Combining Chinese Medicine With Western Medicine	
2022	2023	2022	2023	2022	2023	2022	2023	2022	2023	2022	2023
125	129	1594	1553	1232	1187	223	194	8448	9089	2717	2298
117	142	974	1101	719	885	243	223	3834	4712	2597	2391
15	23	290	536	192	296	44	59	1305	2129	958	1018
51	60	1009	912	430	540	70	68	5399	5423	869	740
50	59	991	873	406	469	53	50	5122	4951	763	668
17	20	684	610	261	316	31	29	3644	3501	493	451
1	1	18	39	24	71	17	18	277	472	106	72
194	244	3641	3637	1636	2172	387	371	18556	19669	3879	3708
1219.1	1676	20910.7	20425.6	14036.3	16686.2	3812.5	4350.9	120319.5	145861.6	49015.9	41756.2
1138.4	1461.7	18157.6	18132.3	12028.8	14603.8	3353.6	3970.7	104917.4	128860.3	43179.5	37056.8
911.3	1198.6	13134.0	13103.8	6940.0	8831.7	1988.0	2132.4	80762.7	101518.8	30600.7	26160.9
58.0	199.8	1944.8	1758.9	927.8	1080.7	178.7	159.1	12796.0	14311.4	3107.2	2578.4
1125.0	1607.1	15507.3	16847.7	11458.9	14669.6	2991.1	3313.4	107144.2	132070.1	40522.2	37037.8
400.4	516.3	6362.4	6925	4523.8	5200.2	1240.3	1361.6	36320.4	40276.8	12658.9	11709.5
703.7	1059.4	8438.3	9104.3	6777.3	8370.1	1592.9	1634.4	67751.6	87121.5	25257.9	22694.2
362022	479190	6472787	7130546	5397457	5663091	1221572	1264511	31694131	35902020	15079285	13794473
18241	17287	199117	224380	67407	129020	3898	7724	779891	842986	174551	129418
	1	751	87	71	12	45	32	1138	1770	337	290
367	373	12617	13777	4576	6036	1425	1378	58704	62850	13227	13021

15-19 城市和农村前十位疾病死亡原因和构成
Main 10 Causes of Death by Diseases in Urban and Rural Areas

2022				2023			
位次 No.	城市死因	Cause of Death in Urban Area	占死亡总数（%）As % of Total Death	位次 No.	城市死因	Cause of Death in Urban Area	占死亡总数（%）As % of Total Death
1	恶性肿瘤	Malignant Tumour	27.13	1	恶性肿瘤	Malignant Tumour	25.45
2	脑血管病	Cerebral Vascular Disease	17.90	2	呼吸系统疾病	Respiratory Disease	18.13
3	心脏病	Heart Trouble	15.83	3	脑血管病	Cerebral Vascular Disease	16.62
4	呼吸系统疾病	Respiratory Disease	11.14	4	心脏病	Heart Trouble	14.4
5	损伤和中毒	Trauma and Toxicosis	10.02	5	伤害	Trauma and Toxicosis	8.87
6	内分泌，营养和代谢的其他疾病	Other Diseases of Endocrine，Nutrition and Supersession	3.61	6	内分泌、营养和代谢疾病	Other Diseases of Endocrine，Nutrition and Supersession	3.56
7	神经系统疾病	Mental Disease	3.47	7	神经系统疾病	Mental Disease	3.22
8	消化系统疾病	Disease of Digestion System	2.35	8	消化系统疾病	Disease of Digestion System	2.18
9	泌尿生殖系统疾病	Urinary Disease	1.33	9	泌尿生殖系统疾病	Urinary Disease	1.28
10	精神和行为障碍	Mental and Behavioral Disorders	1.04	10	传染病	Infections and Parasite Disease	0.87
	合计	Total	93.82		合　计	Total	94.58

2022				2023			
位次 No.	农村死因	Cause of Death in Urban Area	占死亡总数（%）As % of Total Death	位次 No.	农村死因	Cause of Death in Urban Area	占死亡总数（%）As % of Total Death
1	恶性肿瘤	Malignant Tumour	26.32	1	恶性肿瘤	Malignant Tumour	25.26
2	脑血管病	Cerebral Vascular Disease	19.14	2	脑血管病	Cerebral Vascular Disease	17.77
3	心脏病	Heart Trouble	15.47	3	呼吸系统疾病	Respiratory Disease	16.75
4	呼吸系统疾病	Respiratory Disease	10.88	4	心脏病	Heart Trouble	14.17
5	损伤和中毒	Trauma and Toxicosis	10.52	5	伤害	Trauma and Toxicosis	9.89
6	内分泌，营养和代谢的其他疾病	Other Diseases of Endocrine，Nutrition and Supersession	3.76	6	内分泌、营养和代谢疾病	Other Diseases of Endocrine，Nutrition and Supersession	3.4
7	神经系统疾病	Mental Disease	2.75	7	消化系统疾病	Disease of Digestion System	2.51
8	消化系统疾病	Disease of Digestion System	2.53	8	神经系统疾病	Mental Disease	2.26
9	泌尿生殖系统疾病	Urinary Disease	1.25	9	泌尿生殖系统疾病	Urinary Disease	1.18
10	精神和行为障碍	Mental and Behavioral Disorders	1.24	10	传染病	Infections and Parasite Disease	1.08
	合计	Total	93.86		合　计	Total	94.27

浙/江/统/计/年/鉴

主要统计指标解释

文化事业机构

指从事专业文化工作和为专业文化工作服务的独立建制的单独核算的单位。不包括这些单位另外举办独立核算的其他机构和各部门的业余文化组织。

艺术表演团体

指从事戏曲、音乐、舞蹈、杂技等专业艺术表演，有独立帐户，实行单独核算的团体。不包括半工半艺、半农半艺和民间职业剧团。

电影放映单位

指具有放映机器设备、固定或不固定的放映场所与专职或兼职的放映技术人员，经有关部门登记批准，经常为一定的观众对象放映电影的机构。包括经批准对外开放进行营业，并与电影发行放映管理机构分帐的专用放映单位和军委系统租片单位。

等级运动员人数

指经考核正式批准授予等级运动员称号的人数。运动员等级分为国际级运动健将、运动健将、一级运动员、二级运动员、三级运动员、少年级运动员 。

等级裁判员人数

指经考核正式批准授予等级裁判员称号的人数。裁判员等级分为国际裁判、国家级裁判、一级裁判、二级裁判、三级裁判。

医院

指名称为医院，设有固定床位能收容病人住院并能为病人提供医疗、 护理服务的医疗机构。包括县及县以上医院、农村乡卫生院、其他医院三部分。按所属性质分为卫生部门、工业及其他部门，集体经济单位三类。其中县及县以上医院按业务性质分为综合医院和专科医院。

卫生技术人员

指卫生事业机构支付工资的全部固定职工和合同制职工中现任职务为卫生技术工作的专业人员。包括中医师、西医师、中西医结合高级医师、护师、中药师、西药师、检验师、其他技师、中医士、西医士、护士、助产士、中药剂士、西药剂士 、检验士、其他技士、其他中医、护理员、中药剂员、西药剂员、检验员，其他初级卫生技术人员。

医生

指领取职业医生证书，从事医疗工作的专业人员。分为中医医生、西医医生和助理中西医医生。

Explanatory Notes on Main Statistical Indicators

□ Cultural Institutions

refer to units which have their own organizational system and independent accounting system and specialize in or serve cultural development. They exclude other establishments run by these cultural institutions and amateur cultural groups established by various departments.

□ Art Troupe

refers to the troupe which is engaged in drama, opera, music, dance, acrobatics or other art performance, opens independent accounts with banks and has self-supporting accounting system; excluding the troupes which are engaged partly in industrial or agricultural activities, partly in art performance and the professional troupes organized by the people.

□ Film Projection Units

refer to units with film projection equipment, full or part-time projectionists,permanent or non-permanent places, approved by related administrative departments to show films regularly for certain groups of audience, including those film projection units which have been approved to give commercial shows and run business with independent accounting system as well as those film-renting units of the military system.

□ Number of Athletes in Grades

refers to the number of at athletes who have been given titles through examination.The titles of athletes include international masters of sports, masters of sports, first-grade,second-grade and third-grade sportsmen and young athletes.

□ Number of Referees in Grades

refers to the number of referees who have been given titles after examination. They are classified as international referees, national referees and referees of the first, second and third grades.

□ Hospitals

refer to medical institutions named as "hospital" with permanent hospital beds, which are able to take in patients and provide them with medical and nursing services. Hospitals are classified into three categories: hospitals at or above the county level,hospitals of rural townships, and other hospitals.According to their ownership,hospitals can be classified into three categories:hospitals under the public health departments, hospitals under industrial and other departments and Collective Owned hospitals.Hospitals at or above county level are divided into comprehensive and specialized hospitals.

□ Medical Technical Personnel

refers to all permanent medical staff and workers employed by medical institutions, including doctors of Chinese and Western medicine, senior doctors who integrate traditional Chinese thrapeutics with Western thrapeutics in practice, senior nurses,pharmacists of Chinese and Western medicine, laboratory specialists, other specialists, paramedics of Chinese and Western medicine, nurses, midwives, druggists in Chinese and Western medicine, laboratory technicians, other technicians, other practitioners of Chinese medicine, nursing attendants, pharmacological workers of Chinese and Western medicine, laboratory workers, and other primary medical personnel.

□ Doctors

refer to qualified professional medical workers approved to practice by public health departments. They are classified into doctors of Chinese medicine, doctors of Western medicine, Assistant Doctors.

2024
浙江统计年鉴
ZHEJIANG STATISTICAL YEARBOOK

CHAPTER 16

档案、司法、社会福利和工会组织
Archives,Judicature,Social Welfare and Labour Union

16-1 档案事业机构和人员数（2020-2023年）
Number of Persons and Institutions of Archives(2020-2023)

项目	Item	机构数(个) Number of Institutions (unit)				专职人员数(人) Full-time Persons (person)			
		2020	2021	2022	2023	2020	2021	2022	2023
总计	**Total**	**213**	**215**	**215**	**214**	**5308**	**5380**	**5564**	**5476**
档案行政管理部门	Administrative Department of Archives	101	102	102	102	193	179	197	191
档案馆	Archives	112	113	113	112	1559	1627	1622	1624
档案室(处、科)	Archive Offices(Sections)					3556	3574	3745	3661

续表 Continued

项目	Item	#女性 Female				#大专以上文化程度 College and Higher Level			
		2020	2021	2022	2023	2020	2021	2022	2023
总计	**Total**	**3522**	**3626**	**3840**	**3775**	**5069**	**5163**	**5375**	**5315**
档案行政管理部门	Administrative Department of Archives	87	88	93	84	193	179	196	190
档案馆	Archives	709	759	751	765	1546	1617	1612	1616
档案室(处、科)	Archive Offices(Sections)	2726	2779	2996	2926	3330	3367	3567	3509

16-2 档案馆档案资料馆藏和利用情况（2011-2023年）
Conditions and Files Stored and Used in the Archives(2011-2023)

项目		Item		2011	2012	2013
馆藏档案		**Archives Stored**				
全　宗	(个)	Whole Volume	(unit)	19289	19491	19608
案　卷	(万卷、件)	Files	(10000 volumes,part)	1399	1446	2269
录音录像影片	(盘)	Records,Films on Videotape	(copy)	24778	29194	32213
照　片	(万张)	Pictures	(10000 Pieces)	177.56	185.40	181.00
馆藏资料	**(万册)**	**Number of Material Stored**	**(10000 volumes)**	**124.95**	**124.22**	**179.45**
档案馆面积	**(平方米)**	**Areas of Archives**	**(sq.m)**	**399899**	**389569**	**391816**
#库房建筑面积		Areas of Storerooms		132358	132231	140090
档案资料利用		**Use of Archive Material**				
利用人次	(万人次)	Number of Persons Using Material	(10000 person-times)	64.06	50.66	47.36
利用档案	(万卷、件)	Number of Archives Used	(10000 volumes,part)	186.00	138.49	121.81
利用资料	(万册)	Number of Material Used	(10000 volumes)	2.67	7.10	7.15
开放档案		**Opening Archives**				
案　卷	(万卷、件)	Files	(10000 volumes,part)	321.61	328.11	458.23

注: 2013年起案卷的计量单位改为万卷、件。

2014	2015	2016	2017	2018	2019	2020	2021	2022	2023
20016	20342	20638	20906	20993	21358	21933	22503	22887	23263
2609	2946	3140	3506	3865	4274	4978	5699	6662	7560
36608	39933	40974	34010	35038	40509	43843	46818	50508	52669
234.00	251.00	257.00	258.57	190.00	203.00	219.00	242.43	258.95	276.04
133.00	**133.00**	**135.00**	**147.00**	**146.00**	**153.00**	**157.00**	**161.58**	**169.78**	**175.10**
468545	**486864**	**570315**	**691479**	**725842**	**792426**	**881079**	**1008323**	**1111206**	**1195565**
154880	162963	185242	215564	229112	263314	299754	339279	377278	410590
45.00	47.52	47.12	48.72	47.00	42.00	38.00	42.42	47.63	45.91
142.00	177.52	140.62	150.44	150.71	156.00	197.00	286.10	308.53	353.47
15.50	5.60	6.78	6.16	7.00	2.55	2.50	3.75	2.54	2.21
448.37	446.86	559.42	693.00	468.00	543.00	753.00	986.10	1274.43	1541.33

Since 2013, the unit of measurement of case files has been changed to 10000 volumes and pieces.

16-3 工会、妇联工作情况（2013-2023年）
Basic Statistics on Unions and Women Federation(2013-2023)

项目		Item		2013	2014
工会情况		**Basic Statistics on Unions**			
基层工会组织数	(个)	Number of Grass Roots Unions	(Number)	149865	153220
全省已建立工会组织的基层单位职工和会员人数		Membership and Number of Staff and Workers in Grass Roots Unions			
在岗职工人数	(万人)	Number of Staff and Workers	(10000 persons)	2098.18	2142.22
#女职工	(万人)	Female	(10000 persons)	891.27	905.43
会员人数	(万人)	Membership	(10000 persons)	2010.34	2055.15
#女会员	(万人)	Female	(10000 persons)	865.38	880.33
工会专职干部	(万人)	Full-time Cadres	(10000 persons)	1.26	1.37
提出合理化建议	(万件)	Advanced Rationalization Proposals	(10 Kilo-Piece)	42.12	90.30
组织职工技术培训数	(万人)	Enterprise	(10000 persons)		49.80
建立劳动保护监督检查委员会	(个)	Commissions for Labour protection Supervising and inspecting	(Number)	88385	102998
建立了工会劳动法律监督组织	(个)	Organization of Labor Law Supervision Established by Grass Roots Unions	(Number)	68971	7286
建立劳动争议调解委员会	(个)	Labour dispute mediation Committee	(Number)	83380	92207
劳动争议调解委员会受理劳动争议	(件)	Number of Technical Training for Staff and Workers	(Piece)		21489
劳动争议调解委员会调解成功劳动争议	(件)	Disputes Resolved through Mediation by the Committees	(Piece)	12668	12513
全省签订综合集体合同数	(件)	Number of Comprehensive Collective Contract	(Piece)		116206
全省签订工资专项集体合同数	(件)	Number of Special Collective Contract	(Piece)		114088
参加工会开展的职工医疗互助活动人数	(万人)	Number of Workers Who Take Part in the Employee Medical Assistance	(10000 persons)		422.33
妇联工作情况		**Condition of the Women Federation**			
妇联的基层组织数	(个)	Number of Grass Roots Women Federation	(Number)	33993	35209
接受技术培训人数	(万人)	Number of Women Participating in Technical Training	(10000 persons)	38.09	24.31
创建巾帼文明岗数量	(人)	The Demonstration Posts of Women Civilization	(person)	3385	2249
评选巾帼建功标兵数量	(人)	Number of Persons	(person)	961	782
来信来访处理情况		Treatment of the Letters From the People and the Persons Coming to Visit			
婚姻家庭权益信访案件	(件)	Petition Cases of Marriage and Family Rights and Interests	(Piece)		
侵犯妇女财产权利信访案件	(件)	Petition Letter and Visit Cases about Woman's Property Right be Violated	(Piece)	901	860
“最美家庭”户数	(万户)	Number of "Most Beautiful Families"	(10 Kilo-door)		

2015	2016	2017	2018	2019	2020	2021	2022	2023
151330	150155	149731	148909	137855	136655	136492	136764	136049
2097.11	2119.73	2136.37	2135.56	1949.30	1960.41	1917.10	1890.26	1875.46
885.30	890.73	893.88	889.90	822.74	827.13	813.94	808.87	801.05
2027.83	2056.51	2071.79	2069.47	1883.21	1881.77	1846.08	1820.58	1817.68
864.98	872.33	875.18	869.53	802.29	805.08	793.53	786.68	782.36
1.51	1.49	1.69	1.85	1.86	1.92	2.05	2.77	2.85
51.95	36.26	28.10	26.30	20.78	22.55	23.32	28.02	40.41
52.40	37.01	42.05	50.25	45.65	44.91	39.57	41.69	44.75
101724	104568	108255	110032	106103	104381	103768	104195	103126
72450	77183	54548	78560	100197	96185	95354	94662	96073
95704	96653	73867	83341	74005	75200	80051	81063	81694
16078	9705	9030	7771	4110	10728	9024	8857	9306
11303	5724	4937	3431	3261	9133	7989	8259	8383
129603	124209	103204	84778	83886	85963	92335	91497	90926
126777	121722	103114	88419	88948	88247	88313	87123	87613
698.87	736.50	828.54	736.30	851.00	919.50	933.60	940.50	1055.02
32780	33465	32777	30044	26854	25886	25827	25875	26201
32.69	78.04	24.37	90.18	78.16	62.57	65.64	38.98	36.72
2312	1505	2047	2330	2234	2149	1977	1954	2156
652	718	679	792	385	700	565	1114	511
		6108	4390	4650	5573	5709	6024	6450
787	475	575	894	506	516	624	488	650
		8.16	12.71	10.65	10.15	9.23	7.52	6.86

16-4 律师、公证及调解工作基本情况（2013-2023年）
Basic Statistics on Lawyers,Notarization and Mediation(2013-2023)

项目		Item		2013	2014
律师工作		**Lawyers**			
律师事务所	(个)	Number of Law Offices	(unit)	1072	1158
律师工作人员	(人)	Number of Lawyers	(person)	16657	18680
专职律师	(人)	Full Time Lawyer	(person)	11261	12353
兼职律师	(人)	Part Time lawyer	(person)	524	545
公职律师	(人)	Public Office Lawyers	(person)	639	858
公司律师	(人)	Corporate Lawyer	(person)	50	67
法律援助律师	(人)	Legal Aid Lawyers	(person)	317	319
港澳台律师	(人)	Lawyers from Hong Kong, Macao and Taiwan	(person)		2
实习律师	(人)	Apprentice Lawyers	(person)	1809	2081
律所行政人员	(人)	Law Firm Executives	(person)	2057	2455
聘请担任常年法律顾问单位	(处)	Number of Units with Permanent Legal Advisors	(solum)	37623	39614
民事诉讼代理	(件)	Agent of Civil Cases	(Piece)	181043	226327
刑事辩护及代理	(件)	Defending and Agent of Criminal Cases	(Piece)	23992	32733
非诉讼法律事务	(件)	Agent of Non litigious Legal Affairs	(Piece)	16716	16120
解答法律咨询	(人次)	Legal Advisory Services	(Times)	201693	201913
代写法律事务文书	(件)	Agent of Legal Document Written on Behalf of Clients	(Piece)	21688	19384
公证工作		**Notarization**			
公证处	(个)	Number of Notary Offices	(unit)	92	92
公证人员	(人)	Notarial Personnel	(person)	1252	1305
#公证员	(人)	Notaries	(person)	410	418
公证员助理	(人)	Assistant Notaries	(person)	509	489
办理国内公证文书	(件)	Number of Domestic Notarized Documents	(case)	606423	497469
人民调解工作		**People' s Mediation**			
专职司法助理员	(人)	Number of Full-time Judicial Assistants	(person)	3598	3533
人民调解委员会	(个)	Number of People's Mediation Committees	(unit)	44032	42731
调解人员	(人)	Number of Mediators	(person)	170704	158310
调解民事纠纷	(件)	Number of Civil Disputes Mediated	(case)	601314	598686
法律援助机构	(个)	Assistance Institution of Law	(unit)	103	102
工作人员	(人)	Staff and Workers	(person)	529	540
承办案件总数	(件)	Number of Cases Accepted	(case)	75129	84383
受援人总数	(人)	Number of Persons Being Assisted	(person)	84921	98292

2015	2016	2017	2018	2019	2020	2021	2022	2023
1269	1348	1465	1518	1572	1636	1705	1755	1826
20115	22201	24530	26912	30784	35302	39647	45694	51024
13515	14946	16527	18039	20060	22345	24453	27218	29858
561	564	581	588	616	642	652	694	708
1141	1404	1788	2026	2444	3635	4964	7882	10111
71	79	88	102	153	346	516	887	1234
291	300	308	311	356	325	293	246	
2	3	5	7	8	9	11	11	13
2027	2195	2213	2613	3205	3290	5732	3572	3557
2507	2710	3020	3226	3942	4710	5026	5184	5543
42472	41295	47407	54636	61679	72739	89450	102251	111811
274484	310155	346392	393212	453149	459235	55081	577716	640114
37155	43934	48163	52844	67051	51103	539856	37257	50546
18618	19316	25697	30291	34128	42463	20696	50010	52338
221203	124574	114519	142839	129550	107507	78271	54513	53212
17504	11163	12115	18166	16956	15617	18160	20871	22531
92	92	92	92	92	83	84	84	84
1284	1337	1454	1558	1762	1750	1884	1927	2031
450	467	479	511	536	554	595	610	650
444	473	451	453	592	596	667	671	699
552671	626542	654289	569655	532639	501157	606202	531132	497203
3522	3421	3139	2846	2566	2689	2650	19046	14952
42136	41180	38944	35009	31865	31573	30265	30554	29383
156698	153955	150309	130304	127303	126438	128697	131178	124857
589883	590448	608523	643754	617658	450844	594754	513936	1054736
103	103	105	102	102	103	98	102	102
530	517	549	573	571	549	486	487	481
92667	99149	83567	101913	105685	85966	79562	82004	107322
105057	101528	84449	102513	105933	86048	82019	82009	108175

16-5 司法公证文书分类（2019-2023年）
Classification of Judicial Notarization Documents(2019-2023)

单位：件（case）

	Item	2019	2020	2021	2022	2023
办理公证（出证）总数	**Total Number of Notarization (Certification)**	**727873**	**592836**	**699204**	**631613**	**668495**
国内公证数	Domestic Notarization	532639	501157	606202	531132	497203
涉外公证数	foreign-related Notarization	189421	88295	89838	96933	164663
涉港澳台公证数	Notarization Involving Hong Kong , Macao and Taiwan	5813	3384	3164	3548	6629
公证文书分类	**Classification of Judicial Notarization Documents**					
合同（协议）	Contract (Agreement)	61961	45175	46357	30010	33188
委托	Entrust	144359	144908	148686	114518	101532
声明	Statement	45698	51372	88285	65905	63278
赠予	Gift	2455	1287	1217	2889	1537
遗嘱	Will	8191	6364	5734	4548	6594
现场监督	On-the-spot Supervision	43472	39231	47987	47338	35828
出生、死亡、生存、居住	Birth,Death,Live	22935	10162	9948	12036	19746
学历（学位）、职务（职称）、经历	Education Background (Degree), Job Title（Professional Technical Title） and Experience	4650	2187	2371	2950	3115
继承	Succession document	79038	67678	75393	64868	89184
保全证据	Preserve Evidence	41109	41949	60722	62977	45823
公司章程	Articles of Association	161	132	114	155	302
收养、亲属关系、婚姻状况	Adoption,Relationship and Marital Status	31909	10237	7786	9966	23607
有无违法犯罪记录	Having or not Having Illegal and Criminal Record	21262	12102	13320	14732	23006
证书（执照）	Certificate (Licence)	59254	37080	34180	38729	54302
签名（印鉴）	Signature (Seal)	40824	49434	86904	93501	62863
文本相符	Text Matching	44496	24998	23809	24440	34494
赋予执行效力	Give Effect to Execution	27193	23223	20812	21247	23049
执行证书	Execution Certificate	238	159	188	272	649
抵押登记	Mortgage Registration	26200	1130	53	142	278
提存	Deposit	1131	2080	2094	2345	2483
保管	Safekeeping	367	170	400	437	662
其他	Other	20970	21778	22844	17608	42975

16-6 调解民间纠纷分类（2013-2023年）
Civil Disputes Mediated by Type(2013-2023)

单位：件（case）

分类	Item	2013	2014	2015	2016	2017
合　计	**Total**	**601314**	**598686**	**589883**	**571600**	**608523**
婚　姻	Marriages	51544	53516	52286	54213	56007
邻　里	Neighbor Disputes	102239	103261	98119	105644	106348
合　同	Contracts	18421	21734	22962	23258	28184
损害赔偿	Compensation for Damages	65421	70811	74776	75280	76808
劳　动	Labour Disputes	34692	35437	34978	33401	34379
环境污染	Environmental Pollution					
电子商务	Electronic Commerce					
征地拆迁	Land Acquisition and Demolition					
医疗纠纷	Medical Care					
物业纠纷	Estate Management					
房屋、宅基地	Housing and Housing Sites	21413	19495	16283	16442	17004
其　他	Others	90239	85134	76935	263362	280854

续表 Continued

单位：件（case）

分类	Item	2018	2019	2020	2021	2022	2023
合　计	**Total**	**643754**	**617658**	**450844**	**594754**	**513936**	**1054736**
婚　姻	Marriages	56585	55760	30263	40111	46236	81307
邻　里	Neighbor Disputes	108918	91525	53197	68319	77884	145798
合　同	Contracts	30999	31160	34855	44447	53563	89624
损害赔偿	Compensation for Damages	83863	80907	73260	95637	98381	125714
劳　动	Labour Disputes	37388	36921	27604	52274	56121	75784
环境污染	Environmental Pollution	4698	4445	660	651	510	896
电子商务	Electronic Commerce	10648	10970				
征地拆迁	Land Acquisition and Demolition	14786	14252	4422	4472	4187	8559
医疗纠纷	Medical Care	4015	4111	3652	4202	3934	5114
物业纠纷	Estate Management	19049	18979	21040	28267	28906	39780
房屋、宅基地	Housing and Housing Sites	14963	14782	6368	6296	5390	8155
其　他	Others	105586	106182	94335	120751	13882	237512

16-7 社会工作单位基本情况（2013-2023年）
Basic Information of Social Work Units(2013-2023)

项目		Item		2013	2014	2015	2016	2017
提供住宿的社会服务机构	(个)	Social Service Institutions Providing Accommodation	(unit)	2089	2030	1348	1422	1502
养老机构	(个)	Pension Institutions	(unit)					
精神疾病服务机构	(个)	Psychiatric Services	(unit)					
儿童福利和救助机构	(个)	Child Welfare and Relief Agencies	(unit)					
其他提供住宿机构	(个)	Other	(unit)					
社会服务机构床位数	(万张)	Number of Beds in Social Service Institutions	(10000 bed)	27.96	29.82	22.92	38.40	28.05
社会服务机构收养人数	(万人)	Number of Adoptions by Social Service Institutions	(10000 persons)	14.04	14.22	10.20	11.10	12.11
殡葬事业单位	(个)	Funeral and Interment Services Institutions	(unit)	217	225	225	225	216

续表 Continued

项目		Item		2018	2019	2020	2021	2022	2023
提供住宿的社会服务机构	(个)	Social Service Institutions Providing Accommodation	(unit)	1538	1765	1857	1788	1791	1767
养老机构	(个)	Pension Institutions	(unit)	1464	1675	1752	1677	1671	1645
精神疾病服务机构	(个)	Psychiatric Services	(unit)	2	2	2	2	2	2
儿童福利和救助机构	(个)	Child Welfare and Relief Agencies	(unit)	17	34	52	55	64	65
其他提供住宿机构	(个)	Other	(unit)	55	54	51	54	54	55
社会服务机构床位数	(万张)	Number of Beds in Social Service Institutions	(10000 bed)	29.63	32.04	34.39	27.24	26.65	24.67
社会服务机构收养人数	(万人)	Number of Adoptions by Social Service Institutions	(10000 persons)	12.78	12.80	12.80	11.81	10.82	10.67
殡葬事业单位	(个)	Funeral and Interment Services Institutions	(unit)	215	240	232	265	256	299

16-8 享受国家抚恤、补助人员情况（2020-2023年）
Personnel Enjoying State Pension and Subsidy(2020-2023)

单位：人(Person)

项目	Item	2020	2021	2022	2023
享受定期抚恤人数	Number of Persons Receiving Periodical Commiseration	27022	27427	27110	27494
#“三属”抚恤人数	The Number of Survivors of Martyrs, Servicemen Who Died on Duty, and Servicemen Who Died of Illness Who Meet the Conditions for Regular Pensions and Are Granted Regular Pensions by the State	3744	3609	3396	3368
#伤残抚恤人数	Number of Persons Receiving Disability Commiseration	23278	23818	23714	24126
享受定期补助人数	Number of Persons Receiving Periodical Subsidies	322233	328032	308453	316216
#在乡复员军人数	Number of Demobilized Soldiers in Rural Areas	8278	6954	5199	4328
#带病回乡退伍军人人数	Number of Veterans Returning Home with Illness	14274	13724	13301	12220
#60周岁以上农村籍退役士兵人数	Number of Retired Rural Soldiers over 60	272760	280765	289953	299668

16-9 最低生活保障和救济情况（2013-2023年）
Basic Statistics of Lowest Cost-of-Living and Relief(2013-2023)

项目		Item		2013	2014	2015	2016	2017
最低生活保障人数	**(万人)**	**Number of Person Receiving Lowest Cost-of-Living**	**(10000 persons)**	**66.05**	**60.78**	**67.54**	**82.26**	**81.40**
#城镇		Urban		7.18	6.43	7.32	10.89	22.17
#农村(不含特困)		Rural		58.87	54.35	60.22	71.37	59.23
保障资金总额	**(亿元)**	**Amount of Security Money**	**(100 million yuan)**	**24.32**	**24.41**	**26.44**	**35.10**	**42.13**
#城镇		Urban		4.38	4.20	4.49	6.35	13.49
#农村(不含特困)		Rural		19.94	20.21	21.95	28.75	28.64

续表 Continued

项目		Item		2018	2019	2020	2021	2022	2023
最低生活保障人数	**(万人)**	**Number of Person Receiving Lowest Cost-of-Living**	**(10000 persons)**	**72.59**	**65.50**	**61.35**	**59.26**	**56.36**	**55.56**
#城镇		Urban		21.98	19.43	6.17	5.96	5.68	5.60
#农村(不含特困)		Rural		50.61	48.68	55.19	53.30	50.68	49.96
保障资金总额	**(亿元)**	**Amount of Security Money**	**(100 million yuan)**	**45.71**	**48.42**	**58.47**	**55.43**	**61.51**	**63.05**
#城镇		Urban		14.55	15.14	7.08	6.45	6.79	6.81
#农村(不含特困)		Rural		31.16	33.28	51.39	48.98	54.72	56.25

16-10 内地居民婚姻登记情况（2013-2023年）
Conditions of Marriages(2013-2023)

项目	Item		2013	2014	2015	2016	2017
准予登记结婚数	**(对) Registered Marriages**	**(couple)**	**422174**	**436802**	**392478**	**366823**	**344449**
初婚数	(人) First Marriages	(person)	712969	732704	648666	605781	572689
恢复结婚数	(对) Resume Marriages	(couple)	11758	10305	10619	13195	24952
再婚数	(人) Remarriages	(person)	131379	140900	136290	127865	116209
男	(人) Male	(person)	69154	67692	66321	62457	53836
女	(人) Female	(person)	62225	73208	69969	65408	62373
准予登记离婚数	**(对) Divorces Approved**	**(couple)**	**108097**	**111040**	**115062**	**122870**	**132855**
内地居民登记离婚	(对) Mainland residents to register a divorce	(couple)	107546	110637	114669	122483	132547
涉外及华侨、港澳台居民登记离婚	(对) Concerning foreign affairs and overseas Chinese, Hong Kong, Macao and Taiwan residents to register a divorce	(couple)	551	403	393	387	308

续表 Continued

项目	Item		2018	2019	2020	2021	2022	2023
准予登记结婚数	**(对) Registered Marriages**	**(couple)**	**337295**	**293615**	**277726**	**263169**	**304339**	**300587**
初婚数	(人) First Marriages	(person)	561895	435469	419639	400988	492862	481640
恢复结婚数	(对) Resume Marriages	(couple)	24329	23354	21183	18521	16027	16389
再婚数	(人) Remarriages	(person)	112695	151761	135813	125350	115816	119534
男	(人) Male	(person)	52791	71230	63471	58137	53407	54496
女	(人) Female	(person)	59904	80531	72342	67223	62409	65038
准予登记离婚数	**(对) Divorces Approved**	**(couple)**	**129619**	**130272**	**117420**	**75522**	**79156**	**95179**
内地居民登记离婚	(对) Mainland residents to register a divorce	(couple)	129249	129911	117241	75388	79035	94943
涉外及华侨、港澳台居民登记离婚	(对) Concerning foreign affairs and overseas Chinese, Hong Kong, Macao and Taiwan residents to register a divorce	(couple)	370	361	179	134	121	236

16-11 社会保险参保人员基本情况（2018-2023年）
Basic Statistics of Persons Participating in Social Insurance(2018-2023)

单位:万人（10000 persons)

项目	Item	2018	2019	2020	2021	2022	2023
基本养老保险参保人数	**Number of Basic Endowment Insurance Participants**	**4081.25**	**4231.15**	**4355.07**	**4422.99**	**4520.07**	**4606.46**
城镇职工基本养老保险参保人数	Insured Number of Basic Endowment Insurance for Urban Employees	2883.41	3031.72	3211.13	3367.50	3472.79	3573.62
企业职工基本养老保险参保人数	Insured Number of Basic Endowment Insurance for Enterprise Employees	2664.68	2807.34	2989.29	3139.79	3240.41	3336.77
机关事业单位参保人数	Insured Number of Institutions	218.73	224.38	221.84	227.71	232.38	236.85
城乡居民社会养老保险参保人数	Number of Urban and Rural Residents Covered by Social Endowment Insurance	1197.84	1199.43	1143.94	1055.49	1047.28	1032.84
失业保险参保人数	**Number of People Covered by Unemployment Insurance**	**1478.36**	**1561.72**	**1687.83**	**1798.36**	**1850.92**	**1885.98**
工伤保险参保人数	**Insured Number of Work Injury Insurance**	**2087.84**	**2257.44**	**2547.33**	**2741.58**	**2766.74**	**2792.39**

16-12 医疗保险参保人员基本情况（2018-2023年）
Basic Information of Medical Insurance Participants(2018-2023)

单位:万人（10000 persons)

项目	Item	2018	2019	2020	2021	2022	2023
基本医疗保险参保人数	**Number of Basic Medical Insurance Participants**	**5368.70**	**5461.46**	**5556.53**	**5654.55**	**5577.22**	**5621.12**
职工基本医疗保险参保人数	Number of Employees Participating in Basic Medical Insurance	2277.04	2426.61	2579.49	2736.02	2855.84	2953.98
城乡居民基本医疗保险参保人数	Number of Urban and Rural Residents Participating in Basic Medical Insurance	3091.66	3034.85	2977.04	2918.53	2721.38	2667.14
生育保险参保人数	**Number of Persons Covered by Maternity Insurance**	**1477.34**	**1561.06**	**2066.80**	**1810.90**	**2186.49**	**2235.87**
医疗救济支出（亿元）	**Medical Relief Expenditure (100 million yuan)**	**20.09**	**23.30**	**22.50**	**20.06**	**22.46**	**26.34**

浙 / 江 / 统 / 计 / 年 / 鉴

主要统计指标解释

■ 社会福利事业单位

指集中收养社会孤老，残，幼的机构。包括由民政部门管理的社会福利院、儿童福利院、精神病人福利院和城镇集体办的福利院，以及农村集体举办的敬老院。

■ 社会福利事业单位收养人数

包括民政部门管理和城镇及农村集体举办的社会福利事业单位中收养的老人，少年儿童，缺乏生活自理能力的残疾人员和精神病人。

■ 社会福利企业单位

指以安置城镇有一定劳动能力的盲，聋，哑和肢体残疾人员就业为目的，享受国家减免税待遇的国有或集体经济性质的企业。包括福利工厂、福利商业服务业、假肢厂和安置农场等单位。

■ 律师

指受聘参加法律顾问处工作，担任法律顾问、刑（民）事代理人、刑事辩护人、办理非诉讼事件、解答法律询问、代定法律事务文书等主要从事律师业务的专职法律工作者和兼职律师。

■ 公证人员

指在国家公证机关依法办理公证事务的司法人员。包括公证员、 助理公证员和在公证员和在公证处工作的其他人员。

■ 办理公证文书

指公证处在一定时期内办结的公证文书件数。公证文书系按司法部规定或批准的格式制作。包括国内公证和涉外公证两部分。其中国内公证分为经济合同公证和民事法律关系公证两大类。

■ 调解人员

在人民调解委员会担负调解民间一般民事纠纷和轻微违法行为所引起和纠纷的工作人员。包括调解委员会的委员和调解小组的调解员。

■ 调解民间纠纷

指调解委员会依照法律规定，根据自愿原则，用说服教育的方法调解民间发生的有关民事权利和义务的争执，促成当事双方达到协议和谅解，解决纠纷。包括婚姻家庭纠纷，财产权益纠纷等。不包括法院受理调解的民事案件数。

■ 受理劳动争议案件数

是指劳动争议仲裁委员会根据国家有关规定，对劳动争议当事人的申请予以审查，符合受理条件而正式立案，准备处理的劳动争议案件数。

■ 离休、退休、通职人员

指正式办理了离休、退休、退职手续，并享受相应的离休、退休、退职待遇的人员。

■ 保险福利费用

指企业、事业、机关单位在工资以外实际支付给职工和离休、退休、退职人员个人以及用于集体的劳动保险和福利费用。

ZHEJIANG STATISTICAL YEARBOOK

Explanatory Notes on Main Statistical Indicators

□ Social Welfare Institutions

refer to institutions taking care of old people without children, handicapped people and orphans. They include social welfare institutions run by civil affairs departments, children's welfare institutions social welfare institutions for mental patients, and Collective Owned old people's homes in tual areas.

□ Number of People Taken in by Social Welfare Institutions

refers to the number of old people, children, totally dependent handicapped people and mental patiens taken in by scoial welfare institutions run by civil affairs departments and those run by collective units in urban and rural aress.

□ Social Welfare Enterprises

are Collective Owned enterprises which employ the blind, deaf-mute, and other handicapped people who are able to work in cities and towns and enjoy exemption from state taxes, including welfare plants, welfare commercial services, artificial limb plants and farms, etc.

□ Lawyers

are legal workers who are employed full-time by legal counseling firms to act as legal advisres, agents in criminal or civil lawsuits, or defenders in criminal lawsuits, or to handle non-litigious legal affairs, to advise on matters of law or to write legal papers for others. Both full-time and part-time lawyers are included.

□ Notary Personnel

refers to judicial workers of the state notary offices handing notarization work according to law. They include notaries, assistant notaries, and other people working for notary offices.

□ Notarized Documents

refer to the documents settled by notary offices in a year. The notarial documents are drawn up in accordance with the regulations of the Ministry of Justice, including domestic documents and foreign-related documents. Domestic documents are divided into two major categoriees, documents on economic contracts and documents on civil legal relations.

□ Mediators

refer to workers on people's mediation committees responsible for mediating in civil dispites and cases of slight infraction of the law. They include members of the mediation committees and mediators of mediation groups.

□ Mediation of Civil Disputes

refers to mediation committees'work in mediating in civi ldisputes concerning civil rights and duties through persuasion and education in accordance with the provisions of law on a voluntary basis, so as to solve disputes by helping the parties involved come to an agreement and understanding. These disputes include divorce cases and disputes over property ownership, but exclude the civil cases to be handled by the court.

□ Number of Labour Dispute Cases Accepted

refers to the number of cases of labour dispute submitted that, after being reviewed by the labour dispute arbitration committees in line with the relevant state regulations, are accepted and registered for trearment.

□ Retired or Resigned Personnel

refers to the persons who have formally gone through the formalities for their retorement or quitting work and enjoy the corresponding treatments.

□ Insurance and welfare funds

refers to labour insurance and welfare fund paid by enterprises, organizations and institutions to their staff and workers as well as retired and resigned in addition to their wages and salaries.

2024 浙江统计年鉴

ZHEJIANG STATISTICAL YEARBOOK

CHAPTER 17

各市、县国民经济主要经济指标

Major Indicators of National Economy by City,Prefecture and County

17-1 各市土地面积和行政区划（2023年）
Land Area and Administrative Divisions by City (2023)

城市	City	土地面积(平方公里) Land Area (sq.m)	市辖区(个) Districts Under City Administration	县(县级市)(个) Counties (Cities) (unit)	建制镇(个) Towns (unit)	乡(个) Townships (unit)	街道(个) Subdistrict (unit)
杭州市	Hangzhou	16850	10	3	75	23	93
宁波市	Ningbo	9816	6	4	73	10	73
温州市	Wenzhou	12103	4	8	92	26	67
嘉兴市	Jiaxing	4237	2	5	42		30
湖州市	Huzhou	5820	2	3	38	6	28
绍兴市	Shaoxing	8279	3	3	49	7	47
金华市	Jinhua	10942	2	7	74	30	42
衢州市	Quzhou	8845	2	4	43	39	18
舟山市	Zhoushan	1520	2	2	17	5	14
台州市	Taizhou	10050	3	6	61	24	45
丽水市	Lishui	17275	1	8	54	88	31

17-2 各市国民经济主要指标（2023年）
Main Indicators of National Economy by City (2023)

城市	City	年末常住人口（万人） Total Population with Permanent Residence (10000 persons)	生产总值(亿元) Gross Domestic Product (100 million yuan)	第一产业 Primary Industry	第二产业 Secondary Industry	第三产业 Tertiary Industry
杭州市	Hangzhou	1252.2	20059	347	5667	14045
宁波市	Ningbo	969.7	16453	384	7541	8529
温州市	Wenzhou	976.1	8731	180	3607	4944
嘉兴市	Jiaxing	558.4	7062	141	3777	3144
湖州市	Huzhou	343.9	4015	159	1979	1878
绍兴市	Shaoxing	539.4	7791	239	3729	3823
金华市	Jinhua	716.3	6011	156	2367	3487
衢州市	Quzhou	229.7	2125	91	909	1125
舟山市	Zhoushan	117.3	2101	184	1004	913
台州市	Taizhou	671.2	6241	334	2628	3278
丽水市	Lishui	252.8	1964	115	740	1109

注：第17章各表涉及的GDP核算、工业、投资、贸易相关指标均为2023年快报数据。
The GDP accounting, industry, investment, and trade-related indicators involved in the tables in Chapter 17 are the 2023 flash data.

续表 1 Continued

城市	City	工业 Industry	人均生产总值(元) Per Capita GDP (yuan)	社会消费品零售总额(亿元) Total Retail Sales of Consumer Goods (100 million yuan)	进口总额(亿元) Total imports (100 million yuan)
杭州市	Hangzhou	4984	161129	7670.57	2691.00
宁波市	Ningbo	6770	170363	5212.56	4491.50
温州市	Wenzhou	2879	89821	4257.08	482.51
嘉兴市	Jiaxing	3413	126851	2513.46	1072.34
湖州市	Huzhou	1764	117195	1707.92	128.35
绍兴市	Shaoxing	3118	144992	2820.35	414.50
金华市	Jinhua	2020	84133	3141.76	1066.86
衢州市	Quzhou	742	92662	970.77	261.58
舟山市	Zhoushan	922	179322	617.84	2429.56
台州市	Taizhou	2230	93214	2766.23	229.95
丽水市	Lishui	585	77908	871.64	64.24

续表 2 Continued

城市	City	出口总额 (亿元) Total exports (100 million yuan)	财政总收入 (亿元) Total Financial Revenue (100 million yuan)	一般公共预算收入 (亿元) General Public Revenue (100 million yuan)	一般公共预算支出 (亿元) General Public Budget Expenditure (100 million yuan)
杭州市	Hangzhou	5338.72	4916.53	2616.81	2636.23
宁波市	Ningbo	8287.82	3384.06	1785.86	2235.09
温州市	Wenzhou	2339.40	1023.77	622.68	1175.94
嘉兴市	Jiaxing	3337.41	1102.59	632.02	826.99
湖州市	Huzhou	1490.43	696.60	410.50	606.97
绍兴市	Shaoxing	3810.21	926.60	578.75	778.64
金华市	Jinhua	6630.66	867.81	525.80	848.48
衢州市	Quzhou	454.23	321.25	204.21	606.48
舟山市	Zhoushan	1149.01	529.91	193.51	376.51
台州市	Taizhou	2514.53	831.94	494.28	836.61
丽水市	Lishui	312.96	312.71	186.06	653.65

续表 3 Continued

城市	City	住户存款年末余额(亿元) Savings Deposits of Residents (100 million yuan)	城镇居民人均可支配收入(元) Per Capita Disposable Income of Urban Residents (yuan)	农村居民人均可支配收入(元) Per Capita Disposable Income of Rural Residents (yuan)
杭州市	Hangzhou	23199.39	80587	48180
宁波市	Ningbo	14282.01	80144	48350
温州市	Wenzhou	13080.10	77973	41622
嘉兴市	Jiaxing	7610.37	75909	49643
湖州市	Huzhou	4453.11	74400	47455
绍兴市	Shaoxing	8443.12	80392	48825
金华市	Jinhua	9229.18	73639	38136
衢州市	Quzhou	2494.10	60592	33993
舟山市	Zhoushan	1791.84	76435	49379
台州市	Taizhou	9090.75	73879	40153
丽水市	Lishui	3321.56	58583	30811

17-3 各市年末人口数（2023年）
Population at the End of the Year by City(2023)

单位：万人（10000 persons）

城市	City	常住人口 Resident Population	其中：城镇常住人口 Urban Resident Population	户籍人口 Registered Residence Population	总户数（万户） Total Households (10000 households)
杭州市	Hangzhou	1252.20	1054.35	860.60	271.79
宁波市	Ningbo	969.70	774.31	622.17	246.48
温州市	Wenzhou	976.10	728.76	830.00	250.79
嘉兴市	Jiaxing	558.40	408.47	376.76	124.56
湖州市	Huzhou	343.90	232.13	268.65	89.78
绍兴市	Shaoxing	539.40	394.30	443.94	165.89
金华市	Jinhua	716.30	504.28	497.97	200.45
衢州市	Quzhou	229.70	139.20	253.92	97.76
舟山市	Zhoushan	117.30	86.77	94.61	38.03
台州市	Taizhou	671.20	434.94	602.95	195.27
丽水市	Lishui	252.80	163.31	268.87	109.78

17-4 各市环境保护情况（2023年）
Environmental Protection by City(2023)

城市	City	工业化学需氧量排放量（吨） Industrial Chemical Oxygen Demand Emissions (ton)	工业氮氧化物排放量（吨） Industrial NOX Emissions (ton)	工业颗粒物排放量（吨） Industrial Particulate Emissions (ton)	空气质量优良天数比例（%） Proportion of Days with Excellent Air Quality (%)	可吸入细颗粒物（PM2.5）年平均浓度(微克/立方米) Annual Average Concentration of Fine Particulate Matter (PM2.5) (Microgram/Cubic Meter)
杭州市	Hangzhou	3660	8254	7037	84.4	30.6
宁波市	Ningbo	4880	19902	11418	93.7	22.0
温州市	Wenzhou	999	8101	1388	97.5	25.0
嘉兴市	Jiaxing	4591	12668	6481	83.6	29.0
湖州市	Huzhou	1267	7293	6431	79.5	34.0
绍兴市	Shaoxing	14973	9563	2406	94.5	28.0
金华市	Jinhua	1684	6918	5259	93.7	27.0
衢州市	Quzhou	2493	7820	8194	94.0	31.0
舟山市	Zhoushan	894	8053	1680	96.7	17.0
台州市	Taizhou	1145	7861	3749	97.9	22.0
丽水市	Lishui	532	2001	1561	99.8	20.0

17-5 各市农、林、牧、渔业总产值（2023年）
Gross Output Value of Farming,Forestry,Animal Husbandry and Fishery by City(2023)

单位：亿元(100 million yuan)

城市	City	农、林、牧、渔业总产值 Total Output Value	农业产值 Farming	林业产值 Forestry	牧业产值 Animal Husbandry	渔业产值 Fishery	农林牧渔专业及辅助性活动产值 The Output Value of Professional and Support Activities in Agriculture, Forestry,Animal Husbandry and Fishery
杭州市	Hangzhou	533.12	335.59	62.80	55.98	52.49	26.25
宁波市	Ningbo	627.51	286.92	17.94	40.25	253.83	28.57
温州市	Wenzhou	292.86	128.28	8.36	36.65	112.71	6.86
嘉兴市	Jiaxing	243.98	138.10	2.08	35.30	47.68	20.81
湖州市	Huzhou	277.45	117.51	24.22	23.32	95.55	16.85
绍兴市	Shaoxing	364.62	247.73	31.01	35.89	44.09	5.90
金华市	Jinhua	265.26	177.82	5.92	54.43	16.88	10.20
衢州市	Quzhou	152.48	79.43	15.24	44.30	10.27	3.24
舟山市	Zhoushan	343.99	13.25	0.25	3.55	325.47	1.46
台州市	Taizhou	609.01	196.82	5.74	37.45	360.97	8.03
丽水市	Lishui	177.85	119.03	27.12	23.93	5.16	2.62

17-6 各市播种面积（2023年）
Sown Area by City(2023)

城市	City	农作物播种面积（千公顷） Sown Area of Farm Crop (1000 hectares)	#粮食 Grain	#谷物 Cereal	#油料 Oilbearing Crops	#棉花 Cotton	#蔬菜 Vegetables	#瓜果类 Melons and Fruits
杭州市	Hangzhou	252.27	93.26	72.94	28.99	0.13	103.07	9.89
宁波市	Ningbo	241.12	115.06	100.80	14.03	0.90	91.10	16.02
温州市	Wenzhou	225.50	113.69	89.64	11.83		74.45	11.78
嘉兴市	Jiaxing	242.07	154.69	144.89	7.41	0.41	73.50	4.08
湖州市	Huzhou	140.14	81.34	74.89	10.99	0.08	41.45	3.24
绍兴市	Shaoxing	217.08	120.36	91.93	16.74	0.14	57.88	8.06
金华市	Jinhua	183.87	86.49	65.76	21.66	0.48	51.33	8.45
衢州市	Quzhou	174.68	90.15	73.30	32.21	0.16	40.28	3.66
舟山市	Zhoushan	16.95	6.58	4.58	1.75		7.22	1.18
台州市	Taizhou	205.92	89.31	71.72	8.84	0.13	83.28	13.79
丽水市	Lishui	141.77	73.75	47.99	6.00		47.79	2.81

17-7 各市主要农产品产量（2023年）
Output of Major Farm Products by City(2023)

单位：吨(ton)

城市	City	粮食 Grain	#谷物 Cereal	油菜籽 Rapeseeds	棉花 Cotton	水果 Fruit	#柑桔 Citrus	茶叶 Tea	蚕茧 Silkworm Cocoons
杭州市	Hangzhou	551912	475967	62242	175	843247	208313	31331	1006
宁波市	Ningbo	750326	697387	22794	1197	1305110	288645	10887	
温州市	Wenzhou	698902	598709	20526		649873	124947	8739	2
嘉兴市	Jiaxing	1002816	971021	15201	588	432028	40960	30	6038
湖州市	Huzhou	536577	513931	26747	115	252512	9231	12059	1312
绍兴市	Shaoxing	753164	630935	28262	201	625203	19196	42592	14185
金华市	Jinhua	484934	413324	33069	689	632517	72048	23403	38
衢州市	Quzhou	566001	504767	59929	234	668663	478036	8429	22
舟山市	Zhoushan	33530	25654	2263		73201	15618	35	
台州市	Taizhou	575892	503343	15203	180	1495854	524052	5537	
丽水市	Lishui	433855	339557	8030	3	355350	90199	46232	71

续表 Continued

单位：吨(ton)

城市	City	生猪年末存栏头数（万头） Year-end Hogs (10000 heads)	牛年末存栏头数(头) Year-end Cattle (head)	羊年末存栏只数(万只) Year-end Sheep and Goats (10000 heads)	肉产量(吨) Output of Meat (tons)	#猪肉 Pork (ton)	禽蛋产量(吨) Poultry Eggs (ton)	牛奶产量(吨) Cow Milk (ton)	水产品产量(吨) Output of Aquatic Production (ton)
杭州市	Hangzhou	81	12854	24	139273	118642	90181	35096	186001
宁波市	Ningbo	54	14935	7	103394	90196	38890	43967	1176486
温州市	Wenzhou	81	32308	9	119249	83437	28546	11790	758488
嘉兴市	Jiaxing	27	1167	26	95383	30772	26540	6341	176599
湖州市	Huzhou	24	2141	46	87399	34018	36868	7268	641190
绍兴市	Shaoxing	50	7870	7	88669	61008	20549	27295	133574
金华市	Jinhua	98	26211	6	150937	118161	21581	62894	98702
衢州市	Quzhou	70	19174	12	213747	130477	63200	8357	80809
舟山市	Zhoushan	8	259	1	8586	7814	694		1956235
台州市	Taizhou	60	18145	4	107547	63219	23886	5447	1496579
丽水市	Lishui	58	15536	6	84858	70056	11965	345	31211

17-8 各市农业现代化情况（2023年）
Agricultural Modernization by City (2023)

城市	City	农业机械总动力(万千瓦) Total Power of Agricultural Machinery (10000 kw)	农用化肥施用量(折纯)(吨) Consumption of Chemical Fertilizer (pure) (ton)	机耕面积(千公顷) Area Ploughed by Tractors (1000 hectares)	有效灌溉面积(千公顷) Irrigated Area (1000 hectares)
杭州市	Hangzhou	195.60	76210	140.20	121.68
宁波市	Ningbo	238.15	83148	247.61	141.21
温州市	Wenzhou	188.80	68131	173.99	145.95
嘉兴市	Jiaxing	109.74	74312	174.07	141.34
湖州市	Huzhou	138.97	36335	86.12	83.99
绍兴市	Shaoxing	174.04	70603	116.82	116.35
金华市	Jinhua	184.28	70514	132.03	141.22
衢州市	Quzhou	126.64	52131	111.64	99.73
舟山市	Zhoushan	131.00	3843	9.06	14.56
台州市	Taizhou	207.05	76586	142.40	124.91
丽水市	Lishui	99.75	46328	83.91	109.81

17-9 各市规模以上工业企业单位数（2023年）
Number of Industrial Enterprises Above Designated Size by City(2023)

单位：个(unit)

城市	City	工业企业单位数 Number of Enterprises	内资企业 Domestic-funded Enterprises	港澳台商投资企业 Enterprises with Investment from Hong Kong,Macao and Taiwan	外商投资企业 Enterprises with Foreign Investment
杭州市	Hangzhou	6919	6204	257	458
宁波市	Ningbo	10460	9159	610	691
温州市	Wenzhou	8465	8345	48	72
嘉兴市	Jiaxing	6714	5680	381	653
湖州市	Huzhou	4169	3828	152	189
绍兴市	Shaoxing	5356	5010	160	186
金华市	Jinhua	5817	5640	91	86
衢州市	Quzhou	1446	1397	18	31
舟山市	Zhoushan	486	459	8	19
台州市	Taizhou	5647	5503	62	82
丽水市	Lishui	1704	1677	10	17

17-10 各市工业企业经济指标（2023年）
Main Indicators of Industrial Enterprises by City(2023)

单位:亿元（100 million yuan）

城市	City	流动资产合计 Circulating Funds	资产总计 Total Assets	营业收入 Business Income	营业成本 Operating Costs
杭州市	Hangzhou	16962.56	27320.73	21074.21	17082.41
宁波市	Ningbo	16889.31	28088.78	24799.95	21229.34
温州市	Wenzhou	5515.49	9454.18	7432.49	6181.52
嘉兴市	Jiaxing	10403.03	18396.11	15389.02	13406.68
湖州市	Huzhou	5138.04	8532.46	7348.71	6369.33
绍兴市	Shaoxing	6665.19	11915.90	8196.10	6901.16
金华市	Jinhua	4771.59	8236.93	7083.71	6113.87
衢州市	Quzhou	2270.81	4207.67	3247.14	2858.65
舟山市	Zhoushan	1785.64	5115.08	3951.15	3411.86
台州市	Taizhou	5140.41	10025.65	6839.05	5613.64
丽水市	Lishui	1479.90	2482.22	2145.86	1852.56

续表 Continued

单位:亿元（100 million yuan）

城市	City	利税总额 Total Profits and Taxes	税金及附加 Taxes and Surcharges	应交增值税 VAT Payable	利润总额 Total Profits
杭州市	Hangzhou	2225.27	357.08	442.13	1426.05
宁波市	Ningbo	2207.62	487.64	344.81	1375.17
温州市	Wenzhou	600.85	32.96	165.36	402.53
嘉兴市	Jiaxing	1051.65	65.62	246.61	739.43
湖州市	Huzhou	562.98	39.03	134.13	389.82
绍兴市	Shaoxing	726.00	38.64	179.01	508.35
金华市	Jinhua	436.84	31.00	123.00	282.74
衢州市	Quzhou	187.88	12.00	47.00	128.99
舟山市	Zhoushan	343.04	235.90	40.96	66.19
台州市	Taizhou	621.46	41.15	136.35	443.97
丽水市	Lishui	172.20	8.76	55.58	107.86

17-11 各市客运量和货运量（2023年）
Passenger Traffic and Freight Traffic by City (2023)

城市	City	客运量(万人) Passenger Traffic (10000 persons)			货运量(万吨) Freight Traffic (10000 tons)	
		公路、水路 Highways and Waterways	轨道交通（万人次）Total Passenger Volume of Rail Transit Subway（10000 person times）	航空 Civil Aviation	公路、水路 Highways and Waterways	航空 Civil Aviation
杭州市	Hangzhou	4809.78	136290.00	4117.05	44167.16	80.97
宁波市	Ningbo	2142.50	36628.00	1290.20	83910.20	14.30
温州市	Wenzhou	4831.54	2196.94	598.54	21750.34	6.79
嘉兴市	Jiaxing	856.97	1510.22		29240.66	
湖州市	Huzhou	471.27			23214.49	
绍兴市	Shaoxing	1320.44	3842.00		22913.34	
金华市	Jinhua	1286.42	3698.00	296.57	17234.72	2.98
衢州市	Quzhou	939.30		88.34	12513.54	0.11
舟山市	Zhoushan	6625.40		239.92	46314.91	0.23
台州市	Taizhou	702.46	1015.00	201.73	31556.00	1.06
丽水市	Lishui	786.40			6503.00	

17-12 各市公路里程、邮电通信和用电量情况（2023年）
Length of Highways,Posts and Telecommunications and Electricity by City(2023)

城市	City	境内公路里程(公里) Length of Highways (km)	#高速公路 Expressway	民用汽车拥有量（辆） Civil Motor Vehicles (unit)	快递业务收入(万元) Express Business Income (10000 yuan)	年末移动电话用户数（万户） Number of Mobile Telephones Subscribers (10000 subscribers)
杭州市	Hangzhou	16621	878	4420291	3667165	1887.00
宁波市	Ningbo	11487	666	3510545	1312561	1411.00
温州市	Wenzhou	15633	630	2852589	1188939	1281.74
嘉兴市	Jiaxing	7599	428	1914152	1148527	781.61
湖州市	Huzhou	8181	453	1139205	409703	448.00
绍兴市	Shaoxing	9918	593	1786700	598346	722.00
金华市	Jinhua	13141	418	2672352	3723169	1047.00
衢州市	Quzhou	8784	422	596376	84824	282.00
舟山市	Zhoushan	1976	70	245461	57861	195.57
台州市	Taizhou	13059	499	2195563	732516	953.55
丽水市	Lishui	15085	452	542677	134921	301.09

续表 Continued

城市	City	固定互联网宽带接入用户数(万户) Number of Fixed Internet Broadband Access Users (10,000 subscribers)	电信业务收入（万元） Telecom Business Income (10000 yuan)	全年用电量(亿千瓦小时) Total Electricity Consumption (100 million kw.h)	#工业用电 Industrial Consumption	#城乡居民生活用电 Residential Consumption
杭州市	Hangzhou	851	2811584	987.13	435.69	191.30
宁波市	Ningbo	553	1679031	1031.80	723.86	129.53
温州市	Wenzhou	525	1632909	580.72	315.16	142.04
嘉兴市	Jiaxing	288	844083	722.56	557.74	70.72
湖州市	Huzhou	198	552845	384.92	264.78	49.17
绍兴市	Shaoxing	272	759926	559.93	410.91	67.25
金华市	Jinhua	387	1137629	553.61	349.77	89.53
衢州市	Quzhou	116	289407	239.65	177.85	28.57
舟山市	Zhoushan	72	201642	192.02	148.44	14.72
台州市	Taizhou	323	983945	439.45	273.56	87.93
丽水市	Lishui	128	310048	150.72	90.35	28.82

17-13 各市房地产投资（2023年）
Investment in Real Estate by City (2023)

单位:亿元(100 million yuan)

城市	City	房地产开发投资 Real Estate Development	#住宅 Residential Buildings	商品房屋销售面积(万平方米) Floor Space of Commerical Houses Sold (10000 sq.m)	商品房屋销售额 Total Value of Commerical Houses Sold
杭州市	Hangzhou	4340.00	2778.05	1447.63	4564.23
宁波市	Ningbo	2212.36	1497.86	902.35	1624.28
温州市	Wenzhou	1556.00	1129.82	706.24	1065.96
嘉兴市	Jiaxing	981.53	736.19	434.99	631.26
湖州市	Huzhou	605.45	458.44	376.97	429.69
绍兴市	Shaoxing	1057.62	788.12	715.79	1158.83
金华市	Jinhua	910.65	694.17	508.16	805.08
衢州市	Quzhou	284.73	204.89	93.62	131.94
舟山市	Zhoushan	146.38	103.73	83.93	107.83
台州市	Taizhou	779.37	551.10	576.15	741.50
丽水市	Lishui	323.81	234.64	260.57	243.22

17-14 各市国内贸易情况（2023年）
The Situation of Domestic Trade by City(2023)

城市	City	社会消费品零售总额(亿元) Total Retail Sales of Consumer Goods (100 million yuan)	限额以上批发零售业商品销售额(亿元) Total Sales of Wholesale and Retail Sale Trade Above Designated Size (100 million yuan)	通过公共网络实现的商品销售额 Web Sales	限额以上住宿餐饮业营业额（亿元） Turnover of Accommodation and Catering Businesses Above Designated Size (100 million yuan)
杭州市	Hangzhou	7670.57	45672.60	4645.62	516.85
宁波市	Ningbo	5212.56	50839.05	2026.83	172.83
温州市	Wenzhou	4257.08	12152.12	291.86	142.34
嘉兴市	Jiaxing	2513.46	6774.97	160.56	72.78
湖州市	Huzhou	1707.92	5780.08	234.22	76.98
绍兴市	Shaoxing	2820.35	8337.97	203.29	103.32
金华市	Jinhua	3141.76	4734.63	214.35	49.69
衢州市	Quzhou	970.77	1558.35	110.30	17.39
舟山市	Zhoushan	617.84	6333.88	10.46	34.31
台州市	Taizhou	2766.23	5200.34	244.89	62.22
丽水市	Lishui	871.64	3245.41	183.25	29.23

17-15 各市外贸及利用外资情况（2023年）
The Situation of Foreign Trade and the Use of Foreign Capital by City(2023)

城市	City	进口总额（亿元） Total imports (100 million)	出口总额（亿元） Total exports (100 million)	外国和港澳台地区在华直接投资 Foreign Funded Enterprises and Enterprises Funded by Entrepreneurs from Hong Kong,Macao & Taiwan	
				新设立外商直接投资企业数(家) Number of Newly Established Foreign Direct Investment Enterprises（unit)	实际使用外资金额(万美元) Amount of Foreign Capital Actually Use（USD 10000)
杭州市	Hangzhou	2691.00	5338.72	1066	883113
宁波市	Ningbo	4491.50	8287.82	519	468950
温州市	Wenzhou	482.51	2339.40	156	53352
嘉兴市	Jiaxing	1072.34	3337.41	404	301347
湖州市	Huzhou	128.35	1490.43	234	58178
绍兴市	Shaoxing	414.50	3810.21	281	97369
金华市	Jinhua	1066.86	6630.66	1541	53001
衢州市	Quzhou	261.58	454.23	41	10892
舟山市	Zhoushan	2429.56	1149.01	60	47648
台州市	Taizhou	229.95	2514.53	103	35482
丽水市	Lishui	64.24	312.96	46	13760

17-16 各市旅游事业情况（2023年）
Tourism by City(2023)

城市	City	入境游客（人次）Number of Inbound Tourists (person)	入境旅游收入(万美元) Income from Inbound Tourism (USD 10000)	国内游客（万人次）Number of Domestic Tourists (10000 person)	国内旅游收入（亿元）Domestic Tourism Revenue (100 million yuan)
杭州市	Hangzhou	466167	27315	11881	1785
宁波市	Ningbo	154718	4757	6580	874
温州市	Wenzhou	90592	3619	5684	765
嘉兴市	Jiaxing	127579	5960	4508	560
湖州市	Huzhou	53703	1988	3874	527
绍兴市	Shaoxing	16950	709	3323	452
金华市	Jinhua	400929	22568	5106	722
衢州市	Quzhou	6736	238	1620	201
舟山市	Zhoushan	41574	1296	1727	237
台州市	Taizhou	31879	1149	3880	481
丽水市	Lishui	6847	262	2932	309

17-17 各市财政收支情况（2023年）
Total Financial Revenue and Expenditure by City(2023)

单位：万元（10000 yuan）

城市	City	财政总收入（亿元）Total Financial Revenue (100 million yuan)	一般公共预算收入 General Public Revenue	一般公共预算支出 General Public Budget Expenditure	#一般性公共服务支出 Expenses for Public Service	#教育支出 Expenses for Education
杭州市	Hangzhou	4916.53	26168107	26362270	2096556	5601784
宁波市	Ningbo	3384.06	17858565	22350944	1782147	3177652
温州市	Wenzhou	1023.77	6226842	11759428	1307297	2767484
嘉兴市	Jiaxing	1102.59	6320216	8269900	707225	1635936
湖州市	Huzhou	696.60	4104988	6069736	674360	1099983
绍兴市	Shaoxing	926.60	5787476	7786417	825305	1584050
金华市	Jinhua	867.81	5257962	8484768	819523	1652384
衢州市	Quzhou	321.25	2042082	6064818	657173	762259
舟山市	Zhoushan	529.91	1935136	3765089	625005	429876
台州市	Taizhou	831.94	4942788	8366080	941199	1919376
丽水市	Lishui	312.71	1860556	6536540	663026	973785

17-18　各市金融情况（2023年）
Finance by City(2023)

单位：亿元（100 million yuan）

城市	City	金融机构年末存款余额 Deposits	住户存款年末余额 Savings Deposits of Residents	金融机构年末贷款余额 Loans	制造业贷款余额 Manufacturing Loans
杭州市	Hangzhou	75603.15	23199.39	68309.85	7620.80
宁波市	Ningbo	32958.42	14282.01	37658.44	6922.77
温州市	Wenzhou	21659.22	13080.10	20812.59	2814.01
嘉兴市	Jiaxing	14914.02	7610.37	16343.40	3508.09
湖州市	Huzhou	9064.56	4453.11	10533.81	1566.74
绍兴市	Shaoxing	16132.84	8443.12	16438.90	2963.44
金华市	Jinhua	15876.99	9229.18	15890.85	3089.73
衢州市	Quzhou	4708.46	2494.10	5042.91	820.36
舟山市	Zhoushan	3527.50	1791.84	4215.67	1171.79
台州市	Taizhou	15440.79	9090.75	15920.16	2639.59
丽水市	Lishui	5633.15	3321.56	4715.83	586.41

17-19 各市社会保险福利情况（2023年）
Basic Statistics on Social Insurance & Welfare by City(2023)

单位：人(person)

城市	City	城乡居民基本养老保险参保人数 Number of Urban and Rural Residents Participating in Basic Endowment Insurance	城乡居民基本医疗保险参保人数 Urban and Rural Households Participating in the Basic Health Care Program	失业保险人数 Persons Participating in the Unemployment Insurance Program
杭州市	Hangzhou	779526	3600726	5869497
宁波市	Ningbo	965994	2866762	3416360
温州市	Wenzhou	1851570	4998859	1705024
嘉兴市	Jiaxing	607585	1511884	1661056
湖州市	Huzhou	481187	1196434	970118
绍兴市	Shaoxing	850021	2124621	1396044
金华市	Jinhua	1272532	3068225	1422339
衢州市	Quzhou	845526	1447303	450683
舟山市	Zhoushan	160098	468887	274797
台州市	Taizhou	1630509	3550973	1312335
丽水市	Lishui	883889	1793961	381555

续表 Continued

单位：人(person)

城市	City	养老服务机构数(个) Number of Pension Service Institutions (unit)	养老服务机构床位数(张) Number of Beds in Pension Services (unit)	城市居民最低生活保障人数(人) Number of Urban Residents below Minimum Living Security Line (person)
杭州市	Hangzhou	250	39544	15134
宁波市	Ningbo	266	45948	7542
温州市	Wenzhou	250	21981	8969
嘉兴市	Jiaxing	84	16888	3938
湖州市	Huzhou	84	13653	3182
绍兴市	Shaoxing	113	18906	4718
金华市	Jinhua	128	26587	1798
衢州市	Quzhou	109	12110	2365
舟山市	Zhoushan	72	8875	1453
台州市	Taizhou	242	27720	4502
丽水市	Lishui	67	9098	2321

17-20　各市各类学校在校生数（2023年）
Student Enrollment by Type of School and by City(2023)

城市	City	高等学校（人）Institutions of Higher Education (person)	中等职业学校（人）Vocational Secondary Schools (person)	普通中学（万人）Regular Secondary Schools (10000 persons)	小学（万人）Primary Schools (10000 persons)
杭州市	Hangzhou	636388	79244	43.83	76.21
宁波市	Ningbo	252176	60868	34.34	57.78
温州市	Wenzhou	183870	94291	43.94	64.96
嘉兴市	Jiaxing	83335	51478	18.62	32.75
湖州市	Huzhou	43267	33160	12.76	20.58
绍兴市	Shaoxing	152834	37111	21.35	30.28
金华市	Jinhua	120924	48337	29.81	51.24
衢州市	Quzhou	19526	21863	10.48	14.10
舟山市	Zhoushan	46330	6101	3.64	5.35
台州市	Taizhou	78343	68498	31.50	42.66
丽水市	Lishui	49964	24596	12.17	15.52

17-21　各市R&D经费支出及专利申请（2023年）
Expenditure on R&D Activities and Patent Application by City(2023)

城市	City	R&D经费支出（亿元）Expenditure on R&D Activities (100 million yuan)	R&D人员（万人年）R&D Personnel (10000 man-year)	专利申请授权量（项）Patent Application Approved (item)	#发明 Invention
杭州市	Hangzhou	786.38	20.66	107675	31981
宁波市	Ningbo	506.42	16.23	64110	9372
温州市	Wenzhou	237.20	7.74	48747	3778
嘉兴市	Jiaxing	251.48	8.23	36415	4869
湖州市	Huzhou	136.35	4.22	16330	2985
绍兴市	Shaoxing	242.70	6.00	24656	3629
金华市	Jinhua	151.80	6.61	37842	2830
衢州市	Quzhou	50.15	1.56	6344	1053
舟山市	Zhoushan	45.84	0.75	2085	634
台州市	Taizhou	166.97	6.76	29236	2921
丽水市	Lishui	45.24	1.59	8398	713

17-22 各市文化和卫生事业主要指标（2023年）
Main Indicators of Culture and Public Healthy by City(2023)

城市	City	体育场地数（个）Number of Stadiums（unit）	博物馆数（个）Number of Museums (unit)	公共图书馆图书藏量(万册) Total Collections of Books in Public Libraries (10000 copies)	医院数(个) Number of Health Institutions (unit)	医院床位数(张) Number of Beds in Health Institutions (bed)	医生数(人) Doctors (person)
杭州市	Hangzhou	41917	87	3182	414	95220	62661
宁波市	Ningbo	29699	78	1472	215	44792	37888
温州市	Wenzhou	32436	58	1754	171	44130	37043
嘉兴市	Jiaxing	21625	35	1321	107	26466	22351
湖州市	Huzhou	10514	37	475	90	20378	12712
绍兴市	Shaoxing	20344	67	916	106	28050	21205
金华市	Jinhua	25622	24	772	168	34666	26110
衢州市	Quzhou	10670	8	510	85	15237	9065
舟山市	Zhoushan	3252	15	262	37	6141	4653
台州市	Taizhou	25357	55	1133	144	32528	22529
丽水市	Lishui	12780	21	435	72	15007	9932

17-23 各市城乡居民收入情况（2023年）
Income of Urban and Rural Residents by City(2023)

单位：元(yuan)

城市	City	城镇居民人均可支配收入 Per Capita Disposable Income of Urban Residents	工资性收入 Wage Income	经营净收入 Net Operating Income	财产净收入 Net Income from Property	转移净收入 Net Income Transferred	农村居民人均可支配收入 Per Capita Disposable Income of Rural Residents
杭州市	Hangzhou	80587	47092	6631	11802	15062	48180
宁波市	Ningbo	80144	43658	13320	9803	13363	48350
温州市	Wenzhou	77973	40414	13372	13763	10423	41622
嘉兴市	Jiaxing	75909	47366	7595	7116	13832	49643
湖州市	Huzhou	74400	40119	14775	7251	12254	47455
绍兴市	Shaoxing	80392	44604	15549	9209	11030	48825
金华市	Jinhua	73639	39934	11716	10897	11092	38136
衢州市	Quzhou	60592	36293	8336	5981	9982	33993
舟山市	Zhoushan	76435	50992	8109	6408	10926	49379
台州市	Taizhou	73879	42846	12869	9925	8239	40153
丽水市	Lishui	58583	30230	9148	8056	11149	30811

17-24 各市城镇居民人均消费支出情况（2023年）
Per Capita Consumption Expenditure of Urban Residents by City(2023)

单位：元(yuan)

城市	City	城镇居民人均消费支出 Per Capita Consumption Expenditure of Urban Residents	食品烟酒 Food, Tobacco and Alcohol	衣着 Clothing	居住 Residence	生活用品及服务 Daily Necessities and Services
杭州市	Hangzhou	54103	13062	2580	14944	2482
宁波市	Ningbo	50347	12875	2469	14740	2507
温州市	Wenzhou	53333	14421	2873	12461	4108
嘉兴市	Jiaxing	47551	12625	2447	9930	3180
湖州市	Huzhou	46788	12797	3344	10475	2518
绍兴市	Shaoxing	49300	12988	3497	12848	2200
金华市	Jinhua	48792	11559	3159	11276	3183
衢州市	Quzhou	35962	8665	2013	9312	2252
舟山市	Zhoushan	48153	13783	4132	10488	2452
台州市	Taizhou	46744	13138	3540	10950	2868
丽水市	Lishui	41541	11256	3227	11881	1930

续表 Continued

单位：元(yuan)

城市	City	交通和通信 Transportation and Communications	教育文化娱乐 Education, Culture and Entertainment	医疗保健 Medical Care	其他用品及服务 Other Supplies and Services
杭州市	Hangzhou	9419	5684	4148	1784
宁波市	Ningbo	7802	4746	3579	1629
温州市	Wenzhou	6898	6905	3095	2573
嘉兴市	Jiaxing	8812	5783	3352	1423
湖州市	Huzhou	7639	5768	2808	1439
绍兴市	Shaoxing	7630	5575	3271	1293
金华市	Jinhua	8322	5496	4467	1330
衢州市	Quzhou	4689	5556	2480	994
舟山市	Zhoushan	5810	5902	3272	2314
台州市	Taizhou	7756	4797	2527	1169
丽水市	Lishui	4508	3380	4347	1012

17-25 各市、县国民经济主要指标（2023年）
Main Indicators of National Economy by City and County (2023)

市县名称	City and County	土地面积 (平方公里) Land Area (sq.km)	年末常住人口 (万人) Total Population with Permanent Residence(10000 persons)	生产总值 (亿元) Gross Domestic Product (100 million yuan)	第一产业 Primary Industry	第二产业 Secondary Industry
上城区	Shangcheng		139.00	2668.48		621.95
拱墅区	Gongshu		118.80	2091.48		193.4
西湖区	Xihu		117.10	2087.38	3.52	144.61
滨江区	Binjiang		54.30	2467.92	0.55	923.95
萧山区	Xiaoshan		214.00	2230.69	57.05	823.95
余杭区	Yuhang		140.50	2936.43	41.65	327.97
临平区	Linping		112.70	1067.27	16.8	557.27
钱塘区	Qiantang		80.20	1270.39	12.78	824.37
富阳区	Fuyang		85.70	960.88	53.37	405.29
临安区	Linan		65.20	686.45	47.18	339.11
桐庐县	Tonglu	1829	45.90	469.23	28.56	214.69
淳安县	Chunan	4418	32.10	280.49	44.46	75.94
建德市	Jiande	2314	44.30	450.11	39.58	213.77
海曙区	Haishu	595	106.53	1646.91	17.53	422.07
江北区	Jiangbei	208	51.32	910.17	8.97	298.41
北仑区	Beilun	599	89.38	2729.18	9.11	1232.58
镇海区	Zhenhai	246	52.25	1420.04	7.49	973.19
鄞州区	Yinzhou	814	168.99	2803.35	31.22	790.17
奉化区	Fenghua	1268	58.86	960.40	36.83	577.53
象山县	Xiangshan	1382	57.71	770.15	100.11	293.02
宁海县	Ninghai	1843	71.00	1001.17	55.68	484.16
余姚市	Yuyao	1501	126.46	1571.06	52.63	906.57
慈溪市	Cixi	1361	187.19	2639.45	64.17	1558.93
鹿城区	Lucheng	293	120.94	1401.07	2.24	344.94
龙湾区	Longwan	316	74.81	922.43	3.10	525.84
瓯海区	Ouhai	466	100.16	873.49	7.27	340.13
洞头区	Dongtou	273	15.78	150.04	8.65	51.35
永嘉县	Yongjia	2677	88.10	564.45	18.67	256.96
平阳县	Pingyang	1036	87.10	711.81	23.84	335.74
苍南县	Cangnan	1079	84.85	471.92	31.92	185.09

续表1 Continued

市县名称	City and County	土地面积(平方公里) Land Area (sq.km)	年末常住人口(万人) Total Population with Permanent Residence(10000 persons)	生产总值(亿元) Gross Domestic Product (100 million yuan)	第一产业 Primary Industry	第二产业 Secondary Industry
文成县	Wencheng	1296	29.22	136.81	10.69	33.73
泰顺县	Taishun	1768	26.94	157.60	11.05	60.10
瑞安市	Ruian	1342	153.46	1285.13	29.55	564.28
乐清市	Yueqing	1396	147.58	1663.53	23.09	740.06
龙港市	Longgang	160	47.16	409.49	9.69	173.07
南湖区	Nanhu	439	87.76	1001.92	14.97	456.12
秀洲区	Xiuzhou	548	71.16	903.92	19.46	465.49
嘉善县	Jiashan	507	66.44	908.11	23.69	516.48
海盐县	Haiyan	596	47.09	668.31	20.10	384.88
海宁市	Haining	863	110.68	1318.16	20.75	755.06
平湖市	Pinghu	557	69.22	1008.66	16.22	595.06
桐乡市	Tongxiang	727	106.05	1252.35	25.79	605.02
吴兴区	Wuxing	863	105.04	1240.21	27.78	554.65
南浔区	Nanxun	702	54.99	585.03	30.86	330.85
德清县	Deqing	938	55.72	680.66	27.36	386.51
长兴县	Changxing	1431	68.16	893.98	40.73	436.75
安吉县	Anji	1886	60.01	615.12	32.24	270.25
越城区	Yuecheng	534	113.06	1330.15	17.20	568.09
柯桥区	Keqiao	1066	112.45	2030.29	41.76	1017.98
上虞区	Shangyu	1365	80.28	1317.72	54.52	678.89
新昌县	Xinchang	1214	41.17	606.67	25.01	301.30
诸暨市	Zhuji	2311	122.92	1755.29	55.91	826.01
嵊州市	Shengzhou	1789	69.52	750.36	44.88	337.06
婺城区	Wucheng	1391	97.80	804.83	17.36	260.11
金东区	Jindong	658	52.00	320.88	13.87	139.50
武义县	Wuyi	1568	46.90	340.16	16.43	156.40
浦江县	Pujiang	918	46.50	291.46	10.91	126.24
磐安县	Panan	1195	17.90	139.75	14.12	54.25
兰溪市	Lanxi	1313	58.10	496.75	26.07	242.18
义乌市	Yiwu	1105	190.30	2055.62	26.22	628.42

续表2 Continued

市县名称	City and County	土地面积(平方公里) Land Area (sq.km)	年末常住人口(万人) Total Population with Permanent Residence(10000 persons)	生产总值(亿元) Gross Domestic Product (100 million yuan)	第一产业 Primary Industry	第二产业 Secondary Industry
东阳市	Dongyang	1747	109.30	805.85	21.85	360.14
永康市	Yongkang	1047	97.50	755.98	9.58	400.16
柯城区	Kecheng	607	54.80	670.68	8.49	278.45
衢江区	Qujiang	1748	37.60	327.72	20.55	156.23
常山县	Changshan	1097	26.70	213.94	9.37	94.23
开化县	Kaihua	2231	24.40	188.22	15.01	69.27
龙游县	Longyou	1143	36.70	318.94	12.73	135.67
江山市	Jiangshan	2019	49.50	405.77	25.05	175.13
定海区	Dinghai	587	50.85	698.73	16.87	227.82
普陀区	Putuo	478	38.61	456.51	88.77	93.81
岱山县	Daishan	348	21.34	804.73	35.80	649.40
嵊泗县	Shengsi	107	6.50	142.02	42.23	33.60
椒江区	Jiaojiang	364	88.10	790.34	17.62	285.84
黄岩区	Huangyan	988	71.10	637.70	23.83	283.83
路桥区	Luqiao	328	63.80	783.31	15.88	289.81
三门县	Sanmen	1105	38.70	350.65	41.92	165.29
天台县	Tiantai	1432	46.90	368.88	16.48	140.72
仙居县	Xianju	2000	43.30	321.02	18.19	134.16
温岭市	Wenling	1074	144.10	1351.32	96.02	563.52
临海市	Linhai	2251	110.90	891.88	58.85	378.57
玉环市	Yuhuan	510	64.30	745.98	45.42	387.01
莲都区	Liandu	1493	57.78	518.46	22.14	170.36
青田县	Qingtian	2477	51.66	300.19	11.38	114.45
缙云县	Jinyun	1494	40.80	319.73	13.05	147.83
遂昌县	Suichang	2540	19.32	181.07	14.46	74.33
松阳县	Songyang	1401	20.29	153.99	14.44	62.69
云和县	Yunhe	990	12.63	103.70	5.68	49.66
庆元县	Qingyuan	1897	14.10	101.04	8.35	34.38
景宁县	Jingning	1939	11.06	102.82	7.75	23.83
龙泉市	Longquan	3044	25.16	183.53	17.79	62.55

续表3 Continued

市县名称	City and County	第三产业 Tertiary Industry	工业 Industry Industry	人均生产总值(元) Per-capita GDP (yuan)	社会消费品零售总额(亿元) Total Retail Sales of Consumer Goods (100 million yuan)	财政总收入(亿元) Total Financial Revenue (100 million yuan)
上城区	Shangcheng	2046.53	494.81	193298	1106.95	460.82
拱墅区	Gongshu	1898.09	124.99	176870	1363.87	359.39
西湖区	Xihu	1939.26	104.65	178561	906.26	449.64
滨江区	Binjiang	1543.42	906.91	460003	568.16	462.46
萧山区	Xiaoshan	1349.68	730.26	104974	1006.21	566.91
余杭区	Yuhang	2566.81	281.44	212093	826.33	801.57
临平区	Linping	493.19	526.67	95505	392.27	253.79
钱塘区	Qiantang	433.24	772.07	158898	340.42	247.63
富阳区	Fuyang	502.21	346.96	112515	444.44	165.18
临安区	Linan	300.16	300.26	105608	246.18	141.25
桐庐县	Tonglu	225.98	170.57	102340	173.85	78.89
淳安县	Chunan	160.10	47.75	86840	109.42	79.22
建德市	Jiande	196.76	177.16	101261	136.01	46.89
海曙区	Haishu	1207.30	338.94	155149	902.89	218.51
江北区	Jiangbei	602.79	250.91	179167	465.33	188.33
北仑区	Beilun	1487.48	1164.51	307860	465.67	813.41
镇海区	Zhenhai	439.36	911.49	273610	200.32	148.26
鄞州区	Yinzhou	1981.96	647.03	167264	1113.54	509.52
奉化区	Fenghua	346.04	521.27	163473	187.61	132.44
象山县	Xiangshan	377.02	220.89	133590	259.79	109.43
宁海县	Ninghai	461.33	430.54	141109	343.61	109.40
余姚市	Yuyao	611.86	850.36	124244	501.60	231.76
慈溪市	Cixi	1016.35	1433.98	141261	772.18	393.76
鹿城区	Lucheng	1053.91	246.61	116708	882.04	56.58
龙湾区	Longwan	393.49	472.40	124066	448.85	93.76
瓯海区	Ouhai	526.09	239.00	88009	407.38	69.15
洞头区	Dongtou	90.04	29.97	95872	73.26	24.29
永嘉县	Yongjia	288.82	182.01	64325	281.75	66.48
平阳县	Pingyang	352.24	267.73	81959	301.64	66.75
苍南县	Cangnan	254.91	101.86	55651	288.91	53.20

续表4 Continued

市县名称	City and County	第三产业 Tertiary Industry	工业 Industry Industry	人均生产总值(元) Per-capita GDP (yuan)	社会消费品零售总额(亿元) Total Retail Sales of Consumer Goods (100 million yuan)	财政总收入(亿元) Total Financial Revenue (100 million yuan)
文成县	Wencheng	92.39	14.90	47013	62.10	17.16
泰顺县	Taishun	86.44	19.63	58695	71.87	27.35
瑞安市	Ruian	691.30	467.10	83913	622.18	126.56
乐清市	Yueqing	900.38	681.77	113050	648.25	166.14
龙港市	Longgang	226.73	156.74	87034	167.34	31.50
南湖区	Nanhu	530.83	395.62	114506	508.82	89.81
秀洲区	Xiuzhou	418.96	418.15	127582	167.86	65.95
嘉善县	Jiashan	367.95	479.59	136970	289.61	146.67
海盐县	Haiyan	263.33	360.70	142193	202.74	114.37
海宁市	Haining	542.36	678.23	119345	557.71	174.37
平湖市	Pinghu	397.39	556.18	146183	302.23	151.38
桐乡市	Tongxiang	621.54	525.66	118426	484.48	179.08
吴兴区	Wuxing	657.78	466.09	118851	793.55	172.81
南浔区	Nanxun	223.31	306.25	106757	134.37	71.15
德清县	Deqing	266.79	352.36	122531	184.66	142.40
长兴县	Changxing	416.50	398.08	131275	354.50	157.94
安吉县	Anji	312.62	241.53	102862	240.84	112.95
越城区	Yuecheng	744.86	423.90	118078	792.97	145.66
柯桥区	Keqiao	970.54	878.25	181195	448.98	222.29
上虞区	Shangyu	584.30	571.20	164612	446.76	161.47
新昌县	Xinchang	280.36	265.94	147969	222.07	78.40
诸暨市	Zhuji	873.37	685.26	143406	576.19	148.91
嵊州市	Shengzhou	368.42	293.61	108356	333.38	77.90
婺城区	Wucheng	527.35	204.90	82546	547.15	113.46
金东区	Jindong	167.51	105.68	61887	264.66	44.81
武义县	Wuyi	167.33	143.20	72528	123.42	54.54
浦江县	Pujiang	154.31	108.33	62815	111.81	39.04
磐安县	Panan	71.38	39.27	78293	46.02	23.51
兰溪市	Lanxi	228.50	221.67	85720	177.14	62.24
义乌市	Yiwu	1400.98	565.11	108447	1108.19	234.94

续表5 Continued

市县名称	City and County	第三产业 Tertiary Industry	工业 Industry Industry	人均生产总值(元) Per-capita GDP (yuan)	社会消费品零售总额(亿元) Total Retail Sales of Consumer Goods (100 million yuan)	财政总收入(亿元) Total Financial Revenue (100 million yuan)
东阳市	Dongyang	423.86	268.47	73863	365.88	146.43
永康市	Yongkang	346.24	363.70	77616	397.48	114.08
柯城区	Kecheng	383.74	242.71	123286	257.96	23.58
衢江区	Qujiang	150.94	138.70	87507	102.38	26.39
常山县	Changshan	110.34	71.46	80731	106.65	29.91
开化县	Kaihua	103.94	44.99	76670	107.14	30.50
龙游县	Longyou	170.54	108.97	86906	191.75	48.60
江山市	Jiangshan	205.59	134.43	81644	204.87	53.84
定海区	Dinghai	454.04	177.28	137545	265.03	61.68
普陀区	Putuo	273.93	83.76	118267	215.63	51.24
岱山县	Daishan	119.53	644.23	378696	97.57	32.26
嵊泗县	Shengsi	66.19	16.73	216821	39.62	16.52
椒江区	Jiaojiang	486.88	253.46	90896	324.01	86.58
黄岩区	Huangyan	330.04	259.11	89627	279.05	83.11
路桥区	Luqiao	477.62	238.42	122583	423.09	92.88
三门县	Sanmen	143.44	144.02	91554	121.67	52.54
天台县	Tiantai	211.68	118.22	78568	158.24	41.98
仙居县	Xianju	168.67	109.87	74397	128.02	37.75
温岭市	Wenling	691.78	432.66	94366	793.92	144.75
临海市	Linhai	454.46	318.34	80241	291.39	115.53
玉环市	Yuhuan	313.55	357.98	115209	246.83	94.88
莲都区	Liandu	325.96	130.24	90403	254.31	106.18
青田县	Qingtian	174.36	94.93	58289	107.66	36.50
缙云县	Jinyun	158.86	118.02	78655	128.67	37.70
遂昌县	Suichang	92.28	61.60	93576	81.08	24.71
松阳县	Songyang	76.86	51.23	75485	68.59	17.08
云和县	Yunhe	48.36	43.86	81977	50.14	15.75
庆元县	Qingyuan	58.31	24.49	71405	54.07	11.21
景宁县	Jingning	71.25	14.30	93052	38.82	44.96
龙泉市	Longquan	103.19	46.25	73266	88.29	18.60

续表6 Continued

市县名称	City and County	一般公共预算收入（亿元）General Public Revenue (100 million yuan)	一般公共预算支出（亿元）General Public Budget Expenditure (100 million yuan)	住户存款年末余额(亿元) Savings Deposits of Residents (100 million yuan)	城镇居民人均可支配收入(元) Per Capita Disposable Income of Urban Residents (yuan)	农村居民人均可支配收入(元) Per Capita Disposable Income of Rural Residents (yuan)
上城区	Shangcheng	244.94	155.32		82665	
拱墅区	Gongshu	199.18	132.23		83039	
西湖区	Xihu	233.78	169.29		86521	
滨江区	Binjiang	242.14	181.88		83205	
萧山区	Xiaoshan	332.00	328.16	3485.08	81655	52719
余杭区	Yuhang	416.68	351.38	1477.91	84528	55223
临平区	Linping	144.68	200.17	1413.96	82311	52610
钱塘区	Qiantang	127.08	143.73		82520	57525
富阳区	Fuyang	100.54	137.62	1049.38	74899	47653
临安区	Linan	87.60	105.68	776.23	70235	44682
桐庐县	Tonglu	45.03	72.80	578.19	67232	42843
淳安县	Chunan	47.59	87.42	337.27	57548	27856
建德市	Jiande	26.99	89.41	539.15	64531	38129
海曙区	Haishu	129.45	139.11	1810.09	85481	49550
江北区	Jiangbei	108.86	100.31	909.33	82850	51094
北仑区	Beilun	413.48	377.06	1071.57	82322	50622
镇海区	Zhenhai	90.91	115.10	791.09	84527	50186
鄞州区	Yinzhou	305.50	263.04	3197.96	88388	53273
奉化区	Fenghua	86.89	108.87	702.49	70625	43651
象山县	Xiangshan	64.68	114.69	593.82	72676	44115
宁海县	Ninghai	68.34	104.15	616.54	75559	44800
余姚市	Yuyao	132.86	155.49	1878.92	77044	48669
慈溪市	Cixi	221.71	254.35	2710.20	76803	50180
鹿城区	Lucheng	35.91	88.70		86782	49796
龙湾区	Longwan	54.08	75.12		78250	
瓯海区	Ouhai	42.85	71.63		80687	50231
洞头区	Dongtou	16.42	47.65	116.46	63785	41881
永嘉县	Yongjia	40.87	101.05	917.27	64337	34228
平阳县	Pingyang	40.03	97.71	868.45	65787	35097
苍南县	Cangnan	32.79	100.80	617.68	61292	33064

续表7 Continued

市县名称	City and County	一般公共预算收入(亿元) General Public Revenue (100 million yuan)	一般公共预算支出(亿元) General Public Budget Expenditure (100 million yuan)	住户存款年末余额(亿元) Savings Deposits of Residents (100 million yuan)	城镇居民人均可支配收入(元) Per Capita Disposable Income of Urban Residents (yuan)	农村居民人均可支配收入(元) Per Capita Disposable Income of Rural Residents (yuan)
文成县	Wencheng	11.47	53.98	459.63	52216	26190
泰顺县	Taishun	16.02	61.57	280.34	52696	26603
瑞安市	Ruian	75.82	141.65	2029.40	82476	45644
乐清市	Yueqing	97.05	128.62	1944.17	81501	48480
龙港市	Longgang	20.47	39.23	285.28	68801	38425
南湖区	Nanhu	35.80	63.64		69150	48617
秀洲区	Xiuzhou	28.56	50.22		68742	47793
嘉善县	Jiashan	84.75	100.08	936.20	76921	50183
海盐县	Haiyan	65.54	78.16	685.50	78591	50647
海宁市	Haining	100.13	121.36	1544.74	78874	51411
平湖市	Pinghu	88.98	114.22	860.31	78218	50249
桐乡市	Tongxiang	107.02	142.97	1403.13	73941	49586
吴兴区	Wuxing	111.16	70.20		76224	48421
南浔区	Nanxun	42.13	67.50		72126	47077
德清县	Deqing	85.02	107.53	750.51	75292	48795
长兴县	Changxing	87.22	119.98	801.69	75387	48528
安吉县	Anji	65.11	93.72	654.03	71704	45469
越城区	Yuecheng	90.22	108.21	1976.44	74596	48866
柯桥区	Keqiao	142.23	139.15	2020.63	87467	55299
上虞区	Shangyu	97.67	137.50	1328.33	81366	47567
新昌县	Xinchang	46.30	73.70	527.40	75613	42068
诸暨市	Zhuji	97.20	126.20	1715.96	84382	52684
嵊州市	Shengzhou	50.81	92.52	874.36	76954	43408
婺城区	Wucheng	57.27	81.94		68012	32040
金东区	Jindong	27.20	54.38		60247	36125
武义县	Wuyi	34.66	60.88	514.48	54003	26990
浦江县	Pujiang	25.38	57.66	499.71	61527	31843
磐安县	Panan	14.74	49.60	202.12	51266	25864
兰溪市	Lanxi	36.91	74.99	608.19	57966	29938
义乌市	Yiwu	144.28	163.44	2892.49	93108	50828

续表8 Continued

市县名称	City and County	一般公共预算收入（亿元）General Public Revenue (100 million yuan)	一般公共预算支出（亿元）General Public Budget Expenditure (100 million yuan)	住户存款年末余额(亿元) Savings Deposits of Residents (100 million yuan)	城镇居民人均可支配收入(元) Per Capita Disposable Income of Urban Residents (yuan)	农村居民人均可支配收入(元) Per Capita Disposable Income of Rural Residents (yuan)
东阳市	Dongyang	87.34	112.85	1391.60	71207	42944
永康市	Yongkang	71.53	92.93	1313.36	72049	41362
柯城区	Kecheng	14.27	68.80		64626	36410
衢江区	Qujiang	16.17	77.37		51292	30301
常山县	Changshan	19.93	68.47	259.22	52269	31266
开化县	Kaihua	22.56	75.72	253.07	48251	26496
龙游县	Longyou	30.01	74.83	372.42	63490	34646
江山市	Jiangshan	36.78	90.37	587.82	62980	36786
定海区	Dinghai	30.77	51.79	920.55	83359	49269
普陀区	Putuo	32.60	66.77	540.40	74579	48833
岱山县	Daishan	22.71	56.78	245.13	68610	49728
嵊泗县	Shengsi	12.41	45.26	85.76	68441	47267
椒江区	Jiaojiang	52.31	64.60	861.72	81569	41511
黄岩区	Huangyan	50.03	70.63	1127.73	73548	41229
路桥区	Luqiao	53.14	56.25	1214.95	89028	45542
三门县	Sanmen	36.75	69.82	343.28	60205	34890
天台县	Tiantai	25.90	73.83	488.49	60127	32450
仙居县	Xianju	23.70	65.59	512.65	55496	31046
温岭市	Wenling	85.77	122.85	1991.38	76539	44593
临海市	Linhai	68.05	114.35	1287.29	68229	39839
玉环市	Yuhuan	55.70	78.46	852.10	88361	47535
莲都区	Liandu	64.29	164.25	820.76	61853	39164
青田县	Qingtian	24.39	78.18	1008.28	60074	35353
缙云县	Jinyun	23.52	80.09	392.61	57563	31162
遂昌县	Suichang	16.58	63.45	220.30	60498	29239
松阳县	Songyang	10.88	62.65	223.41	53155	27527
云和县	Yunhe	9.48	42.02	131.81	55430	28086
庆元县	Qingyuan	6.51	47.33	156.20	52102	25874
景宁县	Jingning	17.88	51.58	111.16	49767	28100
龙泉市	Longquan	12.52	64.10	257.04	60083	32919

注: 人均生产总值按常住人口计算,以后各表同。Per Capita GDP is calculated by population with permanent residence.The same applies to the relevant tables following.

17-26 各市、县年末人口数（2023年）
Population at the End of the Year by City and County(2023)

单位：万人(10000 persons)

市县名称	City and County	常住人口 Resident Population	其中：城镇常住人口 Urban Resident Population	户籍人口 Registered Residence Population	总户数（万户） Total Households （10000 households)
上城区	Shangcheng	139.00	139.00	90.31	29.85
拱墅区	Gongshu	118.8	118.80	89.47	29.49
西湖区	Xihu	117.1	114.17	83.41	23.45
滨江区	Binjiang	54.3	54.30	33.41	8.85
萧山区	Xiaoshan	214	173.98	128.86	38.21
余杭区	Yuhang	140.50	104.81	75.92	23.66
临平区	Linping	112.7	100.53	62.62	19.05
钱塘区	Qiantang	80.2	71.14	35.15	9.72
富阳区	Fuyang	85.70	62.05	70.14	22.55
临安区	Linan	65.20	39.90	54.54	19.40
桐庐县	Tonglu	45.90	32.82	41.83	15.00
淳安县	Chunan	32.10	16.79	44.69	14.68
建德市	Jiande	44.30	24.05	50.25	17.87
海曙区	Haishu	106.53	94.66	64.33	26.23
江北区	Jiangbei	51.32	43.93	28.74	12.13
北仑区	Beilun	89.38	70.42	45.28	18.34
镇海区	Zhenhai	52.25	48.26	30.76	12.64
鄞州区	Yinzhou	168.99	141.88	99.48	39.94
奉化区	Fenghua	58.86	36.81	47.50	18.48
象山县	Xiangshan	57.71	36.39	53.57	18.36
宁海县	Ninghai	71.00	45.91	62.76	24.49
余姚市	Yuyao	126.46	104.29	82.71	33.09
慈溪市	Cixi	187.19	151.74	107.04	42.77
鹿城区	Lucheng	120.94	110.25	80.51	28.17
龙湾区	Longwan	74.81	74.77	34.52	8.94
瓯海区	Ouhai	100.16	85.05	48.33	14.09
洞头区	Dongtou	15.78	9.26	15.32	5.29
永嘉县	Yongjia	88.10	52.45	97.99	30.42
平阳县	Pingyang	87.10	56.81	87.20	25.16
苍南县	Cangnan	84.85	60.68	94.85	24.36

续表1 Continued

单位：万人(10000 persons)

市县名称	City and County	常住人口 Resident Population	其中：城镇常住人口 Urban Resident Population	户籍人口 Registered Residence Population	总户数（万户） Total Households (10000 households)
文成县	Wencheng	29.22	13.94	40.26	14.62
泰顺县	Taishun	26.94	13.27	36.53	13.44
瑞安市	Ruian	153.46	105.81	125.13	35.28
乐清市	Yueqing	147.58	100.16	131.13	40.53
龙港市	Longgang	47.16	46.31	38.23	10.51
南湖区	Nanhu	87.76	77.25	56.12	21.27
秀洲区	Xiuzhou	71.16	49.26	44.01	14.45
嘉善县	Jiashan	66.44	49.98	42.52	14.47
海盐县	Haiyan	47.09	31.58	38.38	13.36
海宁市	Haining	110.68	79.00	72.16	21.74
平湖市	Pinghu	69.22	47.84	51.79	18.20
桐乡市	Tongxiang	106.05	73.57	71.79	21.08
吴兴区	Wuxing	105.04	83.42	65.21	22.84
南浔区	Nanxun	54.99	31.70	48.10	14.37
德清县	Deqing	55.72	35.35	44.24	13.66
长兴县	Changxing	68.16	44.35	63.55	22.98
安吉县	Anji	60.01	37.14	47.55	15.92
越城区	Yuecheng	113.06	95.31	82.43	30.00
柯桥区	Keqiao	112.45	94.12	70.37	23.89
上虞区	Shangyu	80.28	56.04	71.04	26.64
新昌县	Xinchang	41.17	26.80	42.65	17.75
诸暨市	Zhuji	122.92	80.27	107.07	42.24
嵊州市	Shengzhou	69.52	41.78	70.37	25.37
婺城区	Wucheng	97.80	78.04	65.83	31.71
金东区	Jindong	52.00	32.60	35.14	11.10
武义县	Wuyi	46.90	30.16	34.16	14.18
浦江县	Pujiang	46.50	29.39	39.67	14.48
磐安县	Panan	17.90	9.83	20.68	8.58
兰溪市	Lanxi	58.10	33.29	64.15	21.11
义乌市	Yiwu	190.30	155.28	91.15	39.47

续表2 Continued

单位：万人(10000 persons)

市县名称	City and County	常住人口 Resident Population	其中：城镇常住人口 Urban Resident Population	户籍人口 Registered Residence Population	总户数（万户） Total Households (10000 households)
东阳市	Dongyang	109.30	76.51	84.94	35.24
永康市	Yongkang	97.50	66.59	62.25	24.58
柯城区	Kecheng	54.80	43.13	44.13	18.42
衢江区	Qujiang	37.60	18.39	41.02	17.04
常山县	Changshan	26.70	13.96	33.63	12.46
开化县	Kaihua	24.40	13.15	35.49	12.26
龙游县	Longyou	36.70	20.07	39.22	17.01
江山市	Jiangshan	49.50	30.39	60.44	20.58
定海区	Dinghai	50.85	39.43	40.47	16.45
普陀区	Putuo	38.61	27.63	30.59	11.17
岱山县	Daishan	21.34	15.32	16.51	7.46
嵊泗县	Shengsi	6.50	4.39	7.05	2.95
椒江区	Jiaojiang	88.10	68.98	57.42	18.20
黄岩区	Huangyan	71.10	46.07	60.99	19.60
路桥区	Luqiao	63.80	43.26	45.95	13.18
三门县	Sanmen	38.70	22.10	44.11	15.51
天台县	Tiantai	46.90	26.45	59.36	19.13
仙居县	Xianju	43.30	23.86	51.86	14.21
温岭市	Wenling	144.10	96.98	120.57	43.78
临海市	Linhai	110.90	60.00	119.05	37.17
玉环市	Yuhuan	64.30	47.65	43.65	14.49
莲都区	Liandu	57.78	45.17	42.83	19.81
青田县	Qingtian	51.66	28.60	57.27	20.78
缙云县	Jinyun	40.80	24.64	46.46	20.94
遂昌县	Suichang	19.32	11.13	22.48	8.41
松阳县	Songyang	20.29	10.51	23.68	9.78
云和县	Yunhe	12.63	9.41	11.21	4.43
庆元县	Qingyuan	14.10	9.45	19.82	8.84
景宁县	Jingning	11.06	6.94	16.62	6.81
龙泉市	Longquan	25.16	17.45	28.50	9.98

17-27 各市、县环境保护情况（2023年）
Environmental Protection by City and County(2023)

市县名称	City and County	工业化学需氧量排放量（吨）Industrial Chemical Oxygen Demand Emissions (ton)	工业氮氧化物排放量（吨）Industrial NOX Emissions (ton)	工业颗粒物排放量（吨）Industrial Particulate Emissions (ton)	空气质量优良天数比例（%）Proportion of Days with Excellent Air Quality (%)	可吸入细颗粒物（PM2.5）年平均浓度(微克/立方米) Annual Average Concentration of Fine Particulate Matter (PM2.5) (Microgram/Cubic Meter)
上城区	Shangcheng	5	2		85.1	31
拱墅区	Gongshu	13	436	25	83.4	33
西湖区	Xihu	2	9	31	86.4	28
滨江区	Binjiang	24	107	2	82.0	28
萧山区	Xiaoshan	1673	1264	460	83.7	34
余杭区	Yuhang	30	257	31	88.5	30
临平区	Linping	104	117	21	79.1	32
钱塘区	Qiantang	1461	1808	454	82.3	34
富阳区	Fuyang	108	1438	1602	88.3	30
临安区	Linan	75	447	692	86.8	31
桐庐县	Tonglu	35	704	743	92.8	30
淳安县	Chunan	34	54	178	97.5	20
建德市	Jiande	94	1612	2800	96.7	25
海曙区	Haishu	31	238	15	92.4	20
江北区	Jiangbei	10	26	70	91.6	22
北仑区	Beilun	2168	8712	7471	92.8	22
镇海区	Zhenhai	1434	4897	524	93.4	20
鄞州区	Yinzhou	74	280	218	93.2	23
奉化区	Fenghua	67	95	144	94.2	25
象山县	Xiangshan	377	1567	1078	95.3	21
宁海县	Ninghai	60	2499	729	95.6	21
余姚市	Yuyao	373	877	757	91.2	28
慈溪市	Cixi	286	711	411	88.8	27
鹿城区	Lucheng	64	568	93	97.5	26
龙湾区	Longwan	127	543	177	96.8	23
瓯海区	Ouhai	29	19	65	97.3	26
洞头区	Dongtou	7	17	9	97.2	19
永嘉县	Yongjia	139	256	47	98.9	24
平阳县	Pingyang	181	186	143	98.0	22
苍南县	Cangnan	6	30	5	98.0	24
文成县	Wencheng		53	29	100.0	20
泰顺县	Taishun		14	72	100.0	18
瑞安市	Ruian	211	668	244	99.7	22
乐清市	Yueqing	48	3830	316	98.4	23
龙港市	Longgang	187	1916	187	98.6	24
南湖区	Nanhu	230	553	378	83.8	29
秀洲区	Xiuzhou	847	1769	258	83.6	28
嘉善县	Jiashan	261	504	850	88.2	28
海盐县	Haiyan	450	685	1432	90.9	28
海宁市	Haining	872	797	378	86.6	29
平湖市	Pinghu	1214	6726	653	91.7	23
桐乡市	Tongxiang	719	1636	2533	87.7	27
吴兴区	Wuxing	307	526	1510	80.0	33
南浔区	Nanxun	427	960	744	78.3	34
德清县	Deqing	205	956	2200	86.6	31

续表 Continued

市县名称	City and County	工业化学需氧量排放量（吨）Industrial Chemical Oxygen Demand Emissions（ton）	工业氮氧化物排放量（吨）Industrial NOX Emissions（ton）	工业颗粒物排放量（吨）Industrial Particulate Emissions（ton）	空气质量优良天数比例（%）Proportion of Days with Excellent Air Quality（%）	可吸入细颗粒物（PM2.5）年平均浓度(微克/立方米) Annual Average Concentration of Fine Particulate Matter (PM2.5) (Microgram/Cubic Meter)
长兴县	Changxing	240	4583	1801	86.3	31
安吉县	Anji	89	268	175	91.0	29
越城区	Yuecheng	837	1665	189	87.4	30
柯桥区	Keqiao	11795	5877	715	87.4	32
上虞区	Shangyu	1694	1030	633	90.7	29
新昌县	Xinchang	69	136	88	95.6	21
诸暨市	Zhuji	377	579	653	96.7	28
嵊州市	Shengzhou	200	274	127	96.2	25
婺城区	Wucheng	196	1104	1078	90.7	30
金东区	Jindong	98	194	299	90.4	32
武义县	Wuyi	64	419	509	94.8	29
浦江县	Pujiang	299	216	41	94.2	25
磐安县	Panan	3	67	51	97.5	20
兰溪市	Lanxi	274	3375	2763	94.2	27
义乌市	Yiwu	502	390	114	94.2	26
东阳市	Dongyang	212	595	47	95.6	25
永康市	Yongkang	36	559	357	96.2	30
柯城区	Kecheng	4	238	32	94.0	31
衢江区	Qujiang	41	251	248	94.1	30
常山县	Changshan	95	1345	1876	98.6	25
开化县	Kaihua	123	148	47	99.2	20
龙游县	Longyou	907	892	1212	93.7	31
江山市	Jiangshan	29	1404	2484	95.3	32
定海区	Dinghai	148	1098	621	96.4	17
普陀区	Putuo	125	1588	160	96.0	18
岱山县	Daishan	620	5367	899	95.9	19
嵊泗县	Shengsi				97.2	13
椒江区	Jiaojiang	170	947	506	95.7	23
黄岩区	Huangyan	58	166	309	96.2	21
路桥区	Luqiao	48	347	102	96.5	25
三门县	Sanmen	46	1685	298	97.3	23
天台县	Tiantai	44	153	102	98.1	23
仙居县	Xianju	72	126	70	99.7	21
温岭市	Wenling	101	495	430	99.7	21
临海市	Linhai	538	419	399	99.2	22
玉环市	Yuhuan	44	3463	1454	95.3	19
莲都区	Liandu	191	456	164	98.9	21
青田县	Qingtian	16	271	225	100	23
缙云县	Jinyun	24	198	508	100	22
遂昌县	Suichang	168	227	74	99.5	18
松阳县	Songyang	74	345	163	100	21
云和县	Yunhe	15	165	349	100	18
庆元县	Qingyuan	26	75	19	100	19
景宁县	Jingning		1		100	18
龙泉市	Longquan	18	263	60	100	18

17-28 各市、县农、林、牧、渔业总产值（2023年）
Gross Output Value of Farming,Forestry,Animal Husbandry and Fishery by City and County(2023)

单位:万元(10000 yuan)

市县名称	City and County	农、林、牧、渔业总产值 Total Output Value of Agriculture	农业产值 Farming	林业产值 Forestry	牧业产值 Animal Husbandry	渔业产值 Animal Husbandry	农林牧渔专业及辅助性活动产值 The Output Value of Professional and Support Activities in Agriculture, Forestry,Animal Husbandry and Fishery
萧山区	Xiaoshan	926057	609662	14097	110939	112316	79044
余杭区	Yuhang	687591	366418	95902	40196	120805	64270
富阳区	Fuyang	760421	499542	126866	60403	60632	12977
临安区	Linan	697890	377728	208704	70734	19665	21060
桐庐县	Tonglu	424597	285865	52307	42532	27375	16518
淳安县	Chunan	633027	445924	85799	46779	40107	14417
建德市	Jiande	666490	416726	44316	155594	25359	24494
海曙区	Haishu	253641	208118	12015	7575	11209	14723
江北区	Jiangbei	138830	55996	2121	14826	56877	9010
北仑区	Beilun	135561	108971	2205	11699	4001	8685
镇海区	Zhenhai	112518	91637	1974	13008	989	4910
鄞州区	Yinzhou	475069	338822	9755	6315	77798	42380
奉化区	Fenghua	658054	247465	57508	36093	293077	23911
象山县	Xiangshan	1785488	284562	16809	73823	1351685	58610
宁海县	Ninghai	828528	253808	23130	46783	468607	36200
余姚市	Yuyao	863090	597772	50078	85911	83829	45500
慈溪市	Cixi	1021006	678825	3848	106473	190214	41646
鹿城区	Lucheng	41070	19846	920	18522	1494	289
龙湾区	Longwan	50001	25641	22	17440	6620	278
瓯海区	Ouhai	112583	89940	1827	17522	1169	2124
洞头区	Dongtou	185576	3174	331	1763	179851	458
永嘉县	Yongjia	278454	187990	17238	55615	12615	4995
平阳县	Pingyang	394165	127690	17332	80868	158540	9735
苍南县	Cangnan	521775	182831	13685	45784	270794	8682
文成县	Wencheng	164276	134357	16025	8600	2867	2426
泰顺县	Taishun	161674	111442	8857	37699	1495	2182
瑞安市	Ruian	477671	174494	5184	33008	255403	9581
乐清市	Yueqing	378575	168363	2077	41398	140438	26298
龙港市	Longgang	152965	48435	111	7360	95586	1473
南湖区	Nanhu	267508	168116	645	29026	46569	23153
秀洲区	Xiuzhou	302913	149514	942	30211	99180	23066
嘉善县	Jiashan	403846	253598	609	20756	87198	41685
海盐县	Haiyan	342763	162072	636	76941	68713	34401
海宁市	Haining	381838	215806	8300	60541	69102	28090
平湖市	Pinghu	281987	182336	863	35910	37214	25664
桐乡市	Tongxiang	458963	249585	8831	99651	68825	32071
吴兴区	Wuxing	461478	152922	33807	44318	201351	29080
南浔区	NanXun	569991	114556	53	77199	318773	59410
德清县	Deqing	496829	91414	57108	38823	268484	41001
长兴县	Changxing	736053	490633	50799	51244	117386	25990
安吉县	Anji	511449	325544	100454	21618	50833	13000
越城区	Yuecheng	385257	178305	7871	37797	153301	7982

续表 Continued

单位:万元(10000 yuan)

市县名称	City and County	农、林、牧、渔业总产值 Total Output Value of Agriculture	农业产值 Farming	林业产值 Forestry	牧业产值 Animal Husbandry	渔业产值 Animal Husbandry	农林牧渔专业及辅助性活动产值 The Output Value of Professional and Support Activities in Agriculture, Forestry,Animal Husbandry and Fishery
柯桥区	Keqiao	622079	436411	68909	37419	71150	8191
上虞区	Shangyu	786879	578225	52544	32654	107789	15666
新昌县	Xinchang	346160	290300	23526	17417	6407	8509
诸暨市	Zhuji	845820	547865	113588	81436	90866	12064
嵊州市	Shengzhou	660007	446195	43638	152166	11412	6597
婺城区	Wucheng	214681	112553	3636	53789	23183	21520
金东区	Jindong	274177	186635	1851	67266	11910	6514
武义县	Wuyi	272861	204206	13963	33333	9335	12024
浦江县	Pujiang	177385	133788	3362	31427	4657	4150
磐安县	Panan	211591	184493	10801	13037	388	2872
兰溪市	Lanxi	493782	257936	7203	152778	61363	14502
义乌市	Yiwu	414951	289999	1174	99588	14322	9867
东阳市	Dongyang	333803	254815	13120	30912	17470	17486
永康市	Yongkang	148581	104369	3401	12672	19132	9007
柯城区	Kecheng	118599	77403	8902	10104	16214	5977
衢江区	Qujiang	322223	189453	22958	83361	23023	3428
常山县	Changshan	152119	90497	21069	27829	7404	5321
开化县	Kaihua	221459	126477	54436	25796	10016	4735
龙游县	Longyou	271957	111620	17984	110786	26938	4630
江山市	Jiangshan	438444	198885	27041	185091	19112	8315
定海区	Dinghai	307290	65735	1722	22790	212164	4879
普陀区	Putuo	1697326	41405	70	6086	1645763	4002
岱山县	Daishan	701069	23761	553	6497	668894	1364
嵊泗县	Shengsi	734199	1614	141	178	727862	4405
椒江区	Jiaojiang	324012	128962	200	18934	174580	1336
黄岩区	Huangyan	318384	294897	3986	10836	3194	5470
路桥区	Luqiao	281517	119307	31	4682	153870	3628
三门县	Sanmen	915315	123861	4408	26912	759689	445
天台县	Tiantai	267875	175088	10451	75635	4733	1967
仙居县	Xianju	300442	219503	20698	47779	9400	3062
温岭市	Wenling	1813580	387880	102	53718	1322981	48900
临海市	Linhai	981765	441916	16556	113673	404957	4663
玉环市	Yuhuan	887201	76783	987	22292	776283	10855
莲都区	Liandu	342460	226664	32532	67215	9902	6148
青田县	Qingtian	175707	107251	30330	22185	13651	2290
缙云县	Jinyun	201128	121670	24112	47447	5753	2146
遂昌县	Suichang	222491	155064	44124	16878	3775	2650
松阳县	Songyang	221739	165940	25584	22265	6468	1482
云和县	Yunhe	89524	68931	7486	6443	2670	3994
庆元县	Qingyuan	129416	83204	34406	6573	2634	2599
景宁县	Jingning	122004	88671	16434	12279	2730	1890
龙泉市	Longquan	274074	172899	56232	37988	3979	2976

17-29 各市、县农作物播种面积（2023年）
Sown Area by City and County (2023)

单位：千公顷(1000 hectares)

县市名称	City and County	农作物播种面积 Sown Area of Farm Corps	#粮食 Grain	#谷物 Cereal	油料 Oil-bearing Crops	棉花 Cotton	蔬菜 Vegetables	瓜果类 Melons and Fruits
西湖区	Xihu	1.49	0.62	0.62	0.12		0.70	0.02
滨江区	Binjiang	0.28			0.03		0.25	
萧山区	Xiaoshan	37.06	11.29	10.17	3.17	0.02	20.63	1.33
余杭区	Yuhang	31.27	15.27	14.26	1.05		14.10	0.27
富阳区	Fuyang	34.29	15.41	11.40	4.06		12.04	1.62
临安区	Linan	23.84	7.39	6.57	2.22		8.83	1.00
临平区	Linping	14.37	2.80	2.48	0.79	0.01	10.53	0.17
钱塘区	Qiantang	17.82	7.86	6.90	1.19		8.15	0.54
桐庐县	Tonglu	22.03	8.37	6.85	3.34		7.77	1.19
淳安县	Chunan	35.24	11.51	4.45	6.59	0.07	10.57	1.08
建德市	Jiande	34.58	12.73	9.23	6.44	0.02	9.50	2.66
海曙区	Haishu	17.57	10.03	8.99	0.61	0.01	4.60	0.72
江北区	Jiangbei	5.21	3.32	3.21	0.32		1.46	0.06
北仑区	Beilun	3.79	1.36	1.20	0.41		1.69	0.32
镇海区	Zhenhai	7.83	3.24	3.03	0.36		3.61	0.58
鄞州区	Yinzhou	26.22	13.22	12.57	0.73	0.02	9.74	1.82
奉化区	Fenghua	14.61	10.52	9.29	0.69		2.68	0.49
象山县	Xiangshan	22.93	11.29	9.73	1.45		8.42	1.56
宁海县	Ninghai	26.09	15.88	13.32	1.29	0.34	5.24	3.19
余姚市	Yuyao	49.75	27.59	25.32	2.22	0.01	18.80	0.93
慈溪市	Cixi	67.13	18.61	14.15	5.94	0.53	34.86	6.35
鹿城区	Lucheng	5.01	2.38	1.99	0.22		1.97	0.11
龙湾区	Longwan	5.22	2.00	1.71	0.16		2.77	0.27
瓯海区	Ouhai	11.85	2.68	2.07	0.30		8.56	0.05
洞头区	Dongtou	2.42	0.91	0.08	0.34		0.90	0.27
永嘉县	Yongjia	28.75	14.55	11.63	2.69		7.27	1.72
平阳县	Pingyang	31.24	17.26	14.14	1.88		7.62	2.01
苍南县	Cangnan	28.47	14.23	10.30	1.01		9.85	2.00
文成县	Wencheng	18.57	7.70	5.38	0.80		7.57	0.73
泰顺县	Taishun	19.13	9.58	5.82	0.34		6.04	0.17
瑞安市	Ruian	36.02	17.62	16.33	2.23		12.49	2.79
乐清市	Yueqing	31.99	21.12	17.00	1.36		7.20	1.21
龙港市	Longgang	6.82	3.67	3.20	0.50		2.21	0.45
南湖区	Nanhu	29.76	16.65	14.17	0.43	0.03	11.66	0.90
秀洲区	Xiuzhou	32.23	22.57	22.28	1.05	0.04	8.28	0.23
嘉善县	Jiashan	32.88	21.71	20.93	1.20		9.18	0.79
海盐县	Haiyan	32.99	23.65	22.17	0.61	0.01	8.11	0.51
海宁市	Haining	34.19	20.24	18.97	1.65	0.08	11.25	0.43
平湖市	Pinghu	39.45	28.80	27.71	0.88	0.08	9.09	0.48
桐乡市	Tongxiang	40.57	21.07	18.66	1.58	0.16	15.94	0.74
吴兴区	Wuxing	22.79	11.53	11.09	1.27		8.55	0.75
南浔区	Nanxun	27.70	18.47	17.26	2.75		5.56	0.43
德清县	Deqing	15.42	9.60	7.94	1.02	0.07	4.29	0.37
长兴县	Changxing	48.13	28.55	26.38	3.89		14.34	0.97

续表 Continued　　单位：千公顷(1000 hectares)

县市名称	City and County	农作物播种面积 Sown Area of Farm Corps	#粮食 Grain	#谷物 Cereal	油料 Oil-bearing Crops	棉花 Cotton	蔬菜 Vegetables	瓜果类 Melons and Fruits
安吉县	Anji	26.10	13.19	12.22	2.06		8.70	0.72
越城区	Yuecheng	23.63	14.51	12.99	1.39	0.02	6.77	0.84
柯桥区	Keqiao	27.12	12.13	8.97	1.54		10.57	1.04
上虞区	Shangyu	51.93	32.12	27.62	3.65	0.02	14.11	1.64
新昌县	Xinchang	20.18	7.54	4.23	4.76	0.08	5.44	0.76
诸暨市	Zhuji	55.72	34.04	26.43	2.93	0.01	8.26	2.43
嵊州市	Shengzhou	38.50	20.03	11.69	2.48	0.02	12.74	1.35
婺城区	Wucheng	17.88	11.43	10.29	2.42	0.01	3.37	0.51
金东区	Jindong	11.08	4.21	3.39	1.25		4.16	1.23
武义县	Wuyi	21.97	9.77	7.17	2.47		6.83	0.79
浦江县	Pujiang	13.98	5.20	2.75	2.04	0.05	5.04	0.70
磐安县	Panan	15.51	5.07	2.59	0.88		3.61	0.68
兰溪市	Lanxi	32.62	15.27	10.57	7.69	0.34	7.43	1.30
义乌市	Yiwu	21.36	8.71	7.30	1.72		8.80	1.00
东阳市	Dongyang	33.86	17.12	13.22	2.41	0.08	7.71	1.80
永康市	Yongkang	15.61	9.72	8.49	0.76		4.37	0.43
柯城区	Kecheng	13.58	4.53	3.51	1.89		6.29	0.36
衢江区	Qujiang	39.41	20.67	17.04	5.86		8.68	1.58
常山县	Changshan	19.36	9.77	7.38	3.61	0.03	4.63	0.53
开化县	Kaihua	23.43	10.28	7.00	6.08		5.14	0.29
龙游县	Longyou	35.85	20.32	17.29	7.73	0.02	5.75	0.51
江山市	Jiangshan	43.05	24.57	21.09	7.05	0.11	9.79	0.40
定海区	Dinghai	8.19	3.18	2.20	0.69		3.61	0.49
普陀区	Putuo	4.94	1.88	1.28	0.65		1.95	0.45
岱山县	Daishan	3.57	1.46	1.07	0.41		1.46	0.24
嵊泗县	Shengsi	0.26	0.06	0.02			0.20	
椒江区	Jiaojiang	11.61	5.65	4.62	0.25	0.01	4.23	1.19
黄岩区	Huangyan	19.45	6.09	4.28	0.53		11.79	0.27
路桥区	Luqiao	16.67	6.10	5.37	0.14		8.12	1.80
三门县	Sanmen	18.27	7.69	6.57	0.77	0.08	6.50	2.74
天台县	Tiantai	26.50	11.27	8.96	2.41	0.03	9.16	0.92
仙居县	Xianju	22.81	12.26	8.81	2.06		5.41	0.63
温岭市	Wenling	42.10	18.96	15.48	0.68		18.32	2.49
临海市	Linhai	40.57	18.92	16.01	1.22	0.01	16.00	2.83
玉环市	Yuhuan	7.94	2.37	1.62	0.79		3.75	0.92
莲都区	Liandu	19.73	8.53	3.82	0.88		8.71	0.98
青田县	Qingtian	16.97	9.54	6.43	0.63		5.22	0.49
缙云县	Jinyun	18.56	8.88	5.20	0.76		7.27	0.56
遂昌县	Suichang	20.05	10.80	6.52	1.04		5.73	0.14
松阳县	Songyang	13.94	7.76	4.47	0.73		4.78	0.06
云和县	Yunhe	5.87	3.56	2.52	0.24		1.58	0.17
庆元县	Qingyuan	9.92	6.05	4.41	0.37		2.39	0.05
景宁县	Jingning	12.67	6.50	4.82	0.33		4.05	0.15
龙泉市	Longquan	24.07	12.12	9.81	1.03		8.05	0.20

17-30 各市、县主要农产品产量（2023年）
Output of Major Farm Products by City and County (2023)

单位：吨(ton)

县市名称	City and County	粮食 Grain	#谷物 Cereal	油菜籽 Rapeseeds	棉花 Cotton	水果 Fruit	#柑桔 Citrus	茶叶 Tea	蚕茧 Silkworm Cocoons
西湖区	Xihu	3173	3173	199		1146	43	561	
滨江区	Binjiang			74		40	8		
萧山区	Xiaoshan	70485	66693	7107	33	73818	638	683	
余杭区	Yuhang	100511	96609	2204	3	48483	2722	7410	
富阳区	Fuyang	100115	82570	8583		139788	7211	7047	1
临安区	Linan	46273	43200	4002		67685	1553	2857	321
临平区	Linping	16478	15425	1810	19	18240	377	8	1
钱塘区	Qiantang	45857	43100	2801	2	21272	31		
桐庐县	Tonglu	53255	47931	6422		94236	2322	4206	2
淳安县	Chunan	45163	20793	12890	93	134786	67658	5430	645
建德市	Jiande	70603	56473	16152	25	243753	125752	3129	36
海曙区	Haishu	72085	66804	714	10	43777	2697	853	
江北区	Jiangbei	21902	21508	606		19457	1571	59	
北仑区	Beilun	8727	8080	687		25705	10523	316	
镇海区	Zhenhai	21597	20868	706		25592	5024	68	
鄞州区	Yinzhou	90843	87917	896	20	125760	20466	1378	
奉化区	Fenghua	66847	63121	786		66793	6026	920	
象山县	Xiangshan	83512	76386	2051	3	212165	131325	402	
宁海县	Ninghai	104439	94823	1352	460	230711	100535	4043	
余姚市	Yuyao	181721	172722	4468	7	153546	3540	2801	
慈溪市	Cixi	98650	85157	10527	697	401604	6938	47	
鹿城区	Lucheng	15229	13689	457		9570	2715	61	
龙湾区	Longwan	11249	9912	303		13286	1618		
瓯海区	Ouhai	16300	14346	610		25969	20908	30	
洞头区	Dongtou	3895	451	660		9899	886		
永嘉县	Yongjia	89160	78278	4507		143049	32336	847	
平阳县	Pingyang	104850	91326	3307		86911	15221	1232	2
苍南县	Cangnan	85551	68999	1737		88370	25417	1542	
文成县	Wencheng	47853	38355	1451		54273	1003	553	
泰顺县	Taishun	60979	42991	524		38622	1686	4212	
瑞安市	Ruian	113440	108880	3851		102852	12567	107	
乐清市	Yueqing	127063	110442	2243		67451	10163	156	
龙港市	Longgang	23332	21038	876		9621	428		
南湖区	Nanhu	102916	95646	844	51	85270	528		4
秀洲区	Xiuzhou	154110	153047	2426	54	53731	755		92
嘉善县	Jiashan	145313	143005	1739		45397	3754		
海盐县	Haiyan	144435	139895	1360	24	69792	11300	30	112
海宁市	Haining	126999	122598	3401	113	82030	21198		1027
平湖市	Pinghu	192625	189080	2334	106	28488	2392		
桐乡市	Tongxiang	136417	127750	3096	239	67320	1033		4803
吴兴区	Wuxing	80592	79239	3179		41479	715	606	3

续表1 Continued

单位：吨(ton)

县市名称	City and County	粮食 Grain	#谷物 Cereal	油菜籽 Rapeseeds	棉花 Cotton	水果 Fruit	#柑桔 Citrus	茶叶 Tea	蚕茧 Silkworm Cocoons
南浔区	Nanxun	125370	121782	7161	6	21994	6196	1	416
德清县	Deqing	61150	53900	2606	106	19302	198	697	347
长兴县	Changxing	187202	180586	9253	3	135243	2004	6259	416
安吉县	Anji	82263	78425	4548		34494	118	4495	130
越城区	Yuecheng	93672	89108	3251	27	45393	318	406	
柯桥区	Keqiao	77955	63395	3200	7	57296	236	7920	
上虞区	Shangyu	200942	185249	7854	27	178531	8095	1836	
新昌县	Xinchang	43788	30008	7251	110	47631	980	5777	
诸暨市	Zhuji	213924	181678	3855	9	171643	4925	8686	19
嵊州市	Shengzhou	122883	81497	2851	21	124709	4643	17967	14166
婺城区	Wucheng	64581	61150	3834	10	20460	2815	1612	
金东区	Jindong	22012	19280	1501		95612	17036	20	
武义县	Wuyi	59658	50791	4060	3	57400	9980	14305	25
浦江县	Pujiang	24535	16440	3223	58	99782	588	955	
磐安县	Panan	25293	16223	1385		23654	121	1959	4
兰溪市	Lanxi	81479	64457	13019	511	104042	15178	1614	
义乌市	Yiwu	46742	41209	1351	0	88217	10142	360	4
东阳市	Dongyang	100109	88227	3785	108	111690	13583	2567	2
永康市	Yongkang	60525	55546	913		31660	2605	10	3
柯城区	Kecheng	26044	22654	3234		149180	132149	58	
衢江区	Qujiang	131174	117102	11457		185984	112761	1440	
常山县	Changshan	62014	53300	6685	44	166736	138606	237	10
开化县	Kaihua	62177	49843	11171	1	13059	901	3763	12
龙游县	Longyou	125359	115004	14755	33	107821	83633	1383	
江山市	Jiangshan	159233	146864	12627	155	45881	9986	1548	
定海区	Dinghai	18465	14316	994		40937	8121	11	
普陀区	Putuo	8069	6020	712		19358	5198	12	
岱山县	Daishan	6747	5235	556		12880	2299	12	
嵊泗县	Shengsi	248	83			25	0	0	
椒江区	Jiaojiang	35440	32105	430	17	70274	15873	0	
黄岩区	Huangyan	40572	32046	756		152551	70752	35	
路桥区	Luqiao	39073	36094	232	1	72659	2186	0	
三门县	Sanmen	50871	46569	1103	104	161727	71999	286	
天台县	Tiantai	73587	62823	3914	42	107988	23041	3182	
仙居县	Xianju	82633	67070	3856		118578	6249	484	
温岭市	Wenling	118688	107073	1202	5	245638	17315	116	
临海市	Linhai	120769	108929	2274	10	487869	282435	1425	
玉环市	Yuhuan	14260	10633	1437		78571	34202	9	
莲都区	Liandu	45022	27050	953		122955	31703	2536	
青田县	Qingtian	53964	42519	817	1	75452	23811	308	
缙云县	Jinyun	49166	34020	1358	2	65549	969	2941	70
遂昌县	Suichang	64203	48089	1553		12591	623	17305	
松阳县	Songyang	40503	28710	1300		28180	14258	15693	
云和县	Yunhe	20702	17840	165		11346	943	1287	
庆元县	Qingyuan	38320	31723	335		16209	13329	659	
景宁县	Jingning	39761	35066	158		9799	1652	2600	
龙泉市	Longquan	82214	74540	1391		13269	2911	2903	1

续表2 Continued　　　　单位：吨(ton)

县市名称	City and County	生猪年末存栏头数（万头）Year-end Hogs (10000 heads)	牛年末存栏头数(头) Year-end Cattle (head)	羊年末存栏只数(万只) Year-end Sheep and Goats (10000 heads)	肉产量(吨) Output of Meat (tons)	#猪肉(吨) Pork (ton)	禽蛋产量(吨) Poultry Eggs (ton)	牛奶产量(吨) Cow Milk (ton)	水产品产量(吨) Output of Aquatic Production (ton)
西湖区	Xihu								6153
滨江区	Binjiang								550
萧山区	Xiaoshan	19.87	2491	11.27	30826	27600	1126	10914	39422
余杭区	Yuhang	5.85	96	1.82	10976	6796	2986		41830
富阳区	Fuyang	6.95	916	1.20	16300	13871	2146		20706
临安区	Linan	13.71	3136	5.36	20551	18230	8783	10428	5599
临平区	Linping	0.37		0.87	1233	828	40		30487
钱塘区	Qiantang	4.32	1795	0.59	9469	9265	68	8347	4764
桐庐县	Tonglu	4.04	897	0.36	8018	7162	2335		10509
淳安县	Chunan	9.74	657	0.83	12682	11851	3349		15627
建德市	Jiande	15.79	2866	1.24	29218	23039	69348	5407	10315
海曙区	Haishu	1.01	418	0.10	2067	1906	228		2219
江北区	Jiangbei	0.98	3585		1178	1063	12	20926	32411
北仑区	Beilun	1.67	351	0.14	3642	3482	257		1189
镇海区	Zhenhai	1.75	748	0.03	2828	2510	664	1639	306
鄞州区	Yinzhou	0.94	537	0.01	1413	1195	1051		20022
奉化区	Fenghua	9.57	407	0.47	10219	9239	1917		170302
象山县	Xiangshan	8.17	890	1.10	18530	15104	9342		686100
宁海县	Ninghai	8.99	3091	0.74	12591	11086	3594	5324	187154
余姚市	Yuyao	9.91	4596	1.20	22427	19508	5050	15766	28296
慈溪市	Cixi	10.58	312	2.73	28500	25105	16774	311	48487
鹿城区	Lucheng	1.42	419	0.08	8745	1405	393		1240
龙湾区	Longwan	4.84	17	0.00	5554	5358	1435		1759
瓯海区	Ouhai	0.96	1105	0.16	2608	758	219	4	984
洞头区	Dongtou	0.11	93	0.16	309	107	231	2	220712
永嘉县	Yongjia	7.27	7878	3.34	15716	9963	2267		4900
平阳县	Pingyang	19.70	4741	1.22	26755	21799	5100	722	72575
苍南县	Cangnan	15.10	4214	1.09	16772	13804	6868	2	181018
文成县	Wencheng	0.30	945	0.60	1615	562	203		1838
泰顺县	Taishun	9.53	2561	0.76	14191	10759	306	7670	792
瑞安市	Ruian	9.55	5498	0.63	11161	7980	6596	1711	117226
乐清市	Yueqing	11.71	4473	0.56	14534	9883	4014	1679	86508
龙港市	Longgang	0.60	364	0.16	1289	1059	914		68936
南湖区	Nanhu	2.43		1.09	8759	5133	1245		12186
秀洲区	Xiuzhou	3.55	1145	0.79	6160	3215	1012	6341	33411
嘉善县	Jiashan	2.01	9	0.24	4476	3232	1898		35505
海盐县	Haiyan	6.90		2.48	35454	6158	1990		23532
海宁市	Haining	4.34		7.55	21521	3734	7733		25596
平湖市	Pinghu	3.20	13	1.16	5575	3084	1185		22406
桐乡市	Tongxiang	4.41		12.42	13438	6216	11477		23963
吴兴区	Wuxing	2.35	14	6.85	12374	3136	8843		118788

续表3 Continued 单位：吨(ton)

县市名称	City and County	生猪年末存栏头数（万头）Year-end Hogs (10000 heads)	牛年末存栏头数(头) Year-end Cattle (head)	羊年末存栏只数(万只) Year-end Sheep and Goats (10000 heads)	肉产量(吨) Output of Meat (tons)	#猪肉(吨) Pork (ton)	禽蛋产量(吨) Poultry Eggs (ton)	牛奶产量(吨) Cow Milk (ton)	水产品产量(吨) Output of Aquatic Production (ton)
南浔区	Nanxun	6.72		15.05	36353	8762	11687		231024
德清县	Deqing	4.48	1556	6.56	13944	8592	3356	7268	185108
长兴县	Changxing	5.69	387	15.65	14694	6052	11610		80138
安吉县	Anji	4.86	184	1.88	10034	7476	1372		24482
越城区	Yuecheng	4.21	4968	2.21	9794	9154	416	27295	45142
柯桥区	Keqiao	10.91	27	0.31	10716	10075	1730		24067
上虞区	Shangyu	3.87	207	1.45	9564	7686	828		24974
新昌县	Xinchang	4.69	312	0.11	5500	5011	1046		4177
诸暨市	Zhuji	12.52	1669	2.16	16497	13086	11993		30130
嵊州市	Shengzhou	13.39	687	0.60	36598	15996	4536		5084
婺城区	Wucheng	13.82	12117	0.39	25162	23810	1875	40552	10274
金东区	Jindong	13.16	6186	0.44	15249	11330	1900	20916	9290
武义县	Wuyi	13.70	1725	0.59	22106	19941	912	112	8531
浦江县	Pujiang	11.59	594	0.82	10841	10540	227		5334
磐安县	Panan	2.61	250	0.16	3077	2934	503	1	397
兰溪市	Lanxi	20.98	4174	2.45	30389	23787	14235	1313	26397
义乌市	Yiwu	15.77	175	0.19	31486	14731	102		4308
东阳市	Dongyang	5.24	661	0.51	8870	7787	1611		11958
永康市	Yongkang	1.34	329	0.18	3756	3301	218		17611
柯城区	Kecheng	1.34	1164	0.69	3331	2311	652		11128
衢江区	Qujiang	19.77	6736	0.62	32939	28300	18660	3502	14945
常山县	Changshan	7.13	2710	0.64	18926	13519	1922	4837	7488
开化县	Kaihua	6.35	684	0.14	11880	10407	1758		6059
龙游县	Longyou	22.26	5028	1.81	85133	52440	5861		23810
江山市	Jiangshan	12.87	2852	8.33	61538	23500	34347	18	17379
定海区	Dinghai	3.96	241	0.19	5065	4591	298		241830
普陀区	Putuo	1.29	8	0.09	1386	1187	355		969900
岱山县	Daishan	2.51	7	0.20	2107	2036	34		299857
嵊泗县	Shengsi	0.00	3	0.08	28		7		444648
椒江区	Jiaojiang	0.87	1328	0.27	2181	1955	449	3643	77053
黄岩区	Huangyan	4.84	784	0.16	2993	2601	995	236	2020
路桥区	Luqiao	0.66	226	0.14	2005	1016	190	73	57921
三门县	Sanmen	6.19	1731	0.57	7643	6074	3861	20	350761
天台县	Tiantai	11.57	5236	0.69	26204	12841	3940	12	3000
仙居县	Xianju	12.04	2184	0.49	12825	10684	1692	544	6420
温岭市	Wenling	7.22	1625	0.66	14265	8923	7395	121	586168
临海市	Linhai	13.45	4540	1.07	34305	15260	5054	798	131054
玉环市	Yuhuan	2.71	491	0.31	5127	3865	310		282182
莲都区	Liandu	12.09	1447	0.77	25175	19033	433	233	5010
青田县	Qingtian	12.04	2372	1.22	12492	11372	1033		6141
缙云县	Jinyun	7.02	1173	1.95	11166	8450	5651	10	5146
遂昌县	Suichang	3.36	1660	0.30	5978	5376	2261		2488
松阳县	Songyang	5.96	1559	0.20	9464	7917	1369	44	2988
云和县	Yunhe	1.37	1532	0.10	1706	1227	575	28	2132
庆元县	Qingyuan	3.92	1277	0.38	3906	3709	78		966
景宁县	Jingning	2.16	2961	0.71	3295	2437	207		2018
龙泉市	Longquan	9.90	1555	0.34	11678	10535	359	30	4322

17-31 各市、县农业现代化情况（2023年）
Agricultural Modernization by City and County(2023)

市县名称	City and County	农业机械总动力(千瓦) Total Power of Agricultural Machinery (kw)	农用化肥施用量(折纯)(吨) Consumption of ChemicalFertilizer (pure) (ton)	机耕面积(千公顷) Area Ploughed by Tractors (1000 hectares)	有效灌溉面积(千公顷) Irrigated Area (1000 hectares)
西湖区	Xihu	62622	765	1.95	2.13
滨江区	Binjiang	3055	158	0.31	0.24
萧山区	Xiaoshan	392758	14785	36.38	16.62
余杭区	Yuhang	247239	7885	17.97	12.91
富阳区	Fuyang	236912	7145	14.83	16.57
临安区	Linan	301120	10358	9.89	12.77
临平区	Linping	45990	2918	6.61	4.45
钱塘区	Qiantang	80605	3278	10.20	14.50
桐庐县	Tonglu	118965	8254	11.04	11.25
淳安县	Chunan	303644	6601	10.16	11.37
建德市	Jiande	163124	14063	20.87	18.84
海曙区	Haishu	140284	6881	14.66	10.05
江北区	Jiangbei	33688	2048	4.49	3.99
北仑区	Beilun	97640	3220	5.24	6.75
镇海区	Zhenhai	42649	2071	6.89	3.70
鄞州区	Yinzhou	140553	7181	19.93	12.69
奉化区	Fenghua	175719	11619	12.68	12.39
象山县	Xiangshan	738635	8107	23.93	13.52
宁海县	Ninghai	230396	8334	17.89	18.25
余姚市	Yuyao	469498	12139	65.19	27.45
慈溪市	Cixi	312437	21548	76.70	32.41
鹿城区	Lucheng	35230	1101	3.26	2.43
龙湾区	Longwan	22756	568	3.78	2.75
瓯海区	Ouhai	45361	3921	3.14	5.24
洞头区	Dongtou	228190	275	0.84	1.00
永嘉县	Yongjia	166146	11323	23.20	23.09
平阳县	Pingyang	294639	9255	19.91	18.97
苍南县	Cangnan	282092	5657	25.22	16.27
文成县	Wencheng	80143	5392	10.40	12.87
泰顺县	Taishun	86914	7001	17.02	17.27
瑞安市	Ruian	380438	12588	31.62	23.06
乐清市	Yueqing	186782	9238	29.74	18.31
龙港市	Longgang	79281	1813	5.87	4.69
南湖区	Nanhu	81759	7332	16.23	14.88
秀洲区	Xiuzhou	174738	11567	28.18	18.61
嘉善县	Jiashan	209098	9332	22.41	19.31
海盐县	Haiyan	99281	9213	29.74	21.11
海宁市	Haining	158071	12877	24.31	20.25
平湖市	Pinghu	138863	10757	28.55	23.13
桐乡市	Tongxiang	235630	13235	24.31	24.05
吴兴区	Wuxing	121075	4179	12.44	11.53
南浔区	Nanxun	322382	6112	19.71	15.65
德清县	Deqing	283620	4295	8.37	16.83
长兴县	Changxing	397053	12900	30.18	23.89

续表 Continued

市县名称	City and County	农业机械总动力(千瓦) Total Power of Agricultural Machinery (kw)	农用化肥施用量(折纯)(吨) Consumption of ChemicalFertilizer (pure) (ton)	机耕面积(千公顷) Area Ploughed by Tractors (1000 hectares)	有效灌溉面积(千公顷) Irrigated Area (1000 hectares)
安吉县	Anji	265549	8850	15.42	16.09
越城区	Yuecheng	127260	7581	17.80	11.43
柯桥区	Keqiao	153050	6070	10.78	9.23
上虞区	Shangyu	318637	15545	31.27	26.07
新昌县	Xinchang	240342	9686	7.28	13.39
诸暨市	Zhuji	546617	21052	37.59	32.41
嵊州市	Shengzhou	354522	10669	12.10	23.82
婺城区	Wucheng	142562	9830	6.23	18.83
金东区	Jindong	204239	7523	8.00	6.30
武义县	Wuyi	181206	10174	23.16	14.31
浦江县	Pujiang	86752	3089	6.16	8.61
磐安县	Panan	231236	3277	10.47	9.82
兰溪市	Lanxi	161870	15312	20.95	27.39
义乌市	Yiwu	173260	8100	12.79	16.82
东阳市	Dongyang	324033	7662	22.05	22.19
永康市	Yongkang	244899	5547	13.81	16.95
柯城区	Kecheng	174614	3787	6.66	6.85
衢江区	Qujiang	198150	12873	23.81	22.35
常山县	Changshan	82268	5286	11.49	12.01
开化县	Kaihua	130410	5480	15.06	12.33
龙游县	Longyou	324919	11418	25.94	21.73
江山市	Jiangshan	356028	13286	28.68	24.45
定海区	Dinghai	87567	1570	4.66	7.53
普陀区	Putuo	529631	1161	2.14	3.95
岱山县	Daishan	541089	1091	1.94	2.89
嵊泗县	Shengsi	144110	21	0.06	0.18
椒江区	Jiaojiang	63565	5156	5.39	7.45
黄岩区	Huangyan	46501	9687	12.53	8.90
路桥区	Luqiao	123250	5787	10.34	8.85
三门县	Sanmen	209696	5638	15.34	10.53
天台县	Tiantai	145462	6308	16.65	16.29
仙居县	Xianju	166057	8793	18.01	17.30
温岭市	Wenling	781884	14556	29.96	25.46
临海市	Linhai	377345	17995	30.69	25.89
玉环市	Yuhuan	156750	2666	3.49	4.23
莲都区	Liandu	97301	8631	8.64	12.37
青田县	Qingtian	70983	2156	9.56	15.42
缙云县	Jinyun	123875	5891	15.41	15.16
遂昌县	Suichang	137099	7294	10.16	9.78
松阳县	Songyang	126464	7953	7.65	7.79
云和县	Yunhe	70701	623	3.85	6.82
庆元县	Qingyuan	90894	3623	6.09	10.68
景宁县	Jingning	84003	3588	6.07	13.48
龙泉市	Longquan	196218	6568	16.48	18.30

17-32 各市、县规模以上工业企业单位数（2023年）
Number of Industrial Enterprises Above Designated Size by City and County (2023)

单位：个(unit)

市县名称	City and County	工业企业单位数 Number of Enterprises	内资企业 Domestic Funded Enterprises	港澳台商投资企业 Enterprises with Investment from Hong Kong, Macao and Taiwan	外商投资企业 Enterprises with Foreign Investment
上城区	Shangcheng	94	83	4	7
拱墅区	Gongshu	94	84	4	6
西湖区	Xihu	156	139	7	10
滨江区	Binjiang	281	227	15	39
萧山区	Xiaoshan	1655	1487	78	90
余杭区	Yuhang	762	706	17	39
临平区	Linping	745	663	40	42
钱塘区	Qiantang	702	493	46	163
富阳区	Fuyang	763	723	11	29
临安区	Linan	742	719	14	9
桐庐县	Tonglu	406	377	12	17
淳安县	Chunan	95	90	2	3
建德市	Jiande	423	412	7	4
海曙区	Haishu	843	760	42	41
江北区	Jiangbei	385	313	28	44
北仑区	Beilun	1047	709	149	189
镇海区	Zhenhai	685	558	56	71
鄞州区	Yinzhou	1507	1343	75	89
奉化区	Fenghua	729	677	21	31
象山县	Xiangshan	717	656	26	35
宁海县	Ninghai	745	678	36	31
余姚市	Yuyao	1575	1394	99	82
慈溪市	Cixi	2227	2071	78	78
鹿城区	Lucheng	393	386	1	6
龙湾区	Longwan	1277	1238	18	21
瓯海区	Ouhai	803	787	3	13
洞头区	Dongtou	109	109		
永嘉县	Yongjia	624	619	3	2
平阳县	Pingyang	762	751	4	7
苍南县	Cangnan	442	438	3	1
文成县	Wencheng	64	61		3
泰顺县	Taishun	54	52		2
瑞安市	Ruian	1467	1449	7	11
乐清市	Yueqing	2045	2034	6	5
龙港市	Longgang	425	421	3	1
南湖区	Nanhu	573	479	29	65
秀洲区	Xiuzhou	732	577	58	97
嘉善县	Jiashan	838	643	55	140
海盐县	Haiyan	763	700	31	32
海宁市	Haining	1673	1511	62	100
平湖市	Pinghu	883	645	69	169
桐乡市	Tongxiang	1252	1125	77	50
吴兴区	Wuxing	650	585	21	44
南浔区	Nanxun	972	922	27	23
德清县	Deqing	950	861	48	41

续表 Continued

单位：个(unit)

市县名称	City and County	工业企业单位数 Number of Enterprises	内资企业 Domestic Funded Enterprises	港澳台商投资企业 Enterprises with Investment from Hong Kong, Macao and Taiwan	外商投资企业 Enterprises with Foreign Investment
长兴县	Changxing	993	906	28	59
安吉县	Anji	604	554	28	22
越城区	Yuecheng	712	625	47	40
柯桥区	Keqiao	1341	1271	26	44
上虞区	Shangyu	874	791	38	45
新昌县	Xinchang	381	363	12	6
诸暨市	Zhuji	1315	1271	22	22
嵊州市	Shengzhou	733	689	15	29
婺城区	Wucheng	588	538	27	23
金东区	Jindong	517	502	8	7
武义县	Wuyi	767	758	3	6
浦江县	Pujiang	586	561	13	12
磐安县	Panan	179	176	3	
兰溪市	Lanxi	613	595	5	13
义乌市	Yiwu	864	830	19	15
东阳市	Dongyang	696	685	5	6
永康市	Yongkang	1007	995	8	4
柯城区	Kecheng	217	205		12
衢江区	Qujiang	227	218	2	7
常山县	Changshan	176	174	1	1
开化县	Kaihua	102	96	6	
龙游县	Longyou	304	294	4	6
江山市	Jiangshan	420	410	5	5
定海区	Dinghai	240	229	2	9
普陀区	Putuo	156	148	4	4
岱山县	Daishan	75	67	2	6
嵊泗县	Shengsi	15	15		
椒江区	Jiaojiang	622	603	11	8
黄岩区	Huangyan	594	577	11	6
路桥区	Luqiao	622	601	7	14
三门县	Sanmen	290	284	2	4
天台县	Tiantai	228	216	4	8
仙居县	Xianju	220	211	3	6
温岭市	Wenling	1344	1317	10	17
临海市	Linhai	664	651	8	5
玉环市	Yuhuan	1063	1043	6	14
莲都区	Liandu	506	495	6	5
青田县	Qingtian	225	222		3
缙云县	Jinyun	319	315	2	2
遂昌县	Suichang	132	130		2
松阳县	Songyang	125	122	1	2
云和县	Yunhe	98	97		1
庆元县	Qingyuan	83	82	1	
景宁县	Jingning	55	54		1
龙泉市	Longquan	161	160		1

17-33 各市、县工业企业经济指标（2023年）
Main Indicators of Industrial Enterprises by City and County(2023)

单位：亿元(100 million yuan)

	City and County	流动资产合计 Circulating Funds	资产总计 Total Assets	营业收入 Business Income	营业成本 Operating Costs
上城区	Shangcheng	643.50	1147.07	929.52	517.98
拱墅区	Gongshu	284.57	459.32	305.33	180.14
西湖区	Xihu	417.96	582.06	392.60	307.70
滨江区	Binjiang	4158.65	5675.88	3804.92	2894.07
萧山区	Xiaoshan	2748.44	5551.97	3876.56	3414.34
余杭区	Yuhang	1072.72	1484.90	1108.18	878.89
临平区	Linping	1665.18	2509.81	1741.34	1343.90
钱塘区	Qiantang	2562.72	4219.00	4140.60	3451.44
富阳区	Fuyang	1215.85	2108.08	1959.33	1748.05
临安区	Linan	1204.22	1824.43	1453.17	1229.29
桐庐县	Tonglu	473.09	719.01	565.69	456.43
淳安县	Chunan	84.89	151.62	128.05	103.37
建德市	Jiande	425.68	856.40	665.54	554.34
海曙区	Haishu	860.11	1280.99	1019.46	832.88
江北区	Jiangbei	752.73	1188.47	1319.28	1152.88
北仑区	Beilun	4546.46	7429.30	5416.26	4819.15
镇海区	Zhenhai	1468.10	3301.41	3924.92	3489.23
鄞州区	Yinzhou	1813.26	3005.80	2335.06	1908.44
奉化区	Fenghua	669.06	1036.71	1094.35	754.78
象山县	Xiangshan	675.67	1313.93	809.33	684.43
宁海县	Ninghai	1107.17	1859.92	1529.49	1316.81
余姚市	Yuyao	1951.38	3083.43	2384.81	2019.29
慈溪市	Cixi	3045.37	4588.82	4966.99	4251.46
鹿城区	Lucheng	213.01	477.29	269.38	218.83
龙湾区	Longwan	1127.21	1697.47	1458.97	1213.25
瓯海区	Ouhai	414.28	604.02	554.32	449.74
洞头区	Dongtou	99.28	251.22	168.81	146.46
永嘉县	Yongjia	370.64	565.10	422.45	338.08
平阳县	Pingyang	329.48	595.10	560.05	476.72
苍南县	Cangnan	168.02	445.92	258.50	215.64
文成县	Wencheng	27.39	47.15	34.16	28.69
泰顺县	Taishun	23.83	39.92	37.94	31.23
瑞安市	Ruian	981.00	1701.71	1176.38	977.47
乐清市	Yueqing	1601.47	2696.83	2170.87	1809.73
龙港市	Longgang	159.88	332.47	320.66	275.69
南湖区	Nanhu	1169.31	1932.84	1548.62	1314.63
秀洲区	Xiuzhou	1384.69	2094.91	1684.18	1408.74
嘉善县	Jiashan	1483.94	2135.42	2069.94	1823.61
海盐县	Haiyan	931.56	1883.37	1337.19	1093.99
海宁市	Haining	1992.05	3363.30	3118.44	2718.54
平湖市	Pinghu	1662.64	3283.27	3010.78	2690.34
桐乡市	Tongxiang	1778.84	3702.99	2619.88	2356.83
吴兴区	Wuxing	1186.40	2034.93	1499.51	1303.09
南浔区	Nanxun	818.90	1622.77	1150.29	1059.34
德清县	Deqing	966.50	2388.52	1287.36	2163.03

续表1 Continued

单位：亿元(100 million yuan)

	City and County	流动资产合计 Circulating Funds	资产总计 Total Assets	营业收入 Business Income	营业成本 Operating Costs
长兴县	Changxing	1500.50	1236.35	2384.52	854.46
安吉县	Anji	665.70	2388.52	1027.02	2163.03
越城区	Yuecheng	1099.16	2060.19	1412.02	1218.85
柯桥区	Keqiao	1311.39	2392.01	2140.16	1786.78
上虞区	Shangyu	1855.34	3182.06	1859.00	1573.95
新昌县	Xinchang	722.99	1324.92	653.57	516.42
诸暨市	Zhuji	1171.19	1976.64	1456.27	1253.72
嵊州市	Shengzhou	505.12	980.09	675.09	551.43
婺城区	Wucheng	699.50	1173.84	932.87	816.32
金东区	Jindong	291.94	477.51	409.86	346.50
武义县	Wuyi	448.79	726.32	688.82	575.75
浦江县	Pujiang	209.81	391.64	343.36	300.46
磐安县	Panan	84.81	148.27	108.88	90.18
兰溪市	Lanxi	637.31	1198.47	977.04	862.50
义乌市	Yiwu	1054.90	2087.06	1715.30	1507.62
东阳市	Dongyang	619.84	984.56	935.79	795.89
永康市	Yongkang	724.69	1049.25	971.80	818.66
柯城区	Kecheng	816.34	1617.83	1299.32	1174.59
衢江区	Qujiang	617.57	1029.14	775.48	679.52
常山县	Changshan	127.63	249.37	217.64	189.07
开化县	Kaihua	123.94	193.85	158.48	141.05
龙游县	Longyou	275.81	550.67	400.67	338.11
江山市	Jiangshan	309.52	945.00	729.84	640.90
定海区	Dinghai	517.54	984.26	740.34	647.64
普陀区	Putuo	282.36	547.91	335.45	288.55
岱山县	Daishan	958.48	3452.00	2856.82	2464.09
嵊泗县	Shengsi	27.27	130.91	18.54	11.58
椒江区	Jiaojiang	778.69	1547.34	1006.78	837.36
黄岩区	Huangyan	468.93	864.43	596.74	483.68
路桥区	Luqiao	562.77	950.83	1018.26	911.49
三门县	Sanmen	343.43	1332.81	487.11	392.02
天台县	Tiantai	319.70	557.73	310.35	237.43
仙居县	Xianju	251.11	568.55	279.46	208.24
温岭市	Wenling	822.41	1382.64	1055.75	855.79
临海市	Linhai	901.45	1603.73	1015.54	816.18
玉环市	Yuhuan	691.92	1217.58	1069.05	871.44
莲都区	Liandu	607.88	960.16	611.06	515.72
青田县	Qingtian	156.28	303.68	341.26	294.31
缙云县	Jinyun	238.70	365.23	380.88	323.44
遂昌县	Suichang	176.14	338.34	243.40	223.91
松阳县	Songyang	113.96	182.25	234.39	206.81
云和县	Yunhe	67.08	105.67	154.15	140.42
庆元县	Qingyuan	32.59	63.12	51.76	42.98
景宁县	Jingning	22.18	49.23	30.97	24.73
龙泉市	Longquan	65.10	114.53	97.97	80.24

续表2 Continued 单位：亿元(100 million yuan)

	City and County	利税总额 Total Profits and Taxes	税金及附加 Taxes and Surcharges	应交增值税 VAT Payable	利润总额 Total Profits
上城区	Shangcheng	395.48	256.78	51.19	87.51
拱墅区	Gongshu	64.09	2.24	15.90	45.95
西湖区	Xihu	32.69	1.76	8.64	22.30
滨江区	Binjiang	466.64	15.04	81.17	370.43
萧山区	Xiaoshan	262.06	13.46	57.22	191.38
余杭区	Yuhang	102.41	5.46	20.38	76.57
临平区	Linping	182.32	10.52	37.11	134.69
钱塘区	Qiantang	341.97	32.72	67.10	242.15
富阳区	Fuyang	105.16	6.11	47.47	51.58
临安区	Linan	111.55	5.06	23.36	83.14
桐庐县	Tonglu	58.63	2.94	12.83	42.87
淳安县	Chunan	18.20	1.01	3.69	13.51
建德市	Jiande	81.91	3.97	15.97	61.97
海曙区	Haishu	75.88	5.70	20.48	49.70
江北区	Jiangbei	85.64	5.01	11.46	69.17
北仑区	Beilun	543.48	68.59	64.54	410.36
镇海区	Zhenhai	282.78	180.90	18.36	83.52
鄞州区	Yinzhou	223.59	11.31	40.62	171.67
奉化区	Fenghua	287.55	161.17	42.57	83.82
象山县	Xiangshan	51.50	3.79	12.38	35.33
宁海县	Ninghai	107.93	5.73	20.89	81.31
余姚市	Yuyao	149.08	11.09	31.97	106.01
慈溪市	Cixi	400.19	34.36	81.55	284.29
鹿城区	Lucheng	28.10	1.39	7.16	19.56
龙湾区	Longwan	121.81	7.70	31.16	82.95
瓯海区	Ouhai	42.22	2.43	14.89	24.91
洞头区	Dongtou	8.55	3.12	3.03	2.40
永嘉县	Yongjia	41.57	1.66	12.38	27.53
平阳县	Pingyang	37.35	2.17	11.45	23.73
苍南县	Cangnan	21.45	0.74	6.30	14.41
文成县	Wencheng	3.11	0.15	1.42	1.54
泰顺县	Taishun	3.79	0.26	1.01	2.52
瑞安市	Ruian	98.51	4.59	25.75	68.17
乐清市	Yueqing	171.17	7.51	44.53	119.14
龙港市	Longgang	23.21	1.22	6.30	15.70
南湖区	Nanhu	111.03	6.22	20.93	83.87
秀洲区	Xiuzhou	156.68	7.44	22.64	126.60
嘉善县	Jiashan	124.23	9.07	32.62	82.54
海盐县	Haiyan	161.50	7.51	37.99	116.00
海宁市	Haining	190.95	10.11	45.75	135.09
平湖市	Pinghu	195.14	15.18	47.03	132.92
桐乡市	Tongxiang	112.13	10.09	39.63	62.40
吴兴区	Wuxing	132.29	5.95	22.78	103.56
南浔区	Nanxun	88.62	6.61	31.02	82.75
德清县	Deqing	120.38	16.86	31.01	78.76

续表3 Continued　　单位：亿元(100 million yuan)

	City and County	利税总额 Total Profits and Taxes	税金及附加 Taxes and Surcharges	应交增值税 VAT Payable	利润总额 Total Profits
长兴县	Changxing	126.63	4.44	24.68	65.94
安吉县	Anji	95.06	16.86	31.01	78.76
越城区	Yuecheng	72.53	6.60	25.93	40.00
柯桥区	Keqiao	223.69	11.40	63.62	148.66
上虞区	Shangyu	179.39	8.17	33.25	137.97
新昌县	Xinchang	94.96	3.52	11.45	79.99
诸暨市	Zhuji	96.99	5.22	27.62	64.15
嵊州市	Shengzhou	58.45	3.72	17.14	37.59
婺城区	Wucheng	61.62	5.00	16.00	40.23
金东区	Jindong	27.75	2.00	11.00	14.98
武义县	Wuyi	46.97	3.00	16.00	28.08
浦江县	Pujiang	16.10	1.00	5.00	9.41
磐安县	Panan	8.25	1.00	2.00	5.49
兰溪市	Lanxi	48.52	4.00	16.00	28.69
义乌市	Yiwu	99.33	6.00	23.00	69.72
东阳市	Dongyang	63.73	3.00	12.00	48.60
永康市	Yongkang	64.56	5.00	22.00	37.55
柯城区	Kecheng	60.85	3.00	11.00	46.12
衢江区	Qujiang	46.11	3.00	10.00	32.79
常山县	Changshan	16.02	1.00	5.00	10.44
开化县	Kaihua	1.99		2.00	5.36
龙游县	Longyou	28.87	2.00	10.00	17.21
江山市	Jiangshan	28.20	3.00	9.00	31.99
定海区	Dinghai	46.61	14.18	8.80	23.63
普陀区	Putuo	20.81	2.11	3.11	15.59
岱山县	Daishan	271.89	219.57	28.93	23.40
嵊泗县	Shengsi	3.73	0.04	0.13	3.57
椒江区	Jiaojiang	85.86	5.38	18.76	61.72
黄岩区	Huangyan	52.59	3.36	13.18	36.05
路桥区	Luqiao	50.98	3.59	14.88	32.52
三门县	Sanmen	51.91	3.18	11.01	37.72
天台县	Tiantai	40.02	2.60	6.57	30.85
仙居县	Xianju	33.02	1.67	5.10	26.25
温岭市	Wenling	94.45	7.89	21.49	65.08
临海市	Linhai	98.16	7.51	23.05	67.59
玉环市	Yuhuan	114.48	5.97	22.32	86.19
莲都区	Liandu	49.72	2.39	12.58	34.74
青田县	Qingtian	30.86	1.54	12.44	16.88
缙云县	Jinyun	31.63	1.75	10.87	19.01
遂昌县	Suichang	15.04	0.84	3.23	10.97
松阳县	Songyang	17.34	0.65	3.83	12.86
云和县	Yunhe	12.04	0.70	7.08	4.26
庆元县	Qingyuan	3.64	0.23	1.70	1.71
景宁县	Jingning	4.19	0.15	0.90	3.14
龙泉市	Longquan	7.72	0.51	2.94	4.27

17-34 各市、县客运量和货运量（2023年）
Passenger Traffic and Freight Traffic by City and County (2023)

市县名称	City and County	客运量(万人) Passenger Traffic (10000 persons) 公路、水路 Highways and Waterways	轨道交通（万人次） Total Passenger Volume of Rail Transit Subway (10000 person times)	货运量(万吨) Freight Traffic (10000 tons) 公路、水路 Highways and Waterways
上城区	Shangcheng	740		2809
拱墅区	Gongshu	1101		4268
西湖区	Xihu	547		1914
滨江区	Binjiang	89		241
萧山区	Xiaoshan	161		5028
余杭区	Yuhang	113		565
临平区	Linping	27		737
钱塘区	Qiantang			2866
富阳区	Fuyang	67		1419
临安区	Linan	96		873
桐庐县	Tonglu	430		12767
淳安县	Chunan	602		254
建德市	Jiande	475		1930
海曙区	Haishu	252		1307
江北区	Jiangbei	362		17231
北仑区	Beilun	80		35461
镇海区	Zhenhai	12		6424
鄞州区	Yinzhou	766		9668
奉化区	Fenghua	67		4679
象山县	Xiangshan	406		4487
宁海县	Ninghai	25		1469
余姚市	Yuyao	49		1548
慈溪市	Cixi	123		1635
鹿城区	Lucheng	485		2579
龙湾区	Longwan	372		2968
瓯海区	Ouhai	372		1865
洞头区	Dongtou	174		4554
永嘉县	Yongjia	1583		2327
平阳县	Pingyang	343		1045
苍南县	Cangnan	129		1063
文成县	Wencheng	187		326
泰顺县	Taishun	306		77
瑞安市	Ruian	643		1263
乐清市	Yueqing	221		2846
龙港市	Longgang	17		837
南湖区	Nanhu	127		2981
秀洲区	Xiuzhou	23		1529
嘉善县	Jiashan	95		5113
海盐县	Haiyan	30		3345
海宁市	Haining	92	1238	2685
平湖市	Pinghu	133		6601
桐乡市	Tongxiang	200		4229
吴兴区	Wuxing	157		1748
南浔区	Nanxun	19		669
德清县	Deqing	147		3705
长兴县	Changxing	57		11188
安吉县	Anji	78		3504
越城区	Yuecheng	367		4512

续表 Continued

市县名称	City and County	客运量(万人) Passenger Traffic (10000 persons)		货运量(万吨) Freight Traffic (10000 tons)
		公路、水路 Highways and Waterways	轨道交通（万人次） Total Passenger Volume of Rail Transit Subway (10000 person times)	公路、水路 Highways and Waterways
柯桥区	Keqiao	173		3910
上虞区	Shangyu	146		5806
新昌县	Xinchang	111		1469
诸暨市	Zhuji	330		4752
嵊州市	Shengzhou	194		2463
婺城区	Wucheng	144	711	1590
金东区	Jindong	77	945	2645
武义县	Wuyi	349		841
浦江县	Pujiang	92		1218
磐安县	Panan	63		446
兰溪市	Lanxi	72		1162
义乌市	Yiwu	212	1294	5495
东阳市	Dongyang	190	748	2083
永康市	Yongkang	84		1755
柯城区	Kecheng			
衢江区	Qujiang			
常山县	Changshan	96		1512
开化县	Kaihua	126		854
龙游县	Longyou	148		1834
江山市	Jiangshan	189		3467
定海区	Dinghai			
普陀区	Putuo			
岱山县	Daishan			
嵊泗县	Shengsi			
椒江区	Jiaojiang			
黄岩区	Huangyan			
路桥区	Luqiao			
三门县	Sanmen			
天台县	Tiantai			
仙居县	Xianju			
温岭市	Wenling			
临海市	Linhai			
玉环市	Yuhuan			
莲都区	Liandu	281		1420
青田县	Qingtian	18		1728
缙云县	Jinyun	30		667
遂昌县	Suichang	182		574
松阳县	Songyang	17		554
云和县	Yunhe	68		601
庆元县	Qingyuan	48		214
景宁县	Jingning	52		331
龙泉市	Longquan	91		414

17-35 各市、县公路里程邮电通信和用电量情况（2023年）
Length of Highways,Posts and Telecommunications,Electricity Consumption by City and County(2023)

市县名称	City and County	境内公路里程(公里) Length of Highways (km)	#高速公路 Expressway	民用汽车拥有量（辆）Civil Vehicles (unit)	快递业务收入(万元) Express Business Income (10000 yuan)	年末移动电话用户数（万户）Number of Mobile Telephones Subscribers (10000subscribers)
上城区	Shangcheng			587209	342054	225.00
拱墅区	Gongshu			527439	712985	221.00
西湖区	Xihu			443658	328229	193.00
滨江区	Binjiang			180657	101904	104.00
萧山区	Xiaoshan	1902	120	745413	1638746	283.00
余杭区	Yuhang	1741	116	436536	91683	170.00
临平区	Linping	577	36	398193	47445	161.00
钱塘区	Qiantang	514	46	167858	244206	154.00
富阳区	Fuyang	1984	86	280937	18897	112.00
临安区	Linan	2938	149	209866	28291	90.00
桐庐县	Tonglu	1897	66	176510	94688	61.00
淳安县	Chunan	2837	64	115871	5299	42.00
建德市	Jiande	2152	140	150144	12736	55.00
海曙区	Haishu	945	49	403342	539605	173.16
江北区	Jiangbei	308	25	230500	79747	74.09
北仑区	Beilun	526	62	380441	45170	129.22
镇海区	Zhenhai	336	35	177263	17711	61.16
鄞州区	Yinzhou	1010	110	650044	191758	253.00
奉化区	Fenghua	1393	55	197472	73776	79.00
象山县	Xiangshan	1580	67	188455	11933	81.37
宁海县	Ninghai	1654	72	222110	29073	104.00
余姚市	Yuyao	2046	65	443411	132646	180.05
慈溪市	Cixi	1690	126	617507	191142	231.25
鹿城区	Lucheng	319	25		123056	191.99
龙湾区	Longwan	276	36		243379	107.56
瓯海区	Ouhai	715	50		172666	146.24
洞头区	Dongtou	249	5	30405	3843	15.01
永嘉县	Yongjia	3002	108	287292	73935	102.77
平阳县	Pingyang	1755	47	216989	109196	103.59
苍南县	Cangnan	1618	53	209728	159058	99.16
文成县	Wencheng	1745	69	58387	3811	23.81
泰顺县	Taishun	2356	34	61787	6801	30.49
瑞安市	Ruian	1948	90	488795	144332	181.73
乐清市	Yueqing	1412	99	435072	148864	193.05
龙港市	Longgang	240	14	97885		56.52
南湖区	Nanhu	712	58		198976	
秀洲区	Xiuzhou	1096	70		268475	
嘉善县	Jiashan	876	62	211087	90529	86.06
海盐县	Haiyan	1001	40	169680	34814	58.07
海宁市	Haining	1471	108	344132	237089	127.05
平湖市	Pinghu	1066	44	217972	134910	88.58
桐乡市	Tongxiang	1377	47	384021	183734	137.66
吴兴区	Wuxing	903	84		218518	159.00
南浔区	Nanxun	1300	48		25124	67.00
德清县	Deqing	1341	94	181261	67593	66.00

续表1 Continued

市县名称	City and County	境内公路里程(公里) Length of Highways (km)	#高速公路 Expressway	民用汽车拥有量(辆) Civil Vehicles (unit)	快递业务收入(万元) Express Business Income (10000 yuan)	年末移动电话用户数(万户) Number of Mobile Telephones Subscribers (10000subscribers)
长兴县	Changxing	2296	133	220097	30273	84.00
安吉县	Anji	2341	93	193189	68195	72.00
越城区	Yuecheng	658	66	414900	178394	202.00
柯桥区	Keqiao	1501	68	390400	107748	145.00
上虞区	Shangyu	1410	98	246700	54585	97.00
新昌县	Xinchang	1440	57	116500	12011	50.00
诸暨市	Zhuji	2649	163	423700	220049	147.00
嵊州市	Shengzhou	2259	142	194600	25560	81.00
婺城区	Wucheng	1639	24		162749	
金东区	Jindong	1145	58		235084	
武义县	Wuyi	1441	26	141116	37676	
浦江县	Pujiang	923	13	156767	83025	
磐安县	Panan	1220	21	43157	4924	
兰溪市	Lanxi	1569	36	150953	33150	
义乌市	Yiwu	1563	76	888590	2744700	
东阳市	Dongyang	2397	106	388173	185065	
永康市	Yongkang	1244	58	402819	236796	
柯城区	Kecheng	780	23	150514		
衢江区	Qujiang	1811	42	100775		
常山县	Changshan	1158	89	66602	7312	29.00
开化县	Kaihua	1647	112	58295	5462	31.00
龙游县	Longyou	1505	80	88230	16180	42.00
江山市	Jiangshan	1882	76	131960	14218	59.00
定海区	Dinghai	819	70		29623	96.78
普陀区	Putuo	559			20011	53.46
岱山县	Daishan	404			6046	27.08
嵊泗县	Shengsi	195			2181	10.34
椒江区	Jiaojiang	518	27	251596	78563	111.28
黄岩区	Huangyan	1134	21	261550	122246	92.64
路桥区	Luqiao	635	10	279857	59092	102.47
三门县	Sanmen	1351	55	99420	30566	43.34
天台县	Tiantai	2007	68	114755	50595	55.13
仙居县	Xianju	2054	106	116696	35527	51.56
温岭市	Wenling	2088	45	485798	212101	192.15
临海市	Linhai	2441	134	329070	117141	141.31
玉环市	Yuhuan	830	32	206415	26684	85.97
莲都区	Liandu	1265	69	138890	38307	85.15
青田县	Qingtian	2388	67	67035	15065	42.84
缙云县	Jinyun	1436	35	95934	28337	48.79
遂昌县	Suichang	1752	29	40776	6226	23.31
松阳县	Songyang	1470	53	39554	9995	22.80
云和县	Yunhe	847	51	26524	12126	16.10
庆元县	Qingyuan	1508	21	27934	6102	17.44
景宁县	Jingning	1908	38	24614	2581	14.27
龙泉市	Longquan	2511	89	60640	16182	30.38

续表2 Continued

市县名称	City and County	电信业务收入（万元）Telecom Business Income（10000 yuan）	全年用电量（万千瓦小时）Total Electricity Consumption (10000 kw.h)	#工业用电 Industrial Consumption	#城乡居民生活用电 Residential Consumption
上城区	Shangcheng	302016	768474	39962	
拱墅区	Gongshu	276341	628565	29495	
西湖区	Xihu	259305	611133	44370	
滨江区	Binjiang	162455	453418	49358	
萧山区	Xiaoshan	364732	1384051	1021913	101750
余杭区	Yuhang	268613	2275479	1369420	318273
临平区	Linping	218060	851979	216127	240957
钱塘区	Qiantang	169758	724227	303092	186683
富阳区	Fuyang	143007	736272	423691	136913
临安区	Linan	101711	505270	290462	99559
桐庐县	Tonglu	68785	310449	167871	67680
淳安县	Chunan	44327	459943	330645	52940
建德市	Jiande	64041	162040	70518	36196
海曙区	Haishu	192892	603044	258487	131109
江北区	Jiangbei	78389	425113	214840	73380
北仑区	Beilun	140693	1957831	1658518	102730
镇海区	Zhenhai	92804	1392329	1204146	65565
鄞州区	Yinzhou		1183879	515939	246764
奉化区	Fenghua		492106	314606	74571
象山县	Xiangshan	86280	375992	218403	77086
宁海县	Ninghai	96117	502885	309000	111076
余姚市	Yuyao	169212	1337580	1022124	159025
慈溪市	Cixi		2037226	1512579	253957
鹿城区	Lucheng	235734	541726	160767	168670
龙湾区	Longwan	161415	801989	514034	126216
瓯海区	Ouhai	159457	547212	240751	123444
洞头区	Dongtou	19189	51547	18392	15512
永嘉县	Yongjia	117157	423672	226644	113118
平阳县	Pingyang	124988	521542	302300	129975
苍南县	Cangnan	115806	480948	269807	125526
文成县	Wencheng	30118	69055	22237	25419
泰顺县	Taishun	37227	81175	28243	28121
瑞安市	Ruian	219047	963007	582835	241149
乐清市	Yueqing	232316	889463	476838	246724
龙港市	Longgang	74521	371481	244360	76482
南湖区	Nanhu		902470	525338	138025
秀洲区	Xiuzhou		753746	605367	61073
嘉善县	Jiashan	97568	707049	509585	97269
海盐县	Haiyan	60262	615523	492500	58450
海宁市	Haining	134358	1529252	1196959	143889
平湖市	Pinghu	100200	1269437	1082439	82905
桐乡市	Tongxiang	144246	1441298	1156029	127695
吴兴区	Wuxing	212615	963135	726978	194878
南浔区	Nanxun	74400	597718	430827	72592
德清县	Deqing	77906	1106055	882345	102851

续表3 Continued

市县名称	City and County	电信业务收入（万元）Telecom Business Income（10000 yuan）	全年用电量(万千瓦小时) Total Electricity Consumption (10000 kw.h)	#工业用电 Industrial Consumption	#城乡居民生活用电 Residential Consumption
长兴县	Changxing	104245	671829	448722	75899
安吉县	Anji	83679	493231	286174	97465
越城区	Yuecheng	236987	924072	559327	135853
柯桥区	Keqiao	139567	1896560	1568686	140617
上虞区	Shangyu	109701	847706	632896	95312
新昌县	Xinchang	53220	293364	195369	49857
诸暨市	Zhuji	146126	1179446	859050	169470
嵊州市	Shengzhou	74325	438988	274645	81353
婺城区	Wucheng		572431	274580	128874
金东区	Jindong		454771	261217	70098
武义县	Wuyi		368940	268111	48790
浦江县	Pujiang		364698	258799	58786
磐安县	Panan		85120	46393	16668
兰溪市	Lanxi		625585	504721	64009
义乌市	Yiwu		1547730	870928	249226
东阳市	Dongyang		777807	491610	140466
永康市	Yongkang		697441	479754	118396
柯城区	Kecheng	98317	1034028	849397	77411
衢江区	Qujiang	38885	330960	237417	43831
常山县	Changshan	31679	233749	173439	32581
开化县	Kaihua	29489	114611	57955	30025
龙游县	Longyou	40201	363061	256333	51790
江山市	Jiangshan	50837	311640	195443	50077
定海区	Dinghai	93187	308946	182494	42358
普陀区	Putuo	54155	211075	82972	48844
岱山县	Daishan	25150	1227258	1173410	23057
嵊泗县	Shengsi	11354	67062	6747	7903
椒江区	Jiaojiang	143425	430560	196606	107255
黄岩区	Huangyan	112682	500610	339385	86226
路桥区	Luqiao	100513	404444	230295	87637
三门县	Sanmen	47142	258040	167911	43057
天台县	Tiantai	53386	219227	114846	55835
仙居县	Xianju	49994	196286	102891	48986
温岭市	Wenling	187015	789327	449413	197056
临海市	Linhai	125827	688723	436270	135680
玉环市	Yuhuan	97788	615428	455990	93357
莲都区	Liandu	110378	385913	191153	75284
青田县	Qingtian	39600	218693	125486	49759
缙云县	Jinyun	41846	262848	179441	49483
遂昌县	Suichang	21977	132476	90596	21000
松阳县	Songyang	21358	123053	71207	21402
云和县	Yunhe	16749	174934	144561	16698
庆元县	Qingyuan	14533	54863	27007	14541
景宁县	Jingning	13704	32987	6610	12197
龙泉市	Longquan	29904	105029	51058	27806

17-36 各市、县国内贸易情况（2023年）
Domestic and Foreign Trade by City and County (2023)

市县名称	City and County	社会消费品零售总额（亿元）Total Retail Sales of Consumer Goods (100 million yuan)	限额以上批发、零售业商品销售额（亿元）Total Sales of Wholesale and Retail Sale Trade Above Designated Size (100 million yuan)	通过公共网络实现的商品销售额 Web Sales	限额以上住宿餐饮业营业额（亿元）Turnover of Accommodation and Catering Businesses Above Designated Size (100 million yuan)
上城区	Shangcheng	1106.95	13014.99	470.45	132.58
拱墅区	Gongshu	1363.87	10581.38	664.38	91.12
西湖区	Xihu	906.26	2273.55	262.60	116.43
滨江区	Binjiang	568.16	3988.83	424.66	19.97
萧山区	Xiaoshan	1006.21	7435.57	884.18	38.23
余杭区	Yuhang	826.33	3143.86	1307.82	16.55
临平区	Linping	392.27	1145.12	94.87	6.45
钱塘区	Qiantang	340.42	1477.72	204.14	17.80
富阳区	Fuyang	444.44	1686.40	258.28	8.49
临安区	Linan	246.18	306.29	36.32	9.77
桐庐县	Tonglu	173.85	186.83	16.07	10.43
淳安县	Chunan	109.42	282.56	17.53	14.95
建德市	Jiande	136.01	129.73	2.63	6.68
海曙区	Haishu	902.89	3608.54	133.50	36.43
江北区	Jiangbei	465.33	5144.11	774.90	8.16
北仑区	Beilun	465.67	21879.59	254.12	12.38
镇海区	Zhenhai	200.32	2387.31	411.75	7.27
鄞州区	Yinzhou	1113.54	11106.56	186.20	50.78
奉化区	Fenghua	187.61	418.22	19.38	7.65
象山县	Xiangshan	259.79	768.39	16.67	12.67
宁海县	Ninghai	343.61	548.04	48.86	8.77
余姚市	Yuyao	501.60	1423.42	33.82	12.08
慈溪市	Cixi	772.18	3554.87	147.63	16.63
鹿城区	Lucheng	882.04	2212.17	44.11	32.49
龙湾区	Longwan	448.85	3782.04	43.29	9.15
瓯海区	Ouhai	407.38	1305.28	33.15	13.40
洞头区	Dongtou	73.26	297.78	31.41	2.67
永嘉县	Yongjia	281.75	799.61	11.37	10.18
平阳县	Pingyang	301.64	612.87	8.53	11.64
苍南县	Cangnan	288.91	186.61	6.47	10.19
文成县	Wencheng	62.10	50.51	8.42	1.37
泰顺县	Taishun	71.87	46.08	0.93	5.01
瑞安市	Ruian	622.18	1365.71	55.08	21.07
乐清市	Yueqing	648.25	1286.16	46.62	20.45
龙港市	Longgang	167.34	207.30	2.48	4.73
南湖区	Nanhu	508.82	1600.18	78.81	20.16
秀洲区	Xiuzhou	167.86	797.67	32.77	9.42
嘉善县	Jiashan	289.61	520.42	14.45	6.72
海盐县	Haiyan	202.74	370.92	2.52	6.22
海宁市	Haining	557.71	1178.69	7.63	9.40
平湖市	Pinghu	302.23	884.06	10.52	9.69
桐乡市	Tongxiang	484.48	1423.03	13.86	11.16
吴兴区	Wuxing	793.55	1511.53	150.35	28.22
南浔区	Nanxun	134.37	342.62	11.36	5.56
德清县	Deqing	184.66	1227.84	29.83	16.18

续表 Continued

市县名称	City and County	社会消费品零售总额(亿元) Total Retail Sales of Consumer Goods (100 million yuan)	限额以上批发、零售业商品销售额(亿元) Total Sales of Wholesale and Retail Sale Trade Above Designated Size (100 million yuan)	通过公共网络实现的商品销售额 Web Sales	限额以上住宿餐饮业营业额(亿元) Turnover of Accommodation and Catering Businesses Above Designated Size (100 million yuan)
长兴县	Changxing	354.50	2474.62	5.93	16.72
安吉县	Anji	240.84	223.47	36.75	10.31
越城区	Yuecheng	792.97	2127.60	55.80	36.81
柯桥区	Keqiao	448.98	2695.62	10.53	17.18
上虞区	Shangyu	446.76	895.31	19.24	16.55
新昌县	Xinchang	222.07	470.82	7.79	6.46
诸暨市	Zhuji	576.19	1859.51	45.94	17.53
嵊州市	Shengzhou	333.38	289.12	63.99	8.79
婺城区	Wucheng	547.15	1069.52	44.98	13.10
金东区	Jindong	264.66	611.11	53.87	4.17
武义县	Wuyi	123.42	162.53	4.38	4.07
浦江县	Pujiang	111.81	124.19	6.96	2.34
磐安县	Panan	46.02	26.82	1.86	2.32
兰溪市	Lanxi	177.14	358.89	18.27	3.57
义乌市	Yiwu	1108.19	1133.69	54.05	4.73
东阳市	Dongyang	365.88	641.41	1.59	9.92
永康市	Yongkang	397.48	606.47	28.39	5.48
柯城区	Kecheng	257.96	630.37	18.19	5.89
衢江区	Qujiang	102.38	259.74	21.31	1.35
常山县	Changshan	106.65	79.21	18.94	1.85
开化县	Kaihua	107.14	44.52	1.98	2.11
龙游县	Longyou	191.75	401.47	3.49	3.41
江山市	Jiangshan	204.87	143.05	46.39	2.78
定海区	Dinghai	265.03	4685.00	8.43	7.67
普陀区	Putuo	215.63	1352.41	1.41	21.18
岱山县	Daishan	97.57	164.90	0.62	3.69
嵊泗县	Shengsi	39.62	131.57	0.00	1.78
椒江区	Jiaojiang	324.01	862.66	84.97	12.16
黄岩区	Huangyan	279.05	658.47	9.44	4.68
路桥区	Luqiao	423.09	1385.48	28.95	4.20
三门县	Sanmen	121.67	120.69	4.24	2.73
天台县	Tiantai	158.24	97.90	7.12	4.41
仙居县	Xianju	128.02	211.43	2.58	3.81
温岭市	Wenling	793.92	884.03	78.95	16.88
临海市	Linhai	291.39	596.44	7.37	7.71
玉环市	Yuhuan	246.83	383.24	21.29	5.65
莲都区	Liandu	254.31	1346.90	138.30	8.46
青田县	Qingtian	107.66	201.96	1.53	4.85
缙云县	Jinyun	128.67	77.10	13.03	2.51
遂昌县	Suichang	81.08	197.32	2.71	3.25
松阳县	Songyang	68.59	110.76	6.58	2.92
云和县	Yunhe	50.14	32.67	6.12	1.52
庆元县	Qingyuan	54.07	24.86	4.93	1.04
景宁县	Jingning	38.82	1132.28	1.03	2.19
龙泉市	Longquan	88.29	121.55	9.02	2.50

17-37 各市、县外贸及利用外资情况（2023年）
Foreign Trade and Utilization of Foreign Capital by City and County(2023)

市县名称	City and County	进口总额(万元) Total imports (10000 yuan)	出口总额(万元) Total exports (10000 yuan)	外国和港澳台地区在华直接投资 Foreign Funded Enterprises and Enterprises Funded by Entrepreneurs from Hong Kong,Macao & Taiwan	
				新签项目(合同)数(个) Newly Signed Contracts(unit)	实际使用外资金额(万美元) Amount of Foreign Capital Actually Use (10000 USD)
上城区	Shangcheng	2176552	4368837	129	64294
拱墅区	Gongshu	5592089	4871184	95	34639
西湖区	Xihu	541260	2941497	110	32839
滨江区	Binjiang	3179268	7645515	169	96233
萧山区	Xiaoshan	2275326	9101872	165	403371
余杭区	Yuhang	264044	4135055	175	81089
临平区	Linping	265801	3911883	21	26074
钱塘区	Qiantang	4324430	6404656	97	70783
富阳区	Fuyang	2685585	2082268	38	26183
临安区	Linan	864258	2374946	29	23628
桐庐县	Tonglu	112306	1291807	13	15896
淳安县	Chunan	11038	170009	5	1216
建德市	Jiande	42490	940584	12	6881
海曙区	Haishu	1550085	8079972	64	20546
江北区	Jiangbei	2574720	6481885	48	8746
北仑区	Beilun	25711225	19304958	82	207276
镇海区	Zhenhai	3726223	2986834	26	13688
鄞州区	Yinzhou	6645114	20064189	128	58495
奉化区	Fenghua	368339	2366283	65	6271
象山县	Xiangshan	334078	2034508	25	8641
宁海县	Ninghai	172560	3507338	8	7751
余姚市	Yuyao	2128814	7504843	28	16721
慈溪市	Cixi	1699231	10533365	45	89065
鹿城区	Lucheng	199795	4262132	34	7355
龙湾区	Longwan	2355290	4510384	21	8557
瓯海区	Ouhai	1160566	2737825	23	2933
洞头区	Dongtou	372532	615712	8	796
永嘉县	Yongjia	41657	983633	7	2449
平阳县	Pingyang	44810	1486913	7	2174
苍南县	Cangnan	84820	306376	10	8645
文成县	Wencheng	39058	60141	4	1530
泰顺县	Taishun	969	96053	2	150
瑞安市	Ruian	353858	3746964	15	4333
乐清市	Yueqing	47645	2948112	25	3704
龙港市	Longgang	55611	812470		5338
南湖区	Nanhu	557274	3458797	86	26577
秀洲区	Xiuzhou	340010	3107454	36	32366
嘉善县	Jiashan	2047838	4456979	47	48576
海盐县	Haiyan	382507	2785185	28	35327
海宁市	Haining	545835	7363837	76	37849
平湖市	Pinghu	4319966	5078322	59	59242
桐乡市	Tongxiang	1284427	4514836	47	35164
吴兴区	Wuxing	437618	3575103	61	23209
南浔区	Nanxun	153354	1678682	36	3567
德清县	Deqing	244021	2988746	25	-8510

续表 Continued

市县名称	City and County	进口总额（万元） Total imports (10000 yuan)	出口总额（万元） Total exports (10000 yuan)	外国和港澳台地区在华直接投资 Foreign Funded Enterprises and Enterprises Funded by Entrepreneurs from Hong Kong,Macao & Taiwan	
				新签项目(合同)数（个） Newly Signed Contracts(unit)	实际使用外资金额（万美元） Amount of Foreign Capital Actually Use (10000 USD)
长兴县	Changxing	352801	2918838	53	18373
安吉县	Anji	95746	3742956	59	21539
越城区	Yuecheng	2471634	8601462	30	19763
柯桥区	Keqiao	191753	14763874	169	26458
上虞区	Shangyu	400321	4094483	19	27946
新昌县	Xinchang	61462	2470179	6	6425
诸暨市	Zhuji	995089	6998102	46	10411
嵊州市	Shengzhou	24707	1174007	11	6366
婺城区	Wucheng	93298	1658076	36	10213
金东区	Jindong	3333208	1477213	16	12003
武义县	Wuyi	35070	2744692	5	1092
浦江县	Pujiang	66619	1304917	9	1505
磐安县	Panan	3868	380796	3	104
兰溪市	Lanxi	196771	1385419	3	11967
义乌市	Yiwu	6547687	50057030	1448	9792
东阳市	Dongyang	265671	3136626	12	4127
永康市	Yongkang	126396	4161867	9	2198
柯城区	Kecheng	26165	196364	11	295
衢江区	Qujiang	6826	117300	9	1408
常山县	Changshan	177574	214339	4	3598
开化县	Kaihua	43862	218567	1	20
龙游县	Longyou	208063	537141	7	1507
江山市	Jiangshan	3999	646439	6	509
定海区	Dinghai	19829574	3497975	32	18752
普陀区	Putuo	488042	5088875	16	16720
岱山县	Daishan	400134	1047465	8	9731
嵊泗县	Shengsi	406564	89966	4	2445
椒江区	Jiaojiang	123104	3054750	16	4664
黄岩区	Huangyan	49592	2563340	16	2648
路桥区	Luqiao	1317098	4403942	6	4644
三门县	Sanmen	20975	938280	6	2958
天台县	Tiantai	21295	764467	3	2549
仙居县	Xianju	39068	625056	6	2241
温岭市	Wenling	183083	3837476	22	5735
临海市	Linhai	293164	3090468	9	2751
玉环市	Yuhuan	114502	4119074	11	3763
莲都区	Liandu	286252	900749	21	9179
青田县	Qingtian	152612	300296	11	1242
缙云县	Jinyun	15881	1111313	2	1891
遂昌县	Suichang	10245	102003	4	21
松阳县	Songyang	6254	112965	4	651
云和县	Yunhe	4308	123541		69
庆元县	Qingyuan	358	126070	1	318
景宁县	Jingning	166095	89383	1	369
龙泉市	Longquan	439	263240	2	20

17-38 各市、县财政收支情况（2023年）
Total Financial Revenue and Expenditure by City and County(2023)

单位：亿元(100 million yuan)

市县名称	City and County	财政总收入 Total Financial Revenue	一般公共预算收入 General Public Revenue	一般公共预算支出 General Public Budget Expenditure	一般性公共服务支出 Expenses for Public Service	#教育事业费 Expenses for Education
上城区	Shangcheng	460.82	244.94	155.32	14.95	43.75
拱墅区	Gongshu	359.39	199.18	132.23	12.07	35.70
西湖区	Xihu	449.64	233.78	169.29	9.17	57.43
滨江区	Binjiang	462.46	242.14	181.88	6.06	33.39
萧山区	Xiaoshan	566.91	332.00	328.16	28.85	68.90
余杭区	Yuhang	801.57	416.68	351.38	20.71	55.66
临平区	Linping	253.79	144.68	200.17	17.31	43.68
钱塘区	Qiantang	247.63	127.08	143.73	14.09	31.08
富阳区	Fuyang	165.18	100.54	137.62	13.77	25.21
临安区	Linan	141.25	87.60	105.68	9.06	20.10
桐庐县	Tonglu	78.89	45.03	72.80	6.15	21.80
淳安县	Chunan	79.22	47.59	87.42	8.23	13.45
建德市	Jiande	46.89	26.99	89.41	10.10	14.74
海曙区	Haishu	218.51	129.45	139.11	19.13	26.17
江北区	Jiangbei	188.33	108.86	100.31	9.14	15.39
北仑区	Beilun	813.41	413.48	377.06	17.70	24.82
镇海区	Zhenhai	148.26	90.91	115.10	9.58	16.77
鄞州区	Yinzhou	509.52	305.50	263.04	24.30	41.25
奉化区	Fenghua	132.44	86.89	108.87	14.49	17.37
象山县	Xiangshan	109.43	64.68	114.69	12.08	16.97
宁海县	Ninghai	109.40	68.34	104.15	7.56	18.48
余姚市	Yuyao	231.76	132.86	155.49	14.21	28.49
慈溪市	Cixi	393.76	221.71	254.35	18.43	49.37
鹿城区	Lucheng	56.58	35.91	88.70	12.18	26.95
龙湾区	Longwan	93.76	54.08	75.12	10.46	16.81
瓯海区	Ouhai	69.15	42.85	71.63	9.75	18.87
洞头区	Dongtou	24.29	16.42	47.65	5.52	6.41
永嘉县	Yongjia	66.48	40.87	101.05	13.55	25.54
平阳县	Pingyang	66.75	40.03	97.71	11.18	21.40
苍南县	Cangnan	53.20	32.79	100.80	9.35	21.31
文成县	Wencheng	17.16	11.47	53.98	6.85	9.61
泰顺县	Taishun	27.35	16.02	61.57	7.38	8.11
瑞安市	Ruian	126.56	75.82	141.65	14.36	37.16
乐清市	Yueqing	166.14	97.05	128.62	11.42	38.52
龙港市	Longgang	31.50	20.47	39.23	2.98	10.62
南湖区	Nanhu	89.81	35.80	63.64	3.93	10.18
秀洲区	Xiuzhou	65.95	28.56	50.22	4.99	9.92
嘉善县	Jiashan	146.67	84.75	100.08	9.91	19.89
海盐县	Haiyan	114.37	65.54	78.16	7.61	18.17
海宁市	Haining	174.37	100.13	121.36	11.87	29.33
平湖市	Pinghu	151.38	88.98	114.22	8.13	21.97
桐乡市	Tongxiang	179.08	107.02	142.97	9.71	31.06
吴兴区	Wuxing	172.81	111.16	70.20	6.60	14.45
南浔区	Nanxun	71.15	42.13	67.50	9.76	14.33
德清县	Deqing	142.40	85.02	107.53	15.56	16.17

续表 Continued 单位：亿元(100 million yuan)

市县名称	City and County	财政总收入 Total Financial Revenue	一般公共预算收入 General Public Revenue	一般公共预算支出 General Public Budget Expenditure	一般性公共服务支出 Expenses for Public Service	#教育事业费 Expenses for Education
长兴县	Changxing	157.94	87.22	119.98	13.56	21.11
安吉县	Anji	112.95	65.11	93.72	7.62	17.63
越城区	Yuecheng	145.66	90.22	108.21	12.20	22.21
柯桥区	Keqiao	222.29	142.23	139.15	11.93	32.19
上虞区	Shangyu	161.47	97.67	137.50	13.14	26.44
新昌县	Xinchang	78.40	46.30	73.70	8.76	13.54
诸暨市	Zhuji	148.91	97.20	126.20	12.63	30.70
嵊州市	Shengzhou	77.90	50.81	92.52	9.54	17.27
婺城区	Wucheng	113.46	57.27	81.94	8.45	8.02
金东区	Jindong	44.81	27.20	54.38	5.15	8.36
武义县	Wuyi	54.54	34.66	60.88	5.59	10.62
浦江县	Pujiang	39.04	25.38	57.66	5.58	11.11
磐安县	Panan	23.51	14.74	49.60	7.86	6.18
兰溪市	Lanxi	62.24	36.91	74.99	5.52	13.19
义乌市	Yiwu	234.94	144.28	163.44	14.02	39.42
东阳市	Dongyang	146.43	87.34	112.85	9.44	24.17
永康市	Yongkang	114.08	71.53	92.93	8.03	20.92
柯城区	Kecheng	23.58	14.27	68.80	9.02	9.96
衢江区	Qujiang	26.39	16.17	77.37	11.35	10.61
常山县	Changshan	29.91	19.93	68.47	7.35	7.92
开化县	Kaihua	30.50	22.56	75.72	7.38	8.68
龙游县	Longyou	48.60	30.01	74.83	7.24	11.82
江山市	Jiangshan	53.84	36.78	90.37	7.94	12.14
定海区	Dinghai	61.68	30.77	51.79	4.62	7.09
普陀区	Putuo	51.24	32.60	66.77	5.63	9.24
岱山县	Daishan	32.26	22.71	56.78	6.63	6.70
嵊泗县	Shengsi	16.52	12.41	45.26	4.50	3.30
椒江区	Jiaojiang	86.58	52.31	64.60	7.64	14.43
黄岩区	Huangyan	83.11	50.03	70.63	6.85	15.89
路桥区	Luqiao	92.88	53.14	56.25	8.39	13.21
三门县	Sanmen	52.54	36.75	69.82	8.50	11.75
天台县	Tiantai	41.98	25.90	73.83	7.57	18.28
仙居县	Xianju	37.75	23.70	65.59	7.18	12.96
温岭市	Wenling	144.75	85.77	122.85	12.16	33.80
临海市	Linhai	115.53	68.05	114.35	10.64	27.56
玉环市	Yuhuan	94.88	55.70	78.46	10.01	16.03
莲都区	Liandu	106.18	64.29	164.25	15.87	26.54
青田县	Qingtian	36.50	24.39	78.18	6.29	14.09
缙云县	Jinyun	37.70	23.52	80.09	7.23	14.86
遂昌县	Suichang	24.71	16.58	63.45	5.81	7.14
松阳县	Songyang	17.08	10.88	62.65	6.57	7.93
云和县	Yunhe	15.75	9.48	42.02	4.67	5.56
庆元县	Qingyuan	11.21	6.51	47.33	6.78	6.69
景宁县	Jingning	44.96	17.88	51.58	6.27	6.40
龙泉市	Longquan	18.60	12.52	64.10	6.83	8.18

17-39 各市、县金融业、社会保险、福利情况（2023年）
Basic Statistics on Finance and Social Insurance and Welfare by City and County(2023)

市县名称	City and County	金融机构年末存款余额(亿元) Deposits in Financial Institutions (100 million yuan)	#住户存款年末余额(亿元) Saving Deposits of Residents (10000 million yuan)	金融机构年末贷款余额(亿元) Loans in Financial Institutions (100 million yuan)	城乡居民基本养老保险参保人数(万人) Number of Urban and Rural Residents Participating in Basic Endowment Insurance (10000 persons)	城乡居民基本医疗保险参保人数（万人） Urban and Rural Households Participating in the Basic Health Care Program (10000 persons)
上城区	Shangcheng					20.67
拱墅区	Gongshu					24.67
西湖区	Xihu					45.76
滨江区	Binjiang					13.05
萧山区	Xiaoshan	7185.22	3485.08	7263.06		44.51
余杭区	Yuhang	4126.60	1477.91	2578.74		29.12
临平区	Linping	3263.04	1413.96	3264.16		23.01
钱塘区	Qiantang					22.92
富阳区	Fuyang	2344.39	1049.38	3166.62		28.01
临安区	Linan	1561.01	776.23	1732.93		25.55
桐庐县	Tonglu	956.27	578.19	1218.42	8.00	19.63
淳安县	Chunan	520.68	337.27	563.92	22.02	22.56
建德市	Jiande	886.40	539.15	989.16	10.69	24.47
海曙区	Haishu	4393.30	1810.09	4093.63	4.04	21.21
江北区	Jiangbei	2213.93	909.33	2399.50	1.28	8.89
北仑区	Beilun	2763.04	1071.57	2517.87	3.83	18.34
镇海区	Zhenhai	1600.30	791.09	1735.13	1.72	11.08
鄞州区	Yinzhou	10605.09	3197.96	14863.76	5.63	34.14
奉化区	Fenghua	1273.17	702.49	1637.64	10.48	23.30
象山县	Xiangshan	1045.33	593.82	1592.35	11.47	27.98
宁海县	Ninghai	1193.07	616.54	1824.76	13.27	34.71
余姚市	Yuyao	3206.35	1878.92	2703.75	19.06	54.64
慈溪市	Cixi	4664.84	2710.20	4290.06	25.80	38.07
鹿城区	Lucheng				3.72	
龙湾区	Longwan				4.14	
瓯海区	Ouhai				7.94	
洞头区	Dongtou	213.08	116.46	279.65	3.75	8.53
永嘉县	Yongjia	1369.66	917.27	1412.05	34.19	57.84
平阳县	Pingyang	1256.31	868.45	1333.89	24.61	54.08
苍南县	Cangnan	895.12	617.68	1251.16	22.63	68.46
文成县	Wencheng	595.09	459.63	379.56	10.60	27.24
泰顺县	Taishun	404.23	280.34	359.29	14.48	27.92
瑞安市	Ruian	2848.85	2029.40	2491.07	21.69	64.39
乐清市	Yueqing	2800.84	1944.17	2562.93	29.50	82.11
龙港市	Longgang	455.76	285.28	830.51	7.89	26.05
南湖区	Nanhu				4.03	16.12
秀洲区	Xiuzhou				9.51	18.77
嘉善县	Jiashan	1882.54	936.20	2223.44	6.07	18.57
海盐县	Haiyan	1131.07	685.50	1316.51	7.00	14.74
海宁市	Haining	2807.93	1544.74	2857.86	11.91	29.59
平湖市	Pinghu	1584.62	860.31	1976.39	9.21	17.10
桐乡市	Tongxiang	2578.73	1403.13	3045.56	13.03	36.30
吴兴区	Wuxing				9.05	28.04
南浔区	Nanxun				14.77	27.25
德清县	Deqing	1467.45	750.51	1740.00	5.61	15.78

续表1 Continued

市县名称	City and County	金融机构年末存款余额(亿元) Deposits in Financial Institutions (100 million yuan)	#住户存款年末余额(亿元) Saving Deposits of Residents (10000 million yuan)	金融机构年末贷款余额(亿元) Loans in Financial Institutions (100 million yuan)	城乡居民基本养老保险参保人数(万人) Number of Urban and Rural Residents Participating in Basic Endowment Insurance (10000 persons)	城乡居民基本医疗保险参保人数(万人) Urban and Rural Households Participating in the Basic Health Care Program (10000 persons)
长兴县	Changxing	1652.38	801.69	1818.81	10.81	24.87
安吉县	Anji	1314.21	654.03	1744.91	7.87	23.70
越城区	Yuecheng	4861.63	1976.44	5333.58	7.88	35.40
柯桥区	Keqiao	3566.98	2020.63	3829.64	7.66	31.93
上虞区	Shangyu	2342.15	1328.33	2181.85	15.60	35.41
新昌县	Xinchang	1154.84	527.40	1171.31	8.78	18.66
诸暨市	Zhuji	2747.77	1715.96	2581.80	27.00	54.30
嵊州市	Shengzhou	1459.48	874.36	1340.73	18.08	36.77
婺城区	Wucheng					
金东区	Jindong					
武义县	Wuyi	852.26	514.48	791.94	10.17	24.04
浦江县	Pujiang	648.58	499.71	656.36	12.53	27.72
磐安县	Panan	329.59	202.12	369.77	5.81	14.57
兰溪市	Lanxi	1009.16	608.19	1076.04	24.43	39.29
义乌市	Yiwu	4928.04	2892.49	4975.53	13.73	43.50
东阳市	Dongyang	2243.51	1391.60	1999.74	20.55	55.40
永康市	Yongkang	2061.28	1313.36	1745.41	18.85	41.01
柯城区	Kecheng				6.01	20.22
衢江区	Qujiang				15.37	24.83
常山县	Changshan	407.78	259.22	400.45	11.50	18.34
开化县	Kaihua	373.74	253.07	388.63	15.14	22.15
龙游县	Longyou	608.67	372.42	672.78	14.08	22.35
江山市	Jiangshan	857.20	587.82	817.02	22.46	36.85
定海区	Dinghai	2161.57	920.55	2813.96		19.02
普陀区	Putuo	817.22	540.40	802.22		15.56
岱山县	Daishan	396.57	245.13	471.88	3.87	9.59
嵊泗县	Shengsi	152.13	85.76	127.62	2.01	2.72
椒江区	Jiaojiang	1586.98	861.72	1492.60	7.88	29.79
黄岩区	Huangyan	1637.87	1127.73	1466.14	12.50	35.22
路桥区	Luqiao	2284.27	1214.95	1680.55	13.37	26.02
三门县	Sanmen	546.09	343.28	912.76	12.74	25.88
天台县	Tiantai	747.46	488.49	897.95	14.79	34.41
仙居县	Xianju	781.36	512.65	794.98	18.75	31.52
温岭市	Wenling	3055.97	1991.38	3152.68	35.44	74.26
临海市	Linhai	2000.76	1287.29	2120.51	37.28	73.79
玉环市	Yuhuan	1329.20	852.10	1222.35	10.31	24.21
莲都区	Liandu	1983.43	820.76	1762.64	10.06	26.94
青田县	Qingtian	1363.14	1008.28	697.11	17.03	34.15
缙云县	Jinyun	595.63	392.61	620.80	16.11	32.84
遂昌县	Suichang	394.62	220.30	383.08	9.02	15.15
松阳县	Songyang	318.50	223.41	312.90	8.26	16.69
云和县	Yunhe	198.72	131.81	199.50	3.79	7.99
庆元县	Qingyuan	219.12	156.20	205.54	7.30	13.86
景宁县	Jingning	191.59	111.16	183.51	6.66	11.72
龙泉市	Longquan	368.38	257.04	350.73	10.15	20.06

续表2 Continued

市县名称	City and County	失业保险人数(万人) Person Participating in the Unemployment Insurance Program (10000 persons)	养老服务机构数(个) Number of Pension Service Institutions (unit)	养老服务机构床位数(张) Number of Beds in Pension Services (unit)	城市居民最低生活保障人数(人) Number of Urban Residents below Minimum Living Security Line (person)
上城区	Shangcheng		33	4957	3839
拱墅区	Gongshu		21	4305	4033
西湖区	Xihu		16	3362	1663
滨江区	Binjiang		4	1883	308
萧山区	Xiaoshan		26	4131	1534
余杭区	Yuhang		9	871	551
临平区	Linping		8	1427	630
钱塘区	Qiantang		4	758	212
富阳区	Fuyang		25	2994	390
临安区	Linan		26	2889	377
桐庐县	Tonglu	11.82	30	2234	586
淳安县	Chunan	5.31	27	2107	448
建德市	Jiande	9.38	17	3057	563
海曙区	Haishu	35.85	32	3975	1623
江北区	Jiangbei	21.48	6	1128	918
北仑区	Beilun	46.28	20	3009	789
镇海区	Zhenhai	19.92	13	2880	475
鄞州区	Yinzhou	68.84	32	6338	1322
奉化区	Fenghua	16.62	22	4619	706
象山县	Xiangshan	12.96	59	6332	390
宁海县	Ninghai	16.38	21	5678	234
余姚市	Yuyao	37.14	37	5713	530
慈溪市	Cixi	47.43	19	2991	555
鹿城区	Lucheng	21.04	13	1934	3719
龙湾区	Longwan	22.01	7	1139	179
瓯海区	Ouhai	15.09	19	2208	280
洞头区	Dongtou	1.80	9	597	39
永嘉县	Yongjia	11.68	26	1629	521
平阳县	Pingyang	12.29	28	2187	765
苍南县	Cangnan	8.07	31	2980	1211
文成县	Wencheng	2.10	7	711	92
泰顺县	Taishun	2.43	7	902	70
瑞安市	Ruian	25.94	50	3708	1098
乐清市	Yueqing	29.19	36	2680	227
龙港市	Longgang	5.53	16	1035	768
南湖区	Nanhu		16	3587	1002
秀洲区	Xiuzhou		5	907	357
嘉善县	Jiashan	21.95	10	2580	486
海盐县	Haiyan	14.39	7	1476	367
海宁市	Haining	29.18	17	2897	496
平湖市	Pinghu	20.31	13	3135	859
桐乡市	Tongxiang	26.42	16	2306	371
吴兴区	Wuxing		19	3129	3822
南浔区	Nanxun		14	2985	5059
德清县	Deqing	16.81	17	3081	2454

续表3 Continued

市县名称	City and County	失业保险人数(万人) Person Participating in the Unemployment Insurance Program (10000 persons)	养老服务机构数(个) Number of Pension Service Institutions (unit)	养老服务机构床位数(张) Number of Beds in Pension Services (unit)	城市居民最低生活保障人数(人) Number of Urban Residents below Minimum Living Security Line (person)
长兴县	Changxing	20.57	12	1732	6367
安吉县	Anji	17.45	20	1872	5247
越城区	Yuecheng	32.86	18	2578	1561
柯桥区	Keqiao	34.61	12	1952	1387
上虞区	Shangyu	21.79	15	3068	985
新昌县	Xinchang	11.93	16	4533	204
诸暨市	Zhuji	24.55	18	3979	245
嵊州市	Shengzhou	13.88	34	2796	336
婺城区	Wucheng		14	3206	456
金东区	Jindong		14	2125	483
武义县	Wuyi	8.60	13	1632	278
浦江县	Pujiang	6.15	15	2534	412
磐安县	Panan	2.19	13	974	131
兰溪市	Lanxi	9.85	19	4490	301
义乌市	Yiwu	43.68	14	5759	512
东阳市	Dongyang	18.24	17	4157	403
永康市	Yongkang	15.04	9	1710	339
柯城区	Kecheng	6.50	14	1448	833
衢江区	Qujiang	5.07	7	723	82
常山县	Changshan	4.20	24	2096	369
开化县	Kaihua	3.04	16	1141	267
龙游县	Longyou	6.28	13	2148	285
江山市	Jiangshan	7.75	39	4568	529
定海区	Dinghai		20	2802	503
普陀区	Putuo		16	2314	508
岱山县	Daishan	3.18	18	1771	196
嵊泗县	Shengsi	1.18	12	512	161
椒江区	Jiaojiang	14.50	24	4770	710
黄岩区	Huangyan	13.78	41	3893	459
路桥区	Luqiao	12.08	12	1730	394
三门县	Sanmen	6.08	14	870	178
天台县	Tiantai	7.42	24	1856	372
仙居县	Xianju	6.70	8	1331	264
温岭市	Wenling	22.80	45	4563	467
临海市	Linhai	17.94	51	6507	483
玉环市	Yuhuan	15.33	23	2200	1175
莲都区	Liandu	14.61	16	2967	677
青田县	Qingtian	4.11	9	1184	382
缙云县	Jinyun	5.26	12	1201	117
遂昌县	Suichang	3.02	2	67	181
松阳县	Songyang	2.64	8	905	153
云和县	Yunhe	1.73	6	696	257
庆元县	Qingyuan	1.63	3	454	196
景宁县	Jingning	2.09	5	550	191
龙泉市	Longquan	3.07	6	1074	167

17-40 各市、县各类学校在校学生数（2023年）
Student Enrollment by Type of School ,City and County (2023)

市县名称	City and County	高等学校（人）Institutions of Higher Education (person)	中等职业学校（人）Specialized Secondary Schools (person)	普通中学（万人）Regular Secondary Schools (10000 persons)	小学（万人）Primary Schools (10000 persons)
上城区	Shangcheng		1051	3.47	8.73
拱墅区	Gongshu		827	3.53	7.32
西湖区	Xihu		1715	3.42	8.06
滨江区	Binjiang			1.22	3.69
萧山区	Xiaoshan	36960	10488	6.62	12.22
余杭区	Yuhang	43405	3442	3.54	7.74
临平区	Linping		8468	3.94	7.94
钱塘区	Qiantang			2.14	4.65
富阳区	Fuyang	2384	7319	3.65	5.01
临安区	Linan	34089	4226	2.37	3.71
桐庐县	Tonglu	10207	2227	1.78	2.84
淳安县	Chunan		3133	1.25	1.73
建德市	Jiande		1722	1.75	2.51
海曙区	Haishu			2.47	6.27
江北区	Jiangbei			1.33	3.32
北仑区	Beilun		3733	2.67	4.72
镇海区	Zhenhai		2983	2.05	3.37
鄞州区	Yinzhou			4.03	10.53
奉化区	Fenghua		3930	2.09	3.19
象山县	Xiangshan		4242	2.54	3.38
宁海县	Ninghai		6974	3.39	4.47
余姚市	Yuyao		6878	4.41	7.64
慈溪市	Cixi		10221	5.70	10.82
鹿城区	Lucheng		1402	2.89	7.45
龙湾区	Longwan		2273	1.90	4.87
瓯海区	Ouhai		3836	2.45	5.31
洞头区	Dongtou		1164	0.61	7.48
永嘉县	Yongjia		10810	4.23	5.72
平阳县	Pingyang		12658	4.83	6.27
苍南县	Cangnan		9959	4.86	6.15
文成县	Wencheng		1974	1.08	1.48
泰顺县	Taishun		1921	1.43	1.96
瑞安市	Ruian		13399	6.02	9.59
乐清市	Yueqing		13607	6.87	11.35
龙港市	Longgang		2741	2.29	3.73
南湖区	Nanhu			2.27	5.87
秀洲区	Xiuzhou			1.49	3.95
嘉善县	Jiashan	4745	5346	2.32	4.04
海盐县	Haiyan		4584	1.78	2.90
海宁市	Haining	16403	10510	3.31	5.90
平湖市	Pinghu		7861	2.34	3.88
桐乡市	Tongxiang	5521	8824	3.34	6.19
吴兴区	Wuxing		10634	4.02	6.57
南浔区	Nanxun			1.25	2.95
德清县	Deqing		3686	2.13	3.20

续表 Continued

市县名称	City and County	高等学校（人）Institutions of Higher Education (person)	中等职业学校（人）Specialized Secondary Schools (person)	普通中学（万人）Regular Secondary Schools (10000 persons)	小学（万人）Primary Schools (10000 persons)
长兴县	Changxing		8598	2.85	4.10
安吉县	Anji		6841	2.51	3.76
越城区	Yuecheng	100846	7086	3.81	6.64
柯桥区	Keqiao	25106	8035	3.89	6.20
上虞区	Shangyu	15428	6235	2.85	4.25
新昌县	Xinchang		1890	1.71	2.26
诸暨市	Zhuji	11454	9489	6.72	7.54
嵊州市	Shengzhou		4376	2.37	3.39
婺城区	Wucheng	57247		3.00	7.18
金东区	Jindong	7374		1.15	3.10
武义县	Wuyi			1.75	3.47
浦江县	Pujiang			2.26	3.41
磐安县	Panan			0.87	1.09
兰溪市	Lanxi	8677		2.51	3.13
义乌市	Yiwu	19252		6.98	13.92
东阳市	Dongyang	28374		4.95	8.20
永康市	Yongkang			4.10	7.72
柯城区	Kecheng	19526	6695	0.95	2.76
衢江区	Qujiang		2269	1.41	2.04
常山县	Changshan		2053	1.23	1.66
开化县	Kaihua		1517	1.25	1.55
龙游县	Longyou		3528	1.57	1.89
江山市	Jiangshan		5801	2.47	3.15
定海区	Dinghai			0.75	1.64
普陀区	Putuo			3.04	1.59
岱山县	Daishan		783	0.75	0.61
嵊泗县	Shengsi		128	0.72	0.19
椒江区	Jiaojiang		4023		5.41
黄岩区	Huangyan		5173		4.45
路桥区	Luqiao		4226		4.19
三门县	Sanmen		3282	2.20	2.58
天台县	Tiantai		6030	2.75	2.95
仙居县	Xianju		5974	2.59	2.75
温岭市	Wenling		10773	5.70	8.33
临海市	Linhai		18896	5.57	6.97
玉环市	Yuhuan		5411	2.74	4.30
莲都区	Liandu	49964	6817	2.89	4.08
青田县	Qingtian		4635	2.14	2.62
缙云县	Jinyun		3912	2.35	2.81
遂昌县	Suichang		1759	0.83	0.98
松阳县	Songyang		957	0.92	1.21
云和县	Yunhe		1566	0.53	0.79
庆元县	Qingyuan		1671	0.71	0.85
景宁县	Jingning		1700	0.62	0.67
龙泉市	Longquan		1579	1.16	1.51

17-41 各市、县互联网和专利申请（2023年）
International Computer Network and Patent Application by City and County(2023)

市县名称	City and County	固定互联网宽带接入用户数(万户) Number of Fixed Internet Broadband Access Users (10,000 subscribers)	专利申请授权量(项) Patent Application Approved(item)	#发明 Invention
上城区	Shangcheng	85.37	6403	1478
拱墅区	Gongshu	82.76	7774	2570
西湖区	Xihu	77.43	13686	6602
滨江区	Binjiang	39.16	18317	7699
萧山区	Xiaoshan	128.63	13735	2393
余杭区	Yuhang	79.35	13949	4387
临平区	Linping	69.93	9034	933
钱塘区	Qiantang	79.29	11129	3887
富阳区	Fuyang	57.62	4920	894
临安区	Linan	49.65	4133	616
桐庐县	Tonglu	30.42	2458	221
淳安县	Chunan	22.71	615	116
建德市	Jiande	27.25	1522	185
海曙区	Haishu	59.39	4701	679
江北区	Jiangbei	26.39	3630	1003
北仑区	Beilun	51.71	5811	906
镇海区	Zhenhai	30.13	3258	752
鄞州区	Yinzhou	132.30	11873	2329
奉化区	Fenghua	33.00	3087	398
象山县	Xiangshan	29.31	1808	305
宁海县	Ninghai	35.59	5369	316
余姚市	Yuyao	72.24	10024	1186
慈溪市	Cixi	93.06	14496	1489
鹿城区	Lucheng	62.57	4489	423
龙湾区	Longwan	50.03	7749	691
瓯海区	Ouhai	67.68	5878	909
洞头区	Dongtou	8.12	731	48
永嘉县	Yongjia	42.75	3373	250
平阳县	Pingyang	46.78	4513	245
苍南县	Cangnan	44.20	1487	94
文成县	Wencheng	10.13	467	18
泰顺县	Taishun	12.94	288	32
瑞安市	Ruian	75.39	8179	361
乐清市	Yueqing	75.58	10190	644
龙港市	Longgang	27.78	1403	63
南湖区	Nanhu		5144	932
秀洲区	Xiuzhou		4229	621
嘉善县	Jiashan	34.03	4864	676
海盐县	Haiyan	22.13	3485	621
海宁市	Haining	51.86	9560	734
平湖市	Pinghu	34.41	3678	529
桐乡市	Tongxiang	54.67	5455	756
吴兴区	Wuxing	65.82	4111	910
南浔区	Nanxun	31.20	2340	294
德清县	Deqing	30.91	3015	699

续表 Continued

市县名称	City and County	固定互联网宽带接入用户数（万户）Number of Fixed Internet Broadband Access Users (10,000 subscribers)	专利申请授权量（项）Patent Application Approved(item)	#发明 Invention
长兴县	Changxing	35.92	3085	660
安吉县	Anji	33.97	3779	422
越城区	Yuecheng	64.78	5339	813
柯桥区	Keqiao	55.71	4807	632
上虞区	Shangyu	39.37	4974	779
新昌县	Xinchang	20.01	2213	414
诸暨市	Zhuji	59.18	4698	685
嵊州市	Shengzhou	33.07	2625	306
婺城区	Wucheng		4455	876
金东区	Jindong		3007	247
武义县	Wuyi		4057	172
浦江县	Pujiang		1672	106
磐安县	Panan		670	39
兰溪市	Lanxi		2019	239
义乌市	Yiwu		9234	403
东阳市	Dongyang		2841	395
永康市	Yongkang		9887	353
柯城区	Kecheng		1790	503
衢江区	Qujiang		863	111
常山县	Changshan	14.29	863	66
开化县	Kaihua	14.71	517	62
龙游县	Longyou	19.78	1222	169
江山市	Jiangshan	20.08	1089	142
定海区	Dinghai	31.45	1378	464
普陀区	Putuo	22.55	436	133
岱山县	Daishan	11.50	224	28
嵊泗县	Shengsi	4.86	47	9
椒江区	Jiaojiang		4599	701
黄岩区	Huangyan		6324	217
路桥区	Luqiao		3587	402
三门县	Sanmen		997	169
天台县	Tiantai		1342	134
仙居县	Xianju		926	118
温岭市	Wenling		4657	518
临海市	Linhai		3761	369
玉环市	Yuhuan		3043	293
莲都区	Liandu	35.43	2693	343
青田县	Qingtian	16.95	669	45
缙云县	Jinyun	19.81	1764	138
遂昌县	Suichang	10.93	462	38
松阳县	Songyang	10.88	434	28
云和县	Yunhe	6.84	721	17
庆元县	Qingyuan	7.35	427	17
景宁县	Jingning	6.29	197	19
龙泉市	Longquan	13.78	1031	68

17-42 各市、县文化和卫生事业主要指标（2023年）
The Culture and Public Health by City and county(2023)

市县名称	City and County	体育场地数（个）Number of Stadiums (unit)	博物馆数（个）Number of Museums (unit)	公共图书馆图书藏量（万册）Total Collections of Books in Public Libraries (10000 copies)	医院数（个）Number of Hospitals (unit)	医院床位数（张）Number of Beds in Hospital (unit)	医生数（人）Doctors (person)
上城区	Shangcheng	3913	17	61.00	59	25243	16547
拱墅区	Gongshu	4147	5	125.00	82	20806	9734
西湖区	Xihu	3555	3	107.00	40	11336	7197
滨江区	Binjiang	2008	1	79.00	10	2470	2647
萧山区	Xiaoshan	7094	9	331.00	73	11960	7122
余杭区	Yuhang	3598	4	98.00	20	3015	3541
临平区	Linping	3637	2	157.00	23	4463	3704
钱塘区	Qiantang	2653		19.00	16	1699	1291
富阳区	Fuyang	2182	3	79.00	21	3964	3299
临安区	Linan	3137	3	112.00	26	3334	2413
桐庐县	Tonglu	2306	3	96.00	20	2355	1883
淳安县	Chunan	1708	3	83.00	11	2200	1453
建德市	Jiande	1979	1	97.00	13	2375	1830
海曙区	Haishu	2164	12	136.00	36	9456	7265
江北区	Jiangbei	1275	1	56.20	19	2530	1790
北仑区	Beilun	1941	1	91.40	19	3042	2525
镇海区	Zhenhai	1981	1	70.97	11	2575	2036
鄞州区	Yinzhou	4099	18	315.76	45	10063	7564
奉化区	Fenghua	2247	5	82.10	13	2707	2152
象山县	Xiangshan	2815	4	77.00	16	2281	2190
宁海县	Ninghai	2894	10	61.00	11	2344	2643
余姚市	Yuyao	3760	10	88.00	16	3226	3994
慈溪市	Cixi	6523	12	105.00	29	6568	5729
鹿城区	Lucheng	4038	2	130.95	43	7837	5251
龙湾区	Longwan	2148	4	103.41	16	5121	3826
瓯海区	Ouhai	3576	4	147.06	17	8982	5079
洞头区	Dongtou	685	3	49.21	4	305	413
永嘉县	Yongjia	3205	5	88.35	11	2774	3054
平阳县	Pingyang	3209	4	105.03	13	3700	3100
苍南县	Cangnan	2417	9	115.05	14	3442	2922
文成县	Wencheng	1242	1	54.66	5	757	1092
泰顺县	Taishun	1026	1	63.46	2	621	1002
瑞安市	Ruian	4429	17	174.74	15	4065	5062
乐清市	Yueqing	5376	3	159.69	20	4981	4997
龙港市	Longgang	897	1	23.22	11	1545	1245
南湖区	Nanhu	2926	10		31	8874	5948
秀洲区	Xiuzhou	2606	3		10	1917	1875
嘉善县	Jiashan	2634	3	179.10	11	2969	2443
海盐县	Haiyan	1727	2	121.48	9	1957	1848
海宁市	Haining	4789	6	250.08	15	4510	3867
平湖市	Pinghu	3117	5	141.08	11	2696	2675
桐乡市	Tongxiang	3826	6	254.95	20	3543	3695
吴兴区	Wuxing	2978	12	184.00	32	9106	5294
南浔区	Nanxun	1570	6	84.00	9	1755	1440
德清县	Deqing	1928	6	66.00	13	2400	1708

续表 Continued

市县名称	City and County	体育场地数（个）Number of Stadiums (unit)	博物馆数（个）Number of Museums (unit)	公共图书馆图书藏量（万册）Total Collections of Books in Public Libraries (10000 copies)	医院数（个）Number of Hospitals (unit)	医院床位数（张）Number of Beds in Hospital (unit)	医生数（人）Doctors (person)
长兴县	Changxing	1846	6	77.00	22	4295	2388
安吉县	Anji	2372	7	64.00	14	2822	1882
越城区	Yuecheng	3912	31	309.00	27	7250	5076
柯桥区	Keqiao	3739	11	164.00	19	5240	4203
上虞区	Shangyu	3739	7	141.00	14	4151	2750
新昌县	Xinchang	1928	4	69.00	9	2663	1664
诸暨市	Zhuji	5133	13	153.00	20	5536	5238
嵊州市	Shengzhou	1893	1	80.00	17	3210	2274
婺城区	Wucheng	4543	4	170.00	33	8370	4773
金东区	Jindong	1839		24.00	12	2437	1727
武义县	Wuyi	1670	3	57.80	12	2346	1737
浦江县	Pujiang	2199	3	65.30	11	2580	1625
磐安县	Panan	826	4	64.60	7	1073	638
兰溪市	Lanxi	2675	2	62.50	15	2036	1901
义乌市	Yiwu	4800	1	159.30	45	7110	6791
东阳市	Dongyang	3888	2	82.70	14	4576	3617
永康市	Yongkang	3182	5	86.70	19	4138	3301
柯城区	Kecheng	2122		102.00	30	6325	3381
衢江区	Qujiang	1132		49.00	7	1334	967
常山县	Changshan	1358	2	47.00	9	1594	1040
开化县	Kaihua	1212	1	64.00	7	1389	854
龙游县	Longyou	2495	1	48.00	20	1903	1067
江山市	Jiangshan	2351	1	61.00	12	2692	1756
定海区	Dinghai	1333	5	54.93	15	3182	2363
普陀区	Putuo	1111	2	37.20	13	1974	1419
岱山县	Daishan	488	2	34.54	6	661	617
嵊泗县	Shengsi	320	1	16.14	3	324	254
椒江区	Jiaojiang	2516	3	107.00	29	5138	3723
黄岩区	Huangyan	2049	6	112.00	13	3199	2226
路桥区	Luqiao	2351	1	101.00	18	4012	2180
三门县	Sanmen	1396	5	70.00	7	1199	1078
天台县	Tiantai	2066	3	68.00	8	2329	1801
仙居县	Xianju	2336	2	94.00	8	1781	1581
温岭市	Wenling	5634	8	209.00	24	6634	4299
临海市	Linhai	4587	21	153.00	26	6080	3906
玉环市	Yuhuan	2402	1	94.00	11	2156	1735
莲都区	Liandu	2562	5	126.28	23	6763	3599
青田县	Qingtian	2538	1	56.33	9	1644	1060
缙云县	Jinyun	1601	1	66.59	10	2030	1294
遂昌县	Suichang	838	5	36.47	7	1020	709
松阳县	Songyang	1213	1	30.28	7	979	788
云和县	Yunhe	572	1	37.76	6	556	524
庆元县	Qingyuan	1016	1	19.52	3	610	606
景宁县	Jingning	866	3	23.30	3	548	466
龙泉市	Longquan	1574	3	38.29	4	857	886

17-43 各市、县城乡居民收入情况（2023年）
Income of Urban and Rural Residents by City and County(2023)

单位：元(yuan)

市县名称	City and County	城镇居民人均可支配收入 Per Capita Disposable Income of Urban Residents	工资性收入 Wage Income	经营净收入 Net Operating Income	财产净收入 Net Income from Property	转移净收入 Net Income Transferred	农村居民人均可支配收入 Per Capita Disposable Income of Rural Residents
上城区	Shangcheng	82665					
拱墅区	Gongshu	83039					
西湖区	Xihu	86521					
滨江区	Binjiang	83205					
萧山区	Xiaoshan	81655	44591	10546	11593	14925	52719
余杭区	Yuhang	84528	57448	10655	8432	7993	55223
临平区	Linping	82311	41682	18207	8284	6726	52610
钱塘区	Qiantang	82520	40620	10565	9908	9142	57525
富阳区	Fuyang	74899	53479	11758	10354	6720	47653
临安区	Linan	70235					44682
桐庐县	Tonglu	67232	40671	13475	3982	9104	42843
淳安县	Chunan	57548	39833	3398	3134	11183	27856
建德市	Jiande	64531					38129
海曙区	Haishu	85481	45154	13480	12142	14705	49550
江北区	Jiangbei	82850	47026	12380	9871	13573	51094
北仑区	Beilun	82322	56678	11429	7059	7156	50622
镇海区	Zhenhai	84527	57563	4873	10094	11997	50186
鄞州区	Yinzhou	88388	51849	6999	14312	15228	53273
奉化区	Fenghua	70625	44834	6145	8394	11252	43651
象山县	Xiangshan	72676	38133	14547	11707	8289	44115
宁海县	Ninghai	75559	38036	20940	10323	6260	44800
余姚市	Yuyao	77044	40825	14408	11616	10195	48669
慈溪市	Cixi	76803	45657	14171	7420	9555	50180
鹿城区	Lucheng	86782	43601	9299	15609	18273	49796
龙湾区	Longwan	78250	44259	21967	8784	3240	
瓯海区	Ouhai	80687	38965	16603	14610	10509	50231
洞头区	Dongtou	63785	36374	7156	8322	11933	41881
永嘉县	Yongjia	64337	32912	10412	13911	7102	34228
平阳县	Pingyang	65787	36539	10624	10747	7877	35097
苍南县	Cangnan	61292	22790	22671	10906	4925	33064
文成县	Wencheng	52216	26889	8437	9609	7280	26190
泰顺县	Taishun	52696	33258	7497	4412	7529	26603
瑞安市	Ruian	82476	42567	13183	17712	9014	45644
乐清市	Yueqing	81501	41371	9652	16167	14311	48480
龙港市	Longgang	68801	30977	18579	13024	6221	38425
南湖区	Nanhu	69150	35084	6775	5308	21983	48617
秀洲区	Xiuzhou	68742	50400	6658	5805	5879	47793
嘉善县	Jiashan	76921	45198	12781	8017	10925	50183
海盐县	Haiyan	78591	45546	13939	4757	14349	50647
海宁市	Haining	78874	44978	13019	10740	10137	51411
平湖市	Pinghu	78218	52704	7955	4369	13190	50249
桐乡市	Tongxiang	73941	47256	9290	8643	8752	49586
吴兴区	Wuxing	76224	40368	14572	5851	15434	48421
南浔区	Nanxun	72126	33105	25540	7047	6434	47077
德清县	Deqing	75292	42595	13728	6251	12718	48795

续表 Continued

单位：元(yuan)

市县名称	City and County	城镇居民人均可支配收入 Per Capita Disposable Income of Urban Residents	工资性收入 Wage Income	经营净收入 Net Operating Income	财产净收入 Net Income from Property	转移净收入 Net Income Transferred	农村居民人均可支配收入 Per Capita Disposable Income of Rural Residents
长兴县	Changxing	75387	40219	11937	7975	15256	48528
安吉县	Anji	71704	42219	13902	9002	6581	45469
越城区	Yuecheng	74596	43796	11208	9252	10340	48866
柯桥区	Keqiao	87467	45620	24441	9344	8062	55299
上虞区	Shangyu	81366	54303	12044	5660	9359	47567
新昌县	Xinchang	75613	46675	11573	8035	9330	42068
诸暨市	Zhuji	84382	41981	24605	8371	9425	52684
嵊州市	Shengzhou	76954	39552	16381	8442	12579	43408
婺城区	Wucheng	68012	38652	5798	9179	14383	32040
金东区	Jindong	60247	34541	11533	7112	7061	36125
武义县	Wuyi	54003	27337	5058	10237	11371	26990
浦江县	Pujiang	61527	33011	14512	9773	4231	31843
磐安县	Panan	51266	32626	7299	5037	6304	25864
兰溪市	Lanxi	57966	30303	9648	4255	13760	29938
义乌市	Yiwu	93108	39756	16503	25630	11219	50828
东阳市	Dongyang	71207	33542	13986	8548	15131	42944
永康市	Yongkang	72049	39538	11372	12635	8504	41362
柯城区	Kecheng	64626	36438	5461	8845	13882	36410
衢江区	Qujiang	51292	28937	15035	1721	5599	30301
常山县	Changshan	52269	31897	5908	4650	9814	31266
开化县	Kaihua	48251	26201	5538	3323	13189	26496
龙游县	Longyou	63490	41157	6065	3366	12902	34646
江山市	Jiangshan	62980	37957	10772	3169	11082	36786
定海区	Dinghai	83359					49269
普陀区	Putuo	74579					48833
岱山县	Daishan	68610					49728
嵊泗县	Shengsi	68441					47267
椒江区	Jiaojiang	81569	50758	8859	13520	8433	41511
黄岩区	Huangyan	73548	40766	12013	8468	12301	41229
路桥区	Luqiao	89028	41728	19334	17354	10612	45542
三门县	Sanmen	60205	39394	11616	6327	2869	34890
天台县	Tiantai	60127	33178	14399	6436	6115	32450
仙居县	Xianju	55496	32242	15319	5745	2190	31046
温岭市	Wenling	76539	35430	18845	11215	11049	44593
临海市	Linhai	68229	42723	7716	7725	10065	39839
玉环市	Yuhuan	88361	49158	17911	16788	4504	47535
莲都区	Liandu	61853	37474	7821	8887	7671	39164
青田县	Qingtian	60074	25565	7743	8234	18532	35353
缙云县	Jinyun	57563	30687	8290	8862	9724	31162
遂昌县	Suichang	60498	35452	8461	7861	8724	29239
松阳县	Songyang	53155	25388	9637	6828	11302	27527
云和县	Yunhe	55430	29142	5669	11607	9012	28086
庆元县	Qingyuan	52102	32742	9589	4506	5265	25874
景宁县	Jingning	49767	29667	7436	2601	10063	28100
龙泉市	Longquan	60083	32157	10618	7915	9393	32919

17-44 各市、县城镇居民人均消费支出（2023年）
Per Capita Consumption Expenditure of Urban Residents by City and County(2023)

单位：元(yuan)

市县名称	City and County	城镇居民人均消费支出 Per Capita Consumption Expenditure of Urban Residents	食品烟酒 Food, Tobacco and Alcohol	衣着 Clothing	居住 Residence	生活用品及服务 Daily Necessities and Services
上城区	Shangcheng	56310				
拱墅区	Gongshu	55869				
西湖区	Xihu	65529				
滨江区	Binjiang	57090				
萧山区	Xiaoshan	49126	11250	2412	12644	2702
余杭区	Yuhang	50469	12230	2212	13572	2319
临平区	Linping	48517	11529	2190	11105	2121
钱塘区	Qiantang	47958				
富阳区	Fuyang	47446	11548	2650	12128	2940
临安区	Linan	47154	11741	3403	11824	2382
桐庐县	Tonglu	38378	11829	1786	8605	1812
淳安县	Chunan	33932				
建德市	Jiande	46596				
海曙区	Haishu	53507	13343	2077	17514	3016
江北区	Jiangbei	48627	13858	2468	13992	2537
北仑区	Beilun	49458	13403	2506	12845	4383
镇海区	Zhenhai	53970	13762	3355	11888	3007
鄞州区	Yinzhou	61676	15306	3426	17454	4525
奉化区	Fenghua	50412	14987	2658	12888	2771
象山县	Xiangshan	42397	10511	3290	12388	2276
宁海县	Ninghai	49860	13063	3046	13206	3801
余姚市	Yuyao	49570	14569	3221	11083	2989
慈溪市	Cixi	50542	14059	2401	10279	3099
鹿城区	Lucheng	64536	18299	3454	18445	4689
龙湾区	Longwan	52296	13948	3299	13030	3736
瓯海区	Ouhai	51063	14298	2689	14199	2844
洞头区	Dongtou	41866	11722	2970	11496	3869
永嘉县	Yongjia	42557	11694	2272	11285	1823
平阳县	Pingyang	44227	12782	3038	9102	2785
苍南县	Cangnan	37341	10580	3318	6895	2967
文成县	Wencheng	43755	12057	3102	9369	2321
泰顺县	Taishun	43109	11771	1867	8503	2078
瑞安市	Ruian	48995	13768	2578	10827	1985
乐清市	Yueqing	57682	15248	3452	12872	4805
龙港市	Longgang	46208	12254	3912	7744	3664
南湖区	Nanhu	47841	13025	2368	7891	4100
秀洲区	Xiuzhou	45935	13079	2440	9690	2275
嘉善县	Jiashan	47520	12701	2793	11979	3229
海盐县	Haiyan	52014	13069	3513	8299	3383
海宁市	Haining	46688	12714	2229	9369	2359
平湖市	Pinghu	45785	13067	2151	9823	2774
桐乡市	Tongxiang	42492	11308	3203	8069	2998
吴兴区	Wuxing	48791	12853	3629	10355	3058
南浔区	Nanxun	38506	11806	2824	7291	1602
德清县	Deqing	50047	13517	2908	10911	2583

续表1 Continued　　　　单位：元(yuan)

市县名称	City and County	城镇居民人均消费支出 Per Capita Consumption Expenditure of Urban Residents	食品烟酒 Food, Tobacco and Alcohol	衣着 Clothing	居住 Residence	生活用品及服务 Daily Necessities and Services
长兴县	Changxing	46749	12157	4325	10846	3263
安吉县	Anji	48970	13809	3767	12367	2712
越城区	Yuecheng	46010	12348	3379	11509	2248
柯桥区	Keqiao	49841	13033	3942	11973	2245
上虞区	Shangyu	48082	14138	5592	9144	2331
新昌县	Xinchang	43948	11508	3079	9223	2330
诸暨市	Zhuji	47064	13827	2933	11395	1937
嵊州市	Shengzhou	38314	10498	2816	10001	2307
婺城区	Wucheng	42860	12141	2733	8343	2169
金东区	Jindong	40736	10691	2806	10144	2968
武义县	Wuyi	40597	10832	2710	11742	2146
浦江县	Pujiang	39650	10095	2762	9589	2617
磐安县	Panan	39885	10203	4193	6336	2081
兰溪市	Lanxi	34078	9616	2135	7013	2256
义乌市	Yiwu	54960	13366	4021	14572	2509
东阳市	Dongyang	52828	9843	3836	13286	3256
永康市	Yongkang	49101	14824	3773	9498	3339
柯城区	Kecheng	38908	10799	2407	8194	2911
衢江区	Qujiang	29623	8287	2177	7413	1626
常山县	Changshan	31456	9908	3002	6690	1964
开化县	Kaihua	29735	8803	2660	5141	1695
龙游县	Longyou	36726	9784	4030	8038	3307
江山市	Jiangshan	33363	9833	3518	2280	1605
定海区	Dinghai	49366	16329	3142	13797	2633
普陀区	Putuo	41944	13435	4099	5156	2178
岱山县	Daishan	38391	12354	3863	4604	2722
嵊泗县	Shengsi	42101	14917	3848	5653	2341
椒江区	Jiaojiang	55366	15965	4778	10374	3703
黄岩区	Huangyan	46637	13268	3661	11853	2477
路桥区	Luqiao	50578	14826	4147	9707	3168
三门县	Sanmen	35214	9581	2484	8188	2674
天台县	Tiantai	35011	9226	2179	8702	2382
仙居县	Xianju	35201	9264	3524	5815	2367
温岭市	Wenling	51898	15007	3801	12591	2851
临海市	Linhai	44642	11486	3425	11041	2813
玉环市	Yuhuan	55289	15494	5038	10471	4114
莲都区	Liandu	45120	11603	3022	12190	1933
青田县	Qingtian	45606	12663	3356	12357	1647
缙云县	Jinyun	43237	12398	2764	13911	996
遂昌县	Suichang	43633	11549	3801	9802	3480
松阳县	Songyang	36246	11150	3377	10704	1353
云和县	Yunhe	35972	10786	2452	9149	1451
庆元县	Qingyuan	34927	10676	3925	8282	1499
景宁县	Jingning	34603	10560	2814	8317	1686
龙泉市	Longquan	42626	11323	3747	11522	2296

续表2 Continued 单位：元(yuan)

市县名称	City and County	交通和通信 Transportation and Communications	教育文化娱乐 Education, Culture and Entertainment	医疗保健 Medical Care	其他用品及服务 Other Supplies and Services
上城区	Shangcheng				
拱墅区	Gongshu				
西湖区	Xihu				
滨江区	Binjiang				
萧山区	Xiaoshan	8524	5045	5421	1128
余杭区	Yuhang	9709	5111	3678	1638
临平区	Linping	10715	4777	3085	1815
钱塘区	Qiantang				
富阳区	Fuyang	9570	4975	1890	1745
临安区	Linan	7692	5457	3402	1253
桐庐县	Tonglu	7054	2790	3415	1087
淳安县	Chunan				
建德市	Jiande				
海曙区	Haishu	6839	4918	4778	1022
江北区	Jiangbei	6812	4614	2676	1670
北仑区	Beilun	8176	4533	2396	1216
镇海区	Zhenhai	11593	4862	3283	2220
鄞州区	Yinzhou	8996	5741	3234	2994
奉化区	Fenghua	7956	5208	2631	1313
象山县	Xiangshan	5040	5016	2699	1178
宁海县	Ninghai	6896	5665	2624	1559
余姚市	Yuyao	8882	4803	3211	812
慈溪市	Cixi	12707	5086	1675	1236
鹿城区	Lucheng	8137	7081	2916	1515
龙湾区	Longwan	8259	5824	2106	2094
瓯海区	Ouhai	6234	7591	2080	1128
洞头区	Dongtou	4025	4498	2435	851
永嘉县	Yongjia	5916	5762	1768	2037
平阳县	Pingyang	5841	6766	2422	1491
苍南县	Cangnan	5058	4519	2317	1687
文成县	Wencheng	7881	4275	2782	1968
泰顺县	Taishun	7782	5931	3869	1308
瑞安市	Ruian	8177	6369	3038	2253
乐清市	Yueqing	8214	6970	3025	3096
龙港市	Longgang	4395	7602	3635	3002
南湖区	Nanhu	8738	5493	4462	1764
秀洲区	Xiuzhou	8070	5950	3350	1081
嘉善县	Jiashan	7606	5618	2382	1212
海盐县	Haiyan	10641	7302	4382	1425
海宁市	Haining	9268	6381	3164	1204
平湖市	Pinghu	8254	4458	3906	1352
桐乡市	Tongxiang	7098	6053	2903	860
吴兴区	Wuxing	8642	6102	2873	1278
南浔区	Nanxun	6819	4695	2700	768
德清县	Deqing	9584	6372	3332	840

续表3 Continued

单位：元(yuan)

市县名称	City and County	交通和通信 Transportation and Communications	教育文化娱乐 Education, Culture and Entertainment	医疗保健 Medical Care	其他用品及服务 Other Supplies and Services
长兴县	Changxing	6371	6662	1657	1469
安吉县	Anji	8855	4824	1397	1239
越城区	Yuecheng	6687	5567	3099	1174
柯桥区	Keqiao	7694	5794	3096	2064
上虞区	Shangyu	7136	6180	2445	1115
新昌县	Xinchang	8510	4927	3147	1226
诸暨市	Zhuji	7969	4617	3288	1098
嵊州市	Shengzhou	6656	3210	2035	790
婺城区	Wucheng	7031	4716	4375	1352
金东区	Jindong	4804	4945	3502	876
武义县	Wuyi	4138	4622	3892	515
浦江县	Pujiang	4588	3420	5367	1212
磐安县	Panan	6185	4969	4318	1600
兰溪市	Lanxi	4316	3160	4614	968
义乌市	Yiwu	10426	5500	3450	1116
东阳市	Dongyang	9763	5495	5782	1567
永康市	Yongkang	7051	6085	2943	1588
柯城区	Kecheng	4981	5234	3001	1381
衢江区	Qujiang	4013	3576	1967	564
常山县	Changshan	3362	3850	1926	755
开化县	Kaihua	4870	4113	2006	447
龙游县	Longyou	2333	5093	2879	1262
江山市	Jiangshan	8351	4592	2359	825
定海区	Dinghai	4834	3891	2577	2163
普陀区	Putuo	5098	4875	4388	2716
岱山县	Daishan	3913	4669	3909	2357
嵊泗县	Shengsi	3800	6874	2440	2228
椒江区	Jiaojiang	9153	6198	2568	2628
黄岩区	Huangyan	7634	4236	1811	1697
路桥区	Luqiao	9061	5775	2592	1302
三门县	Sanmen	5881	3485	2095	826
天台县	Tiantai	5751	3645	2549	577
仙居县	Xianju	7852	2868	2612	899
温岭市	Wenling	8856	4445	3175	1172
临海市	Linhai	6283	5410	3063	1119
玉环市	Yuhuan	8692	7129	2672	1679
莲都区	Liandu	5594	4905	4857	1016
青田县	Qingtian	4336	3002	6768	1477
缙云县	Jinyun	5370	4551	2164	1083
遂昌县	Suichang	4798	5978	3261	964
松阳县	Songyang	3153	3758	2475	276
云和县	Yunhe	3504	4217	3643	770
庆元县	Qingyuan	3803	2783	3335	624
景宁县	Jingning	3186	2339	4846	855
龙泉市	Longquan	4527	5015	3002	1194

2024
浙江统计年鉴
ZHEJIANG STATISTICAL YEARBOOK

CHAPTER 18

附 录
Appendix

18-1 各季消费者信心指数（2023年）

指标	1季度	2季度	3季度	4季度
按地区分				
杭州	121.9	114.2	122.6	115.3
宁波	129.1	120.3	123.5	124.8
温州	128.0	119.0	122.3	122.8
嘉兴	132.4	127.3	130.2	124.9
湖州	140.3	130.9	130.5	127.7
绍兴	130.8	122.0	124.9	124.5
金华	131.3	128.3	129.8	137.4
衢州	132.2	123.0	125.1	128.8
舟山	130.6	123.8	124.3	126.9
台州	134.1	127.2	132.2	130.6
丽水	136.2	129.3	133.7	132.8
全省	130.9	123.4	126.7	126.3
按城乡分				
城市	131.4	123.4	127.7	125.6
农村	129.8	123.2	124.3	127.9
按年龄分				
18-30岁	133.2	129.1	132.7	131.1
31-40岁	131.3	124.1	126.9	124.6
41-50岁	128.7	117.8	122.2	125.8
51-60岁	129.1	119.8	123.8	124.5
61-65岁	138.7	130.1	132.7	128.9
按收入状况分（家庭平均月收入）				
3000元以下	102.5	94.7	103.6	97.0
3000-5000元	120.7	114.0	116.7	119.3
5000-8000元	127.3	122.5	124.5	125.5
8000-10000元	132.8	125.9	130.0	130.3
10000-15000元	138.1	128.8	130.6	131.8
15000-20000元	135.9	129.9	129.3	128.7
20000元以上	136.3	126.7	134.1	131.8

18-2 各季就业信心指数（2023年）

指标	1季度	2季度	3季度	4季度
按地区分				
杭州	125.9	114.7	123.3	116.4
宁波	135.1	123.5	126.4	130.2
温州	133.7	123.8	125.5	127.2
嘉兴	140.8	133.0	133.3	127.4
湖州	144.7	134.0	134.7	132.7
绍兴	137.1	126.9	128.2	126.6
金华	139.2	136.4	135.9	144.6
衢州	138.8	127.6	131.3	135.0
舟山	135.8	125.9	127.5	129.5
台州	139.9	133.7	136.4	136.0
丽水	142.7	133.5	139.9	139.2
全省	136.9	127.5	130.4	130.6
按城乡分				
城市	136.3	126.2	130.2	128.5
农村	138.2	130.7	130.9	135.4
按年龄分				
18-30岁	137.7	131.0	135.7	133.6
31-40岁	138.5	129.7	132.0	130.3
41-50岁	135.4	122.9	126.0	130.1
51-60岁	134.1	122.8	125.9	128.5
61-65岁	140.3	136.4	131.4	131.4
按收入状况分（家庭平均月收入）				
3000元以下	119.0	110.7	115.5	109.8
3000-5000元	133.3	127.0	127.9	131.7
5000-8000元	136.9	128.8	132.7	133.5
8000-10000元	139.4	132.1	135.8	135.5
10000-15000元	143.3	131.5	132.9	134.5
15000-20000元	138.2	129.4	127.3	128.0
20000元以上	133.3	120.7	127.9	125.4

18-3 各季收入信心指数（2023年）

指标	1季度	2季度	3季度	4季度
按地区分				
杭州市	121.0	116.3	124.1	116.6
宁波市	126.6	120.1	123.9	123.1
温州市	125.6	117.8	122.2	121.5
嘉兴市	127.1	125.0	129.6	124.4
湖州市	139.9	131.9	130.5	125.9
绍兴市	127.2	121.3	123.8	125.0
金华市	127.0	124.6	127.3	134.2
衢州市	129.2	122.5	123.5	126.5
舟山市	130.7	125.7	125.4	127.5
台州市	131.9	125.5	131.8	128.7
丽水市	134.2	127.9	131.4	128.8
全省	128.6	122.9	126.3	125.0
按城乡分				
城市	129.9	124.2	128.2	125.3
农村	125.4	119.7	121.9	124.3
按年龄分				
18-30岁	131.3	130.1	132.8	131.5
31-40岁	128.2	122.4	125.1	122.2
41-50岁	126.2	116.4	122.3	124.7
51-60岁	127.2	120.7	124.2	123.2
61-65岁	139.2	131.1	137.9	129.9
按收入状况分（家庭平均月收入）				
3000元以下	93.1	84.4	97.1	89.4
3000-5000元	113.3	106.8	110.6	111.6
5000-8000元	122.2	119.9	120.0	121.3
8000-10000元	130.3	123.9	128.3	128.3
10000-15000元	136.0	129.4	131.0	131.6
15000-20000元	135.7	132.7	132.7	130.9
20000元以上	141.4	135.3	142.4	139.7

18-4 浙江省投入产出表（2017年）

单位：万元

产出 投入	中间使用						
	农林牧渔产品和服务	煤炭采选产品	石油和天然气开采产品	金属矿采选产品	非金属矿和其他矿采选产品	食品和烟草	纺织品
农林牧渔产品和服务	2119077	0	0	9	502	5990602	3783936
煤炭采选产品	0	18015	0	4767	14774	265525	723727
石油和天然气开采产品	0	0	0	0	14	36800	441650
金属矿采选产品	0	0	0	82127	8	1	0
非金属矿和其他矿采选产品	44	0	0	907	550922	112611	12005
食品和烟草	2513982	0	0	47	778	6709912	61757
纺织品	174	0	0	72	1038	79903	21826574
纺织服装鞋帽皮革羽绒及其制品	41572	0	0	241	1391	50100	639234
木材加工品和家具	24372	0	0	33	4035	149022	70443
造纸印刷和文教体育用品	34129	0	0	102	3099	1128311	453046
石油、炼焦产品和核燃料加工品	131790	0	0	2006	80564	238740	204858
化学产品	3011621	0	0	4116	78190	1179186	12795776
非金属矿物制品	39629	0	0	332	49221	145685	81029
金属冶炼和压延加工品	37811	0	0	1063	10537	59688	216832
金属制品	161781	0	0	475	13679	185819	232987
通用设备	39219	0	0	1073	16071	64495	773153
专用设备	148794	0	0	1296	29397	25236	119713
交通运输设备	180083	0	0	681	684	5900	19759
电气机械和器材	7060	0	0	344	2372	16673	33508
通信设备、计算机和其他电子设备	4806	0	0	39	452	3956	10769
仪器仪表	2999	326	0	77	88	2893	12541
其他制造产品和废品废料	595	0	0	0	1	5711	13826
金属制品、机械和设备修理服务	400	665	0	2985	35236	89455	427483
电力、热力的生产和供应	1017170	2970	0	9875	156926	1145976	5837282
燃气生产和供应	2928	0	0	22	0	549	55
水的生产和供应	0	84	0	191	3557	51594	266746
建筑	76381	19	0	53	6078	26245	82781
批发和零售	896209	297	0	6817	12435	2614778	2415820
交通运输、仓储和邮政	733873	1486	0	3927	239790	1185257	1346640
住宿和餐饮	37111	468	0	1198	11958	89741	286887
信息传输、软件和信息技术服务	37786	1742	0	340	1640	16877	47657
金融	515611	415	0	5469	86028	255909	1155918
房地产	0	0	0	6	6	16806	54685
租赁和商务服务	18075	0	0	3148	66952	271158	274490
研究和试验发展	0	0	0	0	0	0	0
综合技术服务	1130723	0	0	54	604	22107	138855
水利、环境和公共设施管理	9170	0	0	71	276	1006	4545
居民服务、修理和其他服务	13448	312	0	512	52258	148127	107519
教育	31480	178	0	50	730	7046	22336
卫生和社会工作	90138	0	0	0	0	0	0
文化、体育和娱乐	0	0	0	237	1663	10259	31340
公共管理、社会保障和社会组织	45635	0	0	40	334	2578	10835
中间投入合计	**13155676**	**26977**	**0**	**134802**	**1534288**	**22412237**	**55038997**
劳动者报酬	20002903	5672	0	38671	261271	2365416	6731248
生产税净额	−775493	3296	0	18092	210391	4895713	2675108
固定资产折旧	2000341	741	0	19583	119970	896106	2454178
营业盈余	0	9562	0	15869	274532	2187414	5049044
增加值合计	**21227751**	**19271**	**0**	**92215**	**866164**	**10344649**	**16909578**
总投入	**34383427**	**46248**	**0**	**227017**	**2400452**	**32756886**	**71948575**

续1 单位：万元

产出 投入	中间使用						
	纺织服装鞋帽皮革羽绒及其制品	木材加工品和家具	造纸印刷和文教体育用品	石油、炼焦产品和核燃料加工品	化学产品	非金属矿物制品	金属冶炼和压延加工品
农林牧渔产品和服务	571865	731206	473903	302	583289	8724	3784
煤炭采选产品	239568	123723	381735	262238	1368343	490888	990123
石油和天然气开采产品	20035	18445	84159	11849290	198441	221790	145684
金属矿采选产品	57	283	504	0	225190	145731	4546766
非金属矿和其他矿采选产品	67	1644	42143	13	246700	3842348	192086
食品和烟草	2828213	14512	295873	497	2434853	12782	2006
纺织品	4511018	663347	1388104	129	4091241	49351	5709
纺织服装鞋帽皮革羽绒及其制品	11708327	211444	72566	3381	338654	17920	7808
木材加工品和家具	54997	5764132	629910	420	195810	36027	13620
造纸印刷和文教体育用品	808634	802168	12138431	1183	2218601	227250	91911
石油、炼焦产品和核燃料加工品	94578	154889	205760	2670032	1276914	767803	57600
化学产品	2227122	1933678	3192606	64900	67031692	1235549	379745
非金属矿物制品	21749	106945	300811	1577	258392	6236899	222134
金属冶炼和压延加工品	39695	1234703	3670164	11286	2103843	679020	19663826
金属制品	329868	729855	449646	1659	846541	89293	42814
通用设备	75211	114881	242880	21808	491329	102946	78394
专用设备	83799	98003	193653	9219	431526	75899	83905
交通运输设备	3905	4275	49263	209	91077	18802	5906
电气机械和器材	13472	16299	183574	2640	371000	51796	24768
通信设备、计算机和其他电子设备	10336	3650	127458	348	119220	20641	6372
仪器仪表	5771	791	11501	7104	45357	6490	6030
其他制造产品和废品废料	102186	86774	2753892	45307	2289966	348552	1037491
金属制品、机械和设备修理服务	539145	46240	238810	35931	457354	135697	93211
电力、热力的生产和供应	771261	462802	1427384	177873	6269699	1265693	829050
燃气生产和供应	0	0	279	0	567	41	58
水的生产和供应	40283	17253	52559	7574	174908	28961	102657
建筑	42685	22922	29533	3851	111688	16114	27711
批发和零售	10416868	2169423	3293752	2677730	4096385	1932998	2479511
交通运输、仓储和邮政	1611305	963359	1333679	362412	4631997	1673860	502906
住宿和餐饮	294025	124450	169900	3440	1090908	125512	39082
信息传输、软件和信息技术服务	74856	15917	34661	1826	84488	12729	3806
金融	803326	351120	871728	60305	1699628	386258	277268
房地产	124884	23314	52976	127	69003	36481	6617
租赁和商务服务	869699	234083	256307	70806	1494454	156017	91061
研究和试验发展	0	0	0	0	0	0	0
综合技术服务	55935	4249	68078	370	392070	800	3339
水利、环境和公共设施管理	3691	1170	2618	56	7419	2263	661
居民服务、修理和其他服务	184713	51336	101607	20698	380470	65185	62424
教育	31491	4888	9638	1599	36423	4978	4290
卫生和社会工作	0	0	0	0	0	0	0
文化、体育和娱乐	28512	9270	18306	441	68411	15003	4459
公共管理、社会保障和社会组织	6021	1859	3380	95	10637	3554	636
中间投入合计	**39649173**	**17319302**	**34853731**	**18378676**	**108334488**	**20548645**	**32137229**
劳动者报酬	7696620	2788393	4602696	185281	9016584	2066547	1740745
生产税净额	2115425	930312	2214221	2816277	5435219	1203938	1227010
固定资产折旧	1204751	561506	1696379	376790	5162785	921363	1084806
营业盈余	3437234	1723468	2878245	1983571	10586793	2114938	2168780
增加值合计	**14454030**	**6003679**	**11391541**	**5361919**	**30201381**	**6306786**	**6221341**
总投入	**54103203**	**23322981**	**46245272**	**23740595**	**138535869**	**26855431**	**38358570**

续2

单位：万元

投入 \ 产出	中间使用						
	金属制品	通用设备	专用设备	交通运输设备	电气机械和器材	通信设备、计算机和其他电子设备	仪器仪表
农林牧渔产品和服务	4214	1437	2481	34285	4406	15050	851
煤炭采选产品	199565	392178	112728	573491	521717	249342	69110
石油和天然气开采产品	127292	100185	54319	31073	33211	13367	9357
金属矿采选产品	289531	1551860	40041	737654	84040	17876	638
非金属矿和其他矿采选产品	47661	9174	263455	5332	40179	787	2264
食品和烟草	9437	15540	7438	5731	12220	36797	8201
纺织品	43151	159465	16555	863471	129212	228668	12896
纺织服装鞋帽皮革羽绒及其制品	32304	52559	19000	30067	24479	19993	65801
木材加工品和家具	657748	160707	48608	83705	172124	47789	36757
造纸印刷和文教体育用品	890885	526741	725206	136663	1359737	432291	163508
石油、炼焦产品和核燃料加工品	261064	667418	106410	135992	346564	71794	58885
化学产品	1946736	1991332	1299561	3792526	7009920	1131087	820264
非金属矿物制品	229874	229126	274981	195774	797002	373572	94984
金属冶炼和压延加工品	12462777	13487457	4478306	2794251	13178627	3279245	731391
金属制品	5504811	4010601	2940270	374492	6352477	701500	312844
通用设备	683759	12315314	1486502	1166676	2045499	258008	117223
专用设备	82231	698900	3145160	374239	2483536	909880	345373
交通运输设备	57124	140514	107852	23131252	93905	223194	365404
电气机械和器材	155592	2850788	895762	1259814	14068952	1800944	309900
通信设备、计算机和其他电子设备	85755	947710	240978	129904	3212982	11141795	898117
仪器仪表	3908	432363	148102	176331	127338	799231	1709505
其他制造产品和废品废料	384261	135774	16662	71130	31299	80062	26756
金属制品、机械和设备修理服务	252312	248990	236986	123050	205887	219806	13920
电力、热力的生产和供应	1048763	1301699	426841	396575	910163	582040	161259
燃气生产和供应	3104	2072	865	1715	535	31	1
水的生产和供应	31860	45321	14957	11325	28118	32377	9848
建筑	22978	60841	77113	30253	45038	30352	12515
批发和零售	1755949	1033801	372822	1407351	2244785	783584	155259
交通运输、仓储和邮政	1221025	1847164	764812	1064000	1895337	661577	383149
住宿和餐饮	162929	318136	171055	87314	268330	467314	278469
信息传输、软件和信息技术服务	27894	52830	15939	10988	45148	69974	24436
金融	580551	1072345	257590	341592	813874	521219	1108807
房地产	48854	15159	16916	19046	43849	87084	12538
租赁和商务服务	276997	342662	181273	135605	468943	783725	888598
研究和试验发展	0	0	0	0	0	0	0
综合技术服务	17004	239163	39760	11417	429289	40520	2356
水利、环境和公共设施管理	2678	4457	2252	1442	3794	5567	3179
居民服务、修理和其他服务	168805	223457	99946	118614	168052	77317	48851
教育	9361	24057	13426	6321	13114	45210	68532
卫生和社会工作	0	0	0	0	0	0	0
文化、体育和娱乐	17845	33229	13822	8705	24437	36121	19848
公共管理、社会保障和社会组织	2703	6710	2593	1268	5667	11645	1920
中间投入合计	**29811292**	**47749236**	**19139345**	**39880434**	**59743786**	**26287735**	**9353514**
劳动者报酬	4125528	7396977	3443611	4139932	6799096	3259614	1247172
生产税净额	1521954	2826856	1312746	2829070	2906264	983836	440330
固定资产折旧	1159766	2354745	1106817	1639139	2375377	1002749	364104
营业盈余	1996631	4672024	2058518	4050742	4527218	2676019	1097305
增加值合计	**8803879**	**17250602**	**7921692**	**12658883**	**16607955**	**7922218**	**3148911**
总投入	**38615171**	**64999838**	**27061037**	**52539317**	**76351741**	**34209953**	**12502425**

续3

单位：万元

产出 投入	中间使用						中间使用
	其他制造产品和废品废料	金属制品、机械和设备修理服务	电力、热力的生产和供应	燃气生产和供应	水的生产和供应	建筑	批发和零售
农林牧渔产品和服务	5648	192	80912	13	98	6749995	940364
煤炭采选产品	260264	2204	19210932	0	59	463434	0
石油和天然气开采产品	10418	741	230066	1683869	0	109	0
金属矿采选产品	119	0	0	0	0	1447	0
非金属矿和其他矿采选产品	0	0	92164	3	4814	2297948	1
食品和烟草	865	721	1320	147	259	20043	35137
纺织品	547133	9020	259	185	84	2488	92741
纺织服装鞋帽皮革羽绒及其制品	3260	4006	10802	1784	9178	376465	49002
木材加工品和家具	50204	2300	87999	158	308	1196445	72504
造纸印刷和文教体育用品	151021	2576	13621	2093	3618	238010	219454
石油、炼焦产品和核燃料加工品	35872	18699	283743	779	5496	3553218	814990
化学产品	762354	23706	105730	1222	211979	3898251	258578
非金属矿物制品	9669	2622	10482	100	2324	24074593	21132
金属冶炼和压延加工品	795326	31985	23614	2707	13319	29985657	2794
金属制品	228476	14614	18946	4202	11571	3925338	47336
通用设备	70652	20731	162458	1154	10746	860514	11521
专用设备	18673	23613	24073	2646	4842	450377	11177
交通运输设备	714	2306	3926	140	388	40438	689
电气机械和器材	74270	7008	133320	1579	4135	2850916	531478
通信设备、计算机和其他电子设备	47377	555	11023	579	1408	173518	801953
仪器仪表	3	625	14138	18786	10216	527556	534
其他制造产品和废品废料	3072790	3502	6719	193	734	8609	200
金属制品、机械和设备修理服务	35857	333955	671914	15152	60899	67638	68025
电力、热力的生产和供应	178167	58203	15362858	21190	304785	1023419	809882
燃气生产和供应	16789	11	0	983635	3	0	414
水的生产和供应	3795	2368	69043	469	465983	595785	74100
建筑	13844	6729	89378	2878	33415	2515871	134548
批发和零售	432007	0	840	0	653	6429779	9934889
交通运输、仓储和邮政	301380	17867	654867	262295	18457	1096385	6298434
住宿和餐饮	20611	17188	23640	1750	2093	447939	723895
信息传输、软件和信息技术服务	10689	5534	9761	2826	4617	107999	186975
金融	73589	33100	1235570	40731	45879	1977396	3498772
房地产	1060	195	10269	10279	97	43772	3482944
租赁和商务服务	19635	5748	89324	53153	12174	292164	8897625
研究和试验发展	0	0	0	0	0	0	0
综合技术服务	25217	17	6992	3203	43604	7632132	1205661
水利、环境和公共设施管理	347	265	315	29	44	6172	11206
居民服务、修理和其他服务	24245	6622	135397	8257	74968	385415	151565
教育	3702	979	8626	611	1625	48322	28074
卫生和社会工作	0	0	0	0	0	0	3376
文化、体育和娱乐	2298	1961	6652	574	1486	61561	57375
公共管理、社会保障和社会组织	554	419	1086	82	214	7740	8540
中间投入合计	**7308894**	**662887**	**38902779**	**3129453**	**1366572**	**104434858**	**39487885**
劳动者报酬	646237	222095	1915835	113439	341139	22644732	27729105
生产税净额	269458	51699	2464374	92419	132550	4164216	16818072
固定资产折旧	175183	19257	4961243	170237	460823	701000	2457802
营业盈余	10539112	18182	3052041	213201	13796	4644727	19893206
增加值合计	**11629990**	**311233**	**12393493**	**589296**	**948308**	**32154675**	**66898185**
总投入	**18938884**	**974120**	**51296272**	**3718749**	**2314880**	**136589533**	**106386070**

续4 单位：万元

产出 投入	中间使用						
	交通运输、仓储和邮政	住宿和餐饮	信息传输、软件和信息技术服务	金融	房地产	租赁和商务服务	研究和试验发展
农林牧渔产品和服务	1001	5548371	7932	5051	4832	1358801	41261
煤炭采选产品	778	0	0	0	0	55	0
石油和天然气开采产品	51	0	0	0	0	0	0
金属矿采选产品	0	109	0	0	0	0	0
非金属矿和其他矿采选产品	2264	373	1	58	268	1096	0
食品和烟草	48044	5695486	42454	95619	18554	134507	3638
纺织品	78912	143952	1685	0	7595	139896	9268
纺织服装鞋帽皮革羽绒及其制品	130434	50041	67024	134594	86025	135302	2849
木材加工品和家具	46094	59962	61774	50919	21288	17275	3751
造纸印刷和文教体育用品	160039	168179	939889	1472219	450894	1843689	31375
石油、炼焦产品和核燃料加工品	5544929	111347	93414	252069	122471	2670042	27023
化学产品	268841	424678	8537	5484	50637	155839	520952
非金属矿物制品	9318	56693	11900	4	10030	11380	7597
金属冶炼和压延加工品	20470	1085	0	1	855	1981	1
金属制品	85402	72219	21966	9089	59976	60246	47393
通用设备	122428	118366	36091	21336	36465	43600	4359
专用设备	13444	7672	12957	19781	38848	5286	39
交通运输设备	843408	3722	9684	38920	12568	451985	1934
电气机械和器材	67087	69984	283201	1187	38875	67141	18293
通信设备、计算机和其他电子设备	35099	55560	3542844	48321	38819	143343	15174
仪器仪表	22412	824	25762	9147	1195	8128	858909
其他制造产品和废品废料	1605184	41112	248032	20	9219	429484	386820
金属制品、机械和设备修理服务	155280	9266	20995	2276	56874	115330	257
电力、热力的生产和供应	1166917	1330639	616832	399695	979184	4624386	29707
燃气生产和供应	1552547	531051	0	0	5017	13544	121
水的生产和供应	65053	409192	61038	37032	180668	180905	3322
建筑	126986	107890	66662	87602	329497	688739	15169
批发和零售	1540209	710262	486957	411600	45748	1653766	123646
交通运输、仓储和邮政	21808982	116387	1022229	2011880	217506	2900106	181928
住宿和餐饮	245686	77228	683484	1589878	370061	3053392	113636
信息传输、软件和信息技术服务	110035	121889	5866693	903518	36726	185280	13914
金融	5380682	988232	442551	11201808	2826185	3633334	65285
房地产	710952	2500789	549557	2884481	1317062	6155900	73178
租赁和商务服务	658595	760213	1870667	1617852	440405	3057680	138472
研究和试验发展	0	0	0	0	0	0	18505
综合技术服务	65299	3713	70957	236185	341	1179	175
水利、环境和公共设施管理	4983	6898	10670	222136	11511	109417	4046
居民服务、修理和其他服务	411651	213849	41647	179325	9044	333929	15782
教育	46484	18518	28595	175761	7194	55459	3838
卫生和社会工作	9856	3460	0	0	0	0	0
文化、体育和娱乐	88794	117212	159206	217559	66041	344073	8165
公共管理、社会保障和社会组织	8699	4380	72058	35731	8808	285713	952
中间投入合计	**43263329**	**20660803**	**17485945**	**24378138**	**7917286**	**35071208**	**2790734**
劳动者报酬	15323691	9773348	6165597	7104079	1383321	17601338	938866
生产税净额	1545125	701695	1267896	2963467	2402103	3190493	102651
固定资产折旧	6132137	1658157	2515580	385935	5216692	4194095	97117
营业盈余	4937348	3518300	6881755	17756157	1833670	6615767	289648
增加值合计	**27938301**	**15651500**	**16830828**	**28209638**	**10835786**	**31601693**	**1428282**
总投入	**71201630**	**36312303**	**34316773**	**52587776**	**18753072**	**66672901**	**4219016**

续5

单位：万元

产出 投入	综合技术服务	水利、环境和公共设施管理	居民服务、修理和其他服务	教育	卫生和社会工作	文化、体育和娱乐	公共管理、社会保障和社会组织
农林牧渔产品和服务	600620	937915	17095	60320	9687	46459	0
煤炭采选产品	0	0	0	0	0	0	0
石油和天然气开采产品	0	0	0	0	0	0	0
金属矿采选产品	0	0	184	0	0	0	0
非金属矿和其他矿采选产品	84	88	288	128	1	15	0
食品和烟草	41728	2324	27172	59913	6012	337978	55416
纺织品	4636	6269	28339	2045	5098	544	23890
纺织服装鞋帽皮革羽绒及其制品	7329	7321	131528	56124	1433	253829	13716
木材加工品和家具	10751	8671	17518	103223	939	3404	26884
造纸印刷和文教体育用品	651969	58515	247513	322509	129834	1045121	619963
石油、炼焦产品和核燃料加工品	158700	103433	367589	510177	37030	48529	118582
化学产品	297099	290668	911114	260032	11265320	34715	69790
非金属矿物制品	17896	3646	350	187	28576	56	0
金属冶炼和压延加工品	18	3431	1606	82	27	22	0
金属制品	324077	135684	87496	3205	1005	51329	874
通用设备	25384	4546	59206	3595	8275	8303	9271
专用设备	205	406	1130	370	949010	932	0
交通运输设备	6437	8830	2794	3940	2937	4425	6983
电气机械和器材	149939	8357	8307	2457	1060	179812	0
通信设备、计算机和其他电子设备	485980	87721	95812	16323	8517	16842	70632
仪器仪表	1626407	4064	42335	603	27098	4820	874
其他制造产品和废品废料	1186813	35983	485595	42	58256	56518	1039
金属制品、机械和设备修理服务	14466	13161	2319	20009	3560	4988	13669
电力、热力的生产和供应	125047	697599	290794	224370	219421	193448	254667
燃气生产和供应	1116	332	34618	195	123	17326	0
水的生产和供应	18873	31357	82929	80957	38593	31092	90982
建筑	31075	83722	105567	446963	106212	42876	714708
批发和零售	375421	173057	282411	83681	836904	138691	141260
交通运输、仓储和邮政	1613856	431227	574161	434721	37943	226742	651409
住宿和餐饮	1645450	22457	441606	236810	50112	170212	397904
信息传输、软件和信息技术服务	153788	6949	26050	56725	22281	15987	161072
金融	221108	136432	613915	141508	100888	316076	194779
房地产	187572	94523	774867	565907	647490	395521	521457
租赁和商务服务	735132	111365	383119	153730	266732	158214	451293
研究和试验发展	0	0	0	0	0	0	0
综合技术服务	267012	2234	8033	405	43693	207	4237
水利、环境和公共设施管理	5764	81639	21278	3808	23029	3109	3189
居民服务、修理和其他服务	118741	45833	96369	1369826	470847	68251	2634131
教育	49651	5394	12254	519643	53904	11997	312343
卫生和社会工作	0	0	0	0	1333497	143	0
文化、体育和娱乐	122200	7333	25293	100926	31789	215413	154734
公共管理、社会保障和社会组织	6252	2486	16303	3304	23181	4159	1737516
中间投入合计	**11288596**	**3654972**	**6324857**	**5848763**	**16850314**	**4108105**	**9457264**
劳动者报酬	7590323	1700372	3726833	4599560	10390856	3048907	18574577
生产税净额	1224200	200977	232966	21587	14277	506666	23372
固定资产折旧	741213	478600	244070	460476	856898	720223	1259820
营业盈余	2693074	557506	1012341	104482	490202	1136483	656220
增加值合计	**12248810**	**2937455**	**5216210**	**5186105**	**11752233**	**5412279**	**20513989**
总投入	**23537406**	**6592427**	**11541067**	**11034868**	**28602547**	**9520384**	**29971253**

续6 单位：万元

投入 \ 产出	中间使用合计	最终使用				
		最终消费支出				合计
		农村居民	城镇居民	居民消费支出小计	政府消费支出	
农林牧渔产品和服务	**30746490**	2144764	8083882	10228646	217240	**10445886**
煤炭采选产品	**26939283**	40863	11671	52534	0	**52534**
石油和天然气开采产品	**15310366**	0	0	0	0	**0**
金属矿采选产品	**7724166**	0	0	0	0	**0**
非金属矿和其他矿采选产品	**7769936**	0	0	0	0	**0**
食品和烟草	**21597913**	6511895	17925111	24437006	0	**24437006**
纺织品	**35174117**	153863	805271	959134	0	**959134**
纺织服装鞋帽皮革羽绒及其制品	**14868887**	1849148	8152479	10001627	0	**10001627**
木材加工品和家具	**9992630**	257280	1111561	1368841	0	**1368841**
造纸印刷和文教体育用品	**30913997**	825906	4294182	5120088	0	**5120088**
石油、炼焦产品和核燃料加工品	**22411793**	1141318	4224317	5365635	0	**5365635**
化学产品	**130951133**	944417	2722785	3667202	0	**3667202**
非金属矿物制品	**33938271**	37213	160810	198023	0	**198023**
金属冶炼和压延加工品	**109025503**	0	0	0	0	**0**
金属制品	**28491856**	57167	155683	212850	0	**212850**
通用设备	**21733442**	25445	136581	162026	0	**162026**
专用设备	**10925240**	2825	25455	28280	0	**28280**
交通运输设备	**25946957**	2339851	6187142	8526993	0	**8526993**
电气机械和器材	**26563664**	508419	1695469	2203888	0	**2203888**
通信设备、计算机和其他电子设备	**22662688**	530882	1974796	2505678	0	**2505678**
仪器仪表	**6703182**	90099	576603	666702	0	**666702**
其他制造产品和废品废料	**15067109**	102085	404128	506213	0	**506213**
金属制品、机械和设备修理服务	**5089453**	0	0	0	0	**0**
电力、热力的生产和供应	**53112511**	808463	2375956	3184419	0	**3184419**
燃气生产和供应	**3169664**	363277	782600	1145877	0	**1145877**
水的生产和供应	**3443709**	131689	611380	743069	0	**743069**
建筑	**6475482**	1246624	4624426	5871050	0	**5871050**
批发和零售	**64568355**	4407795	3868027	8275822	0	**8275822**
交通运输、仓储和邮政	**63306317**	441145	2219089	2660234	3363777	**6024011**
住宿和餐饮	**14363259**	1406608	9085442	10492050	0	**10492050**
信息传输、软件和信息技术服务	**8590842**	1087683	3195034	4282717	0	**4282717**
金融	**44332781**	4499555	17663665	22163220	104677	**22267897**
房地产	**21556223**	330176	4055837	4386013	1697771	**6083784**
租赁和商务服务	**27057345**	273596	3751312	4024908	1403838	**5428746**
研究和试验发展	**18505**	0	0	0	1949326	**1949326**
综合技术服务	**12217189**	0	0	0	5686175	**5686175**
水利、环境和公共设施管理	**586170**	23042	146488	169530	5817130	**5986660**
居民服务、修理和其他服务	**8889345**	1575969	2578928	4154897	0	**4154897**
教育	**1728122**	2402672	6997329	9400001	14301531	**23701532**
卫生和社会工作	**1440470**	1774014	4404450	6178464	19069223	**25247687**
文化、体育和娱乐	**2132553**	403006	2159659	2562665	2221797	**4784462**
公共管理、社会保障和社会组织	**2346287**	0	0	0	27624966	**27624966**
中间投入合计	**999883205**	**38738754**	**127167548**	**165906302**	**83457451**	**249363753**
劳动者报酬	**249448227**					
生产税净额	**74180828**					
固定资产折旧	**60408554**					
营业盈余	**140365125**					
增加值合计	**524402734**					
总投入	**1524285939**					

续7 单位：万元

产出 投入	最终使用				
	资本形成总额			出口	国内省外流出
	固定资本形成总额	存货变动	合计		
农林牧渔产品和服务	439866	-25736	**414130**	520512	9613863
煤炭采选产品	0	2086	**2086**	16	88791
石油和天然气开采产品	0	0	**0**	223228	0
金属矿采选产品	0	-42166	**-42166**	2496	3023863
非金属矿和其他矿采选产品	0	176022	**176022**	58845	28322
食品和烟草	0	4681909	**4681909**	3050708	10863338
纺织品	0	12282439	**12282439**	23857650	18496809
纺织服装鞋帽皮革羽绒及其制品	0	7292442	**7292442**	28520608	3049176
木材加工品和家具	350765	3279027	**3629792**	9307029	6001976
造纸印刷和文教体育用品	273910	8186892	**8460802**	10954095	9960416
石油、炼焦产品和核燃料加工品	0	2227186	**2227186**	965485	11715052
化学产品	0	18737087	**18737087**	24004380	33983383
非金属矿物制品	0	3896878	**3896878**	3761962	15767830
金属冶炼和压延加工品	0	7609984	**7609984**	4935453	3143699
金属制品	685328	7568686	**8254014**	12763776	2271338
通用设备	11411574	10005913	**21417487**	17482381	18923315
专用设备	15999291	9759006	**25758297**	6931360	10567147
交通运输设备	1584445	-3972127	**-2387682**	7984846	26146132
电气机械和器材	2908528	18695785	**21604313**	23059784	10158010
通信设备、计算机和其他电子设备	8415440	11382882	**19798322**	8184337	17030397
仪器仪表	1356887	3304237	**4661124**	3267243	8937848
其他制造产品和废品废料	0	2294524	**2294524**	3145775	8552976
金属制品、机械和设备修理服务	0	0	**0**	0	2024
电力、热力的生产和供应	0	0	**0**	0	1515995
燃气生产和供应	0	124567	**124567**	0	691584
水的生产和供应	0	84702	**84702**	0	66132
建筑	108574725	0	**108574725**	0	27578017
批发和零售	2246872	290326	**2537198**	15321611	38135897
交通运输、仓储和邮政	351831	173041	**524872**	5830483	18512527
住宿和餐饮	0	0	**0**	0	13042091
信息传输、软件和信息技术服务	12163301	0	**12163301**	0	37192587
金融	0	0	**0**	0	5953254
房地产	21522356	0	**21522356**	0	0
租赁和商务服务	0	0	**0**	0	34740125
研究和试验发展	2251185	0	**2251185**	0	0
综合技术服务	3444182	0	**3444182**	25	2189859
水利、环境和公共设施管理	0	0	**0**	0	19597
居民服务、修理和其他服务	0	0	**0**	0	4543513
教育	0	0	**0**	330526	1316006
卫生和社会工作	0	0	**0**	122021	1922391
文化、体育和娱乐	0	0	**0**	89309	3023215
公共管理、社会保障和社会组织	0	0	**0**	0	0
中间投入合计	**193980486**	**128015592**	**321996078**	**214675944**	**418768495**
劳动者报酬					
生产税净额					
固定资产折旧					
营业盈余					
增加值合计					
总投入					

续8

单位：万元

产出 投入	最终使用合计	进口	国内省外流入	其他	总产出
农林牧渔产品和服务	**20994391**	3348292	14009162	0	34383427
煤炭采选产品	**143427**	1235875	25800587	0	46248
石油和天然气开采产品	**223228**	620781	14912813	0	0
金属矿采选产品	**2984193**	5915856	4565486	0	227017
非金属矿和其他矿采选产品	**263189**	80000	5552673	0	2400452
食品和烟草	**43032961**	2446415	29427573	0	32756886
纺织品	**55596032**	1566291	17255283	0	71948575
纺织服装鞋帽皮革羽绒及其制品	**48863853**	576544	9052993	0	54103203
木材加工品和家具	**20307638**	768956	6208331	0	23322981
造纸印刷和文教体育用品	**34495401**	1449886	17714240	0	46245272
石油、炼焦产品和核燃料加工品	**20273358**	4553025	14391531	0	23740595
化学产品	**80392052**	17871224	54936092	0	138535869
非金属矿物制品	**23624693**	503142	30204391	0	26855431
金属冶炼和压延加工品	**15689136**	4501970	81854099	0	38358570
金属制品	**23501978**	382858	12995805	0	38615171
通用设备	**57985209**	2142817	12575996	0	64999838
专用设备	**43285084**	1748235	25401052	0	27061037
交通运输设备	**40270289**	530296	13147633	0	52539317
电气机械和器材	**57025995**	1016194	6221724	0	76351741
通信设备、计算机和其他电子设备	**47518734**	4022282	31949187	0	34209953
仪器仪表	**17532917**	785754	10947920	0	12502425
其他制造产品和废品废料	**14499488**	4781709	5846004	0	18938884
金属制品、机械和设备修理服务	**2024**	0	4117357	0	974120
电力、热力的生产和供应	**4700414**	0	6516653	0	51296272
燃气生产和供应	**1962028**	0	1412943	0	3718749
水的生产和供应	**893903**	0	2022732	0	2314880
建筑	**142023792**	0	11909741	0	136589533
批发和零售	**64270528**	2311738	20141075	0	106386070
交通运输、仓储和邮政	**30891893**	0	22996580	0	71201630
住宿和餐饮	**23534141**	0	1585097	0	36312303
信息传输、软件和信息技术服务	**53638605**	0	27912674	0	34316773
金融	**28221151**	0	19966156	0	52587776
房地产	**27606140**	0	30409291	0	18753072
租赁和商务服务	**40168871**	0	553315	0	66672901
研究和试验发展	**4200511**	0	0	0	4219016
综合技术服务	**11320241**	24	0	0	23537406
水利、环境和公共设施管理	**6006257**	0	0	0	6592427
居民服务、修理和其他服务	**8698410**	0	6046688	0	11541067
教育	**25348064**	11739521	4301797	0	11034868
卫生和社会工作	**27292099**	130022	0	0	28602547
文化、体育和娱乐	**7896986**	39696	469459	0	9520384
公共管理、社会保障和社会组织	**27624966**	0	0	0	29971253
中间投入合计	**1204804270**	**75069403**	**605332133**	**0**	**1524285939**
劳动者报酬					
生产税净额					
固定资产折旧					
营业盈余					
增加值合计					
总投入					

18-5 浙江省投入产出直接消耗系数表（2017年）

投入 \ 产出	农林牧渔产品和服务	煤炭采选产品	石油和天然气开采产品	金属矿采选产品	非金属矿和其他矿采选产品	食品和烟草	纺织品
农林牧渔产品和服务	0.061631	0.000000	0.000000	0.000040	0.000209	0.182881	0.052592
煤炭采选产品	0.000000	0.389530	0.000000	0.020998	0.006155	0.008106	0.010059
石油和天然气开采产品	0.000000	0.000000	0.000000	0.000000	0.000006	0.001123	0.006138
金属矿采选产品	0.000000	0.000000	0.000000	0.361766	0.000003	0.000000	0.000000
非金属矿和其他矿采选产品	0.000001	0.000000	0.000000	0.003995	0.229508	0.003438	0.000167
食品和烟草	0.073116	0.000000	0.000000	0.000207	0.000324	0.204840	0.000858
纺织品	0.000005	0.000000	0.000000	0.000317	0.000432	0.002439	0.303364
纺织服装鞋帽皮革羽绒及其制品	0.001209	0.000000	0.000000	0.001062	0.000579	0.001529	0.008885
木材加工品和家具	0.000709	0.000000	0.000000	0.000145	0.001681	0.004549	0.000979
造纸印刷和文教体育用品	0.000993	0.000000	0.000000	0.000449	0.001291	0.034445	0.006297
石油、炼焦产品和核燃料加工品	0.003833	0.000000	0.000000	0.008836	0.033562	0.007288	0.002847
化学产品	0.087589	0.000000	0.000000	0.018131	0.032573	0.035998	0.177846
非金属矿物制品	0.001153	0.000000	0.000000	0.001462	0.020505	0.004447	0.001126
金属冶炼和压延加工品	0.001100	0.000000	0.000000	0.004682	0.004390	0.001822	0.003014
金属制品	0.004705	0.000000	0.000000	0.002092	0.005699	0.005673	0.003238
通用设备	0.001141	0.000000	0.000000	0.004727	0.006695	0.001969	0.010746
专用设备	0.004327	0.000000	0.000000	0.005709	0.012246	0.000770	0.001664
交通运输设备	0.005237	0.000000	0.000000	0.003000	0.000285	0.000180	0.000275
电气机械和器材	0.000205	0.000000	0.000000	0.001515	0.000988	0.000509	0.000466
通信设备、计算机和其他电子设备	0.000140	0.000000	0.000000	0.000172	0.000188	0.000121	0.000150
仪器仪表	0.000087	0.007049	0.000000	0.000339	0.000037	0.000088	0.000174
其他制造产品和废品废料	0.000017	0.000000	0.000000	0.000000	0.000000	0.000174	0.000192
金属制品、机械和设备修理服务	0.000012	0.014379	0.000000	0.013149	0.014679	0.002731	0.005942
电力、热力的生产和供应	0.029583	0.064219	0.000000	0.043499	0.065374	0.034984	0.081131
燃气生产和供应	0.000085	0.000000	0.000000	0.000097	0.000000	0.000017	0.000001
水的生产和供应	0.000000	0.001816	0.000000	0.000841	0.001482	0.001575	0.003707
建筑	0.002221	0.000411	0.000000	0.000233	0.002532	0.000801	0.001151
批发和零售	0.026065	0.006422	0.000000	0.030029	0.005180	0.079824	0.033577
交通运输、仓储和邮政	0.021344	0.032131	0.000000	0.017298	0.099894	0.036183	0.018717
住宿和餐饮	0.001079	0.010119	0.000000	0.005277	0.004982	0.002740	0.003987
信息传输、软件和信息技术服务	0.001099	0.037666	0.000000	0.001498	0.000683	0.000515	0.000662
金融	0.014996	0.008973	0.000000	0.024091	0.035838	0.007812	0.016066
房地产	0.000000	0.000000	0.000000	0.000026	0.000002	0.000513	0.000760
租赁和商务服务	0.000526	0.000000	0.000000	0.013867	0.027891	0.008278	0.003815
研究和试验发展	0.000000	0.000000	0.000000	0.000000	0.000000	0.000000	0.000000
综合技术服务	0.032886	0.000000	0.000000	0.000238	0.000252	0.000675	0.001930
水利、环境和公共设施管理	0.000267	0.000000	0.000000	0.000313	0.000115	0.000031	0.000063
居民服务、修理和其他服务	0.000391	0.006746	0.000000	0.002255	0.021770	0.004522	0.001494
教育	0.000916	0.003849	0.000000	0.000220	0.000304	0.000215	0.000310
卫生和社会工作	0.002622	0.000000	0.000000	0.000000	0.000000	0.000000	0.000000
文化、体育和娱乐	0.000000	0.000000	0.000000	0.001044	0.000693	0.000313	0.000436
公共管理、社会保障和社会组织	0.001327	0.000000	0.000000	0.000176	0.000139	0.000079	0.000151
中间投入合计	**0.382617**	**0.583312**	**0.000000**	**0.593797**	**0.639166**	**0.684199**	**0.764977**
劳动者报酬	0.581760	0.122643	0.000000	0.170344	0.108842	0.072211	0.093556
生产税净额	−0.022554	0.071268	0.000000	0.079694	0.087646	0.149456	0.037181
固定资产折旧	0.058177	0.016022	0.000000	0.086262	0.049978	0.027356	0.034110
营业盈余	0.000000	0.206755	0.000000	0.069902	0.114367	0.066777	0.070176
增加值合计	**0.617383**	**0.416688**	**0.000000**	**0.406203**	**0.360834**	**0.315801**	**0.235023**
总投入	**1.000000**	**1.000000**	**1.000000**	**1.000000**	**1.000000**	**1.000000**	**1.000000**

续1

产出 投入	纺织服装鞋帽皮革羽绒及其制品	木材加工品和家具	造纸印刷和文教体育用品	石油、炼焦产品和核燃料加工品	化学产品	非金属矿物制品	金属冶炼和压延加工品
农林牧渔产品和服务	0.010570	0.031351	0.010248	0.000013	0.004210	0.000325	0.000099
煤炭采选产品	0.004428	0.005305	0.008255	0.011046	0.009877	0.018279	0.025812
石油和天然气开采产品	0.000370	0.000791	0.001820	0.499115	0.001432	0.008259	0.003798
金属矿采选产品	0.000001	0.000012	0.000011	0.000000	0.001625	0.005427	0.118533
非金属矿和其他矿采选产品	0.000001	0.000070	0.000911	0.000001	0.001781	0.143075	0.005008
食品和烟草	0.052274	0.000622	0.006398	0.000021	0.017576	0.000476	0.000052
纺织品	0.083378	0.028442	0.030016	0.000005	0.029532	0.001838	0.000149
纺织服装鞋帽皮革羽绒及其制品	0.216407	0.009066	0.001569	0.000142	0.002445	0.000667	0.000204
木材加工品和家具	0.001017	0.247144	0.013621	0.000018	0.001413	0.001342	0.000355
造纸印刷和文教体育用品	0.014946	0.034394	0.262479	0.000050	0.016015	0.008462	0.002396
石油、炼焦产品和核燃料加工品	0.001748	0.006641	0.004449	0.112467	0.009217	0.028590	0.001502
化学产品	0.041164	0.082909	0.069036	0.002734	0.483858	0.046007	0.009900
非金属矿物制品	0.000402	0.004585	0.006505	0.000066	0.001865	0.232240	0.005791
金属冶炼和压延加工品	0.000734	0.052939	0.079363	0.000475	0.015186	0.025284	0.512632
金属制品	0.006097	0.031293	0.009723	0.000070	0.006111	0.003325	0.001116
通用设备	0.001390	0.004926	0.005252	0.000919	0.003547	0.003833	0.002044
专用设备	0.001549	0.004202	0.004188	0.000388	0.003115	0.002826	0.002187
交通运输设备	0.000072	0.000183	0.001065	0.000009	0.000657	0.000700	0.000154
电气机械和器材	0.000249	0.000699	0.003970	0.000111	0.002678	0.001929	0.000646
通信设备、计算机和其他电子设备	0.000191	0.000156	0.002756	0.000015	0.000861	0.000769	0.000166
仪器仪表	0.000107	0.000034	0.000249	0.000299	0.000327	0.000242	0.000157
其他制造产品和废品废料	0.001889	0.003721	0.059550	0.001908	0.016530	0.012979	0.027047
金属制品、机械和设备修理服务	0.009965	0.001983	0.005164	0.001513	0.003301	0.005053	0.002430
电力、热力的生产和供应	0.014255	0.019843	0.030866	0.007492	0.045257	0.047130	0.021613
燃气生产和供应	0.000000	0.000000	0.000006	0.000000	0.000004	0.000002	0.000002
水的生产和供应	0.000745	0.000740	0.001137	0.000319	0.001263	0.001078	0.002676
建筑	0.000789	0.000983	0.000639	0.000162	0.000806	0.000600	0.000722
批发和零售	0.192537	0.093017	0.071224	0.112791	0.029569	0.071978	0.064640
交通运输、仓储和邮政	0.029782	0.041305	0.028839	0.015265	0.033435	0.062329	0.013111
住宿和餐饮	0.005435	0.005336	0.003674	0.000145	0.007875	0.004674	0.001019
信息传输、软件和信息技术服务	0.001384	0.000682	0.000750	0.000077	0.000610	0.000474	0.000099
金融	0.014848	0.015055	0.018850	0.002540	0.012269	0.014383	0.007228
房地产	0.002308	0.001000	0.001146	0.000005	0.000498	0.001358	0.000173
租赁和商务服务	0.016075	0.010037	0.005542	0.002982	0.010787	0.005810	0.002374
研究和试验发展	0.000000	0.000000	0.000000	0.000000	0.000000	0.000000	0.000000
综合技术服务	0.001034	0.000182	0.001472	0.000016	0.002830	0.000030	0.000087
水利、环境和公共设施管理	0.000068	0.000050	0.000057	0.000002	0.000054	0.000084	0.000017
居民服务、修理和其他服务	0.003414	0.002201	0.002197	0.000872	0.002746	0.002427	0.001627
教育	0.000582	0.000210	0.000208	0.000067	0.000263	0.000185	0.000112
卫生和社会工作	0.000000	0.000000	0.000000	0.000000	0.000000	0.000000	0.000000
文化、体育和娱乐	0.000527	0.000397	0.000396	0.000019	0.000494	0.000559	0.000116
公共管理、社会保障和社会组织	0.000111	0.000080	0.000073	0.000004	0.000077	0.000132	0.000017
中间投入合计	**0.732843**	**0.742585**	**0.753671**	**0.774146**	**0.781996**	**0.765158**	**0.837811**
劳动者报酬	0.142258	0.119556	0.099528	0.007804	0.065085	0.076951	0.045381
生产税净额	0.039100	0.039888	0.047880	0.118627	0.039233	0.044830	0.031988
固定资产折旧	0.022268	0.024075	0.036682	0.015871	0.037267	0.034308	0.028281
营业盈余	0.063531	0.073896	0.062239	0.083552	0.076419	0.078753	0.056540
增加值合计	**0.267157**	**0.257415**	**0.246329**	**0.225854**	**0.218004**	**0.234842**	**0.162189**
总投入	**1.000000**	**1.000000**	**1.000000**	**1.000000**	**1.000000**	**1.000000**	**1.000000**

续2

产出 投入	金属制品	通用设备	专用设备	交通运输设备	电气机械和器材	通信设备、计算机和其他电子设备	仪器仪表
农林牧渔产品和服务	0.000109	0.000022	0.000092	0.000653	0.000058	0.000440	0.000068
煤炭采选产品	0.005168	0.006034	0.004166	0.010915	0.006833	0.007289	0.005528
石油和天然气开采产品	0.003296	0.001541	0.002007	0.000591	0.000435	0.000391	0.000748
金属矿采选产品	0.007498	0.023875	0.001480	0.014040	0.001101	0.000523	0.000051
非金属矿和其他矿采选产品	0.001234	0.000141	0.009736	0.000101	0.000526	0.000023	0.000181
食品和烟草	0.000244	0.000239	0.000275	0.000109	0.000160	0.001076	0.000656
纺织品	0.001117	0.002453	0.000612	0.016435	0.001692	0.006684	0.001031
纺织服装鞋帽皮革羽绒及其制品	0.000837	0.000809	0.000702	0.000572	0.000321	0.000584	0.005263
木材加工品和家具	0.017033	0.002472	0.001796	0.001593	0.002254	0.001397	0.002940
造纸印刷和文教体育用品	0.023071	0.008104	0.026799	0.002601	0.017809	0.012636	0.013078
石油、炼焦产品和核燃料加工品	0.006761	0.010268	0.003932	0.002588	0.004539	0.002099	0.004710
化学产品	0.050414	0.030636	0.048023	0.072185	0.091811	0.033063	0.065608
非金属矿物制品	0.005953	0.003525	0.010162	0.003726	0.010439	0.010920	0.007597
金属冶炼和压延加工品	0.322743	0.207500	0.165489	0.053184	0.172604	0.095856	0.058500
金属制品	0.142556	0.061702	0.108653	0.007128	0.083200	0.020506	0.025023
通用设备	0.017707	0.189467	0.054931	0.022206	0.026790	0.007542	0.009376
专用设备	0.002129	0.010752	0.116225	0.007123	0.032528	0.026597	0.027624
交通运输设备	0.001479	0.002162	0.003986	0.440266	0.001230	0.006524	0.029227
电气机械和器材	0.004029	0.043858	0.033102	0.023978	0.184265	0.052644	0.024787
通信设备、计算机和其他电子设备	0.002221	0.014580	0.008905	0.002473	0.042081	0.325689	0.071835
仪器仪表	0.000101	0.006652	0.005473	0.003356	0.001668	0.023363	0.136734
其他制造产品和废品废料	0.009951	0.002089	0.000616	0.001354	0.000410	0.002340	0.002140
金属制品、机械和设备修理服务	0.006534	0.003831	0.008757	0.002342	0.002697	0.006425	0.001113
电力、热力的生产和供应	0.027159	0.020026	0.015773	0.007548	0.011921	0.017014	0.012898
燃气生产和供应	0.000080	0.000032	0.000032	0.000033	0.000007	0.000001	0.000000
水的生产和供应	0.000825	0.000697	0.000553	0.000216	0.000368	0.000946	0.000788
建筑	0.000595	0.000936	0.002850	0.000576	0.000590	0.000887	0.001001
批发和零售	0.045473	0.015905	0.013777	0.026787	0.029401	0.022905	0.012418
交通运输、仓储和邮政	0.031620	0.028418	0.028262	0.020252	0.024824	0.019339	0.030646
住宿和餐饮	0.004219	0.004894	0.006321	0.001662	0.003514	0.013660	0.022273
信息传输、软件和信息技术服务	0.000722	0.000813	0.000589	0.000209	0.000591	0.002045	0.001955
金融	0.015034	0.016498	0.009519	0.006502	0.010660	0.015236	0.088687
房地产	0.001265	0.000233	0.000625	0.000363	0.000574	0.002546	0.001003
租赁和商务服务	0.007173	0.005272	0.006699	0.002581	0.006142	0.022909	0.071074
研究和试验发展	0.000000	0.000000	0.000000	0.000000	0.000000	0.000000	0.000000
综合技术服务	0.000440	0.003679	0.001469	0.000217	0.005623	0.001184	0.000188
水利、环境和公共设施管理	0.000069	0.000069	0.000083	0.000027	0.000050	0.000163	0.000254
居民服务、修理和其他服务	0.004371	0.003438	0.003693	0.002258	0.002201	0.002260	0.003907
教育	0.000242	0.000370	0.000496	0.000120	0.000172	0.001322	0.005481
卫生和社会工作	0.000000	0.000000	0.000000	0.000000	0.000000	0.000000	0.000000
文化、体育和娱乐	0.000462	0.000511	0.000511	0.000166	0.000320	0.001056	0.001588
公共管理、社会保障和社会组织	0.000070	0.000103	0.000096	0.000024	0.000074	0.000340	0.000154
中间投入合计	**0.772010**	**0.734605**	**0.707266**	**0.759059**	**0.782481**	**0.768424**	**0.748136**
劳动者报酬	0.106837	0.113800	0.127253	0.078797	0.089050	0.095283	0.099754
生产税净额	0.039413	0.043490	0.048511	0.053847	0.038064	0.028759	0.035220
固定资产折旧	0.030034	0.036227	0.040901	0.031198	0.031111	0.029312	0.029123
营业盈余	0.051706	0.071877	0.076069	0.077099	0.059294	0.078223	0.087767
增加值合计	**0.227990**	**0.265395**	**0.292734**	**0.240941**	**0.217519**	**0.231576**	**0.251864**
总投入	**1.000000**	**1.000000**	**1.000000**	**1.000000**	**1.000000**	**1.000000**	**1.000000**

续3

产出 投入	其他制造产品和废品废料	金属制品、机械和设备修理服务	电力、热力的生产和供应	燃气生产和供应	水的生产和供应	建筑	批发和零售
农林牧渔产品和服务	0.000298	0.000197	0.001577	0.000003	0.000042	0.049418	0.008839
煤炭采选产品	0.013742	0.002263	0.374509	0.000000	0.000025	0.003393	0.000000
石油和天然气开采产品	0.000550	0.000761	0.004485	0.452805	0.000000	0.000001	0.000000
金属矿采选产品	0.000006	0.000000	0.000000	0.000000	0.000000	0.000011	0.000000
非金属矿和其他矿采选产品	0.000000	0.000000	0.001797	0.000001	0.002080	0.016824	0.000000
食品和烟草	0.000046	0.000740	0.000026	0.000040	0.000112	0.000147	0.000330
纺织品	0.028889	0.009260	0.000005	0.000050	0.000036	0.000018	0.000872
纺织服装鞋帽皮革羽绒及其制品	0.000172	0.004112	0.000211	0.000480	0.003965	0.002756	0.000461
木材加工品和家具	0.002651	0.002361	0.001716	0.000042	0.000133	0.008759	0.000682
造纸印刷和文教体育用品	0.007974	0.002644	0.000266	0.000563	0.001563	0.001743	0.002063
石油、炼焦产品和核燃料加工品	0.001894	0.019196	0.005531	0.000209	0.002374	0.026014	0.007661
化学产品	0.040253	0.024336	0.002061	0.000329	0.091572	0.028540	0.002431
非金属矿物制品	0.000511	0.002692	0.000204	0.000027	0.001004	0.176255	0.000199
金属冶炼和压延加工品	0.041994	0.032835	0.000460	0.000728	0.005754	0.219531	0.000026
金属制品	0.012064	0.015002	0.000369	0.001130	0.004999	0.028738	0.000445
通用设备	0.003731	0.021282	0.003167	0.000310	0.004642	0.006300	0.000108
专用设备	0.000986	0.024240	0.000469	0.000712	0.002092	0.003297	0.000105
交通运输设备	0.000038	0.002367	0.000077	0.000038	0.000168	0.000296	0.000006
电气机械和器材	0.003922	0.007194	0.002599	0.000425	0.001786	0.020872	0.004996
通信设备、计算机和其他电子设备	0.002502	0.000570	0.000215	0.000156	0.000608	0.001270	0.007538
仪器仪表	0.000000	0.000642	0.000276	0.005052	0.004413	0.003862	0.000005
其他制造产品和废品废料	0.162248	0.003595	0.000131	0.000052	0.000317	0.000063	0.000002
金属制品、机械和设备修理服务	0.001893	0.342827	0.013099	0.004074	0.026308	0.000495	0.000639
电力、热力的生产和供应	0.009407	0.059749	0.299493	0.005698	0.131663	0.007493	0.007613
燃气生产和供应	0.000886	0.000011	0.000000	0.264507	0.000001	0.000000	0.000004
水的生产和供应	0.000200	0.002431	0.001346	0.000126	0.201299	0.004362	0.000697
建筑	0.000731	0.006908	0.001742	0.000774	0.014435	0.018419	0.001265
批发和零售	0.022811	0.000000	0.000016	0.000000	0.000282	0.047074	0.093385
交通运输、仓储和邮政	0.015913	0.018342	0.012766	0.070533	0.007973	0.008027	0.059204
住宿和餐饮	0.001088	0.017645	0.000461	0.000471	0.000904	0.003279	0.006804
信息传输、软件和信息技术服务	0.000564	0.005681	0.000190	0.000760	0.001994	0.000791	0.001758
金融	0.003886	0.033979	0.024087	0.010953	0.019819	0.014477	0.032888
房地产	0.000056	0.000200	0.000200	0.002764	0.000042	0.000320	0.032739
租赁和商务服务	0.001037	0.005901	0.001741	0.014293	0.005259	0.002139	0.083635
研究和试验发展	0.000000	0.000000	0.000000	0.000000	0.000000	0.000000	0.000000
综合技术服务	0.001331	0.000017	0.000136	0.000861	0.018836	0.055876	0.011333
水利、环境和公共设施管理	0.000018	0.000272	0.000006	0.000008	0.000019	0.000045	0.000105
居民服务、修理和其他服务	0.001280	0.006798	0.002640	0.002220	0.032385	0.002822	0.001425
教育	0.000195	0.001005	0.000168	0.000164	0.000702	0.000354	0.000264
卫生和社会工作	0.000000	0.000000	0.000000	0.000000	0.000000	0.000000	0.000032
文化、体育和娱乐	0.000121	0.002013	0.000130	0.000154	0.000642	0.000451	0.000539
公共管理、社会保障和社会组织	0.000029	0.000430	0.000021	0.000022	0.000092	0.000057	0.000080
中间投入合计	**0.385920**	**0.680498**	**0.758394**	**0.841534**	**0.590342**	**0.764589**	**0.371175**
劳动者报酬	0.034122	0.227996	0.037348	0.030505	0.147368	0.165787	0.260646
生产税净额	0.014228	0.053073	0.048042	0.024852	0.057260	0.030487	0.158085
固定资产折旧	0.009250	0.019769	0.096717	0.045778	0.199070	0.005132	0.023103
营业盈余	0.556480	0.018665	0.059498	0.057331	0.005960	0.034005	0.186991
增加值合计	**0.614080**	**0.319502**	**0.241606**	**0.158466**	**0.409658**	**0.235411**	**0.628825**
总投入	**1.000000**	**1.000000**	**1.000000**	**1.000000**	**1.000000**	**1.000000**	**1.000000**

续4

投入 \ 产出	交通运输、仓储和邮政	住宿和餐饮	信息传输、软件和信息技术服务	金融	房地产	租赁和商务服务	研究和试验发展
农林牧渔产品和服务	0.000014	0.152796	0.000231	0.000096	0.000258	0.020380	0.009780
煤炭采选产品	0.000011	0.000000	0.000000	0.000000	0.000000	0.000001	0.000000
石油和天然气开采产品	0.000001	0.000000	0.000000	0.000000	0.000000	0.000000	0.000000
金属矿采选产品	0.000000	0.000003	0.000000	0.000000	0.000000	0.000000	0.000000
非金属矿和其他矿采选产品	0.000032	0.000010	0.000000	0.000001	0.000014	0.000016	0.000000
食品和烟草	0.000675	0.156847	0.001237	0.001818	0.000989	0.002017	0.000862
纺织品	0.001108	0.003964	0.000049	0.000000	0.000405	0.002098	0.002197
纺织服装鞋帽皮革羽绒及其制品	0.001832	0.001378	0.001953	0.002559	0.004587	0.002029	0.000675
木材加工品和家具	0.000647	0.001651	0.001800	0.000968	0.001135	0.000259	0.000889
造纸印刷和文教体育用品	0.002248	0.004631	0.027389	0.027995	0.024044	0.027653	0.007437
石油、炼焦产品和核燃料加工品	0.077876	0.003066	0.002722	0.004793	0.006531	0.040047	0.006405
化学产品	0.003776	0.011695	0.000249	0.000104	0.002700	0.002337	0.123477
非金属矿物制品	0.000131	0.001561	0.000347	0.000000	0.000535	0.000171	0.001801
金属冶炼和压延加工品	0.000287	0.000030	0.000000	0.000000	0.000046	0.000030	0.000000
金属制品	0.001199	0.001989	0.000640	0.000173	0.003198	0.000904	0.011233
通用设备	0.001719	0.003260	0.001052	0.000406	0.001944	0.000654	0.001033
专用设备	0.000189	0.000211	0.000378	0.000376	0.002072	0.000079	0.000009
交通运输设备	0.011845	0.000102	0.000282	0.000740	0.000670	0.006779	0.000458
电气机械和器材	0.000942	0.001927	0.008253	0.000023	0.002073	0.001007	0.004336
通信设备、计算机和其他电子设备	0.000493	0.001530	0.103239	0.000919	0.002070	0.002150	0.003597
仪器仪表	0.000315	0.000023	0.000751	0.000174	0.000064	0.000122	0.203580
其他制造产品和废品废料	0.022544	0.001132	0.007228	0.000000	0.000492	0.006442	0.091685
金属制品、机械和设备修理服务	0.002181	0.000255	0.000612	0.000043	0.003033	0.001730	0.000061
电力、热力的生产和供应	0.016389	0.036644	0.017975	0.007601	0.052215	0.069359	0.007041
燃气生产和供应	0.021805	0.014625	0.000000	0.000000	0.000268	0.000203	0.000029
水的生产和供应	0.000914	0.011269	0.001779	0.000704	0.009634	0.002713	0.000787
建筑	0.001783	0.002971	0.001943	0.001666	0.017570	0.010330	0.003595
批发和零售	0.021632	0.019560	0.014190	0.007827	0.002439	0.024804	0.029307
交通运输、仓储和邮政	0.306299	0.003205	0.029788	0.038258	0.011598	0.043498	0.043121
住宿和餐饮	0.003451	0.002127	0.019917	0.030233	0.019733	0.045797	0.026934
信息传输、软件和信息技术服务	0.001545	0.003357	0.170957	0.017181	0.001958	0.002779	0.003298
金融	0.075570	0.027215	0.012896	0.213012	0.150705	0.054495	0.015474
房地产	0.009985	0.068869	0.016014	0.054851	0.070232	0.092330	0.017345
租赁和商务服务	0.009250	0.020935	0.054512	0.030765	0.023484	0.045861	0.032821
研究和试验发展	0.000000	0.000000	0.000000	0.000000	0.000000	0.000000	0.004386
综合技术服务	0.000917	0.000102	0.002068	0.004491	0.000018	0.000018	0.000041
水利、环境和公共设施管理	0.000070	0.000190	0.000311	0.004224	0.000614	0.001641	0.000959
居民服务、修理和其他服务	0.005781	0.005889	0.001214	0.003410	0.000482	0.005008	0.003741
教育	0.000653	0.000510	0.000833	0.003342	0.000384	0.000832	0.000910
卫生和社会工作	0.000138	0.000095	0.000000	0.000000	0.000000	0.000000	0.000000
文化、体育和娱乐	0.001247	0.003228	0.004639	0.004137	0.003522	0.005161	0.001935
公共管理、社会保障和社会组织	0.000122	0.000121	0.002100	0.000679	0.000470	0.004285	0.000226
中间投入合计	**0.607617**	**0.568975**	**0.509545**	**0.463570**	**0.422186**	**0.526019**	**0.661466**
劳动者报酬	0.215215	0.269147	0.179667	0.135090	0.073765	0.263995	0.222532
生产税净额	0.021701	0.019324	0.036947	0.056353	0.128091	0.047853	0.024331
固定资产折旧	0.086124	0.045664	0.073305	0.007339	0.278178	0.062906	0.023019
营业盈余	0.069343	0.096890	0.200536	0.337648	0.097780	0.099227	0.068653
增加值合计	**0.392383**	**0.431025**	**0.490455**	**0.536430**	**0.577814**	**0.473981**	**0.338534**
总投入	**1.000000**	**1.000000**	**1.000000**	**1.000000**	**1.000000**	**1.000000**	**1.000000**

续5

产出 投入	综合技术服务	水利、环境和公共设施管理	居民服务、修理和其他服务	教育	卫生和社会工作	文化、体育和娱乐	公共管理、社会保障和社会组织	**中间使用合计**
农林牧渔产品和服务	0.025518	0.142272	0.001481	0.005466	0.000339	0.004880	0.000000	**0.020171**
煤炭采选产品	0.000000	0.000000	0.000000	0.000000	0.000000	0.000000	0.000000	**0.017673**
石油和天然气开采产品	0.000000	0.000000	0.000000	0.000000	0.000000	0.000000	0.000000	**0.010044**
金属矿采选产品	0.000000	0.000000	0.000016	0.000000	0.000000	0.000000	0.000000	**0.005067**
非金属矿和其他矿采选产品	0.000004	0.000013	0.000025	0.000012	0.000000	0.000002	0.000000	**0.005097**
食品和烟草	0.001773	0.000353	0.002354	0.005429	0.000210	0.035500	0.001849	**0.014169**
纺织品	0.000197	0.000951	0.002455	0.000185	0.000178	0.000057	0.000797	**0.023076**
纺织服装鞋帽皮革羽绒及其制品	0.000311	0.001111	0.011397	0.005086	0.000050	0.026662	0.000458	**0.009755**
木材加工品和家具	0.000457	0.001315	0.001518	0.009354	0.000033	0.000358	0.000897	**0.006556**
造纸印刷和文教体育用品	0.027699	0.008876	0.021446	0.029226	0.004539	0.109777	0.020685	**0.020281**
石油、炼焦产品和核燃料加工品	0.006742	0.015690	0.031851	0.046233	0.001295	0.005097	0.003957	**0.014703**
化学产品	0.012622	0.044091	0.078945	0.023565	0.393857	0.003646	0.002329	**0.085910**
非金属矿物制品	0.000760	0.000553	0.000030	0.000017	0.000999	0.000006	0.000000	**0.022265**
金属冶炼和压延加工品	0.000001	0.000520	0.000139	0.000007	0.000001	0.000002	0.000000	**0.071526**
金属制品	0.013769	0.020582	0.007581	0.000290	0.000035	0.005391	0.000029	**0.018692**
通用设备	0.001078	0.000690	0.005130	0.000326	0.000289	0.000872	0.000309	**0.014258**
专用设备	0.000009	0.000062	0.000098	0.000034	0.033179	0.000098	0.000000	**0.007167**
交通运输设备	0.000273	0.001339	0.000242	0.000357	0.000103	0.000465	0.000233	**0.017022**
电气机械和器材	0.006370	0.001268	0.000720	0.000223	0.000037	0.018887	0.000000	**0.017427**
通信设备、计算机和其他电子设备	0.020647	0.013306	0.008302	0.001479	0.000298	0.001769	0.002357	**0.014868**
仪器仪表	0.069099	0.000616	0.003668	0.000055	0.000947	0.000506	0.000029	**0.004398**
其他制造产品和废品废料	0.050422	0.005458	0.042075	0.000004	0.002037	0.005937	0.000035	**0.009885**
金属制品、机械和设备修理服务	0.000615	0.001996	0.000201	0.001813	0.000124	0.000524	0.000456	**0.003339**
电力、热力的生产和供应	0.005313	0.105818	0.025196	0.020333	0.007671	0.020319	0.008497	**0.034844**
燃气生产和供应	0.000047	0.000050	0.003000	0.000018	0.000004	0.001820	0.000000	**0.002079**
水的生产和供应	0.000802	0.004757	0.007186	0.007336	0.001349	0.003266	0.003036	**0.002259**
建筑	0.001320	0.012700	0.009147	0.040505	0.003713	0.004504	0.023846	**0.004248**
批发和零售	0.015950	0.026251	0.024470	0.007583	0.029260	0.014568	0.004713	**0.042360**
交通运输、仓储和邮政	0.068566	0.065412	0.049749	0.039395	0.001327	0.023816	0.021734	**0.041532**
住宿和餐饮	0.069908	0.003406	0.038264	0.021460	0.001752	0.017879	0.013276	**0.009423**
信息传输、软件和信息技术服务	0.006534	0.001054	0.002257	0.005141	0.000779	0.001679	0.005374	**0.005636**
金融	0.009394	0.020695	0.053194	0.012824	0.003527	0.033200	0.006499	**0.029084**
房地产	0.007969	0.014338	0.067140	0.051284	0.022637	0.041545	0.017399	**0.014142**
租赁和商务服务	0.031232	0.016893	0.033196	0.013931	0.009325	0.016618	0.015058	**0.017751**
研究和试验发展	0.000000	0.000000	0.000000	0.000000	0.000000	0.000000	0.000000	**0.000012**
综合技术服务	0.011344	0.000339	0.000696	0.000037	0.001528	0.000022	0.000141	**0.008015**
水利、环境和公共设施管理	0.000245	0.012384	0.001844	0.000345	0.000805	0.000327	0.000106	**0.000385**
居民服务、修理和其他服务	0.005045	0.006952	0.008350	0.124136	0.016462	0.007169	0.087889	**0.005832**
教育	0.002109	0.000818	0.001062	0.047091	0.001885	0.001260	0.010421	**0.001134**
卫生和社会工作	0.000000	0.000000	0.000000	0.000000	0.046622	0.000015	0.000000	**0.000945**
文化、体育和娱乐	0.005192	0.001112	0.002192	0.009146	0.001111	0.022627	0.005163	**0.001399**
公共管理、社会保障和社会组织	0.000266	0.000377	0.001413	0.000299	0.000810	0.000437	0.057973	**0.001539**
中间投入合计	**0.479602**	**0.554420**	**0.548031**	**0.530026**	**0.589119**	**0.431506**	**0.315544**	**0.655968**
劳动者报酬	0.322479	0.257928	0.322919	0.416821	0.363284	0.320250	0.619746	**0.163649**
生产税净额	0.052011	0.030486	0.020186	0.001956	0.000499	0.053219	0.000780	**0.048666**
固定资产折旧	0.031491	0.072598	0.021148	0.041729	0.029959	0.075651	0.042034	**0.039631**
营业盈余	0.114417	0.084568	0.087716	0.009468	0.017138	0.119374	0.021895	**0.092086**
增加值合计	**0.520398**	**0.445580**	**0.451969**	**0.469974**	**0.410881**	**0.568494**	**0.684456**	**0.344032**
总投入	**1.000000**	**1.000000**	**1.000000**	**1.000000**	**1.000000**	**1.000000**	**1.000000**	**1.000000**

18-6 浙江省投入产出完全消耗系数表（2017年）

投入＼产出	农林牧渔产品和服务	煤炭采选产品	石油和天然气开采产品	金属矿采选产品	非金属矿和其他矿采选产品	食品和烟草	纺织品
农林牧渔产品和服务	0.092965	0.007070	0.000000	0.007502	0.009502	0.259654	0.097258
煤炭采选产品	0.060331	0.751511	0.000000	0.143720	0.129595	0.099329	0.195113
石油和天然气开采产品	0.011402	0.009933	0.000000	0.017206	0.045564	0.020231	0.027483
金属矿采选产品	0.007587	0.004046	0.000000	0.576700	0.012800	0.010260	0.015981
非金属矿和其他矿采选产品	0.002585	0.001154	0.000000	0.010294	0.306704	0.009160	0.004467
食品和烟草	0.108191	0.006832	0.000000	0.007303	0.009357	0.289542	0.029099
纺织品	0.012201	0.003143	0.000000	0.006812	0.009861	0.017682	0.465386
纺织服装鞋帽皮革羽绒及其制品	0.003574	0.001707	0.000000	0.003835	0.003922	0.005184	0.020180
木材加工品和家具	0.003441	0.001681	0.000000	0.002014	0.005478	0.011095	0.005767
造纸印刷和文教体育用品	0.018106	0.009554	0.000000	0.011642	0.018542	0.072934	0.036032
石油、炼焦产品和核燃料加工品	0.018142	0.014492	0.000000	0.029553	0.080843	0.031100	0.028465
化学产品	0.215037	0.019339	0.000000	0.077226	0.118325	0.168407	0.551165
非金属矿物制品	0.004859	0.001936	0.000000	0.005427	0.038522	0.011169	0.006931
金属冶炼和压延加工品	0.034102	0.019813	0.000000	0.046854	0.059638	0.048833	0.070797
金属制品	0.012217	0.003977	0.000000	0.009948	0.017473	0.016095	0.016983
通用设备	0.005553	0.003726	0.000000	0.013805	0.017329	0.008001	0.026652
专用设备	0.007594	0.002914	0.000000	0.012959	0.021329	0.005072	0.007982
交通运输设备	0.012903	0.003871	0.000000	0.011443	0.007585	0.006820	0.006068
电气机械和器材	0.004112	0.004420	0.000000	0.007160	0.006915	0.005378	0.008077
通信设备、计算机和其他电子设备	0.004852	0.015585	0.000000	0.005192	0.005599	0.005742	0.007188
仪器仪表	0.004224	0.015281	0.000000	0.002659	0.002393	0.002624	0.003779
其他制造产品和废品废料	0.011796	0.006636	0.000000	0.007467	0.015704	0.015969	0.021328
金属制品、机械和设备修理服务	0.006230	0.043565	0.000000	0.039761	0.039502	0.013778	0.028607
电力、热力的生产和供应	0.084462	0.180357	0.000000	0.136976	0.174429	0.120140	0.253101
燃气生产和供应	0.002578	0.003627	0.000000	0.002882	0.007558	0.004075	0.003887
水的生产和供应	0.001765	0.005761	0.000000	0.003686	0.005317	0.004754	0.010195
建筑	0.004019	0.002945	0.000000	0.002538	0.006606	0.003862	0.004934
批发和零售	0.062621	0.025889	0.000000	0.072765	0.047006	0.152052	0.104750
交通运输、仓储和邮政	0.073840	0.102712	0.000000	0.076024	0.235015	0.123061	0.113622
住宿和餐饮	0.010589	0.024968	0.000000	0.017723	0.019836	0.014018	0.020690
信息传输、软件和信息技术服务	0.006282	0.081625	0.000000	0.012068	0.010869	0.008202	0.013525
金融	0.045701	0.048794	0.000000	0.077472	0.110527	0.056374	0.079489
房地产	0.009331	0.011328	0.000000	0.014218	0.020893	0.016656	0.017158
租赁和商务服务	0.015526	0.013976	0.000000	0.037282	0.055125	0.034019	0.030555
研究和试验发展	0.000000	0.000000	0.000000	0.000000	0.000000	0.000000	0.000000
综合技术服务	0.038483	0.001501	0.000000	0.002559	0.003045	0.012736	0.010203
水利、环境和公共设施管理	0.000587	0.000339	0.000000	0.000966	0.000864	0.000503	0.000629
居民服务、修理和其他服务	0.004165	0.015413	0.000000	0.007613	0.034126	0.010251	0.009005
教育	0.001840	0.007674	0.000000	0.001534	0.001843	0.001538	0.002185
卫生和社会工作	0.003019	0.000038	0.000000	0.000036	0.000064	0.000738	0.000290
文化、体育和娱乐	0.000981	0.001250	0.000000	0.002769	0.002598	0.001568	0.002145
公共管理、社会保障和社会组织	0.001744	0.000382	0.000000	0.000639	0.000718	0.000793	0.000740

续1

产出 投入	纺织服装鞋帽皮革羽绒及其制品	木材加工品和家具	造纸印刷和文教体育用品	石油、炼焦产品和核燃料加工品	化学产品	非金属矿物制品	金属冶炼和压延加工品
农林牧渔产品和服务	0.053328	0.062220	0.032639	0.003163	0.033379	0.011156	0.008513
煤炭采选产品	0.083302	0.104067	0.127253	0.036119	0.161277	0.157684	0.191065
石油和天然气开采产品	0.018088	0.024099	0.022410	0.566659	0.028919	0.055144	0.023214
金属矿采选产品	0.009838	0.045097	0.055711	0.001486	0.027796	0.033770	0.390036
非金属矿和其他矿采选产品	0.002709	0.005949	0.008385	0.000326	0.008346	0.245849	0.020065
食品和烟草	0.099171	0.020147	0.024695	0.001699	0.054911	0.010880	0.006836
纺织品	0.166779	0.075613	0.078794	0.001476	0.093232	0.015945	0.009990
纺织服装鞋帽皮革羽绒及其制品	0.280824	0.019180	0.006532	0.000765	0.009340	0.004027	0.002941
木材加工品和家具	0.005481	0.333295	0.028044	0.000533	0.007366	0.005644	0.003262
造纸印刷和文教体育用品	0.047570	0.082663	0.376938	0.003457	0.058440	0.030693	0.018664
石油、炼焦产品和核燃料加工品	0.026731	0.035906	0.029948	0.133643	0.042923	0.079198	0.025109
化学产品	0.199873	0.292820	0.259052	0.011884	1.014068	0.168144	0.084803
非金属矿物制品	0.004811	0.013927	0.017401	0.000697	0.009204	0.312742	0.019316
金属冶炼和压延加工品	0.046221	0.230028	0.289082	0.007082	0.115871	0.114449	1.094001
金属制品	0.017155	0.058405	0.027235	0.001338	0.022740	0.014594	0.010522
通用设备	0.009373	0.016364	0.017130	0.002113	0.015533	0.014114	0.012093
专用设备	0.005941	0.010971	0.011507	0.001050	0.010528	0.011008	0.010362
交通运输设备	0.005297	0.006405	0.007634	0.001425	0.007517	0.007969	0.006170
电气机械和器材	0.006409	0.007794	0.013546	0.001862	0.011934	0.008995	0.007417
通信设备、计算机和其他电子设备	0.008019	0.007279	0.012693	0.002691	0.008905	0.007841	0.007030
仪器仪表	0.002317	0.002381	0.003087	0.001036	0.003729	0.002896	0.003126
其他制造产品和废品废料	0.017435	0.031652	0.118075	0.004986	0.054096	0.037156	0.075181
金属制品、机械和设备修理服务	0.028880	0.016088	0.023337	0.004608	0.022386	0.026983	0.025633
电力、热力的生产和供应	0.101039	0.115290	0.136148	0.023916	0.189667	0.168186	0.136186
燃气生产和供应	0.004342	0.005018	0.004323	0.001427	0.005105	0.006678	0.003496
水的生产和供应	0.004777	0.004971	0.005739	0.001129	0.006410	0.005214	0.009582
建筑	0.004494	0.004482	0.003915	0.001070	0.004521	0.004355	0.004085
批发和零售	0.316207	0.199210	0.167223	0.145570	0.109530	0.148137	0.183325
交通运输、仓储和邮政	0.128368	0.151067	0.125783	0.044567	0.148495	0.207244	0.100880
住宿和餐饮	0.021360	0.020792	0.018177	0.003959	0.027204	0.019682	0.014807
信息传输、软件和信息技术服务	0.009754	0.009450	0.010545	0.002759	0.011997	0.011591	0.012428
金融	0.079026	0.079449	0.081732	0.019726	0.077325	0.086741	0.069015
房地产	0.029698	0.022485	0.020283	0.009230	0.019098	0.021719	0.017972
租赁和商务服务	0.061294	0.045385	0.036142	0.018552	0.043003	0.040107	0.035486
研究和试验发展	0.000000	0.000000	0.000000	0.000000	0.000000	0.000000	0.000000
综合技术服务	0.008779	0.006876	0.007239	0.002094	0.009641	0.003949	0.004065
水利、环境和公共设施管理	0.000680	0.000635	0.000628	0.000154	0.000628	0.000702	0.000606
居民服务、修理和其他服务	0.009740	0.008822	0.008894	0.002246	0.011054	0.014142	0.009305
教育	0.002001	0.001602	0.001665	0.000433	0.001977	0.001777	0.001727
卫生和社会工作	0.000178	0.000202	0.000115	0.000020	0.000120	0.000068	0.000046
文化、体育和娱乐	0.002365	0.002127	0.002047	0.000456	0.002413	0.002412	0.001817
公共管理、社会保障和社会组织	0.000747	0.000637	0.000548	0.000149	0.000615	0.000640	0.000459

续2

产出 投入	金属制品	通用设备	专用设备	交通运输设备	电气机械和器材	通信设备、计算机和其他电子设备	仪器仪表
农林牧渔产品和服务	0.011910	0.010261	0.011326	0.014101	0.012940	0.016490	0.019351
煤炭采选产品	0.142280	0.127345	0.116099	0.117823	0.128194	0.121183	0.099291
石油和天然气开采产品	0.027400	0.026665	0.023697	0.019578	0.023517	0.019981	0.022768
金属矿采选产品	0.171389	0.173022	0.119026	0.098950	0.123201	0.086095	0.056827
非金属矿和其他矿采选产品	0.012906	0.009873	0.025119	0.007170	0.012938	0.010969	0.008119
食品和烟草	0.010756	0.009998	0.011440	0.012973	0.013856	0.016473	0.019903
纺织品	0.017873	0.017007	0.016990	0.060649	0.023620	0.029224	0.021311
纺织服装鞋帽皮革羽绒及其制品	0.004531	0.004210	0.004186	0.004778	0.004093	0.004608	0.011689
木材加工品和家具	0.029994	0.009352	0.010066	0.007369	0.010565	0.007771	0.009581
造纸印刷和文教体育用品	0.055525	0.035209	0.064562	0.026813	0.056986	0.050392	0.052286
石油、炼焦产品和核燃料加工品	0.033810	0.037518	0.030475	0.027632	0.032884	0.027969	0.033883
化学产品	0.181235	0.151827	0.192090	0.321532	0.301928	0.185001	0.229063
非金属矿物制品	0.019274	0.016331	0.026450	0.015666	0.028249	0.031039	0.021011
金属冶炼和压延加工品	0.836613	0.668326	0.591942	0.300359	0.624048	0.438427	0.282441
金属制品	0.178813	0.106849	0.163823	0.034155	0.140516	0.062284	0.056287
通用设备	0.034400	0.247054	0.089832	0.059210	0.055572	0.029403	0.027651
专用设备	0.009929	0.024589	0.141328	0.022145	0.054679	0.055240	0.046735
交通运输设备	0.008773	0.011319	0.014533	0.792183	0.010069	0.025308	0.068591
电气机械和器材	0.013631	0.075446	0.058300	0.061880	0.242234	0.106786	0.053234
通信设备、计算机和其他电子设备	0.011186	0.038254	0.026711	0.017233	0.085905	0.500931	0.134152
仪器仪表	0.002974	0.013247	0.010791	0.009964	0.008095	0.043490	0.164614
其他制造产品和废品废料	0.054188	0.036921	0.035996	0.026258	0.038708	0.032065	0.027681
金属制品、机械和设备修理服务	0.028087	0.023327	0.030943	0.019209	0.022405	0.028632	0.015359
电力、热力的生产和供应	0.135411	0.118091	0.111647	0.096334	0.116341	0.116788	0.102889
燃气生产和供应	0.004517	0.004205	0.004272	0.003979	0.004394	0.004267	0.004910
水的生产和供应	0.006661	0.005844	0.005481	0.004106	0.005645	0.006298	0.005727
建筑	0.004059	0.004209	0.006412	0.003668	0.004158	0.005030	0.005811
批发和零售	0.156822	0.110016	0.105333	0.112922	0.133532	0.110809	0.084693
交通运输、仓储和邮政	0.129830	0.121705	0.123290	0.117285	0.128927	0.114803	0.128307
住宿和餐饮	0.018583	0.019602	0.020698	0.015420	0.020344	0.035962	0.047260
信息传输、软件和信息技术服务	0.011093	0.010574	0.009511	0.008792	0.010511	0.013027	0.013494
金融	0.078579	0.078442	0.067997	0.061178	0.074489	0.085370	0.187769
房地产	0.020172	0.016851	0.016786	0.015235	0.018824	0.025347	0.034483
租赁和商务服务	0.038159	0.033272	0.033944	0.029228	0.038764	0.063788	0.115515
研究和试验发展	0.000000	0.000000	0.000000	0.000000	0.000000	0.000000	0.000000
综合技术服务	0.004693	0.008367	0.005828	0.004700	0.011489	0.006203	0.004868
水利、环境和公共设施管理	0.000661	0.000655	0.000617	0.000506	0.000634	0.000886	0.001469
居民服务、修理和其他服务	0.012070	0.011006	0.011544	0.009766	0.010298	0.010422	0.012435
教育	0.001743	0.001927	0.001964	0.001489	0.001785	0.003691	0.008537
卫生和社会工作	0.000059	0.000052	0.000055	0.000061	0.000061	0.000069	0.000079
文化、体育和娱乐	0.002181	0.002259	0.002186	0.001681	0.002188	0.003474	0.004564
公共管理、社会保障和社会组织	0.000530	0.000556	0.000537	0.000418	0.000575	0.001112	0.001108

续3

投入＼产出	其他制造产品和废品废料	金属制品、机械和设备修理服务	电力、热力的生产和供应	燃气生产和供应	水的生产和供应	建筑	批发和零售
农林牧渔产品和服务	0.008149	0.014890	0.008183	0.002517	0.010826	0.066900	0.019055
煤炭采选产品	0.071593	0.136847	0.945193	0.017084	0.192551	0.111751	0.029264
石油和天然气开采产品	0.009984	0.030551	0.019783	0.626050	0.014384	0.037558	0.016073
金属矿采选产品	0.027005	0.039955	0.005577	0.002667	0.014572	0.106178	0.003901
非金属矿和其他矿采选产品	0.002387	0.005704	0.004616	0.000506	0.007641	0.072656	0.000963
食品和烟草	0.005811	0.014949	0.005696	0.002143	0.011642	0.015463	0.007668
纺织品	0.057707	0.030733	0.003657	0.002007	0.015699	0.012640	0.004902
纺织服装鞋帽皮革羽绒及其制品	0.002143	0.010734	0.002092	0.001837	0.009555	0.006634	0.002397
木材加工品和家具	0.006052	0.008296	0.004768	0.000788	0.003407	0.015999	0.002250
造纸印刷和文教体育用品	0.021619	0.023738	0.010037	0.006144	0.019751	0.025298	0.016130
石油、炼焦产品和核燃料加工品	0.012635	0.050604	0.022358	0.016179	0.021709	0.061245	0.027693
化学产品	0.132421	0.126283	0.026165	0.010452	0.261289	0.148440	0.023928
非金属矿物制品	0.003751	0.012824	0.002898	0.001131	0.009356	0.243553	0.002446
金属冶炼和压延加工品	0.139604	0.198107	0.026688	0.012918	0.069768	0.550402	0.019047
金属制品	0.021791	0.042630	0.005540	0.003803	0.016814	0.048397	0.004346
通用设备	0.009567	0.049229	0.009414	0.002146	0.014403	0.018105	0.002489
专用设备	0.003820	0.046087	0.003883	0.002160	0.007830	0.011873	0.001908
交通运输设备	0.002349	0.010633	0.003576	0.004283	0.004053	0.006661	0.004686
电气机械和器材	0.008829	0.022165	0.008315	0.002231	0.009021	0.033712	0.009580
通信设备、计算机和其他电子设备	0.007668	0.009888	0.010256	0.002650	0.008500	0.012688	0.015943
仪器仪表	0.001434	0.004043	0.009059	0.008544	0.011259	0.011766	0.002125
其他制造产品和废品废料	0.204962	0.022271	0.006639	0.005985	0.016368	0.035217	0.007771
金属制品、机械和设备修理服务	0.009596	0.534147	0.053081	0.010497	0.064086	0.016754	0.004662
电力、热力的生产和供应	0.054021	0.186642	0.534986	0.024961	0.296424	0.104953	0.042741
燃气生产和供应	0.003325	0.003637	0.003144	0.364206	0.002611	0.003911	0.004013
水的生产和供应	0.002115	0.008025	0.006086	0.001053	0.255348	0.010198	0.003025
建筑	0.002118	0.013452	0.004918	0.002250	0.021461	0.022146	0.004513
批发和零售	0.057935	0.047704	0.021848	0.010823	0.033953	0.149651	0.121747
交通运输、仓储和邮政	0.057285	0.091570	0.091584	0.149311	0.069396	0.113026	0.119288
住宿和餐饮	0.007008	0.038388	0.017609	0.005230	0.015733	0.020799	0.019205
信息传输、软件和信息技术服务	0.005410	0.020124	0.045925	0.003530	0.014957	0.010000	0.006579
金融	0.027359	0.104184	0.079292	0.042070	0.072457	0.074956	0.083155
房地产	0.006897	0.017020	0.011741	0.012106	0.014307	0.018780	0.058594
租赁和商务服务	0.012457	0.026851	0.014502	0.026347	0.023651	0.034411	0.106750
研究和试验发展	0.000000	0.000000	0.000000	0.000000	0.000000	0.000000	0.000000
综合技术服务	0.003584	0.003580	0.001909	0.001977	0.027383	0.063373	0.014539
水利、环境和公共设施管理	0.000221	0.001033	0.000463	0.000276	0.000550	0.000627	0.000733
居民服务、修理和其他服务	0.004221	0.016006	0.013318	0.004896	0.046578	0.011054	0.004426
教育	0.000877	0.002987	0.004697	0.000693	0.002526	0.001893	0.001082
卫生和社会工作	0.000033	0.000060	0.000038	0.000029	0.000043	0.000207	0.000109
文化、体育和娱乐	0.000765	0.004575	0.001344	0.000902	0.002241	0.002384	0.002179
公共管理、社会保障和社会组织	0.000206	0.001082	0.000357	0.000242	0.000514	0.000587	0.000761

续4

投入 \ 产出	交通运输、仓储和邮政	住宿和餐饮	信息传输、软件和信息技术服务	金融	房地产	租赁和商务服务	研究和试验发展
农林牧渔产品和服务	0.006798	0.212927	0.014001	0.015434	0.012440	0.040767	0.029754
煤炭采选产品	0.043479	0.077167	0.056722	0.032837	0.074731	0.097258	0.070258
石油和天然气开采产品	0.088280	0.020643	0.013178	0.013142	0.012138	0.035086	0.020815
金属矿采选产品	0.006056	0.006723	0.016398	0.004847	0.007366	0.007116	0.022792
非金属矿和其他矿采选产品	0.001166	0.003323	0.002668	0.001200	0.002714	0.002345	0.004376
食品和烟草	0.006903	0.223134	0.013652	0.016109	0.011972	0.020976	0.022325
纺织品	0.008549	0.014156	0.009774	0.006163	0.006735	0.010412	0.027573
纺织服装鞋帽皮革羽绒及其制品	0.005174	0.004855	0.005269	0.006252	0.008495	0.005504	0.005941
木材加工品和家具	0.002825	0.005739	0.005899	0.003908	0.004178	0.003245	0.006080
造纸印刷和文教体育用品	0.017383	0.030771	0.062030	0.060907	0.051305	0.055420	0.038547
石油、炼焦产品和核燃料加工品	0.135440	0.018749	0.020822	0.021643	0.019867	0.063688	0.032879
化学产品	0.035761	0.100172	0.049309	0.026427	0.033338	0.042237	0.328915
非金属矿物制品	0.002507	0.006808	0.007044	0.002800	0.007337	0.005631	0.010564
金属冶炼和压延加工品	0.026391	0.031482	0.082775	0.023967	0.036488	0.033975	0.110379
金属制品	0.006056	0.009925	0.013350	0.004240	0.008920	0.006497	0.032578
通用设备	0.006361	0.008275	0.008016	0.003253	0.005917	0.005023	0.011961
专用设备	0.002127	0.003608	0.009206	0.002179	0.004533	0.002587	0.012614
交通运输设备	0.032429	0.004828	0.007057	0.005176	0.003966	0.016439	0.018965
电气机械和器材	0.005196	0.006231	0.028005	0.003186	0.006179	0.005660	0.020832
通信设备、计算机和其他电子设备	0.005117	0.007113	0.190463	0.008732	0.007460	0.008277	0.037718
仪器仪表	0.002036	0.002265	0.007559	0.001702	0.001687	0.002029	0.239580
其他制造产品和废品废料	0.044365	0.010246	0.023394	0.010177	0.008985	0.018448	0.129432
金属制品、机械和设备修理服务	0.009333	0.008626	0.009093	0.004300	0.011585	0.011062	0.009867
电力、热力的生产和供应	0.059622	0.112399	0.075544	0.047132	0.114023	0.148562	0.082310
燃气生产和供应	0.044285	0.022055	0.003572	0.003892	0.002736	0.004711	0.005173
水的生产和供应	0.003377	0.017203	0.005499	0.004022	0.015181	0.007461	0.004852
建筑	0.004741	0.007113	0.005556	0.005642	0.021696	0.015285	0.007531
批发和零售	0.066135	0.067478	0.053440	0.033331	0.026611	0.060135	0.085059
交通运输、仓储和邮政	0.479173	0.059198	0.091574	0.095510	0.053989	0.104442	0.132787
住宿和餐饮	0.015045	0.013608	0.037159	0.047596	0.033935	0.059575	0.047110
信息传输、软件和信息技术服务	0.008864	0.010799	0.211816	0.029898	0.011654	0.011971	0.011607
金融	0.162115	0.081021	0.060705	0.311693	0.231450	0.125273	0.095895
房地产	0.033462	0.088655	0.040465	0.090488	0.098535	0.122776	0.041964
租赁和商务服务	0.030397	0.040161	0.086900	0.053834	0.041554	0.066862	0.074937
研究和试验发展	0.000000	0.000000	0.000000	0.000000	0.000000	0.000000	0.004405
综合技术服务	0.003796	0.009807	0.005170	0.007688	0.003706	0.004151	0.004698
水利、环境和公共设施管理	0.000923	0.000788	0.000906	0.005823	0.001793	0.002468	0.001712
居民服务、修理和其他服务	0.011272	0.010724	0.005837	0.007703	0.004575	0.009943	0.010343
教育	0.001978	0.001718	0.002184	0.005097	0.001834	0.002204	0.003536
卫生和社会工作	0.000237	0.000698	0.000057	0.000062	0.000046	0.000135	0.000109
文化、体育和娱乐	0.003168	0.004725	0.007342	0.006825	0.005616	0.007280	0.004234
公共管理、社会保障和社会组织	0.000544	0.000826	0.003317	0.001388	0.001003	0.005168	0.000908

续5

产出 / 投入	综合技术服务	水利、环境和公共设施管理	居民服务、修理和其他服务	教育	卫生和社会工作	文化、体育和娱乐	公共管理、社会保障和社会组织
农林牧渔产品和服务	0.050447	0.165138	0.020829	0.023635	0.017630	0.027487	0.010051
煤炭采选产品	0.043527	0.135684	0.068133	0.058519	0.085818	0.055965	0.029324
石油和天然气开采产品	0.018164	0.023729	0.033774	0.041884	0.016202	0.014106	0.011350
金属矿采选产品	0.014496	0.011609	0.011229	0.010890	0.017323	0.012695	0.006361
非金属矿和其他矿采选产品	0.002446	0.003207	0.002774	0.004658	0.005177	0.002568	0.002691
食品和烟草	0.026784	0.022922	0.022201	0.021929	0.025498	0.059745	0.010580
纺织品	0.012099	0.011629	0.020607	0.011982	0.040982	0.017198	0.006873
纺织服装鞋帽皮革羽绒及其制品	0.003372	0.004019	0.017874	0.011663	0.004952	0.037255	0.003595
木材加工品和家具	0.004253	0.004963	0.005384	0.016502	0.004101	0.005514	0.003487
造纸印刷和文教体育用品	0.055227	0.026919	0.050137	0.061495	0.037301	0.168087	0.041437
石油、炼焦产品和核燃料加工品	0.028574	0.039784	0.056886	0.077474	0.024641	0.020589	0.019062
化学产品	0.085097	0.145835	0.197770	0.107743	0.848550	0.067894	0.041552
非金属矿物制品	0.006007	0.007083	0.005807	0.013302	0.007714	0.005359	0.007938
金属冶炼和压延加工品	0.071635	0.055676	0.053135	0.054177	0.076835	0.064036	0.031913
金属制品	0.027177	0.031480	0.016906	0.008804	0.016589	0.015531	0.004801
通用设备	0.007706	0.006239	0.011466	0.005510	0.010816	0.006371	0.003296
专用设备	0.006585	0.004021	0.003541	0.002820	0.044625	0.003827	0.001536
交通运输设备	0.010228	0.008653	0.005349	0.004621	0.004616	0.004321	0.002779
电气机械和器材	0.017073	0.007258	0.006587	0.005374	0.008180	0.027760	0.003112
通信设备、计算机和其他电子设备	0.045533	0.024942	0.018129	0.008764	0.006863	0.008569	0.008122
仪器仪表	0.083355	0.003814	0.006338	0.002434	0.003652	0.002079	0.001513
其他制造产品和废品废料	0.074993	0.019441	0.064988	0.019559	0.029177	0.026465	0.012305
金属制品、机械和设备修理服务	0.007231	0.014027	0.008672	0.009986	0.012107	0.008412	0.004406
电力、热力的生产和供应	0.053421	0.207290	0.093375	0.080772	0.104877	0.075136	0.040538
燃气生产和供应	0.006083	0.004745	0.008911	0.004601	0.002895	0.005525	0.002722
水的生产和供应	0.004229	0.008659	0.012847	0.014071	0.005618	0.007023	0.006742
建筑	0.004295	0.016153	0.013557	0.047898	0.007417	0.007652	0.028917
批发和零售	0.055115	0.065982	0.069247	0.053208	0.088847	0.063556	0.027243
交通运输、仓储和邮政	0.141247	0.143749	0.121015	0.107064	0.079584	0.077791	0.060527
住宿和餐饮	0.082589	0.014393	0.052372	0.037672	0.017661	0.028298	0.023735
信息传输、软件和信息技术服务	0.013048	0.010463	0.010033	0.012369	0.007801	0.007660	0.010112
金融	0.061704	0.072099	0.121202	0.071135	0.053295	0.083130	0.039059
房地产	0.029404	0.030010	0.094569	0.082456	0.040505	0.060947	0.036823
租赁和商务服务	0.055611	0.034622	0.056279	0.036016	0.035986	0.034617	0.028758
研究和试验发展	0.000000	0.000000	0.000000	0.000000	0.000000	0.000000	0.000000
综合技术服务	0.015281	0.008856	0.004855	0.005538	0.006932	0.003536	0.003170
水利、环境和公共设施管理	0.000752	0.013051	0.002636	0.001100	0.001315	0.000875	0.000575
居民服务、修理和其他服务	0.009861	0.012147	0.013511	0.135497	0.023584	0.011377	0.097749
教育	0.003609	0.002266	0.002350	0.050473	0.003221	0.002264	0.012207
卫生和社会工作	0.000169	0.000479	0.000082	0.000086	0.048966	0.000108	0.000040
文化、体育和娱乐	0.007022	0.002425	0.004175	0.011533	0.002743	0.024493	0.006746
公共管理、社会保障和社会组织	0.000816	0.000986	0.002049	0.000928	0.001336	0.000869	0.061945

浙/江/统/计/年/鉴

主要统计指标解释

消费者信心指数（Consumer Confidence Index，CCI）

是反映消费者信心强弱的指标，是综合反映并量化消费者对当前经济形势评价和对经济前景、收入水平、收入预期以及消费心理状态的主观感受，是预测经济走势和消费趋向的一个先行指标，是监测经济周期变化不可缺少的依据。消费者信心指数的取值均在“0-200”之间。“0”表示“极端悲观”，200表示“极端乐观”，“100”为“乐观”和“悲观”的临界值。当信心指数大于100时，表明消费者趋于乐观，越接近200乐观程度越高；小于100时，表明消费者趋于悲观，越接近0悲观程度越深。

就业信心指数

是反映消费者对当前和未来6个月就业形势信心强弱的指标，是消费者信心指数的重要组成部分。就业信心指数由就业信心满意指数和就业信心预期指数加权平均取得。就业信心指数的取值均在“0-200”之间。“0”表示“极端悲观”，200表示“极端乐观”，“100”为“乐观”和“悲观”的临界值。当信心指数大于100时，表明消费者趋于乐观，越接近200乐观程度越高；小于100时，表明消费者趋于悲观，越接近0悲观程度越深。

收入信心指数

是反映消费者对当前和未来6个月家庭收入情况信心强弱的指标，是消费者信心指数的重要组成部分。收入信心指数由收入信心满意指数和收入信心预期指数加权平均取得。收入信心指数的取值均在“0-200”之间。“0”表示“极端悲观”，200表示“极端乐观”，“100”为“乐观”和“悲观”的临界值。当信心指数大于100时，表明消费者趋于乐观，越接近200乐观程度越高；小于100时，表明消费者趋于悲观，越接近0悲观程度越深。

总产出

是我省常住单位在一定时期内生产的所有货物和服务的价值，既包括新增价值，也包括转移价值。它反映常住单位生产活动的总规划。总产出按生产者价格计算。常住单位是指在我国的经济领土内具有经济利益中心的单位。

中间使用

指常住单位在本期生产活动中消耗和使用的非固定资产货物和服务的价值，其中包括国内生产和国外进口的各类货物和服务的价值。

最终使用

指已退出或暂时退出本期生产活动而为最终需求所提供的货物和服务。

总投入

指一定时期内我省常住单位进行生产活动所投入的总费用。

中间投入

指常住单位在生产或提供货物和服务过程中，消耗和使用的所有非固定资产货物和服务的价值。

增加值

指常住单位生产过程创造的新增价值和固定资产的转移价值。它包括固定资产折旧、劳动者报酬、生产税净额和营业盈余。

直接消耗系数

也称为投入系数，记为 $a_{ij}(i,j=1，2，…，n)$，它是指在生产经营过程中第j部门（或产品）的单位总产出所直接消耗的第i部门（或产品）的数量。直接消耗系数的计算主法为：用第j部门的总投入 X_j 去除该部门生产经营中所直接消耗的第i部门的货换或服务的数量 χ_{ij}，用公式表示为：

$$a_{ij}=\frac{\chi_{ij}}{X_j} \quad (i，j=1，2，…，n)$$

完全消耗系数

通常记为 b_{ij}，它是指第j部门每提供一个单位最终使用时，对第i部门货物或服务的直接消耗和间接消耗之和。利用直接消耗系数矩阵A计算完全消耗系数矩阵B的公式为：

$$B=(I-A)^{-1}-I$$